Cæcias
Mare Glaciale
Sinarum regio
Imaus mons
Imaum
Scythia extra Imaum
Emodii mõtes
ASIA
Subsolanus
Sinus magnus
Ganges
INDIA extra Gangem
India intra Gangem
Sinus Gangeticus
Mare Indicū
Taprobana
Mare Prasodum
ncogni ta secundum Ptolemęum
Vulturnus

Die Welt der Gebirge

Die Welt

der Gebirge

Albert Baumgartner
Hans Bibelriether
Norman Dyhrenfurth
Erwin Grötzbach
Hans Heierli
Toni Hiebeler
Günther Schweizer

Bucher

Gesamtredaktion: Ingo Waldau, München

Graphische Konzeption und Gestaltung: Hans F. Kammermann
Verlagslektorat: Jürg Huber, Axel Schenck
Bilddokumentation: Monika A. Otto

Printed in Germany 1983
ISBN 3 7658 0414 2

GEBIRGE ALS SCHAUPLATZ AKTUELLER NATUREREIGNISSE

GEBIRGE ALS LEBENSRAUM

DIE TECHNISCHE DURCHDRINGUNG DER GEBIRGE

Vorsatz: Diese an dem alexandrinischen Geographen Ptolemäus (85–160 n. Chr.) orientierte Karte der Alten Welt aus dem 15. Jahrhundert stellt die Gebirge als «Maulwurfshügel» dar.

Seite 1 (Schmutztitel): Vom Kibo, dem höchsten Gipfel Afrikas (5895 m, Tansania), geht der Blick zum Mawensi (5121 m), einem weiteren Vulkankegel des Kilimandscharo-Massivs.

Seite 2 (Haupttitel): Die Drei Zinnen (2998 m) in den Dolomiten (Italien), aufgenommen vom Schwalbenkofel.

Seite 4 (Inhaltsverzeichnis): Kette an Kette reihen sich die Fünftausender im Gebiet des Pandschirtals in Afghanistan.

Seite 6: Berge aus dem vulkanischen Gestein Liparit in Landmanalanger, Island.

Die Welt der Gebirge – eine eigene Welt, nicht nur im Sinn geographischer Besonderheit, sondern gleichermaßen im umfassenden Bereich menschheitsgeschichtlicher Entwicklung.

Ursprünglich über den ganzen Erdball verbreitet war die Vorstellung einer kosmischen Mitte, in der sich der Weltenberg erhebt. Unten und Oben wurden so zum weltbestimmenden Antagonismus der Menschlichen und Göttlichen; hier das von den Menschen bewohnte Unten, eine erdhafte Welt, fruchtbar und lebenspendend, aber gefährdet und vergänglich, wie der Mensch selber, dort – den Menschen entrückt – in blauer Ferne das der Sonne zugewandte Oben, kristallisch rein, unerreichbar, unvergänglich, ewiger Sitz göttlicher Mächte. Aber auch Ort des Grauens und der latenten Bedrohung, feindlich, launisch und unberechenbar. Man tat gut daran, sich des Wohlwollens dieser über den Wolken thronenden Gewalten zu versichern, weil man sich ihnen ausgeliefert wußte, ihnen – im Wortsinn – unterlegen war.

Oben und Unten – diese konkret erfahrenen Pole einer naturhaften Hierarchie wurden zu Bezugswerten eines Ordnungssystems, das – real und metaphorisch – auch heute noch das ganze menschliche Leben durchdringt. In unser Bewußtsein ist der Gipfel als Ort der Übersicht und der Klarheit eingegangen; ihn zu erklimmen entspricht dem Streben zum Höheren, ihn erreicht zu haben bedeutet Gewinn an humaner Substanz.

Der moralische Wert der Selbstüberwindung beim Aufstieg wird gefeiert; da hat einer – allen niedrigen Widrigkeiten zum Trotz – den «alten Adam» seines Körpers ausgetrieben und hat sich nicht hindern lassen beim beschwerlichen Aufstieg. Wir bewundern ihn als einen Sieger, wie wir übrigens auch im Sport den Sieger auf einem Podest ehren, das ihn über seine unterlegenen Konkurrenten erhebt. – Sollte hier noch etwas von der Verehrung zu spüren sein, die unsere Vorfahren angesichts der hohen, fernen Gipfel

empfanden? Oder sollten wir in dem sich selbst läuternden Gipfelbezwinger nicht auch jenen reinen Helden sehen, der – stellvertretend für uns alle – die geheimnisvollen Mächte des Grauens in ihrem eigenen Reich überwunden und sich an ihre Stelle gesetzt hat?

Beiden Vermutungen liegt der ursprünglich existentielle Dualismus des Bergerlebnisses zugrunde, die Ambivalenz von Licht und Dunkel, von Heil und Drohung, die unser Bewußtsein bis auf den heutigen Tag bewahrt hat, obwohl die Beziehung zwischen Menschen und Gebirgswelt mit ihrer Erforschung und Erschließung in den letzten zweihundert Jahren zunehmend sachlicher geworden ist. Emotionen scheinen ihre Berechtigung verloren zu haben, wo Berg- und Drahtseilbahnen täglich Tausende von Erholungsuchenden und Skifahrern auf die Gipfel befördern, wo Felswände an ihren bergsteigerischen Schwierigkeitsgraden gemessen werden, wo Stauseen zur Energiegewinnung angelegt und Paßstraßen mit Hilfe modernster Technologien erbaut werden.

Aber diese Bilanz einer scheinbar lückenlosen Inbesitznahme der Gebirgswelt durch den Menschen trügt. Nicht nur, daß sie sich sowieso lediglich auf einen kleinen Teil der Gebirge dieser Welt beschränkt, verschweigt sie auch die unveränderbare Unberechenbarkeit der Gebirgsnatur, die sich menschlichem Maß entzieht. Lawinen, Bergstürze oder Vulkanausbrüche bleiben weitgehend unbeherrschbare Gewalten einer elementaren Natur, die ihre Gesetze dem Menschen aufprägt – und nicht umgekehrt. Ist diese Grenze aber erkannt und akzeptiert, vermag das Erlebnis dieser ungebändigten Gebirgswelt den Menschen ein wenig von der Aura des Geheimnisvollen spüren zu lassen, das schon seine Vorväter empfanden. Weit erhoben über unsere domestizierte Alltagswelt, haben die Berge ihre Majestät bewahrt – ein Refugium für alle, die sich abseits des Massentourismus die unverfälschte Welt der Gebirge erschließen wollen.

Seite 8 (Prolog): Plateaugletscher auf Spitzbergen. Vier Fünftel der Landfläche dieser arktischen Inselgruppe sind mit Eis bedeckt, aus dem kahle, schroffe Gipfel herausragen.

Seite 10: Schräg einfallende Sedimentschichten, ausgeschliffene Karmulden und Gletscher bilden das bewegte Relief der Sunwapta Athabasca Divide in den kanadischen Rocky Mountains.

Seite 12: Die Ketten der Cordillera Negra, im nördlichen Peru, sind vom niederschlagsarmen Küstenklima beeinflußt und daher fast vegetationslos. Die gelegentlichen kurzen und heftigen Regengüsse ließen scharfe Grate, tiefe Kerbtäler und ein feines Netz von Wasserrinnen entstehen.

Seite 14: Waterfowl Lake im Banff-Nationalpark, Kanada. Dieser von Gletschern geformte See und der dichte Nadelwaldbestand sind typisch für Gebirgslandschaften der gemäßigten Breiten.

Das Stichwort Gebirge löst eine Vielfalt von Vorstellungen und Gedankenverbindungen aus. Man denkt zunächst an ein bestimmtes Gebirge – an die Alpen, die Pyrenäen oder an den Himalaya; an die Rocky Mountains, die Anden oder die Gebirgswelt Skandinaviens und der Britischen Inseln, vielleicht auch an den Schwarzwald, den Harz, den Schweizer Jura oder an die Appalachen. Im Bewußtsein vieler hat das Gebirge seinen festen Platz als eine an Naturschönheiten reiche Landschaft oder als Erholungsgebiet. Andererseits verbindet sich mit dem Gebirgsbegriff das Bild des urwüchsigen Bergbauern, der den kargen Böden und den steilen Hängen mühsam einen

Die Gebirge der Erde

Rechts: Gletscherbrüche – Kennzeichen des vergletscherten Hochgebirges. Von den Firnfeldern des Piz Glüschaint (3594 m) im Bernina-Massiv der Schweizer Alpen stürzt der Roseg-Gletscher in Kaskaden zu Tal.

Ertrag abringt. Schließlich denkt man in diesem Zusammenhang aber auch an Bergsteiger, die in oft gefährlichen oder zumindest spektakulären Expeditionen die höchsten Gipfel und die steilen Wände eines Gebirges zu bezwingen versuchen und dabei sportliche Höchstleistungen vollbringen.

Durchblättert man Lehrbücher und Nachschlagewerke auf der Suche nach einer Definition des Gebirgsbegriffes, so findet man recht unterschiedlich formulierte Erklärungen, die aber übereinstimmend folgende Merkmale eines Gebirges erkennen lassen:

1. Das Gebirge ist *höher* als sein Umland.
2. Das Gebirge ist gegen seine Umgebung durch einen mehr oder weniger deutlichen *Gebirgsfuß* abgesetzt.
3. Das Gebirge ist ein *räumlich geschlossener Teil* der Erdoberfläche.
4. Trotz seiner räumlichen Geschlossenheit ist das Gebirge durch eine *starke innere Gliederung des Reliefs* in Berge, Täler und Hochflächen gekennzeichnet.

Es gibt genügend Beispiele dafür, daß diese formalen Wesenszüge des Gebirgsbegriffes nicht allzu streng ausgelegt werden dürfen – ein Gebirge ist kein mathematisch beschreibbarer Körper wie ein Würfel oder eine Kugel. Besagt also das erste Wesensmerk-

mal, daß ein Gebirge höher sein muß als das Umland, so wird doch nichts darüber gesagt, um *wieviel* es höher sein muß. Das heißt, daß die begrifflichen Grenzen zwischen Gebirge und Bergland oder gar Hügelland nicht genau festgelegt sind. Wichtig ist andererseits, daß in der Definition nirgends von einer bestimmten absoluten Höhe die Rede ist. Eine Landschaft braucht sich nicht 3000 m oder 5000 m über den Meeresspiegel zu erheben, um ein Gebirge zu sein. Es kommt lediglich auf die relative Höhe gegenüber dem Umland an. Das beste Beispiel dafür bieten die untermeerischen Gebirge, die zwar gegenüber dem umgebenden Meeresboden sehr große relative Höhen erreichen können, deren höchste Erhebungen aber noch unter dem Nullpunkt unserer Höhenskala, eben dem Meeresspiegel, bleiben.

Auch der Gebirgsfuß, das zweite Definitionsmerkmal eines Gebirges, ist nicht immer so deutlich ausgebildet wie etwa am Rande der Alpen. So ist beispielsweise der Schwarzwald nach Westen, zum oberrheinischen Tiefland hin, durch einen markanten Gebirgsfuß abgesetzt; auf seiner Ostabdachung jedoch besitzt er einen allmählichen Übergang zum Neckarland. Ein ähnlich asymmetrischer Aufbau ist für viele Gebirge der Erde typisch. Scharfe Grenzen zwischen Gebirge und Vorland sind in der Regel dann ausgebildet, wenn sie mit geologischen Störungen der Erdkruste, z.B. mit Bruchlinien oder Überschiebungsgrenzen zusammenfallen.

Aus der Forderung, daß ein Gebirge ein räumlich geschlossener Landschaftskomplex sein soll, ergibt sich, daß mehrere einzelnstehende Berge nicht unbedingt schon ein Gebirge bilden. Im strengen Sinne sind also isolierte Vulkankegelberge wie die berühmten Beispiele Vesuv, Ätna, Ararat, Fudschiyama, Popocatépetl, Mauna Loa oder Kilimandscharo keine Gebirge, es sei denn, die Vulkane sind Teil eines größeren Gebirgsreliefs, was etwa für die Vulkankegel des Demavend, Mount Rainier, Chimborazo, Llullaillaco oder Osorno gilt.

Ein wichtiges Merkmal eines Gebirges ist schließlich seine innere Gliederung. Auch innerhalb jedes Gebirges bestehen erhebliche Höhenunterschiede. Der Wechsel von steil aufragenden Bergkämmen mit tief eingeschnittenen Tälern macht ja zum großen Teil die landschaftliche Schönheit und die Attraktivität des Gebirges für den Besucher aus.

In den arktischen Gebirgen reichen die Gletscher bis zum Meer herab. Von den teilweise schwimmenden Gletscherzungen kalben Eisberge ab, die zusammen mit den Treibeisschollen einen malerischen Vordergrund für das Bergland der Küste Nordwestgrönlands beim sagenumwobenen Thule bilden.

Das Auftreten von größeren Höhenunterschieden, vor allen anderen Faktoren bestimmend für das Wesen des Gebirges, ist dafür verantwortlich, daß Gebirge gegenüber anderen Landschaftsformen eine Sonderstellung einnehmen. Am deutlichsten zeigt sich dies im Klima. Mit zunehmender Meereshöhe nimmt die Temperatur ab, die Niederschläge steigen jedoch an, zumindest in den gemäßigten Breiten. Das führt zu einer ausgesprochenen klimatischen Höhenstufung, die wiederum eine vertikale Zonierung der Vegetation, die Ausbildung deutlicher ökologischer Höhenstufen, zur Folge hat. Die klima-ökologische Gliederung des Gebirges in einzelne Stockwerke zieht aber auch ein verschieden geartetes Nutzungspotential in den einzelnen Höhenstufen nach sich.

Ein eindrucksvolles Beispiel für diese Zusammenhänge zwischen natur- und kulturlandschaftlicher Höhenstufung ist etwa darin zu sehen, daß die Nutzung der Landschaft durch den Menschen und damit auch die menschliche Siedlung im Gebirge auf ihre vertikale Verbreitungsgrenze stößt. Die höchsten dauernd bewohnten Siedlungen der Alpen liegen nur in Ausnahmefällen höher als 2000 m; auf der Gebirgsinsel Island liegen alle Bauernhöfe unterhalb der 400-m-Höhengrenze. In den subtropischen und randtropischen Gebirgen liegt die Obergrenze der Dauersiedlungen natürlich bedeutend höher – so erreicht sie im afghanischen Hindukusch bereits über 3000 m, im Khumbu-Himalaya liegt das höchste ständig bewohnte Sherpa-Dorf gar in 4000 m Höhe.

Jenseits der Dauersiedlungsgrenze liegt das unbesiedelte Land, die Anökumene, die im Gebirge ähnlich ausgebildet ist wie in den Polargebieten. Wie bedeutend diese vertikale Einschränkung menschlichen Wohnens und Wirtschaftens im Gebirge ist, geht daraus hervor, daß 6,7 Millionen Quadratkilometer oder ein Zwanzigstel der Landoberfläche der Erde zur Gebirgsanökumene zu rechnen sind – ein beträchtlicher Anteil unserer mehr und mehr übervölkerten Erde.

In allen Gebirgen der Erde versuchten die Bewohner seit jeher, den engen ihnen zu Verfügung stehenden Lebens- und Wirtschaftsraum durch Anpassung an die ökologischen Verhältnisse nach oben hin auszudehnen. Eine Form dieser Anpassung ist etwa der Verzicht auf Feldbau – oberhalb einer bestimmten Höhe, die in der Regel wenig über der oberen Dauersiedlungsgrenze liegt, kommen die Feldfrüchte wegen der kurzen Vegetationszeit nicht mehr zur Reife – zugunsten der reinen Grünland- und Weidewirtschaft. Eine andere Art der Anpassung ist die sommerliche Nutzung der höheren Bereiche, die damit als jahreszeitlich bewirtschaftete Ergänzungsräume zum tiefergelegenen Kernraum hinzutreten. Die Alp- oder Almwirtschaft, bei der die oberhalb der Dauersiedlungsgrenze gelegene alpine Mattenzone als Sommerweidegebiet die um das Heimgut im Tal liegenden Felder und Wiesen wirtschaftlich ergänzt, ist nur eine der recht vielfältigen Formen dieser sogenannten Staffelsysteme. Auch der Bergnomade im Vorderen Orient, der transhumante Hirte in den mittelmeerischen Gebirgsländern oder die Schafzüchter in den Rocky Mountains von Idaho oder Utah verlagern ihre Wirtschaftsräume im jahreszeitlichen Rhythmus: Die im Frühjahr schneefrei werdende und sich begrünende Hochregion der Gebirge dient den Herden als Sommerweide, das im Sommer von Hitze und Trockenheit verbrannte, im Winter aber milde und feuchte Gebirgsvorland als Winterweide.

Es liegt im Wesen der Gebirge, daß sie verkehrsfeindlich sind. Dies gilt sowohl für den Durchgangsverkehr über das Gebirge hinweg als auch für die Kommunikation innerhalb des Gebirges. Die durch das Relief erschwerte Zugänglichkeit ist letztlich die Ursache dafür, daß Gebirgsräume als politische oder ethnische Rückzugsgebiete prädestiniert sind. Es ist kein Zufall, daß gerade die kleinsten Staaten Europas, wie Andorra oder Liechtenstein, im Gebirge liegen. Es ist auch kein Zufall, daß sich gerade im Gebirgsstaat Schweiz ein Föderalismus mit sehr weitgehender Autonomie seiner Teilbereiche ausbilden und erhalten konnte.

Sprachliche Minderheiten können im schwer zugänglichen Gebirge am ehesten überdauern – man denke an die Rhätoromanen in der Schweiz oder an die deutschen, französischen und ladinischen Sprachinseln im italienischen Alpenraum. Beispiele von Gebirgsvölkern oder -stämmen, denen es zwar nie oder nur vorübergehend gelang, ein eigenes Staatswesen zu gründen, die aber in der politisch-geographischen Geborgenheit des unzugänglichen Gebirges nahezu autonom leben konnten, sind die Berber im nordafrikanischen Atlas-Gebirge, die Maroniten und die Drusen im Libanon-Gebirge oder die Kurden, deren geschlossenes Verbreitungsgebiet auf fünf verschieden heutigen Nationalstaaten liegt. Eine Verbreitungskarte der im Hindukusch oder im Himalaya lebenden Völker gleicht einem bunten Flickenteppich, so groß ist die Vielfalt der in diesen Gebirgen lebenden Volks- und Sprachgruppen.

Das heiße Chotatal in Ecuador wurde zur Heimat der Nachfahren von Negersklaven, die im 17. Jahrhundert von Jesuiten zur Bestellung ihrer Ländereien aus Afrika verschleppt wurden. Lage und Klima trugen dazu bei, diese schwarze Bevölkerung inmitten einer indianischen und mestizischen Umgebung zu erhalten.

Die Vielfalt der Gebirge

Gebirge treten überall dort auf der Erde auf, wo die tektonisch bedingten Bewegungen der Erdkruste zur Emporhebung eines Teils der Erdrinde führten, die abtragenden Kräfte – fließendes Wasser, Gletschereis, Wind – es aber noch nicht vermochten, die gehobenen Teile wieder einzuebnen. Da solche Bewegungen der Kruste auf der ganzen Erde wirksam sind, gibt es Gebirge in allen Kontinenten, selbst in Grönland und in der Antarktis, wo sie teilweise vom Eis verhüllt sind, ja sogar am Meeresboden in Form der submarinen Gebirge.

Die Gebirge in ihrer Gesamtheit bilden eine außerordentliche Vielfalt verschiedenartiger Einzelgebirge. Die Appalachen lassen sich nicht mit dem Karakorum vergleichen, die Alaska Range nicht mit dem Brasilianischen Bergland. Hoggar-Massiv und Tibesti-Gebirge ragen aus der extremen Wüste der Sahara auf, Kilimandscharo, Mount Kenya und Kamerun-Berg erheben sich über tropische Regenwälder und Savannen. Die bolivianischen Anden und die Gebirge im Westen der USA sind ebenso wie das Gebirgsbündel Hochasiens durch riesige Hochflächen und Hochbecken gegliedert – Altiplano, Great Basin, Hochland von Tibet; nicht so die chinesischen Gebirgsketten im Bereich der meridionalen Stromfurchen, der Ural, der Kaukasus oder die Pyrenäen. Das Skandinavische Gebirge ist zwar dem Schottischen Hochland eng verwandt, aber nicht der etwa gleich weit entfernten Bergwelt Islands.

Gebirge, die, wie die Kordilleren beider Amerika oder der Libanon, in nordsüdlicher Richtung auf der Westseite der Kontinente liegen, zeigen – jedenfalls in den gemäßigten Breiten – eine auffällige Asymmetrie zwischen der feuchten, dem Meer zugekehrten Seite und der trockenen, landeinwärts gerichteten Ostabdachung. Breitenparallel, in West-Ost-Richtung verlaufende Gebirge wie Alpen, Pyrenäen, Atlas, Kaukasus, Tian-schan und Himalaya sind – jedenfalls auf der Nordhalbkugel – durch strahlungs- und wärmebegünstigte Südhänge ausgezeichnet, denen wiederum kühlere und stärker vergletscherte Nordabdachungen gegenüberstehen.

Um einen Überblick über die Gebirge der Erde zu erhalten, ist es daher ein dringendes Anliegen, diese Vielfalt nach bestimmten Gesichtspunkten zu ordnen, überschaubar zu machen. Die Gegenüberstellung unterschiedlicher Gebirgsindividuen hat bereits einige Aspekte verdeutlicht, die als Ordnungsfaktoren oder -prinzipien verwendet werden können: vor allem Lagebeziehungen, Höhenverhältnisse und Ausgestaltung des Reliefs.

Die Lage der Gebirge

Es gibt eine ganze Reihe von Lagebeziehungen, die für den Charakter eines Gebirges maßgebend sein können: die Lage innerhalb eines Kontinents, die Lage zum Meer, Lage auf der Nord- oder Südhalbkugel, Lage in verschiedenen Klimazonen, Lage zur vorherrschenden Windrichtung, Lage innerhalb oder am Rande eines Staates, Lage zu bestimmten Wirtschaftsräumen.

Betrachten wir zunächst die Lage der Gebirge innerhalb der Kontinente oder die Lage zum Meer. Der Gesichtspunkt führt zur Unterscheidung von *Randgebirgen* und *Binnengebirgen*. Die an der Peripherie eines Kontinentes oder einer Landmasse liegenden Randgebirge besitzen häufig sehr ungleich geartete Abdachungen. So steigt in der Alaska Range und in British Columbia der Wald auf der trockenen und wärmeren Ostabdachung etwa 1000 m höher hinauf als auf der feuchtkalten Westabdachung. In den nördlichen Randgebirgen der Türkei und Irans, im Pontischen Gebirge und im Elburs, herrscht ein krasser landschaftlicher Gegensatz zwischen der bewaldeten, feuchten, dem Schwarzen Meer und dem Kaspisee zugewandten Nordflanke und der nahezu baumlosen, den trockenen Binnenhochländern Zentralanatoliens beziehungsweise Innerpersiens zugekehrten Südabdachung. Derartige Randgebirge mit feuchter Außenseite, aber trockener Innenabdachung gibt es in allen Kontinenten und – abgesehen von den inneren Tropen – in allen Breiten. Typische Vertreter dieses durch einen asymmetrischen Landschaftsaufbau geprägten Gebirgstyps sind beispielsweise: das Bergland von Jemen und Asir, das sich als westliches Randgebirge der Arabischen Halbinsel über dem Roten Meer und dessen Küstentiefland, der zwar niederschlagsarmen, aber sehr luftfeuchten Tihama erhebt; das Australische Bergland mit den Blauen Bergen und den Australischen Alpen; die Westghats, die das Randgebirge des indischen Subkontinentes zum Indischen Ozean bilden; das Skandinavische Gebirge, dessen atlantische Außenseite in weiten Teilen mehr als 2000 mm Niederschlag erhält, dessen Innenseite mit Jahresniederschlägen von 400 bis 750 mm jedoch verhältnismäßig trocken ist.

Bei den Randgebirgen ist die von den höchsten Erhebungen gebildete Wasserscheide meist zugleich auch Klimascheide. Auf der stärker beregneten Außenseite führen die Flüsse daher mehr Wasser, wodurch wiederum eine stärkere Abtragung herrscht als auf der trockeneren Innenabdachung. Die ungleiche Niederschlagsverteilung wirkt sich aber nicht nur auf das Gewässernetz und das Pflanzenkleid aus, sondern auch auf die Vergletscherung der höchsten Gebirgsteile. So sind die Gletscher der Außenabdachung in der Regel mächtiger und reichen auch tiefer herab als auf der Innenseite des Gebirges. Ein gutes Beispiel dafür bietet wieder die Alaska-Kette im Bereich des Mount McKinley und der Wrangell Mountains.

Ausgesprochenen Binnengebirgen wie dem Ural oder dem afghanischen Hindukusch fehlt dieser starke klimatische Gegensatz zwischen den beiden Hauptabdachungen. Diese Gebirge liegen im Innern der großen kontinentalen Landmassen und besitzen, wenn nicht besondere regionale Windverhältnisse als Störfaktoren hinzutreten, einen ziemlich symmetrischen Landschaftsaufbau. Zu diesem Gebirgstyp gehören die meisten sibirischen Gebirge, so das Mittelsibirische Bergland mit dem Putorana-Gebirge oder die wesentlich höheren Gebirgsketten Nordostsibiriens, insbesondere das Werchojansker und das Tscherski-Gebirge. Auch das Kastilische Scheidegebirge im Innern der Iberischen Halbinsel oder die aus den völlig wüstenhaften Tafelländern des nördlichen Afrika aufragenden Massive des Hoggar- und Tibesti-Gebirges oder die im Zentrum Australiens gelegene Macdonnell-Kette gehören dem Typus des Binnengebirges an.

Daß der Gegensatz zwischen Rand- und Binnengebirge auch kulturgeographisch und kulturgeschichtlich von Bedeutung ist, zeigt sich etwa in der Besiedlungsgeschichte Nordamerikas durch die aus Europa

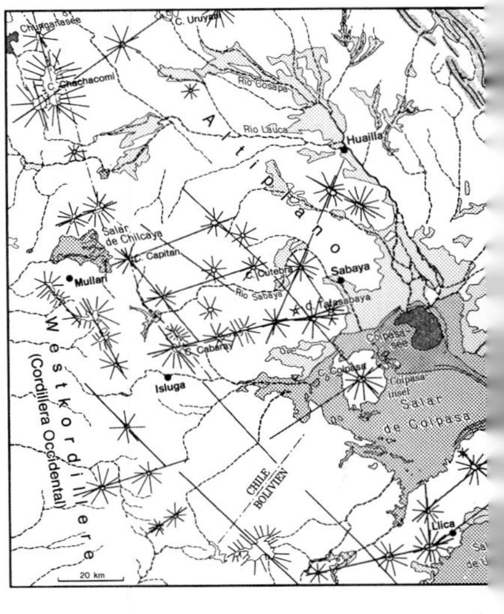

Karte des vom Satellitenluftbild auf der gegenüberliegenden Seite erfaßten Ausschnittes des Altiplano in den bolivianisch-chilenischen Anden.

Links: Vulkankegel und Salzpfannen bestimmen das Landschaftsbild in diesem Ausschnitt vom Westrand des Altiplano, des Andenhochlandes, das zu Recht als das «Dach der Neuen Welt» bezeichnet wird. Deutlich heben sich in dem 1972 vom Satelliten ERTS-1 aufgezeichneten Bild die bis zu 6000 m hohen Vulkanberge ab, einmal durch ihr sternförmig vom Gipfel ausgehendes Talnetz, zum anderen durch die Schneebedekkung der höchsten Erhebungen, z.B. des Cerro Chachacomi in der linken oberen Bildecke. Die Salzpfannen, hier als Salare bezeichnet, sind ein Ausdruck des Trockenklimas mit seiner hohen Verdunstung. Nur nach starken Niederschlägen verwandeln sich die Salztonflächen teilweise in Salzseen oder -sümpfe, wie der den Bildausschnitt beherrschende Salar de Coipasa (3660 m) zeigt. Die wenigen Siedlungen sind auf Bewässerungsfeldbau angewiesen; das intensive Grün der kleinen Kulturflächen, meist schmale Streifen längs der Täler, erscheint im Falschfarbenbild in rötlichem Ton.

Scharfe Felsgrate, pyramidenförmige Gipfel und ganze Reihen von Karen bestimmen das Landschaftsbild in der vom Gletschereis geformten Gebirgsgruppe des Mount McKinley in Alaska.

kommenden Siedler. Das große Randgebirge der Rocky Mountains im Westen verhinderte das Vordringen von der Westküste ins Innere, so daß nicht nur die zentralen Bereiche der USA, sondern die mehrere tausend Kilometer von der Ostküste entfernt liegenden Great Plains und selbst Teile des Gebirges von Osten her besiedelt und erschlossen wurden. Die Beispiele für die Funktion gerade von Randgebirgen als schwer zu überwindende Barrieren sind zahlreich. So hat auch die Bevölkerung im Küstentiefland am Persischen Golf, das vom Hochland Irans durch das südiranische Randgebirge des Zagros getrennt ist, im Verlauf der Geschichte stets stärkere Beziehungen zu den Bewohnern der arabi-

Oben: Völlige Vegetationslosigkeit läßt in den Gebirgen der Trockengebiete – hier am Rande der zentraliranischen Wüste Lut – den geologischen Aufbau und die Farbenvielfalt der Gesteine besonders gut hervortreten.

Oben rechts: Wie hier die Berber-Bevölkerung im Hohen Atlas Marokkos verbessern die Bergbauern auch in anderen Gebirgen der Subtropen durch Ackerterrassen die Anbaubedingungen.

Rechts: Bananenbäume, hier vor dem Hintergrund der Bergwelt am Puntjak-Paß in Java, gehören zu den wichtigsten Kulturpflanzen in der unteren Höhenstufe der feuchttropischen Gebirge.

schen Gegenküste unterhalten als zu denen des iranischen Kernlandes.

Besteht innerhalb der großen Landmassen ein deutlicher Gegensatz zwischen Rand- und Binnengebirgen, so vereinigt das Gebirgsrelief von *Inseln* in gewisser Weise die Lageeigenschaften beider Gebirgstypen in sich. Die Gebirgsmassive von Island, Korsika, Teneriffa oder von Hawaii stehen zwar wegen der Insellage in nächster Nachbarschaft zum Meer, bilden aber gleichzeitig das Zentrum der Inseln. Derartige Inseln, die sozusagen mit einem Gebirge identisch sind, gibt es in großer Zahl. Beispiele sind Réunion im südlichen Indischen Ozean, Taiwan (Formosa) im Chinesischen Meer, Celebes (Sulawesi) und andere indonesische Inseln, die Südinsel Neuseelands, Teile der japanischen Inselwelt sowie einzelne der Westindischen Inseln wie etwa Hispaniola (Haiti).

Neben der Lage zum Meer ist für die natur- und kulturlandschaftliche Ausprägung eines Gebirges vor allem seine Lage in einer bestimmten *Klimazone* maßgebend. Tropische Gebirge wie die Anden von Kolumbien, Ecuador und Peru, die Vulkangebirge Ostafrikas oder Javas haben einen anderen Landschaftscharakter als die im Bereich der gemäßigten Breiten liegenden Appalachen, das französische Zentralmassiv, die Alpen, die Karpaten, der Tian-schan oder die Südalpen Neuseelands. Die Gebirge der Trockengebiete wiederum, wie etwa das Bergland von Oman, das Hoggar-Massiv oder die Bergketten Belutschistans, unterscheiden sich erheblich von den subpolaren Gebirgen Nordskandinaviens, Nowaja Semljas und des nördlichen Alaska, oder gar von den polaren Gebirgen, die über dem Inlandeis Grönlands und der Antarktis aufragen.

Das *polare* Klima ist durch ganzjährigen Frost gekennzeichnet. Die oberste Höhenstufe im klima-ökologischen Stockwerksbau der Gebirge, die Stufe des ewigen Schnees und der Gletscher, reicht in der Antarktis, auf Grönland und in Teilen des Nordkanadischen Archipels, auf Spitzbergen, Franz-Josef-Land und anderen Inseln des Nördlichen Eismeeres bis zum Meeresspiegel herab. Das Relief ist weitgehend von Eismassen, die bis über 4000 m mächtig werden können, verhüllt, doch haben seismische Untersuchungen ergeben, daß beispielsweise unter dem antarktischen Eisschild neben breiten Tafelländern auch Gebirge mit Gipfelhöhen um 3000 m liegen. Über die Inlandeismassen aufragende Berge bezeichnet man als Nunatakker. Diese Gebirgsmassive, etwa das 5138 m hohe Vinson-Massiv in der Antarktis, sind durch eine starke Frostwirkung und durch vegetationslose Steilhänge gekennzeichnet. Die polaren Gebirge liegen außerhalb der Ökumene. Lediglich Forschergruppen oder bergbauliche Explorationstrupps setzen sich vorübergehend den extremen Umweltbedingungen aus.

Zu den Gebirgen des *subpolaren* Klimabereiches, der sich zwischen polarer Gletscherwelt und Waldgrenze erstreckt, gehören ein Teil der Bergketten Alaskas, die Torngat-Mountains im nördlichen Labrador, die Bergwelt Islands und Nord-Norwegens, der nördliche Ural und die Nordostsibirischen Gebirge, auf der Südhalbkugel die Wickham-Höhen der östlichen Falklandinsel. In diesen Gebirgen sind meist drei verschiedene Höhenstufen ausgebildet: in der Fußregion der Bereich der waldlosen, höchstens von Zwergsträuchern durchsetzten Tundra, in mittlerer Höhe die Fels- und Schuttregion, darüber der vergletscherte Gipfelbereich. Auch die nichtvergletscherten Hänge und Talböden sind das ganze Jahr über tiefgründig gefroren. Lediglich im Sommer kommt es zum Auftauen der oberflächennahen Schicht über dem Dauerfrostboden, was im Hangbereich zu starken Bodenbewegungen und Rutschungen führt. Während der Eiszeiten waren auch die heute eisfreien unteren Stockwerke der subpolaren Gebirge vergletschert, so daß glaziale Formen wie

Die schneebedeckten Kämme der Tuxer Alpen (Österreich) ragen aus dem winterlichen Nebelmeer heraus. In den Tälern hat sich Kaltluft angesammelt, unmittelbar darüber liegen wärmere Luftschichten – ein Zustand der Atmosphäre, der als Inversion bezeichnet wird und gerade im Gebirge sehr häufig auftritt.

Trogtäler, Kare oder vom Eis glattgeschliffene Felsschwellen im Landschaftsbild dominieren.

Im Bereich des *feucht-gemäßigten* Klimas der Mittelbreiten tritt in den Gebirgen eine weitere Höhenstufe zu den drei oben angeführten hinzu, die Waldstufe. Diese ist häufig, zum Beispiel in großen Teilen der Alpen, zweigeteilt in eine obere Nadelwaldstufe und eine untere Laubwaldstufe. Die obere Waldgrenze, an der das offene Gelände der alpinen Matten das häufig noch geschlossene Waldkleid der Hänge ablöst, ist in den Gebirgen eines der markantesten Landschaftselemente. Gerade der Gegensatz zwischen Wald und offenem Almgelände zählt zu den größten landschaftlichen Reizen der Alpen, aber auch der Karpaten, des Kaukasus, des Riesengebirges, des kanadischen Felsengebirges, der Cascade Range, der patagonischen Anden, der Australischen und Neuseeländischen Alpen. Auch in den Gebirgen dieser Klimazone sind Hänge, Täler und Berge großenteils noch von eiszeitlichen Gletschern überformt worden, wie etwa Kare in Mittelgebirgen wie den Vogesen, dem Schwarzwald, Ural oder den Appalachen beweisen.

Neben dem feucht-gemäßigten Waldklima ist in den Mittelbreiten noch ein zweiter Klimatyp ausgebildet, das *winterkalte, trockene* Klima der Steppen und Wüsten, z.B. Innerasiens. Die Trockengebiete im Inneren der Kontinente, die in den Mittelbreiten hauptsächlich der großen Entfernung zum Meer zuzuschreiben sind, unterscheiden sich von den heißen Wüsten des Sahara-Typus durch die strenge Winterkälte. Eine ganze Reihe der großen Gebirgssysteme der Erde, insbesondere der Binnengebirge, gehören dieser Klimazone an. Im innerasiatischen Bereich sind dies im wesentlichen die Gebirge, die weder von den mit Tiefdruckgebieten aus Westen kommenden zyklonalen Niederschlägen noch, wie etwa der Himalaya, von den aus Süden herangeführten Monsunregen erreicht werden: nördlicher Hindukusch, Pamir, Tian-schan, Nan-schan, Kun-lun-schan und das durch zahlreiche Bergketten gegliederte Hochland von Tibet. Ganz entsprechend ist die Situation im Westen der Vereinigten Staaten, wo die vom Pazifik kommenden Niederschläge von der Coast Range, der Sierra Nevada und von der Cascade Range sozusagen abgefangen werden, so daß das Hochland des Great Basin sowie die östlichen Gebirgsketten zwischen Salt Lake City und Denver ebenfalls zum Typus der winterkalten, trockenen Gebirge gehören. Auf der Südhalbkugel, wo in den mittleren Breiten die großen Landmassen fehlen, entspricht lediglich die Ostseite der patagonischen Anden teilweise diesem durch große jahreszeitliche Temperaturgegensätze charakterisierten Gebirgstypus.

Bis vor wenigen Jahrzehnten bildete der Rentier-Nomadismus die einzige Lebensgrundlage der im inneren Bergland der ostsibirischen Halbinsel Kamtschatka lebenden Korjaken-Bevölkerung.

In der Höhenstufung aller dieser Gebirge und Hochländer tritt ein neues landschaftsgestaltendes Element hinzu: Neben der oberen, kältebedingten Waldgrenze ist eine untere, trockenheitsbedingte Grenze des Waldes ausgebildet. An dieser Untergrenze werden die Waldbestände von der Steppenvegetation abgelöst, die in sehr trockenen Bereichen zum Gebirgsfuß hin in die unterste Stufe der Kältewüste übergehen kann. In extrem trockenen Gebirgen, wie z.B. im inneren Tian-schan, rücken untere und obere Waldgrenze nahe zusammen oder begegnen sich gar, so daß die Waldstufe in der Stockwerksgliederung ganz ausfällt, die Stufe der Hochsteppen also direkt in den Höhenbereich der alpinen Wiesen und Matten übergeht.

Setzen wir den Gang von den Polen zum Äquator durch die verschiedenen Klimazonen fort, so gelangen wir in den warm-gemäßigten Bereich, in die *Subtropen*. Je nach dem, ob die jährliche Niederschlagsverteilung durch Winterregen gekennzeichnet ist wie in den Gebirgen des Mittelmeerraumes und Kaliforniens, durch Sommerregen wie im westlichen Himalaya, auf der Innenseite des ostaustralischen Berglandes und in den Drakensbergen oder durch ganzjährig fallende Niederschläge wie auf der Nordinsel Neuseelands, im südchinesischen Bergland und in den südlichen Appalachen, variieren die Landschaftsgestaltung und die Anordnung der natürlichen Höhenstufen. Ein Charakteristikum der Gebirge und Bergländer im subtropischen Winterregengebiet ist die starke Waldverwüstung durch den Menschen. Die natürlichen Wälder sind entweder, wie etwa im Libanon, ganz vernichtet oder durch eine Nieder- und Buschwaldformation abgelöst, der Garrigue und Macchie in den provençalischen Bergketten, im korsischen und sardinischen Bergland sowie im Apennin oder durch den Chaparral der kalifornischen Coast Range oder den Matorral in Mittel-Chile.

In den vom Mittelmeerklima geprägten Gebirgen können sich dank des im Sommer monatelang wolkenlosen Himmels die Strahlungsgegensätze zwischen Nord- und Südhängen voll auswirken. Auf der Nordseite etwa des Taurus-Gebirges oder des Hohen Atlas bleibt der Winterschnee bis weit in den Frühsommer hinein liegen, während auf der sonnenexponierten Südabdachung die erste Erwärmung im Spätwinter oder Frühjahr zur Schneeschmelze führt. Da auch während der Eiszeiten diese Expositionsunterschiede wirksam waren – in vielen Gebirgen kam es nur auf der Schattenseite zu einer Vergletscherung –, zeigen die Bergkämme häufig asymmetrische Formen: Die Nordseite ist durch tief in den Berghang eingelassene Kare gegliedert, die Südhänge fallen in glatten Böschungen zum Tal ab. Asymmetrisch ist hier auch die Anordnung der natürlichen Höhenstufen. Klimatische Höhengrenzen wie die Wald- oder die Schneegrenze liegen auf der Sonnenseite bis zu 1000 m höher als auf der Schattenseite.

Die höchste Sonneneinstrahlung auf der ganzen Erde wird in den Gebirgen der heißen *Trockengebiete* der Subtropen und Randtropen gemessen. Einmal ist in den Gebirgen die Sonneneinstrahlung ohnehin stärker als im Tiefland, da die Sonnenstrahlen einen viel kürzeren Weg durch die Atmosphäre zurückzulegen haben. Hinzu kommt in den heißen Trockengebieten der fast ganzjährig wolkenlose Himmel. Eine Besonderheit der Hochgebirge dieser

Klimazone sind daher neben den bereits geschilderten Expositionsgegensätzen zwischen Sonn- und Schattenseite vor allem die starken tageszeitlichen Temperaturschwankungen. Selbst in den Gebirgen der Sahara – Hoggar-Massiv, Tibesti-Gebirge, Djebel Marra – sinken die Nachttemperaturen häufig unter den Gefrierpunkt, während tagsüber Temperaturwerte von mehr als 50 °C herrschen. In der Höhenstufung der Vegetation fällt hier die Waldstufe wegen zu großer Trockenheit völlig aus.

Eine weitere Folge der Trockenheit und der starken Sonneneinstrahlung ist, daß die klimatischen Höhengrenzen auf ihrem Verlauf vom Pol zum Äquator ihre höchsten Werte gerade in den wüstenhaft trockenen Gebirgen erreichen. So trägt etwa der Vulkankegel des Llullaillaco in der extrem trockenen Cordillera Domeyko der nordchilenischen Anden trotz seiner großen absoluten Gipfelhöhe von 6723 m keine Gletscher: Die klimatische Schneegrenze, die in den Alpen um 3000 m, in Süd-Chile noch unter 2000 m liegt, steigt hier bis auf nahezu 7000 m an. Außer den bereits genannten Gebirgen der Sahara oder den trockensten Teilen der Anden in Nord-Chile und Nordwest-Argentinien sind die Gebirge und Hochländer von Arizona und Nord-Mexiko als Vertreter dieses Gebirgstypus zu nennen, im südlichen Afrika die über der Wüste Namib aufsteigenden westlichen Randhöhen Namibias, in Australien die zentralen Massive der Macdonnell-Kette und des Musgrave-Gebirges.

In großem klimatischen und landschaftlichen Gegensatz zu den Gebirgen der extrem trockenen Klimazone stehen die Gebirge der immerfeuchten oder wechselfeuchten *inneren Tropen,* wie z.B. die Anden im Bereich von Kolumbien und Ecuador, das Hochland von Mexiko mit seinen Riesenvulkanen, der Kamerunberg in Westafrika, die Gebirgswelt Äthiopiens und die ostafrikanischen Vulkangebirge, die östlichen Teile der Himalaya-Kette, die Gebirge der meridionalen Stromfurchen, die Bergländer der indonesischen Inseln und Neuguineas. In den Gebirgen der niederen Breiten treten keine Unterschiede der Sonneneinstrahlung zwischen Nord- und Südseite auf, da die Sonne das ganze Jahr über mehr oder weniger senkrecht steht.

In den tropischen Hochgebirgen gibt es kaum jahreszeitliche Temperaturunterschiede, es gibt weder Sommer noch Winter, sondern es herrschen das ganze Jahr über gleich hohe Temperaturen. Wesentliche Temperaturunterschiede bestehen lediglich zwischen Tag und Nacht, so daß das tropische Klima auch als «Tageszeitenklima» bezeichnet wird, im Gegensatz zum Jahreszeitenklima der höheren Breiten. Die das ganze Jahr über gleichbleibende Temperatur hat zur Folge, daß etwa in der unter der Baumgrenze gelegenen Höhenstufe der tropischen Anden, in der «tierra fria», ganzjährig frühlingshafte Verhältnisse herrschen. Man hat diese Höhenstufe zwischen 2300 m und 3500 m auch schon als «Land des ewigen Frühlings» bezeichnet. Nicht zufällig wurde gerade dieser Höhenbereich zum Nährboden für die indianischen Hochkulturen, etwa die der Inka in der vorkolumbischen Zeit. Auch heute noch ist in der tierra fria der Hauptplebensraum der andinen Bevölkerung; hier gedeihen alle Kulturpflanzen der gemäßigten Breiten, und dies zu jeder Jahreszeit.

Eine weitere klimatische Besonderheit der tropischen Gebirge ist in der vertikalen Niederschlagsverteilung zu sehen. Während die Niederschläge etwa in den Alpen mit zunehmender Höhe ansteigen, werden die höchsten Regenmengen innerhalb tropischer Hochgebirge nicht in deren Gipfelbereich, sondern in mittlerer Höhe gemessen und nehmen oberhalb der Maximalzone wieder ab. So fallen am Südostfuß des Kilimandscharo etwa 500 mm Niederschlag im Jahr, in 1500 m Höhe jedoch über 2000 mm, im Gipfelbereich weniger als 300 mm. Ursache dieser ungleichen Niederschlagsverteilung ist die Ausbildung eines Kondensationsniveaus in mittlerer Höhe, Folge dieser Verhältnisse ist die Entwicklung eines Nebel- und Feuchtwaldgürtels, der häufig von undurchdringlichen Bambusgehölzen durchsetzt ist.

Über den Weidegründen der Schafe kurdischer Halbnomaden erhebt sich in Ostanatolien der majestätische Vulkankegel des Großen Ararat (5165 m).

Wenn vom Klima eines Gebirges die Rede ist, so wird oft die Meinung vertreten, daß die vertikale Abfolge der natürlichen Höhenstufen im Gebirge genau der horizontalen Abfolge der Klimazonen der Erde vom Äquator bis zu den Polen entspreche, daß also die Klimate, die sich zwischen den Tropen und den Polargebieten streifenförmig nebeneinander anordnen, am Äquator schichtweise übereinander liegen. Dieser Vergleich wird insbesondere für die tropischen Hochgebirge herangezogen, da hier das vollständige Spektrum der Klimate und Pflanzengesellschaften vom tropischen Tieflandsregenwald bis zur Region des ewigen Eises und Schnees entwickelt sei.

Unten: Typische Erscheinungen in der subnivalen Höhenstufe aller Gebirge sind Struktur- oder Musterböden – hier auf dem Cassonsgrat oberhalb Flims in den Bündner Alpen (Schweiz). Für die Sortierung von Fein- und Grobmaterial sind Frostwechselvorgänge im Boden verantwortlich.

Rechte Seite: Hawaii, die Hauptinsel des vulkanischen Archipels im tropischen Pazifik, in einer Aufnahme des Erderkundungssatelliten ERTS-1 aus fast 1000 km Höhe. Die größte Insel im offenen Pazifischen Ozean hat einen Durchmesser von etwa 100 km. Besonders auffällig sind im Bild die Vulkankegel des Mauna Loa (4171 m) im Zentrum und des Mauna Kea (4217 m) etwas nördlich. Von den schneebedeckten Gipfeln ziehen sich die blau-schwarzen Lavaströme mancherorts bis zum Meer hinab. Schön ist in der Abstufung der roten Farbtöne die Höhenstufung der Vegetation zu erkennen, die ja gerade in den tropischen Hochgebirgen sehr charakteristisch ist. Besonders im feuchten Staubereich der Passatströmung auf der Nordostseite sind montane Regen- und Nebelwälder – im Bild dunkelrot – ausgebildet; darüber leitet ein Strauchgürtel zu den blau-grün gezeichneten Schutt- und Lavadecken der Hochregion über, deren Boden im tropischen «Tageszeitenklima» fast jede Nacht gefriert.

Daß dieser Vergleich der Natur der tropischen Gebirge nicht gerecht wird, geht aus den im vorigen Abschnitt angestellten Betrachtungen über die Besonderheiten der tropischen Gebirge hervor. Zwar stimmt das Klima der äquatorialen Gebirge in 3000 m Höhe, was den Jahresdurchschnitt der Temperatur betrifft, mit dem mitteleuropäischen Tieflandsklima überein, allerdings ist dies auch fast die einzige Gemeinsamkeit. In Wirklichkeit bestehen erhebliche Unterschiede, sei es im Jahresgang der Temperatur, im täglichen Temperaturverlauf, in der Niederschlagsverteilung oder im Landschaftscharakter. Während in Berlin strenge Winter mit heißen Sommern wechseln, herrschen in Bogotá (2650 m) oder in Quito (2850 m) das ganze Jahr hindurch Frühlingstemperaturen. Während der Frostboden in der Tundra Sibiriens oder Alaskas nur einmal im Sommer auftaut, kommt es in der Hochregion des Kilimandscharos zu einem täglichen Wechsel von Bodengefrornis und Wiederauftauen.

Höhe und Relief der Gebirge

Neben den Lagebeziehungen können auch die Höhe und das Relief der Gebirge als Ordnungsprinzipien verwendet werden, um die Vielfalt der Gebirge überschaubarer zu machen.

In Europa wird seit langem zwischen *Hochgebirgen* vom Typus der Alpen, des Kaukasus oder der Pyrenäen und *Mittelgebirgen* von der Art des Harzes, des Schwarzwaldes oder der Ardennen unterschieden. Zur Abgrenzung beider Begriffe könnte man versucht sein, die Gipfelhöhe heranzuziehen – beispielsweise steigt keines der mitteleuropäischen Mittelgebirge über 1600 m an. Auch das französische Zentralmassiv bleibt unter 2000 m, die Appalachen überschreiten diese Höhe im Mount Mitchell (2037 m) nur knapp.

Dennoch kann, wie die weltweite Betrachtung der Gebirge in ihrem großräumlichen klimatischen Zusammenhang zeigt, die absolute Höhe eines Gipfels kein Kriterium dafür sein, ob es als «hohes» oder nur als «mittleres» Gebirge bezeichnet werden kann. Gletscher reichen schon im südlichen Norwegen bis fast auf das Niveau des Meeresspiegels herab, in den nordchilenischen Anden aber sind Gipfel von nahezu 7000 m Höhe wie der Llullaillaco völlig frei von Gletschereis. Auch in der eingangs getroffenen Definition des Gebirgsbegriffes wird daher von der absoluten Höhe als Wesensmerkmal eines Gebirges überhaupt nicht gesprochen; zur Charakterisierung herangezogen wird lediglich die relative Höhe, d.h. der Höhenunterschied zwischen Gebirgsfuß und Gipfelbereich oder, was das Wesen eines Gebirges eigentlich besser trifft, der Höhenunterschied innerhalb eines Gebirges, den man auch als *Reliefenergie* bezeichnet. Es hat sich, jedenfalls in der deutschen Fachliteratur, eingebürgert, die Grenze zwischen Mittel- und Hochgebirge bei einer Reliefenergie von etwa 1000 m zu ziehen. In amerikanischen Lehrbüchern wird zur Abgrenzung der «Sierran Mountains» – ein Begriff, der sich an der kalifornischen Sierra Nevada orientiert und sinngemäß dem alpinen Typ des Hochgebirges gleichzusetzen wäre – gegenüber Mittelgebirgen vom Typus der Appalachen eine Reliefenergie von 6000 Fuß (1829 m) genannt. Schon diese beiden Abgrenzungsversuche zeigen, wie willkürlich ein solcher Schwellenwert letztlich ist.

Der deutsche Geograph Carl Troll, welcher der vergleichenden Hochgebirgsforschung ein halbes Jahrhundert lang entscheidende Impulse gab, hat darauf bestanden, daß der Begriff Hochgebirge als Landschaftsbegriff verstanden werden müsse. Er darf sich nicht nur auf ein einzelnes orographisches, klimatisches oder formenkundliches Merkmal stützen, sondern auf das Zusammenspiel der klimatischen, geomorphologischen, bodenkundlichen, hydrologischen und biologischen Elemente in der Landschaft. Auf Grund jahrzehntelanger Forschungen in zahlreichen Gebirgen der Erde gelangt C. Troll zu einer Abgrenzung der Hochgebirgsnatur durch drei Kriterien:

1. Die obere Waldgrenze der Gebirge als Ausdruck der gegenwärtigen klimatischen und vegetationskundlichen Verhältnisse;
2. Die eiszeitliche Schneegrenze als Ausdruck des in den Eiszeiten entstandenen, aber heute noch vorhandenen und das Hochgebirge beherrschenden Formenschatzes;
3. Die Grenze der durch Frostwechsel entstehenden Kleinformen als Ausdruck für die gegenwärtige bodenkundliche und geomorphologische Dynamik.

Von diesen drei Höhengrenzen, über die ein Gebirge sich erheben muß, um als ein Hochgebirge im landschaftskundlichen Sinn bezeichnet werden zu können, ist die obere Waldgrenze am leichtesten faßbar, da sie jedermann im Gelände beobachten kann. Allerdings ist hier stets die natürliche Obergrenze des Waldes gemeint (nicht eine durch Rodung veränderte). Um einen praktikablen Höhenwert für den großräumigen Vergleich zu erhalten, verbindet man die höchsten natürlichen Waldvorkommen in einem Gebirge durch eine gedachte Linie oder Fläche.

Die zweite dieser Höhengrenzen, die eiszeitliche Schneegrenze, ist etwas schwieriger zu ermitteln, da schon die Erfassung der gegenwärtigen Schneegrenze nicht ganz unproblematisch ist. Die klimatische Schneegrenze ist die Linie, oberhalb derer im langjährigen Mittel mehr Schnee fällt als abschmilzt. Sie ist in einem Gebirge etwa in einer Höhe anzusetzen, die vergletscherte Gipfel von eisfreien Erhebungen trennt. Auf Gletschern fällt diese Höhengrenze etwa mit der Linie zusammen, in der Nähr- und Zehrgebiet ineinander übergehen. In den Alpen schwankt die Höhe der gegenwärtigen Schneegrenze zwischen etwa 2500 m am Nordrand (Säntis) und 3400 m in den höchsten Teilen der Zentralalpen (Monte Rosa). Während der letzten Eiszeit, als der ganz Skandinavien bedeckende Eisschild bis an den Fuß der deutschen Mittelgebirge reichte, lag auch in den Alpen ein mächtiges Eisstromnetz, über das sich nur die höchsten Gipfel als «Nunatakker» erhoben. Die Schneegrenze lag zu jener Zeit, vor 20000 bis 30000 Jahren, in den Alpen rund 1200 m tiefer als

Die Hochgebirge der Erde von Satelliten aus

Seit dem 16. Jahrhundert schon ist es Geographen und Kartographen gelungen, in erdkundlichen Atlanten Teile der Erde mit Gebirgen auch kleinmaßstäblich darzustellen. Im 19. und 20. Jahrhundert entstanden schließlich Karten mit genauer Wiedergabe der Gebirgssysteme, die weit hinausgehen über die Blickweite, die ein Bergsteiger selbst von höchsten Gipfeln aus haben kann. Geographen und Geodäten haben in mühsamer Vermessungsarbeit stückweise die Gebirgsstöcke bildlich aneinandergereiht. Der Blickwinkel erweiterte sich dann, als zunächst die Fesselballone, dann die Flugzeuge und Raketen immer größere Höhen erreichten. Doch erst durch die Erdsatelliten ist es möglich geworden, ganze Gebirgsteile, ja sogar die Erde als Einheit photographisch zu erfassen – zum Beispiel mit den großen Öffnungswinkeln der Linsen von «Fischaugenkameras».

Die Aufnahmen werden in verschiedenen Wellenlängen-Spektralbereichen der Strahlung, von Ultraviolett bis Infrarot vorgenommen, darüber hinaus mit Hilfe von Mikrowellen und im «Radarverfahren» (Zentimeter- und Meter-Wellenbereich). Die Photographie im sichtbaren Licht setzt voraus, daß die Erdoberfläche nicht von Wolken verdeckt ist. Mikrowellen und Radar-Wellenlängen durchdringen hingegen auch die Wolken.

Als optimal für die Erkundung der Erde mittels Satelliten haben sich Bahnhöhen von 300 bis 900 km erwiesen. Die ERTS-Satelliten (= Earth Resources Technology Satellites) liefern annähernd exakte Senkrechtaufnahmen eines Areals von 185 × 185 Kilometern Seitenlänge. Geringe Lagefehler durch die Erdkrümmung, Reliefunterschiede oder atmosphärische Strahlenbeugung sind korrigierbar. Die Astronauten des «fliegenden Himmelslabors» Skylab haben 1973 aus einer Höhe von 435 km Gebiete von jeweils 202 km² auf Filmformat 12 × 12 cm aufgenommen, die sich bei einwandfreiem Auflösungsvermögen auf mehr als das Hundertfache vergrößern ließen.

Wenn Satelliten ideale Kreisbahnen verfolgen – in fast 1000 km Höhe sind sie außerhalb der Erdatmosphäre und unterliegen keinen Reibungskräften –, dann können sie unbegrenzte Zeit am Himmel verbleiben. Die operationellen Erdbeobachtungssatelliten haben eine sonnensynchrone Bahn, die leicht gegen die Polachse geneigt ist. Gleiche Punkte auf der Erdoberfläche werden immer zur gleichen Ortszeit und, je nach Bahnhöhe und Umlaufzeiten (90 bis 103 Minuten), am Tag 14- bis 16mal beobachtet. So arbeiten auch die ab 1975 eingesetzten amerikanischen LANDSAT-Satelliten.

Wettersatelliten beobachten dagegen die Erde aus der Entfernung von rund 37 000 km, wo sie dadurch, daß sie in der Äquatorebene die gleiche Umlaufzeit wie die Erdrotation haben, immer an einem bestimmten Himmelspunkt stehen bleiben. Solche geostationären Satelliten können rund ein Drittel der gesamten Erdoberfläche überblicken.

Die Satellitenbilder haben zunächst [illegible]al die Richtigkeit der allein durch Vermessungen auf der Erde gewonnenen Landkarten der Erde einschließlich ihrer Gebirge bestätigt, darüber hinaus aber die Kenntnis der topographischen Strukturen erheblich erweitert. Durch die computergesteuerte Mischung oder Filterung der Aufnahme-Wellenbereiche entstanden «Falschfarbenbilder», die ähnlich wie Infrarotaufnahmen zahlreiche Terraineigenheiten besser unterscheidbar machten: Vegetations- und Gesteinsgliederung, Temperatur- und Feuchtigkeitsverhältnisse, Schnee und Gletscher, meteorologische und hydrologische Phänomene und vieles andere. Daß auch Bergsteiger beträchtlichen Nutzen aus der neuen Optik der Gebirgsbetrachtung ziehen können, beweisen die zahlreichen inzwischen in Büchern veröffentlichten Ausschnitte von Gebirgsaufnahmen*.

Das untenstehende farbenprächtige Bild ist ein Beispiel aus den Serien von Weltraumphotos, wie sie unter anderem schon von den Besatzungen der amerikanischen GEMINI-Raumschiffe in den Sechzigerjahren aufgenommen worden sind.

* *z. B. «Weltraumbilder – die dritte Entdeckung der Erde», von J. Bodechtel und H. G. Gierloff-Emden, München 1974.*

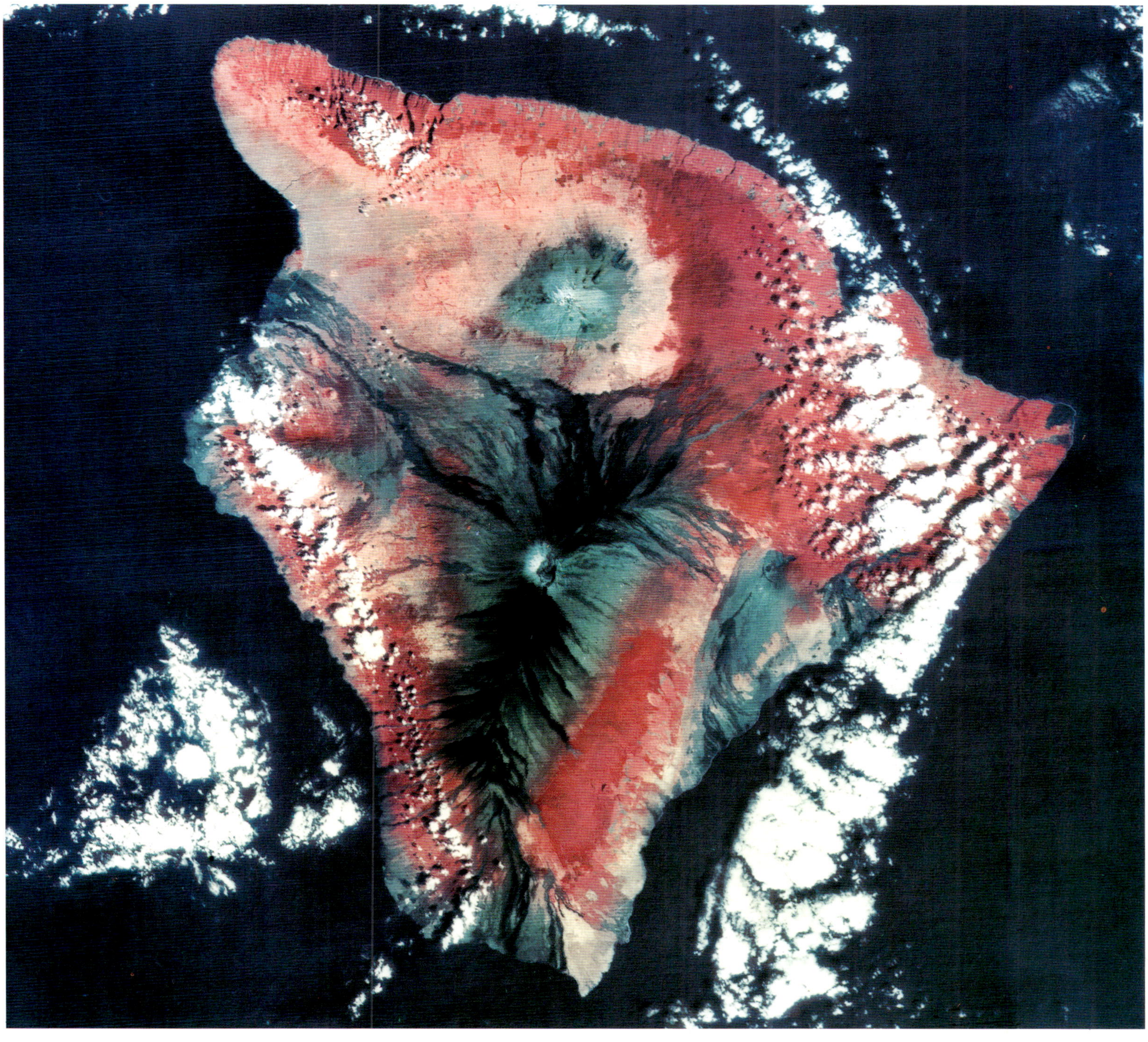

heute; in den anderen Gebirgen der Erde schwankt der Wert für die eiszeitliche Absenkung der Schneegrenze zwischen 600 m und 1500 m.

Diese theoretisch klingenden Überlegungen haben einen ganz konkreten Hintergrund. Oberhalb der eiszeitlichen Schneegrenze nämlich ist das Relief von den damaligen Gletschern so umgestaltet und überformt worden, daß es sich durch ganz charakteristische Züge, die man im wissenschaftlichen Sprachgebrauch als «glazialen Formenschatz» zusammenfaßt, von der Landschaftsgestalt damals nicht vergletscherter Gebirge unterscheidet. Zum typischen glazialen Formenbild des Hochgebirges gehören die scharfen Felsgrate der Gebirgskämme, daneben die kesselförmigen Kare, die als Nischen mit steilen Wänden und flachem Boden in das Gebirge eingelassen sind, ferner die vom Gletschereis zugeschärften Gipfelgestalten, für die das Matterhorn als Protoyp gelten kann, schließlich die im Querprofil U-förmigen Trogtäler.

Als drittes Kriterium für die Erfassung der Hochgebirgsnatur dient die «Grenze der subnivalen oder periglazialen Bodenabtragung». Damit sind die Vorgänge der Verwitterung, Schuttbildung und Bodenbewegung gemeint, die auf regelmäßigem Gefrieren und Wiederauftauen des Bodens beruhen. Diese frostbedingten Bodenversetzungen, deren Wirkung uns beispielsweise auch in den Frostaufbrüchen unserer Straßen entgegentritt, äußern sich einmal in starken Fließvorgängen (Solifluktion), zum anderen häufig auch durch die Sortierung von Fein- und Grobmaterial, was letztlich zur Bildung sogenannter Struktur- oder Musterböden führt.

Wie der Gang durch die Gebirge der verschiedenen Klimazonen zeigt, unterliegt der Verlauf der drei Höhengrenzen, welche die Gebirgslandschaft definieren, gewissen Gesetzmäßigkeiten. Sowohl die natürliche Waldgrenze wie auch die eiszeitliche Schneegrenze und die Untergrenze der Strukturbodenbildung steigen von den Polargebieten zu den äquatorialen Gebirgen hin an – ihre höchsten Werte erreichen sie jedoch nicht in den feuchten inneren Tropen, sondern in den extrem trockenen Gebirgen der Sub- und Randtropen, wie z.B. in der Puna de Atacama oder im Hochland von Tibet. Eine zweite Gesetzmäßigkeit im Verlauf dieser Grenzen ist in den Mittelbreiten der Anstieg von der ozeanisch-feuchten Westseite der Landmassen zu deren kontinental-trockenem Inneren. Dies gilt für das Skandinavische Gebirge ebenso wie für den Kaukasus oder für die nordamerikanische Kordillere. Hinzu kommt als drittes ein Ansteigen dieser Höhengrenzen innerhalb eines Gebirges, und zwar vom Gebirgsrand zu den höchsten Erhebungen des Gebirgsinneren.

Mit der Unterscheidung von Hochgebirge und Mittelgebirge verbindet sich aus geologischer Sicht auch ein entstehungsgeschichtlicher Zusammenhang. So sind typische Hochgebirge wie Alpen, Hoher Atlas, Himalaya oder Rocky Mountains oft wesentlich jünger – es sind tertiäre, also in der Erdneuzeit entstandene Faltengebirge – als typische Mittelgebirge wie die Appalachen, das Brasilianische Bergland oder das Rheinische Schiefergebirge, die schon in früheren Faltungsphasen der Erdkruste während des Erdaltertums entstanden. Da die jungen Faltengebirge in der geologisch kurzen Zeit seit ihrer Entstehung noch nicht so weit abgetragen werden konnten wie die älteren Massive, sind erstere in der Regel höher. Diese Aussage läßt sich jedoch nicht verallgemeinern, wie ja ohnehin die absolute Höhe eines Gebirges kein Maßstab für eine vergleichende Betrachtung sein kann. Unterschiede im Relief, insbesondere in der Gestaltung der Gipfelregion, oder Unterschiede in der inneren Gliederung bestimmen in starkem Maße auch das äußere Bild der Gebirge. Die höchsten Erhebungen eines Gebirges können als Hochflächen, als rundliche Kuppen, als langgezogene flachere Rücken, als etwas steilere Kämme oder als scharfe Grate ausgebildet sein. So werden auch diese rein beschreibenden Bezeichnungen zur Unterscheidung von Gebirgen herangezogen. Mittelgebirge wie der Harz oder Schwarzwald sind häufig als *Kuppengebirge* ausgebildet, regelmäßig gefaltete Gebirge wie die Appalachen, der Schweizer Jura oder der persische Zagros erscheinen meist als *Rücken- oder Kammgebirge*. Die durch die eiszeitliche Vergletscherung überformten Hochgebirge sind dagegen in der Regel *Gratgebirge*. Zugeschärfte Grate bestimmen insbesondere das Bild der heute noch stärker vereisten Gebirge, etwa des Pamir, des Karakorum, der Neuseeländischen Alpen, der kanadischen Rocky Mountains oder der Cordillera Blanca. Nicht immer lassen sich jedoch die Formen eines Gebirges durch einen einzigen dieser Begriffe kennzeichnen, sondern das Gebirgsrelief ist vielfältiger und vereinigt Kuppen, Rücken und Grate miteinander, wenn auch meist in einem gewissen Abstand. In den Alpen beispielsweise haben die meisten Gebirgsgruppen die Form von Gratgebirgen, so die Walliser Alpen oder das Großglockner-Massiv. Daneben aber finden sich auch ausgedehnte Hochflächen, vor allem in den Kalksteinmassiven wie Vercors, Dachstein- oder Sella-Gruppe; selbst kuppiges Relief ist für manche alpine Gebirgsgruppe typisch, wie die Beispiele der Saualpe oder der Koralpe im österreichischen Kärnten zeigen.

Oft wird die Bezeichnung *Kettengebirge* gebraucht, worunter ein Gebirge verstanden wird, dessen Grate oder Kämme wie die Glieder einer Kette angeordnet sind. Zu diesem Gebirgstypus gehören fast alle jung gefalteten Gebirge, so auch der ganze eurasiatische Faltengebirgsbogen, der sich, schon in Nordafrika mit dem Hohen Atlas beginnend, über die spanische Sierra Nevada, die Pyrenäen, die Alpen, die Karpaten, das Dinarische Gebirge, die Randgebirge Vorderasiens und den Hindukusch zum großen Gebirgsknoten des Pamir erstreckt, im Himalaya und im Kun-lun-schan das Hochland von Tibet umschließt, und sich über die Gebirge der meridionalen Stromfurchen und die zentralen Ketten der indonesischen Inseln schließlich bis Neuseeland fortsetzt. Dem Begriff Kettengebirge hat man früher die heute kaum mehr gebrauchte Bezeichnung Massengebirge gegenübergestellt, die auf das Fehlen der auffälligen Kamm- und Gipfelbildung abzielte. Durchaus gebräuchlich ist aber der Begriff des *Hochflächen-* oder *Plateaugebir-*

Typische Querprofile durch die meist von einem großen «Zentralgraben» gespaltene Firstregion verschiedener «mittelozeanischer Rükken», der größten Gebirgssysteme der Erde. Der Vergleich mit der von Gebirgen flankierten Einbruchszone des Zentralafrikanischen Grabens im Bereich des Tanganjika-Sees offenbart die Ähnlichkeit der geologischen Strukturen untermeerischer und festländischer Gebirge (nach B.C. Heezen).

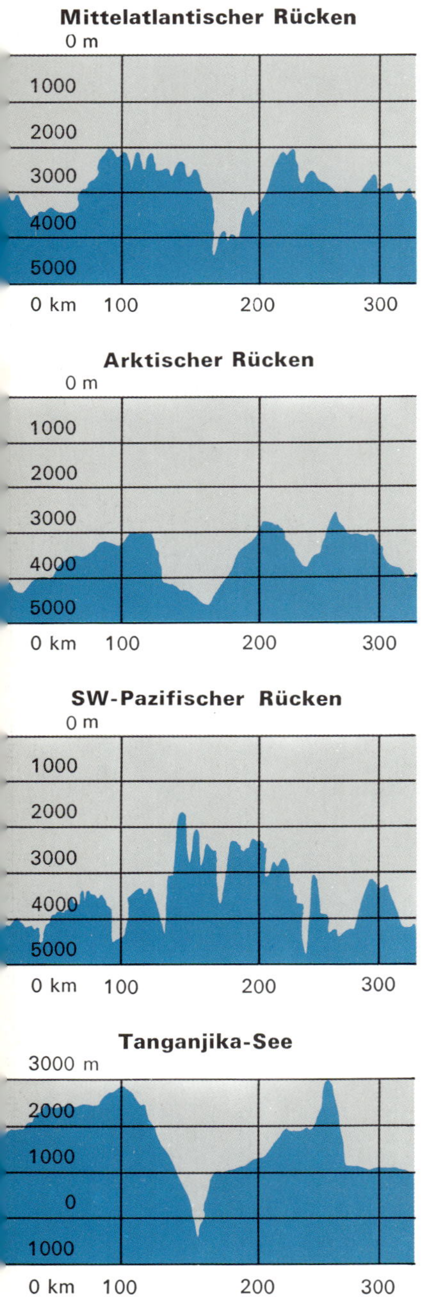

ges, in dem neben einzelnen Gipfeln und Tälern ausgedehnte Hochflächen das Formenbild beherrschen. Derartige Flachformen sind vor allem in geologisch sehr alten Gebirgen verbreitet, wie das Beispiel des Schottischen Hochlandes oder die Fjellgebiete Skandinaviens belegen. Andererseits können Plateaugebirge auch durch Ausbreitung junger vulkanischer Laven entstehen, wofür das isländische Gebirge ein gutes Beispiel bietet.

Untermeerische Gebirge

Eine Sonderform unter den Gebirgen der Erde stellen die untermeerischen oder submarinen Gebirge dar. So fremdartig der Gebirgsbegriff im Zusammenhang mit dem Meeresboden anmutet, so ist doch spätestens seit den Tiefenmessungen des Forschungsschiffes «Meteor» während der Deutschen Atlantischen Expedition (1925–1927) klar, daß eine schon zuvor bekannte Zone geringerer Meerestiefe in der Mitte des Atlantischen Ozeans als zusammenhängendes untermeerisches Gebirgssystem von gewaltigen Ausmaßen aufzufassen ist.

Dieser «Mittelatlantische Rücken» läßt sich am Meeresboden von der Insel Jan Mayen im europäischen Nordmeer über Island, die Azoren, die zu Brasilien gehörende Insel St. Paul, die britischen Südatlantik-Inseln Ascension, Sankt Helena und Tristan da Cunha bis zur subantarktischen Bouvet-Insel verfolgen. Damit steht das untermeerische Gebirgssystem dem längsten landfesten Gebirge, den Kordilleren zwischen Alaska und Feuerland, an Ausdehnung nicht nach – im Gegenteil, denn der Mittelatlantische Rücken setzt sich am Grund der subantarktischen Gewässer südlich von Afrika im sogenannten Atlantisch-Indischen Rücken in den Indischen Ozean hinein fort, wo er den Anschluß an weitere submarine Gebirgssysteme gewinnt.

Man weiß heute, dank der seit dem Internationalen Geophysikalischen Jahr 1957/58 intensivierten Tiefseelotungen durch eine internationale Flotte von Forschungsschiffen, daß alle Meere der Erde von einem zusammenhängenden System submariner Gebirge durchzogen sind, die wegen ihrer zentralen Lage im jeweiligen Ozean als *Mittelozeanische Rücken* bezeichnet werden. Außer dem Mittelatlantischen Rücken gibt es, um nur die größten dieser Gebirge zu nennen, im Indischen Ozean den Zentralindischen und den Bengalischen Rücken, südlich von Australien den Pazifisch-Antarktischen Rücken, im Pazifik den Hawaii- und den Ostpazifischen Rücken. Das sich parallel zu den Kontinenträndern am Meeresboden erstreckende Netz untermeerischer Gebirge hat eine Gesamtlänge von mehr als 60000 km.

Über die Einzelformen der mittelozeanischen Rükken kann die Forschung heute noch keine allzu detaillierten Aussagen machen. Man weiß jedoch aus zahlreichen mit Hilfe des Echolotes gewonnenen Profilen, daß das submarine Relief im Bereich dieser Gebirge sehr bewegt ist, daß also – ganz entsprechend zu den kontinentalen Gebirgen – tief eingeschnittene Täler oder besser Spalten mit hohen Bergkämmen und Gipfeln wechseln. Die Spalten können 1000–2000 m tief zwischen die Erhebungen eingesenkt sein. Die submarinen Gebirge selbst erheben sich 2000–3000 m hoch über die in 4000–6000 m unter dem Meeresspiegel liegenden Tiefsee-Ebenen. Im Gegensatz zu den schmalen Tiefseegräben, in denen 10–11 km Meerestiefe gemessen werden, sind die Tiefseegebirge verhältnismäßig breit entwickelt. So nimmt man für den Mittelatlantischen Rücken eine durchschnittliche Basisbreite von 1500–1600 km an. Ein besonders markantes Formenelement der Tiefseegebirge ist das «Rift Valley» oder der Zentralgraben, der in der Längsrichtung der Gebirge deren Firstregion durchzieht. Die Ausmaße dieser Grabensysteme – im nördlichen Teil des Mittelatlantischen Rückens ist der Zentralgraben 27–55 km breit und, vom First zur Talsohle gemessen, 1000–3000 m tief – legen einen Vergleich der rift valleys mit den großen Grabensystemen der Landmassen nahe, etwa mit dem Rheintalgraben zwischen Schwarzwald und Vogesen oder mit dem ostafrikanischen Grabensystem.

Verlauf der wichtigsten mittelozeanischen Rücken, die mit über 60000 km Länge das größte zusammenhängende Gebirgssystem der Erde bilden. Die untermeerischen Gebirge sind durch quer verlaufende Gräben gegliedert, ihre Einzelabschnitte daher oft gegeneinander versetzt.

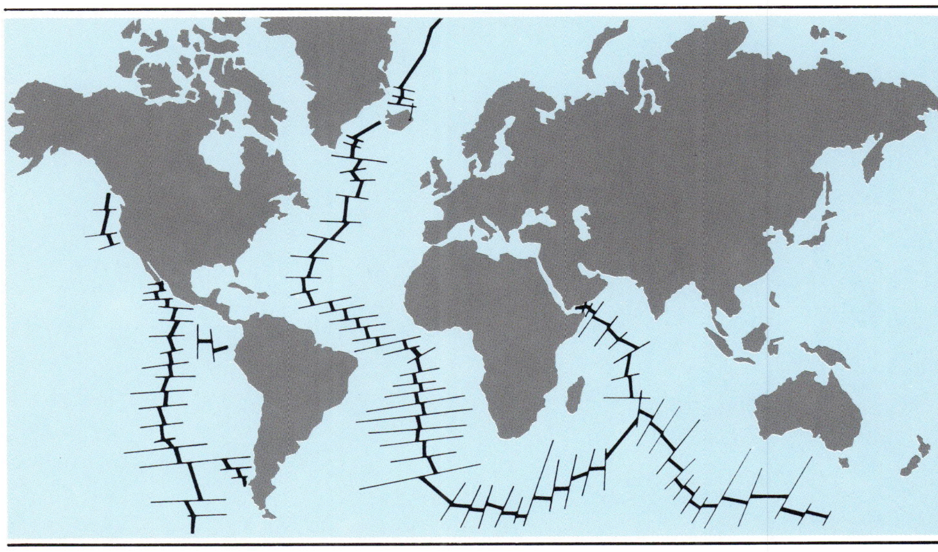

Tatsächlich verdanken die mittelozeanischen Gebirge ihre Entstehung vor allem bruchtektonischen Vorgängen, d.h. dem linienhaften Zerbrechen der submarinen Erdkruste, wobei es – in geologischen Zeiträumen allerdings – zur Heraushebung von Firsten, zur Einsenkung von Gräben und zur Öffnung von Spalten kommt. Heute arbeitet ein Heer von Tiefseeforschern, Geophysikern und Meeresgeologen an der Entschleierung dieser Vorgänge, denn während der letzten 10–20 Jahre wurde deutlich, daß die tief unter dem Meer sich abzeichnenden Entwicklungen der Erdkruste von ausschlaggebender Bedeutung für die Klärung der Frage sind, wie unsere Kontinente und Ozeane entstanden. Letztlich ist die Gestalt der Tiefseegebirge ein Beweis für die Theorie der sogenannten Kontinentalverschiebung. Was seit mehreren Jahrzehnten vermutet wurde, kann heute dank der Erkenntnisse über die mittelozeanischen Gebirge als gesichert gelten: Die Kontinente unserer Erde wandern, sie verlagern sich im Lauf von 100 Millionen Jahren um Tausende von Kilometern – bezogen auf ein Jahr sind dies allerdings nur Beträge von wenigen Zentimetern.

Unten: Vergleich zwischen einem Querprofil durch die Schweizer Alpen und einem mit Hilfe des Echolots gewonnenen Querschnitt durch die Kammregion des Reykjanes-Rückens, des südwestlich von Island gelegenen Abschnittes des Mittelatlantischen Rückens (nach J. Ulrich).

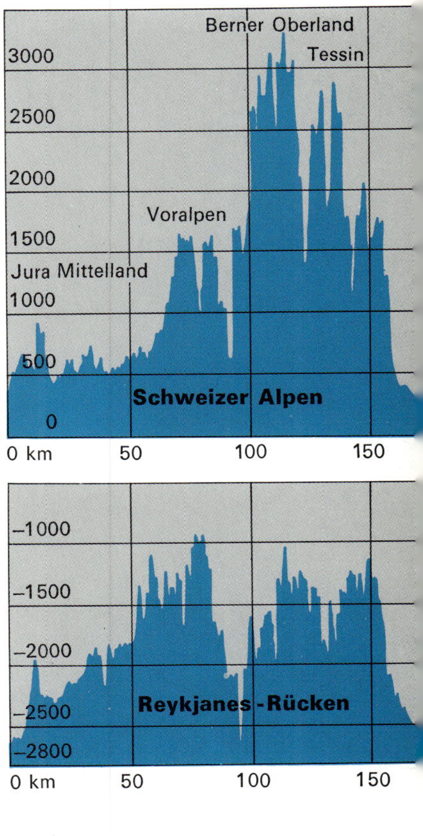

Das Gebirge im Kartenbild

Im Kartenbild wird die Erdoberfläche, die mit ihren Höhen und Tiefen ein dreidimensionales Gebilde darstellt, auf die Zeichenebene einer Karte, die naturgemäß nur zwei Dimensionen hat, projiziert. Eine senkrechte Wand, sei sie 10 m oder 1000 m hoch, ergibt bei der Projektion in die Ebene eine Linie. Allerdings muß gesagt werden, daß nur wenige in der Natur auftretende Steilwände, auch nicht die Eiger-Nordwand oder die 6000 m hohe Rupal-Flanke des Nanga Parbat, annähernd senkrecht sind – das menschliche Auge überschätzt die Böschungsverhältnisse im Steilrelief stets. Dennoch bildet die Darstellung der dritten Dimension des Reliefs, insbesondere der Gebirge mit ihren großen Höhenunterschieden, eines der Hauptprobleme der Kartographie.

Möglichkeiten der Gebirgsdarstellung auf Karten großen Maßstabs (nach E. Imhof):

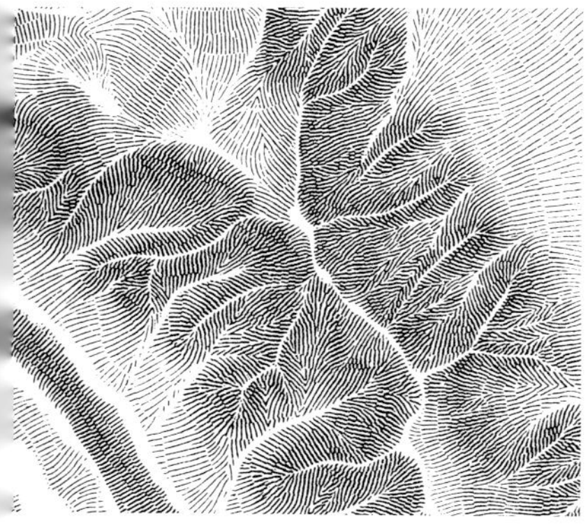

Geländedarstellung durch Böschungsschraffen, das heißt Striche in der Richtung des stärksten Gefälles, wobei stärkere oder schwächere Hangneigungen durch unterschiedliche Breite der Schraffen und ihrer Zwischenräume veranschaulicht werden.

Geländedarstellung durch Schattenschraffen. Schatten- und Sonnenhänge bei einer gedachten Schrägbeleuchtung werden durch dunkle beziehungsweise helle Schraffur unterschieden.

Geländedarstellung durch Kombination von Höhenlinien und Schattenschraffen.

Unerläßliche Voraussetzung für die Herstellung einer Gebirgskarte ist, daß das Relief der darzustellenden Gebirgsgruppe überhaupt bekannt, das heißt genau vermessen ist. Dies ist keinesfalls selbstverständlich, ist doch gerade das Hochgebirge schwer zugänglich. Allerdings hat die topographische Aufnahmetechnik seit Einführung der Photogrammetrie, wobei statt der Natur deren photographisches Bild vermessen wird, entscheidende Verbesserung erfahren. Insbesondere die Luftbildphotogrammetrie hat ganz neue Möglichkeiten eröffnet, was die kartographische Erfassung großer Gipfel und schwer zugänglicher Räume betrifft. Den Landvermesser, der mit Meßtisch und Rucksack mühsam durch das Gebirge wanderte, hat heute das Flugzeug mit seinen Luftbildkameras abgelöst, die beim Überfliegen eines Gebirges in Sekundenabständen präzise Aufnahmen auch der unzugänglichsten Gletscher- und Bergwelt machen. Allerdings müssen, weil das Luftbild naturgemäß nur eine verzerrte Darstellung des Geländes aufzeichnet, einige Punkte auch am Boden eingemessen werden, worauf die Entzerrung durch spezielle optische Geräte erfolgt.

Die Auswertung, das heißt die Umzeichnung der Vermessungsdaten beziehungsweise des Bildinhaltes in eine sowohl genaue als auch anschauliche Karte war und ist, trotz der weitgehenden Automatisierung mancher Arbeitsgänge, letztlich noch heute das Werk des Kartographen, an den gerade die Hochgebirgskarte hohe zeichnerische und künstlerische Anforderungen stellt.

Es ist ein faszinierendes Kapitel der künstlerisch-technischen Geschichte, wie sich die kartographische Gelände- und Gebirgsdarstellung seit ihren Anfängen, dann aber vor allem seit etwa einem halben Jahrhundert entwickelt hat. Auf den ältesten Karten, so auf der im alten Ägypten um 1300 v.Chr. auf Papyrus gezeichneten Nubischen Goldminenkarte, aber auch noch auf der Peutingerschen Tafel des 12. Jahrhunderts werden die Gebirge durch wellenförmige Profile von schematischen Bergreihen dargestellt, die der Kartograph in die Ebene umklappte. Vom Beginn der Neuzeit bis zum Ende des 18. Jahrhunderts verwendeten die Kartenzeichner die sogenannte *«Maulwurfshügelmanier»* zur Reliefdarstellung. Dabei werden die Gebirge in seitlicher Ansicht mehr oder weniger naturgetreu als Reihen runder Maulwurfshügel gezeichnet. Im 19. Jahrhundert gingen die Kartographen von der Seitenansicht zur Vogelperspektive, d.h. zur Grundrißdarstellung der Geländeformen über. Um die Gebirge dennoch plastisch in ihrer dreidimensionalen Gestalt zu zeigen, entwickelte man nacheinander die Schraffentechnik, die Reliefdarstellung durch Höhenlinien und die Schummerung.

Böschungsschraffen wurden auf zahlreichen amtlichen topographischen Karten der europäischen Staaten noch bis zur Zeit vor dem Zweiten Weltkrieg verwendet, so in der Österreichischen Spezialkarte 1:75000, in der französischen Generalstabskarte 1:80000 oder in der Karte des Deutschen Reiches 1:100000. Böschungen, also auch alle Berghänge, werden auf diesen Karten durch Schraffen oder Striche in der Richtung des stärksten Gefälles gezeichnet, wobei stärkere oder schwächere Hangneigungen durch die unterschiedliche Breite der Schraffen und ihrer Zwischenräume veranschaulicht werden – eine Darstellungsweise, die gerade im Hochgebirge ihre Grenzen findet, da Steilhänge und Wände dabei durch die enge Scharung der Schraffen zu vollschwarzen Flächen werden.

In der Schweiz, die in der Hochgebirgskartographie bis heute eine führende Stellung einnimmt, ging man schon im 19. Jahrhundert andere Wege. Für die Dufour-Karte, dem 1844–64 entstandenen ersten amtlichen Kartenwerk der Schweiz, wurden nicht Böschungs-, sondern *Schattenschraffen* verwendet. Ausgangspunkt dabei ist die Vorstellung einer schrägen Beleuchtung, die das Relief ja besonders plastisch erscheinen läßt. Durch helle oder dunkle Schraffur werden Licht- und Schattenflächen unterschieden.

In den modernen Karten ist die Schraffendarstellung durch die *Schummerung* ersetzt, in der Regel durch eine kombinierte Böschungs- und Schattenschummerung. Diese beruht auf dem gleichen Prinzip wie die Schraffendarstellung, verwendet aber zur Kennzeichnung von Hell-Dunkel-Unterschieden eine flächenhafte Farbgebung statt der aus Strichen zusammengesetzten Schraffur. Der plastische Eindruck des Reliefs, den eine gute Gebirgskarte oder auch eine Atlaskarte vermittelt, geht auf die Schummerung zurück. In Kombination mit der Schummerung wird heute in allen großmaßstäblichen Karten das Relief durch *Höhenlinien* dargestellt, das sind fiktive Linien, die alle Geländepunkte gleicher Höhe miteinander verbinden. Mathematisch betrachtet, ist die Höhenliniendarstellung die einzige exakte Form der Reliefwiedergabe, da für jeden Punkt des Kartenausschnittes die Höhe im Gelände aus der Karte abgelesen oder durch Interpolation ermittelt werden kann.

Einen außergewöhnlichen, hohen Standard der Gebirgsdarstellung hat die Schweizer Kartographie in ihren amtlichen Karten erreicht, was vor allem das Verdienst von Eduard Imhof ist. Die sogenannte *Schweizer Manier* geht von der Vorstellung aus, daß tiefgelegene Punkte der Erdoberfläche vom Sonnenlicht schwächer beleuchtet werden als höher liegende. Auf dieser Erkenntnis aufbauend, hat E. Imhof eine sogenannte luftperspektivische Farbskala entwickelt, bei der z.B. die unterste Höhenstufe des Hügel- und Kulturlandes in Grünblau, die Waldstufe in Grün, die alpine Mattenstufe in Gelb, die Felsstufe in Gelbrosa, Gletscher- und Firnfelder in Weiß erscheinen. Kombiniert mit einer sehr plastischen Schattenschummerung, mit Höhenlinien sowie mit einer naturgetreuen, sehr feinen Fels- und Gletscherzeichnung ergibt die farbliche Höhenabstufung ein naturnahes, harmonisches Gesamtbild.

Meisterleistungen der Hochgebirgskartographie wurden nicht nur in der Darstellung alpiner Gebirgsgruppen erbracht. Auf bergsteigerischen und wissenschaftlichen Expeditionen wurden während der letzten 50 Jahre eine ganze Anzahl von Hochgebirgsmassiven in aller Welt topographisch aufgenommen und kartographisch bearbeitet. Neben den Fachleuten der Schweizerischen Landestopographie haben sich dabei vor allem die Kartographen des Deutschen und des Österreichischen Alpenvereins einen Namen gemacht.

Beispiele hervorragender Gebirgskarten sind, um nur zwei von vielen zu nennen, die von B. Washburn 1960 herausgegebene Karte des Mount McKinley, des höchsten Berges Nordamerikas, im Maßstab 1:50000, oder die von E. Schneider aufgenommene und von F. Ebster gestaltete, 1966 herausgegebene Karte Khumbu Himal 1:50000, deren Ausschnitt neben dem Mount Everest weitere drei Achttausender-Gipfel umfaßt.

Verkleinerter Ausschnitt aus der Karte 1:50000 des Mount McKinley-Gebietes, deren Erarbeitung durch amerikanische und schweizerische Fachleute fünfzehn Jahre beanspruchte.

Aufbau einer Gebirgskarte aus verschiedenen Inhaltselementen (nach E. Imhof):

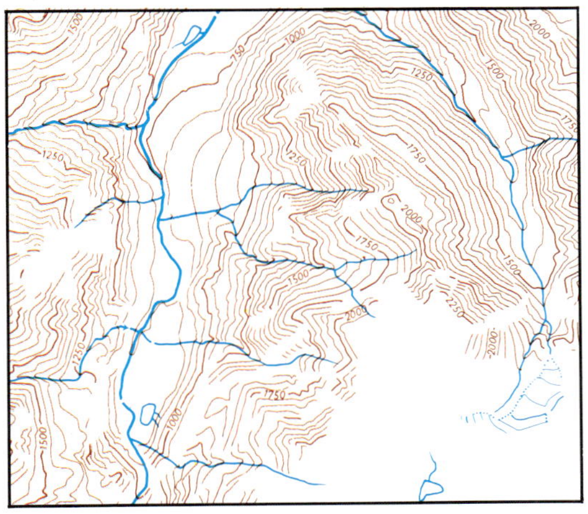

Höhenlinien und Gewässer.

Höhen- und Geländefarben.

Schattenschummerung bei Beleuchtung aus Nordwesten.

Kombination von Höhen- und Geländefarben mit Schattenschummerung. (Oben Aussparung einer Straßentrasse.)

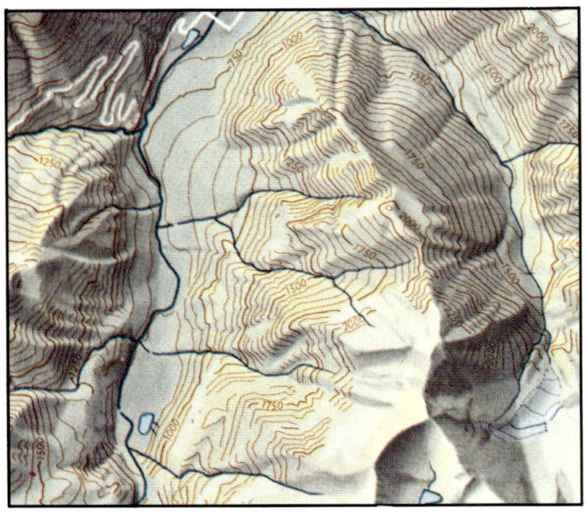

Kombination von Höhenlinien und Gewässern, Höhen- und Geländefarben sowie Schattenschummerung.

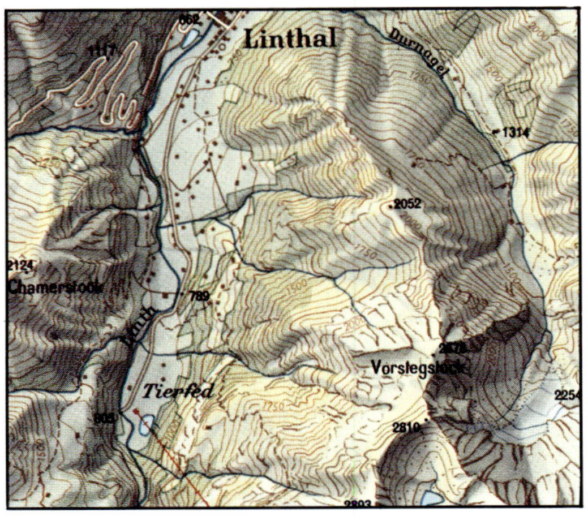

Die fertige Karte als Kombination aller Inhaltselemente.

Die Gebirge Europas

Europa ist im Vergleich zu anderen Erdteilen ein sehr kleiner Kontinent, doch besitzt es ein bewegtes Relief und eine große Vielfalt von Gebirgen. Gegenüber den Gebirgen Asiens, Afrikas oder Südamerikas sind die europäischen Gebirge recht gut erforscht. Versucht man so unterschiedlich gestaltete Gebirge wie das Schottische Hochland, das Gebirge Korsikas oder den Ural unter vergleichenden Gesichtspunkten zu betrachten, so bietet sich zunächst die klassische Gliederung der europäischen Gebirge nach ihrem geologischen Entstehungsalter an, d.h. eine Zuordnung der Gebirge zu bestimmten Faltungsphasen, die sich in der Art «geologischer Revolutionen» verschiedentlich im Verlauf der Entwicklungsgeschichte unserer Erdkruste abgespielt haben.

Die jüngsten Kinder in der Familie der europäischen Gebirge sind die in der Erdneuzeit (beginnend vor 60 Millionen Jahren) entstandenen Kettengebirge, die sich in einem breiten Gürtel durch die südliche Hälfte des Erdteiles ziehen, von der Iberischen Halbinsel mit Sierra Nevada und Pyrenäen über die Alpen und Karpaten Mitteleuropas, die sich fast ohne Übergang in die Apenninen Italiens, das Dinarische Gebirge, den Pindos und den Balkan fortsetzen; jenseits des Schwarzen Meeres bilden das Jaila-Gebirge auf der Halbinsel Krim und der Kaukasus das östlichste Glied dieses Gebirgsgürtels in Europa. Die jungen Faltengebirge unterscheiden sich nicht nur durch ihr Alter von anderen Gebirgen, sondern auch durch die größere Höhe, durch das Fehlen großer Hochplateaus, überhaupt durch eine stärkere Zerschneidung und innere Gliederung. Ausnahmslos gehören sie dem Kettengebirgstypus an.

Anders gestaltet sind die schon am Ende des Erdaltertums (vor 250–300 Millionen Jahren) entstandenen und seither in großen Teilen abgetragenen und gebietsweise zu Hochflächen eingeebneten Gebirge einer mittleren Zone, die sich von der westlichen Iberischen Halbinsel bis zum Ural durch Europa zieht. Zu den Gebirgszügen und -massiven dieses Gürtels gehören in Spanien die Sierra Morena, das Kastilische Scheidegebirge und das Kantabrische Gebirge, in Frankreich das Zentralmassiv mit den Cevennen und die Vogesen. In Mitteleuropa, wo sich drei Hauptrichtungen der damaligen Gebirgsrichtungen miteinander vergittern, ist das Anordnungsmuster dieser Gebirge sehr vielfältig: Schwarzwald und Odenwald sind Nord-Süd-gerichtet; das Rheinische Schiefergebirge mit den Ardennen, aber auch das Erzgebirge verlaufen in Südwest-Nordost-Richtung; Teutoburger Wald, Harz, Thüringer Wald sowie Oberpfälzer-, Bayerischer- und Böhmerwald sind, wie auch die Sudeten, von Nordwesten nach Südosten gestreckt. Von den Mittelgebirgen West- und Mitteleuropas durch das weite russische Tafelland getrennt ist der Ural, der sich wegen seines nord-südlichen Verlaufs und vor allem wegen seiner langen Erstreckung besonders gut als Gebirgsgrenze zwischen Europa und Asien eignet. Während die jungen Faltengebirge meist Hochgebirgscharakter haben, sind diejenigen der mittleren Zone Europas niedriger. Es sind typische Mittelgebirge ohne scharfe Grate und Kämme; Hochflächen, über denen die höchsten Erhebungen als rundliche Kuppen aufragen, bestimmen das Formenbild.

Dies gilt in noch stärkerem Maß für die älteste Generation der europäischen Gebirge, deren Faltung bereits im frühen Erdaltertum (vor nahezu 400 Millionen Jahren) erfolgte, und deren einstiges Hochgebirgsrelief abgetragen und dann zu ausgedehnten Plateaus umgeformt wurde. Zu den Gebirgen dieser ältesten Zone Europas, die den nördlichen Teil der Britischen Inseln und das westliche Skandinavien umfaßt, gehören das Bergland von Wales, die Wicklow Mountains südlich der irischen Hauptstadt Dublin, die Penninen Nordenglands, die Gebirge der Schottischen Hochlande und das norwegische Gebirge zwischen Jotunheimen und Nordkap.

Neben den Faltengebirgen, gleich welchen Alters, stehen vulkanische Gebirge und Einzelberge. Am auffälligsten unter ihnen sind die ganz jungen, teilweise heute noch wegen gelegentlicher Vulkanausbrüche berüchtigten Massive wie das des Ätna, des Vesuvs oder des isländischen Vulkans Hekla. Auch die auf ältere Lavaergüsse zurückgehenden vulkanischen Gebirge wie das Bergland der Auvergne, der Vogelsberg in Deutschland oder große Teile Islands sind geologisch jung, da sie alle in der Erdneuzeit entstanden.

Die Gebirge Europas gehören nicht nur in geologischer Hinsicht oder im Landschaftsaufbau sehr unterschiedlichen Typen an, sondern sind auch im Klima und in ihrer Höhenstufung sehr vielfältig. Vom Gletschereis überformte und heute teilweise noch von ausgedehnten Eiskappen bedeckte Gebirge in Skandinavien und Island wechseln mit waldlosen

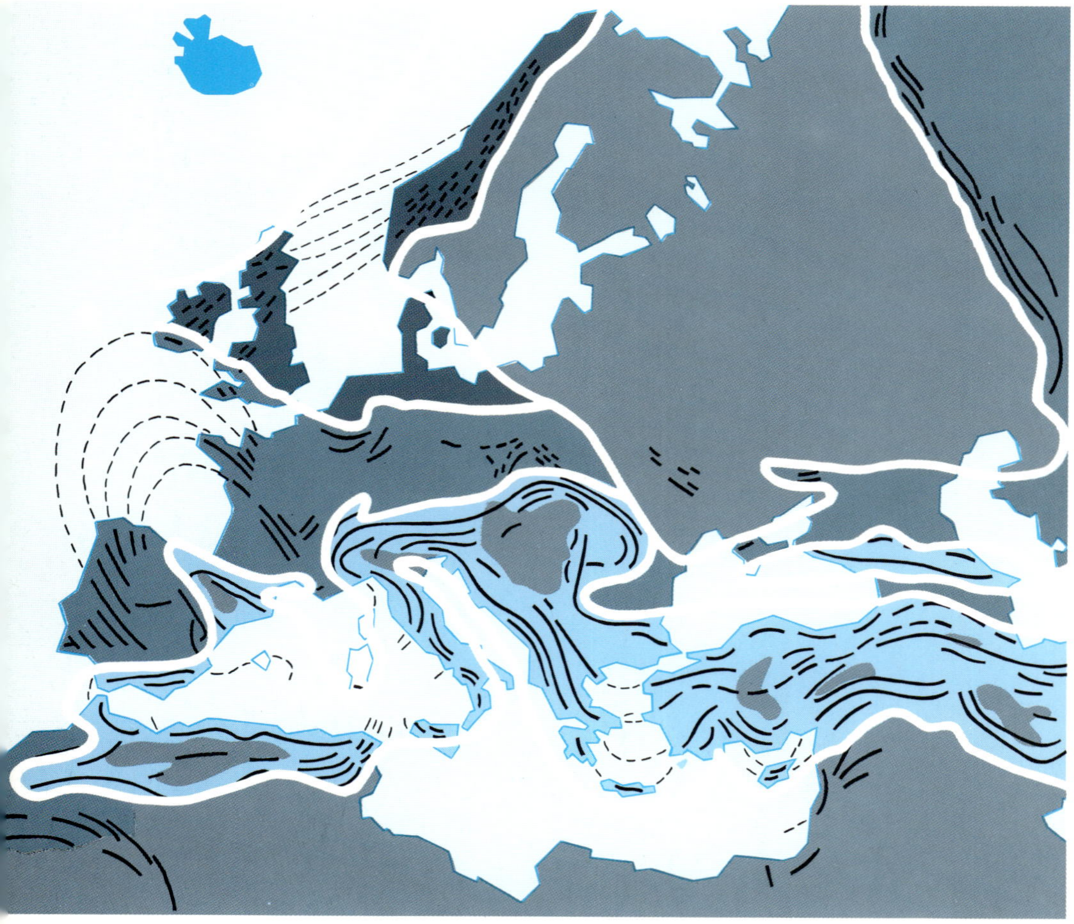

Die Gebirge Europas lassen sich drei Zonen verschiedenen geologischen Alters zuordnen: Neo-Europa mit den jungen Faltengebirgen der Erdneuzeit, Meso-Europa mit der mittleren Gebirgsgeneration aus dem späten Erdaltertum, Paläo-Europa mit der ältesten Gebirgsgeneration aus dem frühen Erdaltertum (nach H. Wilhemy).

- Ur-Europa, Gondwana (Teile Afrikas und Arabiens)
- Paläo – Europa
- Meso – Europa
- Neo – Europa
- vulkanisches Festland
- Gebirgsketten

Hochflächen. In landschaftlichem Gegensatz hierzu stehen die Waldgebiete Mitteleuropas, in denen nur die höchsten Erhebungen über die Baumgrenze aufragen. Eine eigene Gruppe bilden Alpen, Pyrenäen und Kaukasus mit ihrer ausgeprägten Höhenstufung, die es ermöglicht, daß am Fuße einer Gebirgsgruppe Weinreben und Zypressen gedeihen, im Gipfelbereich aber nackte Felswände und Gletscher das Bild beherrschen. In den Gebirgen Südeuropas herrscht Sommertrockenheit, die Bäche und Flüsse versiegen läßt und im Vegetationsbild dornige Hartlaubgewächse begünstigt.

Der Mensch richtet sich in seinen traditionellen Nutzungsformen nach den von der Natur gegebenen

Das malerische Alpdorf Zmutt (1936 m) bei Zermatt wird nur im Sommer bewohnt. Während dieser Zeit der Viehalpung dienen die Hochweiden den Zermatter Bergbauern als wirtschaftlicher Ergänzungsraum. Allerdings führte der Aufschwung des Fremdenverkehrs in den Alpen zu einem starken Rückgang der traditionellen, von der Viehhaltung geprägten Wirtschaft.

Möglichkeiten. So haben sich in den meisten Gebirgen im Verlauf der Jahrhunderte oder Jahrtausende verschiedene Formen der Wanderweidewirtschaft entwickelt, die wir aus den nordischen Gebirgen als Säter-Wirtschaft, aus den Alpen als Almwirtschaft und aus den Randgebirgen des Mittelmeeres als Transhumanz kennen. Neben der Viehwirtschaft stellte die auf dem Waldreichtum vieler Gebirge beruhende Forst- und Holzwirtschaft schon immer eine wichtige Einkommensquelle der Bevölkerung dar.

Während des letzten halben Jahrhunderts haben die europäischen Gebirge, soweit sie zum Staatsgebiet von Industrieländern gehören, einen ausgesprochenen Funktionswandel erfahren: Als landschaftlich attraktive Räume entwickelten sie sich zu bevorzugten Zielen eines Massentourismus, der in manchen Gebieten schon so beängstigende Formen annimmt, daß er in Gefahr ist, sich selbst wieder zu zerstören.

Eine zweite Komponente des Funktionswandels der Gebirge beruht auf dem zunehmenden Energiebedarf der Industrieländer. Nicht nur die Hochalpen, sondern auch das Bergland Südnorwegens oder der Kaukasus sind heute von einem System von Speicherkraftwerken durchsetzt, in denen das natürliche Gefälle der Gebirgsflüsse in elektrische Energie verwandelt wird.

Die höchstgelegenen Getreidefelder der Alpen (Bild oben links) finden sich oberhalb des Dorfes Saint-Véran (Queyras, französische Südalpen) in 2200 m Höhe. Da die Vegetationszeit in dieser extremen Höhe zu kurz ist, um Sommergerste oder Winterroggen reifen zu lassen, wird das Getreide auf besonderen Holzgalerien (oberes Bild), die den Häusern des Bergdorfes ein archaisches Aussehen verleihen, noch nachgetrocknet.

Links: Dicht gedrängt stehen die mit Granitplatten gedeckten Häuser im Bergell oder Val Bregaglia, das zum italienischen Sprachgebiet der Schweizer Alpen gehört. Während in den deutschen Sprachgebieten der Alpen der Einzelhof die vorherrschende Siedlungsform ist, siedeln die romanischen Volksgruppen meist in geschlossenen Dörfern.

Die jungen Faltengebirge

Den Idealtypus der jungen Faltengebirge Europas und des Hochgebirges schlechthin verkörpern die *Alpen*. Von den Alpen ging sowohl die Entwicklung des Bergsteigens aus – man denke an den Begriff Alpinismus, der heute völlig unabhängig vom namengebenden Gebirge gebraucht wird – wie auch die wissenschaftliche Erforschung der Hochgebirge überhaupt, angefangen von der Höhenmessung bis hin zur Enthüllung des komplizierten geologischen Aufbaus.

Mit einer Längserstreckung des geschwungenen Gebirgsbogens von etwa 1100 km zwischen Nizza und Wien sowie einer mittleren Breite von 150 bis 200 km sind die Alpen das größte Gebirge Europas. Sieht man vom Kaukasus ab, über dessen Zugehörigkeit zu Europa man unterschiedlicher Meinung sein kann, so tragen die Alpen auch die höchsten Gipfel Europas, unter denen die eisbedeckte Gipfelkuppe des Montblanc mit 4807 m die höchste Erhebung des Erdteiles darstellt. Die Gliederung der Alpen richtet sich einmal nach dem geologischen Bau, der in den Westalpen andere Strukturen aufweist als in den Ostalpen jenseits der Tiefenlinie Rheintal–Splügenpaß–Comersee. Zum anderen trennen die großen alpinen Längstalfurchen wie z.B. Inn-, Salzach- und Ennstal in den Ostalpen oder Wallis und Grésivaudan in den Westalpen größere zusammenhängende Gebirgsgruppen oder -ketten voneinander.

Die großen Talräume, die häufig, wie das Wallis, der Vintschgau oder die Tarentaise, nicht nach den sie durchfließenden Flüssen benannt sind, sondern eigene Namen führen, bilden seit jeher den Hauptlebensraum der alpinen Bevölkerung. Doch wurden im Spätmittelalter auch die weniger günstigen, da abgelegenen Nebentäler und die höheren Bereiche besiedelt, so daß die höchsten bäuerlichen Dauersiedlungen der Alpen bis in Höhen von 2100 m zu finden sind. Beispiele solcher extremen Höhensiedlungen sind Saint-Véran in den französischen Südalpen, Juf im Averser Rheintal der Bündner Alpen oder die Rofenhöfe im tirolerischen Ötztal. Besondere Leistungen im Rahmen der Höhenkolonisation vollbrachten die aus dem oberen Wallis nach Graubünden und Vorarlberg vordringenden Walser. Seit der Mitte des 19. Jahrhunderts führte eine zunehmende Bevölkerungsdichte unter den ohnehin sehr kargen Existenzverhältnissen des Bergbauerntums zu starken Abwanderungsbewegungen, die mancherorts, etwa in großen Teilen der französischen Südalpen, bis heute andauern. Im Gefolge dieser «Höhenflucht» wurden viele Berghöfe aufgegeben, ja ganze Dörfer wurden verlassen und dem Verfall preisgegeben.

Einen Umschwung in dieser für die alpine Bevölkerung bedrohlichen Entwicklung brachte der seit der Jahrhundertwende verstärkt einsetzende Fremdenverkehr, der nun in vielen Teilen der Alpen zur Hauptlebensgrundlage der Einheimischen wurde. In den Alpen gibt es etwa 50 Orte, die jeweils mehr als eine Million Gästeübernachtungen im Jahr zählen. Darunter sind Badekurorte wie Gastein oder Aix-les-Bains, Wintersport- und Bergsteigerzentren wie Chamonix oder Zermatt sowie vor allem Orte, die als Sommerfrische oder zum Badeurlaub aufgesucht werden. Gerade die malerischen Alpenseen wie die des Salzkammergutes, der Vierwaldstättersee, die oberitalienischen und die Kärntner Seen machen neben dem ohnehin wechselvollen Landschaftsbild und der grandiosen Szenerie der von Gletschern umgebenen Alpengipfel den Reiz und den hohen Freizeitwert der alpinen Landschaft aus.

Stellen die Alpen einen verhältnismäßig breiten, durch geräumige Längstäler in zahlreiche Einzelketten gegliederten Gebirgskörper dar, so gleicht der scharfe Kamm der *Pyrenäen* einem geradlinigen, geschlossenen First, der eine gewaltige natürliche Gebirgsgrenze zwischen Frankreich und Spanien bildet. Tief in den mauerartigen Hauptkamm eingesenkte Pässe gliedern das zwischen Biscaya und Mittelmeer etwa 430 km lange Gebirge in drei Teile. Die westlichen Pyrenäen, die nach der sie bewohnenden Minderheitsbevölkerung auch als Baskische Pyrenäen bezeichnet werden, überschreiten kaum 2000 m Höhe; sie sind niederschlagsreich und tragen wegen ihres dichten Waldkleides Mittelgebirgscharakter. Etwa am Pic d'Anie (2504 m) beginnen die Zentralpyrenäen, die mit zahlreichen Dreitausendern, darunter dem höchsten Pyrenäen-Gipfel, dem Pic de Aneto (3404 m) in der Maladetta-Gruppe, sowie mit kleinen Hanggletschern ausgesprochenen Hochgebirgscharakter haben. Jenseits des Pic Carlitte beginnen die östlichen oder Mittelmeer-Pyrenäen, die durch die Täler von Têt und Tech etwas stärker gegliedert sind.

Eine Folge sowohl des geradlinigen ostwestlichen Verlaufes als auch der Lage im strahlungsreichen subtropischen Klimabereich ist der landschaftliche Gegensatz zwischen der bewaldeten Nordabdachung und der trockenen, gebietsweise öden Südseite. Die traditionelle Nutzungsform der Hochregion ist die Transhumanz, eine Form der Wanderschafhaltung, bei der Entfernungen von 100–200 km zwischen den Winterweidegebieten im Tiefland und den im Sommer genutzten Gebirgsweiden zurückgelegt werden.

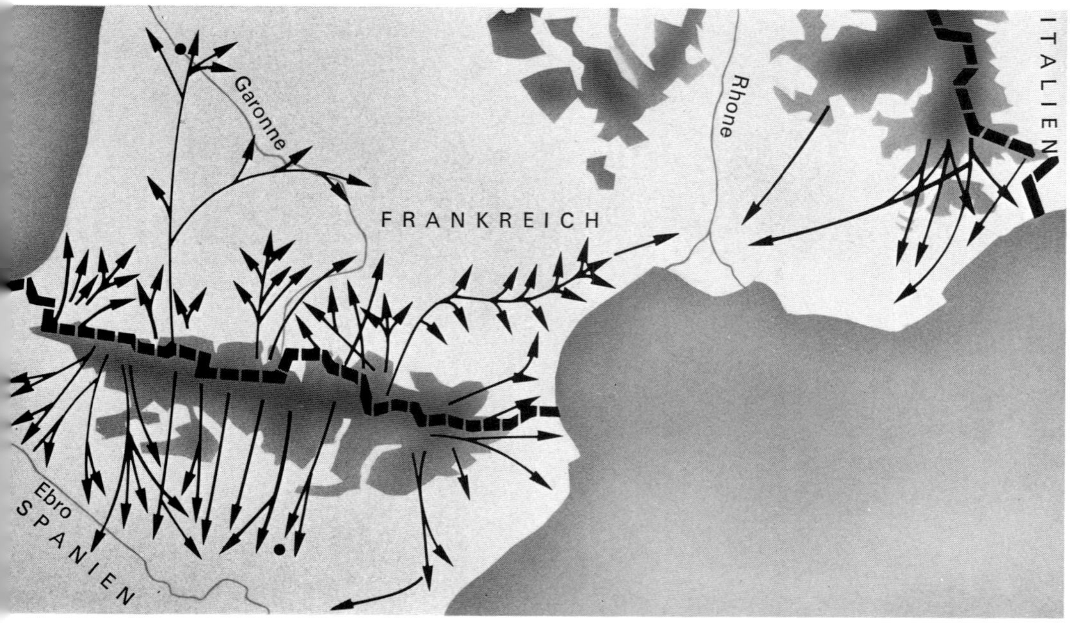

Höhen über 1000 m

In den Gebirgen um den Mittelmeerraum, so auch in den Pyrenäen und in den französischen Südalpen, wird noch heute die Transhumanz, eine spezielle Form der Wanderweidewirtschaft, betrieben. Während die Schafherden im Sommer auf den Hochweiden des Gebirges grasen, werden sie im Herbst zur Winterweide in das Gebirgsvorland getrieben. Die Pfeile zeigen die wichtigsten Wanderungsbewegungen (nach G. Rinschede).

Rechts: Die westlichen Pyrenäen, aufgenommen im September 1973 von dem bemannten Weltraumlaboratorium Skylab-3 aus 435 km Höhe. Im Vergleich zu den Landkarten steht das Bild auf dem Kopf – Norden ist in der linken unteren Bildecke. Der Hauptkamm des Gebirges mit seiner typischen Kettenstruktur ist schneebedeckt. In blauem Farbton hebt sich das schräg zur rechten Bildmitte ziehende Längstal des Aragón-Flusses ab. Rot erscheinen die bewaldeten Hänge der feuchten Nordflanke, etwas dunkler der gewaltige deltaförmige Schuttfächer von Tarbes und Pau, der das nördliche Gebirgsvorland (unteres Drittel) bildet.

Unten: Wie dieses Bergdorf im süditalienischen Kalabrien liegen viele Siedlungen des Mittelmeerraumes im Schutz hoch aufragender Bergmassive.

Rechte Seite:

1 Die kargen Existenzbedingungen im Gebirge veranlassen viele Bewohner zur Abwanderung. Verlassene und verfallende Siedlungen wie dieses Bergdorf zu Füßen des Erymanthos im griechischen Peloponnes sind in den europäischen Gebirgen nicht selten.

2 Die Schafe sind die genügsamsten unserer Haustiere. Wie hier im Kaukasus bietet die Schafhaltung der Bergbevölkerung auch in allen anderen Gebirgen Europas die Möglichkeit, auch noch die höchstgelegenen Weiden sinnvoll zu nutzen.

3 Weite Teile des Dinarischen Gebirges – hier ein Bild aus Montenegro – werden von öden Kalkmassiven und verkarsteten Kalkhochflächen eingenommen.

Noch um 1950 umfaßten die so gehaltenen Schafherden allein in der Zwergrepublik Andorra etwa 25 000 Tiere, im ganzen Gebirge noch rund 900 000 Schafe. Wie in den Alpen hat jedoch auch in den Pyrenäen der Fremdenverkehr die bergbäuerliche Landwirtschaft als Haupteinkommensquelle der Gebirgsbevölkerung abgelöst.

Ein Gegenstück zu den Pyrenäen, welche die Iberische Halbinsel im Norden abschließen, bildet das südliche Randgebirge, die Betische Kordillere mit der *Sierra Nevada,* der «verschneiten» Gebirgskette. Das Landschaftsbild wird nicht, wie in den Alpen oder den zentralen Pyrenäen, durch steile Gipfel oder scharfe Grate geprägt, sondern überwiegend durch breite Rücken und sanfte Böschungen. Da breite Täler fehlen, ist das Gebirgsinnere kaum besiedelt.

Die Fortsetzung der Westalpen nach Südosten bilden die *Apenninen,* die der italienischen Halbinsel ihren Namen gaben. Vom Col di Cadibona (459 m), der heute von der Autobahn Savona – Turin gequert wird, durchzieht das Kettengebirge in einem 1100 km langen Bogen die gesamte Halbinsel, erreicht in den Abruzzen mit dem Kalkklotz des Gran Sasso d'Italia (2914 m) seine größte Höhe und setzt sich über den Aspromonte an der Südspitze Italiens nach Sizilien fort. Die Landschaftsgestalt ist vom Gesteinsuntergrund abhängig: Verkarstete Kalkgebirgsstöcke wechseln mit stark zerschnittenen Gebirgsteilen aus weicheren Gesteinen. Dazwischen schieben sich dicht besiedelte und ackerbaulich intensiv genutzte Beckenlandschaften. Eine besondere Note bringen die Vulkanberge in das Landschaftsbild der Apenninen. Junge Vulkankegel, zum Teil mit großartigen Krateröffnungen oder noch deutlich erkennbaren Lavaströmen, finden sich sowohl an der Ostseite des Gebirges, wie im Monte Vulture, als auch am Westrand, in den Albaner Bergen. Hinzu kommen der Vesuv und der 3323 m hohe Ätna auf Sizilien. Kulturlandschaftlich bewirkt das verkehrsfeindliche Gebirge eine auffällige Asymmetrie zwischen der geräumigeren, dichter besiedelten und dem Seeverkehr gut zugänglichen Westseite der Halbinsel und der hafenarmen und weniger dicht bevölkerten Ostseite Italiens.

Auch die Gebirge der Balkan-Halbinsel bilden geologisch und vom Gebirgsverlauf her eine Fortsetzung der Alpen. Insbesondere gilt dies für das *Dinarische Gebirge* Jugoslawiens als Fortsetzung der südöstlichen Kalkalpen. Von den küstennahen Ketten her, die durch Absenkungsvorgänge in der geologischen Vergangenheit teilweise vom Adriatischen Meer überflutet wurden und heute die Dalmatinischen Inseln bilden, steigt das Dinarische Gebirge in mehreren parallelen Ketten landeinwärts an, wo das abweisende Kalkmassiv des Durmitor in der Čirova Pećina (2522 m) den höchsten Gipfel des Gebirges trägt. Landschaftsprägend für das ganze Bergland, vor allem für die öden, wasserlosen Kalkhochflächen des Inneren, sind Karsterscheinungen, wie ja auch der nördlichste Teil des Gebirges, der Triester Karst, bei der Benennung dieser Landschaftsformen Pate stand.

Nach Süden geht das Dinarische Gebirge in die schwer zugänglichen *Albanischen Alpen* und in das *Pindos-Gebirge* über, das gewissermaßen das Rückgrat im Landschaftsaufbau der Griechischen Halbinsel darstellt. Beide Gebirge sind kaum erschlossen und werden nur von wenigen hohen Pässen gequert. Die Siedlungsgrenze liegt in nur 1400 m Höhe, also wesentlich tiefer als in den Alpen, doch werden die Bereiche über 2000 m wie in allen Gebirgen des Mittelmeerraumes durch eine transhumante Weidewirtschaft jahreszeitlich genutzt. Gleiches gilt für das *Balkan-Gebirge,* das mit mehreren schmalen Parallelketten in 600 km Länge Bulgarien durchzieht.

Nach Norden setzt sich der westliche Balkan jenseits des grandiosen Durchbruchstales der Donau mit dem Eisernen Tor in den südlichen *Karpaten* fort, deren weit nach Osten ausschwingender Gebirgsbogen im Raum von Wien über die Kleinen Karpaten und das Leithagebirge den Anschluß an die Ostalpen findet. Die 1300 km langen Karpaten haben geologisch große Ähnlichkeit mit den Alpen, erreichen aber selbst in ihrem höchsten Teil, der Hohen Tatra, mit 2655 m bei weitem nicht die Höhe der großen Alpengipfel. So tragen nur die höchsten Erhebungen der Karpaten mit typischen Hochgebirgsformen den landschaftlichen Stempel der eiszeitlichen Vergletscherung. Weite Teile des Gebirgsbogens haben eher Mittelgebirgscharakter, wie auch der für den zentralen Teil des Gebirges übliche Name «Waldkarpaten» verrät. Wirtschaftlich wichtig ist neben der kargen Landwirtschaft vor allem der seit alters betriebene Bergbau. Politisch gehören die Karpaten seit der Aufteilung des österreichisch-ungarischen Reiches zu vier verschiedenen Staaten: Die Tschechoslowakei und Polen teilen sich die Westkarpaten oder Beskiden, zur Sowjetunion gehören die mittleren oder Waldkarpaten, zu Rumänien die Ost- und Südkarpaten.

Der *Kaukasus* gleicht in vielen Zügen den Pyrenäen. Wie jene bildet er eine schmale Kette zwischen zwei großen Wasserflächen, dem Schwarzen Meer und dem Kaspisee, was die sperrende Wirkung dieser Gebirgsschranke noch verstärkt. Der nahezu ostwestliche Verlauf und die große Höhe – dem ohnehin hohen Faltengebirge sind noch mehrere Vulkane wie etwa Elbrus (5633 m) und Kasbek (5047 m) aufgesetzt – machen den Kaukasus zu einer markanten Klimascheide zwischen dem kühlgemäßigten Bereich im Norden und dem subtropischen Transkaukasien im Süden. Zu diesem klimatischen Kontrast zwischen Nord- und Südabdachung des Gebirges tritt der Gegensatz zwischen dem feucht-ozeanischen Einfluß im Westen und dem trocken-kontinentalen Charakter des Ostens. Gedeihen auf der zum Schwarzen Meer gerichteten, feuchten Südwest-Abdachung im untersten Stockwerk Tee- und Zitruskulturen, so tritt an der trockenen Nordostflanke die Steppen- und Wüstenvegetation bis an den Gebirgsfuß heran. Kulturhistorisch ist der Kaukasus ein ausgesprochenes Rückzugsgebiet mit einer großen Vielfalt von Völkern. Schon von den arabischen Geographen des Mittelalters wurde der Kaukasus als das «Gebirge der Sprachen» bezeichnet, und noch heute leben hier Minderheiten mit eigenen Sprachen, deren Name in keinem Konversationslexikon zu finden ist.

1

2

3

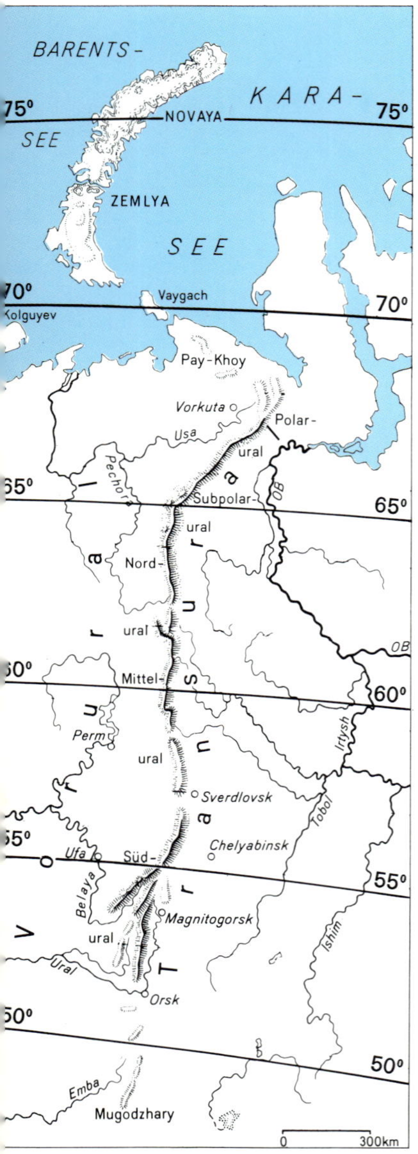

Oben: Übersichtskarte des Ural-Systems, das neben dem Ural-Gebirge die Doppelinsel Nowaja Semlja im Norden und die Mugodshary-Berge im Süden umfaßt. Mit einer Nord-Süd-Erstreckung über 29 Breitengrade quert das Gebirgssystem fast alle Klimazonen der Nordhalbkugel.

Die Mittelgebirge

Auch die heutigen Mittelgebirge Europas, vom Kastilischen Scheidegebirge bis zum Ural, entstanden einst als Faltengebirge und hatten in ihrer «geologischen Jugend» den Charakter von Hochgebirgen. In Hunderten von Jahrmillionen aber wurden sie abgetragen und eingeebnet. Erst spätere Hebungen der Erdkruste haben die Überreste wieder zu Gebirgen gemacht. Weiträumige Hochflächen und sanft gerundete Rücken bestimmen das Landschaftsbild. Eine geologische Besonderheit dieser Gebirge ist ihr Erzreichtum, der häufig den Anlaß zur ersten Besiedlung gab und dem etwa das Erzgebirge, ein typischer Vertreter dieses Gebirgstypus, seinen Namen verdankt.

Reich an Kupfer, Blei und Quecksilber ist das südlichste der europäischen Mittelgebirge, die *Sierra Morena,* das «schwarze Gebirge» Südspaniens. Höher und darum auch niederschlagsreicher ist das quer durch die Iberische Halbinsel ziehende *Kastilische Scheidegebirge,* dessen Name an die historische Funktion als natürliche Grenzscheide zwischen Alt- und Neukastilien erinnert. Dank seines Wasserreichtums und der großen Höhenunterschiede eignete es sich gut zur Anlage von Stauseen. Diese speichern die reichlichen Winterregen bis zur sommerlichen Trokkenzeit, in der ein großer Wasserbedarf für Bewässerungszwecke sowie für die Stromerzeugung besteht.

Im Gegensatz zu den meisten anderen Gebirgen Europas erscheint das *Französische Zentralmassiv* nicht als Kette auf den Atlaskarten, sondern als breiter Gebirgskörper. Bei genauerer Betrachtung des Kartenbildes erweist sich, daß dieses Mittelgebirge keineswegs einheitlich gestaltet ist, sondern eine Reihe ganz unterschiedlicher Gebirgslandschaften vereinigt. Auffällige Kontraste bestehen etwa zwischen der nach Süden steil abfallenden Randkette der Cevennen und den öden, von der malerischen Tarn-Schlucht durchschnittenen Kalkplateaus der Causses oder den vulkanischen Landschaften der Auvergne und des Velay. Sind andere Mittelgebirge reich an Erzen, so ist das Französische Zentralmassiv für seinen Kohlereichtum berühmt. Steinkohlevorkommen werden im Becken von St. Etienne, in den Cevennen von Alès und am Westrand des Gebirges nördlich von Albi abgebaut.

Während das Zentralmassiv etwa ein Sechstel des französischen Staatsgebietes einnimmt, sind die zentraleuropäischen Mittelgebirge kleiner. *Vogesen* und *Schwarzwald* bilden geologisch und landschaftlich ein Zwillingspaar. Sie entsprechen den beiden Seiten eines Tonnengewölbes, dessen Scheitel und Schlußstein allerdings eingebrochen ist, nämlich in Form des größten europäischen Grabenbruches, des Oberrheintalgrabens. Die höchsten Erhebungen beider Gebirge, der Große Belchen der Vogesen (1424 m) und der Feldberg (1493 m) im Schwarzwald, liegen im Süden, da das Gebirge hier seine höchste Aufwölbung erfuhr. Beide Gebirge entsprechen dem Idealtypus des waldreichen Mittelgebirges. Nur die höchsten Bereiche wurden von eiszeitlichen Gletschern überformt, wie die Kare mit ihren malerischen runden Seen zeigen. Bis in das Mittelalter hinein verhinderten die undurchdringlichen Wälder eine Besiedlung. Erst in einer von den Klöstern ausgehenden Kolonisation wurde der Wald teilweise gerodet. So sind viele Siedlungen heute noch als planmäßige Gründungen erkennbar, und ihre Fluren beschränken sich auf Waldlichtungen oder «Rodungsinseln». Einst bildete neben der auf Selbstversorgung ausgerichteten Landwirtschaft der Bergbau auf Edelmetalle einen wichtigen Erwerbszeig der Bevölkerung; heute steht der Fremdenverkehr im Vordergrund.

Eine ähnliche Symmetrie zum Rheintal wie das Zwillingspaar Schwarzwald und Vogesen besitzt auch das *Rheinische Schiefergebirge* mit Hunsrück, Eifel und Ardennen auf der linken, mit Taunus, Westerwald und Sauerland auf der rechten Rheinseite. Doch ist das Mittelrheintal nicht als Einbruchgraben der Erdkruste entstanden wie das Oberrheinische Tiefland, sondern der Fluß bestand hier schon vor dem Gebirge und konnte sich, während das Bergland allmählich zum Gebirge emporgewölbt wurde, in dieses einsägen. Dabei blieben die zahllosen Schlingen und Windungen des Flusses erhalten, die dem Mittelrheintal im Verein mit den zahlreichen Burgen und Weinbergen seinen besonderen landschaftlichen Reiz verleihen. Die ausgedehnten Hochflächen in allen Gebirgsteilen sind dafür verantwortlich, daß das Rheinische Schiefergebirge nicht den verkehrsfeindlichen Charakter vieler anderer Gebirge besitzt. Schon in der Antike benützten die Römerstraßen die Höhen statt der Täler, und dasselbe gilt heute für die Autobahnen.

Hochflächen verleihen auch dem *Harz,* dem nördlichsten der deutschen Mittelgebirge, sein landschaftliches Gepräge. Die steil zum Vorland abfallenden Gebirgsränder weisen darauf hin, daß der Harz nicht so sehr durch eine Aufwölbung der Erdkruste als durch Heraushebung einer Scholle entlang von Bruchlinien und Spalten entstand. In solchen Spalten der Erdrinde bildeten sich auch die Erzgänge, die den Harz schon im Mittelalter zu einem der reichsten Bergbaugebiete werden ließen. Der Bergbau führte nicht nur zur Anlage zahlreicher Teiche und Kanäle oder um 1700 zur Schaffung der ersten deutschen Talsperre, des Oderteiches, sondern auch zur Gründung der meisten Dörfer und Städte im Harz. Schließlich verdankt dem Bergbau auch die berühmte, 1775 gegründete Bergakademie von Clausthal-Zellerfeld ihre Entstehung; als Technische Hochschule überdauerte sie sogar das Ende des Harz-Bergbaues, nachdem zu Beginn des 20. Jahrhunderts die Lagerstätten weitgehend erschöpft waren.

Einen zentralen Gebirgsknoten bildet das *Fichtelgebirge,* denn von hier strahlen eine ganze Reihe von Mittelgebirgen in alle Himmelsrichtungen aus: Frankenwald und Thüringer Wald nach Nordwesten; Oberpfälzer Wald, Böhmischer- und Bayerischer Wald nach Südosten; Elstergebirge und Erzgebirge nach Nordosten. Die Hauptmasse des Fichtelgebirges wird von Granit gebildet, dessen riesige Blöcke sich lokal zu Felsburgen und Blockmeeren auftürmen wie z.B. in dem Felsenlabyrinth der Luisenburg, die schon J.W. von Goethe sehr anschaulich schildert. Der *Thüringer Wald* ist ein typisches Kammgebirge, dessen First eigentlich der schmale Rest einer ehemals breiter entwickelten Hochfläche ist. Aus dieser Besonderheit wird verständlich, daß dem Gebirgskamm eine alte Straße folgt, der bereits 1330 urkundlich erwähnte Rennsteig, einst Kurierpfad und Grenzweg zwischen Thüringen und Franken, heute beliebtes Ziel der Sommerfrischler und Skiläufer. Etwas breiter entwickelt als der Thüringer Wald ist das *Erzgebirge,* das sich zwischen Elstergebirge und Elbsandsteingebirge auf etwa 150 km

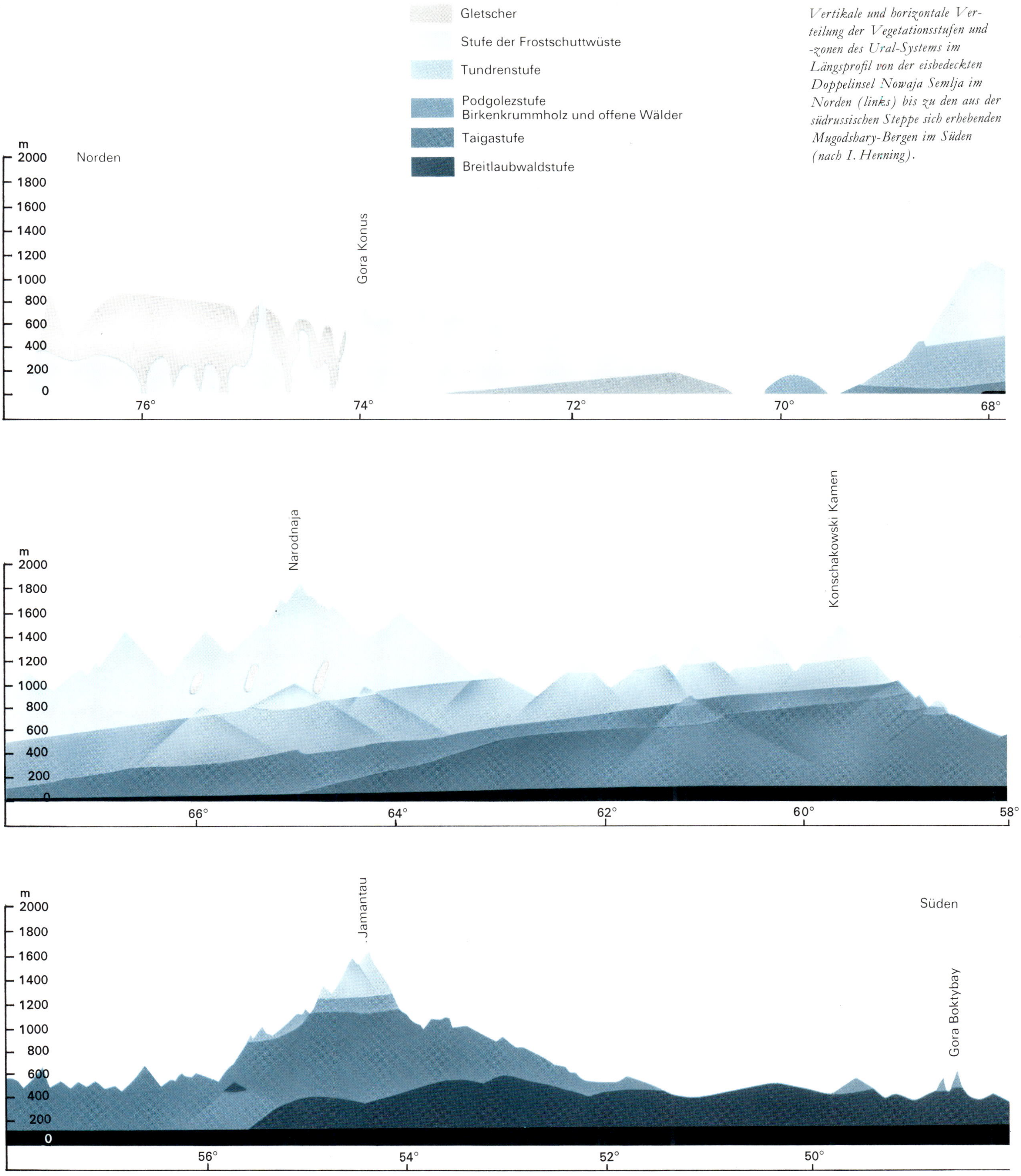

Vertikale und horizontale Verteilung der Vegetationsstufen und -zonen des Ural-Systems im Längsprofil von der eisbedeckten Doppelinsel Nowaja Semlja im Norden (links) bis zu den aus der südrussischen Steppe sich erhebenden Mugodshary-Bergen im Süden (nach I. Henning).

Länge erstreckt und die Grenze zwischen der DDR und der Tschechoslowakei bildet. Die Erze, denen das Gebirge seinen Namen verdankt, wurden im ausgehenden Mittelalter zur Grundlage des Reichtums von Sachsen, doch ging der Bergbau später stark zurück. Eine Renaissance erlebte die alte Bergbautradition nach dem Zweiten Weltkrieg, als der Reichtum an Uranerzen wirtschaftliche Bedeutung erlangte. Sowohl im Erzgebirge wie auch in den *Sudeten* haben sich schon früh Gewerbe- und Industriezweige entwickelt, die ganz typisch für viele der Waldgebirge Mitteleuropas sind: Schnitzerei und holzverarbeitendes Gewerbe, Glasbläserei, Spielzeugherstellung, Uhrenfabrikation, Stickerei, Herstellung von Borten, Posamenten, Handschuhen und Strümpfen. In jüngerer Zeit wurden diese alten, meist in Heimarbeit betriebenen Gewerbe zur Wurzel moderner Nachfolgeindustrien, insbesondere auf dem textilen und feinmechanischen Sektor. Im Gegensatz zu anderen Mittelgebirgen Europas fehlen im *Bayerischen-* und im *Böhmerwald* größere Erzlagerstätten, so daß neben der kargen Landwirtschaft auf Rodungsfluren nur die Arbeit in den Glashütten vorübergehend einen Nebenerwerb bot. Erst der sich immer stärker entwickelnde Fremdenverkehr scheint den Bayerischen Wald allmählich von dem Odium des Notstandsgebietes zu befreien.

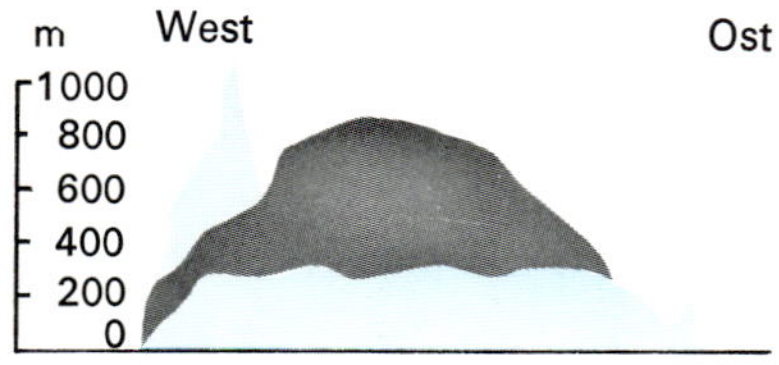

Querprofil durch die von einer Eiskappe bedeckte Nordinsel Nowaja Semljas.

Tausende von Kilometern entfernt erhebt sich an der Ostgrenze Europas der *Ural,* ein Mittelgebirge von besonderer Eigenart. Rechnet man dem Ural im Norden die Doppelinsel Nowaja Semlja und im Süden die Mugodsharyberge als seine natürlichen Fortsetzungen hinzu, so erstreckt sich das Gebirgssystem über 29 Breitengrade oder mehr als 3000 km Länge. Während die Nordinsel Nowaja Semljas eine geschlossene Eiskappe trägt und selbst die nördlichen Ausläufer des festländischen Ural-Gebirges weit in das Polargebiet ausgreifen, erheben sich die südlichen Gebirgsausläufer aus den Steppen und Wüsten Kasachstans. Der Ural quert also fast alle Klima- und Vegetationszonen von der kaum bewachsenen Frostschutzzone des arktischen Nordens über die waldlose Tundra, den ausgedehnten Nadelwaldgürtel der Taiga bis zum steppen- und wüstenhaften Trockengebiet. Auf dem Gang nach Süden steigen die klimatischen Höhengrenzen und damit auch die einzelnen Höhenstufen, z.B. die Stufe der alpinen Matten oder die des Nadelwaldes, immer mehr an. Auch der Ural verdankt seinen Bodenschätzen wirtschaftliche Bedeutung. So wurden der mittlere und südliche Abschnitt des Gebirges seit den 1930er Jahren zu einem Schwerpunkt der sowjetischen Montanindustrie ausgebaut. Als günstig für diese Entwicklung erwies sich die starke Auffächerung und die verhältnismäßig geringe Höhe dieser Gebirgsteile. So quert etwa die Transsibirische Eisenbahn den Ural über einen Paß von nur 400 m Höhe.

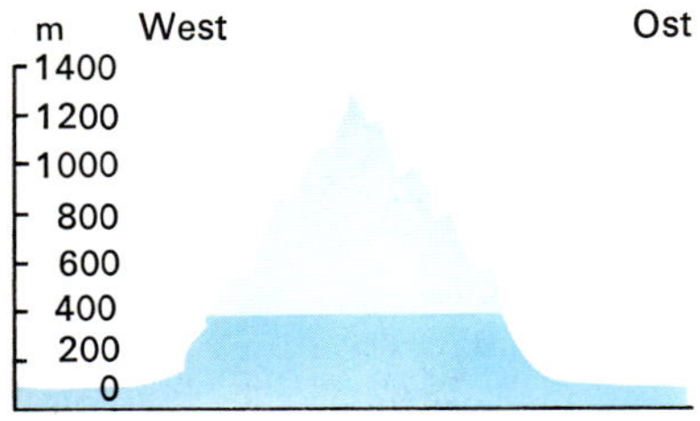

Höhenstufen der Vegetation im Subpolar-Ural.

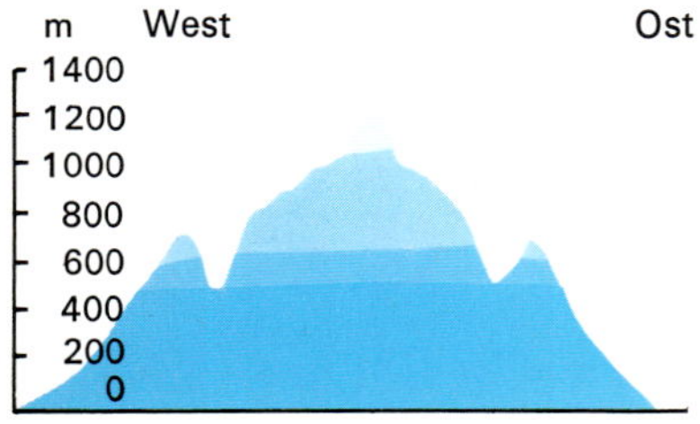

Höhenstufen der Vegetation im mittleren Ural.

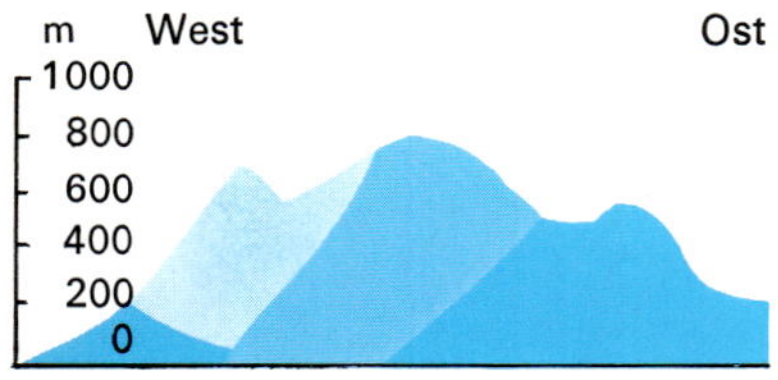

Höhenstufen der Vegetation im Süd-Ural.

Die alten Gebirge Nord- und Nordwesteuropas

In die Frühzeit der geologischen Geschichte geht die Bildung des Skandinavischen Gebirges sowie der meisten Berg- und Hochländer der Britischen Inseln zurück. Auffaltung, danach Einebnung und schließlich erneute Heraushebung kennzeichnen den Werdegang dieser ältesten Generation von Gebirgen.

Das *Skandinavische Gebirge* bildet gewissermaßen das Rückgrat im Relief und Landschaftsaufbau der nordeuropäischen Halbinsel. Es zieht sich zwischen Skagerrak und dem Nordkap über mehr als 1500 km Länge hin. Dem steilen Anstieg von der norwegischen Küste her steht eine flachere Abdachung auf der zu Schweden gehörigen Ostseite gegenüber. Der breite Rücken erreicht seine größte Aufwölbung im südlichen Mittelnorwegen, wo Galdhöpigen (2469 m) und der eisbedeckte Glittertind (2470 m) die höchsten Gipfel des Hochgebirges von Jotunheimen bilden. Aber auch nördlich des Polarkreises, so im Sarek-Nationalpark oder im Kebnekajse-Gebiet, liegen die Gipfelhöhen noch über 2000 m Höhe, und selbst die dem Gebirge vorgelagerte Inselgruppe der Lofoten erreicht Höhen über 1000 m und hat einen ausgesprochen alpinen Charakter.

Das Nebeneinander karger, waldloser Hochflächen, eisbedeckter Gipfelkuppen, waldreicher Täler, zahlloser langer, schmaler Rinnenseen und tief eingeschnittener Fjorde verdankt das skandinavische Gebirge den eiszeitlichen Gletschern. Ganz Skandinavien war während der Eiszeiten von einem bis zu 3000 m mächtigen Eisschild bedeckt – ähnlich, wie dies heute noch für Grönland gilt. Dabei war die landschaftsformende Wirkung des Eises auf den Gebirgsabdachungen größer als im Kammbereich und auf den Hochflächen des Inneren. Das Eis formte die Talbereiche zu geräumigen Trogtälern, es schürfte die heute von Seen erfüllten Becken aus, und es schuf durch glaziale Unterschneidung die Stufen, über die heute unzählige Wasserfälle herabstürzen. Auch die malerischen, tief in das Gebirge eingreifenden Fjorde sind das Werk von Gletschern. Sie sind letztlich nichts anderes als glaziale Trogtäler, in die nach dem Rückzug des Eises das Meer eindrang.

Einen ganz ähnlichen Landschaftscharakter besitzen die *Schottischen Hochlande* im Norden Großbritanniens, die von dem wie mit einem Messer eingeschnittenen Graben des Great Glen in das nördliche Hochland und das Grampian-Gebirge mit dem Ben Newis (1343 m) zerlegt werden. Lange Rinnenseen (Loch) wie der berühmte Loch Ness prägen die vom Gletschereis überformten Täler, ein unübersehbares Gewirr von Fjorden (Firth) und Buchten gliedert die Westküste und die ihr vorgelagerte Inselwelt der Hebriden. Die Waldgrenze wird bereits in 500–600 m Höhe erreicht, so daß im Bergland waldlose, von Mooren durchsetzte Hochflächen und kahle Gipfel das Bild beherrschen. So wird das Hochland zur idealen Weide für die genügsamsten Haustiere, die Schafe, von denen in Schottland fast 10 Millionen leben.

Nicht ganz so hoch und daher auch nicht in dem starken Maß von eiszeitlichen Gletschern gestaltet wie die Schottischen Hochlande sind die *Penninen* Nordenglands und das *Bergland von Wales.* In Wales überwiegen ausgedehnte Flächen in mittlerer Höhe, über die sich die Bergzüge des Snowdon (1085 m)

Rechts: Von den eiszeitlichen Gletschern gestaltet und oft zu langgezogenen, heute von fjordartigen Seen erfüllten Becken ausgeschürft sind die Täler des Skandinavischen Gebirges. Im Bild links der 20 km lange Gjende-See, rechts der durch eine glaziale Felsstufe von 400 m Höhe vom Haupttal abgesetzte Bessvatnet-See (Jotunheimen, Norwegen).

Unten: Aus der Vogelschau werden die Landschaftsformen der Schottischen Hochlande besonders deutlich. Vom Eis gestaltete Täler und Seenbecken wechseln mit waldlosen Hochweidegebieten, die von nackten, durch die eiszeitlichen Gletscher glattgeschliffenen Felsflächen und -kuppen durchsetzt sind.

1

2

3

oder der Berwyn Mountains erheben. Die waliser Bevölkerung, die weitgehend noch ihre eigene, dem Keltischen angehörende Sprache spricht, konzentriert sich auf das Südwaliser Kohlen- und Industrierevier.

Island als jüngstes Gebirgsland Europas

Mit einer Reihe von auf 1700–2100 m ansteigenden Erhebungen und mit den weitaus größten Gletschern Europas ist Island ein ausgesprochenes Gebirgsland. Zur Hochgebirgsregion gehört die etwa 100000 Quadratkilometer große Insel im Nordmeer schon deswegen, weil sie in der Eiszeit vollständig von einem zusammenhängenden Inlandeis bedeckt war und weil sie nahezu in ihrer ganzen Ausdehnung über die heutige Waldgrenze aufragt. Die geringen Waldbestände, von denen die Island besiedelnden Wikinger in den Sagas noch berichten, sind nur noch in verschwindend kleinen Resten erhalten.

Island ist in seiner Gesamtheit aus vulkanischem Gestein, vor allem aus Basalten und Tuffen aufgebaut. Das Nebeneinander von Meer, Gletschereis und vulkanischer Aktivität, das heute noch den Reiz der isländischen Landschaft ausmacht, war auch für die Entstehung der Landschaftsformen bestimmend. Obwohl die Insel voll ist von Vulkanen, sucht man vergeblich nach Kegelbergen wie Vesuv oder Fudschiyama, die den Idealtyp des Vulkanberges verkörpern. Kegelberge sind in Island überhaupt selten, da die meisten Vulkane unter der mächtigen Decke riesiger Eiskappen oder sogar unter dem Meeresspiegel entstanden. Subglaziale Vulkanausbrüche gibt es noch heute unter dem 8400 Quadratkilometer großen Eisfeld des Vatnajökull, was dann zu verheerenden Schmelzwasserabflüssen, den sogenannten Gletscherläufen, führt. Beispiel eines submarinen Vulkanes ist die erst im November 1963 entstandene Insel Surtsey. Schmilzt das Gletschereis über subglazialen Vulkanen ab, so enthüllt es so eigentümliche Berggestalten wie den kegelstumpfförmigen Herdubreid, der oft als schönster Berg Islands bezeichnet wird.

Vulkanischen Ursprungs sind auch die Geysire und die heißen Quellen Islands, denen zahlreiche Orte ihre Warmwasserheizung verdanken und die als Wärmelieferanten von Gewächshäusern zunehmende Bedeutung für den Gemüse- und Blumenanbau gewinnen. Die traditionelle Wirtschaftsgrundlage Islands ist neben dem Fischfang aber die Vieh- und Weidewirtschaft. Das innere Gebirgsland mit seinen Lavawüsten und Aschensandfeldern ist ausschließlich den Schafen vorbehalten. Die Tiere werden im späten Frühjahr ins Gebirge getrieben, wo sie ohne Aufsicht in kleinen Gruppen den Sommer verbringen. Es bedarf tagelanger mühsamer Expeditionen mit dem geländegängigen Islandpony, sie im Herbst wieder zusammenzutreiben und unter die einzelnen Bauern zu verteilen. Wenn bei diesem Sammeln heute auch Flugzeug und Sprechfunk die Arbeit erleichtern, so ist doch der erfolgreiche Abschluß des Schafabtriebes immer noch Anlaß zu einem großen Fest unter der bäuerlichen Bevölkerung.

Die Gebirge Asiens

Etwa die Hälfte der Fläche des riesigen asiatischen Kontinentes wird von Gebirgen eingenommen. Verglichen mit den gewaltigen Gebirgssystemen Zentralasiens oder selbst mit so unbekannten Gebirgszügen wie dem Werchojansker Gebirge in Nordostsibiren erscheinen die Alpen in Ausdehnung und Höhe verschwindend klein. Und alle vierzehn «Achttausender» der Erde liegen im Herzen Asiens, im Himalaya oder im Karakorum. Die höchsten Gipfel der anderen Kontinente überschreiten nicht einmal die 7000-m-Grenze.

Weitere Unterschiede der Gebirge Asiens zu denen anderer Erdteile sind einmal, daß sie größtenteils in Ost-West-Richtung verlaufen und dadurch als Klimascheiden wirken, zum anderen, daß sie überwiegend im Inneren des Kontinentes liegen, also Binnengebirge darstellen.

Erdgeschichtlich lassen sich die Gebirge Asiens denselben drei Generationen zuordnen wie die Gebirge Europas. Ein südlicher Strang von Gebirgsketten gehört der Zone junger Faltengebirge vom Typus der Pyrenäen oder der Alpen an. Fast nahtlos ist ja der Übergang von den europäischen Gebirgen der Balkan-Halbinsel oder vom Kaukasus zu den Gebirgen Kleinasiens und Irans, die sich über den Hindukusch in das zentral- und südostasiatische Kettengebirgsbündel fortsetzen. Wie in Europa schließt sich an diesem Gürtel im Norden eine Zone von Gebirgen mittleren Alters an, die in Asien vom Tianschan über die mongolischen Gebirge bis zum koreanischen Bergland reicht. Die älteste Gebirgsgeneration, in Europa durch das Skandinavische Gebirge und die Schottischen Hochlande repräsentiert, beschränkt sich in Asien auf das Mittelsibirische Bergland zwischen dem Putorana-Gebirge und dem Baikalsee.

Um mehr als 1000 m überragt der Vulkankegel des Demavend (5604 m) seine Nachbarberge, die Viertausender des Elburs-Gebirges in Nordiran.

Linke Seite:

1 Die Berge der iranischen Insel Hormuz im Persischen Golf verdanken ihr leuchtendes Weiß weder Gletschern noch Schnee, sondern dem reinen Salz, aus dem sie bestehen. Aus dem Untergrund wurde es in Form eines sogenannten Salzdoms emporgepreßt. Durch Auswaschung während der seltenen Regenfälle entstehen bizarre Bergformen im Salzgebirge.

2 Blick vom Flugzeug aus 10 km Höhe auf den gewaltigen Einbruchskrater (Caldera) des 3000 m hohen Nemrut Daği, eines der großen Vulkankegel Ostanatoliens.

3 Fast vegetationslos sind die von zahllosen Kerbtälern zerrissenen Bergflanken des Kabultals im trockenen Ostafghanistan. Die Dörfer und ein Teil der bewässerten Felder liegen erhöht über dem hochwassergefährdeten breiten Talboden.

Die Gebirge Vorderasiens

Vorderasien, das die Arabische Halbinsel, die Levante, das Zweistromland sowie Türkei und Iran umfaßt, ist in seinem nördlichen Teil durch eine Kettengebirgsstruktur gekennzeichnet. Die Gebirge dieses Subkontinentes sind ausgesprochene Randgebirge mit dem für diese Gebirgsart typischen asymmetrischen Landschaftsaufbau. So umschließen auf der kleinasiatischen Halbinsel die Randgebirge Taurus und Pontus das Hochland von Anatolien, im persischen Bereich die Randgebirge Elburs und Zagros das Hochland von Zentraliran. Obwohl anderer Entstehung, haben auch das Libanon-Gebirge, das Bergland von Asir und Jemen sowie das Gebirge von Oman den Charakter von Randgebirgen. Da Vorderasien im trockenen und warmen Bereich der Sub- und Randtropen liegt, ist in den Gebirgen der Gegensatz zwischen feuchter, zum Meer hin gerichteter Außenseite und trockener, zum sommerheißen Binnenland schauender Innenseite stark entwickelt.

Im Gegensatz zu den Verhältnissen in Europa sind die vorderasiatischen Gebirge oft dichter bevölkert als ihr Umland, weil dieses in der Regel steppen- oder wüstenhaft ist, während das Gebirge selbst, da kühleres und feuchteres Klima herrscht, bessere Anbaumöglichkeiten bietet. Die bergbäuerliche Bevölkerung gehört häufig Minderheiten an, seien sie politischer, ethnischer, sprachlicher oder religiöser Natur, worin sich die Rückzugsfunktion der Gebirge äußert. Die Hochregion über dem Lebensraum der seßhaften bäuerlichen Bevölkerung wird jahreszeitlich von Bergnomaden genutzt, die ihre Schaf-, Ziegen- und Kamelherden hierher auf die Sommerweide bringen.

Das Nordanatolische oder *Pontische Gebirge* erhebt sich steil über der niederschlagsreichen Südküste des Schwarzen Meeres. Nach Süden fällt es zum abflußlosen Hochland Zentralanatoliens und zum Binnengebirgsland Ostanatoliens ab. Der etwa 1000 km lange Gebirgszug steigt nach Osten hin an, wo er in der Gebirgsgruppe des Kaçkar Dağı (3937 m), die sogar kleine Gletscherflecken trägt, kulminiert. Kraß ist der klimatische Gegensatz zwischen feuchter, bewaldeter Nordabdachung, in deren unteren Stockwerken Tee- und Haselnußkulturen gedeihen, und der trockenen, größtenteils waldlosen Südflanke, wo anspruchsvollere Kulturen meist schon der künstlichen Bewässerung bedürfen. Wirtschaftsgrundlagen sind neben der traditionellen Landwirtschaft im Westen des Gebirges der Abbau von Steinkohlevorkommen bei Zonguldak und die Eisenverhüttung von Karabük. Gewissermaßen das Gegenstück zum Pontischen Gebirge bildet der *Taurus* als das südliche Randgebirge Anatoliens. Auf seinem fast 1500 km langen Verlauf vom Ägäischen Meer bis zur Südostgrenze der Türkei umfaßt der Taurus sehr verschiedenartige Gebirgsteile. Waldbedeckte Berglandschaften im Westen wechseln mit öden, verkarsteten Kalkhochflächen im mittleren Taurus oder mit alpinen, von eiszeitlichen Gletschern zugeschärften Gipfelgruppen wie in den Aladağlar (3734 m) oder im Cilo Dağı (4168 m), der den östlichen Eckpfeiler des Gebirges und gleichzeitig den höchsten, heute noch vergletscherten Teil des Taurus bildet. Wie das Pontische Gebirge stellt auch der Taurus eine Klimascheide dar, welche die Mittelmeerküste mit ihren Winterregen und sommerlicher Luftfeuchtigkeit vom kontinentalen Hochland Zentralanatoliens trennt. Gleich vielen Randgebirgen wirkt der Taurus auch als schwer zu überwindende Verkehrsschranke, auf deren wenige natürliche Pässe sich schon in historischer Zeit der Verkehr konzentrierte. Wichtigster dieser Taurus-Übergänge ist die Kilikische Pforte (1468 m), die bereits in der Antike von zahlreichen Heeren auf dem Wege zwischen Kleinasien und Syrien durchzogen wurde.

Kurdisches Dorf auf etwa 2000 m Höhe an der persisch-türkischen Grenze. In den Tälern Kurdistans wird Ackerbau betrieben, während die höhergelegenen Gebiete im Sommer als Weiden genutzt werden.

Im Osten der Türkei vereinigen sich Pontisches Gebirge und Taurus zum Bergland von Ostanatolien und Nordwestiran, das einerseits durch große Gebirgsbecken mit abflußlosen Seen – z.B. Van-See (1646 m) oder Rezaiyeh-See (1275 m) – gegliedert ist, und das andererseits von hohen Vulkanbergen wie dem Großen Ararat (5165 m) oder dem Kuh-e-Sabalan (4740 m) überragt wird. Dieses Bergland bildet eine Art Gebirgsknoten, von dem die beiden Randgebirge Irans, Elburs im Norden, Zagros im Süden, ausgehen.

Der *Elburs,* dessen Name gelegentlich zu Verwechslungen mit dem Elbrus, dem höchsten Gipfel des Kaukasus, Anlaß gibt, ähnelt stark dem Pontischen Gebirge. Wie dieses hat auch der Elburs eine steil zum Meer abfallende, niederschlagsreiche und daher bewaldete Nordseite, jedoch eine kahle, trokkene, zu den Salzwüsten Innerpersiens sich abdachende Südflanke. Am Südfuß des Gebirges, nur eine gute Autostunde vom alles überragenden Vulkankegel des Demavend (5604 m) entfernt, liegt die Hauptstadt Irans, die Viermillionenstadt Teheran. Die Lage der Stadt am Gebirgsfuß war Anlaß dafür, daß das Elburs-Gebirge in die moderne Erschließung Irans bezogen wurde. Heute queren drei gut ausgebaute Asphaltstraßen die Gebirgskette, mehrere Stauseen gewährleisten die Wasser- und Energieversorgung der Hauptstadt, und an den Skiliften des mittleren Elburs drängen sich an Winterwochenenden die Wintersportler fast ebenso wie in den Alpen.

Besteht der Elburs im wesentlichen aus einer einzigen, mehr oder weniger geschlossenen Gebirgskette, so ist das südiranische Randgebirge, der *Zagros,* wesentlich breiter entwickelt. Er wird von einer Vielzahl paralleler, hintereinander gestaffelter Kämme und Ketten gebildet, so daß er eine gewisse Ähnlichkeit mit den Appalachen oder mit dem Schweizer Jura hat. Zwischen den einzelnen Ketten dehnen sich geräumige Becken mit gartenreichen Oasenlandschaften und traditionsreichen Städten wie Isfahan oder Shiraz. Die Höhen des Gebirges bilden, wenigstens im Sommer, die Domäne so berühmter Nomadenstämme wie der Bakhtiyaren oder der Qashqai, die auf ihrer Frühjahrswanderung vom südlichen Vorland her in mühsamster Weise die großenteils noch schneebedeckten Bergketten und die vom Schmelzwasser angeschwollenen Flüsse zu überqueren haben.

Anders als die breitenparallel angeordneten Randgebirge des nördlichen Vorderasien ist das *Libanon-Gebirge* in Nord-Süd-Richtung gestreckt. Es erhebt sich mit seiner typisch mediterranen Kulturlandschaft über der Ostküste des Mittelmeeres. In der Höhenregion wurden einige Gruppen von Zedern, die kläglichen Reste einst das ganze Gebirge bedekkender Wälder, zur Touristenattraktion und zum Wappenzeichen des Staates, der dem Gebirge auch seinen Namen verdankt. Im Schutz des unzugänglichen Gebirges konnten mehrere kleine, vom Bergbauerntum lebende Volksgruppen, darunter die christlichen Maroniten und die islamische Sekte der Drusen, eine starke politische Eigenständigkeit entwickeln und bewahren – ein historisches Erbe, welches seinen Niederschlag in der eigentümlichen, auf dem religiösen Proporz beruhenden Verfassung der Republik Libanon fand, und das letztlich auch zu den blutigen Unruhen des Jahres 1956 und zum erbarmungslosen Bürgerkrieg 1975/1976 führte.

Das Randgebirge im Westen der Arabischen Halbinsel, das *Bergland von Asir und Jemen,* verläuft mitten durch den Trockengürtel der Alten Welt, der sich von der Sahara über Arabien und Iran bis nach Zentralasien hinein fortsetzt. Dank der Höhe des Gebirges, die nahe der jemenitischen Hauptstadt Sana 3760 m erreicht, steigen die Niederschläge im Gebirge an, so daß dieses eine feuchte Klimainsel zwischen der extremen Wüste Innerarabiens und der das Rote Meer begleitenden Küstenwüste darstellt. Dieser Umstand erklärt, warum das Gebirge der am dichtesten bevölkerte Teilraum der Arabischen Halbinsel ist. Die Bergbauern haben jedes Fleckchen Erde im Gebirge, soweit überhaupt zugänglich, mit Hilfe von Terrassenbauten unter Kultur genommen. Neben einer Vielzahl von Kulturpflanzen gedeiht hier der Kaffeestrauch, und oberhalb von 2000 m Höhe überzieht sogar ein schütterer Wald aus Baumwacholder die Hänge.

Nahezu unangreifbar sind die Bergdörfer des Jemen, sowohl dank ihrer Lage an steilen Hängen als auch wegen ihrer festungsartig ausgebauten Häuser. Gebäude ohne Dekoration aus weißer Tünche lassen sich aus der Ferne kaum von den Felsklötzen der Umgebung unterscheiden.

Die Gebirge Zentralasiens und Südsibiriens

Das Herz des asiatischen Kontinentes wird von einer auf der Erde einmaligen Häufung von hohen Gebirgsketten und Hochländern eingenommen, die sich derart ineinander verzahnen, daß sie schon auf einer Übersichtskarte kaum zu entwirren sind. Am ehesten überschaubar wird das gigantische Gebirgssystem, wenn man vom zentralen Gebirgsknoten ausgeht, in dem sich die Stränge der einzelnen Gebirge sozusagen schürzen: Vom Pamir, im Grenzbereich von Sowjetunion, Afghanistan und China gelegen, nehmen eine ganze Reihe der hohen Ketten ihren Ausgang. Nach Südwesten zieht als zunächst schmaler, sich dann in zahlreiche Ketten auffächernder Gebirgszug der afghanische Hindukusch. Im Norden schließen sich das Gebirge Peters I. sowie der Trans-Alai an und leiten in das weitläufige Gebirgssystem des nach Nordosten ziehenden Tian-schan über. Vom Tian-schan durch die Wüsten des Tarim-Beckens getrennt, folgt südwärts ein ganzes Bündel von Gebirgen, das vom Pamir nach Südosten gerichtet ist. Die nördlichste Kette dieser Gebirgsscharung ist der mehr als 4000 km lange Kun-lun-schan, mit dem der Pamir über den sogenannten Yarkand-Bogen (Qungur Tagh 7719 m) in Verbindung steht. Den mittleren der vom Pamir nach Südosten ausgehenden Gebirgszüge bildet der Karakorum, der zwar nur (!) 500 km lang ist, aber allein vier Achttausender-Gipfel zählt und sich im Transhimalaya fortsetzt. Von Kun-lun-schan und Transhimalaya zangenförmig umgeben ist das riesige Hochland von Tibet. Die südliche Stützmauer des ganzen Gebirgsblockes und gleichzeitig die Krönung an Gipfelhöhen und landschaftlicher Vielfalt bildet der Himalaya.

Im Südosten biegen die Ketten Zentralasiens nach Süden um und bilden hier das von den meridionalen Stromfurchen zerschnittene Osttibetisch-chinesische Bergland mit gewaltigen Ketten und Massiven, deren Namen und Höhen, sieht man vom 7690 m hohen Minya Konka ab, kaum in den Atlaskarten zu finden sind. Im Osten fächert sich der zentralasiatische Gebirgsblock in die Ketten des Nordwestchinesischen Berglandes auf, das seine Fortsetzung im Großen Chingan Nordchinas findet.

Vom zentralasiatischen Gebirgsbündel durch das Wüstenbecken der Dsungarei und die ausgedehnte Hochflächenzone der südlichen Mongolei getrennt, breitet sich im südsibirisch-mongolischen Raum noch ein weiteres Gebirgssystem aus, das dem südlichen Gebirgsblock Zentralasiens an Ausdehnung kaum nachsteht. Zu diesen Gebirgen Südsibiriens und der Mongolei, die sich auch durch ihr höheres Alter und durch geringere Gipfelhöhen vom zentralasiatischen Gebirgssystem abheben, zählen der Altai, das Changai-Gebirge, der Kusnezker Alatau, der West- und Ostsajan sowie die Ketten um den Baikalsee, wie z.B. das Jablonowyj-Gebirge Transbaikaliens.

Alle diese Gebirge, die sich in Hunderte von Einzelketten aufgliedern, deren Dimensionen die der

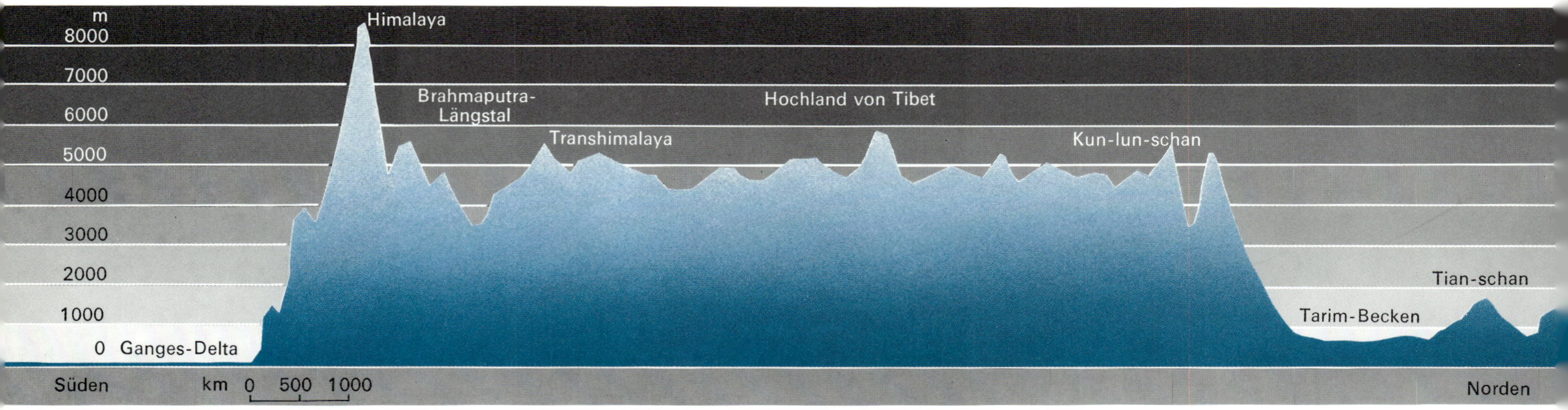

Höhenprofil durch die Gebirge Zentralasiens und Südsibiriens vom Himalaya-Vorland im Süden bis zum Tian-schan im Norden.

europäischen Gebirge um ein Vielfaches übertreffen, sind ausgesprochene Binnengebirge. Abgesehen von der im Einzugsbereich des indischen Monsuns gelegenen Himalaya-Außenseite, werden die Gebirge Innerasiens kaum mehr von niederschlagsbringenden Winden aus den Randmeeren des Kontinentes erreicht, so daß sie großenteils sehr trocken und häufig sogar wüstenhaft sind. Innerasien ist ein Land der Gebirgswüsten, die im Winter klirrender Kälte, im Sommer sengender Hitze ausgesetzt sind.

Der *Hindukusch,* der den größten Teil Afghanistans einnimmt, bildet eine Art Brücke zwischen den Randgebirgen Vorderasiens und dem zentralasiatischen Gebirgsknoten des Pamir. Höchster Gipfel ist der im afghanisch-pakistanischen Grenzgebiet gelegene Tirich Mir (7708 m), der 1950 erstmals von einer norwegischen Expedition bezwungen wurde. Da die Tal- und Beckenräume im Inneren des Gebirges durch hohe Bergketten voneinander getrennt sind, konnte sich hier eine Reihe von ganz unterschiedlichen Volksgruppen erhalten, in deren Sprachen sich mongolische, türkische, iranische und indische Elemente verzahnen. Lagerstätten nutzbarer Minerale sind noch kaum erforscht, doch besitzt der Hindukusch eines der wenigen Lapislazuli-Vorkommen der Erde im Anjuman-Tal, von wo der blaue Edelstein schon in der Frühzeit unserer Geschichte bis in das alte Ägypten gehandelt wurde.

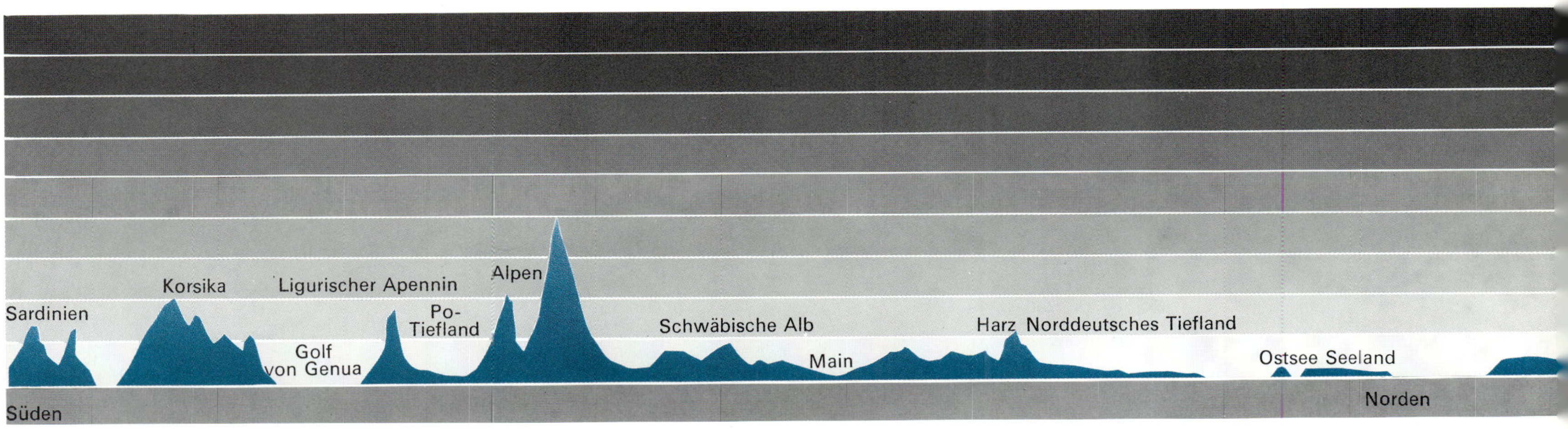

Zum Vergleich: Höhenprofil durch Europa von Sardinien im Süden bis zur Küste Schwedens im Norden.

Kette um Kette, Gipfel um Gipfel scharen sich die vergletscherten Fünf- und Sechstausender im zentralen Hindukusch Afghanistans.

Dem *Pamir,* häufig auch als das «Dach der Welt» bezeichnet, haben nicht seine 5000 m hohen Gebirgsketten den Namen gegeben, sondern die zwischen den Ketten sich dehnenden Hochbecken; denn das aus der Sprache der hier heimischen Kirgisen stammende Wort «Pamir» bedeutet soviel wie «kalte Hochsteppe» oder «Hochweide». In der Tat sind die Hochtäler und die weiträumigen, teilweise abflußlosen Becken trotz ihrer großen mittleren Höhe von 3700–4300 m bewohnt, und zwar werden sie von den nomadischen, ganzjährig in Rundzelten lebenden Kirgisen mit ihren Schaf- und Yak-Herden weidewirtschaftlich genutzt.

Gelegentlich werden auch die vom Pamir im Nordwesten sich lösende Kette des *Gebirges Peters I.* mit dem Pik Kommunisma (7495 m), dem höchsten Berg der Sowjetunion, und mit dem 77 km langen Fedtschenko-Gletscher, sowie der *Trans-Alai* mit dem eisbedeckten Pik Lenin (7134 m) noch dem Pamir zugerechnet.

Mit zehn Achttausendern, darunter dem Mount Everest oder Chomolongma (8848 m) als höchstem Gipfel der Erdoberfläche, ist der *Himalaya* der mächtigste Gebirgszug der Erde. Er erstreckt sich von der tief eingegrabenen Indus-Schlucht mit dem Nanga Parbat (8125 m) als seinem westlichen Eckpfeiler bis zum Durchbruchstal des Brahmaputra, wo der 7555 m hohe Namcha Barwa den östlichen Eckpfeiler der Kette bildet. Auf seinem fast 3000 km langen Verlauf durchquert der Himalaya verschiedene Klimagürtel. Im Südosten, von Assam bis Bhutan, erhebt sich das Gebirge über ein von tropischem Regenwald bedecktes Vorland, im Nordwesten ist das Gebirge trocken und kahl, die Talräume sind wüstenhaft. Der zentralasiatische Trockengürtel greift im Bereich des Nanga Parbat über das Gebirge in das Indus-Tiefland, während sich im Südosten die feuchten Wälder von Süden über den Himalaya hinweg nach Südost-Tibet erstrecken.

Mit seiner gewaltigen Höhe ragt der Himalaya in die für die Wetterentwicklung bestimmende Zone der Höhenwinde hinein. Im Winter ist die Höhenströmung des sogenannten Jet Stream so stark, daß trotz wochenlanger Schönwetterperioden Winterbesteigungen der höheren Gipfel wegen der hohen Windgeschwindigkeiten unmöglich sind. Im Sommer staut sich der aus dem Golf von Bengalen kommende Monsun an dem mauerartig über dem Vorland aufragenden Mittel- und Ost-Himalaya. Er lädt hier seine Feuchtigkeit als Steigungsregen ab, so daß der Assam-Himalaya mit mehr als 6000 mm Jahresniederschlag zu den regenreichsten Gebieten Asiens zählt. In Höhen über 5500 m fallen die monsunalen Niederschläge als Schnee; ferner sind Gipfel und Wände fast ständig von Wolken verhüllt, so daß die Ankunft des Sommermonsuns für Bergsteigerexpeditionen größte Risiken mit sich bringt und in der Regel das Ende ihrer Unternehmungen bedeutet.

Die günstigsten Zeitpunkte für Gipfelbesteigungen – und nur die Kenntnis der wechselnden Höhenwindsysteme ermöglichte z.B. der britischen Expedition im Mai 1953 die erfolgreiche Besteigung des Mount Everest – sind die Perioden, in denen das Windsystem wechselt: im Mai vor dem Beginn des Sommermonsuns, und im Oktober, wenn der Monsun nachgelassen hat, der von Westen kommende «Jet Stream» aber noch nicht voll wirksam ist.

Der Himalaya ist bis in Höhen von 3000–4000 m hinauf besiedelt. So liegt das höchste ständig bewohnte Sherpa-Dorf Pangpoche zu Füßen des Mount Everest in 4000 m Höhe wenig oberhalb der Waldgrenze. Almhütten finden sich bis fast 5000 m Höhe, die Weideflächen der Yak-Rinder steigen noch höher hinauf.

Entsprechend der Einteilung der Landoberfläche der Erde in Kontinente lassen sich die bewohnten Räume der Erde nach ihrer kulturellen Ausprägung in Kulturerdteile gliedern. Und es ist charakteristisch für den Himalaya als höchstes und nur in 5000 m hohen Pässen zu überquerendes Gebirge, daß in ihm drei solcher kontinentweiten Kulturregionen aufeinandertreffen: der islamisch-orientalische, der indische und der tibeto-chinesische Kulturerdteil. Zum letzteren zählen die Nordabdachung und die höheren Gebirgsteile überhaupt mit ihrer aus Tibet kommenden, der lamaistischen Religion angehörenden, mongolische Züge tragenden Bevölkerung. Von Westen her reicht der Einfluß des islamischen Kulturkreises bis nach Kashmir. Die unteren Bereiche der Südabdachung und der Gebirgsfuß sind im wesentlichen von Hindus besiedelt, deren Sprache indo-europäisch und deren Religion der Hinduismus ist.

Der *Karakorum* ist eine Art Zwillingsbruder des Himalaya. Kleiner zwar in der Längserstreckung, aber an imposanten Gipfeln keineswegs ärmer, verläuft er jenseits der Talfurche des oberen Indus «im Rücken» des nordwestlichen Himalaya als eine zu diesem parallele Gebirgskette. Unter den vier Achttausendern des Karakorum ist der K 2, auch unter den Namen Chogori, Dapsang oder Mount Godwin Austen bekannt, mit 8611 m Höhe der zweithöchste Gipfel der Erde. Der aus der Turksprache entlehnte Name Karakorum oder Karakoram, der soviel wie «schwarzes Geröll» bedeutet, ist irreführend. Anschaulicher und zutreffender ist die Bezeichnung «Mustagh», d.h. Eisgebirge, wie sie für die Benennung der wichtigsten Gebirgsteile verwendet wird: Batura Mustagh, Hispar Mustagh, Panmak Mustagh, Baltoro Mustagh – der höchste Gebirgsabschnitt mit den Achttausendern K 2, Hidden Peak, Broad Peak und Gasherbrum II –, Siachen Mustagh, Rimo Mustagh und Sasir Mustagh. Der Name «Eisgebirge» erweist sich als sehr zutreffend, weil die Eismassen zwischen den Gipfeln und Massiven ein

Schematisches Profil durch die Höhenstufen, die eine Everest-Expedition auf ihrem Weg von der Fußhügelzone des Terai bis zu den höchsten Gipfeln des Himalaya zu überwinden hat.

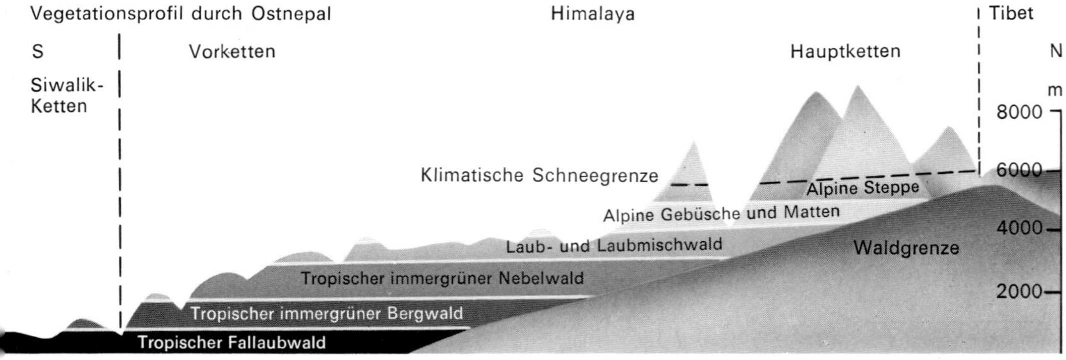

Rechts oben:
Zwei Gipfel der Annapurna-Kette: Annapurna IV (links, 7525 m) und rechts Annapurna II (7837 m).

Rechts unten:
Im Oktober 1968 gelang der Astronauten-Mannschaft von Apollo 7 diese Aufnahme aus etwa 250 km Höhe. Über dem Ganges-Tiefland und der von breiten Talböden durchzogenen Vorbergzone (links unten) erhebt sich die schneebedeckte Gebirgsmauer der Himalaya-Hauptkette. Jenseits des als dunkle Kerbe im rechten unteren Bilddrittel erkennbaren Durchbruchstales des Arun-Flusses ist das Mount Everest-Massiv erkennbar. Vom Himalaya durch die Längstalzone des Tsangpo (Brahmaputra) getrennt, zeichnet sich entlang einer schnurgeraden Linie die Kette des Transhimalaya ab, die – im Bild rechts oben – in das Hochland von Tibet übergeht. Die großen abflußlosen Seen des Hochlandes, die rechts als dunkle Flächen erkennbar sind, liegen in 4500–5000 m Höhe.

Rechts: Am Fuß einer vom Pamir nach Westen ausgehenden Gebirgskette liegt die zur Republik Tadschikistan gehörende sowjetische Stadt Nurek, die sich vor allem durch den Bau einer Kraftwerkskette am Gebirgsfluß Vachsch entwickelte und durch Neubauviertel erweitert wurde.

Unten: Die eisgepanzerte Pyramide des Chan Tengri (6995 m) galt lange als höchster Berg des Tian-schan. Der schon 1931 erstmals bestiegene Gipfel bildet den Grenzpfeiler zwischen den Sowjetrepubliken Kasachstan und Kirgisistan im Westen und der chinesischen Autonomen Region Uighur im Osten.

Rechte Seite: Satellitenaufnahmen ermöglichen es, selbst so wenig bekannte Landschaften wie das Chinesische Bergland detailliert darzustellen. Das am 21. November 1973 vom Satelliten ERTS-1 aufgezeichnete und als Falschfarbendarstellung (rot statt grün) wiedergegebene Bild zeigt das von großen Einbruchsbecken gegliederte Bergland westlich der chinesischen Hauptstadt Peking, deren Kern als dunkles Rechteck am rechten Bildrand gut zu erkennen ist. Deutlich hebt sich oberhalb der Bildmitte auch der Kwanting-Stausee ab. Die höchsten Bereiche (2500–3000 m) der Lingschan-Kette (links unten) und der Tahaito-Berge (links oben) sind zu dieser Jahreszeit bereits von Neuschnee bedeckt.

mächtiges Eisstromnetz bilden. Aus der zusammenhängenden Eisdecke fließen riesige Gletscherströme wie der 70 km lange Siachen-Gletscher oder der 58 km lange Baltoro-Gletscher zu Tal, wo sie bis unter die 3000-m-Grenze vorstoßen. Daß die Gletscher so weit in die trockenen, teils wüstenhaften Talbereiche hinabreichen, verdanken sie unter anderem einer streckenweise geschlossenen Decke aus Gesteinsschutt, die das Gletschereis vor allzu raschem Abschmelzen bewahrt. Die schützende Schuttdecke wiederum hat ihren Ursprung in der besonderen Ernährungsweise der Gletscher, deren Eiszufuhr überwiegend durch Lawinen aus den steilen Eis- und Felsflanken der das Eisstromnetz überragenden Gipfel erfolgt. Während in den Alpen nur etwa 2% und im Himalaya rund 10% der gesamten Gebirgsoberfläche vergletschert sind, macht das von Eis bedeckte Areal im Karakorum durchschnittlich 28%, gebietsweise sogar bis zu 50% der Gesamtfläche des Gebirges aus.

Jenseits der chinesischen Grenze setzt sich der Karakorum in der parallel zum Himalaya verlaufenden, aber von ihm durch die südtibetische Längstalfurche getrennten Kette des *Transhimalaya* fort. Das von dem Asienforscher Sven Hedin erkundete und daher zuweilen auch nach ihm bezeichnete Gebirge gehört zu Tibet, das heute die Autonome Region Xi-zang der chinesischen Volksrepublik bildet. Die Gipfelhöhen bleiben hinter denen des Karakorum und Himalaya zurück, doch erreicht der Kuhanbo Gangla 7700 m. Im Regenschatten des Himalaya gelegen, hat der Transhimalaya wüstenhaften Charakter. Dies gilt insbesondere für seine Nordflanke, die sich zum *Hochland von Tibet* abdacht. Dieses größte Hochland der Erde (2 Millionen Quadratkilometer) hat die Gestalt einer riesigen ovalen Schüssel, deren in 4000 m Höhe liegender Boden von ihren Rändern, dem Himalaya-Transhimalaya-System im Süden und dem Kun-lun-schan im Norden, um 3000 bis 4000 m überragt wird. Die Niederschläge sind wegen der ausgeprägten Binnenlage verhältnismäßig gering, doch weisen die Beckenlandschaften zwischen den inneren Bergketten neben weiten Salzsümpfen auch ausgedehnte Seen und Hochmoore auf. Siedlungen, darunter die für Tibet charakteristischen Klosteranlagen mit bis zu 10000 lamaistischen Mönchen, kommen noch in Höhen um 4200 m vor, kleinere Orte steigen sogar bis 5000 m an – sicherlich ein «Weltrekord» in der vertikalen Verteilung der ländlichen Siedlungen über die Erde.

Das vom Pamir bis zum Fu-niu-schan über 4000 km lange Gebirgssystem des *Kun-lun-schan* bildet in seinem westlichen Abschnitt die Nordgrenze des tibetischen Hochlandes zum Tarim-Becken mit der großen Sandwüste Takla Makan sowie zur Wüste Gobi, in seinem östlichen Teil die Gebirgsgrenze zwischen Nord- und Südchina. Der Gebirgszug, an dessen Nordfuß die alte Seidenstraße von China nach Zentralasien verläuft, umfaßt zahlreiche Einzelgebirge, darunter die 1700 km lange Doppelkette des Altin Tagh mit dem 7723 m hohen Ulug Mustagh und das Ketten-Bündel des Nan-schan mit dem in 3200 m Höhe gelegenen, 5000 Quadrakilometer großen «Blauen See», dem Koko Nor. Landschaftsprägend sind aber in den Becken und Talräumen eher die abweisenden Salzsümpfe und an den wüstenhaften Gebirgsflanken die alles verhüllenden Schuttmassen.

Zwischen den zentralasiatischen Wüstengebieten Kysyl-kum, Takla Makan, Dsungarei und Gobi erhebt sich der 3000 km lange und 600 km breite Gebirgskörper des *Tian-schan*. Vor allem im westlichen, zur Sowjetunion gehörenden Teil fächert sich das Gebirge durch mehrere zwischen die Bergketten eingesenkte Beckenräume auf, darunter das Fergana-Becken, die vom See Issyk-kul eingenommene Senke oder – am Ostrand des Gebirges – das bis 154 m unter den Meeresspiegel reichende Einbruchsbecken von Turfan. Das Gebirge selbst ist gegenüber den teils oasenhaft bebauten Beckenräumen spärlich besiedelt. Weithin hat es den Landschaftscharakter eines im Schutt ertrinkenden Mittelgebirges, abgesehen vom zentralen Tian-schan, der mit der Pyramide des Chan Tengri (6995 m) und dem Pik Pobedy (7439 m), dem 1938 erstmals bezwungenen «Berg des Sieges», ein vergletschertes Hochgebirge darstellt.

Der von radialen Rinnen zerfurchte Aschenkegel des Bromo ist einer von sieben jungen Vulkanen, die sich aus dem sogenannten Sandmeer, dem Boden des großen Einbruchskraters der Tengger-Caldera in Ostjava, erheben.

Rechts oben: Eine technische Meisterleistung sind die berühmten Reisterrassen im tief zerschluchteten Bergland von Manaue im Norden der Philippinen-Insel Luzon. Die Anlage dieser gigantischen, alle Hänge überziehenden Treppen reicht bis in das 2. vorchristliche Jahrtausend zurück.

Rechts unten: Zahllose Vulkankegel und -krater beleben das Relief der japanischen Inselwelt. Zu den 36 noch aktiven Vulkanen Japans gehört auch der Takachiho (1574 m) auf der Insel Kyushu. Schriftliche Aufzeichnungen belegen, daß der in einem reizvollen Nationalpark gelegene Vulkan seit dem Jahr 742 insgesamt 58 Ausbrüche hatte.

Auch der *Altai* ist nicht eine geschlossene Kette, sondern ein weitläufiges System von Gebirgen, das vom Sibirischen Altai im Westen mit dem Doppelgipfel der Bjelucha (4506 m) über den Mongolischen Altai zum Gobi-Altai reicht. Der feuchtere Westen des Gebirges, dessen Hochregion vergletschert ist, wurde in der Eiszeit bis auf 400 m Höhe herab vom Eis überformt und hat daher geräumige Täler, deren Flüsse einen gebietsweise intensiven Bewässerungsfeldbau ermöglichen. Im Osten verliert das Gebirge an Höhe, wird trockener und schuttreicher, doch bieten die höheren Teile den uigurischen Nomaden mit ihren Yak- und Rinderherden ausreichende Weidemöglichkeiten.

Zu dem ausgedehnten System der *südsibirisch-mongolischen Gebirge* gehören neben dem Altai zahlreiche weitere Gebirgsketten, die sich vom Kusnezker Alatau über den West- und Ostsajan, Tannu- und Changai-Gebirge und die Gebirgszüge um den Baikal-See bis zum Jablonowyj-Gebirge erstrecken. Die höchsten Erhebungen der aus dem Waldgürtel der Taiga aufragenden Gebirge, in denen die zum Nordpolarmeer fließenden Ströme Jenissei und Lena entspringen, liegen fast ausnahmslos unter 3000 m Höhe. Als geologisch alte Gebirge sind sie verhältnismäßig reich an Erzen und Kohle, was zur Entstehung der großen sowjetischen Industriegebiete im Kusnezker Becken, bei Krasnojarks und um Irkutsk führte. Beim Aufbau dieser Industriereviere und bei der Verkehrserschließung dieses Raumes wirkte der gerade in diesem Gebirgsland sehr schwierige Bau der Transsibirischen Eisenbahn (1904) und der in Ulan-Ude nach Süden abzweigenden Transmongolischen Eisenbahn (1959) als Schrittmacher.

Die sonstigen Gebirge Asiens

Während die Südsibirischen Gebirge der ältesten Gebirgsgeneration angehören, sind die Gebirgsbögen im äußersten Nordosten des asiatischen Kontinents Glieder des jungen Faltengebirgsgürtels. Zu den noch wenig erforschten *Nordostsibirischen Gebirgen* zwischen Lena und Beringstraße zählen der 1500 km lange Werchojansker Gebirgsbogen, das über 3000 m ansteigende und teilweise vergletscherte Tscherskij-Gebirge, das parallel zum letzteren verlaufende Moma-Gebirge und das in seinem Südteil steil zum Ochotskischen Meer abfallende, an Bodenschätzen reiche Kolyma-Gebirge, das sich nach Norden in dem bis zum Nordpolarmeer reichenden Anadyr-Gebirge fortsetzt. Tiefgründiger Bodenfrost und waldlose Tundrenvegetation bestimmen in diesen Gebirgszügen Nordostsibiriens das Landschaftsbild. Die äußerste Randkette zum Nordpazifik hin bildet das Korjakengebirge, das nach Süden fast nahtlos in die Halbinsel Kamtschatka übergeht, so daß dieser Gebirgszug eine Länge von insgesamt 2000 km erreicht. Das Gebirgsrelief Kamtschatkas unterscheidet sich von dem der sibirischen und zentralasiatischen Ketten durch die zahlreichen Vulkankegel, die den beiden die Halbinsel durchziehenden Gebirgszügen aufsitzen. Kamtschatka besitzt 120 teilweise noch tätige Vulkane, darunter der 3621 m hohe Itschinskaja Sopka in der Westkette oder der Kljutschewskaja Sopka (4750 m), der die höchste Erhebung des östlichen Gebirgszuges bildet.

Die Reihe der pazifischen Randgebirge setzt sich längs des Ochotskischen Meeres im Dshugdschur-Gebirge, in der schmalen Kette der Insel Sachalin und, längs der Flüsse Amur und Ussuri, im Bergland von Sichote-Alin fort, doch werden hier Höhen um 2000 m nur knapp erreicht.

Größere Gipfelhöhen zeigen die *Gebirge Japans*, deren Vulkankegel die Fortsetzung der von Kamtschatka über den Inselbogen der Kurilen verlaufenden westpazifischen Vulkanreihe bilden. Die mehr als 3000 Inseln Japans bestehen zu drei Vierteln ihrer Fläche aus Gebirgen. Diese erreichen, abgesehen von den die Hauptinsel Honshu (Hondo) überragenden Idealkegeln des Fudschiyama (auch Fujisan, 3776 m) und der Norikura-Vulkane (3063 m), großenteils nur bescheidene Höhen. Bezieht man jedoch die untermeerische Fortsetzung des Gebirgsabfalles mit ein, so stellen die Japanischen Inseln eines der höchsten Gebirge der Erde dar, das sich als 12000 m hohe Mauer über einem der großen Tiefseegräben Ostasiens erhebt. Hochgebirgscharakter haben die drei Hauptketten in Mittel-Honshu, die als Japanische Alpen bezeichnet werden und im Hodaka-Massiv mehrere Dreitausender aufweisen. Infolge junger Hebung und großer Reliefenergie – kein Punkt des Inselbogens ist mehr als 130 km von der Küste entfernt – sind die Gebirge stark zerschnitten, und Steilhänge beherrschen das Landschaftsbild.

Die Gebirgsketten und Vulkanreihen Japans setzen sich über die Ryukyu-Inseln, Taiwan und die Philippinen in die Inselwelt Indonesiens und Neuguineas fort. In ihrer Struktur gleichen die durchweg gebirgigen Inseln Südostasiens derjenigen Japans, da die Inselgebirge überwiegend nur die über den Meeresspiegel aufragende Gipfelregion sehr hoher untermeerischer Gebirgszüge sind. Ein hohes Kettengebirge bildet das Rückgrat der nationalchinesischen Insel Taiwan; es ist schluchtenreich, von tropischen Wäldern bedeckt, und übersteigt in mehr als 60 Gipfeln die 3000-m-Grenze. Taiwans höchster Berg ist mit 3951 m der Yü Shan (Mount Morrison).

Ausgesprochen tropische Hochgebirge mit kaum wahrnehmbaren jahreszeitlichen Temperaturunterschieden und einem bis über 3500 m aufsteigenden, dichten Feuchtwaldgürtel sind die von Vulkankegeln durchsetzten Gebirgszüge der anderen Inseln Südostasiens. Während die höchste Erhebung der Philippinen, der noch schwach tätige Vulkan Apo, nur 2965 m hoch ist, erreicht das Faltengebirgsmassiv des Kinabalu im malaysischen Nordteil der Insel Borneo 4175 m Gipfelhöhe.

Der südliche Inselbogen Indonesiens von Sumatra bis Timor ist letztlich nichts anderes als die Fortsetzung des Himalaya, der östlich des Brahmaputra scharf nach Süden abbiegt und über das Patkai- und das Arakan-Gebirge in Birma sowie den Inselbogen der Andamanen und Nikobaren in Sumatra den Anschluß an die Außenkette der Sunda-Inseln gewinnt. Dieses Sunda-Gebirgssystem bildet die längste geschlossene Vulkanreihe der Erde mit kegelförmigen Schichtvulkanen, wie dem aktiven Kerintji (3805 m) und dem durch zahlreiche katastrophale Ausbrüche berüchtigten Merapi (2891 m) auf Sumatra, oder den wie in einer Perlenkette aufgereihten Vulkankegeln Javas, von denen mehrere über 3000 m Höhe erreichen. Die jungen Vulkane des Sunda-Gebirgssystems sind für den Menschen jedoch nicht nur Bedrohung, sondern sie sind auch die Ursache der fruchtbaren Böden, denen etwa Java seine hohe Bevölkerungsdichte verdankt. Bis etwa 1500 m Höhe steigen die sorgfältig gepflegten Terrassenfelder der Reisbauern an; darüber wird Tee angebaut und Chinarinde gewonnen.

Auch Neuguinea, die zweitgrößte Insel der Erde, wird von einem 2000 km langen Faltengebirge durchzogen, das in mehreren Massiven über 4000 m hoch wird und in den Carstensz-Spitzen sogar 5029 m erreicht. Dieser höchste Gipfel des Maoke-Gebirges (früher Nassau-Gebirge) ist trotz seiner Lage unmittelbar am Äquator von ewigem Schnee bedeckt. Seit 1911 versuchten mehrere Expeditionen, den Dschungel des spärlich besiedelten Berglandes zu durchdringen und die eisbedeckte Carstensz-Pyramide zu ersteigen, doch gelang dies erst 1961 dem Neuseeländer P. Temple und dem Österreicher H. Harrer.

Die Gebirge Afrikas

In viel stärkerem Maße als Asien ist der afrikanische Kontinent durch flache Tafellandschaften geprägt. Innerhalb der geologisch starren Tafeln oder Platten bleibt für die Bildung von Gebirgen wenig Raum. So ist das einzige junge Faltengebirge Afrikas, das Atlas-System, eigentlich ein Fremdkörper, der als Ausläufer des großen eurasiatischen Faltengebirgsgürtels geologisch eher zu Europa gehört als zu Afrika. Auch die älteren Faltungsphasen der Erdgeschichte berührten die afrikanische Platte nur randlich; ihnen verdanken die Randgebirge Südafrikas, das Kapgebirge und die Drakensberge, ihre Entstehung.

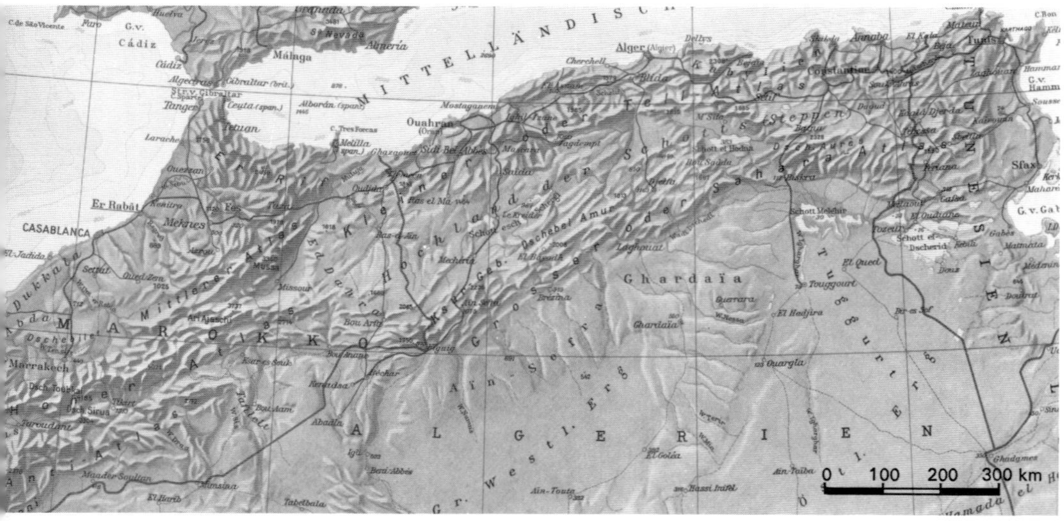

Relief und Gliederung des Atlas-Gebirges im Kartenbild.

Die sonstigen Gebirge Afrikas gehen nicht auf Faltungsvorgänge zurück, sondern sind entweder herausgehobene Bruchstücke der Erdkruste wie z.B. das Hochland von Äthiopien, oder es sind Aufwölbungen der Erdrinde wie das Ahaggar-Gebirge. Am häufigsten sind jedoch Vulkangebirge, deren Schlote an geologischen Schwächezonen die starre Platte des Kontinentes durchstoßen haben. Zu diesen vulkanischen Massiven zählen neben den ostafrikanischen Riesenkegeln des Kilimandscharo, des Mount Kenya und des Mount Meru auch das Tibesti-Gebirge in der zentralen Sahara, der Kamerunberg über dem Golf von Guinea oder die steil aus dem Meer sich erhebenden Massive der Kanarischen Inseln vor der Küste Westafrikas.

Das Atlas-Gebirge Nordafrikas

Das Atlas-Gebirge, das den größten Teil Marokkos und Nordalgeriens einnimmt, ist ein breiter, aus geologisch sehr unterschiedlichen Elementen aufgebauter Gebirgskörper.

Über der Straße von Gibraltar erhebt sich im Hinterland von Tanger und Ceuta der Rif-Atlas oder *Er-Rif,* dessen Gebirgsbogen sich längs der Mittelmeerküste über 400 km Länge bis zum Quertal der Moulouya erstreckt. Mit Gipfelhöhen, die nur in der Tidiguin-Kette und bei Xauen 2000 m überschreiten, hat der Rif-Atlas weithin den Charakter eines Mittelgebirges mediterraner Prägung. Doch ist das Gebirge stark zertalt und von Schluchten durchzogen, denn die natürliche Erosion wird durch die seit der Antike fortschreitende Entwaldung der Hänge noch verstärkt. Nach Osten setzt sich der Rif-Atlas im algerischen Küstengebirge des *Tell-Atlas* fort, der im Kalkmassiv des Djuradjura 2308 m Höhe erreicht. Die küstennahen Ketten zeigen, soweit sie nicht von immergrünem Macchie-Gestrüpp bestanden sind, eine typisch mediterrane Kulturlandschaft mit Anbau von Getreide, Wein, Oliven und Feigen. Wo die Waldbestände nicht durch Überweidung zerstört sind, läßt sich eine untere Waldstufe (1000–1500 m) mit Stein- und Korkeichen von einem höheren Stockwerk mit Zedernwäldern unterscheiden.

Vom Er-Rif durch die schiefe Ebene der marokkanischen Meseta getrennt, erhebt sich die bis weit in das Frühjahr hinein schneebedeckte und dann besonders imposante Kette des *Hohen Atlas.* Der 700 km lange Gebirgszug trägt im 4165 m hohen Djebel Toubkal den höchsten Berg Nordafrikas, der, da von Marrakesch aus gut erreichbar, häufig von Bergsteigern und im Frühjahr auch von Skiläufern besucht wird. Außer dem Toubkal-Massiv waren während der Eiszeit auch die M'Goun-Kette (4071 m) und der Ayachi (3751 m) vergletschert, so daß diese höchsten Teile ausgesprochen alpin geformt sind. Liegt die Waldgrenze im küstennahen Rif-Atlas in 2000 m Höhe, so steigt sie durch die Annäherung an den Trockengürtel der Sahara im Hohen Atlas bereits auf 3100 m an. Die Bewässerungsfelder und die festungsartigen Siedlungen der Berber, die wie die Kurden Vorderasiens ein ausgesprochenes Gebirgsvolk sind, reichen bis 2300 m hinauf. Über der Dauersiedlungsgrenze liegen die Sommerweidegebiete der transhumanten oder nomadischen Schaf- und Ziegenherden aus dem südlichen Gebirgsvorland.

Dem östlichen Teil des Hohen Atlas ist im Norden die Kette des *Mittleren Atlas* vorgelagert, im Süden bilden der schon wüstenhafte *Anti-Atlas* und der Djebel Sarhro den Übergang zum riesigen Trockengebiet der Sahara. Im östlichen, zum algerischen Territorium gehörenden Teil des Atlas-Systems setzt sich die Kette des Hohen Atlas im *Sahara-Atlas* fort. Doch ist hier die Landschaftsabfolge insofern eine andere, als zwischen dem Küstengebirge des Tell-Atlas und der südlichen Randkette, dem Sahara-Atlas, ein weites Hochbecken, das *Hochland der Schotts,* eingelassen ist. Das Steppenhochland hat seinen Namen von den Salzpfannen oder Schotts, die sich nach winterlichen Regenfällen zu Salzsümpfen entwickeln und dann gefährliche Verkehrshindernisse darstellen. Infolge der Trockenheit ist das Hochland kaum bewaldet und im Gegensatz zu den westlichen Atlas-Ketten nur spärlich besiedelt. Jedoch bilden die Steppen für die aus der Wüste über den Sahara-Atlas kommenden Nomaden den sommerlichen Lebensraum, wo die Schafe, Ziegen und Kamele noch Steppengräser finden, während die Vegetation im Wüstenvorland des Gebirges längst verdorrt ist.

Die Gebirgsmassive der Sahara

Die Sahara, die praktisch den afrikanischen Kontinent vom Atlantik bis zum Roten Meer auf 6000 km Länge durchzieht, ist keineswegs nur eine große

Sandwüste. Sie umfaßt neben den Sandgebieten auch Kies- und Felswüsten sowie eine ganze Reihe von wüstenhaften Gebirgsmassiven.

Das größte dieser Massive ist das *Ahaggar-Gebirge* oder Hoggar-Gebirge. Es entstand durch eine domartige Aufwölbung der afrikanischen Tafel und besteht im Kernbereich, dem Atakor, aus Graniten und Gneisen des Grundgebirges. Die über dem Grundgebirge gelegenen Kalk- und Sandsteintafeln wurden zwar mit aufgewölbt, im Kern jedoch abgetragen. Die Reste dieser Schichten umgeben heute als große pultförmige Stufen das zentrale Massiv. Zu diesen Stufen gehören die Tassili der Ajjer im Norden und, als ihr südliches Gegenstück, die Tassili des Ahag-

Dicht gedrängt, oft geradezu ineinander verschachtelt sind die Häuser der Berberbevölkerung im Hohen Atlas Marokkos. Durch diese Bauweise gewinnen die Bergdörfer – im Bild ein Beispiel aus der Nähe von Imlil – ein festungsartiges Aussehen.

Unten: Schon im Dezember sind die Berge um das Ourika-Tal im Hohen Atlas südöstlich von Marrakesch bis auf 2500 m herab verschneit. Während die Talsohle von Äckern eingenommen wird, liegen die Dörfer auf hochwassersicheren Höhen.

gar, die sich im Bergland des Adrar der Iforas bis nach Mali hinein fortsetzen. Eine besondere landschaftliche Note erhält das Atakor-Massiv durch eine Reihe bizarrer Berggestalten, die als mehrere hundert Meter hohe steinerne Finger die Gebirgswüste überragen. So bedrohlich diese lotrecht aufgerichteten Felstürme erscheinen mögen – ihre Entstehung ist leicht zu erklären. Es sind die längst erstarrten Lavafüllungen ehemaliger Vulkanschlote, die als Säulen härteren Gesteins dem natürlichen Verfall trotzten, während der sie umgebende weichere Gesteinsmantel im Verlauf von Jahrmillionen durch Wind und Wasser abgetragen wurde. Daß Wasser in diesem Teil der Sahara einst reichlicher vorhanden war als heute, zeigen auch die Trockentäler oder Wadis, die von der höchsten Erhebung des Ahaggar, dem 3003 m hohen Tahat, in alle Richtungen ausstrahlen und das Gebirge zerschneiden. Das muß nicht bedeuten, daß die Wüste einst grün war; doch es gilt als sicher, daß in den kalten Zeiten der Klimageschichte, als in den gemäßigten Breiten die Eiszeit herrschte, das Klima im Trockengürtel der Sahara wesentlich feuchter und kühler war als heute. Pflanzengeschichtliche Relikte aus dieser «Pluvialzeit» dürften zum Teil auch einzelne Kümmerformen von Akazien, Pistaziensträuchern und Oleanderbüschen in der Hochregion des Gebirges sein, die etwas feuchter ist als die fast niederschlagslose Vollwüste des Gebirgsfußes.

Etwa 600 km südlich des Ahaggar liegt im Übergangsbereich zwischen Sahara und Sahel das bis 1900 m aufsteigende *Aïr-Bergland*. Wilde, von Felsschluchten zerrissene Gebirgsteile veranlaßten den Afrika-Forscher Heinrich Barth, der das Bergland um die Mitte des vergangenen Jahrhunderts erkundete, zu der Bezeichnung «saharische Alpen». Unregelmäßig fallende Niederschläge verwandeln die Wüste für kurze Zeit in grünes Weideland, das den Ziegen- und Kamelherden der hier lebenden Tuareg-Nomaden als Lebensgrundlage dient.

Das höchste der Sahara-Massive ist das im Tschad gelegene, weitläufige *Tibesti-Gebirge*. In seinem Kernbereich erstreckt sich eine ausgeprägt vulkanische Landschaft mit weiten Basalthochflächen und Dekken aus verfestigten vulkanischen Auswurfmassen. Unterbrochen werden diese Hochplateaus von mehreren Kratern, riesigen Kesseln vom Caldera-Typus, die nicht durch vulkanische Explosion, sondern durch den Einbruch der Oberfläche über gasreichen Stellen des vulkanischen Untergrundes entstanden. Auch der höchste Punkt des ganzen Gebirges, der 3415 m hohe Gipfel des Emi Koussi im Südwesten, erhebt sich als Randhöhe über einem solchen kreisrunden, 12 km breiten Einbruchskrater. Höhen über 3000 m erreichen auch die Vulkankegel des Pic Toussidé (3265 m) im Westen und des Mouskorbé (3376 m) im Nordosten des Gebirges. Von den höchsten Erhebungen geht eine Reihe von Tälern aus, die das Gebirgsinnere als tiefe Schluchten durchbrechen, zum Rand hin aber geräumiger werden, und deren Grundwasser die Existenz einiger kleiner Dattelpalm-Oasen ermöglicht. Jedoch reichen weder die in den Oasen gewonnenen Baum- und Feldfrüchte noch der karge Ertrag der nomadischen Viehwirtschaft aus, den Lebensunterhalt der etwa 8000 Toubous zu

Felstürme von Assekrem im Ahaggar-Gebirge der zentralen Sahara. Die bizarren Berggestalten bestehen aus der harten Gesteinsfüllung ehemaliger Vulkanschlote, die durch die Abtragung aus einem Mantel weicherer Gesteine herausgeschält wurden.

sichern, so daß es in der Vergangenheit immer wieder zu größeren Auswanderungsbewegungen aus dem «Bergland des Hungers» kam.

Merkwürdiges bietet auch die Tierwelt der saharischen Gebirgsmassive. Im Tibesti-Gebirge treten neben den an die Trockenheit angepaßten Tierarten – Wüstenhase, Wüstenfuchs, Gazelle, Antilope, Mähnenschaf – auch die eigenartigen Klippschliefer und selbst Paviane auf. Im Plateaugebirge des *Ennedi* gibt es sogar Krokodile. Daß in den Quelltümpeln und Regenteichen dieses Wüstengebirges, das fast 1000 km vom Nil entfernt ist, Fische und, wenn auch in Kümmerformen, Nilkrokodile leben, ist neben den vor- und frühgeschichtlichen Felszeichnungen ein untrügliches Zeichen für einst feuchteres Klima. Mit zunehmender Austrocknung des großen Wüstengürtels zogen sich gefährdete Tiere und Pflanzen in die insgesamt doch etwas feuchteren Inseln der Gebirgsmassive zurück.

Weit weniger wüstenhaft als die Gebirge der zentralen Sahara ist das am Südrand des Trockengürtels in der sudanesischen Provinz Darfur gelegene Vulkanmassiv des *Djebel Marra*, dessen höchste Erhebung (3024 m), wie der Emi Koussi im Tibesti-Gebirge, am Rand eines vulkanischen Kraters liegt. Infolge der südlichen Lage reichen die Niederschläge von 600–1000 mm im Jahr schon aus, um auf Terrassenfeldern, die bis in die Gipfelregion reichen, Hirse und Weizen ohne künstliche Bewässerung anzubauen.

Gebirgsnomaden der Sahara

Daß ein Gebirge gegenüber seinem Umland meist von Natur aus benachteiligt ist, gilt also nicht für die Gebirge innerhalb der Wüsten. Zwar sind etwa die Gebirge der Sahara ebenfalls sehr trocken, aber doch etwas feuchter als die sie umgebende, fast niederschlagslose Wüste. Während die Wüste außerhalb der Grundwasseroasen keinerlei Existenzgrundlage für den Menschen bietet und praktisch unbewohnt ist, gestatten die geringen Niederschläge z.B. im Ahaggar (Hoggar)-Gebirge einer kleinen Gruppe von Tuareg-Nomaden, dem Stamme der Kel Ahaggar, hier zu leben (Abb. auf Seite 184).

Diese Kel Ahaggar gehören zum großen Volk der Tuareg, die als Krieger berühmt und für ihre Freiheitsliebe bekannt sind. Im Gegensatz zu den arabischen Beduinen nimmt bei den Tuareg die Frau eine dominierende Stellung in Familie und Gesellschaft ein. Darauf mag es auch zurückzuführen sein, daß die Tuareg-Frauen im Widerspruch zu ihrem islamischen Glauben nicht verschleiert sind, jedoch die Männer neben ihren leuchtend blauen Gewändern einen schwarzen Gesichtsschleier tragen.

Da das Ahaggar-Gebirge eine steppenhafte, von einzelnen Dornbüschen durchsetzte Vegetation zeigt, können hier Ziegen gehalten werden. Auf der Ziegenhaltung beruht auch die nomadische Weidewirtschaft der wenigen tausend hier lebenden Tuareg. Anders als die Bergnomaden des Vorderen Orients wandern die Kel Ahaggar jedoch nicht jahreszeitlich zwischen Sommerweiden im Gebirge und Winterweiden im Tiefland, sondern halten sich das ganze Jahr über in den Gebirgstälern auf. Dennoch sind sie zur Wanderung gezwungen, da die Weidegründe sehr karg sind und sich rasch erschöpfen.

Während die Wüstensteppe des Gebirges den schwarzen Ziegen der Kel Ahaggar in den meisten Jahren ausreichendes Futter bietet, sind die Weidegründe in mindestens drei von fünf Jahren zu trokken, um auch noch die Kamele des Stammes das ganze Jahr über ernähren zu können. Die Tuareg sind daher dazu übergegangen, ihre Kamele 800 Kilometer weit nach Süden in die feuchteren Randgebiete der Sahara zu bringen, wo die Tiere meist bei verwandten Stämmen «in Pension» gegeben werden. Obwohl die Futterbasis im Ahaggar-Gebirge selbst eigentlich zu schmal ist für die Haltung von Kamelen, werden die Tiere von den Tuareg benötigt, denn die nomadische Ziegenhaltung reicht als Existenz-

Zum Lebensraum der Tuareg gehört auch das Tassili-Bergland, dessen Gesteinsschichten stellenweise in bizarre Felspfeiler aufgelöst sind.

grundlage nicht aus. Den notwendigen «Nebenerwerb» sicherten früher vor allem die mit den schnellen und ausdauernden Reitkamelen durchgeführten Überfälle auf Karawanen und Oasendörfer. Als weitere Erwerbsquelle trat später der Karawanenhandel mit dem im Norden des Ahaggar-Gebirges vorkommenden Salz hinzu, das nach einer beschwerlichen Wüstenreise über 1400–1600 Kilometer weit im Süden gegen Hirse, die neben den Ziegenmilchprodukten ein Grundnahrungsmittel der Kel Ahaggar bildet, sowie gegen handwerkliche Erzeugnisse wie Kamelsättel oder Waffen eingetauscht wird.

Raubüberfälle im alten Stil sind im gefestigten Staatswesen Algeriens heute nicht mehr denkbar. Auch der Karawanenhandel hat mit dem Aufkommen des Lastkraftwagens und mit dem Bau der Transsahara-Pisten mehr und mehr an Bedeutung verloren. Der Fremdenverkehr, in vielen Gebirgen der Erde gewissermaßen die Rettung der einheimischen Bevölkerung, streckt seine Fühler zwar auch schon nach dem Ahaggar-Gebirge aus, doch bringen die eingeflogenen Touristen nur wenigen Tuareg bezahlte Arbeit. Viel eher wecken die Fremden Wünsche nach den Statussymbolen der modernen Industriegesellschaft. Dies führt zu kaum lösbaren Problemen und tiefgreifenden Wandlungen im Leben und Sozialgefüge der Gebirgsnomaden. Was bleibt, ist die ruhmreiche Vergangenheit und ein Hauch von Romantik, der noch heute das harte Leben der blauen Männer der Wüste umgibt.

Das Kamerun-Gebirge

Nur wenige Breitengrade vom Äquator entfernt erhebt sich das *Kamerun-Gebirge* über dem innersten Winkel des Golfes von Guinea – ein rein vulkanisches Gebirge, dessen Schlote, Bergkegel und Maar-Seen ihre Existenz derselben Störungslinie der Erdkruste verdanken wie das nordwestlich gelegene Bambouto-Gebirge (2679 m) oder die Vulkangebirge der auf einer schnurgeraden Linie im Golf von Guinea liegenden vier Inseln Fernando Póo (Fico de Santa Isabel 3007 m), Principe, São Tomé (Pico de São Tomé 2024 m) und Annobón. Der alles überragende Hauptkegel des 4070 m hohen Kamerun-Berges wird von den Einheimischen auch als Mongoma-Loba (Götterberg) bezeichnet. Zwar hat der Gipfelkrater seine vulkanische Tätigkeit eingestellt, doch dringen aus den Schloten der Nebenkrater immer wieder Lavamassen empor, die, wie noch 1922, als Lavaströme durch den tropischen Regenwald und die großen Plantagen bis zum nur 20 km entfernten Meer fließen.

Die Nähe zum Meer und die Lage innerhalb der feuchten Tropen verleiht dem Kamerun-Gebirge seine besondere Eigenart. Von Südwesten aus dem Golf von Guinea kommend, führt der Monsun ungeheure Feuchtigkeitsmengen an den wie ein Pfeiler über der Küste aufragenden Kamerun-Berg heran, so daß dessen Fußzone im Südwesten mit mehr als 10000 mm Jahresniederschlag eine der regenreichsten Landschaften der Erde ist. Mit zunehmender Meereshöhe nehmen die Niederschläge zwar ab – im Gegensatz zu den Alpen oder anderen Gebirgen der gemäßigten Breiten, wo die Niederschläge zum Gipfelbereich hin zunehmen –, doch registriert selbst die Gipfelstation des Kamerun-Berges noch etwa 2000 mm Niederschlag im Jahr, die gelegentlich sogar als Schnee fallen. Das am stärksten beregnete untere Stockwerk des Gebirges ist von einem Gürtel fast undurchdringlichen tropischen Feuchtwaldes bedeckt, der nur teilweise gerodet und durch Kakao-, Kautschuk- und Gummiplantagen ersetzt ist. In etwa 2000 m Höhe wird der Nebel- und Bergwald von savannenartigem Grasland abgelöst, das bei 2500 m in die Höhenstufe der alpinen Matten übergeht.

Linke Seite: Für die Nomadenbevölkerung der Tuareg gehören Brunnen, Quellen und Wasserlöcher zu den wichtigsten Besitztümern.

Blick über das zerschluchtete vulkanische Hochland von Semien zum Ras Dashan (4620 m), dem höchsten Gipfel Äthiopiens.

Die Gebirge Ostafrikas

Zum östlichen Afrika gehört im weiteren Sinn neben dem von Vulkankegeln überragten und von großen Seen durchsetzten Hochland des eigentlichen Ostafrika auch der Gebirgsblock Äthiopiens.

Wesentlich größere Dimension als die Gebirge der Sahara oder das an Ausdehnung sehr kleine Kamerun-Gebirge hat das *Hochland von Äthiopien*. Zwar ist es wie diese fast ausschließlich vulkanischer Natur, wird jedoch nicht so sehr von steilen Kegelbergen oder Einbruchskratern geprägt, sondern von weiten, teilweise fast ebenen Hochflächen. Da die vulkanische Lava zum Zeitpunkt ihres Ausflusses aus dem Erdinneren sehr dünnflüssig war, konnte sie sich so weit ausbreiten, daß sie sogar Unebenheiten des vorher vorhandenen Reliefs verhüllte. So wurden die später noch gehobenen Flächen aus einer Reihe solcher schon vor Jahrmillionen erstarrter Lavadecken gebildet, wie an den Cañon-Wänden der tief in den Schichtstapel eingesägten Flüsse offenbar wird, z.B. in der Schlucht des Blauen Nils.

Durch einen tiefen, von mehreren Seen erfüllten Einbruchsgraben wird das vulkanische Tafelland auf der Linie Ankober–Rudolfsee in zwei Blöcke zerlegt. Diese Tiefenlinie ist die geologische Fortsetzung des Grabensystems von Rotem Meer und Golf von Aden, das über diese Einbruchszone im Herz Äthiopiens mit dem gewaltigen Spaltensystem der ostafrikanischen Gräben in Verbindung steht. Die Hochflächen der beiden Gebirgsblöcke werden von einzelnen, ebenfalls vulkanischen Massiven überragt, welche die höchsten, durchweg über 4000 m aufsteigenden Erhebungen des Hochlandes von Äthiopien bilden. Höchster Gipfel ist der Ras Dashan (4620 m) im Semien-Massiv Nordäthiopiens, aber auch der südöstliche Gebirgsblock steigt im Goba-Massiv mit dem Batu (4307 m) und einigen weiteren Vulkanen zu ähnlichen Höhen an.

Mit seinem von gletschererfüllten Karen umgebenen Zwillingsgipfel vermittelt der Mount Kenya (5199 m) einen durchaus alpinen Eindruck, doch weisen die tropischen Schopfpflanzen im Vordergrund auf die Lage des Gebirges direkt unter dem Äquator hin.

Wie andere tropische Hochgebirge besitzt auch das Hochland von Äthiopien eine im Landschaftsbild deutlich erkennbare Höhenstufung, für deren Stockwerke die einheimische Bevölkerung eigene Namen geprägt hat. Die heiße Zone der «Kolla» reicht bis etwa 1800 m Höhe und ist an den trockeneren Stellen von Savanne, im feuchten Süden von tropischem Regenwald bedeckt; Zuckerrohr, Bananen und Kaffee, der in Äthiopien seine Urheimat hat, sind die Kulturpflanzen dieser untersten Höhenstufe. Die größten Flächen des Hochlandes gehören der warmgemäßigten Stufe der «Woina Dega» (1800–2500 m) an, deren natürliche Vegetation ein stark von Lianen und anderen Epiphyten durchsetzter Regenwald ist. Große Teile sind jedoch gerodet und dienen dem Anbau von Getreide, Obst und Gemüse. In der Vegetation des kühlen Stockwerks der «Dega» (2500–3600 m) herrschen Bergwälder und -savannen vor, in der Kulturlandschaft Getreide- und Kartoffelfelder. Die kalte Höhenregion der «Choke» (über 3600 m) wird von einer als Weideland genutzten Gebirgssteppe eingenommen, doch treten die malerischen Rundhüttendörfer mit einzelnen Gerstenfeldern sogar noch in rund 4000 m Höhe auf.

Gebraucht man den Begriff Ostafrika im engeren Sinne, so ist damit das tropische Land zwischen dem von einer Kette schmaler Seen erfüllten Zentralafrikanischen Grabensystem und dem Indischen Ozean gemeint. Das flache Hochland um den Victoriasee (1134 m), das den Kernraum Ostafrikas bildet, wird zangenförmig von zwei großen geologischen Störungslinien eingefaßt. Entlang dieser Einbruchszonen, dem Zentral- und dem Ostafrikanischen Graben, wurde die Erdkruste von zahlreichen Schloten durchstoßen, deren Ausbrüche zum Aufbau imposanter Vulkangebirge führten. Zwei dieser längst erloschenen Vulkankegel, Kilimandscharo und Mount Kenya, sowie die nichtvulkanische Ruwenzori-Kette erheben ihre eisbedeckten Gipfel über 5000 m Höhe.

Mit einer Gipfelhöhe von 5895 m ist der *Kilimandscharo* der höchste Berg des Kontinents. Eigentlich sind es drei benachbarte Vulkane, deren Kegel sich teilweise überlagern und zusammen das Massiv aufbauen: der abgeflachte Kegel des Shira (3778 m) im Westen, der zerklüftete Mawensi (5121 m) im Osten und der zentrale Kegel des Kibo (5895 m), in dessen Gipfel ein 300 m tiefer Krater eingesenkt ist. Der Kilimandscharo grüßt den Besucher Ostafrikas schon von weitem mit seiner weißen Firnhaube, aus der kleine Hängegletscher bis auf 4300 m herabreichen. Interessant ist, daß die Besteigung des Kibo-Gipfels zunächst nicht von Bergsteigern, sondern von einem Wissenschaftler, dem deutschen Geographen Hans Meyer, versucht wurde. Bei seinem ersten Versuch im Jahre 1886 erreichte er bereits 5500 m Höhe, und drei Jahre später bezwang er, begleitet von dem österreichischen Alpinisten L. Purtscheller, den Gipfel.

Der Kilimandscharo bietet ein Musterbeispiel für die Abfolge der Höhenstufen in einem tropischen Hochgebirge. Wie Gürtel legen sich die Höhenzonen um den weiten Kegelmantel: Die offene Gras- und Baumsavanne der Fußregion geht in etwa 1000 m Höhe in die von zahlreichen Siedlungen der Chagga-Bevölkerung durchsetzte Stufe des tropischen Feldbaues mit Kaffee- und Bananenkulturen über. In 1800–2000 m Höhe setzt der oft von einem Wolkengürtel verhüllte Bergwald ein, dessen Obergrenze in etwa 3000 m Baumericaceen, Verwandte unseres Heidekrautes, bilden. Oberhalb der Waldgrenze folgt das subalpine Grasland mit Matten und Hochmooren, Senecien und Lobelien. Bei 4000 m setzt ein von der Frostverwitterung geprägter Schuttgürtel ein, dem auch die 10 km breite Sattelfläche zwischen

Mawensi und Kibo angehört. Über 5000 m liegt das von ewigem Schnee bedeckte Gipfelstockwerk, dessen Firnflächen infolge der starken Sonneneinstrahlung häufig in malerische Büßerschneenadeln aufgelöst sind.

Eine fast identische Abfolge der Höhenstufen zeigt auch der unter dem Äquator gelegene Vulkankegel des *Mount Kenya* (5199 m). Anders gestaltet als am verhältnismäßig sanft geböschten Kilimandscharo ist jedoch der Gipfelstock, der sich in schroffen, von Eisrinnen durchzogenen Felswänden über das Gebirge erhebt. Um den Zwillingsgipfel, dessen höhere Spitze nach einem berühmten Medizinmann des Masai-Volkes Batian benannt ist, liegen gletschererfüllte Kare. Der größte der 13 Gletscher, der 1300 m lange Lewis-Gletscher, endet in einem kleinen Moränenstausee in 4590 m Höhe.

Verdanken Kilimandscharo und Mount Kenya dem Ostafrikanischen Grabensystem ihre Entstehung, so ist das 100 km lange *Ruwenzori-Massiv* das Ergebnis von Bewegungen der Erdkruste im Zentralafrikanischen Einbruchsgraben. Neben Senkungsbewegungen kam es hier auch zur Heraushebung einzelner Schollen. So ist der zwischen Eduard- und Albertsee gelegene Ruwenzori kein Vulkangebirge, sondern eine in große Höhe emporgehobene Bruchscholle der Erdkruste. Unter einer ganzen Kette von Viertausendern ragt der Zwillingsgipfel des Mount Stanley mit der Margherita-Spitze (5109 m) am höchsten auf. Er trägt den Namen des großen Afrikaforschers H.M. Stanley, der das Gebirge 1888 auf der bewegten Suche nach den Nilquellen entdeckte. Daß das sagenhafte «Mondgebirge», das schon in der Antike auf den Karten des Ptolemäus erscheint, erst so spät in das Bewußtsein der Entdeckungsreisenden trat, ist wohl dadurch zu erklären, daß die vergletscherte Gipfelregion fast stets von Wolken verhüllt ist. Alle Bergsteiger, die den Ruwenzori seit der schwierigen Erstbesteigung durch den Herzog der Abruzzen im Jahre 1906 besuchten, beklagten sich über schlechtes Wetter, ständigen Nebel und häufige Gewitter.

Die Reihe der gewaltigen, ihr Umland um Tausende von Metern überragenden Vulkanbauten Ostafrikas ließe sich lange fortsetzen. Erwähnt seien noch die Viertausender unter ihnen. Dazu gehört als kleinerer Nachbar des Kilimandscharo der 4565 m hohe *Meru,* der erstmals 1901 von dem deutschen Geographen C. Uhlig bestiegen wurde, der *Elgon* (4321 m) mit einer Gipfelcaldera von 8 km Durchmesser und schließlich die Gruppe der *Virunga-Vulkane,* über deren Hauptgipfeln Karisimbi (4507 m) und Mikeno (4440 m) die Wasserscheide zwischen den kontinentweiten Stromgebieten des Nil und des Kongo verläuft.

In den Drakensbergen Südafrikas und Lesothos ragen nur die höchsten Teile über die dichten subtropischen Wälder auf.

Die Gebirge des südlichen Afrika

Der vom südlichen Afrika gebildete Subkontinent hat die Form eines gleichseitigen Dreiecks, dessen Binnenhochland auf allen Seiten von Randschwellen oder -gebirgen umrahmt wird. Im Norden erstreckt sich vom zentralen Bergland Angolas (Moco 2610 m) bis zu den Gebirgen um den Nyasa-See die Lunda-Schwelle. Die pultförmig über dem Atlantik und der Küstenwüste Namib sich erhebende westliche Randstufe erreicht im Brandberg (2606 m) Südwestafrikas ihren höchsten Punkt. Am bekanntesten unter den Randgebirgen des südlichen Afrika sind jedoch die über 3000 m aufragenden Drakensberge, die sich nach Süden in den Ketten des Kapgebirges (Kompaßberg 2504 m) fortsetzen.

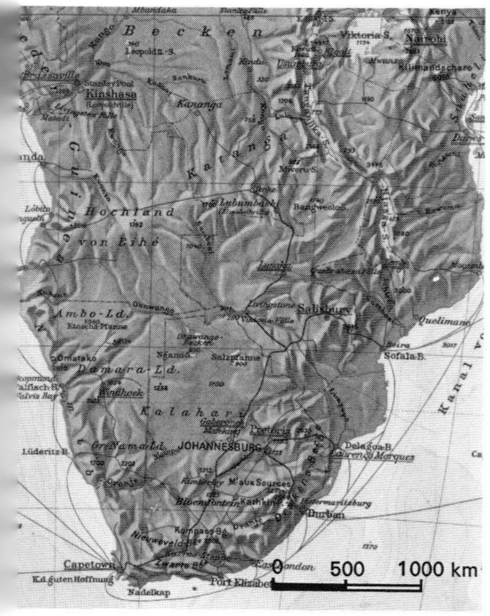

Karte des südlichen Afrika.

Anders als die symmetrischen Vulkangebirge Ostafrikas oder die langgestreckten schmalen Ketten des eurasiatischen Faltengebirgsgürtels haben die Randgebirge des südlichen Afrika einen asymmetrischen Aufbau. Die jäh über die Küste aufragende Außenseite bildet den Steilabfall einer mächtigen Randstufe, deren Innenseite als Hochplateau zur flachen Schüssel des Binnenhochlandes abfällt.

Diese Charakterisierung gilt insbesondere für die *Drakensberge* auf der Ostseite Südafrikas. Wenn auch infolge der flachen Gesteinslagerung nirgends scharfe Kämme und Ketten entwickelt sind, so kommt es dank der tief in die Hochfläche eingegrabenen Flüsse doch zur Ausbildung großer Höhenunterschiede, schroffer Talwände und malerischer Felspfeiler. Aber auch die großartigen, nur von extremen Kletterern bisher bestiegenen Pfeiler wie Cathedral Peak (Kirchturmspitze) oder Devil's Tower (Teufelsturm) sind geologisch nichts anderes als die dank einer harten Lava-Decke bisher von der Abtragung verschont gebliebenen Restsäulen des Hochlandsokkels.

Ihre höchste Erhebung und zugleich die größten Höhenunterschiede erreichen die Drakensberge unmittelbar an der Nordostgrenze des Hochlandkönigreiches Lesotho gegen die südafrikanische Provinz Natal. Von Westen hat hier der Oranje mit seinen Quellflüssen in bis zu 1000 m tiefen Schluchten das Hochland zerschnitten, im Osten bildet der Steilabfall des «Great Escarpment» zum Küstentiefland hin die von dichten Wäldern bedeckte Außenflanke. Dazwischen liegen längs der Wasserscheide zwischen Atlantischem und Indischem Ozean die höchsten Gebirgsteile mit dem Tabana Ntlenyana (3482 m), dem Giant's Castle (3355 m), dessen Kammregion als Nationalpark geschützt ist, dem Cathkin Peak und dem Mont aux Sources (3299 m). Diese Höhenregion ist das einzige Gebiet innerhalb des südlichen Afrika mit echten alpinen Grasfluren oberhalb der in etwa 2800 m Höhe liegenden Waldgrenze. Regelmäßige Schneefälle während des Südwinters verhindern jedoch eine ganzjährige weidewirtschaftliche Nutzung der Höhen.

Das *Kapgebirge* im äußersten Süden Afrikas setzt sich aus zwei Gebirgsteilen unterschiedlicher Struktur zusammen. Der innere oder nördliche Gebirgszug mit den Sneeubergen (Kompaßberg 2504 m), den Koueveld- und Nuweveldbergen ist die unmittelbare Fortsetzung der pultförmigen Großen Randstufe, der auch die Drakensberge angehören. Südlich des Beckens der Großen Karoo jedoch zeigen die schroffen Kapketten einen anderen Baustil. Es sind die von der Abtragung als scharfe Ketten und Kämme herauspräparierten Reste eines alten Faltengebirges – des einzigen in Afrika außer dem Atlas-Gebirge. Zwar überschreiten nur wenige Erhebungen der Kapketten eine Höhe von 2000 m, doch sind die Kämme und Rücken vielfach aus sehr harten Gesteinen aufgebaut, die zur Bildung schroffer Felswände neigen. So wurden nicht nur der das Panorama von Kapstadt beherrschende Tafelberg (1087 m), sondern auch andere Teile der Kapketten zum «Klettergarten» mit Routen höchster Schwierigkeit für die Felskletterer des schon im Jahre 1891 gegründeten Mountain Club of South Africa.

Die Gebirge Nord- und Südamerikas

Wird der eurasiatische Kontinent im wesentlichen von breitenparallel verlaufenden Gebirgen durchzogen und gleicht Afrika einer großen, von wenigen Vulkangebirgen überragten Tafel, so ist der wichtigste Wesenszug der Gebirge beider Amerika, daß sie in Nord-Süd-Richtung verlaufen. Während in Asien Binnengebirge überwiegen, wird der amerikanische Doppelkontinent von Randgebirgen beherrscht. Diese Lagebeziehung gilt nicht nur für den gewaltigen Gebirgszug der Kordilleren im Westen, sondern auch für die an der Ostküste liegenden Gebirge der Appalachen oder des Brasilianischen Berglandes.

Ein dritter differenzierender Gesichtspunkt im Vergleich der Gebirgssysteme Asiens und Amerikas ergibt sich aus der Lage der jeweiligen Landmassen zum Äquator. Der asiatische Landblock ist, sieht man von der Inselwelt Südostasiens ab, auf die Nordhalbkugel beschränkt, seine Gebirge haben im Bereich der gemäßigten und subtropischen Breiten ihre größte Ausdehnung. Das pazifische Gebirgssystem beider Amerika hingegen quert zwischen Alaska und Feuerland als ununterbrochene Kette alle Klimazonen der Erde, vom arktischen Bereich des Hohen Nordens bis zu den kühl-gemäßigten Breiten der Südhalbkugel.

Altersmäßig lassen sich die Gebirge Amerikas denselben drei Generationen zuordnen wie die Gebirgszüge Eurasiens, doch überwiegen in der Neuen Welt bei weitem die Faltengebirge der jüngsten Generation, der das ganze Kordillerensystem angehört. Die den Mittelgebirgen Zentraleuropas entsprechende mittlere Gebirgsgeneration ist lediglich in den Appalachen und im Bergland Ostpatagoniens vertreten. Zur ältesten Gruppe von Gebirgen schließlich zählen nur die nördlichen Teile der Appalachen und die flachen Erhebungen der Insel Neufundland.

Die Kordilleren von Alaska bis Feuerland

Die Kordilleren sind Teil des erdweiten, rings um den Pazifischen Ozean sich ziehenden Gebirgssystems, das sich von Neuguinea über die Inselbögen Ostasiens, die Aleuten und die Kordilleren Nord- und Südamerikas bis in die Antarktis erstreckt.

Ohne eine einzige wesentliche Unterbrechung zieht der Gebirgsstrang der Kordilleren von der in fast 70° nördlicher Breite gelegenen Brooks Range Alaskas bis zum Kap Hoorn, das auf 56° südlicher Breite die Südspitze des Doppelkontinents bildet. Dies ist, ohne den teils gewundenen Verlauf der Gebirgsketten zu berücksichtigen, eine Nord-Süd-Erstreckung von 14000 km oder ein gutes Drittel des Erdumfanges. Dabei quert das Gebirge auf der Nordhalbkugel alle Klimazonen vom subarktischen Alaska bis zu den feuchten Tropen Ecuadors und, spiegelbildlich angeordnet, auf der Südhemisphäre von der inneren Tropenzone bis zum kühlgemäßigten Klima Südpatagoniens.

Die Gestalt des Gebirgskörpers wechselt. Teils besteht er, wie in Guatemala oder in Nordpatagonien, aus einer einzigen schmalen Kette, teils fächert er sich, so in British Columbia oder in Venezuela, in ein Bündel von Parallelketten auf, teils treten die Randketten weit auseinander und lassen Raum für so weitläufige Hochländer wie das Great Basin, das Hochland von Mexiko oder den Bolivianischen Altiplano.

Nahezu auf seiner ganzen Erstreckung ist das Gebirge von Vulkanschloten durchsetzt, deren Kegel, da sie den Ketten und Hochländern aufsitzen, eine Reihe der höchsten Gipfel der Neuen Welt bilden – darunter zahlreiche Vier-, Fünf- und Sechstausender wie Mount Rainier (4392 m) im Kaskaden-Gebirge der USA, Popocatépetl (5452 m)

Majestätisch erhebt sich der höchste Berg Nordamerikas, der 6193 m hohe Mount McKinley, über die Alaska-Kette. Er wurde erst 1897 entdeckt und trägt den Namen des damaligen Präsidenten der Vereinigten Staaten. 1913 gelang die Erstersteigung.

Der Kartenausschnitt zeigt die Großgliederung der Kordilleren Nordamerikas von Alaska bis Mexiko. Zwischen Polarkreis und Wendekreis quert der gewaltige Gebirgszug die Klimazonen der Erde vom subpolaren bis zum randtropischen Bereich.

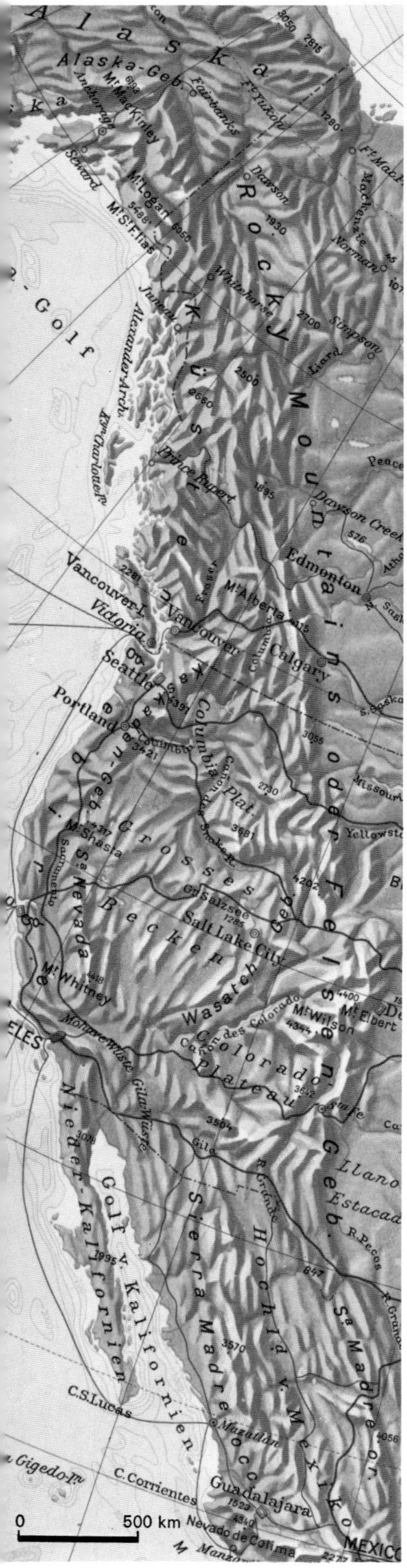

und Pico de Orizaba (5700 m) über dem Hochland von Mexiko, Chimborazo (6272 m) und der höchste noch tätige Vulkan der Erde, Cotopaxi (5896 m), in Ecuador, El Misti (5842 m) in Peru und Ojos del Salado (6880 m) an der chilenisch-argentinischen Grenze.

Die große Gebirgsmauer der Kordilleren setzt im Nordwestzipfel des nordamerikanischen Kontinents mit den *Gebirgen Alaskas* ein. Alaska, dank seines Erdölreichtums heute im Brennpunkt wirtschaftlicher Interessen, war noch vor einem guten Jahrhundert ein so unbedeutendes, nur von einigen Eskimogruppen bewohntes und von Pelztierjägern zeitweilig aufgesuchtes Land, daß es die Russen 1867 für die Summe von 7,2 Millionen Dollar (!) an die USA verkauften. Erst 1959 wurde Alaska als 49. Bundesstaat voll in die Vereinigten Staaten integriert. Mit dem arktischen Gebirgszug der Brooks-Kette im Norden und dem Pazifischen Gebirgssystem im Süden ist Alaska ein ausgesprochenes Gebirgsland.

Größtenteils waldlos, von Tundrenvegetation, weiten Schnee- und Eisfeldern überzogen, erweist sich die 1000 km lange *Brooks-Kette* als Verwandte der nordostsibirischen Gebirge, deren Fortsetzung sie ja auch in geologischem Sinne bildet. Wenn auch durch Faltungs- und Bruchvorgänge entstanden, hat das Relief weithin den Charakter eines Mittelgebirges und erreicht nur in den zentralen Endicott-Bergen mit dem Mount Doonerak (3060 m) und im östlichen Eckpfeiler des Mount Michelson (2816 m) größere Höhen.

Ausgeprägten Hochgebirgscharakter haben hingegen die stark vergletscherten *Pazifischen Ketten* Alaskas mit ihren zwei parallelen Gebirgsbögen, der durch ein Gewirr von tiefen Fjorden in zahlreiche Inseln und Halbinseln zerlegten Küstenkordillere und der hohen, teilweise auf kanadisches Territorium übergreifenden Westkordillere. Schon der westlichste Ausläufer des Pazifischen Systems, die *Aléuten-Kette,* die das 1000 km lange Rückgrat der schmalen Alaska-Halbinsel bildet, erreicht in den Randhöhen riesiger, noch tätiger Vulkankrater wie Katmai (2048 m) und Iliamna (3074 m) beachtliche Höhen. Von gewaltigem Ausmaß ist aber vor allem die Gebirgsmauer der *Alaska Range* mit dem über einer großartigen Gletscherlandschaft sich erhebenden Mount McKinley (6193 m), dem höchsten Gipfel Nordamerikas. In der ungleichen Verteilung der Gletscher, die auf der Nordflanke kaum unter 1000 m herabreichen, auf der Südflanke trotz stärkerer Sonneneinstrahlung wesentlich tiefer enden, kommt die ausgeprägte klimatische Asymmetrie zwischen der dem Meer zugewandten und daher feuchten Außenabdachung und der trockenen Innenseite der Alaska-Kette zum Ausdruck. Die vom Pazifik kommenden Schlechtwettereinbrüche entscheiden häufig auch über den Erfolg oder Mißerfolg der seit 1913, dem Jahr der Erstbesteigung des Mount McKinley, von Jahr zu Jahr zahlreicher werdenden Bergsteigerexpeditionen, denen dank des Gletscherflugzeuges allerdings der zeitraubende Anmarsch mit Trägerkolonnen, wie er im Himalaya meistens notwendig ist, erspart bleibt.

Bergsteigerisch vielleicht noch interessantere Gipfelgestalten krönen auch die anderen Ketten des Pazifischen Gebirgssystems. Unter den Fünf- und Sechstausendergipfeln trat die herrliche Pyramide des Mount Saint Elias (5488 m), da kaum 50 km von der Küste entfernt, als erster Berg in das Blickfeld der Entdeckungsreisenden. Vom russischen Seefahrer Vitus Bering schon 1741 entdeckt, wurde der Gipfel 1897 erstmals bestiegen, jedoch war der Anmarsch über die Gletscher wegen des ständig schlechten Wetters so mühsam und langwierig, daß die zweite Besteigung erst 1946 durchgeführt wurde. Infolge des Schneereichtums reichen die Gletscher der St. Elias-Kette bis zur Küste herab – so in der Glacier Bay, die als National Monument geschützt ist, oder im Malaspina-Gletscher. Dieser gehört zur Gruppe der sogenannten Piedmont-Gletscher, da er in der Küstenebene einen 3500 Quadratkilometer großen Eisfächer bildet. Darüber hinaus stellt der Malaspina ein Unikum unter den Gletschern der Erde dar, denn sein Eisrand ist so stark von Schuttmassen bedeckt, daß auf dem Gletscher ein 6–8 Kilometer breiter Fichten- und Erlenwald stockt.

Auf der inneren, zu Kanada gehörenden Abdachung gehen die Pazifischen Randketten in ein weites, nur noch von einzelnen niedrigen Gebirgsketten durchzogenes Hochland über, dessen Kern das Yukon-Plateau, und dessen östlichen Gebirgsabfall zum inneren Tafelland Nordkanadas die Mackenzie-Berge bilden. Die Täler des oberen Yukon und seiner zahlreichen Nebenflüsse gliedern das bis zum Bau des Alaska Highway (1942) kaum erschlossene Hochland. Allerdings erlebte das Gebiet, nachdem 1896 die Goldvorkommen am Klondike und Bonanza River entdeckt worden waren, vorübergehend einen gewaltigen Ansturm von Goldsuchern und Abenteurern. In seinen Berichten aus jener Zeit vermittelt Jack London ein anschauliches Bild des harten und entbehrungsreichen Lebens dieser Pioniere im nordischen Gebirgsland.

Die im Yukon Territory erkennbare Landschaftsabfolge der *Kanadischen Kordilleren* – Küstenkette, inneres Hochland, östliche Kette – setzt sich auch im Gebirgsland von British Columbia fort. Das niederschlagsreiche und als Folge warmer Meeresströmungen zugleich milde Küstengebirge erhielt sein Gepräge durch die eiszeitlichen Gletscher, die es samt den vorgelagerten Inseln zu einer einzigartigen Fjordlandschaft umgestalteten. In der Plateauzone des Inneren wechseln Hochflächen, wie das von vulkanischen Laven aufgebaute Fraser-Plateau, mit einzelnen parallelen Bergzügen, die jedoch nicht über 2500 m ansteigen. Eine deutliche Grenze zur inneren Gebirgskette der Rocky Mountains – eine Bezeichnung, die oft auch für das gesamte Gebirgssystem der nordamerikanischen Kordilleren verwendet wird – bildet der «Rocky Mountain Trench», eine ausgedehnte, über mehr als 1000 km zu verfolgende Längstalflucht. Der innere Gebirgszug, die kanadischen Rockies, steigt wieder zu ansehnlicher Höhe auf. Vergletscherte Dreitausender bilden den Hintergrund eindrucksvoller Hochgebirgsszenerien: Mount Robson (3954 m), Mount Columbia (3747 m), Mount Forbes

(3630 m); und wildreiche Gebirgswälder sowie zahlreiche glaziale Seen in den tieferen Stufen des Gebirges ergänzen das Bild einer reizvollen Landschaft, in der schon 1885 der Banff-Nationalpark geschaffen wurde, heute eines der bedeutendsten Zentren des kanadischen Fremdenverkehrs. Dennoch sind die kanadischen Kordilleren insgesamt sehr dünn besiedelt, und vier Fünftel der Bevölkerung leben im Süden, großenteils an der Küste von Vancouver, aber auch in den sowohl erzreichen als auch landwirtschaftlich gut entwickelten südlichen Tälern wie z.B. Fraser, Okanagan oder Kootenay Valley.

Im Bereich der Vereinigten Staaten erreicht das Gebirgssystem seine größte Breite mit etwa 1600 km; diese Distanz übertrifft die Längserstreckung der Alpen um die Hälfte! Zwei Erscheinungen sind für die *US-amerikanischen Kordilleren* besonders charakteristisch: Zum einen wird das Gebirge, viel stärker noch als im Bereich Kanadas, durch Plateaus und hochgelegene Beckenlandschaften gegliedert; zum anderen ist es in zahlreiche Ketten aufgelöst. Überraschend ist auch, daß die meisten Flüsse das streng nordsüdlich angeordnete Gebirgssystem in tiefen Schluchten durchqueren, anstatt den Längstälern zwischen den Gebirgszügen zu folgen. Erklären läßt sich dies nur dadurch – und dieser Tatsache verdankt z.B. das einzigartige Durchbruchstal des Grand Canyon seine Entstehung –, daß der Fluß sein Talsystem zunächst in einem anderen Relief entwickelt hat, sich dann das Gebirge langsam heraushob, und der Fluß durch Eintiefung seines Tales mit der Heraushebung Schritt halten konnte.

Da gerade in den Durchbruchstälern das Gefälle der Flüsse oft noch nicht ganz ausgeglichen ist, kommt es zur Bildung von Stromschnellen oder Kaskaden, und so verdankt das *Kaskaden-Gebirge,* der nördliche Teil der US-amerikanischen Westkordillere, den Stromschnellen im Canyon des Columbia River seinen Namen. Das Gebirge ist so waldreich, daß der Bundesstaat Oregon zum führenden Holzlieferanten der gesamten USA wurde. Doch verteilen sich die Wälder ungleich auf die beiden Gebirgsabdachungen. Während auf der reichlich beregneten, zum Pazifik hin schauenden Westflanke Douglas-Tannen, Sitka-Fichten und Rot-Zedern vorherrschen, stockt auf dem im Lee gelegenen Osthang vor allem die der Trockenheit besser angepaßte Ponderosa-Kiefer. Eine Reihe stolzer Vulkangipfel überragt die Kette, darunter der Mount Rainier (4392 m), von dessen Kegel 26 Gletscher herabziehen. Ein anderer Vulkankegel brach einst in sich zusammen, so daß ein großartiger Einbruchskessel, die Caldera des Crater Lake mit fast 12 km Durchmesser, entstand – heute Anziehungspunkt für Hunderttausende von Touristen im Jahr.

Die *Sierra Nevada,* das «Schneegebirge» der das Land besiedelnden Spanier, erhebt sich als einseitig gehobene Pultscholle sanft über dem Graben des Kalifornischen Längstales, bricht aber im Osten steil zum Binnenhochland des Great Basin ab. Im Massiv des Mount Whitney (4418 m), dem höchsten Berg der USA außerhalb Alaskas und Hawaiis, hat die Sierra ausgesprochen alpinen Charakter. Eine Hinterlassenschaft der eiszeitlichen Gletscher ist das be-

Der Hector Lake im Banff National Park, Kanada, ist einer der zahlreichen durch Gletscher entstandenen Seen in den Rocky Mountains.

Rechts oben: Der Grand Canyon in Arizona (USA) wurde durch den Colorado River im Verlauf von Jahrmillionen bis 1800 m tief eingeschnitten.

Rechts unten: Die Zerschneidung der Hänge führt im «Flözgebirge» des Bryce Canyon im US-Staat Utah zur Auflösung der härteren Gesteinsschichten in ganze Galerien von bizarren Felsfingern.

rühmte Yosemite-Tal mit seinen mehrere hundert Meter hohen Wasserfällen und den vom Eis geglätteten Felswänden, die zur Schule des extremen Felskletterns in den USA wurden. Einzigartig sind in der Waldstufe des Gebirges die Rothölzer der *Sequoia gigantea,* die in dem nach ihnen benannten Nationalpark ein Alter von 1500 Jahren mit bis zu 12 m dikken Stämmen erreichen. In der Sierra Nevada sind auch die Wurzeln des kalifornischen «Goldrausches» von 1848 zu suchen, denn die Erzgänge des Gebirges sind vielfach von den Flüssen der Westabdachung angeschnitten, die das edle Metall in Form von Seifen talwärts führten.

Wird das Randgebirge nach Süden zu von der Kaskaden-Kette über die Sierra Nevada immer trokkener, um schließlich im wüstenhaften Bergland der Halbinsel von Niederkalifornien zu enden, so nimmt die Trockenheit auch nach Osten hin zu, wo die Randketten zur *Zone der inneren Becken und Plateaus* abfallen. Das nördlichste dieser Hochländer ist das ursprünglich steppenhafte, heute aber weitgehend von Weizenfeldern bedeckte *Columbia-Plateau.* Wo das Hochland nicht von den Schluchten des Columbia- und Snake-Flußsystems zerschnitten ist, überwiegen tischebene Flächen. Diese bestehen aus Decken vulkanischer Lava, die beim Ausfluß so dünnflüssig gewesen ist, daß sie sich über 500000 Quadratkilometer verbreiten konnte. Über die Snake River Plains steht das Columbia-Plateau mit dem viel kleineren *Yellowstone-Plateau* in Verbindung, das sich als daumenförmiger Fortsatz der inneren Hochländer zwischen die Ketten der Ostkordillere, der Rocky Mountains im engeren Sinn, schiebt. Dem vulkanischen Ursprung verdankt das Yellowstone-Plateau nicht nur das schwefelhaltige gelbe Gestein, das der Landschaft ihren Namen gab, sondern auch seine brodelnden Schlammvulkane, seine Geysire, darunter den alle 65 Minuten «explodierenden» Old Faithful, sowie seine nach Tausenden zählenden heißen Quellen.

Größtes Becken der inneren Plateauzone ist das Wüstenhochland des *Great Basin.* Trotz dieser Bezeichnung ist es keineswegs eine geschlossene Bekkenlandschaft, sondern besteht aus einer Abfolge von etwa 100 parallelen, meist nur wenige hundert Meter hohen Ketten, die durch eine Vielzahl abflußloser, von Salzpfannen erfüllter Einzelbecken getrennt werden. Eine dieser Endpfannen ist der Große Salzsee von Utah, der jedoch nur den eingedampften Rest eines einst zehnmal so großen Süßwassersees darstellt – ein Hinweis auf das nicht nur in der Sahara, sondern auch im nordamerikanischen Trockengebiet während des Eiszeitalters wesentlich feuchtere Klima.

Das südlichste der großen Hochländer des amerikanischen Westens ist das *Colorado-Plateau.* Es wird von einer mächtigen Schichttafel gebildet, deren Aufbau aus teils harten, teils weichen Gesteinsschichten in den treppenartig gestuften Schluchtwänden des großartigen, vom Colorado-Fluß auf 1800 m Tiefe durchsägten Grand Canyon deutlich wird. Auch die bizarren Felsformen des Monument Valley im großen Reservat der Navajo-Indianer verdanken dieser Gesteinsstruktur ihre Entstehung: die Felspfeiler sind die isolierten Reste einer ehemals geschlossenen höheren Plateaufläche.

Im Osten wird die Hochlandzone von den Ketten der eigentlichen *Rocky Mountains* begrenzt, die in eine Vielfalt einzelner, oft bajonettartig gegeneinander versetzter Gebirgszüge aufgelöst sind. Als direkte Fortsetzung der kanadischen Ostkordillere ziehen sich die Ketten von der vergletscherten Lewis Range bis zu den Sacramento Mountains (Sierra Blanca 3658 m) hin, die jenseits der mexikanischen Grenze am Rio Bravo del Norte in die Sierra Madre Oriental übergeht. Die meisten Gebirgsketten der Rocky Mountains erreichen Gipfelhöhen um 4000 m oder darüber, so die Teton Mountains mit dem vergletscherten Hauptgipfel des Grand Teton (4196 m), die mauergleich aus dem östlichen Vorland aufsteigenden Bighorn-Berge mit dem Cloud Peak (4016 m), die den Yellowstone-Park im Osten begleitende Absaroka-Kette mit dem Granite Peak (3901 m), die Wind River Range mit dem Gannet Peak (4202 m), die mächtige Gebirgsmauer der Colorado Front Range mit dem Longs Peak (4345 m) sowie zahlreiche weitere Gebirgszüge. Für die Besiedlung der Rocky Mountains war neben dem Erzreichtum, der vielfach den Anlaß zu den ersten Siedlungsgründungen gab, vor allem die Verkehrserschließung von Bedeutung. Der transkontinentale Eisenbahnverkehr mußte ja das Gebirge queren. Unzählige Legenden ranken sich um den schwierigen Bau etwa der Union Pacific-Linie durch das wilde «Felsengebirge», dessen krönender Abschluß im Jahre 1869 bei Promontory (Utah) die Vereinigung mit der Central Pacific zur ersten Transkontinentalbahn Nordamerikas war.

Wenn auch die Staatsgrenze zwischen den USA und *Mexiko* heute zwei Kulturkreise trennt, so bedeutet sie doch keine wesentliche Änderung in der Struktur der Kordilleren, deren Landschaftsabfolge auch auf mexikanischem Staatsgebiet durch ein inneres, von zwei Randgebirgen umschlossenes Hochland gekennzeichnet ist. Das westliche Randgebirge, die 1200 km lange Sierra Madre Occidental, besteht nicht so sehr aus Gebirgsketten, wie vielmehr aus mehreren Hochplateaus, die von den tief eingeschnittenen Cañons der wasserreichen Flüsse in einzelne Gebirgsblöcke zerlegt sind. Hingegen hat die östliche Kordillere, die Sierra Madre Oriental, viel eher den Charakter eines Kettengebirges mit mehreren hintereinander gestaffelten Parallelkämmen, die südlich von Saltillo mit 3597 m ihre höchste Erhebung erreichen. Der von den beiden Sierren umschlossene Hochlandsblock verjüngt sich nach Süden hin, wo der Gebirgsabfall der Sierra Madre del Sur zum Pazifik beziehungsweise zum Isthmus von Tehuantepec das südliche Ende der Kordilleren in ihrem nordamerikanischen Abschnitt bildet.

Das eigentliche Hochland von Mexiko ist in seinem südlichen Teil von jungen vulkanischen Erscheinungen geprägt: Tausende von Basalt- und Aschenkegeln überragen die Lavadecken. Die höchsten dieser Kegelberge liegen längs einer 800 km langen Störungslinie, die sich vom Nevado de Colima (4339 m) über der pazifischen Küste bis zum Cofre de Perote

(4282 m) über dem Atlantik quer durch das Hochland erstreckt. Dieser Hauptvulkanreihe gehören auch die landschaftlichen Wahrzeichen Mexikos, der imposante Kegel des Pico de Orizaba oder Citlaltépetl (5700 m) und das die Silhouette der Landeshauptstadt bestimmende Zwillingspaar Popocatépetl (5452 m) und Iztaccihuatl (5286 m) an. Bereits im Bereich der Tropen gelegen, zeigen die Vulkanriesen eine ausgeprägte Höhenstufung, die am Pico de Orizaba vom Regenwald des atlantischen Küstentieflandes bis zur Gletscherregion des Gipfelstockwerkes reicht. Unter den Fünftausendern der Erde dürfte der Popocatépetl einer der ersten gewesen sein, die von Europäern bestiegen wurden. Schon 1519, im Jahr

der Eroberung Mexikos durch die Konquistadoren unter F. Cortés, versuchte sich Diego de Ortàz an der Besteigung. Authentisch überliefert ist, daß 1522 Francisco Montano, ebenfalls einer der spanischen Offiziere, trotz wiederholter vulkanischer Aschenregen den Gipfelkrater erreichte und seinem Befehlshaber 300 Pfund des kostbaren Schwefels vom Gipfel mitbrachte.

Jenseits der Landenge von Tehuantepec setzen sich die Kordilleren fort und bilden das Rückgrat der Zentralamerikanischen Landbrücke. Obgleich das Gebirgssystem durch Einbruchsgräben und Einsattelungen aufgelockert ist, so im Bereich des Nicaragua-Sees oder der Landengen von Panama und Darién, weist es doch auch in diesem Abschnitt mehrere Drei- und sogar Viertausender-Gipfel auf. Deren höchste sind in Guatemala der Vulkan Tajumulco (4210 m), in Costa Rica das zur Cordillera de Talamanca gehörende Chirripó-Massiv (3820 m), das als einziges der zentralamerikanischen Gebirge Spuren eiszeitlicher Vergletscherung zeigt, sowie im westlichen Panama der Vulkankegel des Chiriquí.

Landschaftliche Wahrzeichen des Hochlandes von Mexiko sind die von Firnhauben gekrönten Vulkankegel des Popocatépetl (5452 m) und Iztaccihuatl (5286 m).

In Kolumbien und Venezuela setzen die *Anden* ein, der südamerikanische Abschnitt des großen Kettengebirgsgürtels der Neuen Welt. Auf ihrem 7500 km langen Verlauf zwischen Karibischem Meer und Kap Hoorn ist die Gebirgswelt der «Cordillera de los Andes» nicht weniger vielgestaltig als die nordamerikanische Kordillere. Bemerkenswert ist, daß es den spanischen Eroberern schon im ersten Ansturm während des 16. Jahrhunderts gelang, das unwegsame Gebirge in nahezu allen Teilen zu durchdringen und es in seiner gesamten Erstreckung zu einem Kolonialreich zu machen – allerdings auf Kosten der vorspanischen andinen Hochkulturen. Eine Folge der tropischen Natur der nördlichen und mittleren Anden ist es – und damit unterscheiden sie sich von fast allen anderen Gebirgen der Erde –, daß sie nicht den Charakter eines kaum besiedelten Rückzugsgebietes innerhalb eines bevölkerungsreichen Umlandes haben, sondern daß der Lebens- und Wirtschaftsraum der Bevölkerung im Gebirge selbst liegt, während das tropische Tiefland im Osten erst zögernd, und zwar vom Gebirge aus, besiedelt wird.

Nach der verschiedenartigen erdgeschichtlichen Entwicklung läßt sich das Gebirgssystem der Anden in drei große Abschnitte gliedern: die in mehrere Äste sich verzweigenden Nordanden bis zum Gebirgsknoten von Pasto wenig nördlich des Äquators, die zentralen Anden mit dem breiten Hochlandblock des bolivianischen Altiplano bis etwa 38° südlicher Breite und schließlich die schmale Kette der Südanden. Trotz unterschiedlicher Entstehung sind diese Gebirgsabschnitte im heutigen Relief so sehr miteinander verschmolzen, daß sie einen Gebirgskörper von seltener Geschlossenheit bilden. In der folgenden Aufzählung werden daher die einzelnen Gebirgsabschnitte nach ihrer staatlichen Zugehörigkeit beschrieben, obwohl, und dies ist ein Charakteristikum des Gebirges, die Staatsgrenzen weder von der Landesnatur vorgezeichnet sind noch eine kulturräumliche Trennung bedeuten.

Am stärksten aufgefächert sind die Anden im Bereich von *Venezuela* und *Kolumbien*. Hier, am Nordrand des Kontinentes, setzt das Gebirge, gleich den gespreizten Fingern einer Hand, in fünf verschiedenen Zügen ein. Das pazifische Küstengebirge in der Fortsetzung der Landbrücke von Panama wird nur etwa 1000 m hoch und sinkt im Süden rasch zum Meer ab. Von der Küstenkette durch die grabenartige Senke der Atrato-Ebene getrennt, erhebt sich mauergleich die Westkordillere Kolumbiens mit einförmigen Kämmen und Hochflächen um 3000 m, überragt allerdings vom erloschenen Vulkankegel des Cumbal (4890 m). Jenseits eines großen, vom Rio Cauca durchflossenen Grabens erstreckt sich die Zentralkordillere mit ihren von Eis- und Firnhauben gekrönten Vulkanriesen, darunter der Nevado de Huila (5752 m) und der seiner idealen Kegelgestalt wegen oft mit dem heiligen Berg Japans, dem Fujisan, verglichene Tolima (5621 m).

Obgleich die Zentralkordillere im Norden abrupt über dem Tiefland des unteren Magdalena-Stromes endet, findet sie im geologischen Sinn eine Fortsetzung in dem als gewaltige Hochscholle über das Karibische Meer aufragenden Massiv der Sierra Nevada de Santa Marta, das in den «Picos» Simon Bolívar (5002 m) und Cristóbal Colón (5776 m) die höchsten Gipfel Kolumbiens trägt. Den teilweise hochalpinen Charakter ihres Gipfelstockwerkes verdankt die Sierra einer einst bis 2700 m herabreichenden eiszeitlichen Vergletscherung.

Mit der Sierra Nevada de Santa Marta nur scheinbar verbunden, in Wirklichkeit aber durch den großen Einbruchsgraben des Magdalena vom Gebirgssystem der Zentralkordillere getrennt ist die kolumbianische Ostkordillere. Breiter entwickelt als die West- und Zentralkordillere, bietet sie für eine ganze Reihe hochgelegener, dicht besiedelter Beckenlandschaften Raum, darunter auch das in 2600 m Höhe gelegene Becken der Sabana de Bogotá, in dem die Hauptstadt Kolumbiens mit mehr als zwei Millionen Einwohnern liegt. Nördlich des höchsten Massives der Ostkordillere, der 5493 m erreichenden Sierra Nevada del Cocuy, zweigt von ihr der breite Rücken der Cordillera de Mérida ab, der eine 500 km lange und in einzelnen Erhebungen (Pico Bolívar 5002 m)

Machu Picchu am Ostabfall der peruanischen Anden ist wohl die großartigste der Bergfestungen, die das Herrschergeschlecht der Inka an der Ostgrenze des Reiches vermutlich gegen die Stämme des tropischen Waldlandes erbauen ließ.

Unten: Einzigartig ist die Lage der bolivianischen Halbmillionenstadt La Paz, einmal durch ihre Höhenlage von 3600–3800 m in einem Talkessel, zum anderen durch die prachtvolle Kulisse der Cordillera Real, der «Königskordillere», mit dem Illimani (6439 m).

sehr hohe Gebirgsschranke im Westen Venezuelas bildet. Diese trennt das weite Tiefland der Llanos am Orinoco von dem zwischen die beiden Kordillerenäste eingelassenen Senkungsfeld des erdölreichen Maracaibo-Beckens. Jenseits der Einsattelung von Barquisimeto geht die Cordillera de Mérida in das West–Ost verlaufende Karibische Küstengebirge über, das im Bogen der Westindischen Inseln seine geologische Fortsetzung findet.

Wie auch in den anderen tropischen Abschnitten des Gebirges sind Klima, Pflanzenkleid und Kulturlandschaft in den kolumbianischen Anden durch eine ausgeprägte Höhenstufung gekennzeichnet, für deren einzelne Stockwerke schon die Spanier eigene Begriffe prägten. Bis etwa 1000 m Höhe steigt das «heiße Land», die Tierra caliente, an, in deren feuchtheißem Klima der tropische Regenwald die natürliche Vegetation bildet und zu dessen Kulturpflanzen Zuckerrohr, Bananen und Kakao gehören. In der Tierra templada, dem «warm-gemäßigten Land» (1000–2000 m), geht der Tieflandsregenwald in einen artenreichen tropischen Bergwald über, und in dieser Höhenstufe liegen auch die wichtigsten Anbaugebiete des Kaffeestrauches. Oberhalb 2000 m Höhe folgt die Tierra fria, das im Vergleich zu den tieferen Stockwerken zwar «kalte Land», dem aber die oft gebrauchte Charakterisierung als «Land des ewigen Frühlings» eher gerecht wird, denn jahraus und jahrein herrschen hier dieselben frühlingshaften Temperaturen von 13–17 °C. In der Tierra fria gedei-

Über 7500 km erstreckt sich das Gebirgssystem der Anden, von der Karibik bis Feuerland. Es erreicht in Nordchile und Bolivien eine Breite von 750 km.

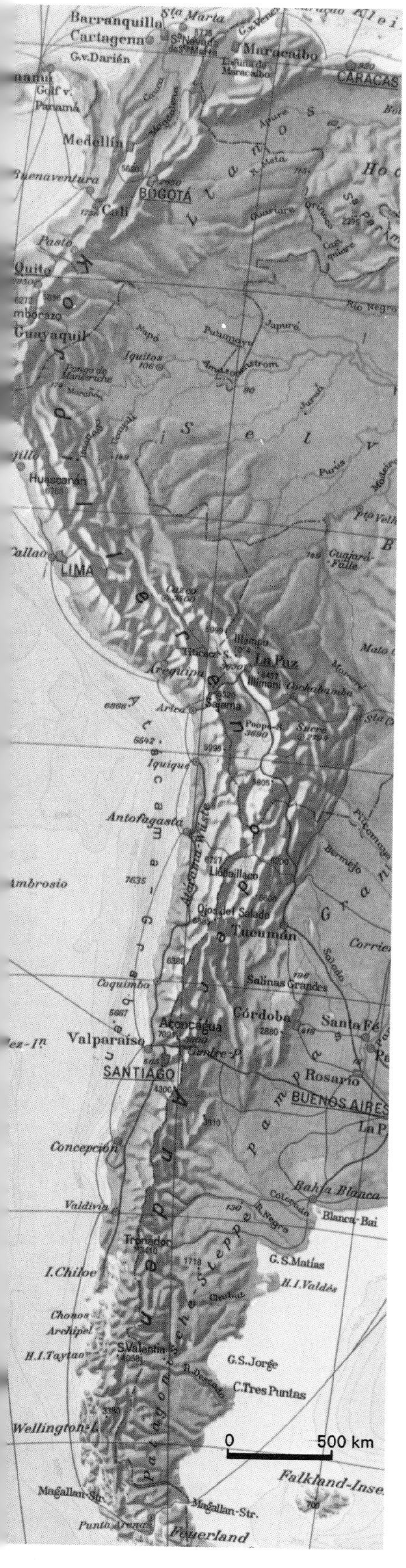

hen alle Nutzpflanzen der gemäßigten Breiten, und so wird diese Höhenstufe, in der ja auch die Landeshauptstadt Bogotá liegt, zur eigentlichen Tragfläche von Siedlung und Wirtschaft. Das oberste Stockwerk, die Tierra helada (oberhalb 3000 m), hat kaltes tropisches Höhenklima, in dem die dichten, mit Flechten behangenen Nebelwälder ihre Höhengrenze finden und bei etwa 3200 m von den als «Paramos» bezeichneten Grasfluren abgelöst werden. Analog zur Mattenstufe in den ostafrikanischen Vulkangebirgen werden auch die feuchten andinen Hochwiesen der Páramos von baumhohen, kerzenförmigen Pflanzengestalten überragt, von den eigenartigen Espeletien, die den Lobelien und Senecien Ostafrikas zwar nicht pflanzensystematisch entsprechen, aber von ihrer Wuchsform und den ökologischen Ansprüchen her deren genaues Pendant sind.

Südlich des Gebirgsknotens von Pasto, im Bereich von *Ecuador*, drängt sich der Gebirgskörper der Anden auf zwei schmale Ketten zusammen, die durch eine Reihe isolierter Hochbecken getrennt sind. In einer dieser «Lojas» genannten Beckenlandschaften, die durch 3000–4000 m hohe Schwellen untereinander abgeriegelt werden, liegt auf 2850 m Höhe die Landeshauptstadt Quito. Beherrscht wird die Gebirgswelt sowohl in der West- als auch in der Ostkordillere Ecuadors von etwa 30 jungen Vulkankegeln, unter denen mehrere mit ihren firn- und eisgepanzerten Gipfeln eine Höhe von 5500 m übersteigen. Der regelmäßige Kegel des über dem Becken von Quito aufragenden Cotopaxi (5896 m) ist der höchste noch tätige Vulkan der Erde. Erloschen ist hingegen der Chimborazo (6287 m), den schon 1802 der große Naturforscher Alexander von Humboldt bis in eine Höhe von 5759 m bestieg, womit er lange Zeit den «Höhenweltrekord» hielt. Den Gipfel selbst erreichte als erster der Matterhorn-Bezwinger E. Whymper im Jahre 1880.

Etwa an der Nordgrenze von *Peru* wenden sich die Anden in einem leicht geschwungenen Bogen nach Südosten. Auch die peruanischen Anden bestehen aus zwei parallelen Ketten, zwischen die sich in tiefen, Hunderte von Kilometern langen Längstalfurchen die Amazonas-Quellflüsse, insbesondere der Rio Marañon, eingeschnitten haben. Nach Süden allerdings weitet sich der Raum zwischen den beiden Gebirgssträngen zum abflußlosen Hochland der Puna, deren Kernstück der Altiplano mit dem Titicacasee bildet. Die Gebirgsketten selbst sind teilweise noch wenig erforscht. Am besten erkundet sowohl von Wissenschaftlern als auch von Bergsteigerexpeditionen ist wohl die Cordillera Blanca, in der sich auf 170 km Länge ein Schnee- und Eisgipfel an den anderen reiht, darunter auch der Doppelgipfel des Huascarán (6768 m) als höchste Erhebung Perus. Mit ihrer ausgedehnten Vergletscherung steht die «Weiße Kordillere» in starkem Gegensatz zur dunklen Cordillera Negra, die, im Lee der vom Amazonastiefland aufsteigenden feuchten Winde gelegen, trockener und daher kaum vergletschert ist. Die beiden parallelen Ketten zusammen bilden im Bereich von 9–10° südlicher Breite die peruanische Westkordillere, die sich als gewaltige Gebirgsmauer über dem schmalen Küstentiefland, aber kaum weniger eindrucksvoll über dem inneren Hochland erhebt.

Daß die Cordillera Blanca viel besser bekannt ist als andere Teile der peruanischen Anden, liegt auch daran, daß sie über die großartige, eine Paßhöhe von 4782 m überwindende Gebirgsbahn von Lima zu den Bergbauorten des Hochlandes verhältnismäßig gut erreichbar ist. Ihre Anlage verdankt die Bahnlinie den reichen Vorkommen von Kupfer-, Blei- und Zinkerzen im Hochland. Der Bergbau, schon in der Kolonialzeit der Motor der Gebirgserschließung und noch heute der Grundpfeiler der peruanischen Wirtschaft, führte auch zur Gründung zahlreicher Siedlungen in dem sonst öden Hochland, darunter mit dem in 4360 m Höhe liegende Bergbauzentrum Cerro de Pasco auch die höchstgelegene Stadt der Erde.

Nach Süden verbreitert sich die innere Hochlandzone der peruanischen Anden zum weiten Altiplano von *Bolivien*, der, in mittlerer Höhe von 3000 bis 4000 m, das neuweltliche Gegenstück zum Hochland von Tibet bildet. Dieser Vergleich bietet sich auch aus klimatischen Gründen an, denn im Hochland der Puna, deren Kernstück der Altiplano ist, werden die Anden von der großen Trockenzone Südamerikas gequert, die den Kontinent in diagonaler Richtung von der Pazifikküste und der Atacama Nordchiles über Nordwestargentinien bis zum Atlantik bei Bahia Blanca durchzieht. So entwässert auch der in 3812 m Höhe gelegene Titicacasee nicht zum Meer, sondern sein Ausfluß Desaguadero endet in den von Salzseen und -sümpfen (Salare) erfüllten Becken der wüstenhaften südlichen Puna. Die dank der großen Wasserfläche des Titicacasees in der nördlichen Puna etwas höheren Niederschläge gestatten den Anbau von Mais und Weizen bis in 4000 m – Gerste gedeiht vereinzelt noch in 4700 m Höhe! So war das Titicaca-Becken schon in vorspanischer Zeit eine intensiv genutzte Kulturlandschaft und das Kernland des Inkareiches. Auch heute noch hat dieses Hochbecken zentrale Bedeutung, liegt hier doch die größte Stadt Boliviens, La Paz, die mit einer Höhenlage von 3600–3800 m die höchstgelegene Hauptstadt der Erde ist. Die Silhouette von La Paz wird von den prachtvollen Berggestalten des Illimani (6439 m), des Illampu (6550 m) und des Ancohuma (6427 m) gekrönt. Es sind die mit Eiswänden gepanzerten und von firnüberwächteten Graten durchzogenen Hauptgipfel der Cordillera Real, der «Königskordillere», deren majestätischer Anblick dem Himalaya-Panorama von Darjeeling aus gleicht.

Ihre mächtige Vergletscherung verdankt die Cordillera Real der Lage auf der hier feuchteren Ostseite des andinen Hochlandes. Die über der Küstenwüste Atacama sich erhebende Westkordillere dagegen ist wie auch das Hochland der Puna sehr trocken und daher in viel geringerem Maße vergletschert. Infolge des extremen Trockenklimas ist beispielsweise der Vulkankegel des Llullaillaco, der bereits den *chilenisch-argentinischen Anden* angehört, trotz seiner gewaltigen Höhe von 6723 m völlig unvergletschert. Südlich des Ojos del Salado (6880 m) löst sich vom Gebirgskörper die Reihe der isolierten Pampinen

Sierren. Das Gebirge selbst wird schmal und ist meist als Doppelkette gebündelt. Die meisten Hochgipfel der Anden werden von Vulkankegeln gebildet. Aber der höchste Andengipfel, der Aconcagua, der mit 6958 m Höhe selbst den Mount McKinley übertrifft und so die höchste Erhebung der ganzen Westhemisphäre bildet, ist nicht vulkanischen Ursprungs. Landschaftlich beeindruckend ist vor allem die 3000 m hoch aufragende Südwand des Bergriesen. Seine Vergletscherung ist bescheiden, da auch hier noch, in etwa 33° südlicher Breite, der Einfluß des andinen Trockenklimas spürbar ist. Doch senkt sich die Schneegrenze mit zunehmender geographischer Breite rasch ab, und so nähren die Sechstausender der nur 70 km südlich des Aconcagua gelegenen Juncal-Gruppe schon größere, bis 18 km lange Gletscher.

Wird das Landschaftsbild der zur subtropischen Trockenzone gehörenden chilenisch-argentinischen Hochanden vor allem durch die ungeheuren Schuttmassen bestimmt, so erhielten die innerhalb der gemäßigten Mittelbreiten liegenden Südanden ihr landschaftliches Gepräge durch die eiszeitliche Vergletscherung. Sie formte die Täler zu breiten Trögen, schürfte die Becken der nach Süden zu immer zahlreicher werdenden Bergseen und schärfte durch Kare die Gipfel. Auch die vielgestaltige Gliederung der Fjordküste Chiles, die an die Gebirgsküsten Kanadas, Alaskas oder Norwegens erinnert, ist das Werk eis-

Zu den eindrucksvollsten Berggestalten der stark vergletscherten patagonischen Anden zählen die Felszinnen des Fitz Roy (3375 m).

zeitlicher Gletscher. Obgleich die Höhe des Gebirges nach Süden rasch abnimmt, sind einige markante Berggestalten für ihre landschaftliche Schönheit berühmt, so die vollendeten Kegel der Vulkane Lanin (3776 m) und Osorno (2660 m), die Dioritnadeln des Fitz Roy (3375 m) oder der eisgepanzerte Dom des Cerro San Valentin (4058 m), des höchsten Gipfels der Südanden.

Die Mittelgebirge im Osten beider Amerika

In krassem Gegensatz zu dem von zahlreichen Sechstausendern überragten jungen Faltengebirgsgürtel der Kordilleren stehen die Mittelgebirge und Bergländer im Osten des amerikanischen Doppelkontinentes. Zwar fehlt hier der Schmuck firngekrönter Höhen, doch gibt es in den Appalachen Nordamerikas oder in den Bergländern von Guayana und Brasilien ebenfalls reizvolle Gebirgslandschaften.

Das 3400 km lange Gebirgssystem der *Appalachen* im Osten der USA und Kanadas gehört erdgeschichtlich derselben Gebirgsgeneration wie die europäischen Mittelgebirge an, unterscheidet sich von diesen aber durch seine typische «Valley- und Ridge-Struktur», d.h. durch die Abfolge zahlreicher parallel hintereinander gestaffelter, durch Längstäler (valleys) getrennter Rücken (ridges). Vom nördlichen Allegheny-Plateau in Pennsylvania steigt der Gebirgszug allmählich nach Süden an und erreicht in der Blue Ridge mit dem Mount Mitchell (2037 m) seine höchste Erhebung. Jedoch steigen auch die Nordappalachen, die jenseits der Hudson-Mohawk-Furche einen völlig anderen geologischen Baustil zeigen und im Gegensatz zu den südlichen Gebirgsabschnitten während des Eiszeitalters vom nordischen Inlandeis völlig bedeckt waren, im Mount Washington auf 1917 m an. Trotz der beachtlichen Höhen ragen die Berge nirgends über die natürliche Waldgrenze auf, so daß die Appalachen vor der Rodungstätigkeit der europäischen Siedler ein reines Waldgebirge waren. Einen Eindruck von dem ursprünglichen, sehr artenreichen und daher im Herbst während des «Indianer-Sommers» leuchtend bunten Waldkleid vermitteln noch heute die geschützten Eichenbestände im Shenandoah-Tal oder die Mischwälder in den Great Smoky Mountains.

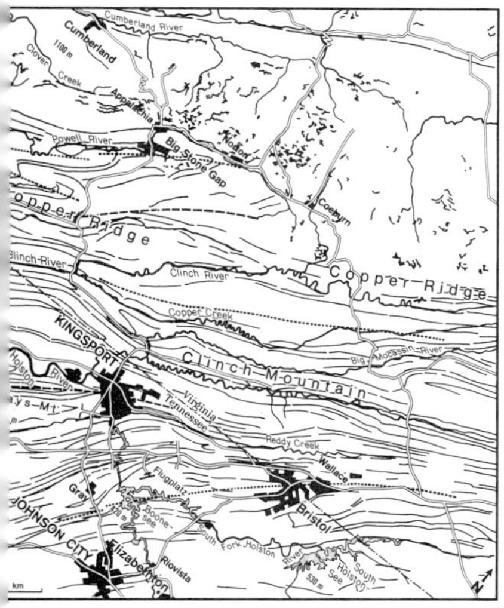

Kärtchen (oben) und Satellitenluftbild (rechte Seite; im September 1973 von Skylab-3 aufgenommen) zeigen die mittleren Appalachen im Grenzgebiet der drei US-Staaten Tennessee, Virginia und Kentucky. Deutlich sind die zahlreichen parallelen Faltenketten mit ihrem dunkelgrünen Waldkleid in der unteren Bildhälfte zu erkennen. Im oberen Bildteil fallen als rötliche Flecken oder gekräuselte Linien ausgedehnte Steinkohlegruben auf.

Auch das *Bergland von Guayana* im Norden Südamerikas ist ein Waldgebirge, jedoch mit Wäldern ganz anderer Natur als in den Appalachen. Gemäß der Lage wenig nördlich des Äquators herrscht hier der üppige tropische Regenwald. Unterbrochen nur von einigen im Regenschatten liegenden Savanneninseln, überzieht er das Gebirge bis zu den höchsten Erhebungen, den von den einheimischen Indianern als «Tepuis» bezeichneten, charakteristischen Tafelbergen. Einer dieser als Reste einer Sandsteindecke über dem Grundgebirgssockel aufragenden Tafelberge ist der 2810 m hohe Roroima.

Vom Bergland von Guayana durch die breite Einwalmungszone des Amazonas-Tieflandes getrennt, erhebt sich im Osten Südamerikas das geologisch jenem nahe verwandte *Brasilianische Bergland*. Es erstreckt sich vom Osthorn Südamerikas nach Westen bis in das Herz des Kontinentes und im Süden bis fast an die Grenze Uruguays. In seiner gewaltigen Ausdehnung umfaßt das Bergland eine große Vielfalt sehr unterschiedlicher Landschaftsformen: Grundgebirgsrücken und -hochflächen, zerschnittene vulkanische Tafelländer, pultförmige Schichtstufen aus harten Gesteinstafeln, Beckenlandschaften und hochgehobene Schollen. Noch wechselvoller wird das Landschaftsgefüge durch die unterschiedliche Ausgestaltung der Küste. So greift bei Rio de Janeiro die malerische Bucht von Guanabara in das Bergland ein, dessen Bild hier von den phantastisch anmutenden Glockenbergen vom Typ des berühmten Zukkerhutes geprägt wird. Die höchsten Teile des Berglandes, die Serra dos Aimorés mit dem Pico da Bandeira (2890 m) und das Granitmassiv der Serra de Mantiqueira mit den Agulhas Negras (2821 m), den «Schwarzen Spitzen», entstanden durch Heraushebung entlang von Bruchlinien der Erdkruste. Einen landschaftlichen Höhepunkt bildet auch die bizzare Felsenwelt der Serra dos Orgãos (2300 m), des «Orgelgebirges», in dem senkrecht gestellte Gneisplatten wie der Dedo do Deos («Gottesfinger») sich zu steinernen Orgelprospekten zusammenfügen.

Die mannigfaltige Vegetation, deren Spektrum vom subtropischen Regenwald des Küstengebirges bis zu den savannenartigen Campos Cerrados des Inneren reicht, ist in großen Teilen der Binnengebiete noch in ihrem ursprünglichen Zustand erhalten, mußte aber im Küstengebirge weitgehend den ausgedehnten Kaffeepflanzungen weichen. Der Reichtum an Bodenschätzen, darunter Gold und Diamanten, ist groß; heute spielt jedoch die Förderung von Eisenerz und Kohle, die Brasilien zur Entwicklung seiner Industrie benötigt, eine viel größere Rolle als die Gewinnung von Edelsteinen und -metallen.

Die Gebirge Australiens und Neuseelands

Ähnlich dem afrikanischen Kontinent ist auch Australien ein insgesamt flaches Tafelland. Selbst die großen Bruchstrukturen und die Vulkangebirge, die das Relief der afrikanischen Tafel gebietsweise etwas bewegter gestalten, fehlen dem australischen Kontinent. Lediglich an ihrem Ostrand wurde die geologisch starre Platte Australiens in frühe Faltungsphasen einbezogen und später etwas aufgewölbt, was zur Bildung des ostaustralischen Randgebirges führte. Ganz anders Neuseeland, das ein Teil des jungen, rings um den Pazifik sich ziehenden Faltengebirgsgürtels ist und, wie alle Gebirge dieses Systems, ob im Westen beider Amerika oder im Osten Asiens, auch mehrere junge Vulkane aufweist.

Die Gebirge Australiens

Vom großen Tiefland in der Osthälfte Australiens wölbt sich, gleich dem Rand einer flachen Schüssel, das Australische Bergland auf. Es wird als *Great Dividing Range* bezeichnet, denn auf seiner Westabdachung haben die großen Stromgebiete des australischen Binnenlandes ihre Wurzel, während die steilere

Ostseite zum Pazifik abbricht. Es erstreckt sich über mehr als 3000 km Länge von der Kap-York-Halbinsel im äußersten Norden bis zu den Snowy Mountains im Süden und findet jenseits der Bass-Meeresstraße auf der Insel Tasmanien seine Fortsetzung. Sein Bild wird von weiten Flächen bestimmt, die ihr Relief und ihren landschaftlichen Reiz mehr durch die teilweise tief eingeschnittenen Täler als durch höhere Berge oder Ketten erhalten. Nur einzelne Bergstöcke von bescheidener Höhe erheben sich über das Tafelland, so der Mount Bartle Frère (1656 m) im Norden oder der Mount Round (1615 m) im nördlichen New South Wales. Mit den Blue Mountains im Hinterland von Sidney gewinnt das Tafelland an Höhe und geht in die Australischen Alpen über. Diese werden auch Snowy Mountains genannt, weil sie im Südwinter oberhalb 1600 m eine geschlossene Schneedecke tragen, die, wie am Mount Bogong (1986 m), sogar die Einrichtung von Wintersportzentren erlaubt. Dem Mount Bogong benachbart ist die höchste Erhebung des Gebirges und zugleich des ganzen Kontinentes, der Mount Kosciusko (2230 m). Dieser Teil des Gebirges spielt eine wichtige Rolle in der Wasserwirtschaft Südostaustraliens. Im Zuge des 1974 fertiggestellten Snowy Mountain-Projektes wurde im Quellgebiet des Murray-Flusses ein System von 16 Talsperren errichtet, dessen Stauseen einem doppelten Zweck dienen: Einmal speichern sie die

Rechte Seite:
1 Mount Olga (1042 m) ist einer der Inselberge im Innern Australiens. Er besteht aus hartem Granit, der im Lauf der Zeit von den abtragenden Kräften aus der Umgebung herausmodelliert wurde.

2 Der schneebedeckte Vulkankegel des Mount Egmont (2521 m) an der Westküste der neuseeländischen Nordinsel wird oft als der Fudschiyama Neuseelands bezeichnet.

3 Scharf zeichnen sich die Kämme und Gipfel des Berglandes im Nordosten der neuseeländischen Nordinsel über dem Nebelmeer der Täler ab.

Winterniederschläge und erlauben so eine besser geregelte und erweiterte Bewässerung in dem vom unteren Murray durchflossenen Tiefland, zum anderen dienen sie der Erzeugung elektrischer Energie, wobei das Verbundsystem eine Kapazität von 3000 Megawatt erreicht.

Die Great Dividing Range hat subtropisches Klima mit jahreszeitlichen Niederschlägen, das auf der Binnenabdachung aber schon merklich trockener ist als an der Außenflanke. Die Gebirge Zentralaustraliens erheben sich über dem wüsten- bis steppenhaften Trockengebiet, welches das Innere des Kontinentes einnimmt. Nur teilweise ist die 320 km lange, im Mount Ziel (1510 m) kulminierende *Macdonnell-Kette* von einem schütteren Pflanzenkleid aus Hartgräsern und Akazienbüschen bedeckt; vielerorts sind die von zahlreichen Schluchten zerschnittenen Sandstein- und Quarzitfelsen bar jeglicher Vegetation. Ähnlich ist der Landschaftscharakter der *Musgrave-Kette* (Mount Woodroffe 1515 m) und ihres nordwestlichen Ausläufers, der Petermann-Kette. Mehrere das Bergland oder dessen Fußregion um

In der nur von schütterer Vegetation bedeckten Macdonnell-Kette im Trockengebiet Zentralaustraliens treten die Konturen des geologischen Untergrundes deutlich hervor. Obwohl von einer Reihe von Quertälern zerschnitten, sind die von der Stirn harter Gesteinsschichten gebildeten, in konzentrischen Bögen angeordneten Bergketten im Luftbild weithin zu verfolgen.

mehrere hundert Meter überragende, isolierte Inselberge wie die imposanten Gestalten des Ayers Rock (940 m), des Mount Olga (1042 m) oder des Mount Conner (855 m) sind uralte Heiligtümer der hier in Reservaten lebenden Eingeborenen.

Die Gebirge Neuseelands

Haben die Bergländer Australiens bescheidene Dimension und lediglich Mittelgebirgscharakter, so treten uns in der Bergwelt Neuseelands Gebirge von hochalpinem Zuschnitt entgegen. Mit Höhen weit über 3000 m und mit Gletschern von mehr als 20 km Länge verdienen die *Neuseeländischen Alpen* ihren Namen viel eher als die Australischen Alpen. Der Vergleich mit den Alpen Europas bietet sich für das Gebirge der Südinsel Neuseelands auch aus anderen Gründen an: Zum einen gehören die Ketten der großen Doppelinsel ebenfalls dem Faltengebirgsgürtel der jüngsten Gebirgsgeneration an, zum anderen liegt Neuseeland, wenn auch auf der Südhalbkugel, im Bereich der gemäßigten Mittelbreiten.

Die Neuseeländischen Alpen bilden das Rückgrat der Südinsel. Etwa 20 Gipfel im zentralen, stark vergletscherten Abschnitt der Gebirgskette ragen über 3000 m Höhe auf, darunter auch die höchsten Gipfel der Doppelinsel, Mount Cook (3764 m) und Mount Tasman (3498 m). Die Namen beider Gipfel erinnern an die junge Entdeckungsgeschichte Neuseelands: A.J. Tasman, ein niederländischer Seefahrer im Dienste der Holländischen Ostindien-Gesellschaft, entdeckte 1642 Neuseeland, der große Entdeckungsreisende und Weltumsegler J. Cook sichtete 1770 als erster vergletscherte Gebirge in Neuseeland. Ungewöhnlich hohe Niederschläge und große Höhenunterschiede sind die Ursachen der ausgedehnten Vergletscherung. Der über steile Eisflanken zu einem dreigipfligen, scharfen Felsgrat sich aufschwingende Mount Cook mit seiner Gletscherwelt ist heute Zentrum eines großen Nationalparks, der von Bergsteigern und Wintersportlern rege besucht wird. Trotz des durch dichte Wälder und reißende Gebirgsflüsse erschwerten Zugangs zu den höheren Gebirgsgruppen hat das Bergsteigen in Neuseeland eine alte Tradition, wurde doch der Mount Cook schon 1894, und zwar am Weihnachtstag des Südsommers, von drei jungen Neuseeländern erstmals bestiegen.

Das Gebirge der Südinsel ist auch in seinen heute nicht mehr vergletscherten Teilen in starkem Maße vom Eis überformt worden. Ein Werk der eiszeitlichen Gletscher sind nicht nur die malerischen Fjorde, denen das Gebirgsland im äußersten Südwesten der Südinsel seinen Namen «Fjordland» verdankt, sondern auch die großen Seen auf der Ostabdachung, unter ihnen der landschaftlich reizvolle und für seine Vogelwelt berühmte Te Anau-See und der seit 1970 energiewirtschaftlich genutzte Manapouri-See.

Nach Norden hin fächern sich die Neuseeländischen Alpen auf, doch setzt sich die Kette jenseits der Cook-Meeresstraße auch auf der Nordinsel als nahezu geschlossener Gebirgszug fort. Die höchsten Erhebungen der Nordinsel und zugleich deren markanteste Berggestalten sind jedoch nicht die Gipfel dieser Kette zwischen Cape Palliser und East Cape, sondern die Vulkankegel im Zentrum und im Westen der Insel. Gleich vielen Vulkanbergen in anderen Teilen der Erde gilt auch die dominierende Gestalt des Mount Ruapehu (2797 m) den Eingeborenen als heiliger Berg. In den Legenden der Maori-Bevölkerung wird Neuseeland mit einem riesigen, von den Göttern durch Zauberei gefangenen Fisch verglichen, dessen Todeszuckungen noch heute in den Vulkanausbrüchen spürbar sind. Der Mount Ruapehu wurde samt seinen beiden landschaftlich nicht weniger eindrucksvollen Nachbarvulkanen Mount Ngauruhoe (2291 m) und Mount Tongariro (1968 m) im Jahre 1887 vom Maori-Häuptling Te Heuheu Tukino dem neuseeländischen Staat zum Geschenk gemacht, der diese einzigartige Vulkanlandschaft 1894 zum ersten Nationalpark des Landes erklärte.

1

2

3

Die Gebirge der Polargebiete

In den Polargebieten reichen die Gletscher fast überall bis zum Meeresspiegel herab, so daß man versucht ist, jede Erhebung bereits als Gebirge zu bezeichnen. Doch sei an die eingangs dieses Buches gegebene Definition das Gebirges erinnert: Ein Land, und sei es noch so stark vergletschert, ist nur dann als Gebirge zu bezeichnen, wenn es ein nach außen geschlossener und zugleich im Inneren gegliederter Teil der Erdoberfläche ist. Aber selbst diese einschränkende Definition trifft auf manche Landschaften der Polargebiete zu, und die bis über 5000 m Höhe aufragenden Gebirge der Antarktis gehören mit zu den gewaltigsten Gebirgslandschaften der Erde.

Kartenausschnitt der Antarktis mit der Querschnittlinie zum untenstehenden Profil.

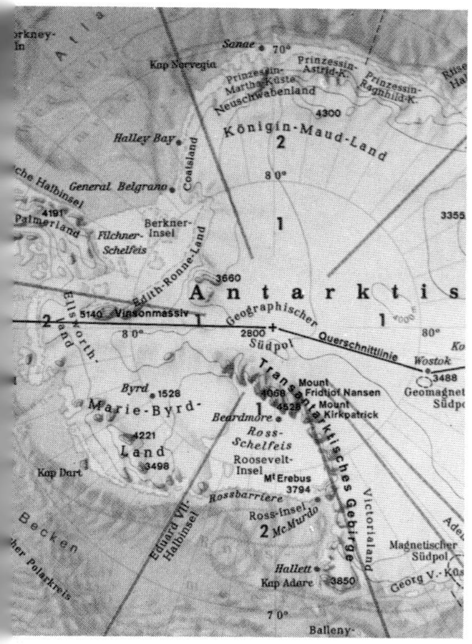

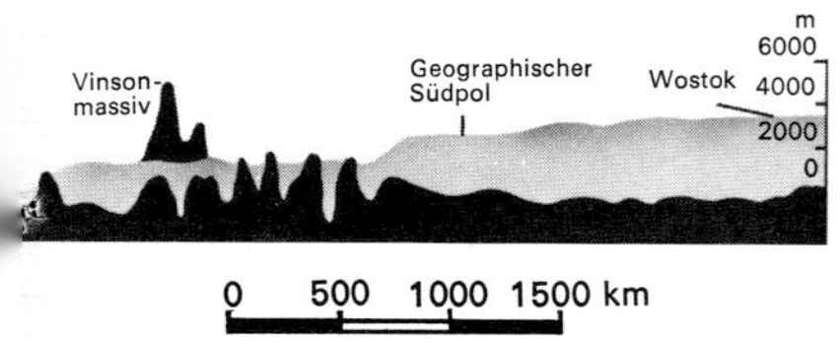

Querschnitt durch die Antarktis, 100fach überhöht. Nur die höchsten Erhebungen des Kontinentalsockels ragen über den Eispanzer hinaus, der eine Dicke von bis zu 4000 m aufweist.

Nordpolare Gebirge

Wird das Südpolargebiet von einem Kontinent eingenommen, der Europa oder Australien an Fläche weit übertrifft, so ist das Nordpolargebiet weitgehend von Meer bedeckt; die Landoberfläche verteilt sich hier auf einige Inseln. Unter diesen ist allerdings Grönland die größte Insel der Erde, und auch die kanadischen Inseln Baffin Island und Ellesmere Island oder der norwegische Inselarchipel Spitzbergen sind nicht gerade klein.

Mehr als vier Fünftel der Fläche *Grönlands* ist von dem bis zu 3000 m mächtigen Schild des Inlandeises bedeckt. Eisfrei sind lediglich die von Schmelzwasserflüssen und Fjorden durchzogenen Küstenbereiche sowie einige küstennahe Gebirge, die als Nunatakker das Inlandeis überragen. Höhere Gebirgsgruppen finden sich vor allem im Bereich der Ostküste, da hier die Reste eines uralten Faltengebirgsgürtels an das grönländische Tafelland geologisch angeschweißt sind. Obwohl das grönländische Inlandeis schon 1888 erstmals vom Polarforscher Nansen in einer kühnen Expedition überquert wurde, dauerte es noch mehrere Jahrzehnte bis zur Entdeckung und Ersteigung der Gebirge an der Ostküste: Erst 1931 wurde das Watkins-Gebirge mit dem höchsten Berg Grönlands, dem Gunnbjorn Fjeld (3733 m), entdeckt; 1935 wurde der Gipfel von L.R. Wager erreicht. Weiter südlich, nahe dem Polarkreis, liegt das von einem gewaltigen Eisstromnetz durchzogene Schweizer Land, benannt nach einer eidgenössischen Expedition, die 1938 auch dessen höchste Gebirgsgruppe mit dem Mount Forel (3389 m) bestieg. Zu den größten das Eis überragenden Massiven gehören die erst 1954 erkundeten Staunings-Alpen mit dem Dansketinde (2795 m) auf der Halbinsel Scoresby-Land. Wenn auch in der Regel bedeutend niedriger als die Massive der Ostküste, so locken doch auch die meist besser zugänglichen Gebirgslandschaften an der grönländischen Westküste immer wieder Bergsteigerexpeditionen in den Hohen Norden. Unter ihren bevorzugten Zielen sind die Berge um den Umanak-Fjord und die weiter südlich gelegene Gebirgsgruppe des Sukkertoppen mit dem 1956 erstmals bestiegenen Mount Atter (2799 m).

Auch die zu Kanada gehörenden arktischen Nachbarinseln Grönlands, Ellesmere-Insel im Norden und Baffin-Insel im Süden, sind in weiten Teilen gebirgig. Auf der *Ellesmere-Insel* liegen die nördlichsten Gebirge der Erde mit Gipfelhöhen um 2000–2200 m Höhe, teils schon 1935 von einer Gruppe der Universität Oxford erkundet. Obwohl auch auf der *Baffin-Insel* eine Höhe von 2300 m nicht überschritten wird, gibt es hier großartige, wild zerrissene Gebirgslandschaften mit schroff über die Gletscher sich erhebenden Felsgraten und eindrucksvollen Gipfelgestalten, insbesondere auf der Cumberland-Halbinsel in der Nähe des Pangnirtung-Passes, wo sich auch der gewaltige Felsendom des Mount Asgard (2001 m) erhebt. Niedriger zwar, aber zwischen den sie durchziehenden Gletscherströmen dennoch beeindruckend sind die häufig in pyramidenförmige Einzelberge aufgelösten Massive *Spitzbergens,* dessen höchste Erhebung der Newtontoppen (1712 m) auf der Hauptinsel Vestspitsbergen ist.

Die Gebirge der Antarktis

Wie in seinen Abmessungen, ist der antarktische Kontinent auch in vielen anderen seiner Eigenschaften ein Land der Extreme – man denke nur an den Kälterekord der Station Wostok, wo am 24. August 1960 eine Temperatur von –88,3 °C gemessen wurde. Erst am Ende des 19. Jahrhunderts erkannte man, daß sich hinter den Packeisfeldern des Südpolarmeeres eine riesige Landmasse verbirgt. Die mühseligen und teils von großer Tragik begleiteten Expeditionen auf der Suche nach dem Südpol, den Amundsen und Scott um die Jahreswende 1911/12 im Abstand von nur wenigen Wochen erreichten, brachten die Erkenntnis, daß der Kontinent fast vollständig unter einer riesigen Inlandeiskappe begraben ist. Heute ist die Antarktis zum internationalen Versuchsfeld von wissenschaftlichen Stationen und Expeditionen geworden, und insbesondere seit dem Internationalen Geophysikalischen Jahr 1957/58, in dem 51 Beobachtungsstationen operierten, sind zahlreiche neue Erkenntnisse über das Relief, die Gesteinsverhältnisse, das Klima und über die Eigenschaften der riesigen Eismassen gewonnen worden.

Man weiß heute nicht nur, daß das Inlandeis stellenweise mehr als 4000 m mächtig ist oder daß die riesigen Eismassen im wesentlichen schon während des Eiszeitalters gebildet wurden, da das heutige Klima dafür zu trocken wäre, sondern auch, daß die schon 1935 vom Flugzeug aus entdeckte, das Eis überragende Sentinel-Gebirgskette im Vinson-Massiv eine Höhe von 5138 m erreicht und daß mehrere andere Gebirgsgruppen Gipfelhöhen von 4000 m überschreiten. Man weiß auch, daß fast alle diese Massive Teile eines großen, mehr als 5000 km langen Gebirgssystemes sind, das sich als Transantarktisches Gebirge vom Victorialand quer durch den Kontinent zieht und auf der gegenüberliegenden Seite die Antarktische Halbinsel aufbaut. Dieser Faltengebirgszug ist gegen die antarktische Tafel, welche die Masse des Kontinentes ausmacht, und gegen die Senkungsfelder des Ross- und des Wedell-Meeres durch gewaltige Bruchlinien abgesetzt. An diesen Störungslinien der Erdkruste sind Vulkane ausgebrochen, die, wie etwa der berühmte *Mount Erebus* (3794 m) auf einer vorgelagerten Insel über dem McMurdo-Sund, heute noch aktiv sind. Es ist höchst bemerkenswert, daß der Vulkankegel des Mount Erebus schon 1908 von einer Gruppe von Wissenschaftlern bestiegen wurde. Heute herrscht während des antarktischen Südsommers ein geschäftiges Treiben zu Füßen des Berges; denn McMurdo ist eine der Hauptbasen für Eisbrecher, Flugzeuge und Hubschrauber, welche die wissenschaftlichen Stationen in der Antarktis versorgen, und außerdem schon Ziel für Touristen.

Das *Transantarktische Gebirge* ist besonders eindrucksvoll, wo es sich als 3000–4000 m hohe Mauer über das von Treib- und Schelfeis bedeckte Ross-Meer erhebt. Zwischen den einzelnen Gebirgsblökken fließen Eisströme vom Inlandeis herab, deren Verlauf sich über Hunderte von Kilometern landeinwärts bis auf das ganz vom Eis verhüllte Tafelland der Ostantarktis verfolgen läßt.

Erreicht das Gebirge schon an seinem äußeren, Neuseeland gegenüberliegenden Ende in der Admiralty Range eine Höhe von 3850 m, so steigt es von McMurdo aus zum Südpol hin noch stärker an. Mehrere der eisgepanzerten, vom gefürchteten antarktischen Kältewind umtosten Felsgipfel zählen zu den Viertausendern, so Mount Kirkpatrick (4511 m) und Mount Markham (4350 m) in der Queen Alexandra Range oder der Mount Fridtjof Nansen (4176 m) in der Queen Maud Range, nur etwa 500 km vom Südpol entfernt. In seinem zentralen Teil liegt das Gebirge unter dem Inlandeis, doch wurde seine Existenz auf mehreren transantarktischen Expeditionen durch Echolotungen festgestellt. Erst am Ansatzpunkt der Antarktischen Halbinsel, hoch über der riesigen Eisplatte des Filchner-Schelfeises, taucht die Gebirgskette in der Sentinel Range wieder über der Eishülle auf. Das Sentinel-Gebirge besteht aus einem Gewirr von eisdurchsetzten Felspyramiden mit rasiermesserscharfen Graten. Abgesehen vom Windschliff durch Eiskristalle herrscht in der Kältewüste fast absolute Formungsruhe; denn selbst die Frostverwitterung kann in dieser Höhe nicht mehr wirken, da die eisdurchsetzte Felsoberfläche nie bis zum Auftauen erwärmt wird. Gekrönt wird die Sentinel-Kette vom Vinson-Massiv, mit 5138 m der höchste Gipfel des antarktischen Kontinentes, und vom Mount Tyree (4967 m). Daß beide Gipfel um die Jahreswende 1966/67 von einer amerikanischen Bergsteigerexpedition bestiegen werden konnten, zeigt, daß die Spannweite menschlicher Leistungsfähigkeit fast unbegrenzt ist.

Messerscharfe Fels- und Eisgrate, geschliffen vom Kältewind der Antarktis, erheben sich im Sentinel-Gebirge über den kontinentgroßen antarktischen Eisschild. Neben dem Vinson-Massiv, mit 5138 m der höchste Berg der Antarktis, zählt das Gebirge eine ganze Reihe von Viertausendern.

Werden und Vergehen der Gebirge

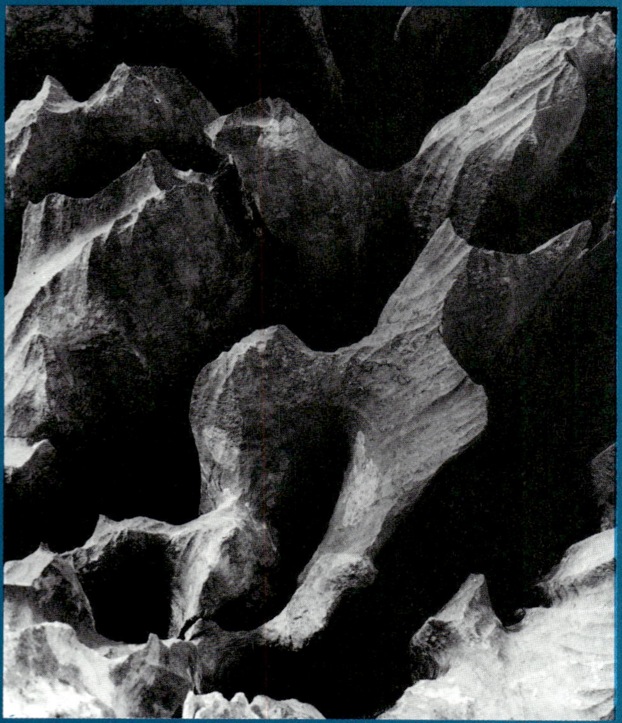

Oben: Karren im Kalkstein. Die Oberfläche des an sich schwerlöslichen Kalksteins wird durch chemische Wirkung des mit Kohlendioxid (CO_2) beladenen Regenwassers in lösliche Form überführt. Jahrtausendelange Verwitterung ziseliert so den Kalk zu feinen Rillen und scharfen Kanten und erweitert die Risse und Klüfte im Gestein.

Rechts: Montblanc (4807 m), vom Brévent aus gesehen (Frankreich). Mächtig ist die Wirkung des Frostes und des fließenden Eises (hier der Glacier des Bossons) auf die massigen Granite der alpinen Zentralmassive. Langsam wird das hoch aufgetürmte Gebirge durch Verwitterung und Erosion eingeebnet.

Zu Beginn des 19. Jahrhunderts hatten die meisten Gebirge dank ihrer pionierhaften Erschließung durch Wege, Wanderer und Forscher das Odium des Unnahbaren verloren. Nun begann ihre systematische geologische Untersuchung. Die Ergebnisse der weltweiten Forschungen von Gelehrten wie Alexander von Humboldt verschafften eine Fülle von Meßdaten und erweiterten den Blickwinkel der Wissenschaft rasch. Verstärkt setzte man sich mit der Frage auseinander, welche Ursachen zur Gebirgsbildung geführt haben dürften. Von 1800 bis zur Gegenwart wurden zahlreiche Theorien über die Gebirgsentstehung aufgestellt und wieder verworfen. Mit den sich noch immer erweiternden Kenntnissen über die Vorgänge in der Erdkruste ergaben sich bis in die letzten Jahre viele weitere Hypothesen. Von einer endgültigen Erklärung der wichtigsten Gebirgsbildungen ist man jedoch auch heute noch weit entfernt.

Welche Mittel und Möglichkeiten stehen dem Geologen zur Verfügung, Fakten zu gewinnen, aus denen es sich auf die Entstehungsgeschichte eines Gebirges schließen läßt?

Da ist in erster Linie die Feldaufnahme, die Kartierung der oberflächigen anstehenden Gesteine in ihrer Art und Lagerung, welche in eine geologische Karte eingeht. Dazu kommt die Flugphotographie, die ebenfalls viele Anhaltspunkte über Gestein und Struktur der Oberfläche liefern kann. Jede Bohrung, sei es auf Grundwasser, auf Bodenschätze oder auf Erdöl, bringt Material aus der Tiefe zutage, das dem Geologen Auskunft über den Untergrund gibt. Schließlich liefern ihm geophysikalische Messungen – Seismik, Gravimetrie, Elektrometrie, aber auch die Auswertung der natürlichen Erdbeben – eine Fülle von Daten aus dem tieferen Erdinnern.

Ein besonders interessantes geologisches Forschungsprojekt begann am 4. Mai 1976 in Lompoc in Kalifornien mit dem Start des geodätischen Satelliten LAGEOS (Laser Geodynamic Satellite), einem 411 kg schweren Flugkörper, der auf seiner Oberfläche mit 426 Reflektoren aus prismatischem Quarzglas bestückt ist. Kennt man die Position dieses Satelliten, so kann die Position einer Bodenstation, die ihn mit einem Laserimpuls anvisiert, mit einer Genauigkeit von weniger als 5 cm Abweichung bestimmt werden. Insgesamt werden 9 Erdstationen in Betrieb genommen, die bis auf 1 mm genau vermessen werden sollen. Durch Messungen über mehrere Jahre hinweg – die Lebensdauer der Reflektoren wird auf etwa 50 Jahre geschätzt, diejenige des Satelliten sogar auf Millionen von Jahren – können damit Verschiebungen der irdischen Kontinente schon in der Größenordnung von nur einem Zentimeter pro Jahr festgestellt werden. Man erhofft vom Einsatz dieses passiven Satelliten genauen Aufschluß über den Bewegungsmechanismus der Erdkrustenplatten, die «Plattentektonik». Derartige Kenntnisse sind unter anderem wichtige Voraussetzungen zur Erdbebenvorhersage, die man – wissenschaftlich fundiert – erstmals für den Bereich des berüchtigten San-Andreas-Grabens in Kalifornien versuchen will.

Rechts Mitte:
Querschnitt durch die Erde (nach der Meteoriten-Theorie).
Die auf die Erde auftreffenden Meteoriten (Sternschnuppen) entstammen vermutlich einem zerborstenen Planeten unseres Sonnensystems. Aus ihrer chemischen Zusammensetzung kann auf das Innere unserer Erde geschlossen werden.

Die Erde und ihre Kruste

Gebirge entstehen aus durch eine gegenläufige Bewegung von Schollen der Erdkruste zusammengeschobenen Gesteinsmassen. Also müssen wir uns zunächst fragen, wie überhaupt die Erdkruste aufgebaut ist, welches ihr Untergrund ist und wie das Erdinnere beschaffen ist. Vergleicht man das mittlere spezifische Gewicht der Gesteine (2,5) mit demjenigen unserer Erde (5,52), so muß aus dieser Gegenüberstellung der Schluß gezogen werden, daß die Materie des Erdinneren wesentlich schwerer ist als jene der uns zugänglichen oberen Partien der Erdkruste. Nun ist eine allgemeine Zunahme des spezifischen Gewichts bei Annäherung an den Erdmittelpunkt auch aus der Erdanziehung, der Gravitation, abzuleiten. Die Auswertungen der Erdbebenwellen, welche den ganzen Erdball durchlaufen, haben aber gezeigt, daß das spezifische Gewicht mit der Tiefe nicht kontinuierlich zunimmt, sondern in bestimmten Tiefen sprunghaft auf höhere Werte ansteigt. Das bedeutet, daß die Erde aus mehreren konzentrischen *Schalen* aufgebaut sein muß, welche sich nicht nur in ihrem spezifischen Gewicht, sondern auch in ihren chemischen Eigenschaften und im Aggregatzustand unterscheiden.

Die Unterlage der festen Erdkruste, zu der auch die Meeresböden gehören, ist der sogenannte *Erdmantel.* Er beginnt in einer Tiefe von 10 bis 150 Kilometern. Sein Material stellt man sich chemisch ähnlich der Erdkruste vor, jedoch über 1000 °C heiß und zähplastisch. Dieser Mantel, der in etwa 1000 Kilometer Tiefe durch eine Unstetigkeitsfläche in eine äußere und eine innere Schicht geteilt ist, reicht bis in eine Tiefe von 2900 Kilometern, wo er in den *Erdkern* übergeht. Dessen äußerer Teil, der bis in 5000 Kilometer Tiefe reicht, scheint nach den Ergebnissen der Erdbebenforschung glutflüssig zu sein. Über den Zustand des *inneren* Kerns lassen sich keine zuverlässigen Angaben machen. Nach der Meteoritentheorie soll er aus einem Eisen-Nickel-Gemisch (Nife) bestehen, nach anderen Theorien dagegen gleiches Material enthalten wie die äußeren Schalen, oder aber aus noch ursprünglicher Sonnenmaterie – vorab also Wasserstoff und Helium – unter sehr hohem Druck bestehen. Die sprunghaften Dichtezunahmen an den Schalengrenzen kann man sich aus einem Wechsel des Materials erklären oder damit, daß im inneren Kern dichtere Packungen eines einheitlichen Materials vorliegen, die unter dem Einfluß der erwähnten Gravitation beim Überschreiten eines bestimmten

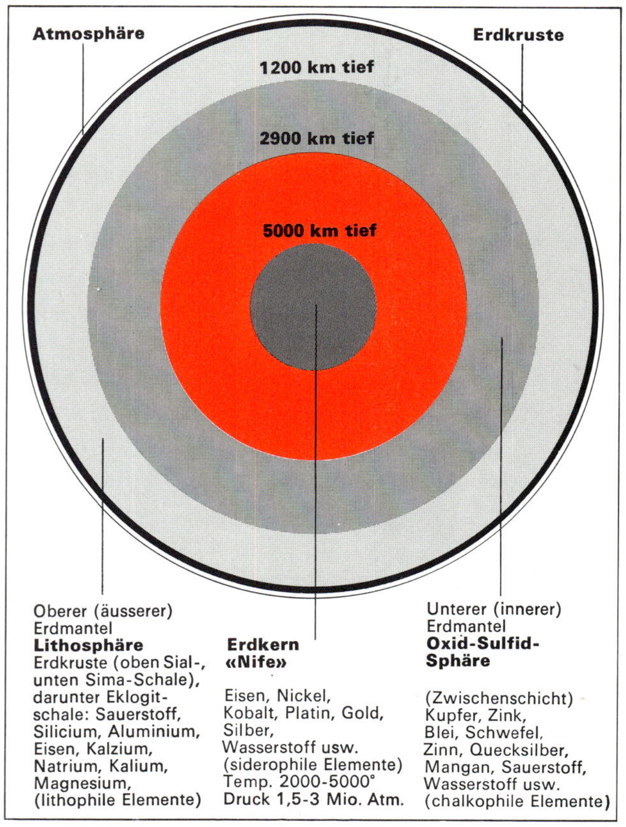

Zeitmarken

Bildung der Erdkruste der Urkontinente in der ungefähren Dauer von 4 Milliarden Jahren

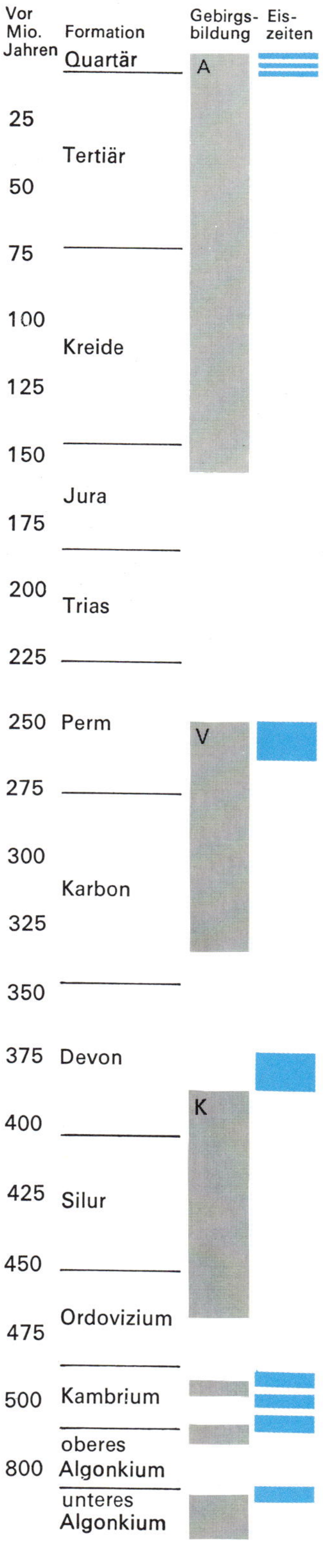

Wichtigste Gebirgsbildungen

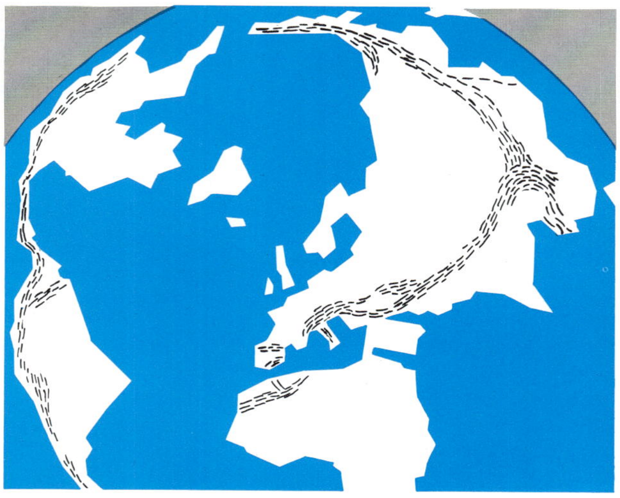
A Alpidische Faltung, seit etwa 150 Mio. Jahren

V Variskische Gebirgsbildung vor etwa 340 bis 240 Mio. Jahren

K Kaledonische Gebirgsbildung vor etwa 500 bis 380 Mio. Jahren

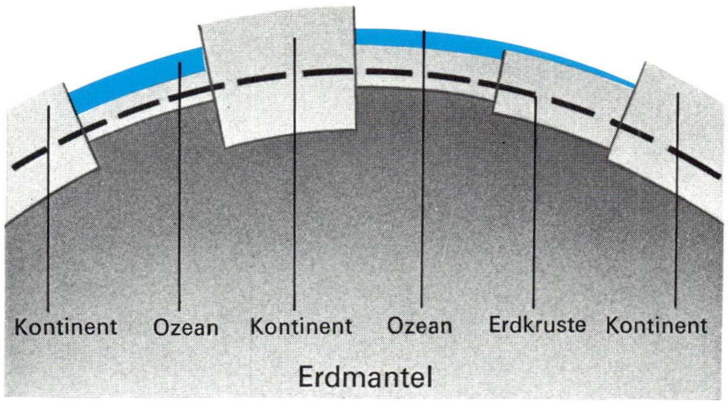

Isostasie (Gleichgewichtsbestreben).
Vergleichbar den Eisbergen im Wasser schwimmen in der Lithosphäre des Erdkörpers die Schollen der Erdkruste auf dem zähplastischen, heißen Erdmantel. Die einzelnen Platten tauchen dabei um so tiefer ein, je höher sie aufragen: In bezug auf eine Ausgleichsfläche (gestrichelt) sind sie im Gleichgewicht.

Druckes entstehen. Die feste *Erdkruste* «schwimmt» also auf dem zähplastischen, heißen Erdmantel. Auch bei ihr lassen sich zwei Schalen unterscheiden: Eine äußere, als Kontinente aufliegende «Sial»-Schale (Silizium-Aluminium) granitischer Zusammensetzung und eine geschlossene tiefere «Sima»-Schale (Silizium-Magnesium) mit höherem spezifischem Gewicht, chemisch etwa dem dunklen Basalt entsprechend. Während die Erdkruste unter einem Gebirge bis zu 150 Kilometer tief reichen kann, bedeckt sie den Erdmantel unter den Ozeanböden mit nur 10 bis 30 Kilometer Mächtigkeit. Deshalb wurden die neuerdings durchgeführten Bohrungen auf die Untergrenze der Erdkruste, welche von den USA und der UdSSR gleichermaßen forciert werden, im Ozean abgeteuft – und zwar von Bohrschiffen aus, welche dank einem ausgeklügelten Positionssystem (Anpeilung von Satelliten und Fixsternen) stets am selben Ort gehalten werden können.

Die Erdkruste bildet also keine geschlossene und kompakte Gesteinshülle um das heiße Erdinnere, sondern ein Mosaik aus Schollen oder Platten von ungleicher Dicke, welche sich gegeneinander waagrecht und senkrecht verschieben können. Die aufragenden Hochschollen bilden praktisch stabile Blöcke, während die ozeanischen Tiefschollen (Geosynklinalen) mobile und faltbare Räume umfassen. In den Randzonen dieser Schollen, aber auch im Bereich der Tiefschollen finden wir die augenfälligsten Auswirkungen von Kräften und Bewegungen in der Erdkruste. Ein Blick auf die Erdkarte, welche die großen Grabenzonen und die Gebirgszüge hervorhebt, zeigt uns sofort, daß beide Formationen mit den Rändern der großen Krustenplatten zusammenfallen und daß sie zugleich den Gebieten mit verstärkter vulkanischer Tätigkeit und Erdbebenhäufigkeit entsprechen.

Theorien zur Gebirgsbildung

Die heute unbestrittene «Beweglichkeit» der einzelnen Platten der Erdkruste erklärt auch einleuchtend die Theorie der *Kontinentalverschiebung*, die bereits 1914 von Alfred Wegener aufgestellt wurde. Obwohl der berühmte Forscher, der im November 1930 im Grönlandeis sein Leben ließ, auf zahlreiche, sehr offensichtliche Beweise für seine Hypothese hinwies, fand diese erst 1950 auch bei den Fachleuten Anerkennung, als die Belege für ihre Richtigkeit die Wegenersche Theorie zur Gewißheit werden ließen.

Vorher war die Theorie von der *Zusammenziehung der Erdkugel* infolge einer Abkühlung des Erdinnern die Lehrmeinung, besonders vertreten vom «Altvater der Geologie», dem Österreicher Eduard Süß. Danach sollten sich die Gebirge als Falten der schrumpfenden Erdkruste gebildet haben. Die charakteristische Verteilung der Hochgebirge auf ganz bestimmte Regionen der Erde konnte damit allerdings nicht erklärt werden. Zudem stellte man fest, daß sich die Erde zumindest in den letzten zwei Milliarden Jahren kaum abgekühlt haben dürfte, womit eine Voraussetzung dieser Kontraktionstheorie entfiel.

Ein weiterer österreichischer Geologe, Otto Ampferer, stellte vor dem Ersten Weltkrieg die kühne Theorie von der *Unterströmung* auf. Ihr zufolge können im unter der Erdkruste liegenden Mantel der Erde, im heißen Magma, durch Temperaturunterschiede bedingte Ausgleichsströmungen (Konvektionsströme) auftreten, welche Ozeanböden «verschlucken» und Kontinente heben. Diese Theorie hat wesentlich zur Klärung der Entstehung des geologisch sehr komplizierten, aber auch am besten erforschten Hochgebirges der Welt, der Alpen, beigetragen. Große Geologen wie Argand, Bertrand und Lugeon bauten auf der Unterströmungstheorie ihre richtungweisenden Lehren über die Gebirgsbildung auf.

Erdbebenkunde, Tiefenbohrungen und die Erforschung des Meeresgrundes gaben seit den zwanziger Jahren zu andersartigen, neuen Hypothesen Anlaß und führten schließlich zu einer gewissen Synthese einander ähnelnder Theorien. So stellte man fest, daß die Erdkruste vor allem im Bereich der Ozeane von zahllosen *Gräben* durchzogen wird. Gräben entstehen durch das Auseinanderweichen benachbarter Plattenpartien – eine Folge dehnender Bewegung. Daraus schloß man, daß sich der Erdkörper, entsprechend der beobachteten Expansion des Weltalls, langsam ausdehne: *«Expansion der Erde»* nannte der Physiker

Mögliche gegenseitige Bewegungen der Erdkrusten-Platten:

Vertikalbewegung: bruchlose Faltung (Flexur)

Vertikalbewegung: Verwerfung oder Bruch

Kippung einer Krustenplatte durch einseitige Belastung

Seitliche Verschiebung (Lateralbewegung)

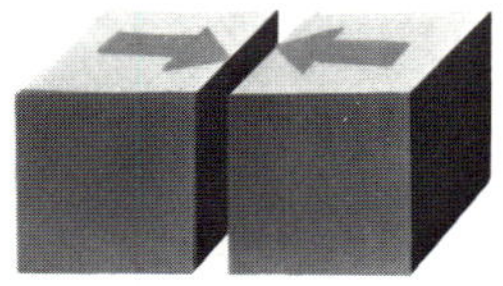

Aufeinanderprallen (Konvergenz)

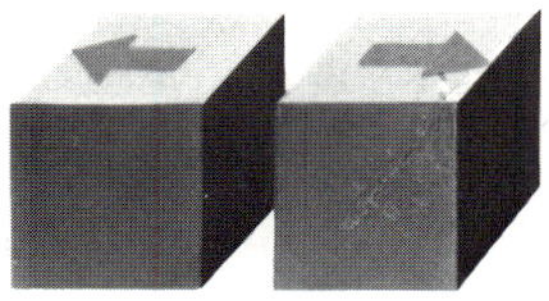

Auseinanderweichen (Divergenz)

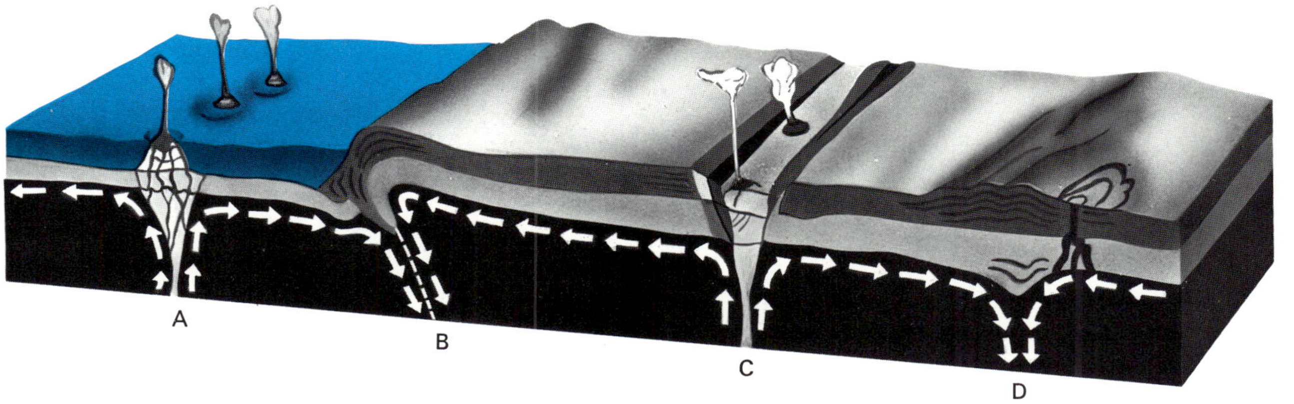

Links: Ausgleichsströmungen im Erdmantel (nach Wunderlich). A Auseinanderweichen des Ozeanbodens (sea floor spreading, mittelozeanische Rücken); B Kollision von Kontinent und Ozeanboden (z.B. Anden Südamerikas); C Divergenz in der Kontinentalplatte (z.B. Ostafrikanischer Graben); D Zusammenprallen von Kontinentalplatten (z.B. Alpen); vgl. Abb. oben.

Rechts: Plattenbewegungen der Erdkruste in der Gegenwart (nach Pavoni). Drei Großplatten befinden sich in langsamer Rotation im Gegenuhrzeigersinn. Im Bereich der Nahtstellen bilden sich Gebirge.

San Andreas Fault bei San Francisco, USA. Auf diesem Satellitenbild sind vom rechten Bildrand her die San Francisco Bay, der Flughafen, Siedlungsgebiete und die tektonischen Bruchlinien erkennbar (vgl. Abb. S. 91).

Pascual Jordan diese Theorie. Und in der Tat passen die Kontinente, heute durch Ozeane Tausende Kilometer voneinander getrennt, auf einer Erdkugel mit kleinerem Radius fast lückenlos aneinander. Demnach wären, vor etwa 500 Millionen Jahren, die einzelnen Schollen langsam voneinander weggedriftet (Kontinentalwanderung!) und die Gräben in der Erdkruste hätten sich dadurch aufgetan.

Eine andere Theorie basiert auf der Zentrifugalkraft, welche angeblich die massigen Kontinente gegen den Äquator treibt; eine aus der Rotation der Erde resultierende *Polfluchtkraft*. Vereint mit der Trägheit der schweren Kontinentalschollen gegenüber der Erddrehung, der *Westdrift*, sollte sie für die ihren unterseeischen Gebirgszügen, nicht jedoch die des eurasiatischen Gebirgssystems.

Wir müssen deshalb zugeben, daß es eine allseits befriedigende Theorie der Gebirgsbildung noch nicht gibt. Die Phänomene sind zu verschiedenartig, zu komplex, als daß ihre Entstehung auf einheitliche Weise erklärt werden könnte. Sicher sind die Gebirge im Westen Amerikas – im Zusammenhang mit den mittelozeanischen Gräben des Atlantiks und des Pazifiks stehend – mit der Theorie der Plattentektonik zu erklären. Bei der Bildung des alpinen Gebirgsgürtels Eurasiens dagegen dürfte die Norddrift des afrikanischen Kontinentalblocks, verbunden mit einer gegenläufigen Ost-West-Bewegung der Nord-

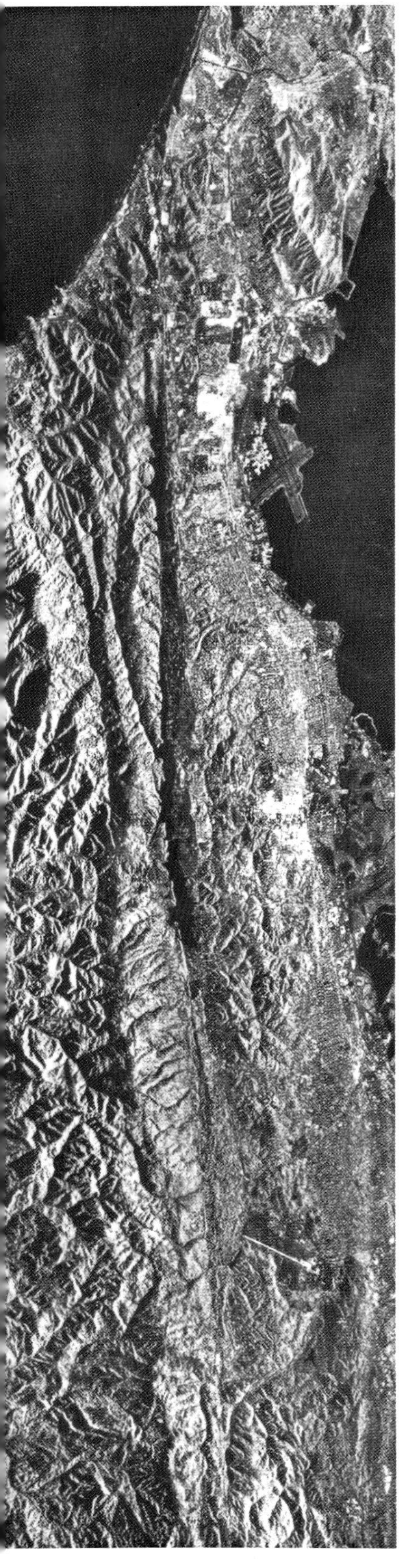

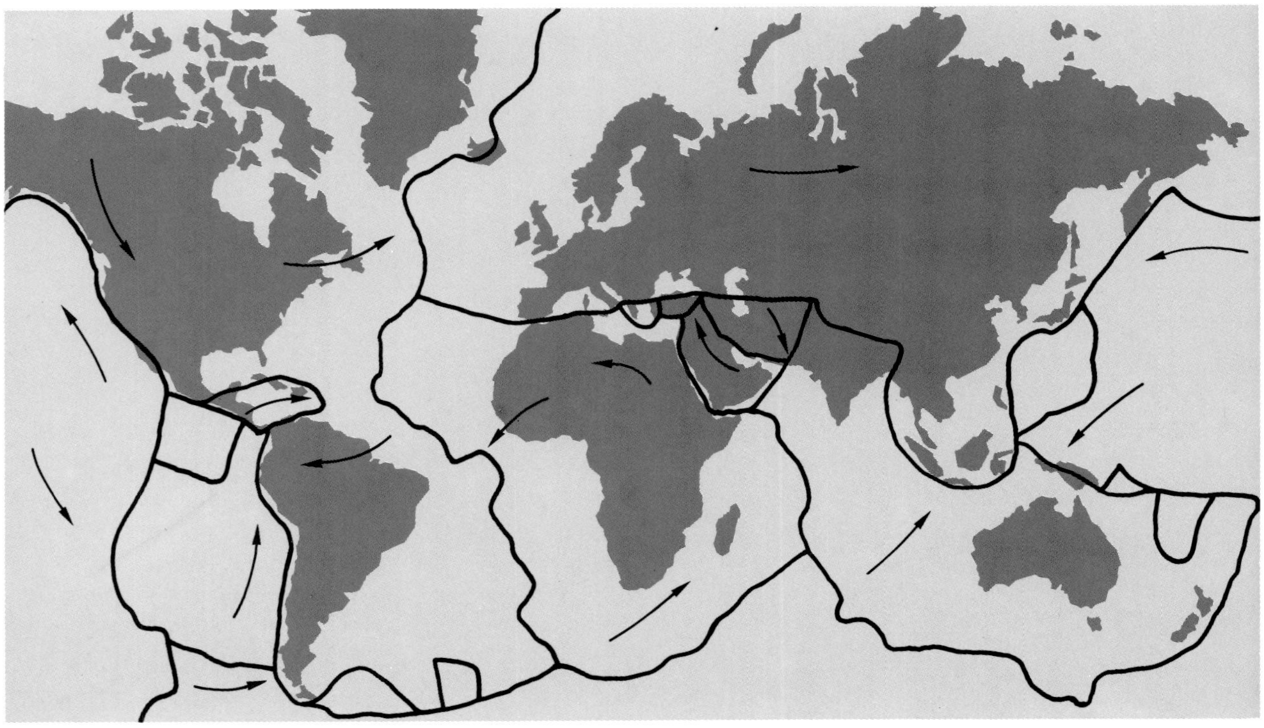

Stauchung der Gebirgszonen sowohl im Alpen-Himalaya-System als auch im Westen der beiden Amerikas verantwortlich sein. Der Schweizer Geologe Rudolf Staub begründete auf dieser Ansicht seine Erklärung der Alpenbildung.

Der Stuttgarter Geologe Hans-Georg Wunderlich baute in den fünfziger Jahren die Theorie der *Konvektionsströmungen* im zähplastischen Erdmantel aufgrund zahlreicher Indizien aus und kam so zu einem in sich geschlossenen System von Bewegungsvorgängen zwischen den Schollen der Erdkruste. Er konnte so dehnende (Gräben) und pressende Bewegungen (Gebirge) einleuchtend erklären.

1965 publizierte der amerikanische Geologe J. Tuzo Wilson seine – im folgenden Abschnitt noch erläuterte – Lehre von der *Plattentektonik*. Die Erdrinde ist in einzelne große, unregelmäßige Platten annähernd gleicher Dicke gegliedert, welche sich gegenseitig bewegen – voneinander weg, zueinander hin, seitlich aneinander vorbei. Bei der Kollision zweier Platten wird die eine in die Tiefe hinuntergedrückt und vom heißen Erdmantel resorbiert; an der Kollisionsfuge entsteht ein Gebirge. Die Plattentektonik erklärt sehr gut die Gebirgsbildung in Nord- und Südamerika und auf den ostasiatischen Inselbögen sowie die Entstehung der großen Ozeane mit und der Südkontinente, entscheidend gewesen sein. Hinzu kommen *Drehbewegungen der Kontinente*, in der jüngsten geologischen Zeit besonders im Gegenuhrzeigersinn. Als treibende Kraft sind die Strömungszellen im zähflüssigen Erdmantel zu sehen, welche die auf ihm schwimmenden Krustenplatten mitgleiten lassen. Das Problem verlagert sich also in den Erdmantel hinab, dessen äußerst langsame Ausgleichsströmungen es zu erklären gilt. Hierüber – also über die Vorgänge unmittelbar unter uns, in teils nur 10 Kilometer Tiefe – weiß man noch erstaunlich wenig. Einzig indirekte Schlüsse über das tiefere Erdinnere lassen sich ziehen, zum Beispiel aus dem Verlauf der Erdbebenwellen.

Der Grund für unsere mangelhaften und hypothetischen Kenntnisse vom Aufbau der Erde liegt in den schwierigen Beobachtungsmöglichkeiten. Die Erde strahlt als Planet keine Energie aus wie Sterne, deren Licht-, Röntgen- oder Radiostrahlen viele Anhaltspunkte über ihre chemische und physikalische Beschaffenheit liefern. So bleiben für die Untersuchung der Erde die erwähnten geophysikalischen Forschungsmethoden. Direkte Aufschlüsse können vorläufig nur Tiefseebohrungen liefern, die aber von den technischen Möglichkeiten her beschränkt und sehr kostspielig sind.

Plattentektonik

Nach Ansicht amerikanischer Geologen, die Wilsons Theorie der *plate tectonics* ausgebaut und durch gezielte Forschungen besonders im Meeresbereich untermauert haben, besteht also die Erdkruste aus großen Platten, welche gegeneinander verschiebbar sind.

Insbesondere sind drei Bewegungen möglich:

1. Das Auseinanderweichen zweier Platten (Divergenz): Diese Bewegung erfolgt nachgewiesenermaßen beidseits der *mittelozeanischen Gräben (rift valleys)*, wo ständig neues Magma aus der Tiefe aufdringt, zu vulkanischen Massen erstarrt und seitlich abgedrängt wird *(sea floor spreading)*. Diese Gräben sind eingebettet in die mächtigen untermeerischen Rücken mit aufgesetzten Vulkanen, die wir in allen großen Weltmeeren finden.
2. Das Aufeinandertreffen zweier Platten (Konvergenz): Hierfür finden sich vor den Küsten beidseits des Stillen Ozeans, im Westen der beiden Amerikas wie auch im indonesisch-japanischen Inselbogen, sehr viele Beispiele. Die meerbedeckte pazifische Platte, vom mittelozeanischen Rücken wegdriftend, wird unter den Rand der anderen Platten – der amerikanischen einerseits, der südostasiatischen andererseits – abgedrängt und in der Tiefe des Erdmantels aufgeschmolzen. Die in der Aufprallzone sich türmenden Gebirgsketten (Rocky Mountains, Anden, ostasiatische Inseln), aber auch die jeweils vorgelagerten Tiefseegräben sind so entstanden.
3. Das seitliche Vorbeidriften zweier Platten (Blattverschiebung): Der berüchtigte San-Andreas-Graben in Kalifornien (siehe S. 92) ist nur ein besonders eindrückliches Beispiel solcher Lateralbewegungen, wobei in der Kontaktzone der beiden Platten Erdbeben und Vulkanausbrüche auftreten können. In der Türkei, in Persien, in Neuseeland, in Ostafrika und andernorts konnte man in letzter Zeit nicht nur die Bewegungsrichtung solcher Blattverschiebungen, sondern in zahlreichen Fällen auch die Geschwindigkeit messen, welche Millimeter, höchstens Zentimeter im Jahresmittel beträgt.

Die Theorie der Plattentektonik vermag also die Entstehung von Küstengebirgen zu erklären. Wieso aber taucht die Ozeanplatte unter die Festlandplatte? Die letztere ist aus spezifisch leichten granitischen Gesteinen aufgebaut, die Ozeanplatte besteht dagegen aus spezifisch schwererem basaltischem Material. Das führt zwangsläufig zu dem beschriebenen Mechanismus der Kollision. Im Kollisionsbereich der beiden Platten entsteht ein sich ständig vertiefender Graben – charakteristische Vortiefen entlang den Gebirgen rund um den Pazifik –, in welchen von der Front des stetig gehobenen Kontinents Abtragungsgestein durch Flüsse und Rutschungen eingeschwemmt wird. Schließlich wird dieses Ablagerungsgestein vom beidseitigen Druck erfaßt und langsam zu einem Gebirge aufgefaltet. Entlang der schiefen Kontaktfläche zwischen Kontinentplatte und Ozeanplatte führen die andauernden Spannungen zu ruckweisen Bewegungen: Die Grenzzone ist erdbebenreich, wobei die Herdtiefe vom küstennahen Tiefseegraben landeinwärts mehr und mehr zunimmt. Vulkanische Erscheinungen, Lava- und Gasausbrüche kommen aus der Tiefe des Erdmantels; sie hängen mit den tiefreichenden Fugen zusammen, die in der Erdkruste solcher Kollisionsbereiche vorhanden sind.

Die Bildung der alpinen Gebirge

Unter «alpinen Gebirgen» versteht man den ganzen Hochgebirgsgürtel, der die Alte Welt in mehr oder minder westöstlicher Richtung durchzieht, vom nordafrikanischen Atlasgebirge über Apennin, Alpen, Karpaten, Balkan, Türkei, Kaukasus, durch Iran in den Himalaya, bis schließlich mit den gebirgigen Inselbögen Indonesiens und Japans der Anschluß an die Gebirge am Rand des Pazifiks hergestellt wird.

Auch dieser mächtige, im Tertiär aufgetürmte Gebirgsbogen ist offenbar durch ein Gegeneinanderwandern von Platten entstanden; doch ist der Mechanismus seiner Entstehung von der amerikanischen Gebirgsbildung verschieden. Man nimmt an, daß nicht eine Platte in die Tiefe gedrückt wurde, sondern zwei Platten voll zusammenprallten und die Füllung des dazwischenliegenden Meeresbodens zum Gebirge zusammenschoben.

Versetzen wir uns in die Zeit des Erdaltertums, des Paläozoikums. Damals waren die Kontinente der Südhalbkugel vereint in einem Riesenkontinent, von Wegener Gondwana genannt. Er umfaßte die heutigen Erdteile Antarktis, Südamerika, Afrika mit Madagaskar, Vorderindien und Australien. Der Südpol lag damals im Gebiet des heutigen Südafrika. Infolge der Zentrifugalkraft der rotierenden Erde, welche die Schollen der Erdkruste in Richtung Äquator treibt, brach dieser Kontinent gegen Ende des Erdaltertums auseinander. Die massige afrikanische Scholle – wie auch die vorderindische – begann langsam durch das gewaltige Meer, welches damals Nord-

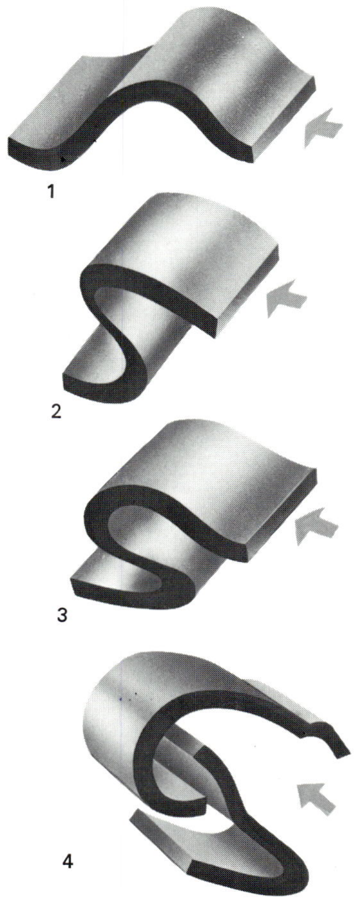

Die Verformung von Gesteinen. Wird ein Gestein unter langdauernden seitlichen Druck gesetzt (Pfeil, Schema 1), so verbiegt sich die Schicht zur Falte, welche mehr und mehr vom Druck weg überkippt (2, 3). Schließlich reißt der gedehnte Mittelschenkel, und die Faltenstirn kann von der Unterlage eingewickelt werden (4); vgl. Abb. unten links.

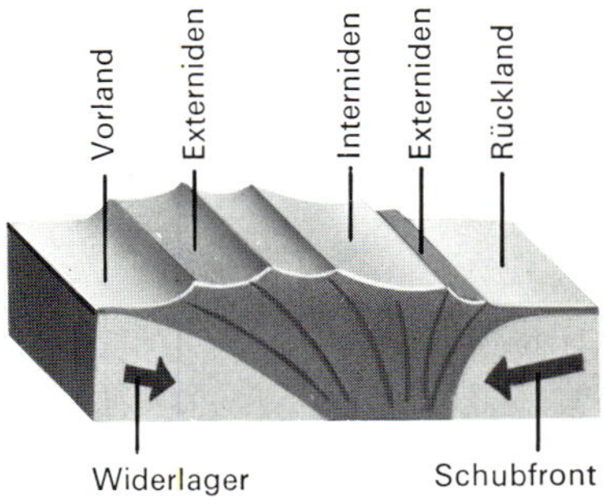

Die Bildung eines Gebirges. Die Gesteine zwischen zwei konvergierenden Blöcken werden wie durch einen Schraubstock nach oben ausgepreßt. Die seitlichen Partien überkippen gegen das beidseitige Vorland.

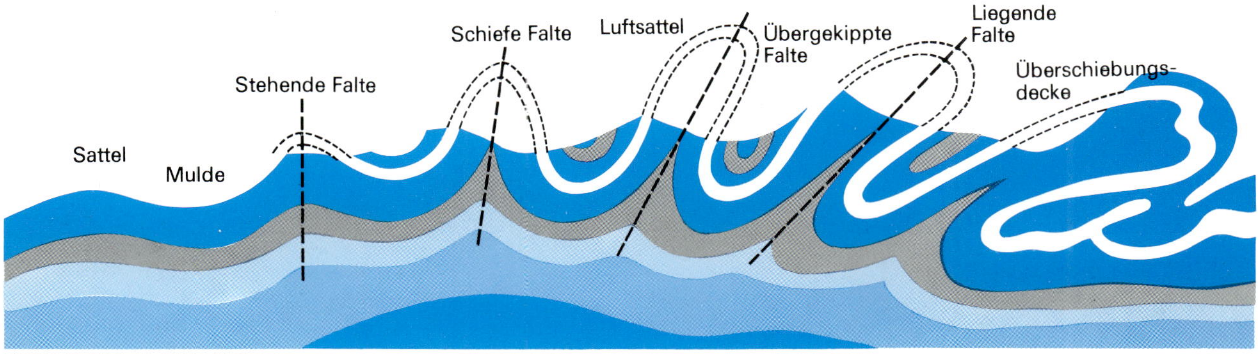

Links: Wie sich eine Gesteinsdecke entwickelt. Im Gegensatz zur Falte hat die Decke den Kontakt mit dem Untergrund verloren. Die einseitig wirkende Kraft schiebt diese Gesteine als «fremde» Masse weit über das Vorland hinweg (in den Alpen bis über 100 km Distanz; vgl. Abb. oben).

und Südkontinente voneinander trennte, gegen Norden zu driften. Dort bestand ebenfalls ein geschlossener Kontinent, der Nordamerika und Eurasien umfaßte. Die Ablagerungen auf dem Grund dieses «Tethys-Meeres» wurden nun phasenweise aufgefaltet, zerbrochen und übereinandergeschoben. Wir können zeitlich insbesondere zwei große Gebirgsbildungsphasen unterscheiden: die *herzynisch-variskische* in der Karbon-Perm-Zeit und die *alpine* im Tertiär. In der herzynischen Phase entstanden die heutigen Mittelgebirge in Europa und Asien, unter anderem in Frankreich, in Mitteldeutschland und Südengland, auch der Ural und die nordtibetischen Gebirge. Diesen alten Gebirgsblöcken hatten sich die später «anbrandenden» alpinen Gebirge in ihrem Verlauf anzupassen, so daß es zu der auf jeder Erdkarte leicht erkennbaren Schlingenbildung kam.

Den Mechanismus der alpinen Gebirgsbildung kann man sich etwa folgendermaßen vorstellen: Geburtsstätte ist, wie bei einem zirkumpazifischen Gebirge, ein langgestreckter Meerestrog, eine *Geosynklinale* («Großmulde»). In diesen Trog werden durch die Flüsse von den angrenzenden Kontinenten her Schuttmassen eingeschwemmt, welche in den aus dem Meerwasser absinkenden Kalk- und Tonschlamm eingelagert werden. Die zahllosen in ihrem Gerüst Kalk bindenden Meereslebewesen tragen dabei wesentlich zur Bildung von Ablagerungen auf dem Meeresgrund bei. Während nun die Geosynklinale unter dem zunehmenden Gewicht der Ablagerungen langsam einsinkt, steigen die benachbarten Kontinente aufgrund des Gleichgewichtsbestrebens auf.

Betrachten wir Querschnitte durch die großen alpinen Gebirge Europas und Asiens, fällt sofort auf, daß ihre Faltungen asymmetrisch sind, was darauf hindeutet, daß die Gebirge unter *einseitigem Druck* aufgetürmt worden sind. Sowohl in den Alpen wie im Himalaya überfuhren sich die Gesteinspakete gegen Norden – oftmals über mehr als hundert Kilometer; der Hauptdruck ist danach von Süden her ausgeübt worden. Die Front des afrikanischen (indischen) Kontinents schob also den Sedimentinhalt des «Tethys»-Troges zusammen, während im Norden, das heißt in Mitteldeutschland für die Alpen und in Tibet für den Himalaya, ein starres Widerlager in Form der alten herzynischen Gebirge die Bewegung bremste und die Meeresgesteine der Geosynklinale zum Falten und zum Überschieben veranlaßte.

Diese alpine Gebirgsbildung dauerte etwa zweihundert bis zweihundertfünfzig Millionen Jahre und läßt sich in drei Phasen gliedern:

1. Geosynklinalphase: Stetige, langsame Einsenkung des Meerestroges in den plastischen Untergrund mit gleichzeitiger Ablagerung von Sedimenten großer Mächtigkeit. Die Ablagerung hält im Mittel mit der Senkung Schritt.

2. Orogenetische Phase: Durch das Zusammenrücken der benachbarten Kontinente wird der zwischenliegende Meerestrog verkürzt, werden die Ablagerungen in der Geosynklinale zusammengeschoben, gestaucht, verfaltet und in Form von ortsfremden «Decken» weit über das Vorland hinaus verfrachtet.

3. Erosionsphase: Schon während der Gebirgsbildung wirken Verwitterung, Bergstürze und Abtragung und ebnen das Gebirge schließlich ein zu einem Mittel- oder Rumpfgebirge.

In der orogenetischen Phase setzt sich der Zusammenschub, wie eine Welle, von der Schubfront weg fort; stets werden neue Meeresgebiete von der Faltung ergriffen, zusammengestaucht und übertragen dann ihrerseits die Schubkraft auf den benachbarten vorgelagerten Streifen.

Parallel dem eigentlichen Gebirgsbildungszyklus, welcher sich für uns in den «ewigen» Bergen manifestiert, verläuft unsichtbar der *magmatische Zyklus:* Gegen Ende der Geosynklinalphase, wenn sich bereits die ersten Schübe im Meerestrog bemerkbar machen, zerbricht dieser im Bereich seiner geringsten Mächtigkeit, also im zentralen Teil, und es ergießt sich Lava auf den Meeresgrund (initialer Magmatismus). Während der eigentlichen Gebirgsbildung dringt heißes Mantelmaterial von unten her in die Fugen zwischen den steilgestellten Gesteinspaketen

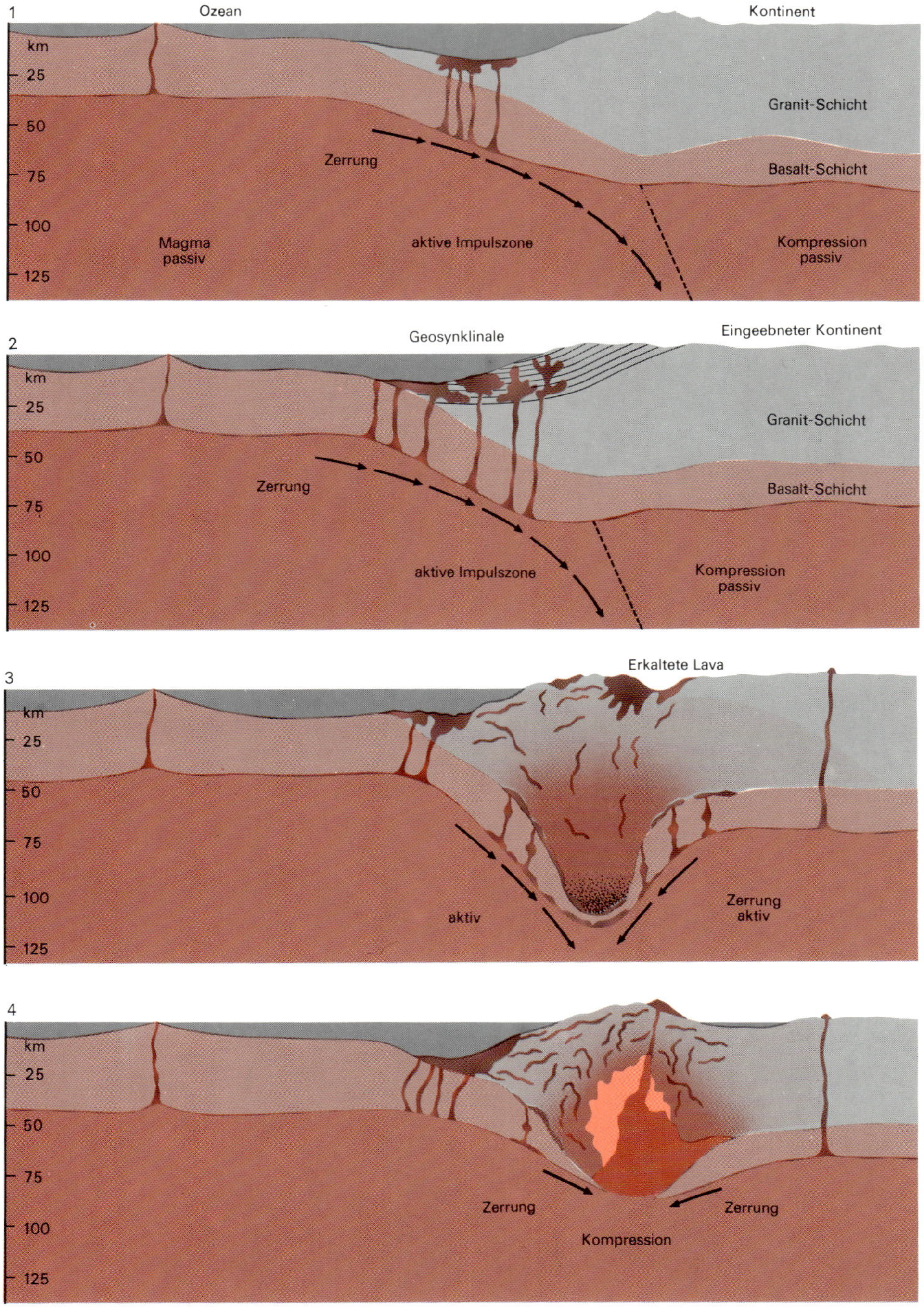

Das Randgebirge.
Vom mittelozeanischen Rücken weg (links) wird die spezifisch schwerere ozeanische Kruste abgedrängt und taucht unter den spezifisch leichteren Kontinent ein (1). An der Kontaktzone bildet sich ein tiefer Graben, der sich mit Ablagerungsgesteinen füllt (Geosynklinale; 2). Bei weiterem Zusammenschub falten sich die Gesteine in der Geosynklinale und türmen sich zum Gebirge auf (3), dessen Wurzel schließlich vom glutheißen Erdmantel eingeschmolzen (resorbiert) wird (4).

1

2

3

4

5

1 Ammonit.
Dieser Ammonit (Ammonshorn) aus dem Lias von Dorset (England), dessen Schale im Lauf der Jahrmillionen versteinert (fossil) wurde, ist verwandt mit den heute lebenden Tintenfischen. Das Innere der Schale dieser ausgestorbenen Tiergruppe der Ozeane war in eine Vielzahl von Kammern unterteilt. Das Tier, welches in der äußersten Kammer lebte, konnte durch Veränderung der Luftfüllung den Auftrieb regulieren.

2 Muschel.
Diese Neithea aus der Kreide von Dorset (England) besaß zwei spiegelbildlich gleiche Schalen, welche durch Scharniere zusammengehalten wurden. Muscheln leben auch heute noch in großer Zahl in den Weltmeeren.

3 Trilobit.
Die ersten versteinerten Tiere, die Trilobiten oder Dreilappkrebse (hier aus Wales), erscheinen plötzlich und zahlreich im ältesten Paläozoikum (Kambrium) und verschwinden am Ende der Permzeit ebenso abrupt. Links ist der Kopfteil mit den beiden seitlichen Augenhöhlen zu erkennen.

4 Seeigel.
Der Negativabdruck (Steinkern) der rundlichen Schale dieses Micraster aus der Kreide von Dorset zeigt schön die fünfzählige Symmetrie. Daß sich Meeresfossilien auch in Sedimentgesteinen im Gebirge finden (in den Anden auf über 5000 m ü.M.), belegt deutlich die grundsätzliche Richtigkeit der Theorien zur Gebirgsbildung.

5 Faltung.
Ungeheure Kräfte müssen am Werk gewesen sein, um diese alten Schiefer auf Börnäset (Norwegen) derart in Falten zu pressen. Die Druckwirkung führte zu starker Erhitzung, wodurch das Material plastisch wurde.

1 Roche du Guet bei Chambéry. Eindrucksvoll ist die Faltung der Jura-Gesteine in den französischen Westalpen südlich des Genfer Sees, aber auch das Werk der Verwitterung, die Modellierung der Landschaft durch Wind, Wasser und eiszeitliche Gletscher.

2 Macdonnell Range, Australien. Diese stark verwitterte Faltenkette in der Nähe von Alice Springs in Zentralaustralien offenbart das unterschiedliche Verhalten der steilgestellten Gesteinsschichten gegenüber den abtragenden Kräften von Wind und Wasser.

ein und erstarrt zum Beispiel zu grobkörnigem Granit (synorogener Magmatismus). Schließlich kommt es gegen Ende der orogenetischen Phase zu einer isostatischen Hebung des Gebirgskörpers, wodurch im Vor- und Rückland Spalten aufreißen, aus denen wieder Lava an die Erdoberfläche quillt (finaler Magmatismus).

In neuester Zeit ist man zur bereits erwähnten Ansicht gelangt (Wunderlich), daß bei der alpinen Gebirgsbildung Eurasiens nicht nur die Nordwanderung des afrikanisch-indischen Kontinentes verantwortlich gemacht werden kann, sondern lokal auch Drehbewegungen im Raum der werdenden Alpen sowie Blattverschiebungen eine Rolle gespielt haben.

1

2

Vulkane

«Das Bild eines im völligen Ausbruch begriffenen Vulkans ist wirklich der Art, daß es sich keine Einbildungskraft, so unterrichtet und geübt sie auch sein mag, so schaffen kann, wie es wirklich ist. Das Majestätische, das Schreckliche, das unerwartete Große und Riesenmäßige, das Mannigfaltige auf einmal, die Wirkung auf andere Gegenstände, kann durch die Feder auch eines Plinius nur nach Menschenmaß in Details beschrieben, das große erschütternde Ganze aber dem Leser nicht auf einmal vorgestellt werden.»

Mit diesen Worten hat Pater Johann Maria della Torre 1783 einen Vulkanausbruch und seine Wirkungen auf den Menschen beschrieben. Zwei Augenzeugenberichte aus unserem Jahrhundert mögen diesen Eindruck bestätigen:

Es war am 25. April 1902, als die 30000 Einwohner von Saint-Pierre auf der Antilleninsel Martinique, einer französischen Kolonie, am Fuße des Vulkans Mont-Pelé (in der Eingeborenensprache «Pei-Lei», der Berg des Unheils) ein leichtes Erdbeben wahrnahmen. Tags darauf schoß aus dem Krater des seit Jahrzehnten ruhigen Berges eine dunkle Aschenwolke bis 600 m hoch hinauf, und weiße Dampfwolken wurden rhythmisch ausgestoßen. Am 28. April fiel wieder Aschenregen, und am 5. Mai ergoß sich kochendes Wasser aus dem Krater, gefolgt vom Ausbruch eines 200 m breiten Schlammstromes, der eine Zuckerfabrik überflutete und 100 Tote forderte. Um 8 Uhr des 8. Mai erschütterte ein ungeheurer Explosionsknall die Insel; eine riesige, von Blitzen durchzuckte Wolke stieg rasend schnell aus dem Krater auf, und Personen auf einem benachbarten Berg stellten mit Entsetzen fest, daß sie sich mit ungeheurer Geschwindigkeit – sie wurde auf 150 Meter pro Sekunde geschätzt – direkt auf die Stadt Saint-Pierre hinunterstürzte. Von der Seite soll diese Glutwolke rotglühend ausgesehen haben. Die blühende Hafenstadt wurde durch sie in wenigen Minuten völlig zerstört; die Menschen verbrannten lebendigen Leibes – einzig ein am Vortag zum Tode Verurteilter, mangels eines Gefängnisses in einem tiefen Wasserschacht versenkt, überlebte die Katastrophe. Aber auch alle vor Anker liegenden Schiffe gerieten in Brand; selbst das Meerwasser im Hafen kochte. Später konnte man sich den Grund dieses Ereignisses erklären: Ein Pfropfen erstarrter Lava hatte den Schlot verstopft und den Druck des nachdrängenden glühenden Lava-Gas-Gemisches ansteigen lassen, bis es zu der verheerenden Explosion kam.

Am 23. Februar 1943, um 5 Uhr nachmittags, verließ eine Bauersfrau nahe dem mexikanischen Dorf Paricuti ihr Feld und setzte sich nebenan nieder. Kurz darauf verspürte sie eine leichte Erschütterung, und dort, wo sie vorher gestanden hatte, öffnete sich ein Erdspalt, dem eine kleine schwarze Wolke entströmte. Angstvoll eilte sie nach Hause. Bald wurde der Erdboden stärker erschüttert, Explosionen waren zu hören, die schwarze Rauchwolke stieg höher, und Feuerschein erhellte den einbrechenden Abend. Am nächsten Morgen hatte sich über dem Erdspalt bereits ein 50 m hoher Vulkankegel aufgetürmt, und gleichentags wurde das Dorf Paricutin von den Aschenwolken des neuen Vulkans «Paricutín» vollständig begraben. Zwei Wochen später war der neue Berg bereits 150 Meter hoch. Ihm entströmte ein Lavastrom, der das 9 km weit entfernte Dorf San Juan zerstörte; nur der Kirchturm ragte noch einsam aus den erstarrten Lavamassen. In drei Jahren hat der Paricutín 460 m Höhe erreicht. Seither hat er seine Tätigkeit eingestellt.

Die geschilderten Beispiele zeigen, wie unberechenbar Vulkane sind. Sie sind jedoch nicht einfach ein Kuriosum der Geologie, sondern stehen in engem Zusammenhang mit den Vorgängen im Erdmantel und in der Erdkruste. Sie zeugen davon, wie unruhig der Untergrund ist, auf dem wir leben. Vulkane konzentrieren sich auf die Schwächezonen der Erdkruste, auf die Kontaktzonen der großen tektonischen Platten. Heute sind über 500 tätige oder in historischer Zeit aktive Vulkane bekannt. Weit häufiger noch, wenn auch weniger spektakulär, ist die vulkanische Tätigkeit auf dem Meeresboden.

Das Prinzip der Vulkanausbrüche ist immer dasselbe: unter höheren Druck geratenes Magma sucht sich einen Ausgang. Wie der einzelne Vulkanausbruch erfolgt, hängt dann von den lokalen Gegebenheiten ab: in erster Linie von der chemischen Zusammensetzung des Magmas, von seiner Temperatur und von der Beschaffenheit des anliegenden Gesteins (das zum Teil aufgeschmolzen wird). So treten zum Beispiel dunkle, basische Laven in der Regel ruhig aus, da sie dünnflüssig sind, und die enthaltenen Gase leicht in die Atmosphäre entweichen können. Daraus entsteht auch in der äußeren Form ein besonderer Vulkantyp: die *Schildvulkane,* deutlich erkennbar an ihren flachen, weiten Flanken. Beispiele dafür sind die Vulkane auf Hawaii (Mauna Loa und Kilauea) oder auf Island.

Am häufigsten sind die gemischten *Schichtvulkane* (Stratovulkane). Zahlreiche Vulkane im Mittelmeerraum gehören diesem Typus an, darunter der Vesuv bei Neapel, Stromboli, Ätna. Wie die Bezeichnung sagt, wechseln bei diesen eher aus sauren Laven aufgebauten Kegelvulkanen gemäß ihren verschiedenen Auswürfen Lagen von Aschen und von Lava ab. Schichtvulkane weisen daher steilere und oft mehrfach gegliederte Abhänge auf.

Wie bereits ersichtlich wurde, fördert ein Vulkanausbruch mannigfaches *Auswurfmaterial* zutage. Neben Asche werden bei einem explosiven Ausbruch auch «vulkanische Bomben» und kleinere «Lapilli» mitgerissen: Lavafetzen, welche durch Verwirbelung eine kugelige Form erhalten und Kubikmetergröße erreichen können. Plinius der Jüngere erwähnte sie im Zusammenhang mit dem Vesuv-Ausbruch im Jahr 79. Giftige Gase, wie Schwefelwasserstoff und Kohlendioxid, aber auch gewaltige Mengen Wasserdampf werden ebenfalls ausgestoßen. Zu den lockeren Auswurfmassen gehört auch der poröse Bimsstein, der auf den Liparischen Inseln abgebaut wird.

Oftmals sitzen die Vulkane in Reih und Glied auf einer Linie, auf einer Erdspalte, so etwa die vor etwa 8 Millionen Jahren tätig gewesenen Hegau-Vulkane bei Singen in Süddeutschland. *Spaltenergüsse* kennt man auch aus Island, wo aus der Laki-Spalte 1783 große Lavamassen ausgetreten sind. Auch die großen Basaltdecken in Afrika und Amerika entstammen Verwerfungsspalten. Nach dem verheerenden Ausbruch des Katmai in Alaska vom Juni 1912 traf eine Expedition auf eine 50 km lange und 3 km breite Spalte, aus der überall Dampfsäulen aufstiegen – das «Tal der 10000 Dämpfe».

Gewisse Vulkane, so der Ätna auf Sizilien, weisen neben dem Hauptkrater in den Flanken des Vulkankegels zahlreiche *Nebenkrater* (Parasitenkrater) auf. Bei dem Ätna-Ausbruch von 1669 rissen mehrere Spalten längs des Hanges auf, und an zahlreichen Stel-

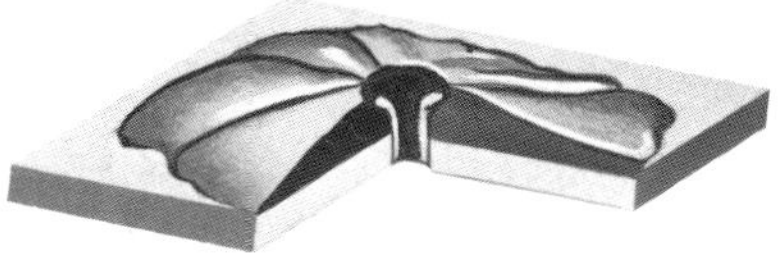

Schildvulkan.
Dünnflüssige Lava fließt ruhig (effusiv) aus und bewegt sich mit großer Geschwindigkeit über weite Strecken hinweg, bis sie erstarrt. Der Vulkankegel hat flache Flanken. Asche wird kaum ausgeschleudert. Beispiele: Vulkane auf Hawaii und Island.

Schichtvulkan.
Ist die Lava dickflüssiger, so reißen die heftig entweichenden Gase Lavafetzen mit sich in die Atmosphäre. Diese fallen als dichter Aschenregen auf die Lavaströme nieder: Es bildet sich ein gemischter Vulkan mit abwechselnden Lava- und Asche-Schichten. Beispiel: Italienische Vulkane.

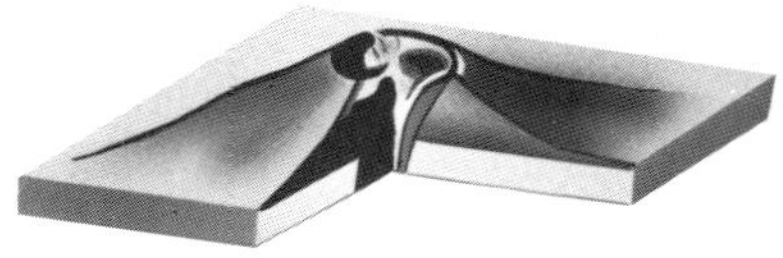

Aschenvulkan.
Wenn der Druck der in der Lava eingeschlossenen Gase sehr hoch ist, wird die geförderte Lava explosiv zerrissen, und Asche baut den Vulkankegel auf. Beispiele: Paricutín in Mexiko; Surtsey bei Island.

Explosionstrichter (Maar).
Hier haben wir es mit den Ergebnissen einer reinen Gasexplosion zu tun. Die unter gewaltigem Druck stehenden Gase haben auf ihrem Weg an die Erdoberfläche Bruchstücke des durchschlagenen Gesteins mitgerissen. Häufig füllt sich der kreisrunde Sprengtrichter mit Wasser. Beispiel: Maare in der Eifel.

3

4

3 Basaltsäulen in der Eifel (Deutschland).
Der dunkle Basalt ist erstarrte Lava. Die regelmäßigen säulenartigen Formen entstehen dadurch, daß bei der Abkühlung Schwundrisse sich ausbilden.

4 Devils Tower, Wyoming; USA.
Dieser Basaltberg ist der Überrest eines Vulkanschlotes, der den abtragenden Kräften mehr Widerstand als seine Umgebung bot.

Nyiragongo.
Dieser 3470 m hohe Vulkan in der Virunga-Vulkangruppe (Zaire, Afrika) weist einen 250 m tiefen und 2 km weiten Krater auf. Er ist gefüllt mit einem brodelnden Lavasee, dessen erstarrte Oberfläche stets wieder aufreißt.

len traten Aschen- und Gaswolken aus. Den neu aufgebauten seitlichen Parasitenkratern entsprangen etliche verheerende Lavaströme, von denen einer den Ort Nicolosi völlig zerstörte.

Oftmals noch katastrophaler als der eigentliche Ausbruch mit seinen Begleiterscheinungen sind die *Nebenwirkungen* einer vulkanischen Eruption. Durch die mit einem Vulkanausbruch stets verbundenen Erschütterungen und Verstellungen entlang von Verwerfungen können auch *Flutwellen* erzeugt werden. So forderte beim Ausbruch des Krakatau, einem Inselvulkan zwischen Java und Sumatra, am 27. August 1883 eine Flutwelle, welche an den Küsten der beiden benachbarten Großinseln mit 20 m Höhe anbrandete, dort über 36000 Tote. Die Explosionen waren noch in Südaustralien, 3200 km entfernt, deutlich hörbar. Asche wurde bis in 30 Kilometer Höhe ausgeschleudert und war noch monatelang gar in Westeuropa jeweils nach Sonnenuntergang als leuchtende Nachtwolken zu beobachten.

Beim Ausbruch des Puyehue in Chile vom 27. Mai 1960 riß eine Flutwelle 5000 Menschen in den Tod.

In einer Folgephase des vulkanischen Zyklus, im *Solfataren- und Fumarolenstadium,* befreien sich die heißen, in der Lava und im Erdreich zurückgebliebenen Gase und entweichen langsam. Die Phlegräischen Felder bei Neapel sind dafür ein schönes Beispiel.

Man kann hier die «Erdwärme» als Energiequelle für die Häuser und Fabriken nutzen (siehe Seite 266). Schwefelwasserstoffhaltige Gase scheiden ihren gelben Schwefel als Belag an der Erdoberfläche aus. Dieser wird zum Beispiel auf Sizilien, in der Nähe des Ätna, industriell abgebaut. Auch Kohlendioxid entweicht in großen Mengen.

Schließlich ist die Abkühlung soweit fortgeschritten, daß nur noch heißes Wasser unter hohem Druck in den Rissen und Spalten zirkuliert. Es tritt entweder kontinuierlich zutage, oder es wird periodisch in bestimmten Zeitabständen ausgeschleudert: Springquellen oder *Geysire*. Berühmt sind die zahllosen heißen Quellen auf Island, welche in unmittelbarer

1

1 Dampfquellen auf Island. Im «Schwefelfeld» bei Namaskard – man beachte die vom Schwefel gelb gefärbte Landschaft – entweicht heißer Wasserdampf aus den zahlreichen Spalten. Im warmen See im Vordergrund (Maar) haben sich Blutalgen angesiedelt.

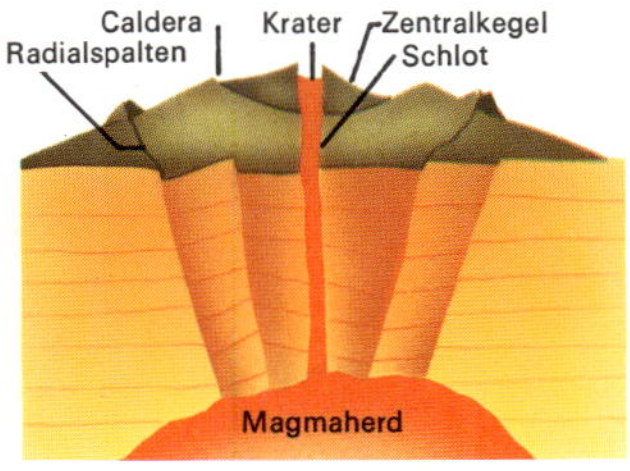

Aufbau eines Vulkans. Die Erdkruste unter dem Vulkan sackt ein und zerbricht, während darüber der Kegel aus Lava und Asche wächst. Heftige Ausbrüche reißen die Kegelspitze stets wieder weg, schaffen einen weiten Krater (Caldera), in welchem sich wiederum ein neuer Kegel aufbaut.

2

2 Lavastrom am Ätna (Sizilien). Zähflüssige Lava quillt aus einer kilometerlangen Erdspalte, welche mit einer Reihe von Parasitenkratern in der Flanke des Ätna besetzt ist. Die Dampfwolken weisen auf den hohen Gehalt der Lava an Wasser hin.

3 Das nächtliche Schauspiel am Nordostkrater des Ätna (Sizilien) ist überwältigend. Stoßweise schleudern die Gase glühende Lavafetzen aus, während ein Lavastrom sich hangabwärts wälzt.

3

Nähe des ewigen Eises ein Bad erlauben, aber auch genutzt werden zur Beheizung der Häuser Reykjaviks. Im Yellowstone-Nationalpark in den USA finden sich eine Reihe von größeren und kleineren Geysiren, deren bekanntester der «Old Faithful» ist, welcher in Abständen von 65 Minuten einen Heißwasserstrahl bis in 60 m Höhe hinaufjagt. Nach kurzer Zeit fällt der Springbrunnen in sich zusammen, und das von oben weiter einrinnende Wasser wird durch das heiße umgebende Gestein wieder auf Siedetemperatur erhitzt. Der Waimangu auf der Nordinsel Neuseelands soll um die Jahrhundertwende bei jedem Ausbruch bis 800 000 Liter Wasser 460 m hoch geschleudert haben.

Sinterterrassen in der Türkei. Bei Pamukkale findet sich eine Reihe von Geysiren, heißen Springquellen, welche in bestimmten Zeitabständen den in der Tiefe des vulkanischen Bodens überhitzten Wasserdampf ausschleudern. Die reichlichen in diesem heißen Wasser gelösten Mineralstoffe setzen sich beim Abkühlen an der Oberfläche als weißer Kalksinter ab.

Schließlich ist das *Thermalquellenstadium* erreicht. Als Thermalwasser wird mineralreiches Wasser von Temperaturen bezeichnet, die über der Normaltemperatur liegen. In Aix-en-Provence in Frankreich benützten schon vor über 2000 Jahren die römischen Soldaten einen Brunnen mit 34 °C heißem Wasser. Häufig bilden sich in der Umgebung solcher heißer Quellen – wie übrigens auch der Geysire – weißgelbliche Sinterterrassen aus reinem Kalk, der sich aus dem abkühlenden Wasser ausscheidet. Die Travertine aus der Umgebung von Rom sind besonders dekorative Sintersteine, die oft als Fassadenverkleidung Verwendung finden.

Erdbeben

Schreckensnachrichten über die verheerenden Folgen von Erdstößen sind an der Tagesordnung. Daher stellten sich Spezialisten die Aufgabe, der Entstehung solcher Beben auf den Grund zu gehen und vielleicht Möglichkeiten zur rechtzeitigen Vorhersage zu finden. Wie an anderer Stelle erwähnt, wirken sich Flutwellen und andere sekundäre Naturkatastrophen oft noch vernichtender aus als die eigentliche Erschütterung des Bodens: In der Sagami-Bucht in Japan, dem «klassischen Land der Erdbeben», forderte zum Beispiel 1923 ein Erdbeben in Zusammenhang mit einer Flutwelle 143 000 Todesopfer. Am 15. August 1950 wurden weite Teile Assams (Vorderindien) so stark erschüttert, daß über eine Million Menschen umkam. Im Juli 1976 war ein Gebiet unweit der chinesischen Hauptstadt Peking Schauplatz einer Erdbebenkatastrophe, die erstmals weitgehend vorausgesagt worden war, wenn auch die später betroffenen Ortschaften nicht genau genannt werden konnten.

Die Entstehung von Erdbeben hängt eng zusammen mit der geographischen Verteilung der Bebenherde in der Tiefe («Hypozentren»). Das feste Material der Erdkruste reagiert auf Druck und Spannung nicht mit einem kontinuierlichen Nachgeben, sondern die Kräfte stauen sich bis zu einem Grenzwert, bei dem dann das Gestein dem Druck nicht mehr standhalten kann und plötzlich reißt. Auch entlang bereits bestehender Klüfte erfolgt der Druckausgleich nicht stetig, sondern ruckweise.

Erdbebengefährdet sind die selben Gebiete, in denen Gebirge aufgetürmt werden, also die Plattengrenzen der Erdkruste, die bereits als Schwächezonen der Erdrinde beschrieben worden sind. Gebirge, Vulkane und Erdbeben sind räumlich aneinander gekettet und gehören ursächlich zusammen. Neben den heftigen «tektonischen» Beben begleiten auch Ausbruchsbeben manche Vulkaneruption. Die Mehrzahl der Bebenherde konzentriert sich im Tiefenbereich um 60 km. Nur die mehr lokalen, durch Auslaugung tieferer Erdschichten entstandenen Einbruchsbeben haben ihr Zentrum in nur ein paar hundert Metern Tiefe. Am Pazifik kann hingegen der Herd, das Hypozentrum, bis 700 km tief liegen.

Die Stärke eines Bebens an einem bestimmten Ort kann nach verschiedenen Skalen gemessen werden. Die *Mercalli-Sieberg-Skala* basiert auf den Auswirkungen auf Gebäude und Gelände und umfaßt 12 Stufen. Im Mittel werden pro Jahr drei Beben der Stärke 11–12, also katastrophale Erschütterungen, registriert, gegen etwa eine Million Beben der Stärke 1 (nur mit seismographischen Instrumenten nachzuweisen). Jährlich um die 20 Beben können auf der ganzen Erde als Weltbeben registriert werden. Die *Richter-Skala* gibt die Stärke der Beben an. Diese logarithmische Skala stützt sich auf Aufzeichnungen geeichter Erdbebenmesser (Seismographen). Die gemessenen Werte werden als Magnitude bezeichnet. So hatte das verheerende Erdbeben von San Francisco vom 18. April 1906 nach neuesten Berechnungen eine Magnitude von 7,9; ein Beben in Alaska 1964 die Magnitude 9,2. Bei diesem Alaska-Beben mit Epizentrum im Aleutengraben senkte sich der Boden im Hafen von Seward in Alaska um 110 m, während sich im Stadtgebiet von Anchorage bis 15 m hohe Verwerfungen und bis 10 m tiefe Erdrisse bildeten. Die dabei freigesetzte Energie übertraf diejenige der Atombombenexplosion von Hiroshima um das 500 000fache.

Die zerstörenden Wirkungen hängen nun allerdings nicht in erster Linie von der freigesetzten Energie (also der Schwingungsweite der Bebenwellen) ab, sondern von der Beschleunigung der Bewe-

Rechts: San Andreas Fault. Mitten durch die kalifornische Wüstensteppe südlich von San Francisco zieht sich in schnurgerader Linie ein gewaltiger Riß, bei dem sich zwei Erdkrustenplatten aneinander vorbeibewegen, mit Geschwindigkeiten von bis zu 9 cm pro Jahr. Die Verwitterung und der Regen haben die berüchtigte, erdbebenreiche Schwächezone deutlich herausgearbeitet.

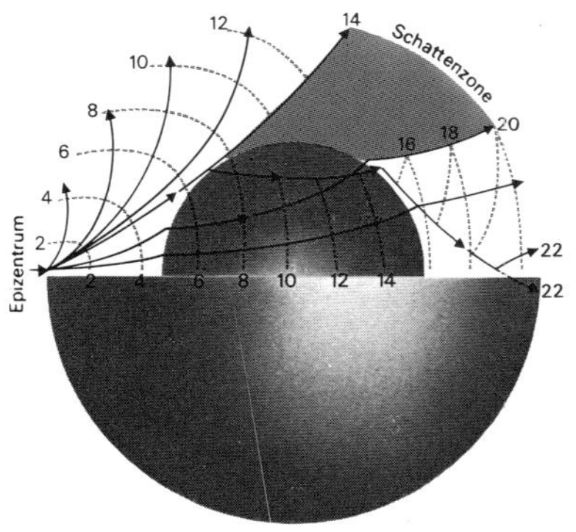

Erdbebenwellen im Erdinneren. Die Erschütterungen eines Erdbebens pflanzen sich als «Raumwellen» durch den Erdkörper hindurch fort und werden an den Schalengrenzen im Erdinneren gebrochen. Besonders die Außengrenze des Erdkerns lenkt die Wellen stark ab, so daß in gewissem Winkelabstand vom Bebenherd (Epizentrum = lotrecht über demselben) ein Gebiet bebenfrei ist («Schattenzone»). Die Zahlen geben die Laufzeit der Wellen in Minuten an.

Die verschiedenen Arten von Erdbebenwellen:

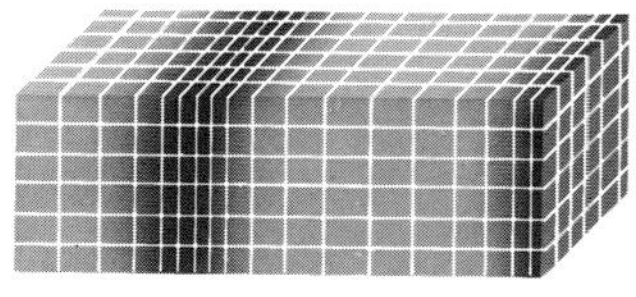

Verdichtungswellen oder Längswellen (P-Wellen), vergleichbar den Schallwellen.

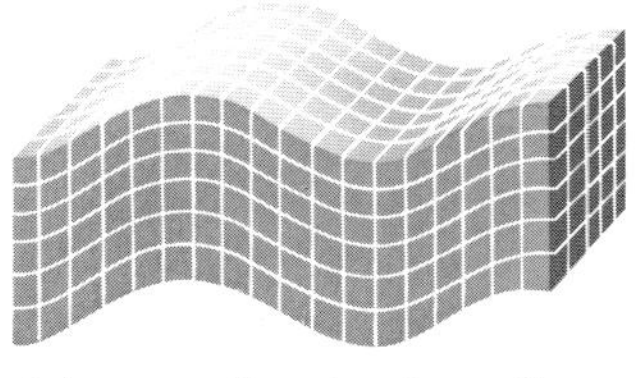

Scherungswellen oder Querwellen (S-Wellen), vergleichbar einem schwingenden Seil.

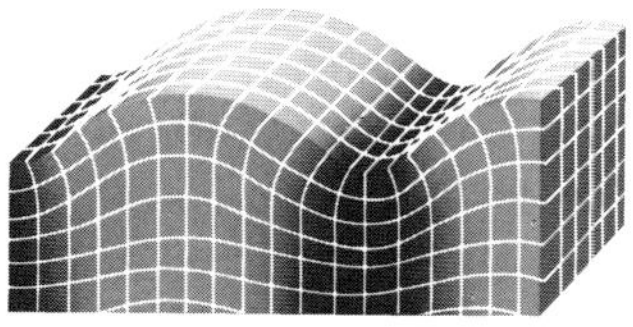

Kombination von Längs- und Querwellen.

Rechts oben: Zerstörungen durch Erdbeben. Hier in Friaul (Oberitalien) im Mai 1976 zeigte die Mercalli-Skala 9 Punkte an. In diesem Dorf wurden praktisch sämtliche Häuser völlig zerstört.

Mercalli-Grad/Wirkung

1 unmerklich (mikroseismisch)
2 sehr leicht
3 leicht
4 mäßig (Fenster klirren)
5 ziemlich stark (Lampen pendeln)
6 stark
7 sehr stark (Gebäudeschäden)
8 zerstörend
9 verwüstend (z. B. Zerstörung von Rohrleitungen)
10 vernichtend (z. B. Erdrutsche)
11 Katastrophe (z. B. Geleise verbogen)
12 große Katastrophe (nichts hält stand)

gungen. Die größten Verheerungen werden auch durch Folgewirkungen eines Bebens hervorgerufen: Bergstürze, Bildung von Seen, Dammbrüche, Brände und Seuchen. So stürzte während eines Erdbebens in Montana (USA) die linke Flanke der Madison-River-Schlucht ein; 50 Millionen Tonnen Gesteinsschutt stauten innerhalb einer Woche 370 Millionen Kubikmeter Wasser, dessen katastrophaler Durchbruch durch Öffnen des Bergsturzdammes knapp verhindert werden konnte. Beim Erdbeben vom 22. Mai 1860 in Chile staute im Tal des Rio San Pedro im Hinterland von Valdivia ein Bergsturz 3 Milliarden Kubikmeter Wasser zu einem riesigen See. Schon 30 Stunden nach Beginn des Überlaufs war der Natur-

damm vollständig weggeschwemmt, und das anschließende Tal wurde auf einer Länge von 35 km für einige Tage bis zu 6 m hoch mit Wasser bedeckt.

Im kalifornischen Boden liegt eine «geologische Zeitbombe»: Entlang einer Bruchzone, dem San Andreas Fault, verschiebt sich der Küstenteil Kaliforniens gegen Norden. Am 18. April 1906 riß eine Erdspalte von mehr als 440 km Länge auf, an der sich die Schollen bis zu 3 m gegeneinander verschoben. In San Francisco starben über 700 Menschen in den einstürzenden Häusern und im anschließenden Großfeuer. Seither ist diese Zone nicht mehr zur Ruhe gekommen. Bis 1970 traten mehrere Beben auf, von welchen zehn eine Magnitude von über 5 auf der Richterskala aufwiesen. Am 22. Februar 1972 erschütterte ein Beben den Boden von Los Angeles; Wolkenkratzer schwankten, an der Küste wurde eine Gesteinslawine ausgelöst. Manche Experten rechnen deshalb mit einem verheerenden Erdbeben in naher Zukunft. Daß Beben in benachbarten Gebieten wie jenes in Nicaragua vom 23. Dezember 1972 oder von Alaska vom 27. März 1964, als eine Flutwelle sich mit nahezu 900 km pro Stunde über den Pazifik bewegte, stets auslösend wirken können, wird in Kalifornien mit Besorgnis registriert. Deshalb wird der Erdbebenwarnung besonders großes Gewicht beigemessen. Man versucht, mit Hilfe von Laserstrahlen und Reflexspiegeln Abstandsveränderungen von Festpunkten zu messen und aus ihnen auf die aufgestaute Energie zu schließen. Lange Quarzstangen werden in Stollen fest mit dem Gestein verbunden und geben durch ihren piezoelektrischen Effekt Aufschluß über die Spannungen. Doch von einer ganz konkreten Voraussage eines Bebens ist man noch weit entfernt.

Dem Erdbebenspezialisten erlauben die Beben Rückschlüsse auf die Verhältnisse im Erdinnern. Die Fortpflanzungsgeschwindigkeit der Erschütterungswellen wie auch deren Richtung wechseln beim Übertritt von einem Gestein in ein anderes; die Wellen werden reflektiert und gebrochen. Durch Auswertung der Aufzeichnungen in den vielen Bebenwarten auf der Erde erhält man Aufschluß über den Schalenbau unseres Planeten sowie die Lage von Bodenschätzen. «Künstliche Beben» dienen zum Auffinden von Erdöllagerstätten und anderen Rohstoffquellen.

Die landschaftsbildenden Kräfte

Die jeweilige Form der Erdoberfläche ist stets ein Produkt zweier gegensätzlicher Kräftegruppen: Die dem Erdinnern entstammenden (endogenen) Kräfte schaffen das Relief, bilden Höhenunterschiede heraus; demgegenüber gleichen die von außen wirkenden (exogenen) Kräfte die Höhenunterschiede aus. Die treibenden Motoren dieser exogenen Kräfte sind einerseits die Sonnenstrahlung, die für die Wirkung der Klimafaktoren letztlich verantwortlich ist, andererseits die Erdanziehung, die Schwerkraft, welche grundsätzlich einebnend wirkt.

Flüsse, Gletscher, Wind und Brandung – die abtragenden Kräfte – sind aber nur wirksam, wenn die Gesteinsoberfläche bereits gelockert ist. Diesen Lockerungsvorgang, durch den Gesteine erst transportfähig werden, nennt man Verwitterung.

Die Verwitterung

Der Begriff Verwitterung kommt vom Wetter, womit schon deutlich wird, daß das jeweilige Klima für die Art und Weise des Verwitterungsvorganges maßgeblich ist. Aber auch das angegriffene Gestein verhält sich je nach Zusammensetzung verschieden. Verwitterung wirkt an Ort und Stelle; durch sie wird das Gestein lediglich für die Verfrachtung aufbereitet.

In Kalkregionen gemäßigter Breiten und der feuchten Tropen trifft man auf vegetationslosen Gesteinsoberflächen die «Karren» oder «Schratten» an; tiefe Rillen und Furchen, meist in der Fallrichtung. Sie entstehen dadurch, daß kohlensäurehaltiges Regenwasser Kalkgestein löst. In bereits klüftigem Kalk entstehen auf diese Weise ganze Höhlensysteme. Das Wasser fließt weitgehend unterirdisch ab und kann, wie Färbversuche bewiesen haben, weit entfernt wieder als Quelle zum Vorschein kommen. So versickert zum Beispiel Wasser der Donau im Durchbruch durch die Schwäbische Alb und tritt bei Aach als mächtige Quelle wieder zutage. Ein Beispiel für ein weitverzweigtes, kompliziertes Höhlensystem ist das «Hölloch» im schweizerischen Muotatal, in dem schon über 100 km unterirdische Gänge vermessen wurden. Andere Formen der Verwitterung im Kalkgestein finden sich in der weiten *Karstlandschaft* im Hinterland von Triest mit Einbruchskesseln, Dolinen, Poljen.

Die Verwitterung im Kalkgestein ist ein besonders schönes Beispiel für die *chemische Verwitterung*. Während hier das im Wasser enthaltene Kohlendioxid für

2

1 Bizarre Verwitterungsform: Sandsteinfelsen in der Tschechoslowakei.

2 Der Teufelstisch in der Pfalz (Deutschland). Eine harte Sandsteinbank wurde durch die Frostsprengung freigelegt. Der darunter liegende weichere Mergel wurde abgetragen.

3 Karren: In Kalkgebieten – hier in den Dolomiten Südtirols (Italien) – wirkt eine besondere Art der chemischen Verwitterung, bei der das Regenwasser das Gelöste als sogenannte «Härte» abführt.

1

die Lösungsvorgänge entscheidend ist, spielt besonders in den feuchtheißen Tropen der Luftsauerstoff eine wichtige Rolle, indem er eisenhaltige Gesteine und Böden durch Oxidation rötlich färbt. Typisch dafür sind Roterden in Westafrika und im Mittelmeerraum oder der Laterit im tropischen Afrika und in Australien.

In den trockenen Wüsten der Tropen und Subtropen sowie in den Gebirgen oberhalb der Vegetationsgrenze dagegen wirkt vorab die *mechanische Verwitterung* in Form der Gesteinssprengung durch Wärmeschwankungen. Der Ayers Rock in Australien ist auf diese Weise als harter Sandsteinkörper aus der Umgebung herausmodelliert worden. Bizarre Formen von scheinbar aufeinandergeschichteten Blöcken mitten in einer Ebene ergaben sich so auch in Ostafrika und in der Umgebung des Kilimandscharo. Aber auch der Frost wirkt sprengend, weil sich das gefrierende Wasser ausdehnt und die Spalten und Risse erweitert. Im Hochgebirge werden diese Gesteinstrümmer von den Gletschern als Moräne mitgeführt und schrammen den Untergrund. Wenn man etwa die Mächtigkeit der Moränen im schweizerischen und süddeutschen Alpenvorland betrachtet, so

3

Rechts: Stephanshöhle (Ungarn). Das von der Höhlendecke herabtropfende «harte» Wasser setzt den Kalk ab; es bilden sich die herabhängenden schlanken Stalaktiten. Beim Aufprallen der Wassertropfen auf dem Boden wird weiterer Kalk ausgeschieden; hier bauen sich die massigen Stalagmiten auf. In dieser Höhle bei Lillafüred sind Stalaktiten und Stalagmiten zum Teil zusammengewachsen.

Unten: Erdpyramiden in Südtirol. Am Ritten bei Bozen haben die Verwitterung und der Regen im losen Moränenschutt an den Hängen stark gewirkt. Größere Steinblöcke schützen das darunterliegende Geröll vor weiterer Zerstörung, die jedoch fortschreitet, sobald der schützende Block heruntergefallen ist.

erhält man einen Eindruck von den gewaltigen Trümmermassen, welche die Verwitterung im Gebirge abgesprengt hat.

Mechanisch sprengend wirken auch die Pflanzenwurzeln und die unter Wasseraufnahme sich dehnenden unterirdischen Salzstöcke. Immer ist das Produkt der Verwitterung zerkleinertes lockeres Gesteinsmaterial, welches von den abtragenden Kräften ergriffen wird, sei es als Trümmer, sei es in gelöster Form wie etwa der Kalk, welcher als «Wasserhärte» in die Weltmeere getragen wird, wo er sich als Schlamm absetzt oder von den Wassertieren zum Aufbau ihrer Schalen und Skelette dem Wasser entzogen wird. Auch der lockere Boden ist letztlich ein Produkt der Verwitterung, indem die Pflanzen das Gestein mit den von ihnen ausgeschiedenen lösenden Substanzen angreifen.

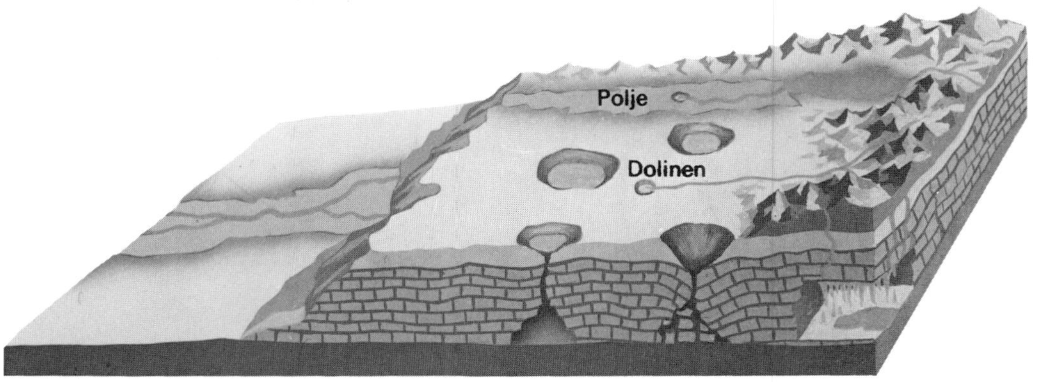

Karstlandschaft.
In Gebieten, wo der Kalkstein überwiegt, z.B. im westlichen Jugoslawien, herrscht die Karstverwitterung vor. Das einsickernde Regenwasser weitet die zahllosen Klüfte im Kalk zu verzweigten Höhlensystemen, über welchen der Boden einsackt (Dolinen, Poljen, Versickerungstrichter). Die Entwässerung erfolgt weitgehend unterirdisch, und das Wasser tritt am Fuß der Höhen in Form großer Quellen (Stromquellen) wieder zutage.

Massenverlagerungen

Wir sind gewohnt, geologische Prozesse in und auf der Erdkruste als äußerst langsam zu empfinden. Während Erscheinungen, welche auf Vorgängen im Erdinnern beruhen – Vulkane, Erd- und Seebeben – sehr plötzlich große Höhenunterschiede schaffen

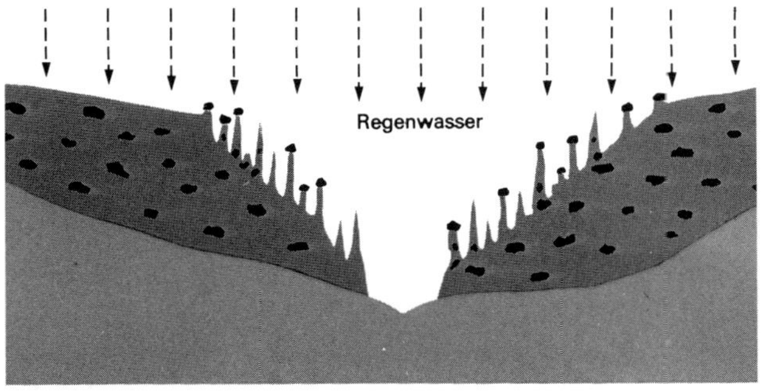

können, machen sich die Auswirkungen von Verwitterung und Abtragung erst im Lauf von Jahrtausenden, ja von Jahrmillionen bemerkbar.

Doch von Zeit zu Zeit gehen Katastrophenmeldungen durch die Presse über plötzliche Massenverlagerungen, die auf oberflächigen Prozessen beruhen. Hier ist die Schwerkraft der treibende Faktor, der große, gelockerte Gesteinsmassen plötzlich zu Tal fahren läßt. Solche Bergstürze, aus geschichtlicher Zeit wie aus früheren Erdzeitaltern, sind im Kapitel über die aktuellen Naturereignisse in den Gebirgen geschildert (siehe Seite 175 ff.).

Bei dem berühmten späteiszeitlichen Bergsturz von Flims in den östlichen Schweizer Alpen staute die abgerutschte Schuttdecke, bis zu 800 m mächtig, den Vorderrhein zu einem See. Inzwischen sind etwa 12000 Jahre vergangen, und der Vorderrhein hat sich ein neues Bett in Form einer 600 m tiefen Schlucht gefressen.

Langsame Verschiebungen trifft man dagegen überall im Gebirge an, sei es das unmerkliche Bodenfließen bei stetig wechselndem Gefrieren und Auftauen, oder sei es das Hangkriechen.

Katastrophales Ausmaß können die Murgänge (Schutt- und Schlammströme) erreichen. So läßt sich in der Molasse, dem tertiären Gestein im Vorland der

Oben: Ayers Rock (Australien). In Zentralaustralien, in der Nähe von Alice Springs, ragt in der weiten steppenartigen Ebene der «Heilige Berg» empor, ein von der Verwitterung herausmodellierter Inselberg aus senkrecht aufgerichteten uralten Sandsteinen. Er ist 3,5 km lang und 940 m hoch.

Links oben: Kalkverwitterung. Dieser ungeschichtete Massenkalk aus der Fränkischen Alb in Süddeutschland ist vom Frost und vom Regenwasser tief zerfurcht worden. Entstanden ist er durch Verfestigung der Kalkskelette von riesigen Korallenbauten, deren einzelne Koloniestöcke herausmodelliert wurden.

Links unten: Winderosion. Ein Granitblock im Ahaggar-Massiv der Sahara wurde durch den feinen Sand, den die oft heftigen Winde mit sich führen, zu einem bizarren Gebilde geformt.

Linke Textspalte Mitte: Wie Erdpyramiden entstehen; vgl. Abb. linke Seite unten.

Bildung von Terrassentälern im Eiszeitalter:

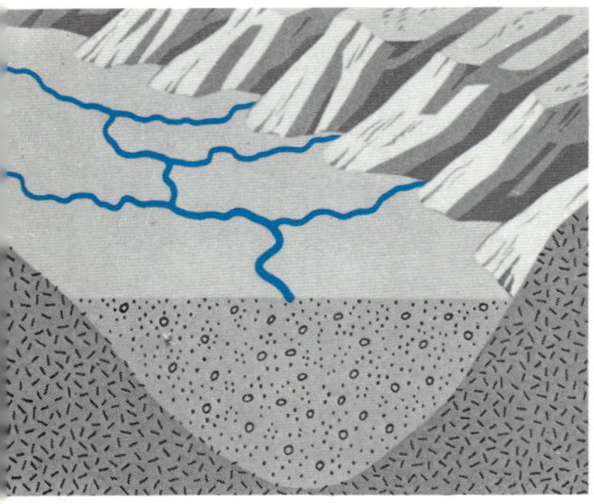

Die Talmulde wird zu Beginn einer Eiszeit, bei geringer Wasserführung des Flusses, mit Schotter gefüllt.

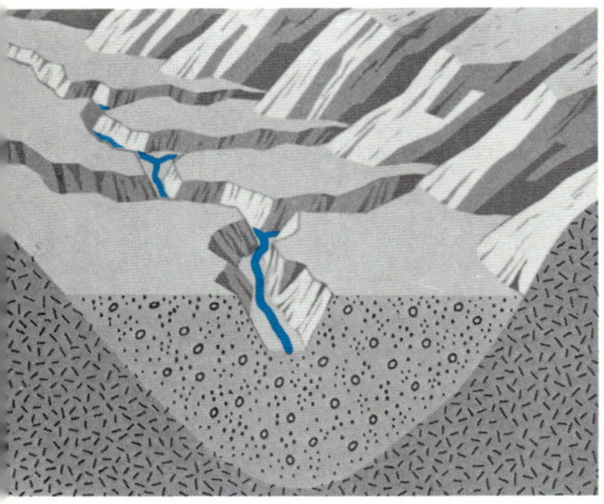

Nach einem Gletscherrückzug schneidet sich der kräftige und wasserreiche Fluß in den lockeren Talboden ein.

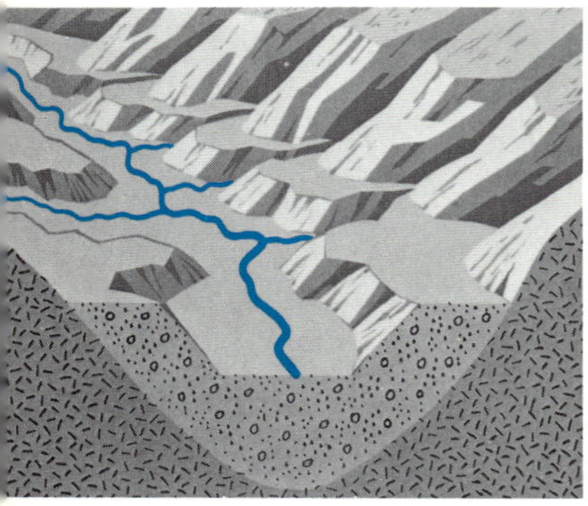

Der Hauptfluß erodiert seitlich, bildet Schleifen (mäandriert) und löst die Terrassen weitgehend auf.

Unten: Verlauf von Flußtälern. Die Flüsse können zur Lage der Gesteinsschichten unterschiedlich verlaufen: konsequent (k), subsequent (s), resequent (r), obsequent (o) oder insequent (i).

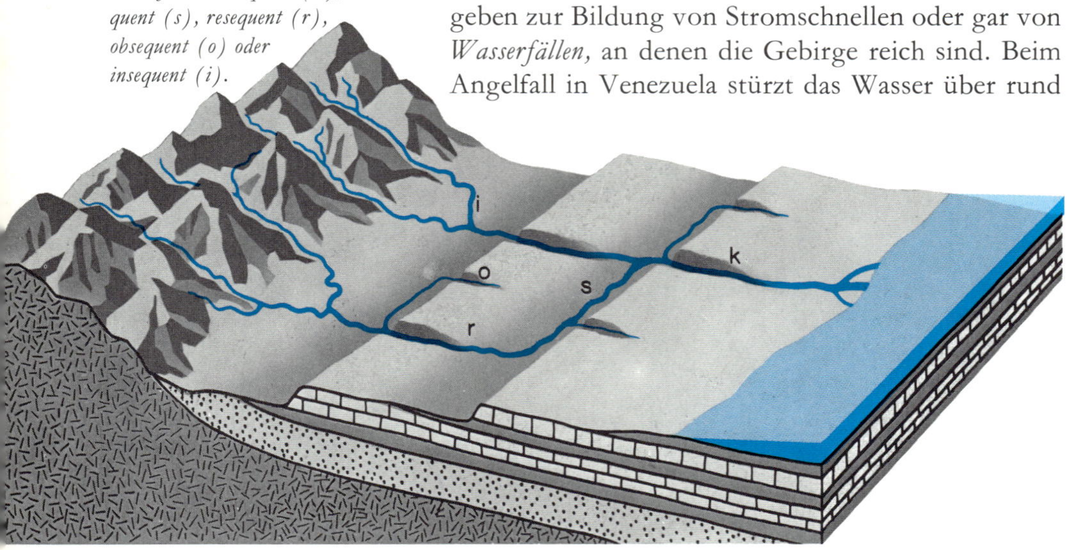

Alpen, eine grobblockige Schicht über Hunderte von Quadratkilometern feststellen, zurückzuführen auf eine murgangartige Entleerung eines Sees in den werdenden Alpen. Ein Beispiel aus neuerer Zeit ist ein Schlammstrom in Indonesien, durch den 1919 104 Orte zerstört und 5000 Menschen getötet wurden. Ausgelöst wurde er durch einen Ausbruch des Vulkans Gunong Kelvet.

Die Wirkung der Flüsse

Im Gegensatz zur Verwitterung wirkt die Abtragung dynamisch, das heißt, das zerkleinerte und zersetzte Material der Erdoberfläche wird durch Schwerkraftwirkung weggetragen und schließlich wieder abgelagert. Wasser, fließendes Eis oder Wind besorgen den «Transport».

Das fließende Oberflächenwasser – wie das Wasser in Höhlensystemen – kann aber nur erodieren, wenn es Geschiebe mit sich führt, welches den Untergrund abschleift und dabei selbst gerollt und gerundet wird (Schotter). Die abtragende Kraft eines Flusses hängt demnach ab von der Menge des mitgeführten Trümmermaterials, der Wasserführung und dem Gefälle. Die flächenhafte Abtragungswirkung beruht einerseits auf dem feinstverzweigten Netz, das Flüsse bilden, und andererseits auf der Seitenerosion, die Uferhänge immer wieder nachrutschen und abbrechen läßt. Ein Fluß hat stets die Tendenz, sich senkrecht in die Tiefe zu fressen: So entsteht das typische Kerbtal (Klamm, V-Tal). Erhebungen werden abgetragen bis auf die Erosionsbasis, welche lokal ein Haupttal oder ein See sein kann, global jedoch das Meeresniveau ist. Mit der Zeit schafft sich der Fluß sein charakteristisches Flußprofil, wobei im steileren Oberlauf die Erosion überwiegt, während im flacheren Unterlauf, wenig über der Erosionsbasis, die Transportkraft des Flusses erlahmt und er sein Schuttmaterial ablagert. In steilen Flußabschnitten, in Schluchten, verwirbelt sich das Wasser und schafft Strudellöcher und Kolke.

Häufig jedoch gelingt es dem Fluß nicht, sein ideales Flußprofil zu schaffen. Stellen sich ihm resistente Gesteinspartien in den Weg, so erodiert er nur bis auf ihre Höhe; dieser Querriegel bildet dann eine lokale Erosionsbasis. Gleiche Funktion kann auch ein größerer See erfüllen. Ein derartiger Riegel kann Anlaß geben zur Bildung von Stromschnellen oder gar von *Wasserfällen,* an denen die Gebirge reich sind. Beim Angelfall in Venezuela stürzt das Wasser über rund 1000 m im freien Fall hinunter, beim Tugelafall in Südafrika über 540 m. Bekannt sind auch die Krimmlerfälle in Österreich mit 380 m und die Gießbachfälle in der Schweiz mit 300 m Fallhöhe. Allerdings ist hier die Steilstufe, wie etwa beim ebenfalls 300 m hohen Staubbachfall in den Berner Alpen, durch seitliche Gletschererosion geschaffen worden.

Charakteristisch für die Wirkung eines Flusses in seinem Unterlauf ist sein Hin- und Herpendeln, sein Mäandrieren in dem von ihm aufgeschütteten Schotterbett. Hier erodiert er seitlich, und durch abwechselnde – durch die Wasserführung bedingte – Erosion und Ablagerung bildet sich an den seitlichen Hängen ein System von Schotterterrassen heraus, von denen die jeweils höchste am ältesten ist.

Flächige Abtragung, Denudation genannt, kann auch im Gebirge auftreten an gleichmäßig geneigten Hängen, wo das Wasser wegen undurchlässigem Untergrund nicht versickern kann. Doch ist die Wirkung eines fließenden Gewässers in Gebirgen meist linear, und die seitliche Ausweitung erfolgt durch das Nachstürzen der Bergflanken, welche untergraben worden sind.

Verfolgen wir die Reise des Gesteinmaterials, welches der Fluß mit sich führt, stellen wir fest, daß dieses nicht stetig von der Quelle bis zur Mündung mitgeführt wird, sondern bei normaler Wasserführung an Flußstellen mit verringerter Strömungsgeschwindigkeit abgelagert und gegen leichteres Material ausgetauscht wird. Durch Hoch- oder Niedrigwasser verschiebt sich dieses ganze System. Also nicht nur von den geologischen Voraussetzungen, sondern auch von den jahreszeitlichen Klimaschwankungen her können Flüsse eigentlich nie ihr Idealprofil erreichen.

Aus dem Verlauf der Flußtäler kann der Geologe auf die Geschichte eines Gebirges, auf die einzelnen Hebungsphasen beim Werden desselben, wichtige Schlüsse ziehen. Flußsysteme fallen sich in die Flanken, zapfen sich gegenseitig den Oberlauf an, werden durch den Aufstieg von Gebirgsketten abgelenkt, werden zu Seen gestaut. So ist ein Gebirge von einem ganzen Netz von Talfluchten durchzogen, welche die verschiedenen Stadien der Entwässerung widerspiegeln.

Gletscher im Gebirge

Die Gebirgsformen auf der ganzen Erde wurden und werden auch stark durch die Wirkung fließender Eismassen gestaltet. Wo scharfe Kämme weite Karmulden überragen, wo Moränenwälle zu finden sind, dort befanden sich in den großen Eiszeiten des Pleistozän Gletscher. Die Flanken ehemaliger Gletschertäler und die vielen von Gletschern rundgeschliffenen Felsbuckel weisen deutlich sichtbar parallele Kerben auf, die Gletscherschliffe.

Bei seiner größten Ausbreitung bedeckte das Eis auf der Erde 11% der Kontinentalflächen; dazu kommt das Packeis der arktischen Meere, welche damals bis in die Breiten von Nordeuropa und Nordamerika herabreichten. Heute bedeckt Eis die Fest-

Links außen:
Plitvicer Seen in Jugoslawien. Der Fluß trifft auf harte Gesteinsschichten, wo er eine zeitlich begrenzte lokale Erosionsbasis bildet. Mit fortschreitender Erosion durch den Fluß wird eine Steilstufe herausgearbeitet, die durch das niederstürzende Wasser stets weiter zum Oberlauf hin zurückerodiert wird, bis der See ausfließt.

Links: Die Verdon-Schlucht. In den provenzalischen Alpen Frankreichs hat sich der Verdon, ein Nebenfluß der Durance, einen tiefen Canyon gegraben. Wasserreichtum und großes Gefälle gaben dem Fluß die Kraft, sich tief in die Kalksteine einzufressen. Unweit wird das Wasser und die Gefällehöhe in einem Stausee genutzt.

Unten: Cirque de la Madeleine. Die Ardèche in den südfranzösischen Alpen hat sich tief in die waagrecht liegenden Kalke eingegraben und im Lauf der Jahrtausende die Schlucht erweitert. Sie mäandriert nun in ihrem weiten Tal und hat einen Umlaufberg modelliert.

Rechte Seite oben:
Feegletscher mit Egginerjoch.
An diesem Gletscher oberhalb von Saas-Fee im schweizerischen Wallis kann die Ausbildung von Séracs beim Überfließen einer Felsstufe gut beobachtet werden.

Rechte Seite unten:
Ein «kalbender» Gletscher.
Der Postbreen-Gletscher stößt im Tempel-Fjord auf Spitzbergen weit in das Meer vor. Von der Stirnseite der schwimmenden Eismasse lösen sich Eisberge ab – der Gletscher «kalbt».

landgebiete nurmehr zu etwa 3%, und davon machen die hier allein interessierenden Eisströme der Gebirgsgletscher wiederum nur 1,5% aus.

Bei einem fließenden Gebirgsgletscher unterscheiden wir das Nährgebiet und das Zehrgebiet. Nährgebiete sind Firnfelder und die Eismasse in der Karmulde. Hier überwiegt der Schneefall die Verdunstungsmenge. So entsteht in mehrjähriger Schneeansammlung das Gletschereis. Durch Schmelzen, Gefrieren und Sintern verbinden sich die Schneekristalle, und es bilden sich Eisschichten von etwa 0,85 g/cm^3 Dichte. Die jährliche Ablagerung bleibt erkennbar, z.B. an Farbtönungen, durch die Beimischungen von Ablagerungen, Pollen oder Staub. Der Zuwachs kann pro Jahr mehrere Meter an Dicke ausmachen.

Die Grenze gegen das Zehrgebiet ist durch die klimatische Schneegrenze gegeben. Sie liegt zum Beispiel in den nordchilenischen Anden bei 6700 m ü.M., in Ostafrika bei 4800 m. Polwärts sinkt sie rasch ab. In den Alpenrandgebieten erreicht sie 2500 m und liegt schließlich in etwa 70° nördlicher oder südlicher Breite auf Meereshöhe.

Der Fließvorgang eines talwärts strebenden Gletschers beruht auf der Verflüssigung des Eises unter dem herrschenden großen Druck, wobei sich die Eismassen besonders an der Basis plastisch verformen. Alpengletscher zeigen eine Fließgeschwindigkeit von 30 bis 200 m pro Jahr. Erdbeben und andere Einflüsse können die Fließgeschwindigkeit zeitweise erheblich beschleunigen; der katastrophale Vorstoß des Black Rapid Glacier in Alaska erfolgte mit 30 m pro Tag, etwa 11 km im Jahr!

Durch ungleiche Strömungsgeschwindigkeiten im Gletscher entstehen die Gletscherspalten; diese sind in Schmelzperioden auch Wassergerinne und werden dadurch zu spiegelblanken Hohlräumen geweitet. Die oberste, ortsfeste Spalte ist der Bergschrund. Die Randkluft seitlich des Gletschers wird von der Felswärme erzeugt. Quer zur Gletscherbewegungsrichtung verlaufen die Querspalten; im Übergang von der langsameren zur schnelleren Bewegung im unteren Gletscherteil entstehen die Randspalten. Längsspalten sind selten. Durch Neuschnee- oder Firndekken werden die Spalten trügerisch überdeckt, können aber von heute auf morgen wieder freigelegt sein. Bei Eisstau kann die Gletscheroberfläche zu Brüchen oder zu Eistürmen verformt sein. An der Gletscherzunge, im Gletschertor, tritt das Schmelzwasser aus. Es kann zerriebenes Gesteinsmaterial mit sich führen und wird dann als Gletschertrübe oder Gletschermilch bezeichnet.

In den Gebirgen sind zwei grundlegend verschiedene Arten von Gletschern zu unterscheiden: einerseits die beschriebenen *Talgletscher,* die den vorgegebenen Fließtälern folgen und in Alaska bis zu 100 km, in Patagonien bis zu 80 km Länge erreichen (der größte Alpengletscher, der Große Aletschgletscher in der Schweiz, erreicht eine höchste Eisdicke von 800 m und eine Länge von 25 km); andererseits die auf Bergen wie z.B. dem Elbrus liegenden *Gipfelgletscher* sowie die *Plateaugletscher,* welche als unbewegte «Eiskuchen» auf ausgedehnten Hochflächen liegen und allseits Arme in die tiefere Umgebung vorstoßen.

Beispiele dafür sind der Vatnajökull auf Island, der 8000 km^2 bedeckt, sowie der größte festlandeuropäische Gletscher, der Jostedalsbre im norwegischen Gebirge mit 940 km^2 Eisfläche.

Eine fließende Eismasse übt aufgrund des Belastungsdruckes, der tiefen Temperatur und der eingefrorenen Gesteinstrümmer eine bedeutende abtragende Wirkung auf den Untergrund aus.

Durch die Gletscherspalten stürzt das Oberflächenwasser (im Zehr- oder Abschmelzgebiet eines Gletschers können an heißen Sommertagen in den Alpen bis zu 5 cm Eis weggeschmolzen werden) wirbelnd auf die Felsunterlage, und die mitgeführten Geschiebe schleifen Gletschertöpfe, Gletschermühlen aus. Charakteristisch ist weiterhin die Talform eines von einem Gletscher bearbeiteten Tales: Der Querschnitt zeigt eine deutliche Trogform mit übersteilen Talflanken, und oftmals münden die Seitentäler als «Hängetäler» in das Haupttal ein, weil der Hauptgletscher tiefer hinab erodiert hat. Die Fjorde Norwegens zeigen, als nach der Eiszeit gesenkte und «ertrunkene» Gletschertäler, Steilwände bis zu 2000 m Höhe und reichen bis über 100 km landeinwärts.

Andererseits schüttet ein Gletscher das mitgeführte Material in seinem Vorland wieder auf, sei es als ausgedehnte Grundmoräne, in deren Wannen sich Gletscherseen sammeln, sei es als wallartige Seiten- und Stirnmoränen. Die Gletscherflüsse transportieren ihren Schutt noch weiter in das Gletschervorfeld

Séracs.
Am Perito Moreno in den argentinischen Anden beobachten wir diesen mächtigen Eisbruch (Sérac), wo der Gletscher über eine Steilstufe stürzt und in ein Blockfeld von Eisschollen zerbricht.

hinaus und bauen dort riesige Schotterebenen auf, wie etwa im schweizerischen und süddeutschen Alpenvorland in der Eiszeit. In Regionen mit brüchigem Dolomit und Kalk kann ein Gletscher durch Felsabbrüche von den Talflanken her völlig mit Schutt bedeckt werden. Er bleibt dann vor dem Abschmelzen weitgehend geschützt, und seine Fließformen spiegeln sich auf der Oberfläche im Trümmergewirr eines solchen Blockstromes (Blockgletschers) wider. Die Blockströme trennen vielfach die Seitengletscher vom Hauptgletscher.

Die heutigen Gletscher zeigen lokalklimatisch bedingte Schwankungen in Länge und Volumen. Weltweit läßt sich seit 1850 ein gewisser Gletscherschwund feststellen; zum Beispiel hat die österreichische Pasterze am Großglockner in 125 Jahren einen Volumenverlust von etwa 30% zu verzeichnen. Andere Gletscher haben sich im selben Zeitraum ausgedehnt, so daß großräumig eine einheitliche Tendenz nicht erkennbar ist.

Aber Gletscher *formen* unsere Landschaft nicht nur – sie bestimmen oft auch stark deren Erscheinungsbild. Die größten Gletscherflächen außerhalb der Polarzonen gibt es in den Hochgebirgen Asiens. In Gletscherkraftwerken werden die Gletscherbäche auch zur Energiegewinnung herangezogen – wobei die Technik oft große Naturschönheiten wie Schluchtbäche und Wasserfälle zerstört.

1

2

3

4

1 Firntisch auf dem Aletschgletscher.
Der noch weiße Schnee des letzten Winters auf diesem größten schweizerischen Alpengletscher reflektiert die Sonnenstrahlen stärker als die dunklere Umgebung und widersteht der Abschmelzung.

2 Kalbungsfront am Märjelensee.
Das Wasser des durch den Aletschgletscher gestauten Sees greift die Eisfront an und bringt Teile davon als «Eisberge» zum Absturz.

3 Zungenpartie des Giétrozgletschers (Val de Bagnes, Schweiz).
Je nach Intensität der Graufärbung der einzelnen Eisschichten schmelzen diese unter der Wirkung der Sonnenwärme unterschiedlich rasch ab.

4 Randspalten am Giétrozgletscher.
Solche Risse entstehen durch die vom Gletscherrand zur Gletschermitte zunehmende Fließgeschwindigkeit des Eises.

Ammerten-Gletscher (Wildstrubel, Berner Alpen, Schweiz):

Nährgebiet des Gletschers. Hier, im herausgewitterten Felskar, übertrifft die Schneezufuhr die sommerliche Abschmelzung. Der Schnee wird durch Belastung zu Firn, schließlich zu bläulich schimmerndem Eis umkristallisiert.

Eisbruch über eine Felsstufe. Ein harter, resistenter Felsriegel quer zum Gletschertal zwingt das fließende Eis zum Überqueren. Es wird zerrissen, wobei sich Querspalten ausbilden. Einzelne Blöcke lösen sich ab und stauen sich zu einem wirren Durcheinander (Séracs).

Gletscherzunge, stark ausgeschmolzen und «angefressen» durch die Gletscherbäche. Diese flach auslaufende Zunge ist kennzeichnend für einen Gletscher, der sich zurückzieht.

Moränen. Das Hochtal wird nach unten abgeschlossen durch eine Endmoräne: Hier blieb die Gletscherzunge während längerer Zeit im Gleichgewicht zwischen Vorrücken und Abschmelzen stehen und gab den mitgeführten Schutt (Geschiebe) frei. Die Seitenmoräne links im Bild markiert die größte Ausdehnung des Gletschers in den vergangenen Jahrhunderten.

Die Gebirge der Erde sind eingebettet in den unruhigsten Teil der Lufthülle unserer Erdatmosphäre und damit ihren dauernd wechselnden Einflüssen ausgesetzt. Die Dynamik der Atmosphäre in Abhängigkeit von der geographischen Lage, der Höhenlage und von den Luftmassenzirkulationen prägt die Berge und die dort lebenden Menschen, Tiere und Pflanzen.

In Wechselwirkung beeinflussen wiederum die Gebirge die wetterbildenden Luftbewegungen der Atmosphäre. Sie bewirken eigene meteorologische, klimatologische und hydrologische Phänomene. Durch den Luftmassenstau und die Gebirgsflüsse formen sie mittelbar auch die vorgelagerten Niederungen der Erde. Das folgende Kapitel gibt ein Bild der wichtigsten vom Gebirgsklima bestimmten Zusammenhänge und Erscheinungen.

Gebirgsklima und Höhenstufung

Oben: Nebel am Albulapaß, Schweiz.
Vom Tal her staut sich feuchte Luft an der Paßschwelle und kondensiert zu Nebel, der sich besonders in die feuchten Mulden auf der Paßhöhe hineinzieht.

Rechts: Muir Inlet mit Seitengletscher, Alaska.
Im Schneeklima des südlichen Alaska reichen die Gletscher bis ans Meer herab, wo Eisschollen abbrechen und auf dem Wasser treiben.

Die Gebirge im System der Weltklimate

Unter den Weltklimaten lassen sich kalte, gemäßigte, milde, heiße, trockene und feuchte Klimate unterscheiden. Vom Äquator bis zur Arktis oder zur Antarktis folgen aufeinander tropische, subtropische, warmgemäßigte, subpolare und polare Klimazonen, jeweils mit mehr oder weniger maritimer oder kontinentaler und arider oder humider Ausprägung (vgl. nächster Textabsatz). Ein Blick auf die Diagramme mit den mittleren monatlichen Lufttemperaturen oder Niederschlagsmengen der Breitenkreise zeigt, wie groß die Unterschiede in thermischer und hydrologischer Hinsicht sind.

Infolge der ungleichen Verteilung der Land- und Meeresflächen sind die Klimazonen natürlich nicht symmetrisch zum Äquator und auch nicht gleichförmig in den Kontinenten verteilt. Generell kann man feuchte ozeanische und trockene kontinentale Klimate unterscheiden. Die sogenannte Kontinentalität eines Klimas wächst aber mit der Distanz zu den windexponierten Meeresküsten. Dabei nimmt vor allem die Jahresschwankung der Temperatur zu, die beispielsweise in Sibirien durchaus 80 °C erreichen kann, während sie in den äquatorialen Tropen nur wenige Grad ausmacht.

Als *arid* wird ein Klima bezeichnet, wenn aus der Atmosphäre weniger Niederschlag dargeboten wird, als Wasser an der Erdoberfläche verdunstet. Das ist vor allem der Fall in den Subtropen, wo die Hochdruckgebiete die Wüstengürtel der Erde verursachen.

In den Zonen *humiden* Klimas – in den Tropen wie in mittleren und polaren Breiten – sind die Niederschlagshöhen größer als die Wasserverdunstungshöhen. Das Überschußwasser wird von den Strömen zu den Meeren abgeführt – oftmals sogar durch Wüstengebiete hindurch. Beispiele dafür sind die Flüsse Nil, Indus und Colorado.

Die genannte Zonierung kennzeichnet die Klimate an der Basis der Gebirgssysteme. Das Klima der einzelnen Gebirgslagen hängt hingegen zusätzlich von der *Höhenstufung* der Klimate ab. Im Mittel kann angenommen werden, daß die Lufttemperatur um 5 °C je 1000 m Höhe abnimmt und die Niederschlagsmenge um 70 cm pro 1000 m Höhenzunahme ansteigt. Ähnlich wie polwärts stellt sich hier in vertikaler Richtung das nivale oder Schneeklima ein, und darüber, an den Hochgipfeln der Erde, herrscht das Eisklima wie in den hochpolaren Breiten der Arktis und Antarktis (vgl. Seite 106f. – *Eisklimate der polaren Zonen*).

In der *Tropenzone*, die geographisch durch die Wendekreise des Krebses (im Norden) und des Steinbocks (im Süden) abgegrenzt wird, herrscht das ganze Jahr hindurch eine monatliche Mitteltemperatur von über 18 °C. Allerdings unterscheiden sich die

Tageszeiten in der Wärme bis zu 10 °C und mehr, vor allem in den Gebirgslagen. Temperaturbedingte jahreszeitliche Erscheinungen wie Austrieb der Pflanzen im Frühling, Laubverfärbung und Blattfall im Herbst fehlen. Nur einige Bäume reagieren auf Regenfälle durch kurzfristige Blüte. In der äquatorialen Zone zwischen 10° N und 5° S folgen die Regenzeiten (zenitale Regen) dem Sonnenhöchststand. Die monatlichen Regenhöhen betragen hier meist mehr als 100 cm. Nördlich und südlich der äquatorialen Zone bis zu 25° oder 30° N und S schließt sich die tropische Sommerregenzone an. Nach der Regenzeit im Sommer folgt dort die Trockenzeit mit oft extremer Dürre. In den Randzonen zu den Subtropen hin wird die Dürrezeit immer länger, bis schließlich die Regenmengen das Existenzminimum selbst genügsamer Pflanzen nicht mehr gewährleisten.

Kibo, Kilimandscharo (5895 m), Tansania.
Gebirge der Tropen: Die Luft in den Niederungen der heißen Dornbusch-Grassteppe ist dunstig und schwül. Die Stratocumulus-Bewölkung umgibt die unteren Höhenstufen und liefert die Feuchtigkeit für den Busch- oder Waldgürtel. Die Gipfel sind schneebedeckt, aber meist ohne Gletscher.

Hochgebirge in der Tropenzone sind nur die Sierra Madre Mexikos, die Vulkanberge Mittelamerikas, die Kordilleren von Kolumbien, Ecuador, Peru, Bolivien und Nord-Chile; in Afrika die Hochländer von Kamerun, Nigeria, Uganda, Tansania, Kenia und Äthiopien und schließlich in Asien die südlichen Ausläufer des Himalaya in Hinterindien sowie die vulkanischen Gebirge der Inseln des malaiischen Archipels.

In Gürteln von trockenheißen Savannen und Steppen gehen die Tropen in die *Subtropen* der Nord- und Südhemisphäre über, wo es nur selten regnet.

Etwa im Zentrum dieser Gürtel liegen die heißen Wüstenregionen der Erde. Um den 35. bis 40. Breitengrad folgt auf beiden Halbkugeln eine Übergangszone mit Winterregen und einer langen Sommerdürre – einem Klima, wie es für die Mittelmeerländer typisch ist («mediterrane Zone»).

In manchen *Wüsten,* zum Beispiel in der nordamerikanischen Mojave, der chilenischen Atacama, der Sahara und Kalahari, in der persischen Salzwüste oder in den Sandwüsten Inneraustraliens, liegen die Jahresniederschläge unter 5 cm. 3000–4000 Stunden im Jahr, das sind 65–90% der Tageszeit, scheint die Sonne. Die Einstrahlung tagsüber ist stark, aber auch die nächtliche Ausstrahlung ist intensiv. Extreme Tagesschwankungen der Temperatur bis 40 °C treten auf. Während es tagsüber oft unerträglich heiß ist, stellen sich nachts mitunter Fröste ein. Durch thermische Gesteinssprengung verwittert der Fels. Die Abschuppung führt zu Schutthalden, die sich bei den wenigen als Starkregen auftretenden Niederschlägen in Bewegung setzen und oft murenartig vormalige Trockenflußbetten (Wadis) füllen oder verstopfen. In den Wüsten sind bei solchen Ereignissen wahrscheinlich mehr Menschen ertrunken als in Dürren verdurstet! Charakteristisch sind die erwähnten Verhältnisse für das Atlas-, Ahaggar-, Aïr- und Tibestigebirge in oder am Rande der Sahara. Die Verdunstung des durch geringe Niederschläge gefallenen Regenwassers befördert aus dem felsigen Boden oft gelöste Salze an die Oberfläche, die dann als sogenannter «Wüstenlack» die Gesteine mit einer braunroten, glatten Schicht überziehen.

Mount Kenya (5199 m) am Äquator in Afrika.
Feuchtgemäßigtes tropisches Klima umgibt das Bergmassiv, das sich aus der Trockensteppe erhebt und an dem sich zonenweise die Vegetation an das Höhenklima anpaßt. Noch in den Hochlagen findet man Sukkulenten, aber die Gipfelregion reicht in das Schnee- und das Eisklima.

Große Spitzkoppe, Wüste Namib, Südwestafrika.
Gebirge in der Wüste, mit vegetationsarmen, gerundeten Verwitterungsformen. Von Tau oder Nebel ernähren sich vereinzelt niedere Pflanzen.

Mildere Bedingungen herrschen an den *Rändern* der subtropischen Zonen, obwohl auch dort wegen ungenügender Niederschläge hochstämmiger Baumwuchs oft nicht möglich ist. Einzuordnen sind hier folgende Gebirge: in Nordamerika die Sierra Nevada, die Wasatch-Kette und die südlichen Rocky Mountains. In Südamerika gehören die mittel- und nordchilenischen Anden, die Sierra de Cordoba Argentiniens und Serra Gerai in Brasilien zu diesem Klimakreis und in Afrika die im Passatluftstrom liegenden Vulkane der Kanarischen Inseln, das Hochland zwischen Victoria- und Malawisee und die südwestafrikanischen Berge. Mit seinem mediterran gemäßigten Klima kann auch Südeuropa – Spanien, Süditalien, Sardinien und Korsika, sowie der südliche Balkan – zur subtropischen Zone gezählt werden.

Diese zieht sich weiter über Vorderasien (Pontisches Gebirge, Taurus, Libanon), Zagrosgebirge, südlich des Kaukasus und Elburs über das Hochland von Iran zum Hindukusch und über Pamir und Karakorum in das chinesische Bergland. Der Himalaya steigt aus subtropischen Regionen auf. Durch den indischen Monsun mit seinen Gewitter- und Stauniederschlägen hat das Klima dieses Hochgebirges seinen besonderen Charakter, wie auch das Hochland von Tibet geographisch zwar in der Subtropenzone liegt, aber seiner Höhenlage wegen ein kühleres Klima aufweist. In Ostasien werden die Gebirge Taiwans und des südlichen Japan im Sommer von den Regen der Taifune gepeitscht und sind infolge Erosion von schluchtartigen Tälern zerrissen. Auch die Randgebirge Australiens und des nördlichen Neuseeland liegen in den Subtropen.

Die Klimazonen der Erde

Klimadiagramme für ausgewählte Ausgangsorte zu den Hochgebirgen.

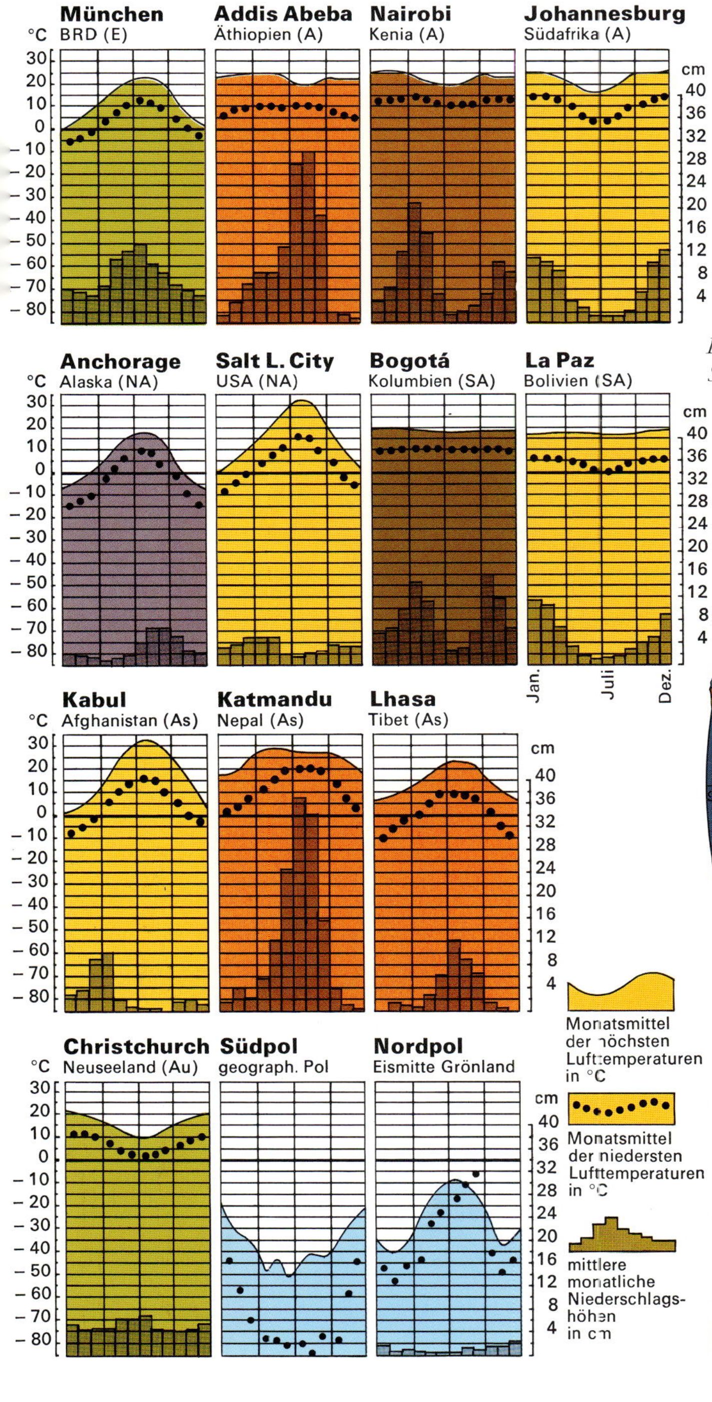

Die Klimazonen der Erde auf der Nordhalbkugel.

Die Wüstengebiete ziehen sich als Hochdruckgürtel um die Erde und trennen die feuchten Tropen von den gemäßigten Breiten.

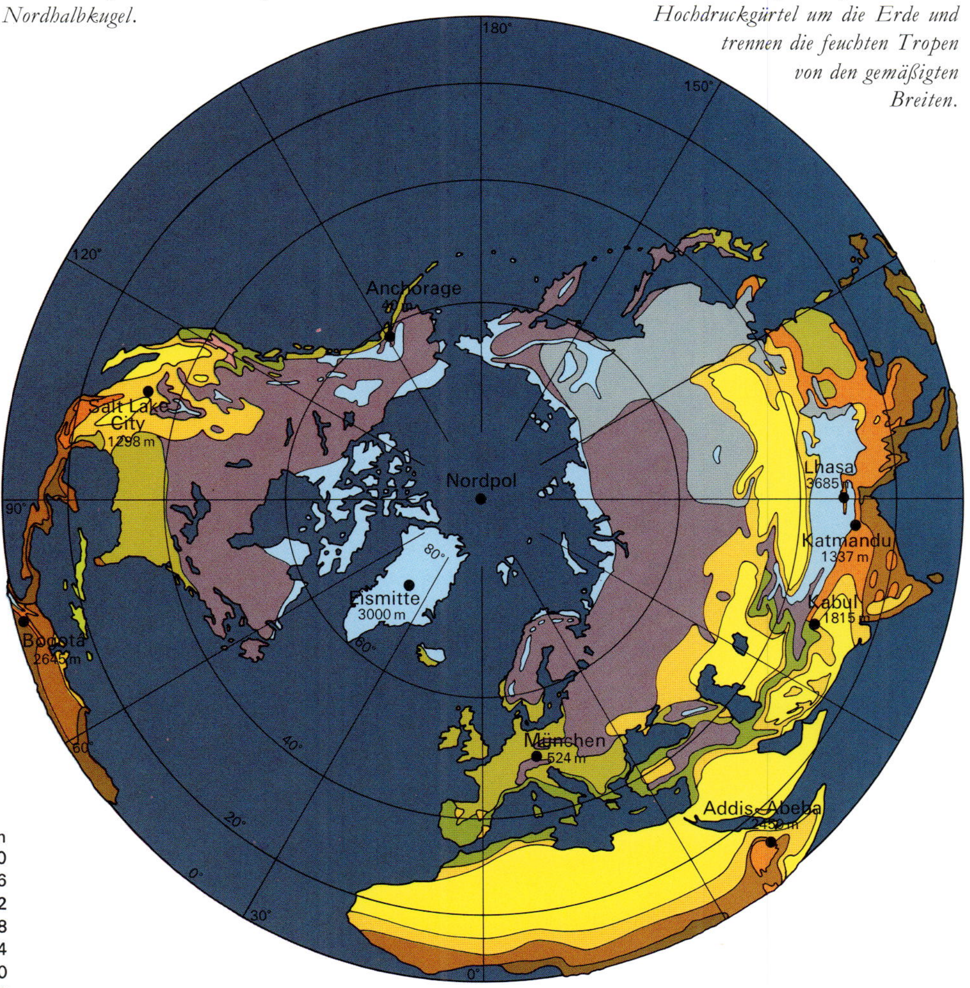

Da die Wasserfläche gegenüber der Landfläche viel stärker überwiegt als auf der Nordhalbkugel und die besiedelten Kontinente nur bis 55° s.B. hinunterreichen (Feuerland), sind Schnee- und Eisklimate auf die Anden und auf die Antarktis beschränkt.

Die Klimazonen der Südhemisphäre.

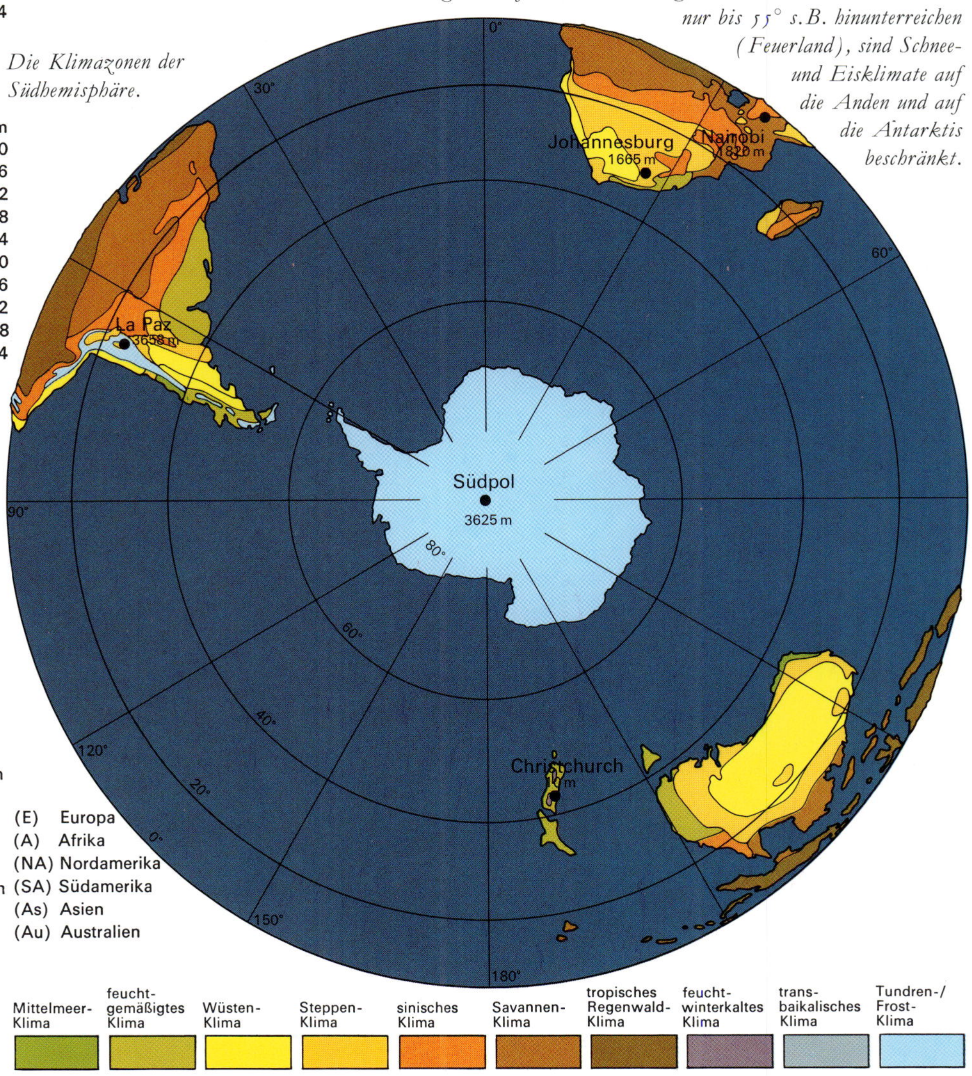

Die sogenannten *gemäßigten Klimate* der mittleren Breiten schließen sich dem Subtropengürtel polwärts an. Es handelt sich um die Zonen der Westwinddrift. Wechselndes Wetter und periodisch variierende Einstimmung der Landschaft durch die Jahreszeiten sind belebende Elemente. Die Mitteltemperaturen der Monate in den warmen Jahreszeiten liegen definitionsgemäß zwischen 10 und 22 °C, in der kühlen Jahreszeit bei −3 bis + 18 °C. Im Winter fällt in den nördlicheren Breitengraden Schnee, der aber nur in den höheren Gebirgslagen mehr als eine Jahreszeit liegenbleibt.

Das gemäßigte Klima in Mitteleuropa ist durch nicht zu lange Winter und warme bis heiße Sommer

Mount McKinley (6193 m), Alaska.
Gebirge der Polarzone. Eisfelder und Gletscher reichen bis in die Tieflagen hinab. Luftaufnahme aus Osten. Der Südgipfel ist von Wolken umhüllt.

Rechts: Ätna (3323 m), Sizilien. Vulkanberg der Subtropen mit Mittelmeerklima. Auf den nährstoffreichen Lavaböden an seinen Abhängen gedeihen Reben und Südfrüchte von höchster Güte.

Rechts außen: Vegetationszonen an Gebirgen verschiedener geographischer Breiten. Von den subtropischen Hochgebirgen aus betrachtet polwärts liegen die Gletscher- oder Firnzonen wie auch die Waldzonen immer tiefer. In den Polargebieten befinden sich zahlreiche Gletscher auf Meeresniveau.

gekennzeichnet. Im *ariden* gemäßigten Klima der meerfernen kontinentalen Gebiete sind die Winter sehr kalt, die Sommer aber warm. In *semiariden* Steppengebieten sind die Sommer zugleich trocken, im ariden Halbwüstenklima, z.B. von Kasachstan und der Mongolei, findet man lange Dürrezeiten mit kurzen, regenreichen Jahreszeiten. Dort liegen die kühlen Wüsten mit kalten Wintern, zu denen z.B. die Gobi Chinas gehört. Ein *humides* Klima mit Niederschlag in allen Jahreszeiten herrscht an den Westküsten Kanadas, in den südöstlichen USA, in Europa nördlich der Alpen, an den südlichen Küsten des Schwarzen Meeres sowie im südostafrikanischen, australischen und chinesischen Bergland. Mit Trokkenzeiten im Sommer müssen z.B. der US-Staat Oregon und die vorderasiatischen Mittelmeerländer rechnen, mit Trockenzeiten im Winter dagegen die indischen und chinesischen Hochländer.

In den Gürtel der gemäßigten Klimate reichen einige der bedeutendsten, zu einem großen Teil bewaldeten Hochgebirge der Welt. Dazu gehören in Nordamerika die Kaskadenkette, die Rocky Mountains bis Colorado sowie die Appalachen; in Südamerika die mittleren und südlichen Anden; in Europa die Pyrenäen und die Alpen, das Schottische Hochland und der südliche Skandinavische Schild, die Karpaten und der Kaukasus; in Asien der Tianschan, das Altaigebirge, die mongolischen Hochländer sowie die japanischen Bergländer. Zum Bereich der feuchtgemäßigten Klimate gehört das südchinesische Bergland. Warmgemäßigte Verhältnisse findet man in den südafrikanischen Gebirgen am Kap, aber auch im südöstlichen Bergland Australiens und in Neuseeland.

In der gemäßigt kalten, *subpolaren* oder *borealen* Klimazone, deren Charakter nur in der nördlichen Hemisphäre ausgeprägt ist, weil auf der Südhalbkugel entsprechende Landflächen fehlen, fällt Niederschlag das halbe Jahr als Schnee. Deshalb spricht man auch von *Schneeklima*. Meist herrschen sehr kalte Winter und kühle, feuchte Sommer. Die monatlichen Temperaturmittelwerte können in den Sommermonaten noch 10 °C überschreiten, aber die kältesten Monate haben Mittelwerte unter −3 °C. Im Becken zwischen dem Werchojansker- und dem Tscherski-Gebirge gehen die Wintertemperaturen bis auf −70 °C hinab. In der meridionalen Zonierung herrschen Schneeklimate in den nördlichen Mittelweststaaten der USA, in weiten Teilen Kanadas, in Osteuropa und in Skandinavien, sowie in Sibirien, der Mandschurei und in Nordjapan.

Das Kälteextrem in der meridionalen Klimazonierung bilden die *Eisklimate der polaren Zonen*. Ewiger Frost, geringe Niederschläge, trockene Luft, kurze, feuchte und kühle Sommer, in denen die Sonne auch nachts nicht untergeht, sowie eine lange, kalte Winternacht und Eiswüsten kennzeichnen die Polarregionen. Die wärmsten Monate haben Mitteltemperaturen unter 0 °C. In den antarktischen Eishochflächen sind Tagestemperaturen unter −85 °C gemessen worden. Eisige Sturmwinde gehören zur Regel.

Ausgedehnte Gebiete mit Eisklimaten sind die arktischen Inseln mit Grönland, die Nordküsten Kanadas und Sibiriens, sowie die Antarktis.

Da die Höhe über Meer wie erwähnt ebenso klimabestimmend ist wie die geographische Breite, sind in allen Hochgebirgen der Erde kältere Klimabereiche vertreten als im sie umgebenden Tiefland.

So gibt es in den Vulkanmassiven Ostafrikas Gürtel mit gemäßigtem Klima, mit Schnee- und Eisklimaten; genauso in den Anden und den zentralamerikanischen Kordilleren. Aus warmgemäßigten Klimabereichen ragen die Alpen und die Hochgebirge Tibets in Schnee- und Eisklimate hinauf. Allerdings sind die Hochgebirgs-Eisklimate in mancher Hinsicht verschieden von polaren Verhältnissen, vor allem in den tages- und jahreszeitlichen Temperatur- und Niederschlagsschwankungen.

Die Höhenklimate

Daß im Gebirge in den verschiedenen Höhenlagen unterschiedliches Klima herrscht, das auch die verschiedenartigen Vegetationszonen entscheidend beeinflußt, ist eine Folge der physikalischen Gesetzmäßigkeiten in der Atmosphäre. Jede Höhenstufe hat einen eigenen Wärme-, Wasser- oder Strahlungshaushalt. Er basiert auf folgenden Tatsachen:

Luftdruck und *Luftdichte* nehmen in der Troposphäre, der erdnächsten Schicht der Atmosphäre, in der sich alle Wettervorgänge abspielen und die in den Tropen etwa 18 km, an den Polen aber nur 6–8 km hoch reicht, mit der Höhe ab. Welche Werte im Mittel für die verschiedenen Höhen ü.M. gelten, kann man aus der Tabelle rechts oben ersehen. Auf Meeresniveau herrscht im Mittel der Normalluftdruck von 760 mmHg (Quecksilbersäule), gleich 1013,2 mbar. In ca. 5000 m Höhe ist der Luftdruck schon auf die Hälfte gesunken, und auf dem Mount Everest-Gipfel beträgt er weniger als ein Drittel des Normaldruckes.

Vom Luftdruck hängt bekanntlich der *Siedepunkt des Wassers* ab; worunter die Wassertemperatur zu verstehen ist, bei der die Dampfblasen im Wasser hochsteigen. Auf Meeresniveau siedet das Wasser bei 100 °C. Auf dem Kibo (Kilimandscharo, 5895 m ü.M.) siedet das Wasser bei 80 °C, auf dem Mount Everest (8848 m ü.M.) schon bei 70 °C. Der Zusammenhang zwischen dem Luftdruck und dem Siedepunkt ist so direkt, daß man früher zur Höhenbestimmung bei Expeditionen das Siedepunktbarometer (= Hypsometer) benützt hat. Heute verwendet man dazu das Aneroidbarometer, das den Luftdruck mittels einer Aluvididose mißt, die luftleer ist und vom Luftdruck zusammengedrückt wird. Neben der Luftdruckskala ist auf einem drehbaren Ring des Anzeigegeräts die Höhenstufe markiert. Stellt man vor dem Aufstieg die Skala auf Null, läßt sich die Meterzahl ablesen, die man vom Ausgangspunkt aus nach oben zurückgelegt hat, außerdem die erreichte Höhe ü.M. In die Höhenskala ist die *barometrische Höhenstufe* eingearbeitet. Sie gibt an, wieviel Meter man vertikal steigen muß, damit der Luftdruck um 1 mmHg beziehungsweise 1 mbar abnimmt: Um Meereshöhe sind es 8 m für 1 mbar oder 12 m für 1 mmHg, aber in 3000 m Höhe sind es schon 15 m, in 5000 m Höhe 20 m und in 8000 m schon 30 m für 1 mmHg.

Für die *Luftdichte* auf Meereshöhe gilt ein Wert von 1,23 kg je Kubikmeter trockener Luft. In 1000 mNN (NN oder «Normal Null» entspricht etwa dem Bezugspunkt «Meereshöhe») ist die Luftdichte auf 1,11, in 3000 m auf 0,91, in 5000 m auf 0,74 und in 8000 m ü.M. auf 0,525 vermindert. Am Gipfel des Mount Everest ist mit einer Luftdichte von nur 0,47 kg/m³ zu rechnen.

Die *Lufttemperatur* nimmt entsprechend der Luftdichte ebenfalls mit der Entfernung vom Meeresniveau ab. Wenn die Luft bei Stürmen durchmischt wird, so stellt sich ein vertikaler *Temperaturgradient* von –1 °C je 100 m Höhe ein. Wenn es z.B. in Garmisch-Partenkirchen in 763 mNN 18 °C warm ist, so wäre die Temperatur am Zugspitzgipfel (2963 m) der Höhendifferenz entsprechend um 22° niedriger, also –7 °C. Gewöhnlich nimmt jedoch im Sommer die Temperatur mit der Höhe bloß um 0,5 °C je 100 m und im Winter nur um 0,35 °C je 100 m ab. Daraus ergibt sich im Sommer für den Höhenunterschied von 2200 Metern im genannten Beispiel eine Temperaturdifferenz von 22 × 0,5 °C = 11 °C und im Winter von 22 × 0,35 °C = 7,7 °C. In winterlichen Kaltluftlagen kann es jedoch auch vorkommen, daß es in hohen Gebirgslagen wärmer ist als in den Tälern, weil dort ein *Kaltluftsee* liegt, während die Berglagen von Warmluft umhüllt sind, z.B. bei freiem Föhn im absinkenden Luftstrom von Hochdruckgebieten. Man nennt diese anomalen Temperaturschichtungen, bei welchen es mit der Höhe wärmer wird statt kühler, *Temperatur-Inversionen*.

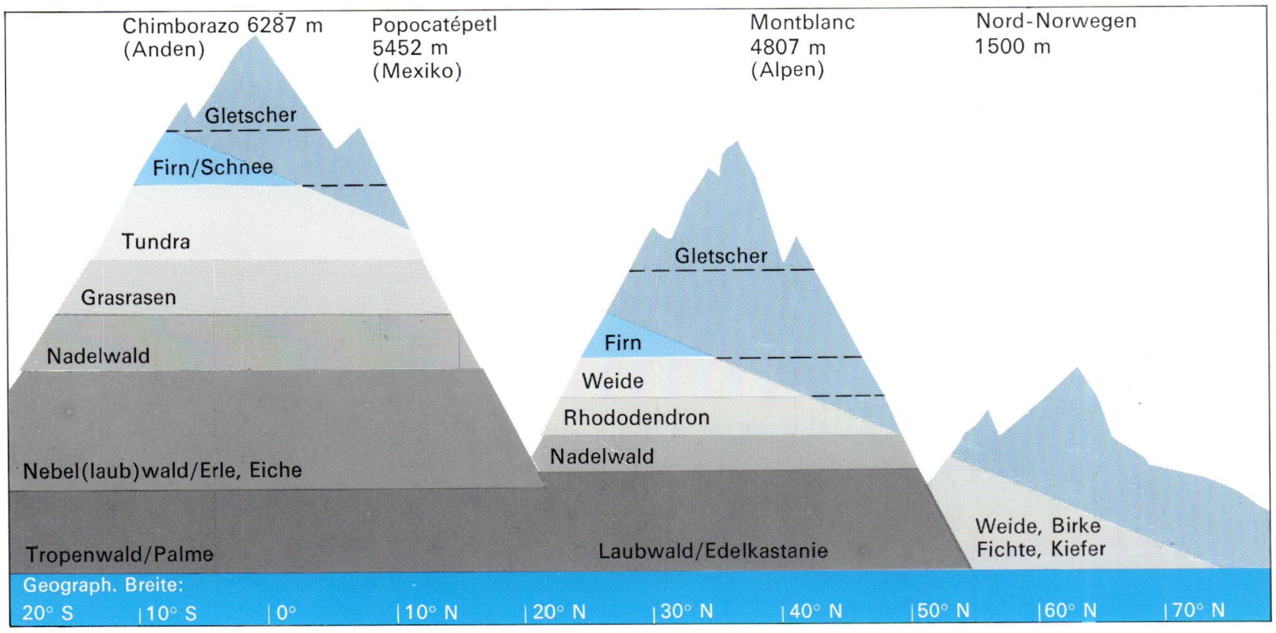

Einfluß der Seehöhe im Gebirge auf Luftdruck, Lufttemperatur und Luftdichte für die Normal-Atmosphäre unter Annahme trockener Luft.

Höhe ü. M. mNN	Luftdruck a) mmHg	Luftdruck b) mbar	Temperatur °C	Luftdichte kg/m³
0	760	1013	15,0	1,226
500	716	955	11,8	1,168
1000	674	899	8,5	1,112
2000	596	795	2,0	1,007
3000	526	701	– 4,5	0,909
4000	462	616	–11,0	0,819
5000	405	540	–17,5	0,736
6000	354	472	–24,0	0,660
7000	308	411	–30,5	0,590
8000	267	356	–37,0	0,525
9000	230	307	–43,5	0,466
10000	198	246	–50,0	0,413

Mittlere jährliche Bestrahlungsstärke von Berghängen verschiedener Neigung und Richtung in Watt/m² (1 W/m² = 0,752 kcal/cm²).

Position	Wert für die Ebene (0°)	Hangneigung 10°	Hangneigung 30°
Geogr. Breite 70°	202		
Nordhang		175	145
Ost/Westhang		205	225
Südhang		235	295
Geogr. Breite 50°	295		
Nordhang		240	150
Ost/Westhang		290	290
Südhang		335	395
Geogr. Breite 30°	375		
Nordhang		335	235
Ost/Westhang		375	360
Südhang		400	425
Geogr. Breite 10°	420		
Nordhang		400	335
Ost/Westhang		410	390
Südhang		420	400
Geogr. Breite 0° (Äquator)	425		
Nordhang		415	370
Ost/Westhang		420	395
Südhang		420	370

Position	Wert für die Ebene (0°)	Hangneigung 60°	Hangneigung 90°
Geogr. Breite 70°	202		
Nordhang		125	125
Ost/Westhang		240	215
Südhang		330	280
Geogr. Breite 50°	295		
Nordhang		55	30
Ost/Westhang		275	215
Südhang		400	310
Geogr. Breite 30°	375		
Nordhang		100	25
Ost/Westhang		305	215
Südhang		360	220
Geogr. Breite 10°	420		
Nordhang		175	60
Ost/Westhang		320	215
Südhang		280	125
Geogr. Breite 0° (Äquator)	425		
Nordhang		320	90
Ost/Westhang		320	210
Südhang		225	90

Wasserdampfgehalt der Luft in Gramm Wasserdampf je Kubikmeter Luft, bei einer relativen Luftfeuchtigkeit von 80%.

Höhe ü. M. mNN	Temperatur °C	Wasserdampf g/m³
	a) SOMMER	
0	20	14
1000	15	10
2000	10	7
3000	5	6
4000	0	4
5000	– 5	2,5
6000	–10	1,5
7000	–15	1
8000	–20	0,6
	b) WINTER	
0	0	4
1000	– 4	2,5
2000	– 8	1,5
3000	–12	1,2
4000	–16	1
5000	–20	0,6
6000	–24	0,4
7000	–28	0,3
8000	–32	0,2

Niederschlagsverhältnisse in den Alpen, mittlere Jahreswerte.

Höhe ü. M. / mNN	Niederschlagshöhe / mm	Schneefalltage / Anzahl	Tage mit Schneedecke/Anzahl	Maximale Schneehöhe / cm
500	825	35	70	45
1000	1150	55	125	85
2000	1830	115	215	200
3000	2500	190	355	550

Mittlere Lufttemperatur im Januar, Juli und Jahr sowie Anzahl der Frost- und Frostwechseltage in den Alpen

Höhe ü. M. mNN	Januar	Juli
	Mittlere Lufttemperatur °C	
500	– 3,0	17,7
1000	– 3,9	14,8
2000	– 7,1	8,7
3000	–12,4	1,8

Jahresmittel

Höhe ü. M. mNN	Lufttemperatur °C	Frosttage	Frostwechseltage
500	7,5	106	72
1000	5,7	139	86
2000	0,4	187	73
3000	–5,7	294	62

Hierbei wird unter Frosttag ein Tag verstanden, während dem das Temperaturminimum gleich oder kleiner als null Grad ist. Frostwechseltag bezeichnet den Umstand, daß die Temperatur am Tage von Frost- zu Wärmegraden steigt oder umgekehrt.
Die Frostwechsel sind sehr bedeutsam für die Felsverwitterung und Schuttbildung. Die Temperaturen des Quellwassers entsprechen etwa den Jahresmitteltemperaturen der jeweiligen Höhenlage.

Die *Luftfeuchtigkeit* wird verschieden gemessen: Man spricht vom «Dampfdruck» (mbar), von der «Absoluten Feuchte» (g Wasserdampf je m³ Luft), vom «Sättigungsdampfdruck» im Nebel, der von der Lufttemperatur abhängt, und von der «Relativen Luftfeuchte» (in Prozent). Die Temperatur, bei der die Luft mit Wasserdampf gesättigt ist, nennt man die Taupunkttemperatur oder den Taupunkt. Man muß diese Maßarten unterscheiden. Es kann nämlich die Luft mit Wasserdampf gesättigt sein (= 100% relative Feuchte), wenn sich bei null °C ca. 5 Gramm Wasser(dampf) im m³ Luft befinden, aber auch bei 25 °C, wie im Bergnebel der Tropen, wo die Luft ca. 20 g Wasser/m³ enthält. Der Wasserdampfgehalt nimmt vom Erdboden weg in der Atmosphäre sehr rasch ab. In Meereshöhe enthält die Luft im Sommer ca. 15 (im Winter ca. 3), in 1000 m 10(3), in 3000 m 6(1), in 5000 m 2(0,5) und in 8000 m nur mehr 0,5 (0,2) g Wasser/m³. Die Wasserdampfabnahme mit der Höhe ist also beträchtlich und die Luft in großen Bergeshöhen entsprechend trocken. Die Hauptmenge der Luftfeuchte der Atmosphäre liegt unterhalb der Höhe von 3000 m.

Die *Intensität der Sonnenstrahlung* nimmt bergwärts zu. In den unteren 3000 Metern der Atmosphäre kann man annehmen, daß die Zunahme 1% je 100 m Höhe ausmacht. In der Atmosphäre wird die Sonnenstrahlung an den Gasmolekülen der Luft umgelenkt und zerstreut. Daher gibt es die von allen Richtungen einfallende Himmelsstrahlung. Von den festen Beimengungen wie Staub, Pollen, Sporen oder flüssigen Stoffen wie Dunst- oder Wolkentröpfchen im Durchmesserbereich zwischen einem Millionstel und 1 mm werden die elektromagnetischen Wellen abgelenkt, absorbiert oder reflektiert. Da die Trübstoffe talwärts häufiger werden, wird die Sonnenstrahlung zunehmend geschwächt und diffus zerstreut. Der blaue Himmel der Hochgebirge rührt von der an Luftmolekülen zerstreuten kurzwelligen Strahlung her. Die Trübstoffe dagegen führen zu milchigen bis rötlichen Lichtfarben.

In ganz besonderer Weise wirkungsvoll ist die Reinheit der Bergluft für das Anwachsen der ultravioletten Strahlung (UV) und der ultraroten Sonnenstrahlung (UR), die vom Auge nicht wahrnehmbar, aber von hoher biologischer Bedeutung sind. Die ultraviolette Strahlung ist sehr energiereich. Sie dringt bis in die Lederhaut der menschlichen Haut ein, was zur Bräunung der Haut, zu Rötungen und zu Sonnenbrand führt. UV ist auch im Nebel bräunend wirksam! Sonnenschutzöle oder -cremen schützen nur bedingt. Je höher die Sonne am Himmel, um so größer ist der Anteil der energiereicheren UV-Strahlen an der Gesamtstrahlung. Man kann damit rechnen, daß die Zunahme des UV im Vergleich zum Meeresniveau folgende Prozentwerte annimmt:

Meereshöhe:	0 (=NN)	1000 m	2000 m	3000 m
Europa = 100%	+0%	+15%	+30%	+ 50%
Tropen = 200%	+0%	+25%	+50%	+100%

Es ist also zu beachten, daß die UV-Intensität in den Tropen bereits auf Meeresniveau doppelt so groß ist als in den mittleren Breiten. Die große Intensität der ultravioletten und ultraroten Strahlung ist Ursache für den Farbenreichtum und die Leuchtkraft der Alpenblumen wie für Pracht der tropischen Dschungelpflanzen.

Die Sonnen- und Himmelsstrahlung wird am Erdboden, an Fels, Vegetation, an Schnee und Eis, aber auch an Wolken absorbiert und reflektiert. Folgende Prozentbeträge für die reflektierte Strahlung, *Albedo* genannt, können festgehalten werden:

Die Albedo* verschiedener im Gebirge vorkommender Oberflächen

Seen	5 bis 80%**	Weißer Quarzsand	34%
Ackerböden	16%	Firnschnee	60%
Nadelwald	6 bis 19%	Wolken	60 bis 80%
Laubwald	16 bis 27%	Neuschnee	über 80%
Wiesen	25%	Sand (trocken)	18%
Fels (grau)	30%	Sand (naß)	9%

* Der Begriff ist vom lateinischen *albus* = Weiß abgeleitet, da die Farbe der Fläche eine große Rolle spielt.
** je nach Einfallswinkel der Strahlung.

Durch die Reflexstrahlung von Schnee und auch von Wolken her kann sich die Strahlung mehr als verdoppeln. Daher sind Augen- und Mundschutz beim Gletschergang unerläßlich. Bei tiefliegenden Wolken kommt sogar zusätzlich Sonnenstrahlung als Unterlicht aus dem Talbereich nach oben!

Neben der Höhe sind Hangrichtung und Hangneigung Schlüsselgrößen für die Besonnung der Gebirgslagen. Aus der Besonnung resultieren bedeutende lokale Unterschiede in Luft-, Boden- oder Felstemperaturen, in der Eis- und Schneebedeckungsdauer, im Vorgang der Schnee- und Firnablation, in den Bodenfeuchten und in der Vegetationsverteilung. Wegen der Abschirmung der Sonne durch die steil aufragenden Berge liegen Landschaftsteile vor allem bei tiefstehender Sonne im Schatten. Die Sonnseiten haben andere Pflanzengesellschaften als die Schattseiten, z.B. Laub- oder Mischwald im Süden und Nadelwald am Nordhang. Auf den Südseiten liegen gleichartige Ökosysteme 200 bis 300 m höher als auf den Schatthängen. Die Besonnungsunterschiede sind berechenbar, die Auswirkungen in der Tabelle auf der vorigen Seite aufgezeigt. Insbesondere ist auf die großen Differenzen für Wände verschiedener Himmelsrichtung (90°) hinzuweisen.

Für den Bergsteiger haben die Besonnungs- und Schattenunterschiede große Bedeutung. Sie wirken sich vor allem bei Windstille aus. Im Schatten macht sich die Temperaturabnahme entsprechend der Höhe bemerkbar. In der Sonne hingegen wird die Kühle der Umgebungsluft aufgehoben, denn der Körper ist von der Sonnenstrahlung direkt erwärmt. Die Tatsache der größeren Strahlungsintensität im Hochgebirge macht man sich in der Schweiz neuerdings dadurch zunutze, daß mit Hilfe schwarzer Kollektoren auf dem Dach Almhütten eine ständige Warmwasserheizung aus kostenloser Sonnenenergie erhalten, so daß die Hütten vom Berggänger nicht völlig ausgekühlt angetroffen werden. Drastische Unterschiede bestehen (bei Windruhe) in Fels- und Bodentemperatur. In 2070 m ü.M. wurde z.B. im Ötztal an einem SW-Hang von 35° Neigung eine Bodenoberflächentemperatur von mehr als 80 °C beobachtet, gegenüber 23 °C am benachbarten NO-Hang.

Hier ist auf ein Paradoxon aufmerksam zu machen, das der aufmerksame Leser entdecken könnte, wenn er die Strahlungszunahme mit der Höhe ü.M. und die Temperaturabnahme mit steigendem Meeresniveau-Abstand in Verbindung bringt. Normalerweise ist die Temperaturabnahme dominant. Daher verringern sich auch die täglichen Temperaturschwankungen in der Höhe. Aber bei Inversionen und bei Windruhe kann der Strahlungseinfluß überwiegen.

Mit der Höhe nehmen die *Niederschlagsmengen* in der Regel zu. Zum Beispiel ändert sich die Jahresmenge in den Alpen um 70 mm je 100 m Seehöhe. Aber auch die Regenmeßstationen im Hindukusch oder im nordwestlichen Himalaya belegen dies. Einesteils ist das überrraschend, weil der Wasserdampfgehalt ja in der Höhe viel kleiner ist als unten und schon in 3000 mNN nur ein Drittel von dem auf Meeresniveau ausmacht. Andererseits ist bekannt, daß Wasserdampf durch Luftmassenstau und -hebung in den Wolken hochgehoben wird. In den Tropen, darunter in den Bergen von Java, Sumatra, Ceylon, West-Afrika und in den Zentralamerikanischen Kordilleren, ist das Maximum der Niederschlagsmenge zwischen 1000 und 2000 mNN zu finden. Am Kilimandscharo sind dagegen die Zonen oberhalb der Passatinversion in 2000 m arid. Der Unterschied beruht darauf, daß in den Tropen die Niederschlagsbildung meistens von senkrecht aufsteigenden Luftmassen, außerhalb der Tropen aber durch horizontale Luftbewegungen mit Stau und Aufwind hervorgerufen wird.

Die Bergwälder der Tropen fangen aus den vorüberziehenden Schichtwolken die Wolkentröpfchen auf und versorgen sich mit Wasser, ohne daß es regnet. Die Nebelwaldregion in mittleren Höhen ist typisch für viele der tropischen oder subtropischen Vulkanberge.

Die Gebirge der Erde haben dadurch vorwiegend humide Klimate. Sie sind die großen Stromquellgebiete, Wetter- und Wasserscheiden der Erde. Im Himalaya entspringen Jangtsekiang, Mekong, Brahmaputra, Indus und Ganges, aus den Alpen die Hauptzuflüsse der Donau sowie Rhein, Rhône und Po. Die Gebirgsströme und Quellgebiete sind für Landkultur und Wasserversorgung weit außerhalb der Gebirgsräume von unermeßlichem Wert. Sie tragen aber auch nach Schmelz- und Stauperioden die Hochwassergefahr ins Flachland hinaus.

Die mit der Höhe zunehmende *Reinheit der Luft* läßt sich gut durch Auszählungen der festen Partikel in der Luft belegen. Es gilt z.B. für europäische Verhältnisse folgende Höhenstufung in bezug auf die sogenannte Kernzahl:

Höhe ü.M. (mNN)	Zahl der Trübstoff-Kerne pro Kubikzentimeter Luft (Durchschnitt)
0– 500	25 000*
500–1000	10 000
1000–2000	2500
2000–3000	1000
3000–4000	500
4000–5000	200

* Über Ozeanen nur 1000; im freien Land etwa 10 000, in Großstädten sogar 150 000 und mehr Kerne pro cm^3 Luft!

Wetterstation Lomnitzer Spitze (2632 m), Hohe Tatra, Tschechoslowakei.
Die meteorologischen Observatorien vermittelten schon viele Aufschlüsse über die Vorgänge in den unteren Atmosphärenschichten. Auch im Zeitalter der Raketen und Satelliten sind diese Forschungsstätten noch notwendig.

Der *Sauerstoffgehalt* ist in der Atmosphäre bis weit über den Hochgebirgsbereich hinaus mit 21% am Luftvolumen beteiligt. Auf Meeresniveau enthält ein Kubikmeter Luft (= 1 000 000 cm^3) ein Sauerstoffvolumen von 209 460 cm^3. Da die Sauerstoffdichte 1,43 mg/cm^3 beträgt, befinden sich im Kubikmeter rund 300 g Sauerstoff. Entsprechend der Luftdichteänderung verringert sich auch die Sauerstoffdichte mit steigender Höhe, und zwar etwa in folgender Weise:

Höhe ü.M. (mNN)	Prozentwerte von Luftdruck	Prozentwerte von Sauerstoffdichte
0	= 100%	= 100%
1000	89	90
2000	78	81
3000	69	73
4000	60	65
6000	46	52
8000	35	42

Unten:
Die Höhenlage der Waldgrenze in den Gebirgen ist sehr von der geographischen Breite abhängig: Während es in den Subtropen der Anden noch auf 5000 m Wald gibt, findet man auf den subpolaren Inseln schon in wenigen hundert Metern Höhe nur noch spärliche Waldreste (Waldgebiete dunkelgrau).

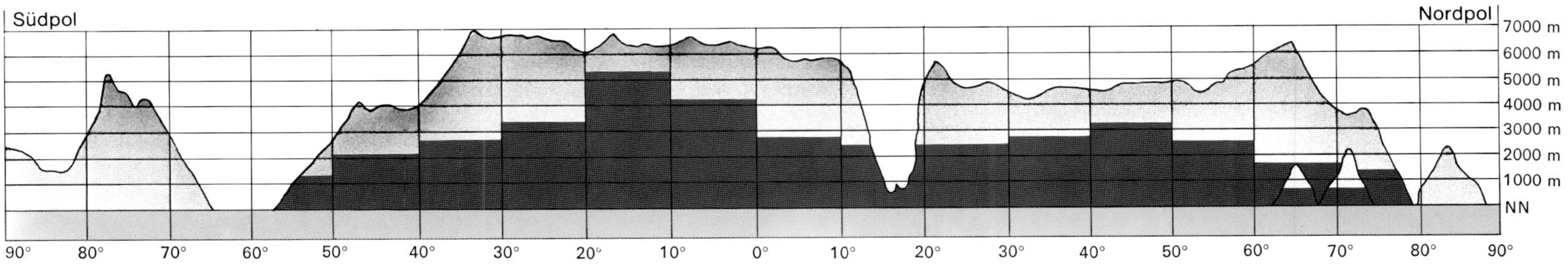

Passatwolkenfeld am Mauna Kea (4217 m), Hawaii.
Aus der Wolke fällt ein stetiger Strom feiner Tröpfchen, der eine jährliche Niederschlagshöhe von 13 Metern ausmacht – ein Weltrekord. Dem Niederschlagsreichtum im Luv des Nordostpassats steht große Trockenheit auf der Leeseite des Berges gegenüber.

Um die gleiche Menge Sauerstoff aufzunehmen, muß der Bergsteiger in 3000 m ein Viertel mehr und ab 5000 m Höhe mindestens doppelt so viel Luft einatmen als in den Niederungen. Analog verhält es sich mit dem *Kohlendioxid* (CO_2), das mit einem Anteil von 0,035% am Luftvolumen vertreten ist. Der CO_2-Gehalt der Luft in den Ebenen ist heute infolge der Verbrennung von Kohle, Erdöl und Erdgas gegenüber 1850 um 45 Prozent höher. Für die Lebewesen führte dies zu einer normalerweise verstärkt sauren Reaktion des Blutes. Diese Wirkung wird in der noch sauberen Höhenluft aufgehoben, wo Kohlendioxid verstärkt über die Lunge abraucht. Auf negative Folgen wird später noch eingegangen.

Die Tatsache, daß die Berge in hohe, klare Zonen der Atmosphäre hineinragen und weite Fernsichten bieten, veranlaßte die Meteorologen schon früh, von den Berggipfeln aus Wetterbeobachtungen durchzuführen. Für die Astronomen sind die Gipfel jener Berge, die wenig bewölkt sind, für die Himmelsbeobachtung ebenfalls interessant. So wurden dort Sternwarten und andere Observatorien errichtet.

Die Winde in Gebirgen

Die Erhebungen der Erdoberfläche bilden Hindernisse im atmosphärischen Strömungssystem. Das aerodynamische Verhalten der Luftmassen hängt von den Dimensionen der Berge, wie Steilheit, Ausformung, Breite und Höhe sowie von der Streichrichtung zur Strömung ab.

Direkt auf Gebirge zufließende Luftmassen werden gebremst und *gestaut*. Im Rückstau heben sich die Stromlinien; zur horizontalen Luftbewegung gesellt sich im Luv als vertikale Komponente der Aufwind. Im Aufwind kühlt sich die nach oben expandierende Luft ab. Wasserdampf kondensiert und Wolken entstehen. Die Wolkenuntergrenze liegt am Berghang auf und steigt zum Vorland hin an. Aus den Stauwolken fallen Stauniederschläge, oft lange anhaltend. Im Luv der Berge ist Schlechtwetter dauerhafter und häufiger als im Lee der Berge und im Gebirgs-Vorland*.

Kleinere Gebirge werden seitlich umströmt. An den Gebirgsflanken und besonders in Taldurchbrüchen sind die Windgeschwindigkeiten erhöht. Scharfe Windsprünge an Berggraten und Übergänge von beinahe Windstille zu Sturm sind nicht ausgeschlossen. Hinter dem Gebirge im Lee schwenkt die Windrichtung quer zur Hauptstromrichtung um. Bergkämme oder -grate werden zu Windscheiden. Paaren sich Windruhe mit Sonnenstrahlung oder frischer Wind mit Wolkenschatten, so werden Windscheiden zu spürbaren Wetterscheiden.

Breite und nicht zu hohe Bergsysteme werden nach Aufstau der Luftmassen bis über die Kammhöhen schließlich überspült und *überströmt*. Während Aufwind die Luftströmung im Luv kennzeichnet, ist im Lee Abwind charakteristisch. Die vom Berg erzwungene Welle im Luftstrom setzt sich in die Atmosphäre über und hinter den Bergen fort. Wellenberge und -täler verlagern sich dabei höhenwärts zum Lee hinaus. Die Wellenströmung ist an linsenartigen Wogenwolken sichtbar und wird im Gebirgswellen-Segelflug genützt. In den Zwischentälern der Rocky Mountains entwickeln sich Rotoren und Wolkenwalzen, die sich mit horizontaler Achse oben in der Strömung und unten gegen den Hauptstrom drehen. Auch Föhn und Fallwinde sind markante Begleiterscheinungen des Überströmens von Gebirgen.

Die Hochgebirgssysteme der Erde sind eingefügt in das System der globalen atmosphärischen Zirkulation, aber sie wirken auf dieses auch in eindrucksvoller Weise zurück.

In den inneren Tropen herrschen im Bereich der äquatorialen Tiefdruckzone vertikale Luftumlagerungen vor; daher beeinflussen die Tropenberge das globale Strömungssystem nicht nachhaltig.

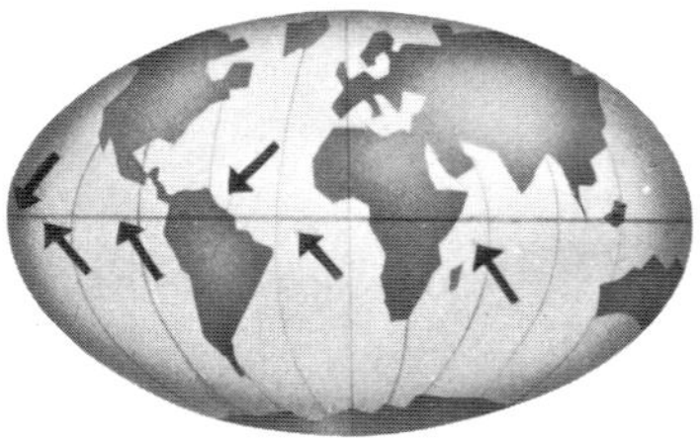

Die aus den Subtropen gegen den Äquator wehenden Passatwinde werden infolge der Erdrotation in westlicher Richtung abgelenkt. Als Windsystem innerhalb der klimatisch verhältnismäßig stabilen Tropen ändern sie ihre Stärke und ihre Richtung das Jahr hindurch nur wenig.

* Als *Luv* wird die Bergseite bezeichnet, zu der die Luftströmung kommt («Wetterseite»); das *Lee* ist die den Winden abgewandte Seite.

Hochreichende Gewitterwolken-Türme prägen das Wetterbild; Westwinde wechseln mit Ostwinden ab.

Den Subtropen entspringen die Passatwinde. Nördlich des Äquators wehen sie als beständige Nordostwinde und südlich des Äquators als Südostwinde zu den Tropen hin. Flache, weithin ausgedehnte Wolkenfelder driften oberhalb der Passatinversion (= Temperaturumkehr) in etwa 1500–2500 m Höhe mit der Passatwindströmung. Dort, wo sich Berge der Drift entgegenstellen, findet man Niederschläge und die immerfeuchten tropischen Regenwälder, z.B. an den Vulkankegelbergen von Hawaii, Mexiko, Mittelamerika, Afrika oder auf den asiatischen Inseln. Am Mauna Loa auf Hawaii (4171 m ü.M.) wurden 13000 mm Jahresniederschlag gemessen. Die an Tropenbergen typischen Vegetationsfolgen hat schon Alexander von Humboldt erkannt und später der Geograph C. Troll systematisiert: auf die ariden Niederungen mit Steppen-Grasflur folgt Savanne und Dornbuschvegetation. Am Hang stellt sich grüner Wald ein und schließlich Nebel-Urwald. Nach oben hin folgen Buschwald, alpine Tundra, dann Firnschneedecken oder gar Gletscher.

In den subtropischen Hochdruckgürteln herrschen je nach Lage des Gebirges zum Druckzentrum verschiedene Windrichtungen vor. Im Wechsel der Jahreszeiten wird jedoch dieses Bild als Folge des unterschiedlichen Verhaltens von Land und Meerwasser gegenüber der sommerlichen Erwärmung durchbrochen. In Indien strömen z.B. feuchte Meeresluftmassen in den schon im Mai aufgeheizten Subkontinent ein. In gewittrigen Umlagerungen bringen die Monsune ab 20. Mai dem durstenden Land Niederschläge und breiten sich in den nächsten Wochen nordostwärts aus. Sie treffen Anfang Juni auf den südlichen Himalaya und führen zu einem Wetterumsturz: in den Hochlagen bringen sie Schnee, Sturm, Lawinen; in den Mittellagen, besonders von Nepal, Bhutan, Bangla Desh und Birma führen sie zu ergiebigem Dauerregen. Mit 12000 mm Jahresniederschlagshöhen ist der Ort Tscherrapundji in der Klimatologie berühmt geworden. Die Stark- und Dauerregen speisen die dort entspringenden großen Ströme Südostasiens. Ende Juni erreicht der Monsun auch den nördlichen Himalaya, und schließlich Mitte Juli auch den Hindukusch und das Karakorumgebirge.

Auch in Kamerun und Mexiko führen monsunartige Strömungen zu Sommerregen an den Gebirgen.

In der Westwinddrift der mittleren Breiten beruhen die Wettervorgänge vorwiegend auf dem großräumigen Austausch von Luftmassen. Polare Kaltluft driftet nach Süden und Osten, während warme, subtropische Luftmassen nach Norden oder nach Osten fließen. An Kaltfronten, Warmfronten und Okklusionen verändern sich – plötzlich oder allmählich – die Windrichtungen und -stärken, die Art und Menge der Wolken, die Lufttemperaturen und -feuchten, die Sichtweiten und der Luftdruck. Niederschlagsfelder wandern mit den Fronten. Gebirge halten sie auf. Verlauf und Höhe der Gebirge sind für die Auswirkung der Verlagerungen in der West-Ostdrift der Luftmassen auf Wetter, Witterung und Klima maßgebend. An den quer zur Zirkulation stehenden Kaskadenketten von Kanada und Nordwest-USA, an den Westflanken der Süd-Anden, in Schottland, an Teilen der Alpen, in den Kapgebirgen Afrikas sowie in den Neuseeländischen Alpen erhöhen Stauvorgänge sowohl die Häufigkeit der Niederschlagstage als auch die Niederschlagsmengen. Im südlichen Chile regnet es dadurch an 300 und mehr Tagen im Jahr.

Bei nördlichen Strömungen geraten die Berglagen der Alpen nördlich des Hauptkammes in Wolken und in Regenfelder. Bei südlichen Winden sind die Berglagen der südlich vom Hauptkamm gelegenen Alpen von Stauwolken mit Regen oder Schnee betroffen. Auch in der Westwinddrift entfaltet sich ein sommerlicher Monsun.

Die Periode der Sommerregen mit der sogenannten Schafskälte in Europa im Juni geht auf das Einfließen kühler Luft in den Kontinent zurück. Für die Beurteilung der Änderung des Schlechtwetters ist die Siebenschläfer-Regel durchaus sinnvoll: wenn es Ende Juni kühl und regnerisch ist, so dauert dieses Wetter noch Wochen an; im umgekehrten Falle bleibt es wochenlang schön.

Die sommerliche Abkühlung in den Alpen hat große Bedeutung für den Massenhaushalt der Gletscher. Wenn es z.B. im Sommer auf die Gletscher schneit, so wird durch die hohe Strahlungsreflektion am frischen Schnee das Gletschereis vor Ablation (= Abschmelzen) bewahrt.

In den polaren Breiten findet man relativ häufig Ostwinde. Sie wehen aus dem Bereich der arktischen oder antarktischen Hochdruckgebiete (Antizyklone). Charakteristisch für die großen Eisschilde Grönlands und der Antarktis sind die Schwerewinde oder katabatischen Winde. Sie folgen dem Eisrelief zur Küste hin.

In der Antarktis steigern sich am Höhengefälle von über 3000 Metern die Geschwindigkeiten der Winde auf über 100 Kilometer in der Stunde und mehr. Das Jahresmittel der Windgeschwindigkeit erreicht Werte von über 25 m/s!

Die Gebirge sind Wind-, Wetter-, Klima- und Wasserscheiden. Die *Continental Divide* der Rocky Mountains trennt die zum Golf von Mexiko oder zum Pazifik strömenden Flüsse; die Hauptkämme der Alpen scheiden den mediterranen Klimabereich von den kühlgemäßigten Zonen. Nördlich der Kämme beherrschen Nadelwälder, südlich der Kämme Laubbäume wie Akazien, Edelkastanien sowie Strauchvegetation die Berghänge. Die Himalayaketten trennen den indischen vom chinesischen Klimaraum, den Bereich des feuchten Sommermonsuns vom trockenen Wintermonsun, der in der kalten Jahreszeit China und Korea überfließt und den Westflanken der japanischen Gebirge durch Luftmassenstau regelmäßig den Schnee liefert.

Die Gebirge verursachen *eigene Windsysteme* wie die tagesperiodisch auftretenden Hangauf- und -abwinde, die Tal- und Bergwinde, die großräumigen thermischen Ausgleichsströmungen zwischen Gebirgsstöcken und den umgebenden Niederungen, Lokalwinde wie den Malojawind an der italienisch-schweizerischen Grenze oder den Ora am Gardasee,

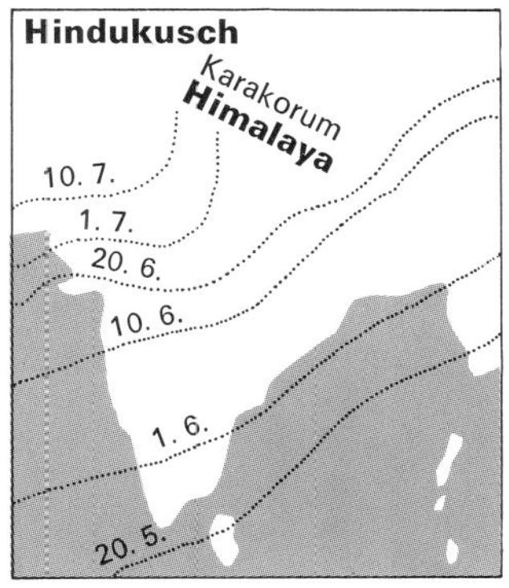

Indischer Monsun. Vorrücken der Monsunfront von Süden nach Norden. Die Daten können allerdings um mehrere Wochen von diesem Beispiel abweichen, was bei Verzögerungen zu den gefürchteten Dürren und Ernteausfällen führt.

Die tagesperiodischen Winde in Gebirgstälern und an Berghängen haben tagsüber und nachts entgegengesetzte Richtungen:

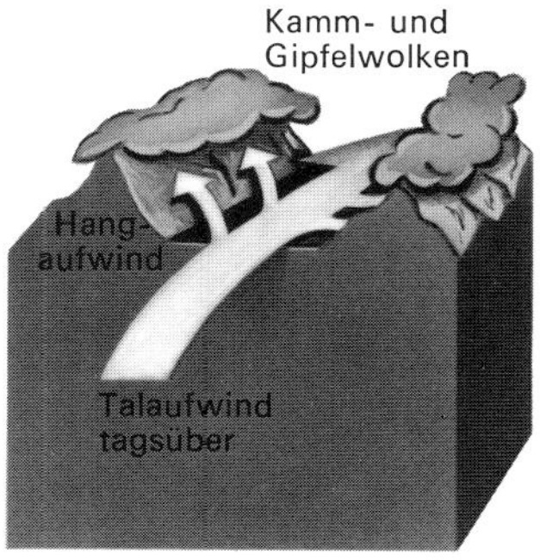

Der Talaufwind entwickelt sich nach den Hangaufwinden.

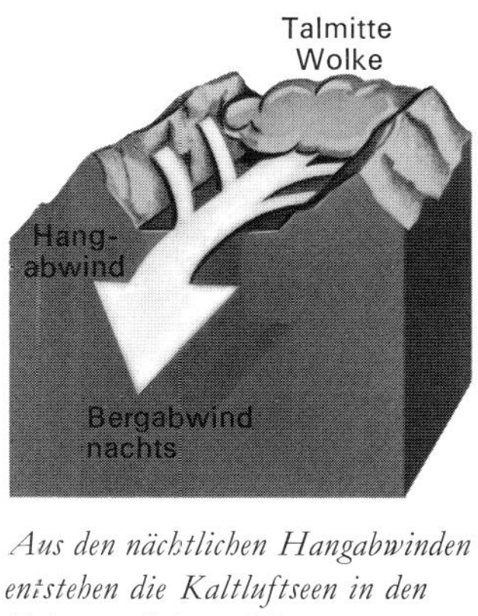

Aus den nächtlichen Hangabwinden entstehen die Kaltluftseen in den Tälern und der talabwärts strömende Bergwind.

1 Föhnstimmung am Stadlberg bei Miesbach in der bayerischen Voralpenlandschaft.
Wie Fische schwimmen die Linsenwolken im Strömungsfeld des Föhns. In der Föhnlücke am Alpenrand ist der Himmel sonst wolkenfrei.

2 Föhnwogenwolken über dem Drautal, Kärnten, Österreich.
Bei der Überströmung des Gebirges folgt die Luft wellenförmigen Stromlinien. Im Wellental sind die Wolken dünn oder aufgelöst, im Wellenberg dicht.

3 Föhnmauer und Föhnsturm über dem Jungfraujoch, Berner Oberland, Schweiz.
Wie eine Haube wölbt sich die Stauwolke, schiebt sich über den Kamm des Berges und wird im Lee der Strömung aufgelöst.
Als Föhnsturm bricht die Luft in die Leetäler ein.

4 Föhnlücke über der Schweiz am Bodensee.
Die absteigende Luftströmung hat am Alpenrand die Wolken aufgelöst. Das Wolkenfeld im Vordergrund gehört schon zum herannahenden Schlechtwettergebiet, das von Westen kommend bald Regen bringt.

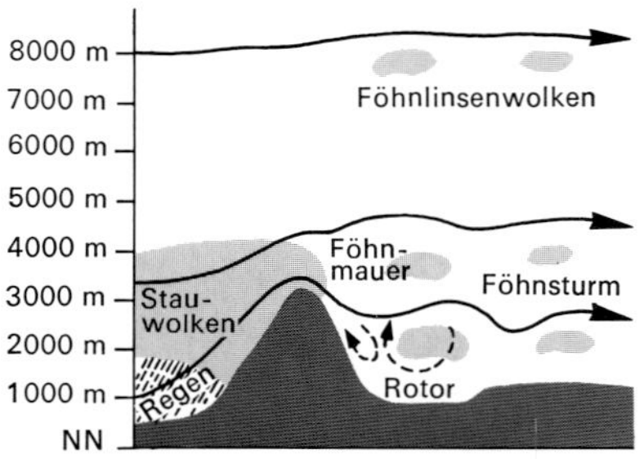

Luftströmung und Wolken bei Föhn. Im Aufwind des Luftstaus auf der Luvseite Wolken und Niederschläge, an den Wellen der leeseitigen Föhnströmung Bildung von Rotor- oder Linsenwolken.

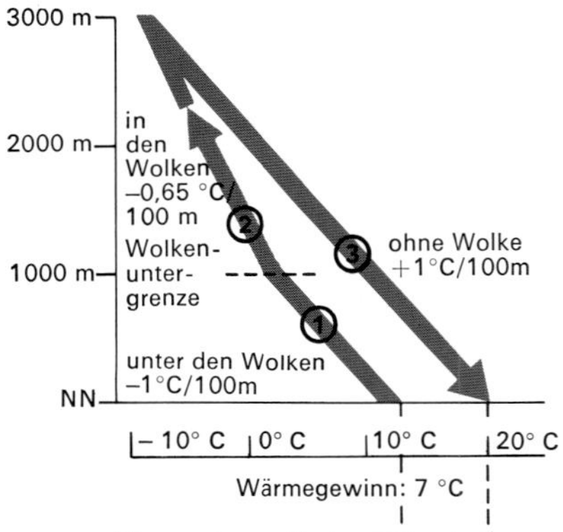

Thermodynamik des Föhnwindes. Das Diagramm stellt die Temperaturänderungen der im Luv (1 und 2) aufsteigenden und im Lee (3) absteigenden Luftmassen dar. Die Ausgangstemperatur ist willkürlich gewählt.

kalte Fallwinde wie die Bora in Jugoslawien und den Mistral in Südfrankreich oder als warmen Fallwind den Föhn, über den noch zu sprechen ist.

Die Hangaufwinde setzen an Schönwettertagen im Laufe des Vormittags zuerst an den besonnten Hangseiten ein; die schon aufgewärmt sind. Mit 2–5 m/s strömt Luft kammwärts in flachen, 20–50 m starken Schichten die Hänge hinauf. Dohlen nutzen gern den Aufwind und segeln in der Strömung. An Kämmen und Gipfeln streben die Aufwinde an einem Punkt zusammen und erzeugen gegen Mittag Gipfelwolken. Über den Tälern bleibt im kompensierenden absteigenden Luftstrom die Atmosphäre vielfach wolkenfrei. Die schließlich alle Hangpartien erfassenden

1

Aufwinde saugen talaufwärts die Luft nach und der bergeinwärts entfachte Talaufwind erfüllt den ganzen tieferen Talraum. Später am Tag erlöschen an den zuerst beschatteten Hängen die Aufwinde, und nach einer Ruhepause dreht der Wind um: Von den abkühlenden Hängen weht nun kühler Wind talabwärts. Durch Talverengung und Wälder entstehen Kaltluftseen, an deren Obergrenze Temperaturinversionen oft durch Nebelbänke kenntlich sind. Die allseitigen Hangabwinde verursachen schließlich den bergaus und talab wehenden Bergabwind, der bis in das Vorland spürbar wird. Der Bergabwind läßt erst nach Sonnenaufgang nach. Zwischen ihm und dem neuen Talaufwind liegt eine Windstille von ein bis zwei Stunden.

Die tageszeitliche Zirkulation nimmt in Abhängigkeit von der Ausdehnung und Neigung der Gebirgshänge, vom Strahlungsfluß und von der Vegetation örtlich verschiedene Formen an. Die Regelmäßigkeit der Windrichtungen in einem Gebiet ist an den windschnittigen und gekrümmten Baumkronen ablesbar. Die thermische Zirkulation hat auch großen Einfluß auf Bergwaldbrände, die tagsüber nach oben fortschreiten.

In winterlichen Hochdrucklagen bilden sich in den Gebirgstälern besonders hoch reichende Kaltluftseen mit Tal- oder Hochnebel. Die Nebelmeere branden wie Wellen an die Hänge und fluten ohne Auflösung über Höhenrücken und Bergkämme, denn Eiskristalle als Nebelelemente verhalten sich in der Frosttemperatur konservativer als Wasser-Nebeltröpfchen bei Wärmegraden. Über den Nebelmeeren scheint die Sonne. Die klare Luft erlaubt weite Fernsichten. Unter den Nebelmeeren ist es kalt und unfreundlich, oben dagegen mild; in Windruhe wird sanfte Wärme vermittelt.

Eine besondere Würdigung verdient der schon erwähnte *Föhn,* nicht nur weil dieser im Lee auftretende warme Fallwind ein echter Gebirgswind ist, sondern weil er mit besonderen Witterungserscheinungen und Einwirkungen auf Klima und Wohlbefinden der Menschen verbunden ist. Er ist ein warmer, trockener und im Gebirgsbereich auch stürmischer Wind. Als Tramontana, «Traubenkocher» oder Nordföhn wird er auf der Südseite der Alpen angesprochen. Er entsteht, wenn die Wetterlage die Höhenwinde quer oder schräg zur Streichrichtung großer Gebirgssysteme führt. Die Föhnwinde sind nicht auf die Alpen beschränkt. Sie wirken sowohl an manchen europäischen Mittelgebirgen als auch z.B. am Ostrand der Rocky Mountains als Chinook, in den argentinischen Anden als Zonda, in Spitzbergen sowie im Lee des grönländischen Eisschildes.

Die Eigenschaften des Föhns als thermischer Wind beruhen auf folgendem Prozeß: Die auf der Luvseite auftreffende Strömung muß im Staugebiet aufsteigen und im Leegebiet absinken. Bei der Hebung kühlt sich die Luft ab; es bilden sich im Luv Stau-Hebungswolken und Niederschlag. Die Wolken erstrecken sich bis in die Kammhöhe und sind von der Leeseite her als *Föhnmauer* zu sehen. In der Kammhöhe geraten die Wolkentröpfchen der Föhnmauerwolken in den Abstrom auf der Leeseite. Die Tröpfchen verdunsten, die Verdunstungskälte erzeugt kühle Luft in Kammhöhe, die im Lee talwärts stürzt und sich dabei zunehmend erwärmt. Der Wärmegewinn der Leeluft rührt daher, daß die Luft sich im Luv in der Stauregenwolke nur mit 0,65 °C je 100 m Höhenanstieg abkühlt, während sie im Leeabstieg auf der ganzen Höhendifferenz 1 °C je 100 m Höhendifferenz Wärme gewinnt. In den Alpen ergibt sich dadurch ein Temperaturgewinn von 10 °C, in den Kordilleren von 15 °C.

Mit der Erwärmung im Lee sinkt die relative Luftfeuchtigkeit von 100% auf rund 25–30% ab. Die austrocknende Föhnströmung führt zu Wolkenauflösung, hervorragenden Fernsichten, zu blauem Himmel, und erstreckt sich über 100 km weit auch in das Gebirgsvorland. Zu den auffallenden Erscheinungen des Föhns gehören die Föhnwellen über und hinter den Gebirgen, erkennbar an hinter- und übereinander gestaffelten Scharen von linsenförmigen Wolken. Es können sogar 10 bis 20 solcher parallel zum Gebirge ausgerichtete Wolkenfelder auftreten. Die Wolken bilden sich ortsfest in den

2

3

4

An der Grenze des Lebensraums: Windgescherte Krone einer Kiefer auf dem Sentinel Dome, Yosemite-Nationalpark, Kalifornien. Individuen der gleichen Art vegetieren dort im Fels seit mehr als 3000 Jahren.

Unten: Schneeschurf-Fichte, bei Mürren im Berner Oberland, Schweiz. Auf der Bergseite hat der Baum alle Äste eingebüßt.

Rechts außen: Hochgebirgsmatten in den Dolomiten. Hintergrund Geislerspitzen, aufgenommen von der Seceda. Wie Samt überziehen Grasmatten die Lehnenhänge in diesen für sie unüblichen Höhenlagen. Regen und Nebelniederschläge sowie die relativ starke Besonnung führen zu Grasnarbenbildung. Schwer zugängliche Matten zwischen Wänden sind bevorzugte Einstands- und Weideplätze für Gemsen und andere Wildtiere.

Wellenbergen der Strömung, die Wellentäler sind hingegen wolkenfrei. Als Moazagotl-Wolke wurde die Föhnwolke des Riesengebirges bekannt. Im Föhnwellensegelflug werden die stationären Strömungswellen zum Höhenflug bis auf 8000 m genutzt.

Viele Menschen sind gegenüber Föhn wetterempfindlich. Als physiologische Äußerungen sind Migräne, Kopfschmerzen, Unlust, mangelnde Lern- und Konzentrationsfähigkeit sowie Schlaflosigkeit bekannt. Als Ursache für den Meteorotropismus wird ein Zusammenwirken der Luftdruckschwankungen, des raschen Temperaturanstiegs und Feuchteabfalls mit luftelektrischen Änderungen und der verstärkten Sonnenstrahlung vermutet.

Föhn ist als Wettervorgang also mit Schlechtwetter im Luv und Schönwetter im Lee verbunden. Beim Nordföhn ist das Wetter auf der Nordseite der Alpen kühl und südlich des Alpenhauptkammes im Föhnwind trocken, wolkenarm und windreich. Bei Südföhn regnet es im Süden und der heitere Föhnhimmel öffnet den Blick über die Gipfel nach Norden hin. Föhn weist immer auf bevorstehenden Wetterumsturz hin, zumindest auf Wolkeneinbruch.

Wenn die Gebirgsschwellen niedrig sind, so können Fallwinde, wenn sie durch Kaltluftmassen gespeist werden, auch in den Leetälern als relativ kalte Winde auftreten. Das ist der Fall bei der *Bora* vom jugoslawischen Karst ins Adriatische Meer und beim *Mistral*, der sich zwischen den Cevennen und den französischen Südalpen entlang der Rhône in Böen in den Golfe du Lion ergießt. Zu den Kaltluftwinden gehören ferner die nächtlichen *Luftlawinen,* die sich aus Felswänden urplötzlich ablösen, oder die *Gletscherwinde,* die kalte Luft über die Gletscherzunge hinweg talwärts führen; schließlich auch die *Lawinenstürme* im Gefolge von Schneebrett-, Fließ- und vor allem Staublawinen. Jedesmal wird dabei Luft mitgerissen. Bei Staublawinen kommt es zu Sturmstärken bis über 100 km/h!

Großräumige Gebirge verursachen großräumige Gebirgswinde in der Form von thermischen Ausgleichsströmungen. Die großen Gebirgsblöcke stellen in der Atmosphäre Wärmequellen dar. Weiträumige wolkenfreie Zonen über den Gebirgen sind die Folge. Satellitenbilder bestätigen das für die Ostseiten der Anden, aber auch für den Himalaya, der sogar während des Sommermonsuns zum Teil wolkenfrei sein kann: Im Mittel sind über 60% der Vorberge wolkenfrei, während 40% in Monsunstürmen mit Wolkenfeldern liegen. Im südöstlichen Tibet sind nächtliche Regenschauer häufig.

Die Wirkung der Klimafaktoren im Gebirge

Die Höhenstufung der Klimafaktoren wirkt sich in allen Bereichen der belebten und unbelebten Natur aus.

Die *Gesteine* und die *Böden* unterliegen höhen- und klimaabhängig verschiedenartiger Verwitterung. In den humiden Zonen der Erde werden die Böden durch die Wasserbewegungen erodiert. Durch von Sickerwasser hervorgerufene Hangrutschungen und Geröllmuren entstehen aufgerissene Hänge. In den ariden Bereichen der heißen Klimazonen schafft die thermische Verwitterung Gesteinsschuttmassen. In den frostwechselreichen Höhenlagen existiert das Phänomen der Solifluktion, wobei Frost den Boden aufbereitet und Sonnenwärme den aufgetauten Boden breiartig zum Fließen bringt.

Im *nivalen Bereich* der Gebirge sind Schneefall und Umlagerung, Schneeneubildung und Aperung, Eisbildung und Ablation die wichtigsten Prozesse. Die Zusammenhänge sind bei der Besprechung der Lawinen und Gletscher besonders erläutert und illustriert (vgl. Seiten 96ff. und 121ff.).

Das *fließende Wasser* verändert stetig die Formenwelt der Gebirge. Die Gebirgsbäche und -flüsse schneiden sich nach rückwärts in die Gebirge hinein und transportieren Sedimente und Gebirgsschutt in das Tiefland. Die Bändigung der Wildbäche ist zwar ein temporärer Schutz der zivilisierten und technisierten Welt gegen Muren und Hochwasser, aber letztlich sind die Verbauungen Fesseln, die die Natur immer wieder durchbricht.

Der *Wirkungen auf die Vegetation* äußern sich in der vertikalen Vegetationsstufung, in den Höhengrenzen der Pflanzenarten, in der Ausbildung der Jahreszeiten, in Expositionsunterschieden und in dem Formen- und Artenwandel der Pflanzen. Die Baum- und

Typische Erosionsrinnen an der Nordküste von Oahu, Hawaii. Aus der Passatwolkendecke fallen unaufhörlich Niederschläge. Unzählige Bäche tragen den Lockerschutt des Vulkankegels ab.

Waldgrenze belegt eindrucksvoll die meteorologischen Gesetzmäßigkeiten. Geographische Breite wie Höhe sind für die Existenzgrenzen von Bäumen bedeutsam: Während in den polaren Zonen die Baumgrenze an das Meeresniveau heranrückt, wobei schließlich nur mehr Zwergwuchs möglich ist, wie im Norden Norwegens, finden sich in Sinkiang und Nordchile Bäume noch in nahezu 5000 m Höhe! Im Himalaya und in Neuguinea liegen die Baumgrenzen um 4000 m Meereshöhe, in den Alpen um 2500 m.

Die Vegetationsstufen, auf die bereits mehrfach hingewiesen wurde, lassen sich am Vorkommen bestimmter Pflanzen z.B. von Baumarten wie Palmen, Lorbeer, Eiche, Kastanie, Buche, Fichte, von bestimmten Pflanzengesellschaften oder bestimmten Landnutzungen definieren. Ein Beispiel: In den Hochanden von Peru folgt auf die Tierra caliente der Tieflagen die gemäßigte Zone der Tierra templada und die Tierra fria. Darüber folgt der Páramo-Gürtel und die subnivale oder nivale Stufe der Tierra helada.

In der heißen Tierra caliente von etwa 0 bis 1000 m ü.M. können sowohl tropischer Regenwald als auch Savanne, Dorngewächse, Halbwüste oder Vollwüste vorkommen. Die Tierra templada mit tropischem Bergwald, Feucht- oder Trocken-Savannen oder tropisch montanen Halbwüsten bis Wüsten endet an der mittleren Frostgrenze bei etwa 2000 m. In der Tierra fria finden sich die tropischen Höhen- und Nebelwälder, aber auch Dornbuschvegetation und Wüsten. In dieser Zone werden Mais, Knollenfrüchte und Getreide angebaut. Als Grenze des Akkerbaues gilt die obere Stufe der Sierra. Ab 4000 m befinden sich die Lama- und Alpaca-Weiden, die Páramo- (Feuchtprärie-) und Puna-Vegetation. Die Puna tritt als Feucht- oder Gras-Puna, Trocken-Puna, Dorn-Sukkulenten-Puna sowie Wüsten- oder Salz-Puna auf. In der subnivalen Stufe wird im ganzjährigen Frostwechsel Gesteinsschutt gebildet. In ca. 5000 m Höhe ü.M. liegt die Schneegrenze und ab 5500 m herrschen ständig Frosttemperaturen.

Im Himalaya sind die Vegetationsgürtel in andere Höhenstufen einzuordnen: bis 800 m finden sich in der indischen Steppe (= Tarai) subtropische Dornsträucher. Die Zone 800–1200 m (Siwalik-Ketten) wird von tropisch trockenem Fallaubwald eingenommen. Im Vorderhimalaya herrscht Lorbeer, Nadelwald oder Nebelwald, immergrüner Laubwald und Gebirgs-Regenwald vor. Im Hochhimalaya über 4000 m befinden sich feuchtalpine Büsche und Matten sowie Steppen.

In den mittleren Breiten, z.B. in den Alpen, ist der Expositionseinfluß durch den Wechsel der Baumarten – Hartlaubgewächse im Süden und Nadelwald im Norden, Laubwald auf den südexponierten Hängen und Nadelwald auf den Nordhängen – sehr ausgeprägt. Die *submontane* Stufe kennzeichnet die Tieflagen um 500 m, die *montane* Stufe umfaßt die Höhen der Mittelgebirge bis etwa 1500 m. Die *subalpine* Stufe entspricht der Tierra fria; sie geht bis ca. 2000 m. Darüber beginnt die nivale Höhenstufe mit der ihr entsprechenden, baumlosen Vegetation.

Im polaren Bereich herrschen zwar gleiche Existenzbedingungen für die Vegetation, der Wandel der Vegetationsformen erfolgt jedoch anders als im Gebirge. Im Hochgebirge besteht der Gebirgswald meist aus noch hochragenden Nadelbäumen bis hinauf zur Waldgrenze. Außerhalb der Waldgrenze fristen noch einzelne isolierte Bäume bis hin zur Baumgrenze ihr schwieriges Leben. Sturm, Blitzschlag, Schneedruck und -kriechen, Lawinen und Muren, hohe Schneedecken und -hänge, Schneeschliff, Frost und Hitze gefährden ihr Dasein. An der polaren Waldgrenze bestimmen Laubwälder und Zwergwuchs die Waldgrenzen.

In ähnlicher Weise wie die Pflanzenwelt prägt das Höhenklima die *Tierwelt,* deren Arten, Habitus und Verhalten. Hierüber ist Näheres dem nächsten Hauptkapitel zu entnehmen. Während die Tiere mehr oder weniger ortsfest und an die Gegebenheiten der Gebirge physiologisch angepaßt sind, gilt dies beim Menschen nur für die eigentlichen Gebirgsbewohner. Die vielen Bergsteiger und Touristen aus anderen Gegenden überwinden dank modernster technischer Mittel oft in kurzer Zeit große Höhendifferenzen und setzen sich dadurch besonderen Bedingungen aus. Auf die dabei entstehenden Probleme gilt es hier einzugehen.

Die Höhenstufung der meteorologischen Elemente hat auch für die Physiologie des Menschen in verschiedener Weise erhebliche Bedeutung.

Die Abnahme des Luftdruckes selbst ist weniger bedeutungsvoll als die Verringerung der Partialdrücke von Sauerstoff, Kohlensäure und Wasserdampf. Die Sauerstoffarmut der Höhen-Atmosphäre wird über die Atmung am deutlichsten wirksam. In körperlicher Ruhe wird bei etwa 16 Atemzügen à 500 cm^3 eine Luftmenge von ca. 8 Liter pro Minute eingeatmet. In Meereshöhe beträgt der O_2-Partialdruck etwa 210 mbar. Davon werden 95% des Bluthämoglobins mit Sauerstoff versorgt. In 2500 m Höhe beträgt der Sauerstoffpartialdruck nurmehr etwa 75 mbar, wobei noch ca. 91% des Hämoglobins mit Sauerstoff versorgt werden. Mit der Höhe sinkt der Sauerstoffteildruck immer weiter. Bei rund 40 mbar in etwa 6000 m Höhe erfolgt nur sehr geringe O_2-Bindung, und bei unter 20 mbar O_2-Partialdruck kommt es durch Sauerstoffmangel zu Herzstörungen, Bewußtlosigkeit und Tod.

Der Sauerstoffmangel der Atemluft kann von empfindlichen Menschen bereits in 1500 m Höhe ü.M. gespürt werden. Anzeichen von Bergkrankheit infolge vermindertem Sauerstoffgehalt sind in den Alpen normal ab 3000 m, in den Anden ab 4000 m und im Himalaya ab 5000 m. Symptome sind rascheres Atmen, Unruhe, Frieren oder Kopfschmerzen, Schläfrigkeit, Reizbarkeit, Erbrechen – bis zu Kollaps, Nachlassen von Körperfunktionen und Ohnmacht. Die Erscheinungen verschwinden meist sofort, wenn tiefere Höhenstufen erreicht sind. Der Körper ist adaptionsfähig: Im Gebirge paßt sich der Brustkorb durch Ausdehnung an; die roten Blutkörperchen und die Sauerstoffaustauschflächen werden vermehrt. Bergkrankheit tritt auch bei passivem Verhalten, in Flugzeugen oder Bergbahnen ein und verstärkt sich, wegen des Mehrbedarfes an Sauerstoff, durch körperliche Tätigkeit. Die Wirkung ist von der Aufstieggeschwindigkeit abhängig.

Um den Sauerstoffbedarf in der Höhenluft zu dekken, hilft sich der Körper durch Erhöhung der Herz- und Atemleistung. Beispielsweise muß die Atemtätigkeit am Jungfraujoch, in 3450 m Höhe ü.M., gegenüber dem schweizerischen Tiefland um 30–80% gesteigert werden. Die Erhöhung der Atmungsfrequenz erfolgt dabei unbewußt. Die Erregbarkeit des Atemzentrums ist vom Kohlendioxid-Gehalt (= CO_2) beeinflußt.

Das arterielle Blut erhält etwa 50% und das venöse Blut 60% CO_2. Bei geringem Luftdruck sinkt auch automatisch der Partialdruck des CO_2. Das Kohlendioxid ist in der Luft mit einem Anteil von 0,035% am Volumen vertreten. Beim Ausatmen von CO_2 vermindert sich in großer Gebirgshöhe das im Blut gelöste Kohlendioxid (H_2CO_3). Das Resultat ist die *Höhenalkalose*. Der Körper wirkt dem entgegen, indem die Niere vermehrt Bikarbonat ausscheidet. Wenn der ständige Verlust an Kohlendioxid beim Höhenanstieg nicht mehr ausgeglichen wird, kommt es zu tiefgreifenden Umstellungen des Stoffwechsels, da Atmung und Stoffwechsel eng gekoppelt sind. Als kritische Höhe für die Akklimatisation gilt eine Höhe von 6000 Metern. Die Grenze für Aufenthalte ohne Atemapparat liegt bei 8500 m Höhe ü.M., und die maximale Grenze, um ohne Überdruckkabine kurze Zeit zu überleben, ist etwa 11 000 Meter Höhe.

Eine weitere Folge der Höhenstufung der Atmosphäre entsteht durch die geringe Luftfeuchte. In Verbindung mit der Hyperpnoe (= vermehrtes Atemvolumen) kommt es zu einem vermehrten Wasserverlust des Körpers. Die trockene Atemluft wird in den Lungenalveolen auf 37 °C erwärmt und bis auf 100% relative Feuchtigkeit angereichert. Während der Atem-Wasserverlust im Tiefland etwa 1/3 Liter pro Tag beträgt, macht er im Hochgebirge 1/2 bis 3/4 Liter je Tag aus. In der Antarktis muß mit 1,5 Liter gerechnet werden. Der Gesamtwasserverlust durch Atmung und Körpertranspiration ist etwa dreimal höher. Mit dem Wasserdampfübergang ist auch ein Wärmeverlust des Körpers verbunden, der etwa 1/5 bis 1/10 des Gesamtenergieumsatzes ausmacht. Man kann sagen, daß die Umsätze etwa die in der nebenstehenden Tabelle aufgeführten Werte annehmen.

Grassteppen im Altiplano der Anden (um 4000 m). Diese Hochgebirgstundra, wo sich Mensch und Haustier nur kärglich ernähren können, ist relativ stark besiedelt.

Für den Bergsteiger im Aufstieg gilt etwa das Dreifache dieser Zahlenwerte. Hinzu kommen dann noch die Schwitzwasserverluste.

Sonnenstrahlung, erhöhte Windgeschwindigkeit, tiefe Temperaturen und Sauerstoffmangel machen das Gebirgsklima zum *Reizklima*. Als solches wird es in den *Höhenluftkurorten* therapeutisch genutzt. Die Staub-, Pollen- und Sporenarmut der Gebirgsluft verhilft Kranken mit Allergie-Bronchitis, Asthma usw. zur Heilung oder Beschwerdenlinderung und die Natur-Eindrücke verstärken die Heilkraft psychologisch. Den «Reiz» macht gerade die den Erholungssuchenden manchmal störende wechselhafte Witterung im Gebirge aus, welche die Körperfunktionen anregt und damit sehr gesundheitsförderlich ist.

Energie- und Wasserdampfverluste des menschlichen Körpers als Folge abnehmender Luftfeuchte in höheren Lagen.

Höhe ü.M. mNN	Atmungs-Energieverlust kcal/Tag	Wasserverlust Liter/Tag
500	300	0,35
1000	350	0,45
2000	450	0,60
4000	650	1,00

Eis und Schnee

Zum Bild der Gebirge gehören Schnee und Eis. Dies gilt auch für die Hochgebirge der Subtropen und Tropen, zumindest für ihre Gipfelregionen. Das gefrorene Wasser findet sich in verschiedensten Formen, von der glitzernden Eisnadel bis hin zum Gletscher. Es präsentiert sich in eindrucksvollen Phänomenen, wie im Schneesturm, im Eisbruch oder durch Lawinen, aber auch in weniger bekannter oder voluminöser Form. Wenn z.B. unterkühlte Wassertropfen aus Gewitterwolken auf feste Oberflächen treffen, bilden sie schlagartig blanke Eisschichten, sei es an Fels oder Flugzeugflügeln oder an den Bäumen des Bergwaldes. Das Rauheis bildet die Eisfahnen der Gipfelkreuze. In Verbindung mit Schneeflocken wachsen die Rauhfrostfahnen dem Winde entgegen.

Rauhfrostfahne am Gipfelkreuz der westlichen Karwendelspitze, Österreich. Durch die Ablagerungen auf der Luvseite wächst die Schnee-Eisfahne dem Wind entgegen.

Die Schneedecken, die Firnfelder, die Wächten, Lawinen und Gletscher werden von den festen Niederschlägen aus der Atmosphäre gebildet und unterhalten. Die Meteorologen klassifizieren die festen Wasserteilchen als Schneekristalle oder -flocken, als Eisnadeln oder -körner, als Griesel, Reif- und Frostgraupeln oder als Hagel. Der Bergsteiger sollte die Formen unterscheiden können, weil von ihnen auf den Wettervorgang, der sie produzierte, geschlossen werden kann.

Eis- oder Schneekristalle entstehen bei Temperaturen unter null Grad Celsius durch Anlagerung von Wassermolekülen an sogenannte Gefrierkerne. Zumeist bildet sich erst ein dünnes Eisplättchen, in der Form eines sechsseitigen (hexagonalen) Prismas. Beim weiteren Wachstum setzen die Anlagerungen symmetrisch an den sechs Seiten oder Kanten an. Durch Abschmelzen und Wiederanwachsen entstehen die Individuen der Schneesterne. Sie sind besonders ausgeprägt bei tiefen Temperaturen. Bei Temperaturen um den Schmelzpunkt kleben die fallenden und sich berührenden Schneekristalle zu Schneeflocken zusammen. Kaum ein Schneekristall oder eine Schneeflocke gleicht der anderen, wie die Bilder zeigen.

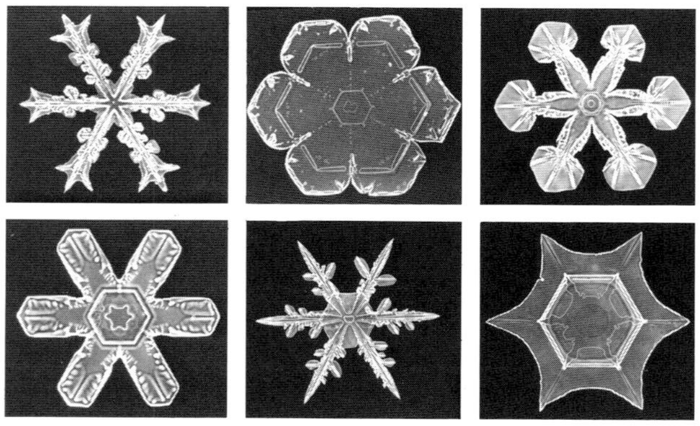

Schneekristalle

Die Bildung von *Schneedecken* aus dem Schneefall vollzieht sich vor allem bei Temperaturen unter null Grad, aber auch noch bei Wärmegraden fällt Schnee; allerdings beträgt schon bei 4 °C Lufttemperatur in Bodennähe der Schneeanteil am Niederschlag nurmehr 1%. Die Dichte der Neuschneedecke hängt sehr von der Form der Schneekristalle ab. Lufttemperatur und Luftfeuchte bestimmen die Formen. Die kleinste Schneedichte mit 0,05 g/cm³ erzeugen die Dendriten; Nadeln führen zu Dichten von 0,05–0,075 g/cm³, Platten, Säulen und Reifnadeln zu 0,075–0,1 g/cm³ und reifüberzogene Dendriten zu Schneedichten größer als 0,1 g/cm³. Die Dichte ist gleichzusetzen mit dem Wassergehalt (= Wasseräquivalent).

Die in der Schneedecke angesammelten oder akkumulierten Schneeteilchen unterliegen ständiger *Umformung* und *Umlagerung*. Der Schnee setzt sich und kriecht hangabwärts, er wird vom Wind verweht und gepreßt, durch Schmelzen sowie Verdunsten abgetragen und durch Kondensation, Sublimation, Reifbildung und Gefrieren strukturell verändert. Die Kennzeichnung der Neu- oder Altschneedecke als Pulverschnee (= trockener Lockerschnee), als Pappschnee (= feuchter Lockerschnee), als Wild- oder Triebschnee, als Schneefilz, als Schmelz- und Bruchharsch oder als Schwimmschnee, Firnschnee sowie Schneematsch entspricht den verschiedenen Übergangszuständen. Bei der Metamorphose durch Schmelzen, Wiedergefrieren, Reifbildung entstehen Firn- und Gletschereis. Die Schneedichte nimmt ständig zu und erreicht beim Natureis schließlich ca. 0,8 g/cm³. Aus der ursprünglich hexagonalen Form der Schneekristalle entwickeln sich die Becherkristalle des Tiefenreifs oder Schwimmschnees, die Firnkugeln oder kubischen Formen und schließlich die rhomboide Lagerung der Kristalle im Gletschereis.

Die Struktur der Schneedecke und deren mechanische Eigenschaften haben neuerdings großes Interesse bei den Lawinenwarndiensten gefunden. Die Forschungsrichtungen für *Schneephysik* und *Schneemechanik* sind schnell gewachsen. Untersuchungen erga-

Symbole zur Kornformentwicklung von Schnee:

V Reif
\+ Neuschnee
/ Filz
· kleine Körner
□ Körner mit planen Flächen
Λ Basisbecher
⌒ Prismenbecher
▲ volle Becher
⮝ Becher mit Schmelzformen
O Schmelzkörner
Polyeder
Splitter (Körner mit konkaven Formen)
\ Eislamellen, Linsen
= Staub
≂ isotherme Formen

ben folgende Einteilung: Bei feinkörnigem Schnee haben die Elemente Durchmesser von 0,3–0,5 mm, bei grobkörnigem Schnee von 2–4 mm und mehr. Die kegelförmigen Becherkristalle können bis auf Zentimetergröße anwachsen!

Zur einheitlichen Beschreibung des Aufbaus der Schneedecken hat UNESCO in Verbindung mit WMO (World Meteorological Organization) und der Kommission Schnee und Eis in der IUGG (Intern. Union für Geophysik und Geodäsie) sowie mit der AISH (Assoc. Int. Scientific Hydrology) Symbole für die graphische Darstellung in den Schnee- und Lawinenbulletins empfohlen. In den Zeitprofilen der Schneedecke werden horizontweise angegeben: Schneehöhe oder Schichtmächtigkeit, Schneedichte, Kornform und -größe, Schneehärte, Schneefeuchtigkeit, Gehalt an freiem Wasser sowie die Schneetemperaturen der einzelnen Schneehorizonte. Diese sind anhand der Strukturen, Farben usw. unterscheidbar.

In der Schneemechanik spielen eine Rolle die viskosen und elastischen Eigenschaften, die Schneefestigkeit, der Kriechdruck und der Rammwiderstand von Schneesonden, um die Gleitfähigkeit von Schneeschichten, Rutschungen und die Lawinengefahr zu erkennen. Die Rammsonden sind 1 m lang, haben 4 cm Durchmesser, eine 60°-Kegelspitze und ein Fallgewicht von 1 kg.

Schnee hat besondere *Strahlungs- und thermische Eigenschaften*. So absorbiert er nahezu vollständig die langwellige Wärmestrahlung, schmilzt daher bei Wärme sehr rasch, erhält sich aber bei Kälte sehr lange. Die Sonnenstrahlung reicht in einer Neuschneedecke mit 1% noch bis in rund 1 Meter Tiefe. Innerhalb der Schneedecke ist der Schnee verschieden kalt. Bei Oberflächentemperaturen von –10 °C kann der Schnee in Bodennähe null Grad haben. Dies beruht auf der schlechten Wärmeleitfähigkeit. Das große Isoliervermögen des Schnees wird beim Iglubau nutzbar gemacht. Ein Abzug für Körperwärme und -feuchte ist dabei aber erforderlich.

Bei der Feststellung regionaler Verteilung und *Kartierung der Schneedecke* (vgl. hierzu Symboltafel) wird zwischen geschlossener und unterbrochener Schneedecke sowie Schneeflecken (Schneebedeckung kleiner als 50%) unterschieden. In Bergwäldern treten oft kreisförmige Schmelzringe um Baumstämme auf. Im Schneebericht wird auf die Beschaffenheit der Oberflächenschicht, auf die Form und den Zustand der Schneeoberflächen, auf Spezialformen und die Nutzung für die Wintersportarten hingewiesen.

Links: Schneedrift bei Sturm am Gran Paradiso, Italien.
Die Schneekristalle fegen über die Schneeoberfläche und verformen diese zu Riffeln und Kolken.

Mitte: Sturm am Chimborazo (6267 m), Ecuador.
Über die Kämme und den Gipfel dieses Vulkans am Äquator wölbt sich eine Stauwolke.

Unten: Wabenschnee am Kilimandscharo, Tansania.
In dem Gletscherfeld im Vordergrund ist die Schneeoberfläche in wabenartigen Blumen aufgelöst.

Internationale Symbole für die Kartierung der Schneedecken

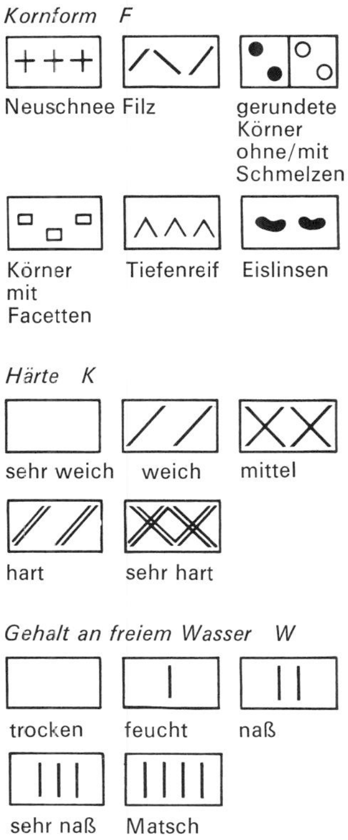

Unten rechts: Schneeablation durch Schmelzwassergerinne auf dem Wege zur Panossière-Hütte am Grand Combin, Schweiz.

Unten: Gratwächte am Biancograt, Bernina, Schweiz.

Eine Linie zur geographischen Abgrenzung von Gebieten mit oder ohne Schnee ist die *Schneefallgrenze*. Im globalen Maßstab wird sie auf das Meeresniveau bezogen, weil die Höhenlagen der Gebirge die Grenzen nach Süden verschieben. Auf der Nordhalbkugel verläuft die Schneefallgrenze entlang der afrikanischen Mittelmeerküste. Sie zieht sich am Persischen Golf vorbei über die iranischen Randketten zum Fuß des Himalaya und südlich davon zur Südküste Chinas. In Nordamerika findet man die Schneefallgrenze in Niederkalifornien, im Hochland von Mexiko und im nördlichen Florida. In der Südhalbkugel verläuft die Schneefallgrenze auf der Linie Santiago de Chile – São Paulo, Brasilien. In Südafrika fällt Schnee auf dem Hochplateau in den Drakensbergen. Außerhalb der Gürtel der Klimate mit Schnee in den Wintern rangieren natürlich die Schneefallgebiete in den tropischen Hochregionen der Anden, des Mount Kenya und des Kibo, des Ruwenzori und Elgon und (sogar in der Sahara!) des Tibestigebirges. In den polaren Landschaften der Hocharktis Grönlands und der Antarktis ist dagegen Regen unbekannt; Niederschlag fällt dort nur als Schnee.

Zur weiteren Kennzeichnung der Schneeverhältnisse können die Angaben über das Datum des ersten Schneefalls, und zwar des frühesten und spätesten Termins, über die mittlere Zahl der Tage mit Schneefall, über das Datum des letzten Schneefalls im Frühjahr oder Sommer, über die mittlere Dauer der schneefallfreien Zeit und über die Tage mit Schneedecke dienen.

Der Begriff der *Schneegrenze* ist nicht identisch mit der Schneefallgrenze! Als Schneegrenze wird nämlich die untere Lage einer Schneedecke bezeichnet. Die Schneegrenze unterliegt großen reliefbedingten Einflüssen (apere Sonnenhänge, schneebedeckte Schattseiten) und jahreszeitlichen Variationen. Man definierte deshalb eine klimatische Schneegrenze als mittlere Höhe der Schneedecken und die temporäre Schneegrenze als die jeweilige jahreszeitliche untere Grenze der Schneefelder. Die Schneegrenze zieht sich in alljährlich gleichem Ausaperungsmosaik im Frühjahr und Sommer in die Hochregionen zurück und kehrt im Herbst in die Tallagen zurück. Der Abstieg zum Tal verläuft schneller als der Ablationsvorgang. Bei der Aperung spielt die Exposition (Steilheit und Richtung des Hanges) eine große Rolle, ebenso für die Existenz einer Sommerschneedecke.

Die größte Höhe der klimatischen Schneegrenze ist nicht am Äquator zu finden, sondern in den Trockengürteln der Erde um 15° S und 25° N. Große zusammenhängende Gebirgsmassen machen ihren wärmenden Einfluß geltend. In Tibet und im Transhimalaya liegen die Schneegrenzen um 5000 m, auf der Puna de Atacama in den Anden dagegen um 4000 m.

Eine weitere Kenngröße ist die *Firnlinie* – die Grenze zwischen dem körnigen Firn, der in dem Nährgebiet eines Gletschers eine Ablationsperiode überdauert hat. Mit der Firnlinie ist also die Schneedecke auf Gletschern vom Blankeis im unteren Zehrgebiet der Gletscher abgegrenzt.

Durch die Ablation infolge Schmelzen und Verdunsten und besonders durch Umlagerungen durch Wind wandeln sich die *Oberflächenformen der Schneedecken*. Beim Schneetreiben verbleiben die Schneeteilchen in Nähe der Schneedecke, beim Schneefegen werden sie hochgewirbelt. Durch Schneezäune, Kolktafeln usw. versucht man, die Schneeverwehung zu verhindern. Die *Schneedrift* führt zu Deflation der Schneeoberfläche, zur Bildung von Schneerippeln, -schuppen, -dünen und Barchanen (= sichelförmige Schneebogen). Bei *Starkwinden* entstehen sogenannte Skavler, Zastrugis und Schneerollen. Gefürchtete Schneestürme sind die Blizzards im mittleren Nordamerika.

An den Graten, Kämmen und Plateaukanten bilden sich überhängende Schneedecken in Form von *Wächten*. Durch Windsedimentation und -pressung sind sie meist dicht und stabil. Die kolkförmigen Hohlformen (Sogwächte) unter der Wächte auf der Leeseite entstehen durch rotorartige Sogwalzen. Dahinter, in der Druckwächte, bildet sich fester Packschnee. Nur oberhalb der alpinen Schneedeckengrenze gibt es Dauerwächten; unterhalb nur die allein im Winter vorkommenden Winterwächten.

Besondere Formen der Schneeoberflächen und Schneefelder erzeugen die Ablationsprozesse. Dabei spielen die Sonnenstrahlung, die reflektierte Strahlung und die Bedeckung der Schneefelder durch Fremdmaterial (Schutt, Staub) eine große Rolle. Man spricht von der bedeckten Ablation bei Fremdmaterialauflage und von der unbedeckten Ablation. Unter Beteiligung von Fremdkörpern entstehen die Eis- und Schneeschmelzkegel, Gletschertische (Gesteinsbrocken, die auf Eissäulen ruhen und schirmartig das Abschmelzen verzögern) sowie Kyrokonitlöcher. Zu der unbedeckten Ablation zählen die Hohlformen Mittagslöcher und Wabenschnee sowie die Vollformen Eisstalagmiten, Eispenitentes und Büßerschnee, die vor allem in den Anden, aber auch auf den Himalayagletschern sehr verbreitet sind.

Die eindrucksvollste Massenumlagerung von Schnee ereignet sich in Form der *Lawinen*, des ruckartigen Abgangs von Schnee und Eis an Berghängen oder Felswänden. Die maßgebenden Faktoren, die Lawinenabgänge im voraus erkennen lassen, wurden inzwischen sehr weitgehend erforscht. Durch Bauwerke (Stützverbau, Gleitschneeschutz, Verwehungsverbau, Ablenkverbau oder Bremsverbau) mit-

Unten: Gipfelwächte des Wetterhorns (3701 m), Berner Oberland, Schweiz.
Wächten bilden sich auf der Leeseite von Gipfeln und Kämmen.

Links: Gipfelwächte im Karwendelgebirge, Österreich.

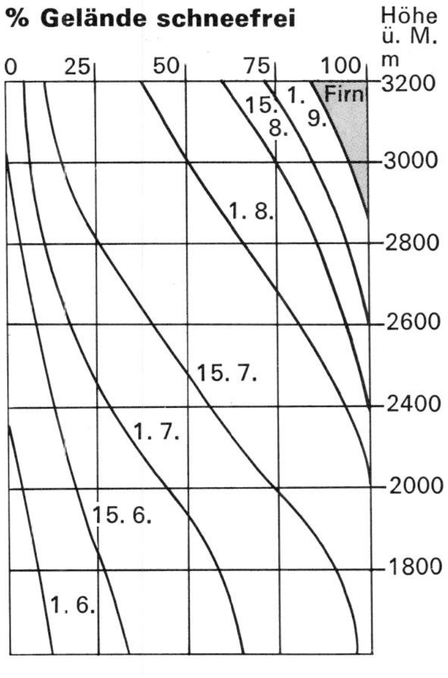

Ausaperung der Schneedecke im Gebirgsgelände der Alpen im Lauf von Sommer und Herbst. Beispielsweise sind in 2500 m Höhe Mitte Juli erst ca. 50 Prozent der Oberflächen schneefrei. Oberhalb 2700 m verbleibt ein Großteil der Schneedecke als Firn.

Bremshöcker gegen Runsenlawinen.

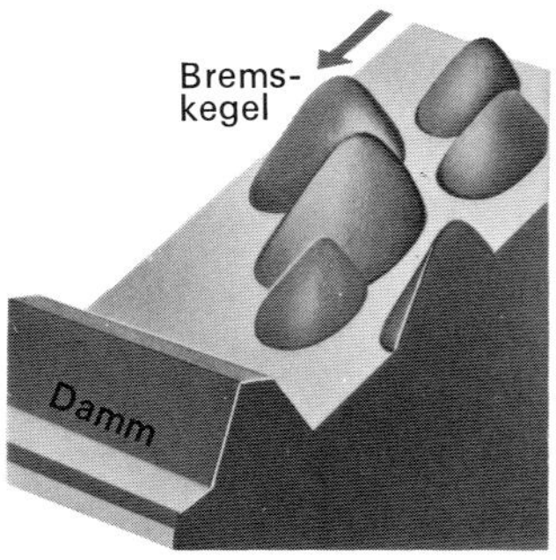

1 Trockene Schneebrettlawine, mit Flächenanriß am Hang, über der Schneedecke gleitend.

2 Lockerschneelawine, mit Punktanriß, auf dem Boden fließend.

3 Staublawine am Schwarzmönch an der Jungfrau, Schweiz. Eine Staublawine donnert mit einer Geschwindigkeit von 80 km/h die Wand hinunter. Das Schnee-Luft-Gemisch reißt auch außerhalb der Lawine die Luft sturmartig mit.

4 Naßschneelawine, Dischmatal, Schweiz. Eine Naßschneelawine hat sich in einer Lawinenbahn wie eine Geröllmure durch den Bergwald gezwängt und alles mitgerissen, was im Wege stand.

5 Bannwald über Andermatt, Zentralschweiz. Der Wald soll die Lawinen aufhalten, die aber bereits mehrfach in ihn eingebrochen sind und Lawinenbahnen hinterlassen haben. Der Wald ist aber auch selbst im Bann, das heißt geschützt: Er muß umsichtig bewirtschaftet und darf nicht kahlgeschlagen werden. Im Anrißgebiet ist der Wald selbst durch Lawinengalerien geschützt. Im Schutz des Bannwaldes, wie unter einem Schirm, liegt im Tal der Ort Andermatt.

Zeitliche Verteilung

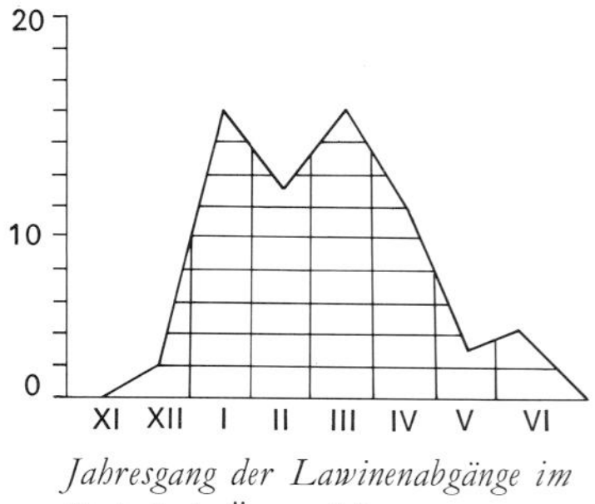

Jahresgang der Lawinenabgänge im Stubaital, Österreich (nach M. Aulitzky).

tels Netzen, Gittern, Brücken, Umleitungen, Kolktafeln, Keilen soll der Lawinenabgang in der Initialphase in den oberen Lagen aufgehalten werden. Bergwald bildet natürlichen Schutz; Aufforstungen an Lawinenhängen sind Schutzmaßnahmen, die jedoch ebenso mühsam wie kostspielig sind. In Lawinenkatastern werden alle Lawinenabgänge registriert. Darin wird genau unterschieden zwischen Lockerschnee-, Festschnee-, Eis-, Staub-, Grund- und Oberlawinen, Schneeschlipfen sowie Schneebrettern.

Das Schweizerische Institut für Schnee- und Lawinenforschung am Weißfluhjoch über Davos hat die Lawinentypen wie folgt definiert:

1

2

1. nach dem *Typ des Abbruches*
   a) an einer Linie: Schneebrettlawine
   b) an einem Punkt: Lockerschnee-Lawine
2. nach den *Gleitflächen*
   a) innerhalb der Schneedecke: Oberlawine
   b) an der Bodenoberfläche: Bodenlawine
3. nach dem *Feuchtezustand*
   a) trockener Schnee: Trockenschneelawine
   b) feuchter Schnee: Naßschneelawine
4. nach der *Form der Bahn*
   a) flächiger Abgang: Flächenlawine
   b) kanalartiger Abgang: Runsenlawine
5. nach der *Bewegungsart*
   a) durch die Luft stiebend: Staublawine
   b) am Hang fließend: Fließlawine
6. nach der *Auslösungsart*
   a) intern: ungezwungene Lawine
   b) extern: natürliche oder künstliche Lawine infolge einer äußeren Einwirkung

Für die Lawinenwarnung werden auch noch *Sofortlawinen* von *Umwandlungslawinen* unterschieden.

Bei hüpfenden Lawinen reichert sich die Schneemasse bei der Abwärtsbewegung mit Luft an. Beim Auftreffen auf Hindernisse wird die eingeschlossene Luft frei und bildet eine Schock- oder Stoßwelle, die sich knallartig entlädt. Wie schon erwähnt wurde, erreicht bei einer Staublawine die mitgerissene Luft Geschwindigkeiten von mehr als 80 km/h! Durch Druck und Sog werden ganze Wälder zerfetzt. Der Staudruck in dem Schnee-Luft-Gemisch wurde mit 7 Tonnen/m² festgestellt.

Rohdaten über die Geschwindigkeiten (v), Dichten (d) und Drücke (p) gibt nachstehende Übersicht:

3

4

	v m/s	d kg/m³	p t/m²
Schneebrett	8–10	—	—
Trockenschneelawine	10–30	300–400	100
Naßschneelawine	20–40	50–300	50–60
Staublawine	30–70	2–50	10

Auf der Bahn talwärts bilden die Lawinen Abrisse und Bahnen im Bergwald; sie sammeln die Schneemassen in Lawinenkegeln.

Die früheren Alpenbewohner haben die Lawinenbahnen genau gekannt und ihre Häuser und Ortschaften außerhalb der Gefahrenzone gegründet. Mit Leichtsinn geht die heutige Besiedelung auch in die potentiellen Lawinenbahnen hinein.

5

6

6 Lawinensprengung mit Mörser. Der kontrollierte Abgang von Lawinen durch Sprengung mit Granaten vermindert die Lawinengefahr für Ortschaften und Verkehrswege. Neben dem gezielten Schuß mit Mörsern sind Lawinenspreng-Seilbahnen in Gebrauch, wobei im Anrißgebiet von dem Drahtseil aus Sprengungen ausgeführt werden.

7 Lawinen-Spaltkeil hinter einem Bauernhaus, St. Antönien, Graubünden, Schweiz.

7

Das im lawinengefährdeten Gelände stehende Haus duckt sich hinter dem Erdwall. Die Schneemassen einer auslaufenden Lawine sollen am Keil gespalten und am Gehöft vorbeigeführt werden. Ein solcher Keil wird entweder betoniert oder aufgemauert.

8

8 Lawinengalerie am Lukmanierpaß, Schweiz. Schwere Betonstützen tragen ein Betondach, das von Lawinen überfahren wird. Dadurch wird der Verkehrsweg von Schnee und Geröll freigehalten. Die Galerien schützen im Sommer auch vor Steinschlag.

Das Wetter im Gebirge

Für die Expeditions- und Tourenplanung sind die Kenntnisse der örtlichen Besonderheiten der Witterung und des Ablaufs von grundlegenden Wettervorgängen von großem Wert. Die Ergebnisse langjähriger meteorologischer Beobachtungen an den Bergobservatorien, die sich in den amtlichen Wettervorhersagen niederschlagen, helfen, zusammen mit eigenen Erfahrungen, Risiken bei Bergtouren vermindern.

Zu den grundlegenden Tatsachen gehört, daß die *Jahreszeiten* in den großen Gebirgen der Nord- und Südhemisphäre nicht übereinstimmen. Das liegt an der Asymmetrie der Erdhalbkugeln in der Verteilung von Land- und Meeresflächen, an den unterschiedlichen absoluten Höhen (über dem Meeresniveau) und relativen Höhen (über dem mittleren Landesniveau) sowie an der schon besprochenen Stellung der Gebirge in der großräumigen atmosphärischen Zirkulation. Die Winter in den Gebirgen der Südhalbkugel sind, abgesehen von der Antarktis, durchweg milder als jene im Norden.

Die Luftmassen der tropischen und subtropischen Regionen enthalten zwar mehr Wasserdampf als jene der mittleren und polaren Breiten; jedoch stehen die Niederschlagsdichten von kurzen Regengüssen und Unwettern in den Gebirgen unserer «gemäßigten» Zonen jenen der Tropen nicht nach. Wolkenbrüche von 20 mm pro Minute und Starkregen mit Tagesniederschlägen von mehr als 100 mm sind z.B. auch im schwäbisch-bayerischen Alpenland möglich.

Eine gute Bewertungsgrundlage für die Wahrscheinlichkeit der zu erwartenden Witterung im Ablauf des Jahres bieten die langjährigen klimatologischen Beobachtungen des Bedeckungsgrades des Himmels mit Wolken. Es muß allerdings eine Unterscheidung getroffen werden, ob sich die Wolken in stabil oder labil geschichteter Atmosphäre entwikkeln und in welcher Höhenstufe die Wolkenfelder vorkommen.

Aus der Übersicht über den Jahresgang der mittleren Wolkenbedeckung in den Hauptgebirgen der Erde, die hier wiedergegeben ist, sind Hinweise zu entnehmen, mit welchem Bedeckungsgrad in den einzelnen Monaten zu rechnen ist. Die Statistik be-

1

2

1 Cumulus Congestus mit Piläus über dem Karwendel.
Dies ist eine oft im Gebirge beobachtete Erscheinung. Über der aufgetürmten Quellwolke bilden sich schleierartig verwaschene Kappen. Sie sind vom Wind verursacht, für den die Tropfenansammlung der Wolke ein Hindernis bildet. Nach leichtem Rückstau im Luv wird wogenartig die obere Haube erzeugt, aber im Lee bei absteigender Strömung wieder aufgelöst.

2 Die Gipfelwolke des Monte Antelao in den Dolomiten.
Zum Leidwesen des Bergsteigers sind die Berggipfel relativ häufig von Wolken verhüllt. An Bergen sind die Wolkenuntergrenzen sogar nach unten gezogen, was mit dem Hangaufwind zusammenhängt.

3

3 Bergnebel am Piz Badile, Bergeller Alpen; Schweiz.
Nicht in Übereinstimmung mit den Untergrenzen der Wolkenfelder in der freien Atmosphäre außerhalb des Gebirgsbereiches sind die Wolken- und Nebelfelder am Berg. Hangwind verfrachtet feuchte Luft aus den Niederungen nach oben, wo sie tiefer als im allgemeinen Wolkenniveau kondensiert. Kalte Luft der freien Atmosphäre dringt in die schattigen Hangmulden und führt dort zur Kondensation und damit zur Wolkenbildung.

ruht auf einem globalen Wolkenfelder-Atlas, der im Zeitraum 1967–70 nach Satellitenphotos der Erde zusammengestellt wurde. Es ist zwischen drei Bedekkungsgraden unterschieden: stark bewölkt, wolkig und wolkenarm. Die Angaben bei den Ländern gelten nur für die Gebirge.

Für den generellen Ablauf der Wetterprozesse gibt es viele Regeln. Zwei der grundlegenden Wetterelemente, die *Kalt- und Warmfronten,* lassen sich besonders deutlich unterscheiden:

Kaltfronten kennzeichnen das Vordringen von kalten Luftmassen vor allem an der Erdoberfläche. An der Frontseite der kalten Luftmassen dreht auf der nördlichen Erdhalbkugel die Windrichtung, wenn

4

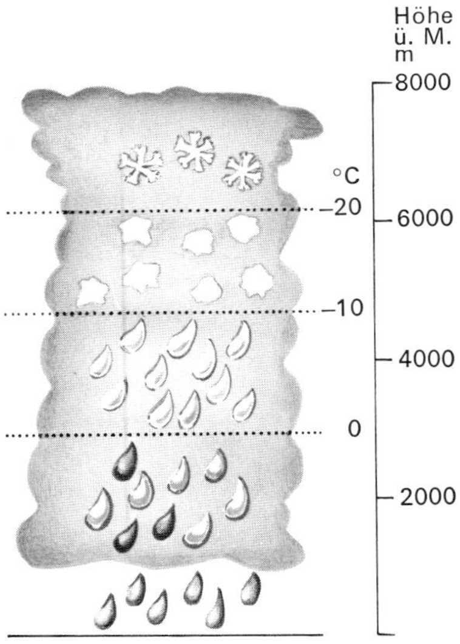

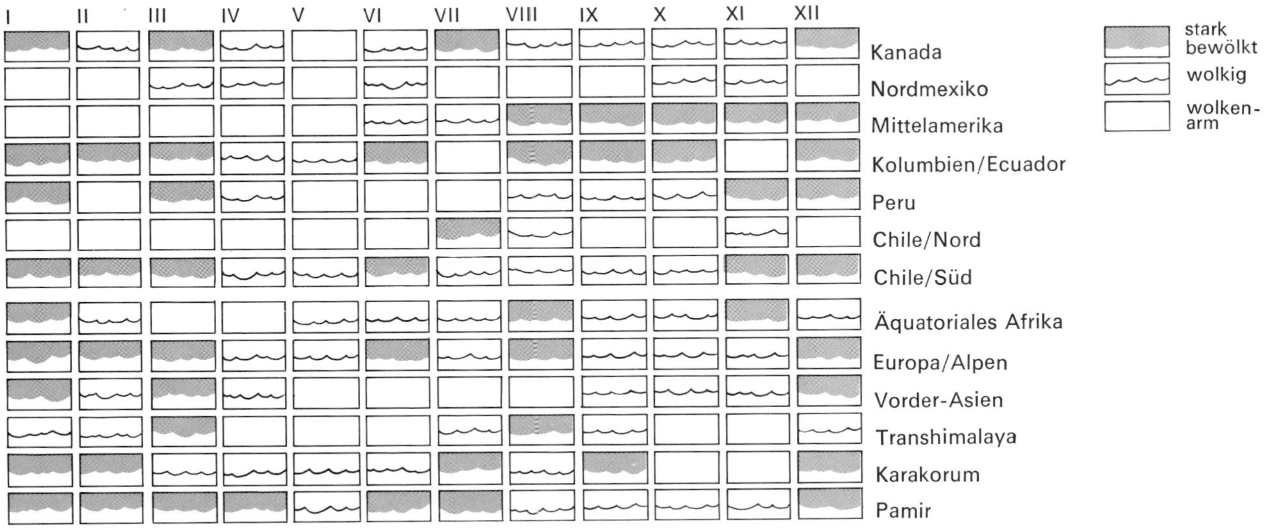

Oben: Aufbau einer Gewitterwolke. In den oberen Zonen sind die Eiskristalle, in der mittleren Zone die unterkühlten Regentropfen oder die Frostgraupeln und oft Hagel. Unten fallen die Wassertropfen oder die Eiskörner bis zu Hagelgröße aus.

Links: Mittlere Wolkenbedeckung im Laufe des Jahres in den Hochgebirgen der angegebenen Gebiete. Nach Satellitenaufnahmen der Erde.

5

6

7

4 Gewitterwolke im Aufbau. Die ersten feinen Schleier auf dem Kopf des Cumulus Congestus zeigen, daß die Eiskristalle der Reifgraupeln im Entstehen sind. Sie fallen später von oben in die Zone der unterkühlten Wolkentropfen, werden zu Frostgraupeln, verursachen Hagel oder zumindest großtropfigen Schauerregen.

5 Wolkenbildung im Hangaufwind, Baños, Ecuador. Durch Überwärmung am Hang haben sich Luftmassen abgelöst und sind wie ein Ballon aufgestiegen, wobei die Luftfeuchtigkeit kondensiert.

6 Nebelfelder im Bergwald nach einem Regenfall. Der Regen verdunstet und kondensiert in der kühlen Luft. Am längsten halten sich die Nebel in den schattigfeuchten Zonen.

7 Stauwolken auf Spitzbergen.

man gegen den Wind steht, nach rechts. Zunahme der Windstärke sowie Quellbewölkung mit Regen-, Schnee- oder Hagelschauer vor und hinter der Front sind typisch. Die Sichtweite nimmt nach Kaltfrontdurchgang zu, Temperatur und Luftfeuchtegehalt sinken.

Bei *Warmfronten* gleitet warme Luft in der Höhe auf kühle Luft in Bodennähe auf. Schichtwolken in großer Höhe künden als Cirrus-Federwolken und später als Wolkenfelder in der Höhenschicht zwischen 2000 und 7000 m Höhe die vordringende Warmluft an. Aus der Regenschichtwolke (= Nimbostratus) fallen vor allem kleine Regen- oder Nieseltröpfchen. Bei Frost bilden die Eiskristalle und

2

1

3

4

1 Talnebel und Temperaturinversion im Winter bei Mittersill, Pinzgau, Österreich.
Im Tal hat sich die Kaltluft gesammelt und Talnebel gebildet. Oberhalb des Talnebels ist die Luft wärmer als unten – und dazu scheint noch die Sonne.

2 Nebelmeer im Wettersteingebirge, Österreich.
Blick von der westlichen Karwendelspitze.

3 Eiskristallnebel im Hochwinter, bei der Zugspitze, Deutschland (2963 m).
Winterwetter: Die Wolken sind schleierartig oder schichtförmig ausgebreitet. Die Eiswolken oder Eisnebel haben keine scharfen Ränder wie die Wassertröpfchen-Wolken im Sommer.

4 Wolken in stabil geschichteter Atmosphäre: Altocumulus-Wolkenkranz am Fudschiyama, Japan (3776 m).
Die Schnee- und Eisregion beginnt in diesem maritim beeinflußten warm-gemäßigten Klima in etwa 3300 m Höhe.

5

Schneesterne der Warmfrontwolken flaumigen Pulverschnee.

Mit Wetteränderung muß man in Europa rechnen, wenn die Windrichtung nicht mit der Höhe nach rechts dreht, die Wolken also in anderen Windrichtungen ziehen.

Steht man mit dem Rücken zum Wind, so liegt das Tiefdruckgebiet auf der linken Seite. (Auf der Südhalbkugel gilt die Gegenrichtung.) Zum *Tiefdruckgebiet* gehören aufsteigende Luftbewegung, Wolkenzunahme und Niederschlag, zum *Hochdruckgebiet* absinkende Luftbewegung und Wolkenauflösung. Der Luftdruckgang ermöglicht deshalb rechtzeitig eine Groborientierung über die Wetterentwicklung.

Bauern- und Volks-Wetterregeln sind mit Vorsicht anzuwenden – es gibt sinnlose und sinnvolle. Der *Hundertjährige Kalender* vermittelt nicht mehr als eine Zufallsvorhersage und ist für die Wettervorausschau wertlos. Die Erfahrungen der Bergbewohner über Wind, Wolkenbildung und Stürme sollte man dagegen beachten. Durch Gipfelfahnen, Hebungswolken, Bergnebel, Lufttrübungen und durch die Richtung des Wolkenzuges kündigen sich Wetterstürze usw. oft frühzeitig an. Einheimische kennen die vom Gebirge selbst hervorgerufenen Besonderheiten.

Selbstverständlich sollte es sein, daß ein Bergsteiger den Wetterbericht des zuständigen Wetterdienstes zur Kenntnis nimmt. Er sollte auch eine Wetterkarte lesen und Angaben über Luftdruck, Lufttemperatur, Feuchte, Wolken, Niederschlag und Wind aufgrund von Wetterbeobachtungen beurteilen können. Viele Unfälle wären schon zu vermeiden gewesen, wenn es einen Unterricht in Alpinistik gäbe, der auch die Grundzüge der Wetterkunde einschließt.

6

5 Hochnebel-Wolkenmeer vom Pilatus, Zentralschweiz (2129 m).
Der Blick in die Täler ist verhüllt durch flache Wolkenschichten, die sich etwa 600–1000 m über den Niederungen als Hochnebel gebildet haben. Es herrscht eine Temperatur-Umkehr (Inversion): Unten ist es trüb und kühl, oben klar und relativ warm.

6 Wolken in labil geschichteter Atmosphäre über der Java-See, an der Südspitze Sumatras.
Hohe Luftfeuchtigkeit nährt die hochreichenden Gewittertürme und führt zu dichten Regenschauern.

Elektrische und optische Erscheinungen im Gebirge

Die Naturgewalten, aber auch die Naturschönheiten, offenbaren sich auf der Erde am eindruckvollsten in den weiten, endlosen Räumen der Meere und in der räumlichen Nähe von Gebirgen. Wohl sind die Ursachen der Naturerscheinungen, wie sie in den verschiedenen Regionen der Erde vorkommen, auf gleiche physikalische oder chemische Prozesse zurückzuführen; aber sie äußern sich in Intensität und Qualität lokal durchaus charakteristisch. In besonderer Weise gilt dies für die vielfältigen elektrischen Lichterscheinungen in der Gebirgsatmosphäre.

Bergschatten des Pico de Teide, Teneriffa (3718 m). Auf dem feuchten Dunsttröpfchenvorhang bei Sonnenaufgang wird über dem Meer die Kontur des Vulkankegels abgebildet. Vergleiche «Brockengespenst», Seite 130.

Rechte Seite: Regenbogenbrücke über die Teufelsschlucht, Rhodesien. Die Sonne steht im Rücken; die Regenwolke ist durch die Schlucht abgezogen. Die Lichtstrahlen werden beim Eintritt in die Regentropfen gebrochen, im Inneren total reflektiert sowie beim Austritt noch einmal gebrochen und in das Farbenspektrum zerlegt. Der Bogenradius beträgt 42 Grad. Aus der Farbfolge Blau, Grün, Gelb, Orange und außen Rot ist zu ersehen, daß es sich um den Hauptregenbogen handelt. Beim Nebenregenbogen ist Violett außen und Rot innen.

Im Schauspiel der Gewitter entfaltet sich der *Blitz*. Die Lichterscheinung entsteht bei der Entladung der elektrischen Felder in Wolken: Die Wolkentröpfchen tragen eine positive oder negative Ladung; die Eisteilchen der Wolken sind meist positiv geladen. Die Stromstärke eines Blitzes erreicht 10000 bis 30000 Ampère. Dem Lichtblitz folgt der Donner, der dadurch entsteht, daß der Blitz im Blitzkanal die Luft in Überschallgeschwindigkeit verdrängte; die Schallwelle des Geräusches der sich über dem Blitzkanal wieder schließenden Luftmassen breitet sich danach in Schallgeschwindigkeit (300 m/s) aus. Aus der Dauer zwischen Lichtblitz und Donner kann man die Gewitterentfernung schätzen. Ferne Gewitter sind nachts durch das Wetterleuchten wahrnehmbar, ohne daß Donner gehört wird. *Linienblitzen*, die gerade oder verästelt mit Geschwindigkeiten von 50000 km/s zur Erde rasen, folgt der knallharte krachende Donner, der sich in Gebirgstälern fängt und von Wänden echoartig ausrollend zurückgeworfen wird. Bei *Flächenblitzen* fehlt der Donner. *Perlschnurblitze* und *Kugelblitze* sind selten. Während eines Gewitters können sich in 5 Minuten 200 Entladungen ereignen. Besonders blitzreich sind die Höhengewitter in den Tropen, die von weißlich flackernden, fast ständigen Entladungen begleitet sind. Man zählt dort bis zu 200 Gewittertage im Jahr, in Europa nur 50 Tage. Am Gewitterreichtum der Gebirge sind die beschriebene geländebedingte Hebung der Luft und die thermischen Vorgänge an den Berghängen beteiligt. Die Gewitterhäufigkeit ist übrigens in Europa zwischen 16 und 18 Uhr (mitteleurop. Zeit) am größten. In den Tropen sind die Gewittertermine so zuverlässig, daß man danach fast die Uhr stellen könnte.

Eindrucksvoll für den Alpinisten ist das *Elmsfeuer*. Darunter versteht man das Ausströmen der Elektrizität von Gegenständen als stille Glimm- oder Büschelentladung. Dazu muß man wissen, daß die Erdoberfläche negativ aufgeladen ist und daß das luftelektrische Feld in Erdbodennähe normal ein Spannungsgefälle von rund 200 Volt/m aufweist. Vor Gewittern oder bei Gewitterböen, vor allem in Verbindung mit Schneeschauer, steigt das Potentialgefälle sehr stark an. Die Entladungen sind als Knistern hörbar. Sie laufen an Kirchturmspitzen, Blitzableitern, Stahlseilen und Stangen herab. Gipfelkreuze sprühen, Eispickel und Finger, ja sogar die Kopfhaare leuchten zuweilen in zentimeterlangen Flämmchen; nachts ist das besonders schön zu sehen.

In den polaren Breiten tritt das *Polarlicht* in Form von Bögen, Bändern, farbig schillernden Draperien oder Vorhängen in der hohen Atmosphäre auf, wenn die von der Sonne ausgeschleuderte Korpuskularstrahlung von den Magnetgürteln der Exosphäre eingefangen wird.

Durch Spiegelung, Brechung, Zerstreuung, Beugung oder Polarisation der Sonnenstrahlung in der Luft, an Wassertropfen oder Eiskristallen entstehen die *optischen* Erscheinungen in der Atmosphäre, etwa der *Eis-* oder *Gletscherblink*. In der Arktis vermag er die Augen zu blenden. Über heißen Sandflächen der Wüsten tritt manchmal totale Reflexion wie die Luftspiegelung der *Fata Morgana* auf. Auf Spiegelung an Temperaturinversionen sind auch die «auf dem Kopf stehenden» Gebirge bei übergroßen Fernsichten in klarer Gebirgsluft zurückzuführen.

Durch Vorwärtsbrechung des Lichtstrahles im Wassertropfen entsteht das Farbenspektrum des *Regenbogens*. Als versöhnende Brücke zwischen Himmel und Erde ist es sichtbar, wenn die Sonne hinter und der Regenvorhang vor dem Betrachter liegt. Je größer die Regentropfen sind, um so farbiger sind die Regenbogen; außen liegt der rote, innen der violette Farbstreifen des Sonnenspektrums. Oft gibt es Nebenbogen, durch zweifache Reflexion des Lichtes im Wassertropfen entstanden, und auch Sekundärbogen. Beim Nebenbogen ist die Farbfolge umgekehrt: innen Rot, außen Violett, und bei Mondlicht entsteht mitunter der fast farblose Mond-Regenbogen.

Auf Lichtbrechung und Spiegelung an Eiskristallen der Eiswolken sind die *Sonnenringe* oder Halos zurückzuführen. Diese gelten meist als Vorboten von schlechtem Wetter, da sie im Schleier hoher Cirruswolken auftreten, die das dann immer tiefer absin-

Rechts: Purpurlicht bei Sonnenaufgang.
Der Lichtstrahl durchläuft rund 40fache Zenit-Atmosphärenschichten; dabei werden durch Beugung vor allem die Lichtwellenlängen im roten Spektralbereich zerstreut. Auf diese Weise entsteht auch das Abendrot und das Alpenglühen.

Unten: Sonnenuntergang im Gebirge. Bei diesem Blick von der Zugspitze nach Westen ist die Sonne von einem Cirrostratus-Wolkenaufzug verdeckt. Die Lichtstrahlen sind zerstreut und erzeugen fahles, gelbliches Licht.

kende Wolkenfeld anführen. Man kann den Horizontalring, den kleinen Halo von 22° Radius um die Sonne, den großen Halo von 46° Radius, Lichtsäulen, Lichtflecke, Nebensonnen, die Untersonne, den oberen und unteren Zirkumzenitalbogen und Berührungsbogen unterscheiden. Die Kimmtiefe über dem Meer, der grüne Strahl der untergehenden Sonne und die Strahlkrümmung durch Refraktion sind ebenfalls Effekte von Lichtbrechung.

Auf Lichtbeugung an den Kanten von Eiskristallen sind die *Glorienscheine,* das Irisieren von Wolken und die *Aureolen* zurückzuführen: Wenn das Sonnenlicht im Nebeldunst den Kopfschatten auf eine nicht weit entfernte Nebelbank wirft, erscheinen um den Kopf ferner Personen farbige Kränze. Unmittelbar am Kopfschatten ist eine weiße bis bläulichweiße Aufhellung zu sehen. Berühmt ist die *«Fumarole»* im Vulkandampf des Ätnaschlundes. Als überdimensionales *«Brockengespenst»* haben die geisterhaften Schattenbegleiter im Nebeldunst schon manchen erschreckt.

Ebenfalls auf Lichtbeugung, vor allem an Wassertropfen von 0,01–0,03 mm Größe, beruhen die kreisförmigen *Höfe* und *Kränze* um Sonne oder Mond. Der rötlichbraune Mondhof ist meist Schlechtwetterbote. Da er an den mittelhohen Wasserwolken auftritt, ist die Schlechtwetterzone näher als bei der Sichtbarkeit von Halo-Sonnenringen.

Die große *Sichtweite* vom Gebirge aus hängt außer von der geringen Lufttrübung durch Aerosole vom geringeren Wasserdampfgehalt der Höhenluft ab. Bei starkem Dunst sieht man immer noch 1–2 km, bei mäßigem Dunst über 2 km weit. In tropischen Luftmassen ist die mittlere Sichtweite 15, in kontinentaler Polarluft 30, in maritimer Polarluft 40 und in arktischer Kaltluft gewöhnlich 50 km. Entscheidend ist auch der Staubgehalt pro Liter Luft, wie die folgende Tabelle zeigt:.

Sichtweite:	1–2	–5	–10	–20	–40	>40	km
Staubteilchen pro m³ Luft:	95	60	45	30	15	8	Tausend

In reiner Luft betragen Überreichweiten der Sicht unter dem Einfluß der Strahlkrümmung durch Refraktion mehr als 150 km; dann verdeckt bereits die Erdkrümmung das Sichtziel.

Von der Größe und der Zahl der Lufttrübungen fester, flüssiger oder hygroskopischer Art sowie von der Sonnenhöhe sind die Luftfarben abhängig, wie schon eingangs betont wurde. Die *Blauschattierungen* der Bergkulissen, von Aquarellmalern bevorzugtes Motiv, sind durch dunkle Farbtöne im Vordergrund und hellblaue Farbabstufungen zum Hintergrund hin gekennzeichnet.

Aus physiologischen Gründen wird beim Anblick der Berge die Steilheit überschätzt; die Augen haben nämlich ein besseres Auflösungsvermögen für die Quer-Distanz als für die Geradeaus-Distanz.

Besonders eindrucksvoll wirken die Himmelsfarben in der Zeit des Sonnenauf- und -untergangs, wenn die Sonne tief steht und der Sonnenstrahl nahezu 40fache Atmosphärenschichten durchlaufen muß, wobei er in verschiedenster Weise spektral gefiltert wird. Die Dauer der Morgen- und Abend-*Dämmerung,* in der auch das *Purpurlicht* erscheint, hängt von geographischer Breite und Jahreszeit ab. In den äquatorialen Tropen wird es innerhalb von fünf Minuten taghell oder nachtdunkel. In 45° Breite dauert die Dämmerung 35 bis 45 Minuten, in 60° Breite 1–2 Stunden und nördlich oder südlich des Polarkreises herrscht im Winter den ganzen Tag über Dämmerung.

Bei der Beschreibung der optischen Phänomene darf schließlich die Erwähnung des *Alpenglühens* nicht fehlen, das ebenfalls auf der Lichtstreuung an groben Aerosolpartikeln in der Luft beruht und sich vorwiegend kurz vor Sonnenuntergang einstellt. Drei Phasen kann man unterscheiden: Vor Sonnenuntergang, wenn die Sonne etwa 4 Scheibendurchmesser über dem Horizont steht, glühen zunächst die Berggipfel rötlich (= Vorglühen). Die Farbe verschwindet wieder, kehrt jedoch beim Hauptglühen, wenn die Sonnenscheibe am Horizont untertaucht intensiver, fleischrot zurück. Auch dieses Glühen schwächt sich ab und kehrt nochmals matter und in fast purpurner Farbe wieder beim Nachglühen, das solange andauern kann, bis die Sonne 4 bis 9° über dem Horizont steht.

Das Erlebnis der Dämmerungsfarben bei Sonnenauf- und -untergang gehört zu den Antriebskräften des Alpinisten. Das Werden und Vergehen des Tages, aber auch die Leuchterscheinungen aus dem «diamantübersäten», klaren Nachthimmel werden nur dem offenbart, der auf den Gipfeln der Erde Ruhe sucht und gewinnt.

Fernsicht über das dunkle Wettersteinmassiv mit der Zugspitze (2963 m) im Vordergrund.

Pflanzen- und Tierleben im Gebirge

Überleben durch Anpassung

Pflanzen und Tiere besiedeln auch solche Regionen der Erde, die der Mensch als lebensfeindlich, öde und leer anzusehen gewohnt ist – die Kältewüsten der Arktis und der Hochgebirge, ebenso die Tiefen der Weltmeere.

Warum setzen sich diese Lebensformen ausgerechnet härtesten Lebensbedingungen aus, weshalb wandern sie nicht ab in mildere und nahrungsreichere Lebensräume? Diese schon von den Naturforschern vergangener Jahrhunderte gestellte Frage fand eine befriedigende Antwort erst in der Lehre der Evolution, von der Entwicklung der Arten aus einem gemeinsamen Ursprung des Lebens. Charles Darwin, 1809 geboren, warf in zwei jahrzehntelang umstrittenen Schriften die seit Jahrhunderten herrschende Vorstellung von einem großartigen Schöpfungsakt und der Unveränderlichkeit der «Spezies» über den Haufen: 1859 erschien sein Buch «Über die Entstehung der Arten durch natürliche Zuchtwahl», 1871 folgte «Die Abstammung des Menschen und die geschlechtliche Zuchtwahl».

Bis weit ins 20. Jahrhundert hinein durften in den Schulen die von Darwin zusammengefaßten Erkenntnisse nicht als gesicherte Tatsachen behandelt werden. Noch im Februar 1977 haben die Verfechter der Evolutionslehre in den USA gerichtlich eine Schulbehörde verklagt, weil sie neue Lehrbücher genehmigte, in denen wiederum von der unwissenschaftlichen Schöpfungstheorie ausgegangen wird! Denn inzwischen gilt es längst als unumstößlich, daß sich die Unterschiede zwischen den Lebensformen herausgebildet haben, je länger sich diese im Wasser und auf dem Land ausbreiteten. Der Grund für die Differenzierung lag in der höheren Überlebenschance der Lebewesen durch Anpassung an ihren Lebensraum. Die Tauglichsten überlebten: im Schnee die «weißeren», in der Kälte die am stärksten behaarten. Die hohe Vermehrungsrate der Tier- und Pflanzenarten zwingt nun dazu, daß ständig Nachkommen ihre Heimat oder den Ort ihrer Geburt verlassen und neue, oft unwirtliche Lebensräume aufsuchen müssen. Um dort überleben zu können, müssen sie sich im Lauf von Generationen immer besser den veränderten Umweltbedingungen anpassen – in Form, Farbe und Gewohnheiten –, was in einer durchaus geordneten Weise geschieht.

Oben: Die Schneeziege (Oreamnos americanus) ist der einzige Vertreter der Gemsenartigen in der Neuen Welt. Ihre Heimat sind die Rocky Mountains von Montana bis Südalaska. Äußerst widerstandsfähig gegenüber Kälte, bleiben die Tiere meist auch im Winter in ihren hochgelegenen Einständen. Sie sind geschickte, wenn auch eher bedächtige Kletterer, die in abschüssigem Gelände sogar rückwärts zu gehen vermögen.

Rechts: Zäh behaupten sich Bäume und Sträucher gegen Kälte und Wind, Schneedruck und Lawinen im Hochgebirge. Naturschutzgebiet Aletschgletscher und Aletschwald im Wallis, Schweiz.

Höhenzonen der Pflanzenwelt

Weltweit gelten die gleichen Gesetzmäßigkeiten, nach denen sich die Vegetation den Lebensbedingungen in den Gebirgen anpaßt. Wer «mit offenen Augen» im Bergland oder Hochgebirge wandert oder mit der Seilbahn auf eine Bergspitze fährt, kann die Formen der Anpassung bei Pflanzen (und auch Tieren) allenthalben studieren.

Dem Naturfreund, der aus einem Gebirgstal etwa der Bayerischen Alpen in die Kammlagen hinaufsteigt, fällt sicherlich zuerst auf, daß verschiedene Laubbaumarten vorzugsweise in den Tälern vorkommen, wie zum Beispiel die Eichen und die Hainbuchen, während auf den Unterhängen der Berge Rotbuchen, Weißtannen und Fichten stehen. Je höher er vordringt, desto seltener werden die Laubbäume; die Rotbuchen verschwinden, höchstens einzelne Bergahorne sowie Vogelbeerbäume wachsen noch zwischen den Fichten. Auch die Tanne bleibt bald zurück.

Der Grund für diese natürliche Gliederung des Waldkleides im Gebirge ist die Abnahme der Temperatur mit zunehmender Höhe. Als Faustregel gilt,

daß je 100 Meter Höhenunterschied die Temperatur um 0,5 bis 1 °C differiert. Wie vielfältig und verschiedenartig die Lebensbedingungen im Gebirge sind, zeigen die Unterschiede zwischen der kühleren Schattenseite und der Sonnenseite eines Berges. Unter im übrigen gleichen Bedingungen wachsen zum Beispiel die Rotbuchen am Südhang höher hinauf als auf der Nordseite.

Bald schon, in 1600 bis 2000 m Höhe ü.M., treffen wir nur noch Fichten an. Allenfalls fallen dazwischen ein paar Lärchen auf und dann – ein anderer Umweltfaktor wird nun wirksam – die ersten, buschartigen Grünerlen und Latschen. Diese beiden Pioniergehölze sind besser als aufrecht stehende Bäume an den Schnee angepaßt: zum einen vertragen sie ungeheure Schneelasten ohne zusammenzubrechen, denn ihre zähen Äste legen sich einfach um, zum anderen halten sie Lawinen stand, weil die Schneemassen über sie hinwegfegen. So können sie nur schwer entwurzelt werden. Trotzdem erreichen auch die Latsche, die kriechende Form der Bergkiefer (Pinus mugo), und die Grünerle oder Laublatsche (Alnus incana) eine Höhengrenze. Der geschlossene Latschengürtel löst sich auf. Nur einzelne, verkrüppelte Büsche fristen noch als «Krummholz» ihr Dasein. Höher oben können die Bäume den Elementen des Hochgebirges nicht standhalten. Wir sind an der *Baumgrenze* angelangt. Über ihr beginnt die Zone der alpinen «Tundra».

Baumgrenze am Xylos-Kalo-Paß auf Kreta.

Tundra ist ein russisches Wort lappländischen Ursprungs. In den skandinavischen Ländern werden darunter die Regionen nördlich jener Landstriche verstanden, in denen noch Bäume wachsen. Die klimatisch ganz ähnlichen Bereiche im Hochgebirge werden mit dem aus dem Alpenraum stammenden vegetationskundlichen Ausdruck «Alpine Matten» beschrieben. Wind und Schnee bestimmen diese Pflanzenregion. Monatelang hält die Schneedecke hier. Nur einzelne sonnenexponierte Felsblöcke und Gipfel werden schon im Frühsommer schneefrei. Der Wind weht fast ununterbrochen, nicht selten mit Sturmgeschwindigkeit von über 100 Stundenkilometern, was der Windstärke 10 entspricht. Der Winter dauert 8 Monate, der Frühling ist, kaum da, wieder vorbei. Schon im Juni beginnt der Sommer und währt nur bis Mitte August. Aber diese kurze warme Jahreszeit zaubert eine unglaublich reiche, bunte Blütenpracht hervor!

Die Pflanzenarten der Mattenregion sind klein im Vergleich zu ihren Artverwandten in den Tälern. Die wissenschaftlichen Namen vieler Hochgebirgsgewächse umschreiben genau die Merkmale, die ihnen das Überleben in großer Höhe ermöglichen: häufig sind die Bezeichnungen *humilis* (niedrig, klein), *acaulis* (stengellos), *prostrata* (flach hingestreckt), *procumbens* (vornübergebeugt), *caespitosa* (dicht gedrängt) und *megarrhiza* (mit großen Wurzeln oder Knollen versehen).

Wo selbst solche niedrigen, geduckten und polsterartigen Blütenpflanzen nicht mehr zu gedeihen vermögen, da liegt noch das Reich der Flechten: Als Symbiose von Pilz und Alge kommen sie selbst auf praktisch nacktem Gestein vor. Sie überkrusten den dem Schnee und dem Sturm ausgesetzten Fels, tragen dadurch – in Jahrtausenden – mit zu seiner Verwitterung bei und bereiten so im wahrsten Sinn des Wortes «den Boden vor» für anspruchsvollere Pflanzen. Eine eigentliche «Flechtenregion» gibt es nicht; denn Flechtenvorkommen sind nicht nur kälte-, wind- oder schneebedingt, sondern allgemein an nacktes Gestein aber auch morsches Holz bei hoher Luftfeuchtigkeit gebunden.

Einander entsprechende Höhenzonen der Pflanzenwelt kann man zwar in den Alpen, in den Rocky Mountains, im Himalaya oder am Kilimandscharo erkennen; doch sie unterscheiden sich im Detail erheblich. Denn neben Temperatur und Luftfeuchtigkeit bestimmen Faktoren wie Art und Menge der Niederschläge sowie die Gesteinsunterlage lokal die Wachstumsbedingungen. Deshalb zeigen sich zum Beispiel selbst beim Vergleich der Vegetationen desselben Breitengrades oft völlig unterschiedliche Pflanzengesellschaften. Es sei nur an die gewaltigen Unterschiede zwischen den Umweltbedingungen in den Gebirgen Indonesiens und der Sahara erinnert.

Zu berücksichtigen ist dabei, daß die als Beispiel eben angeführten Gebiete verschiedenen, in Jahrmillionen isoliert voneinander entstandenen «natürlichen Florenreichen» angehören. Nach ihren charakteristischen Merkmalen werden folgende *Florenreiche* unterschieden:

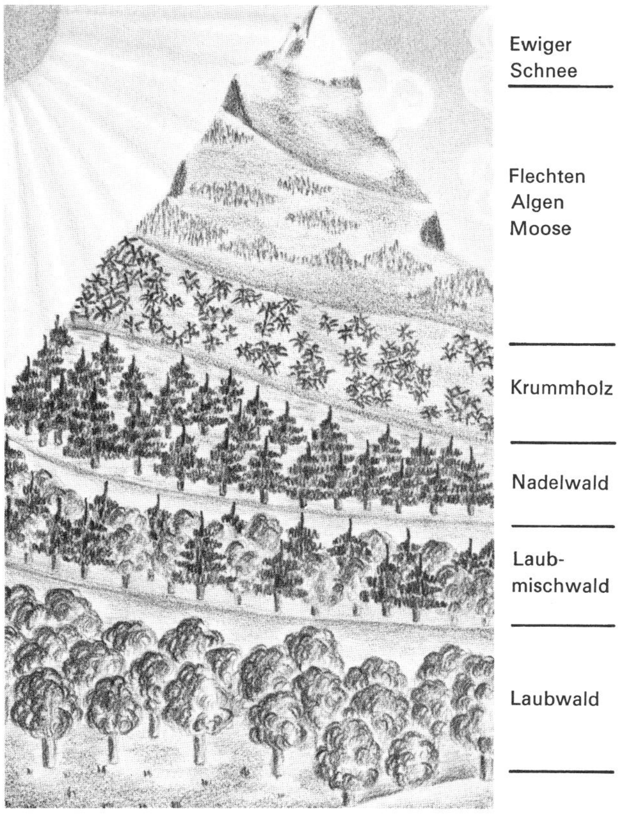

Links: Weltweit gelten die gleichen Gesetzmäßigkeiten für die Änderung der Vegetation von Tal zu Berg, bzw. vom Äquator zum Polarkreis. Mit kürzer werdender Vegetationszeit und zunehmender Kälte finden sich in Gebirgen der nördlichen Hemisphäre in den unteren Hanglagen Laub-Nadelmischwälder, und höher reine Nadelwälder. Oberhalb der Baumgrenze folgt die Krummholzstufe, der im Bereich des nördlichen Polarkreises die Tundra entspricht. Entsprechend den sonnseitig höheren Temperaturen reichen dort jeweils die Waldgesellschaften höher hinauf.

Links Mitte: Fichten-Tannen-Buchen-Urwald (Abieto-Fagetum) in 1000 m Höhe in den Dinarischen Alpen, Jugoslawien.

Unten: Tundra in Nordnorwegen; sie entspricht der Krummholzstufe in den Alpen.

- die *Holarktis,* das Gebiet der außertropischen nördlichen Hemisphäre in Nordamerika, Europa und Asien;
- die *Paläotropis,* die tropischen Gebiete von Afrika und Südasien;
- die *Neotropis,* umfassend Süd- und Mittelamerika;
- *Australis,* der in vieler Hinsicht eine Sonderstellung einnehmende Erdteil Australien und Teile Ozeaniens.

So kommen – auf ungefähr gleicher geographischer Breite der südlichen Halbkugel – Kakteen und Bromeliazeen nur in Mittel- und Südamerika vor, sukkulente Wolfsmilchgewächse sind für Afrika typisch, und Australien beheimatet mehr als 600 Eukalyptusarten, die sonst nirgendwo zu finden sind.

Diese Vielfalt ist in den Gebirgen bis heute erhalten geblieben, weil sich menschliche Eingriffe in den natürlichen Wald- und Pflanzenbestand mehr auf Ebenen und Tälern konzentrierten. Sie ist also letztlich das Ergebnis der gesonderten «natürlichen Zuchtwahl», die auch bei den Pflanzen nach der Trennung der ursprünglich zusammenhängenden Landmasse der Erde in den Kontinenten eingesetzt hat.

Vom Vorteil polsterartiger Wuchsformen

Die Gestalt der Hochgebirgspflanzen stellt eine Kombination der Anpassungsbestrebungen an die verschiedenen Umweltfaktoren dar. Kälte und Wind wirken für sich allein nicht so stark, wie wenn sie zusammen auftreten. Man kann es an sich selbst leicht beobachten: Bei einem Spaziergang im Winter friert man mehr bei 1 oder 2 °C unter Null und starkem Wind als bei −15 °C und Windstille. Der Kälte passen sich Pflanzen durch filzige, behaarte oder mit anderen Schutzschichten versehene Blätter an, dem Wind vor allem durch niedrige, kompakte und polsterartige Formen.

3

1

4

5

1–5 Vor allem Kälte und Wind bewirken bei Hochgebirgspflanzen kleine, geduckte, polsterartige Wuchsformen, die auch eine bessere Ausnutzung der Sonneneinstrahlung ermöglichen. Abb. 1: Gletscherhahnenfuß (Ranunculus glacialis). Abb. 3: Gegenblättriger Steinbrech (Saxifraga oppositifolia). Abb. 4: Zwergmannschild (Androsacea chamaejasme). Abb. 5: Behaarte Primel (Primula hirsuta). Abb. 2: Frühlingsenzian (Gentiana verna).

2

Mitglieder vieler Pflanzenfamilien, die in den Tälern oder den Niederungen blühen und eine durchaus beachtliche Größe erreichen, haben in den Hochlagen kleine unscheinbare Verwandte, so zum Beispiel Gemswurz und Enzian, Glockenblume und Hahnenfuß. Auf den kurzen Sommer und die starken Temperaturunterschiede zwischen Tag und Nacht reagieren sie alle durch außergewöhnlich langsames Wachstum. (Amerikanische Ökologen haben in den Rocky Mountains beobachtet, daß der Keimling einer typischen Polsterpflanze nur zwei kleine Blättchen pro Jahr entwickelte und in 10 Jahren ganze 8 Millimeter hoch wurde.) Das hat auch zur Folge, daß viele Hochgebirgspflanzen nicht alljährlich blühen und Samen hervorbringen wie ihre Verwandten im Tal, sondern ähnlich wie Bäume holzige Stengel ausbilden, in ihren relativ großen Wurzelstöcken oder Knollen Energie speichern und nur alle paar Jahre einmal Früchte tragen. Es sind also fast durchwegs mehrjährige Pflanzen, die im Hochgebirge wachsen; einjährige, die Jahr für Jahr absterben und über ihre Samen wieder neu entstehen, sind selten.

Die Polsterform mit ihrem Blätter- und Stengelgewirr bedeutet aber auch eine sehr viel bessere Anpassung zur Ausnutzung der Wärme als sie eine Pflanze mit nur einem Stengel aufweist. Polsterpflanzen strahlen nämlich nachts nicht die gesamte tagsüber empfangene Sonnenwärme wieder aus, so daß das Innere des Polsters oft um mehrere Grad wärmer ist als die Außentemperatur. Daß auch Insekten und anderes Kleingetier im Schutz solcher Polster sicherer leben können als auf windgepeitschten kahlen Flächen, hat zusätzliche Bedeutung: Pflanzen, die von Insekten bestäubt werden müssen, um Frucht zu tragen, erleichtern dies ihren Gästen. Die Bedeutung eines niedrigen Wuchses kann unter den Bedingungen des Hochgebirges gar nicht hoch genug eingeschätzt werden. Zum Vergleich: Ein Orkan vermag einen aufrecht stehenden Menschen umzuwehen. Legt man sich bei einem solch starken Sturm aber auf den Boden, am besten noch durch eine flache Mulde oder hinter einem Fels geschützt, so ist vom Wind kaum mehr etwas zu spüren. Für eine Pflanze, die nur einen Zentimeter hoch ist, kann schon ein zwei Zentimeter großes Steinchen ausreichend Schutz für das Überleben bieten.

Das verhältnismäßig große Wurzelwerk von Gebirgspflanzen bietet neben der Speicherung von Energie auch noch andere Vorteile. Es verankert die Pflanze sicher in Klüften und Spalten eines sonst fast nackten Bodens und ermöglicht ihr auch, mit einem starken Wechsel zwischen Wassermangel und Wasserüberschuß fertig zu werden, wie er in diesen Regionen oft vorkommt. Das stengellose Leimkraut, das nur wenige Zentimeter über den Erdboden hinausragt, bildet ein Wurzelsystem, das oft über einen halben Meter tief in den Erdboden reicht!

In Verbindung mit Kälte tritt, soweit es sich nicht um ausgesprochen trockene Gegenden handelt, regelmäßig Schnee auf. Die sich oft über Monate hin haltende Schneedecke schützt vor der Kältewirkung. Viele Pflanzen machen es sich zunutze, daß unter der isolierenden Schneeschicht die Bodentemperatur oft nur um wenige Grade unter den Gefrierpunkt absinkt. Der Schneehahnenfuß zum Beispiel kann sogar unter der Schneedecke, wenn sie einen Sommer überhaupt nicht abtaut, mit seinen gespeicherten Nährstoffen noch bis zum nächsten Jahr durchkommen. Andere bekannte Bergblumen wie Christrose und Soldanelle sprießen schon unter der Schneedecke, wenn die Erde von unten her auftaut, und sie entfalten noch im letzten Schnee oder unmittelbar nach seinem Schmelzen ihre Blüten. Es genügt also für ihr erstes Wachstum bereits die Lichtmenge, die durch eine dünne Schneedecke dringt.

Viele der Blumen, die auf einer alpinen Matte blühen, fallen durch ihre kräftige Färbung auf. Es gibt kaum ein intensiveres Blau als das eines Enzians. Auch dies ist wohl als eine zweckmäßige Form der Anpassung zu deuten, da intensive, dunkle Farben Licht und damit Wärme besonders gut absorbieren. Auch die meist recht dunkle Grünfärbung des Blattwerkes eignet sich dazu sehr gut. Sind die Blätter außerdem besonders dick und, was häufig der Fall ist, mit einer Wachsschicht überzogen, wird zusätzlich auch noch die Verdunstung herabgesetzt.

Wunden, die in das Vegetationskleid der Gebirge geschlagen wurden, heilen nur äußerst schwer und langfristig wieder aus. Ist die Pflanzendecke eines Gebietes einmal zerstört, schreiten Verwitterung und Erosion rasch fort. Steinschlag und Vermurungen folgen. Die Pflanzen erfüllen durch die Befestigung und damit Sicherung des Erdbodens eine wichtige Funktion. Ihre Zerstörung bedeutet immer auch eine Schädigung unserer eigenen Lebensgrundlagen.

Polsterpflanzenvegetation am Kibo, Tansania.

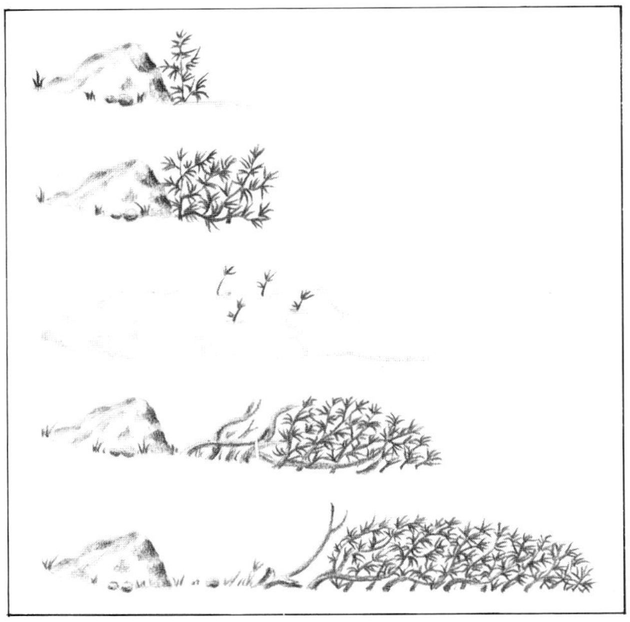

Links: Wandernde Vegetation ist auf hohen, windigen Hängen zu beobachten: Eine junge Kiefer schlägt im Windschatten eines schützenden Steines Wurzeln, vom Wind niedergedrückte Zweige wurzeln ein und beginnen zu treiben; durch die Schneedecke nicht geschützte Äste werden durch trockene, kalte Winde abgetötet. Alte Teile des Baumes beginnen abzusterben, dienen noch als Schutz und erlauben es dem Baum weiterzuwandern.

Anpassungsformen der Tierwelt

Den Pflanzen genügen zum Leben Nährsalze, Sauerstoff und das Sonnenlicht. Solche Anspruchslosigkeit ist zweifellos von Vorteil im Gebirge. Tiere können zwar rasch den auf kleinem Raum wechselnden, gefährlichen Umwelteinflüssen ausweichen, dafür aber müssen sie oft weit wandern, um ihre organische Nahrung in Form von Pflanzen zu finden. Und die natürlichen Feinde der pflanzenfressenden Tierarten, die Raubtiere, müssen wieder den vegetarisch lebenden Arten folgen, auch wenn einmal tagelang ein Schneesturm tobt. Am bedrohlichsten für die Gebirgstiere sind Kälte und Nahrungsmangel. Kälteschutz bietet den meisten Säugetieren ihr dichter Pelz. Allerdings wechseln sie in der Regel zweimal im Jahr das Haarkleid, um auch die sommerliche Hitze ertragen zu können. Je größer ein Tier ist und im Körperbau der Kugelform nahe, um so effizienter ist sein Wärmehaushalt. Der Körperinhalt steht dann in einem günstigeren Verhältnis zur Körperoberfläche. Während eine kleine Spitzmaus oft ein Mehrfaches des eigenen Körpergewichtes pro Tag fressen muß, um den dauernden Wärmeverlust auszugleichen, genügen den großen Säugetieren relativ viel geringere Futtermengen.

Sehr viele Hochgebirgstiere sind geschickte und behende Kletterer, was ihnen auf der Flucht vor ihren Freßfeinden zugute kommt. Ruhen oder schlafen sie dagegen, rollen sie sich oft kugelig zusammen; ein ruhender Schneehase sieht wie ein flaumiger Pelzball aus. Auch verschiedene Nagetiere halten ihren Winterschlaf zusammengerollt.

Wo mangels Versteckmöglichkeiten vor allem Wachsamkeit und Schnelligkeit Voraussetzungen zum Überleben sind, müssen neugeborene Jungtiere sehr rasch selbständig werden. Die Gemskitze und die Lämmer der Bergschafe stehen schon kurz nach der Geburt sicher auf den Beinen und können bald ihren Müttern in den schroffen Fels folgen.

Die Jungen des Puma oder Berglöwen, der Wildkatze oder des Luchses haben das nicht nötig. Sie haben kaum einen natürlichen Feind, kommen blind zur Welt und verlassen erst Wochen nach der Geburt ihren schützenden Unterschlupf.

Gute Trittsicherheit ist allen Gebirgstieren eigen, damit sie in den Steilwänden und Abstürzen überhaupt an die Nahrung herankommen. Unabhängig voneinander haben alle großen Pflanzenfresserarten der Gebirge, die Schafe, Ziegen, Gemsen und Steinböcke eine einander recht ähnliche Hufform entwikkelt, die es ihnen ermöglicht, mit großer Schnelligkeit über unebenen, felsigen Boden zu laufen und auch steile Grate zu überqueren ohne abzustürzen. Ihre Hufe sind biegsam, haben zangenartige Zehen und relativ weiche, gewölbte, auf abschüssigen Flächen gut haftende Sohlen.

Die meisten größeren Säugetierarten der Gebirge weichen in besonders kalten Wintern in tiefere Lagen aus. Bei Hirschartigen (Cerviden) sind regelmäßig solche Wanderungen zu beobachten – bei den Rothirschen der Alpen genauso wie bei den Wapitis der Rocky Mountains. Auch Gemsen und Dickhornschafe ziehen oft schon im Spätherbst hinunter in den nahrungsreicheren Baumbestand unterhalb der Baumgrenze. Doch steigen sie dann im Frühjahr alljährlich wieder in die Gipfelregion hinauf.

Einige kleinere Säugetiere, vor allem aus der Familie der Nagetiere, überstehen die Kälte nur durch den Winterschlaf. Im Sommer fressen sie sich bei reichlichem Nahrungsangebot rund und fett. Wenn der Schnee kommt, suchen sie ihren Bau auf oder benützen einen geschützten Unterschlupf; meist haben sie ihn schon rechtzeitig mit Heu warm ausgepolstert. Dort versinken sie in tiefen Schlaf, wobei die Körpertemperatur bis auf wenige Grad Wärme zurückgeht und der ganze Organismus nur noch «auf Sparflamme»

Angehörige der gleichen Tierfamilie können unterschiedlichste Lebensräume bewohnen und passen sich im Lauf von Jahrtausenden immer besser der neuen Umgebung an. Die

großen, stark durchbluteten Ohren ermöglichen es dem Eselshasen (Lepus californicus), in seinem wüstenartigen Lebensraum, die Körpertemperatur niedrig zu halten.

Die kleinen, dicht behaarten Ohren des Schneehasen (Lepus timidis) bieten der Kälte eine möglichst geringe Angriffsfläche. Der Feld-

hase (Lepus europaeus) ist mittleren Temperaturverhältnissen angepaßt.

Rechts: Ausgezeichnetes Klettervermögen und ein dichtes, warmes Fell ermöglichen es der Gemse (Rupicapra rupicapra) im Hochgebirge zu überleben. Im Winter zieht sie sich in kleine, überhängende, schneefreie Felspartien zurück oder in den Bereich der oberen Waldgrenze.

arbeitet. Die Herztätigkeit eines Erdhörnchens vermindert sich von normalerweise 200 auf nur 20 Schläge pro Minute. Für den geringen Energieverbrauch reicht der Fettansatz aus dem Sommer gut aus, so daß die Tiere im nächsten Frühjahr zwar hungrig und mager, aber doch gesund wieder erwachen. Nicht *alle* Kleinsäuger jedoch halten einen Winterschlaf; einzelne Arten, zum Beispiel Wühlmäuse, leben unter der dicken Schneedecke von den eingesammelten Vorräten, ohne überhaupt an die Oberfläche zu müssen, solange der Schnee nicht vereist und damit zu wenig sauerstoffdurchlässig wird.

Viele in schneereichen Gebieten oder im Hochgebirge lebende Tiere und auch einzelne Vogelarten wechseln ihre Farbe je nach Jahreszeit. Bedeutet dies auf der einen Seite für das Tier einen Vorteil, weil es für seine Feinde praktisch unsichtbar wird, könnte es auf der anderen Seite ein Nachteil sein, da Weiß bekanntlich wenig Wärme absorbiert. Hier sind noch manche Fragen über die Zusammenhänge zwischen Haarfarbe und Wärmekonservierung offen.

Die Vögel sind besonders gut für ein Leben in den Bergen ausgerüstet. Rasch können sie aus den Tälern hinauf in die höchsten Höhen gelangen sowie ungünstiger Witterung ausweichen. Auffallende Arten in Gebirgen sind Geier und Adler (vergleiche Seite 152). Beide benötigen große Reviere, in denen sie dann auch keine Art-, beziehungsweise Geschlechtsgenossen dulden, um sich so die nötigen Futtermengen zu sichern. Ihr außerordentlich scharfes Auge versetzt sie in die Lage, über kilometerweite Entfernung ein Kleintier zu erspähen.

Gebirgsvögel sind oftmals vollendete Segelflieger. Ihre große Flügelspannweite im Verhältnis zur Körpergröße, ihr besonderer Körperbau mit leichten, hohlen Knochen und die aerodynamisch optimale Ausbildung der Schwingen ermöglichen ihnen ein geradezu müheloses Segeln und Gleiten bis in höchste Höhe. Rasche Höhenveränderungen, die der Mensch kaum überstehen würde, können offenbar Vögeln nichts anhaben. In kaum einer halben Stunde kann sich ein Geier im warmen Aufwind bis in mehrere Tausend Meter Höhe emportragen lassen. Wie andere Vogelarten, die dies mit eigener Kraft und nicht «auf den Flügeln des Windes» tun, hat er keine Schwierigkeit mit der Sauerstoffversorgung. Vögel besitzen im Vergleich zum Menschen leistungsfähigere und voluminösere Lungen.

Vollkommene Flieger, optimal dem Leben in den Felsregionen angepaßt, sind die Seglerarten. Ihre kurzen Beine entsprechen ihrer Gewohnheit, nicht von ebener Erde aufzufliegen, sondern sich nur von steilen Felswänden oder Simsen in die Luft fallen zu lassen. Beute fangen sie im Flug mit weit geöffnetem Schnabel. Manche Arten verbringen die meiste Zeit des Tages in der Luft. Noch ehe der Herbst richtig kommt, wenn die Insekten in der freien Luft seltener werden, fliegen Segler in wärmere Gebiete, suchen sich dort eine ähnliche felsige Umwelt und überwintern. Der Alpensegler zum Beispiel zieht über mehrere Tausend Kilometer bis nach Zentral- und Südafrika und kehrt erst im Frühsommer in sein Brutgebiet zurück.

Wenn man von Säugetieren und Vögeln noch annehmen kann, sie hätten ihre rauhe Gebirgsheimat freiwillig aufgesucht, so gilt dies kaum für Insekten. Sie werden immer wieder durch Wind und Sturm mitgetragen, im Grunde nicht anders als die Samen von Pflanzen. Ihr Vorteil liegt in ihrer Unempfindlichkeit gegenüber Kälte. Allein der Wechsel zwischen Nachtkälte und Tagwärme läßt Insekten erstarren und wieder aufwachen. Kommt gerade ein bedeckter und windig-kalter Tag, bleiben sie einfach liegen, geschützt in einer Spalte oder unter einer Pflanze. Diesen täglichen Wechsel zwischen Aufwachen, Warmwerden, Herumkrabbeln, Herumfliegen und Wiedererstarren machen sich größere räuberische Insekten und kleine Fleischfresser wie die Spitzmäuse zunutze, indem sie besonders am späteren Vormittag oder Nachmittag, zur Übergangszeit, auf Insektenjagd gehen.

Unten: Die Tiere passen sich dem harten Leben im Gebirge durch ein dichtes warmes Fell, durch trittsichere Füße oder durch Winterschlaf und Wechsel der Farbe des Haarkleides an. Das Vicunja besitzt ein besonders dichtes Fell und ist außerordentlich flink.

Einzelne Schmetterlingsarten finden sich ebenfalls ganzjährig im Hochgebirge, etwa der Gletscherfalter. Er hat sich dem Wind dadurch angepaßt, daß er immer ganz dicht über dem Boden fliegt. Gletscherfalter leben oberhalb der Baumgrenze, in der Mattenregion, von den Blüten der Hochgebirgspflanzen.

Es ist keineswegs so, daß dort, wo keine Pflanzen mehr wachsen, die Nahrung bieten, auch keine Tiere mehr vorkommen könnten. Britische Bergsteiger zum Beispiel haben in 6700 m Höhe im Himalaya Springspinnen gefunden, weit oberhalb der letzten Pflanze. Auch Gletscherflöhe und Springschwänze leben in der Region des Ewigen Schnees. Alle diese Arten können nicht fliegen. Daß sie dennoch existieren können, erklärt sich daraus, daß sie offenbar durch die Luft herangewehte tote Insekten sowie kleinste Mengen von Blütenstaub finden und verwerten. Der Gletscherfloh ist dabei ausgezeichnet seiner Umwelt angepaßt; selbst wenn er nachts gefroren ist – bei Tag vermag er mit seinem dunkel gefärbten Körper so viel Wärme aufzufangen, daß morgens die ihn umgebende Eishülle auftaut und er bald wieder herumhüpfen kann.

Die Beschäftigung mit Anpassungsformen in der Natur zeigt also auch am Beispiel der Gebirgsfauna, wie unendlich vielfältig sich das Leben entwickelt und behauptet.

Die befiederten Füße des Schneehuhns (Lagopus mutus) sind eine ausgezeichnete Anpassung an schneereiche Gebirge. Die Füße werden warmgehalten und sinken durch ihre breite Sohlenfläche nicht in den Schnee ein. Das nahe verwandte Auerhuhn (Tetrao urogallus) besitzt diese Federn an den Zehen nicht.

Bewaldete Bergländer Europas

Bevor der Mensch in die natürliche Vegetation eingriff, waren die Mittelgebirge Europas fast völlig bewaldet. In diesen riesigen Urwäldern lebten Bären, Wölfe, Luchse und andere Großtierarten, die heute weithin ausgerottet sind. Hier ein Luchs (Lynx lynx) im Bayerischen Wald.

Auf der nördlichen Erdhalbkugel sind weite Teile der gemäßigten Zone durch ein Klima gekennzeichnet, in dem über das Jahr hin ziemlich gleichmäßig verteilt eine mittlere Niederschlagsmenge zwischen 700 und 1500 mm als Regen oder Schnee fällt und die Vegetationszeit durch eine 4–6monatige Winterpause unterbrochen wird. Nicht zu kalt im Winter und nicht zu heiß im Sommer, bietet es beste Voraussetzungen für die Entstehung sommergrüner Laubwälder. Nur in höheren Berglagen treten von Natur aus Nadelbaumarten hinzu. In Europa wurden aber einerseits zwei Drittel aller Wälder in den letzten Jahrhunderten gerodet, andererseits wurden die verbliebenen nach wirtschaftlichen Erfordernissen einseitig umgewandelt. Echte Urwälder gibt es nur noch in kärglichen Resten.

Am meisten blieb der Wald in den Mittelgebirgen zwischen 500 m und 1400 m ü.M. erhalten. Diese sind es, die heute noch den Waldanteil von 30 Prozent an der Fläche der Bundesrepublik Deutschland gewährleisten. Große geschlossene Waldungen überdecken Schwarzwald und Bayerischen Wald, Eifel, Taunus, Spessart, Rhön, Fichtelgebirge und Frankenwald, Harz und hessisches Bergland. Nach Westen setzen sie sich fort in die Ardennen, die Vogesen und das französische Zentralmassiv, nach Osten über Thüringer Wald, Erzgebirge, Riesengebirge, Sudeten bis hinunter in die Beskiden und die Waldkarpaten. Das steile Gelände und ein rauhes Klima haben eine dichte Besiedelung verhindert. Wenngleich eine mehrhundertjährige Forstwirtschaft, Waldweide und Streunutzung auch hier die Bergwälder in ihrer Zusammensetzung und ihrem Aufbau erheblich veränderten, so sind doch die Grundmuster der Naturwaldgesellschaften noch deutlich sichtbar:

In tiefen Lagen waren Eichen- und Hainbuchenwälder verbreitet, denen später sehr stark die Kiefer beigemischt wurde. Mittlere Lagen, bis 800 m ü.M., waren durch die Rotbuche charakterisiert, heute noch zu beobachten in Spessart und Rhön, in den Ardennen und im Schweizer Mittelland.

In höheren Lagen treten Fichte und Weißtanne hinzu, – letztere allerdings nur dort, wohin sie sich nach der letzten Eiszeit vor rund 10000 Jahren aus ihren Rückzugsgebieten in Süd- und Südosteuropa auf natürlichem Weg wieder ausbreiten konnte: französisches Zentralmassiv, Vogesen, Schwarzwald, Bayerischer Wald, Böhmerwald, Sudeten und die Mittelgebirge des pannonischen Raumes (mittlere Donau). Die höchsten Erhebungen der Mittelgebirge im Harz, Schwarzwald und Bayerischen Wald erreichen fast die Baumgrenze. Dort herrschen reine Fichtenwälder vor.

Gänzlich anders geartet ist die Vegetation in den skandinavischen Bergregionen, wo aus klimatischen Gründen Eiche und Buche fehlen und die natürlich vorkommende Fichte vor allem mit Kiefern und den Laubbäumen Vogelbeere, Birke und Espe vergesellschaftet ist. Diese Wälder gehen in die riesige russische Taiga über und gehören zur nördlichen Nadelwaldzone, der größten zusammenhängenden Waldregion auf der Erde überhaupt. Je weiter man sich dem Polarkreis nähert, beziehungsweise ihn überschreitet, desto lockerer zeigt sich der Wald. Schließlich löst ihn die baumlose Tundra ab. An der Nordspitze Norwegens erreicht die Baumgrenze bereits die Meereshöhe; es gibt keine Bäume mehr.

In den Mediterrangebieten, aber auch in Westfrankreich und auf den Britischen Inseln sind die Berge ebenfalls kahl, hier aber als Folge menschlicher Übernutzung. Die Britischen Inseln sind heute von einer Folgevegetation überdeckt, in der Adlerfarn, bestimmte Gras- und Seggenarten sowie, auf feuchten Böden, Torfmoose vorherrschen. Zusammen mit den Wirkungen des Windes erschweren sie die Wiederbe-

waldung ganz beträchtlich. Italien, Südfrankreich und Spanien sowie Jugoslawien und Griechenland sind durch Karstgebiete geprägt, die nurmehr eine krüppelartige, dornenreiche Vegetation tragen oder völlig kahl geworden sind. Hitze, Trockenheit, wasserdurchlässiger Kalkuntergrund und flachgründige Böden verhindern hier, verbunden mit der Ziegen- und Schafweide, eine natürliche Wiederbewaldung. Oberhalb 300 bis 400 m ü.M. herrschten auch im Mittelmeergebiet früher Mischwälder vor, die verschiedene Nadelbaumarten enthielten, besonders häufig die «Korsische Kiefer» oder Schwarzkiefer.

Die großen Wälder der Mittelgebirge waren einst die Urheimat von Bär, Wolf und Luchs. Erst während der ersten Hälfte des letzten Jahrhunderts wurden sie rücksichtslos ausgerottet. Nur im Osten und Südosten Europas konnten sich lebensfähige Populationen dieser Großtierarten halten. Heute sind sie streng geschützt und dadurch in der Lage, sich langsam wieder auszubreiten.

Kaum besser erging es großen Wald- und Gebirgsvögeln wie Auerhuhn, Haselhuhn, einigen Greifvogelarten und Eulen.

In fast allen Wäldern Europas häufig sind dagegen Rothirsch und Reh, Fuchs, Dachs, Marder und das anpassungsfähige Wildschwein, in den Vogesen, in Eifel und Harz und im Osten zudem die Wildkatze.

Dank vorausschauender Forstgesetzgebungen wird das Bild Mitteleuropas trotz der Industrialisierung noch weithin von bewaldeten Hügel- und Berglandschaften bestimmt.

Oben links: Griechische Tannen (Abies cephalonica) an der Waldgrenze im Vardoussia-Gebirge, Griechenland.

Oben: Im Mittelmeergebiet wurden die Wälder im Mittelalter größtenteils zerstört. Auf Korsika sind noch Reste vorhanden. Dort herrscht die Schwarzkiefer (Pinus nigra) vor.

Links: Bayerischer Wald und Böhmerwald bilden zusammen das größte und geschlossenste Waldgebiet in Mitteleuropa.

Rechts: Die Eßkastanie (Castanea vesca) bildet eine Waldgesellschaft der warmen Unterhänge der Südalpen (bei Soglio/Bergell, Schweiz).

Rechts außen: Oberhalb der Wald- und Baumgrenze findet sich im ganzen Alpenraum die Krummholzstufe, in der Latschen (Pinus mugo) und Straucharten wie die Alpenrose (Rhododendron) vorherrschen (am Großen Pölsenstein, Steiermark, Österreich).

Vom natürlichen Waldkleid der Alpen

Die Alpen sind nur ein kleiner, allerdings der am höchsten aufragende Teil des Hochgebirgssystems, das sich durch ganz Europa zieht, von den Pyrenäen im Westen bis zum Dinarischen Gebirge und den Karpaten im Osten, und sich schließlich fortsetzt in den Gebirgen Vorder- und Zentralasiens. So einheitlich die Alpen auf der Landkarte erscheinen, so sehr unterscheiden sich doch in ihrem Pflanzenkleid West- und Ost-, Nord-, Zentral- und Südalpen.

So liegt im Westen und im zentralalpinen Bereich die Baumgrenze viel höher als im Nord- und Ostalpengebiet. Auf der Südseite von Gebirgsstöcken reichen die Grenzen der einzelnen Vegetationszonen, besonders auch der Latschen- und Mattenregion durchschnittlich um 300 bis 400 m höher hinauf als auf der Nordseite. Lärchen-Zirben-Wälder, die das Bild der Zentralalpen bestimmen, fehlen auf der Nordseite völlig. Ein Querschnitt durch die Ostalpen von Salzburg bis Venedig zeigt diese wechselnden Vegetationszonen deutlich (Abb. S. 143).

Wo der geschlossene Wald aufhört, an der «Waldgrenze» also, beginnt im Hochgebirge die Kampfzone der Bäume. Nur die zähesten überleben unter den Unbilden der Witterung und wachsen dann in Jahrzehnten häufig zu bizarr geformten Baumgestalten heran. 200 bis 300 m über dem geschlossenen Wald ist dann auch die «Baumgrenze» erreicht.

Waldweide, Almbetrieb, zu hohe Bestände an Rothirsch und Gemsen sowie verfehlte forstliche Nutzung haben auch die Alpenwälder schwer in Mitleidenschaft gezogen. Einziges Beispiel dafür, wie in

Unten: Wo es für Laubbäume zu kalt wird, herrschen Fichtenwaldgesellschaften vor (Paß Falzarego bei Cortina, Italien).

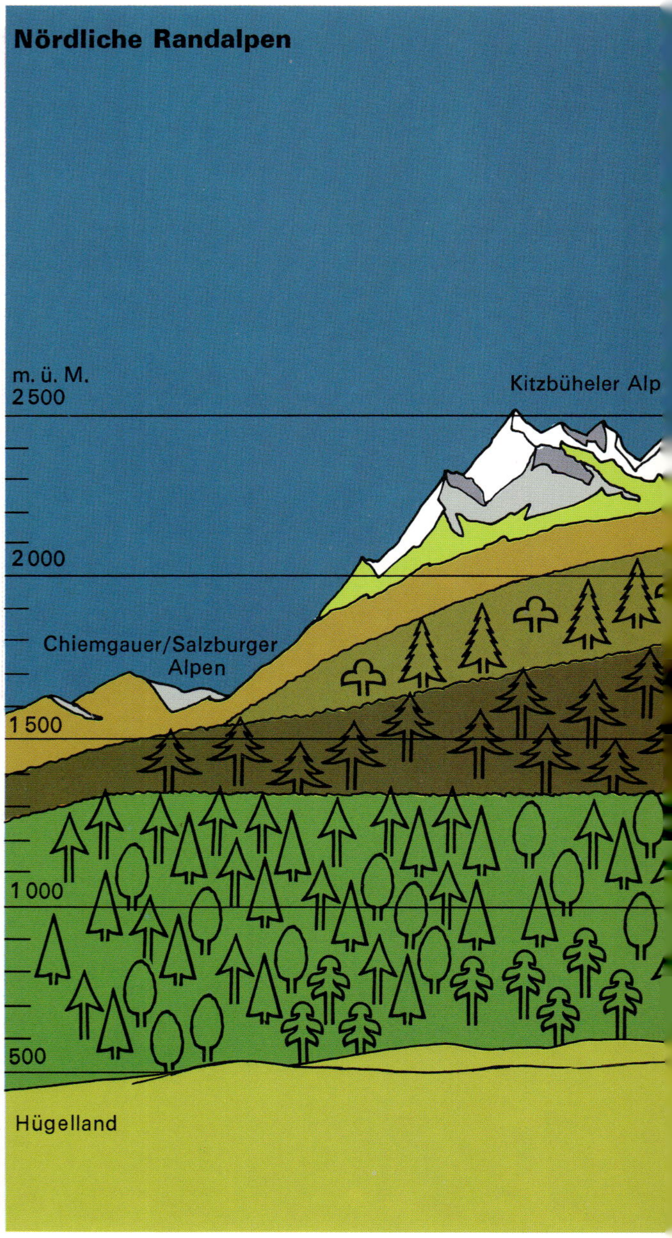

Mitteleuropa einst Urwälder ausgesehen haben, bietet der eindrucksvolle «Rothwald» in der nördlichen Steiermark. Es sind nur rund 300 Hektar Urwald, zwischen 900 und 1200 m ü.M. gelegen. Darin stehen noch manche Tannen- und Fichtenriesen von mehr als 50 m Höhe und fast 40 m³ Stamminhalt. Eine am nördlichen Alpenrand auf die steilen trockenen Südhänge beschränkte, in den Zentralalpen aber häufigere Waldgesellschaft ist der eigenartige Schneeheide-Kiefernwald. Sein Festkleid zeigt er unmittelbar nach der Schneeschmelze im Frühjahr, wenn die den ganzen Waldboden bedeckende Schneeheide (Erica carnea) rosarot erblüht.

Durch Raubbau am Gebirgswald wird wichtiges Kulturland zerstört, und besiedelte Talgebiete werden erhöhter Lawinengefahr ausgesetzt.

Abschreckende Beispiele – Britische Inseln, Spanien, USA – gibt es genug. Gegenwärtig geht es den Urwäldern der Tropen an die Substanz. In Indochina wurden während des Vietnamkriegs ganze Gebirgsketten systematisch durch Flammen und Entlaubungs-Chemikalien vom Wald entblößt. Zu oft noch werden die Bemühungen in vielen Ländern, Gebirgswälder als wichtigen Teil unserer Umwelt zu erhalten, durch rücksichtslose Maßnahmen und kurzsichtiges Kosten-Nutzen-Denken durchkreuzt.

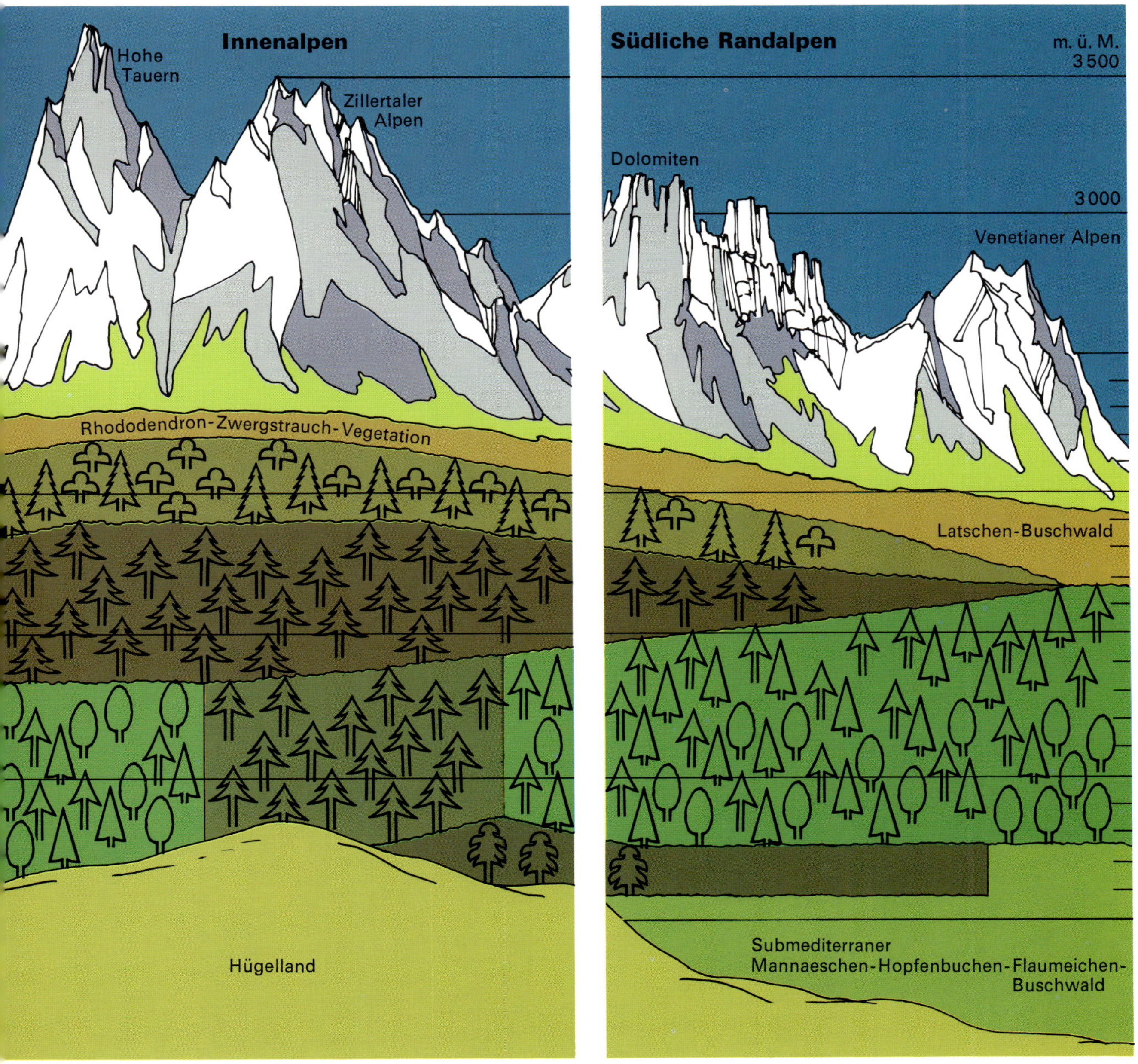

Stark schematisierter Querschnitt durch die wichtigsten Waldgesellschaften zwischen Chiemgau und Venetianer Alpen. Es fällt auf, daß vergleichbare Typen, zum Beispiel der Lärchen-Zirbenwald im inneralpinen Bereich, in größere Höhen hinauf vorkommen als in den Nord- und Südalpen. Am Alpenrand fehlen sie ganz. Die Ursache liegt in den unterschiedlichen Klimawerten: Temperatur, Luftfeuchtigkeit, Sonneneinstrahlung, Niederschläge. Aus dem gleichen Grund fehlen die am Nordrand dominierenden Fichten-Tannen-Buchenwälder in den Inneralpen.

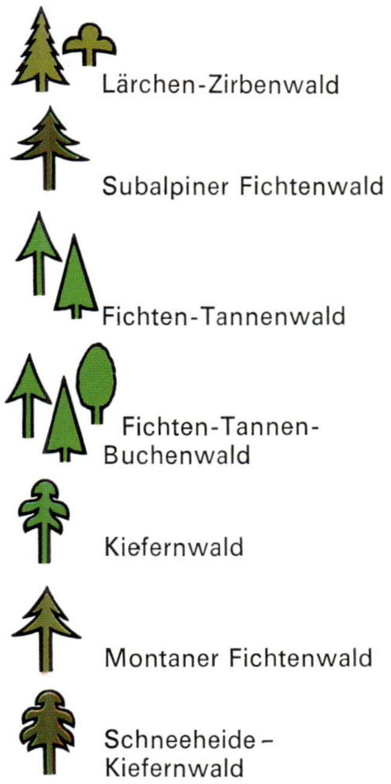

Schützenswerte und geschützte Alpenblumen

Eine Vielzahl der farbenprächtigen Alpenblumen sind sehr selten und deshalb streng geschützt. Die Photos auf der gegenüberliegenden Seite zeigen eine kleine Auswahl:

1 Rostrote Alpenrose (Rhododendron ferrugineum)

2 Silberwurz (Dryas octopedala)

3 Alpenleinkraut (Linaria alpina)

4 Alpenmohn (Papaver radicatum)

5 Alpenaster (Aster alpinus)

6 Aurikel (Primula auricula)

7 Clusius-Enzian (Gentiana clusii)

8 Gemswurz (Doronicum grandiflorum)

9 Türkenbund (Lilium martagon)

10 Gelber Enzian (Gentiana lutea)

11 Steinröschen (Daphne striata)

12 Soldanelle (Soldanella alpina)

Artenreich und farbenprächtig ist die Flora der kalkreichen Böden der nördlichen Alpen und der Dolomiten. Beim Wechsel zum Urgestein der Zentralalpen, das weitgehend kalkfrei ist, werden viele Blumen von verwandten Arten abgelöst. Die *Alpenrose* zum Beispiel ist als behaarte Alpenrose (Rhododendron hirsutum) in den Kalkalpen zuhause, die rostrote Alpenrose (Rhododendron ferrugineum) dagegen in den kristallinen Zentralalpen. Almenrausch, Enzian und Edelweiß, seit jeher in Liedern besungen, sind wie die meisten auffallend blühenden Alpenpflanzen ganzjährig geschützt, seit man durch Seil- und Sesselbahnen dem Massentourismus auch die abgelegensten Gebiete erschließt. Trotz der Aufklärungsarbeit von Naturschutz und Bergwacht und Pflückverboten werden auch die prächtig blühenden Arten, wie Steinröschen und Aurikel, Berganemone und Silberwurz, Soldanelle und Zwergprimel immer seltener. Niedrigblühend sind sie alle den rauhen Umweltbedingungen der Mattenregion gut angepaßt. An geschützten, feuchten Plätzen dominiert aber eine ganze Reihe von Hochstauden wie Eisenhut, Gemswurz, Germer und Alpenmilchlattich. Auf vielen Bergphotos sind drei weißblühende Arten verewigt: Die Schneerose übertupft noch während der Schneeschmelze die ersten schneefreien Flecken der locker bewaldeten Berghänge. Wie ein blühender Teppich präsentieren sich, vor allem im inneralpinen Bereich, die Krokuswiesen. Etwas später im Jahr folgen Narzissen, zusammen mit Trollblumen, Enzianen und Mehlprimeln.

Beim Wort *Orchideen* denkt man zunächst unwillkürlich an die phantastischen Formen und Farben tropischer Orchideen aus den feuchten Dschungeln unter der Äquatorsonne. Es kommen aber auch in Mitteleuropa einige Dutzend Arten vor, davon die meisten wildwachsend im Gebirge. Kleiner und unauffälliger als ihre tropischen Verwandten sind sie bei näherem Betrachten von fremdartiger Schönheit, Nachkommen der Pflanzenwelt früherer, wärmerer Erdzeitalter. Heimische Orchideen blühen von April bis August und sind ob ihrer Seltenheit alle geschützt. Niemand darf auch nur eine Orchidee abreißen – schon daran geht die ganze Pflanze meist zugrunde –, geschweige denn ausgraben. Gefährdet sind der äußerst seltene Frauenschuh, ferner das Waldvöglein, die Hummel- oder Spinnenorchis – so benannt nach ihren wie Insekten geformten und gefärbten Blüten –, aber auch die Knabenkrautarten.

Pioniere unter den Blütenpflanzen der Alpen gehen weit über 3000 m hinauf: Moossteinbrech (Saxifraga bryoides) und Moschussteinbrech (Saxifraga moschata); Schwarzrandige Schafgarbe (Achillea atrata) und Zwergrapunzel (Phyteuma pauciflorum) bis 4000 m; Gletschermannschild (Androsace glacialis) und Kurzblättriger Enzian (Gentiana brachyphylla) bis 4200 m, der Gletscherhahnenfuß (Ranunculus glacialis) sogar bis 4300 m. Wenngleich diese Pflanzen von Natur aus häufiger sind, weil sie in Regionen blühen, die selbst im Zeitalter des Massentourismus noch einigermaßen ruhige Winkel aufweisen, sollte man auch sie niemals mitnehmen, um sie dann doch erfolglos in Vorgärten oder auf dem Balkon anzupflanzen!

Ebenfalls artenreich, aber kleiner und bescheidener, sind den angepaßten Blütenpflanzen *Moose* und *Flechten* beigesellt. Zahllose Felsbrocken sind zum Beispiel überkrustet mit Kreisflechten, gelben Landkartenflechten, den silbergrauen Netzen der Strunk- und den punktförmigen Bildungen der Warzenflechten. Im Bereich des ewigen Schnees schließlich leben als letzte Pioniere der Pflanzenwelt die mikroskopisch kleinen Schneealgen. Manchmal treten sie so massenhaft auf, daß sie dem Schnee eine intensive Färbung verleihen.

Rechts: Das Edelweiß (Liontopodium alpinum) ist eine der berühmtesten und seltensten Alpenblumen.

1

2

3

4

5

6

7

8

9

10

11

12

Säugetiere der Gebirgsfauna

Die durch die Eingriffe des Menschen verursachten Veränderungen in der Vegetation und im Waldkleid der Alpen veränderten auch die Tierwelt, die Fauna des Gebirges. Zwar finden sich noch bis in beachtliche Höhen hinauf relativ häufig so anpassungsfähige Säugetierarten wie Hirsch und Reh, Fuchs, Marder, Iltis und Dachs; doch eine Reihe von typischen Hochgebirgsarten ist sehr selten geworden, aus weiten Gebieten sogar völlig verschwunden.

Tiere im Fels: Steinbock und Gemse

Der Alpensteinbock (Capra ibex ibex), erkennbar an seinem fahlbraunen Fell und unverwechselbar durch seine kräftigen, säbelförmig gebogenen Hörner, behielt in Europa ein letztes ursprüngliches Refugium im Aostatal mit dem Kern im 62000 Hektar großen italienischen Nationalpark «Gran Paradiso». Heute leben dort etwa 4000 Steinböcke. Zu Anfang des 20. Jahrhunderts waren es nur noch wenige Hundert. Das Überleben der Art ist dem Eingreifen des italienischen Königshauses zu verdanken. Ursache für die fast vollständige Ausrottung des Steinbockes war sein eindrucksvolles Gehörn und ein Heil-Aberglaube: Aus dem Gehörn gewann man einst ein «unfehlbar wirkendes» Aphrodisiakum; die im Magen gefundenen Bezoarsteine aus Haaren, Harz und Steinchen wurden als Heilmittel verwendet; es gab kaum einen Körperteil, dem nicht heilkräftige Wirkungen zugeschrieben wurden. In den letzten Jahrzehnten wurde der Steinbock zuerst in der Schweiz, wo heute wieder 3500 Tiere leben, dann in Österreich und in den bayerischen Alpen wieder eingebürgert. Aus den ersten Anfängen haben sich kleine Kolonien entwickelt, die jedoch alle auf die Bestände des Gran Paradiso zurückgehen. Außerdem existiert noch ein kleiner ursprünglicher Bestand in der Hohen Tatra.

Eine nahe verwandte Unterart ist der in seinem Fell oberseits graubraun und unterseits mehr weiß gefärbte Iberische Steinbock (Capra ibex pyrenaica), auch als Spanischer Tur bekannt. Im Gegensatz zum Alpensteinbock hat er an den leierförmigen Hörnern keine der jahrringartigen dicken Querwülste. In seiner Urheimat, den Pyrenäen, ist er längst ausgerottet, doch finden sich noch Restvorkommen des Iberischen Steinbocks in einigen anderen Gebirgen Spaniens. Zwei weitere Unterarten beherbergt der Kaukasus. Alle Steinbockarten bewohnen die Felsregion oberhalb der Baumgrenze.

Die auf Kreta, den Sporaden und Kykladen nur noch seltene, in den Gebirgen Kleinasiens (am Ararat bis 4000 m) häufigere Bezoarziege (Capra ibex aegagrus) ist die Stammform der Hausziege.

Ähnlich spezialisiert auf die Matten- und Felsregion ist die Gemse (Rupicapra rupicapra), das eigentliche Charaktertier der Alpen. Im Winter bevorzugt sie den Bereich der oberen Waldzone, im Sommer steigt sie weit in die schroffen Felsregionen hinauf. Sie ist ein Tagtier und dort, wo sie von der Jagd verschont wird, recht leicht zu beobachten. Wie andere Antilopen – sie ist eine echte Vertreterin dieser Tiergattung! – lebt sie in Rudeln. Ältere Böcke sind Einzelgänger. Sie gesellen sich nur während der Brunft im November und Dezember zum Rudel, markieren ihr Revier und führen erbitterte Kämpfe untereinander. Unter den Skitouristen gibt es leider «Sportler», die in Gamsrudel hineinfahren

Unten rechts: Der Alpensteinbock (Capra ibex ibex) war zu Anfang dieses Jahrhunderts fast ausgestorben. Sein Überleben verdankt er dem strengen Schutz durch das italienische Königshaus im heutigen Nationalpark Gran Paradiso.

Die verschiedenen Formen des Steinbockgehörns zeigen, daß die Rassen sich in isolierten Gebieten entwickelt haben.

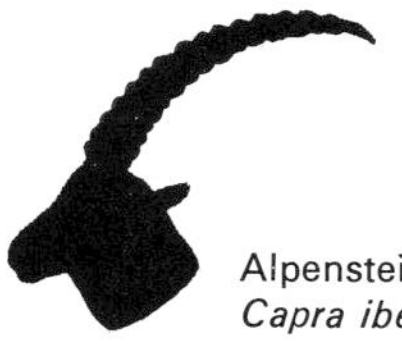

Alpensteinbock
Capra ibex

Spanischer Steinbock
Capra pyrenaica

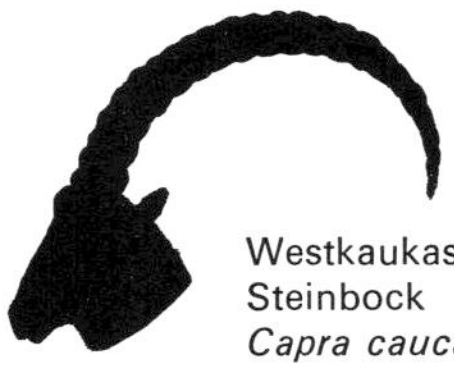

Westkaukasischer Steinbock
Capra caucasia

Ostkaukasischer Steinbock
Capra cylindricornis

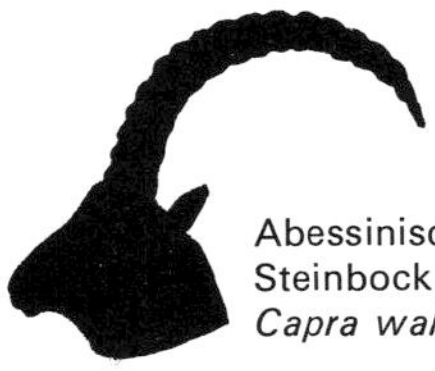

Abessinischer Steinbock
Capra walie

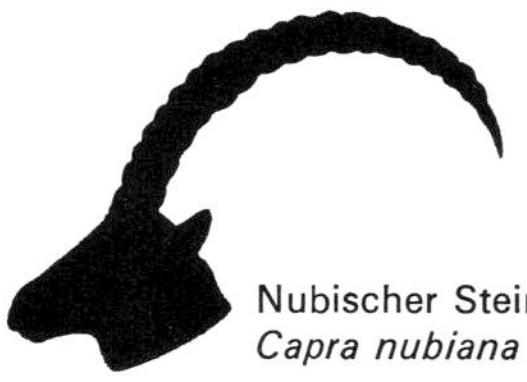

Nubischer Steinbock
Capra nubiana

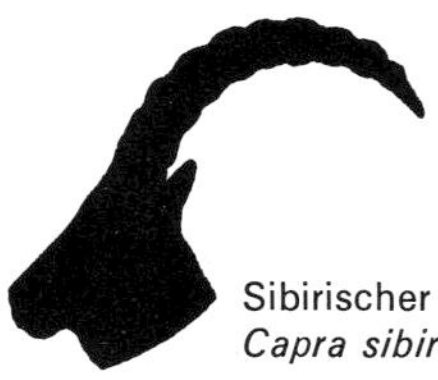

Sibirischer Steinbock
Capra sibirica sibirica

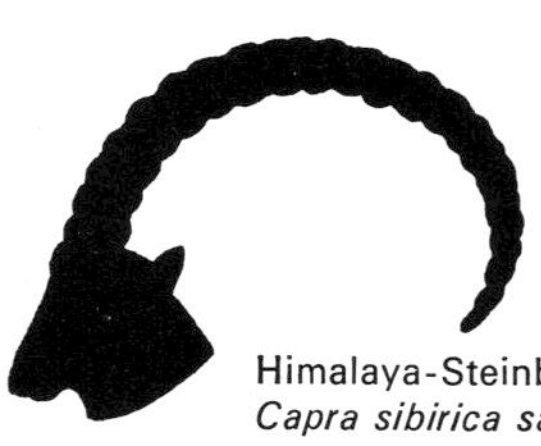

Himalaya-Steinbock
Capra sibirica sakeen

und die Tiere nach allen Seiten in den Tiefschnee auseinanderjagen, so daß sie womöglich in lawinengefährdete Lagen ausweichen müssen.

Als gefährliche Krankheit hat sich gebietsweise die Gamsräude, eine Milbenerkrankung, erwiesen, die vermutlich vor allem als Folge zu hoher Populationsdichte auftritt. Außerdem haben die vielen Störungen der natürlichen Umweltbedingungen ihr epidemisches Auftreten wohl begünstigt. Gewiß gab es seit eh und je Räude; doch seit der Adler und andere natürliche Feinde nicht mehr dazu beitragen, kranke oder schwache Tiere rechtzeitig zu beseitigen, ist die Fähigkeit zur Selbstregulierung eines Bestandes weitgehend verlorengegangen.

Gemsen sind im Alpenraum, in den hohen Gebirgen der Balkanhalbinsel und in den Karpaten verbreitet. Ein isoliertes Vorkommen, das bereits Merkmale einer Unterart zeigt, beherbergt der Apennin im Gebiet des schon über 50 Jahre alten Nationalparks Abruzzen. Die Abruzzengemse war um 1920 mit nur noch 30 Tieren unmittelbar vom Aussterben bedroht. Heute leben im Nationalpark wieder rund 300 Stück und ebensoviele in den umliegenden Gebirgsstöcken. Sie alle sind ganzjährig geschützt. Ebenfalls ein isoliertes Vorkommen existiert in den Pyrenäen, vor allem im spanischen Nationalpark «Ordesa».

Seit jeher war die Gemse offenbar ein beliebtes Jagdwild. Bereits von Eiszeitjägern wurde sie an Höhlenwänden künstlerisch dargestellt. In vielen Sagen der Alpenländer spielt sie eine Rolle: die Magenkugeln sollen Heil- und Zauberkraft haben, und für bayerische und österreichische Jäger ist die Größe des am Hut befestigten «Gamsbartes» (lange Rükkenhaare am Widerrist, die ausgerupft und zu Büscheln gebunden werden) fast ein Statussymbol.

Die Hufe des Steinbocks sind hervorragend zum Klettern geeignet. Im steilen Fels greifen die Steinböcke mit den Afterklauen hinten am Fuß.

Steinbockhuf in angehobener Stellung.

Afterklaue in Aktion.

Links und unten: Die in Rudeln lebende Gemse (Rupicapra rupicapra) ist das eigentliche Charaktertier der Alpen. Im Winter bevorzugt sie den Bereich der Waldgrenze, im Sommer steigt sie weit in die schroffen Felsregionen hinauf.

Von Schneehasen und anderen Kleinsäugern

In den Alpen berühren und überschneiden sich die Verbreitungsgebiete der beiden in Europa beheimateten Hasenarten. Der Feldhase, ursprünglich ein Steppentier, wagt sich vereinzelt bis in etwa 1500 m Höhe vor, der Alpenschneehase (Lepus timidis varronis), ein ausgesprochenes Hochgebirgstier, geht im allgemeinen nicht unter 1300 m hinunter. Der Schneehase ist ja auf der ganzen nördlichen Erdhalbkugel in den kalten Gebirgslagen oder hoch im Norden weit verbreitet: in Nordamerika, Nord- und Nordosteuropa, Island, Irland, Schottland und im ganzen nördlichen Asien bis nach Japan. Im Vergleich mit dem Feldhasen ist er im Sommer mehr grau, im Winter wird sein Fell abgesehen von den schwarzen Ohrspitzen ganz weiß – nicht etwa durch Haarwechsel, sondern durch einfaches Hellwerden des Sommerfells.

In mancher Hinsicht eine völlig andere Lebensweise zeigen die Schläferarten oder Bilche: Siebenschläfer (Glis glis), Gartenschläfer (Eliomys quercinus) und Baumschläfer (Dryomys nitedula). Schon ihre großen, dunklen, vorstehenden Augen deuten auf ihre Nachtaktivität hin. Diese weichfelligen, langschwänzigen, knapp rattengroßen Nagetierchen sind in den Mischwäldern der wärmeren Hügel- und Mittelgebirgslagen zuhause, konnten sich aber auch im Hochgebirge ansiedeln. Tagsüber unterwegs ist dagegen die Schneemaus, die wie das Murmeltier Gräser und Kräuter sammelt und zu ihren Wintervorräten ins Nest schafft. Sie hält jedoch keinen Winterschlaf – auch nicht in 4700 m Höhe ü.M., wo sie (im Montblanc-Gebiet) schon angetroffen wurde. Schneemäuse (Microtus nivalis) gibt es auch in den Pyrenäen, in den Karpaten und in den Hochgebirgen des Balkan, bis nach Kleinasien und dem Libanon.

Übrigens kommen bis zu 2000 m Höhe ü.M. in den Alpen auch Fledermäuse vor, darunter die aus dem Mittelmeerraum stammende Alpenfledermaus (Pipistrellus sarii), erkennbar am eigentümlichen Goldglanz ihrer Rückenhaare. Sie ist ein echtes Hochgebirgstier und erreicht oft auch 2600 m Höhe ü.M. Praktisch in allen Gebirgen Mittel- und Osteuropas findet man die Alpenspitzmaus (Sorex alpinus), heimisch in Höhenlagen von 500 bis 3000 m ü.M.

Oben: Murmeltiere sind besonders bekannte und beliebte Bewohner der Hochgebirge. Die possierlichen Nager sind auch tagsüber unterwegs und haben sich an Berggasthöfen und Aussichtspunkten oft sehr gut an den Menschen gewöhnt. Die europäischen Gebirge bewohnt das Alpenmurmeltier (Marmota marmota). Von British Columbia bis New Mexiko findet sich an seiner Stelle das nahe verwandte Gelbbäuchige Murmeltier (Marmota flaviventris) (oben rechts).

Rechts: Nahe verwandt mit dem Alpenmurmeltier ist das Eisgraue Murmeltier der nordwestlichen Rocky Mountains (Marmota caligata).

Sieben Murmeltierarten

Die Murmeltiere, beliebte, typische Vertreter der Hochgebirgstierwelt, ernähren sich von saftigen grünen Pflanzenteilen. Die relativ beträchtliche Größe der possierlichen Nager bedeutet eine gute Wärmeanpassung an die kühle Umgebung (900 bis 3200 m Höhe ü.M). Da sie einen Winterschlaf halten, sind sie in der Lage, aus dem nahrhaften Futter Fettreserven zu bilden. Sie sind tagaktiv, haben eine geringe Vermehrungsrate und besitzen die Fähigkeit, tiefe Baue zu graben. Als die größten Vertreter der Familie der Hörnchen (der meist auf Bäumen lebenden Sciuridae) sind sie optimal an das kolonienweise

Leben in Erdbauen angepaßt. Sie suchen ihre weitverzweigten unterirdischen Gänge und Höhlen bei jeder Gefahr auf. Für den Winterschlaf polstern sie ihre besonders tief angelegten «Wohnkessel» mit trockenem Gras aus. Sie leben stets in einzelnen, scharf voneinander getrennten Populationen.

Man findet auf der Welt etliche Arten der Gattung Murmeltier. In der paläarktischen Fauna – gemeint ist damit die Tierwelt im europäisch-asiatischen Raum – werden gewöhnlich fünf Arten unterschieden:

- Das *Alpenmurmeltier* (Marmota marmota);
- das *Kappenmurmeltier* (Marmota camtschatica), Bewohner der Gebirge und Hochebenen Ostsibiriens und am Baikalsee;
- das *Himalayamurmeltier* (Marmota himalayana) in allen Hochgebirgen Zentralasiens;
- *Menzbier's Murmeltier* (Marmota caudata), zu finden im Hindukusch, im Karakorumgebirge und im nördlichen Kashmir;
- das *Steppenmurmeltier* oder Bobak (Marmota bobac), das unter ähnlichen Bedingungen wie die Gebirgsarten in den Ebenen Kasachstans, der Waldsteppe Sibiriens und den Steppen Innerasiens lebt.

Dazu kommen Murmeltiere in Nordamerika – in Gebirgen vor allem das *Eisgraue Murmeltier* (Marmota caligata) des Nordwestens, etwa bis auf die nördliche Breite von Vancouver, und das *Gelbbäuchige Murmeltier* (Marmota flaviventris), das von British Columbia bis New Mexico zu finden ist.

Auf der südlichen Hemisphäre fehlen Murmeltiere völlig!

Bekannt ist, daß die Verteilung des Schnees für die Standorte der Murmeltierkolonien entscheidend ist. Die Erdbaue werden nämlich stets an Stellen angelegt, an denen sich im Frühjahr Schneeflecken halten, während in der Nähe zugleich Plätze sein müssen, die nur zeitweilig oder ganz gering von Schnee bedeckt sind. Schneefreies Gelände wird genauso gemieden wie eine Gegend, in der sich im Frühjahr noch lange eine dicke Schneedecke halten kann.

Begünstigend für Murmeltiere wirkt offenbar auch eine mäßige Beweidung, denn sie führt zur Beseitigung abgestorbener Pflanzenteile. Die durch das Vieh abgefressenen Pflanzen regenerieren das ganze Jahr über frische Triebe. Im Tian-schan-Gebirge befinden sich die beständigsten Murmeltierkolonien in der Nachbarschaft beweideter Plätze.

Das Leben in Kolonien bedingt eine ganze Reihe komplizierter sozialer Verhaltensweisen. Bemerken Murmeltiere einen Menschen oder eine andere mutmaßliche Bedrohung, verschwinden sie rasch in ihren Bauen, nicht ohne durch lautes Pfeifen die anderen Mitglieder der Kolonie zu warnen! Die Beziehungen zwischen den einzelnen Familienmitgliedern haben ausgesprochen friedlichen Charakter. Duftmarkierungen dienen zur Abgrenzung von Revieren, was wiederum auch auf das Vorhandensein sozialer Rangordnungen hindeutet.

Obwohl sie sich auffallend vorsichtig verhalten, haben Murmeltiere nicht viele Feinde. Unter den Greifvögeln wird ihnen nur der Steinadler wirklich gefährlich, der im Sommer sogar hauptsächlich von Murmeltieren lebt. Murmeltiere reagieren daher sehr heftig auf das Auftauchen eines Adlers, während sie beim Auftauchen eines Bart-, Mönchs- oder Gänsegeiers ruhig bleiben, da sie deren Ungefährlichkeit offensichtlich kennen.

1

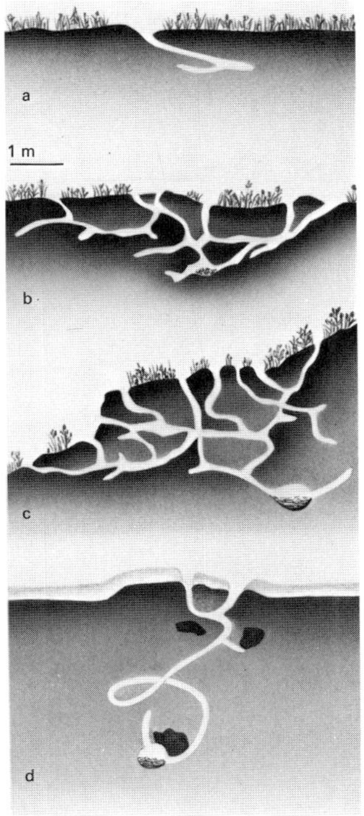

2

1 Die Schläferarten oder Bilche, zu denen auch der Siebenschläfer (Glis glis) zählt, haben durch ihre nächtliche Lebensweise in Alm- und Berghütten zur Entstehung mancher Spukgeschichten beigetragen.

3

4

2 Murmeltierbaue mit verschiedenen Funktionen: a Fluchtröhre; b Sommerbau; c Dauerbau; d Winterbau. Die Gänge führen an großen Steinen vorbei; die kleinen Sackgänge sind Kotröhren. Den Winterschlaf verbringen die Tiere im ausgepolsterten «Kessel».

3 Schneehasen sind auf der ganzen nördlichen Halbkugel in kalten Gebirgslagen und in der Tundra weit verbreitet. Der Alpenschneehase (Lepus timidis varronis) ist eine ausgesprochene Hochgebirgsart, die nicht unter 1300 m in die Täler hinabgeht.

4 Die Schneemaus (Microtis nivalis) lebt hauptsächlich im Verbreitungsgebiet der Alpenrose, in der Latschenregion.

Vögel im Gebirge

Einige der talbewohnenden Vogelarten gibt es auch hoch im Gebirge. Sie bleiben hier einmal außer acht. Es geht um die spezialisierten Arten der verschiedenen Lebensräume der Gebirge: des Bergwaldes, der Latschenzone und der baumlosen Matten.

Vögel der Bergwälder und der Mattenregion

Der nadelbaumreiche, ursprüngliche Bergmischwald beherbergt auffallende Vertreter vor allem aus den Familien der Eulen und Spechte. Rauhfußkauz (Aegolius tunereus) und Sperlingskauz (Glaucidium passerinum) sind hier zuhause. Als Höhlenbrüter verschwinden sie überall dort, wo eine intensive Forstwirtschaft mehr oder weniger auch den letzten stehenden toten Baum aus dem Wald entfernt. Der Sperlingskauz ist übrigens als einzige der in Mitteleuropa heimischen Eulen auch am Tag auf Beutefang aus.

In manchen einsamen, bewaldeten und felsreichen Schluchten des Alpenraumes konnte auch noch der Uhu (Bubo bubo) überleben, der früher allenthalben auch in den offeneren Hügelländern zuhause war und sich dank der in den meisten Ländern geltenden Schutzbestimmungen wieder langsam zu vermehren beginnt. Der fast uhugroße Habichts- oder Uralkauz (Strix uralensis) ist in den großen Bergwäldern Skandinaviens, Ost- und Südosteuropas anzutreffen. Noch bis 1950 trat er auch im Bayerischen Wald auf, wo man jetzt bemüht ist, ihn wieder anzusiedeln. Wo ursprüngliche Wälder noch auf größerer Fläche erhalten geblieben sind, leben neben- und miteinander Schwarzspecht (Dryocopus martius) und Buntspecht (Dendrocopus major), Weißrückenspecht (Dendrocopus leucotos) und Dreizehenspecht (Picoides tridactylus). Sind die Wälder verarmt, entmischt und monoton, verschwinden sie sehr rasch. Die Ursprünglichkeit, das heißt der von menschlicher Nutzung unbeeinflußte Artenreichtum ist es, der in den Gebirgswäldern noch eine sehr spezialisierte und damit für Veränderungen des Lebensraumes empfindliche Vogelwelt erhalten hat. Zu ihr gehört der mächtigste Vogel des Bergwaldes, der Auerhahn (Tetrao urogallus). Dieser bis zu 8 kg schwer werdende Hühnervogel aus der Familie der Rauhfußhühner – so benannt wegen der bis hinunter zu den Zehen befiederten Läufe – verschwindet überall dort sehr schnell, wo ihm die für seine Lebensweise notwendigen abwechslungsreichen Waldbestände mit Beerenbewuchs und zahlreichen Nestern der Großen Roten Waldameise fehlen.

Drei kleinere, nicht so seltene und deshalb auch leichter zu beobachtende Vogelarten seien der Vollständigkeit halber erwähnt: Tannenhäher (Nucifrage caryocatactes), Ringdrossel (Turdus torquatus) und Fichtenkreuzschnabel (Loxia curvirosta). Völlig verschieden voneinander in Lebensweise und Ernährung, kommen sie (oder nahe verwandte Unterarten) auch in den nach Klima und Vegetation den Alpen ähnlichen Regionen Nord- und Osteuropas sowie in den großen nördlichen Nadelwäldern vor.

Die Vogelwelt der alpinen Matten zeichnet sich ebenfalls durch einige Charakterarten aus, darunter Alpenbraunelle (Prunella collaris), Schneefink (Montifringilla nivalis) und Bergpieper (Anthus spinoletta), die auf Felsen oder auf dem Boden leben und sich fast nie auf Bäume setzen. Der Bergpieper, graubraun gefärbt, ist während der Balz erkennbar an seinem melodischen Gesang, den er während seines eigenartigen Bogenfluges erschallen läßt.

1

Mit dem Verschwinden der ursprünglichen, abwechslungsreichen Bergmischwälder sind auch zahlreiche Vogelarten selten geworden oder vom Aussterben bedroht. Dazu zählt der Schwarzspecht (Dryocopus martius) (Abb. 1) und als größter europäischer Waldvogel der Auerhahn (Tetrao urogallus) (Abb. 2).

2

Rechte Seite: Das Gefieder der Schneehühner stellt eine ausgezeichnete Anpassung an die Umgebung dar. Im Winter sind Schneehühner völlig weiß, im Frühjahr und Herbst wirken sie gefleckt, wenn die Federn durch andersfarbige ersetzt werden (Abb. 3). Im Sommer macht die braungraue gefleckte Färbung das Schneehuhn in seiner Umgebung fast unsichtbar (Abb. 4).

Schneehühner – ein Kapitel Erdgeschichte

In der Matten- und Tundrenregion der gesamten nördlichen Halbkugel verbreitet leben Schneehühner. Es handelt sich um eine Gruppe von eng miteinander verwandten Arten: *Alpenschneehuhn* (Lagopus mutus), *Weißschwanzschneehuhn* der amerikanischen Felsengebirge (Lagopus leucurus) und *Moorschneehuhn* (Lagopus lagopus), sowie eine «Art im Werden», das britische *Moorhuhn,* mit den beiden Unterarten Lagopus l. scoticus und Lagopus l. hibernicus.

Das gemeinsame Kennzeichen, der bis zu den Krallen befiederte Fuß und das vorherrschend weiße Wintergefieder, sind Klimaanpassungen: Schnee-

3

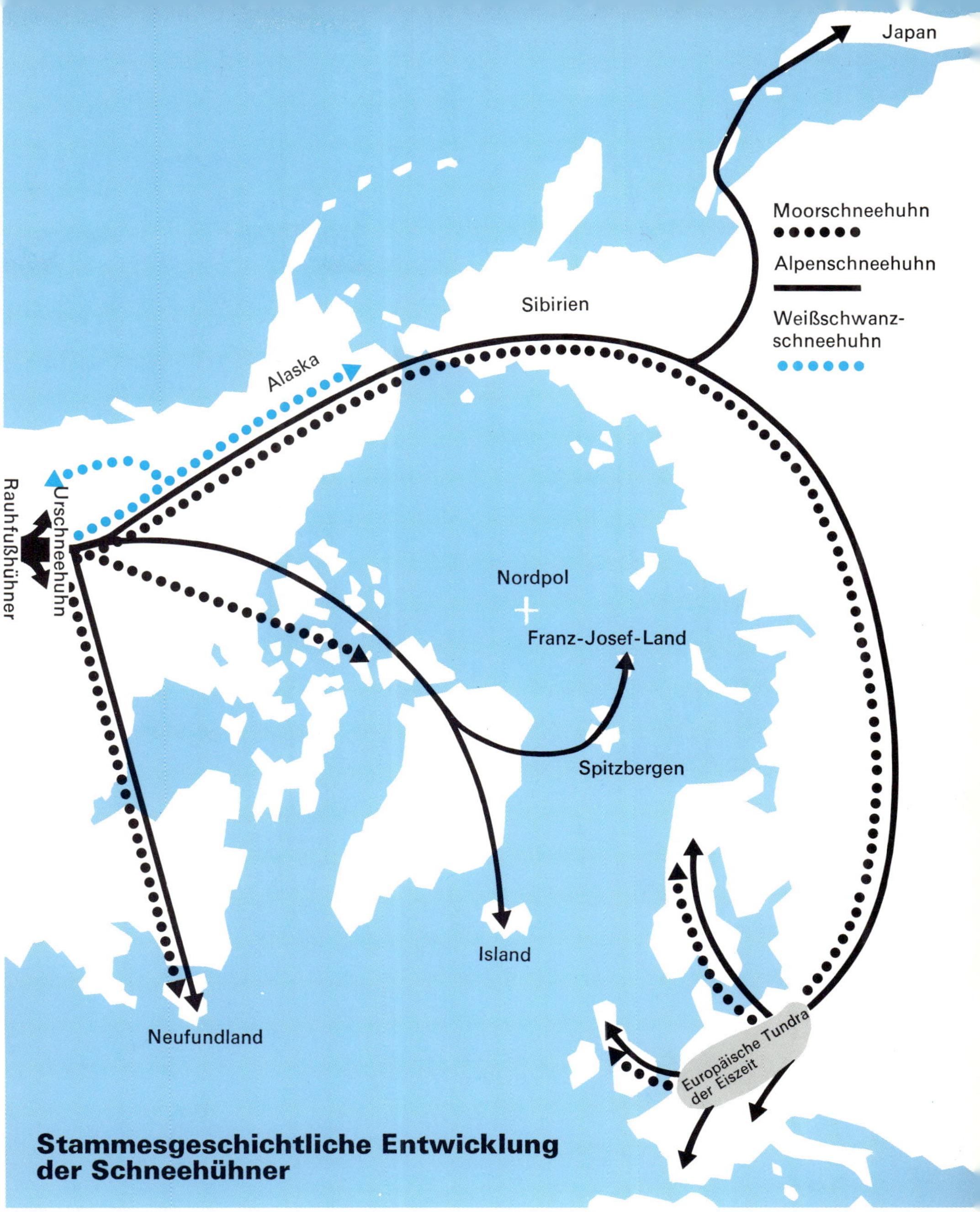

hühner sind echte Kältevögel, die selbst im Winter im Hochgebirge oder in Grönland und Spitzbergen ausharren. Die weiße Tarnfärbung macht ein regungslos im Schnee sitzendes Schneehuhn praktisch unsichtbar.

Es ist reizvoll, die Stammesgeschichte einer so spezialisierten, den extremen Bedingungen des Nordens und der Gebirge angepaßten Vogelart zu verfolgen, spiegelt sie doch gleichzeitig einen Ausschnitt aus der jüngsten Erdgeschichte wieder. Die Übersichtskarte erläutert die bisherigen Forschungsergebnisse.

20000 Jahre alte Funde beweisen, daß Schneehühner westeuropäischen Höhlenbewohnern als Nahrung gedient haben. Während der letzten Eiszeit ist das Ur-Moorschneehuhn offensichtlich aus Nordamerika über Ostsibirien und die Tundra bis in die Pyrenäen gelangt. (Die arktische Tundra reichte damals bis zur Alpenkette.)

Als das Klima milder wurde, folgten die Moorschneehühner den nach Norden und in die Gebirge zurückweichenden Gletschern – in Nordamerika bis in die Inseln der kanadischen Arktis, in Europa ins Gebiet der heutigen nördlichen Tundra und Taiga. Eine zweite Art («Ur-Alpenschneehuhn») blieb dagegen teilweise in südlicheren Gebieten und ist Vorfahr des Weißschwanzschneehuhns in den Rocky Mountains sowie des in den Alpen, in den Pyrenäen und in Japan lebenden Alpenschneehuhns, das sozusagen ein «Eiszeitrelikt» darstellt. Grönland, Island und Spitzbergen wurden dagegen vom östlichen Kanada aus von Schneehühnern besiedelt. Die nahe Verwandtschaft der grönländischen Rassen mit den nordamerikanischen deutet darauf hin.

4

Die nahe Verwandtschaft der Schneehühner Nordamerikas, Asiens und Europas zeigt sich in ihrer großen äußeren Ähnlichkeit.

Moorschneehuhn

Alpenschneehuhn

Weißschwanzschneehuhn

Adler und Geier

So nahe verwandt Adler und Geier sind – beide gehören zur Gattung der Acciptridae –, so grundverschieden ist ihre Wertschätzung bei den Menschen. Zwar sind sie ihren Lebensräumen – dem Hochgebirge oder weiträumigen, offenen Landschaften – gleichermaßen vollendet angepaßt. Stundenlang schweben oder segeln die scharfäugigen Vögel in großer Höhe, ständig Ausschau haltend nach Beute oder Nahrung. Der Unterschied in der Ernährung offenbart die verschiedene Beurteilung durch den Menschen: Weltweit gilt der Adler als Inbegriff von Stolz und Mut, als der König der Vögel, der «kühn» die lebende Beute schlägt. Der Geier, der fast ausschließlich von Aas lebt, gilt dagegen als Sinnbild des Gefräßigen, der Gier und anderer verächtlicher Eigenschaften. Lediglich als «Bestatter toter Körper» war bestimmten Geierarten von ältesten Kulturvölkern eine besondere Rolle zugedacht.

Der Steinadler war früher auch im Flachland verbreitet; heute ist er in Europa auf den Alpenraum zurückgedrängt. In der Schweiz, in Österreich und in den bayerischen Alpen existieren noch rund 100 Brutpaare; außerdem kleine Bestände in Nordirland, im Schottischen Hochland und in den skandinavischen Bergen. Im östlichen Nordamerika ist der Steinadler, übrigens der einzige Adler dieses Kontinents, schon ausgerottet. Adlerjäger schossen früher im Laufe ihres Jägerlebens die Vögel dutzendweise ab, und manche Nimrode träumen heute noch davon. Seit 1925 ist der Adler im deutschen Alpenraum ganzjährig geschützt. Als Beute schlägt er – je nach Biotop – Murmeltiere, Hasen und Vögel. Dazu kommen Gemskitze und – in Gebieten mit Bergweide – Schaf- und Ziegenlämmer.

Die Geier sind mehrheitlich Bewohner wärmerer Klimate. Ihre Hauptverbreitungsgebiete reichen von Afrika über den vorderen Orient bis nach Asien. Im Alpenraum wurden sie einst nachdrücklich verfolgt. Noch am Anfang des vergangenen Jahrhunderts wurden hohe Abschußprämien für das Töten eines Geiers bezahlt- «wegen des großen Schadens, den der Jochgeier dem Wildbestand und dem Weidevieh zufügt». So miserabel waren die Kenntnisse über Lebensgewohnheiten und Ansprüche dieser Vögel! Dabei wurde übersehen, daß die Natur den Geier im Lauf seiner Entwicklung gerade deshalb mit dem charakteristischen nackten Hals ausgestattet und den ursprünglichen Greiffuß zum Gehfuß umgeformt hat, weil er so am besten ein am Boden liegendes totes Beutetier bis auf die Knochen abnagen kann.

In Spanien waren Bart- oder Lämmergeier (Gypäetus barbatus) und Gänse- oder Weißkopfgeier (Gyps fulvus) noch zu Beginn dieses Jahrhunderts häufig; heute brüten sie noch vereinzelt in den westlichen Pyrenäen, ihrem wichtigsten Rückzugsgebiet in Europa. Der letzte Bartgeier der Karpaten kam 1935 durch Giftköder um. Verbreitet lebt er noch im Kaukasus.

Auch der sehr viel häufigere Gänsegeier brütet in den Alpen nicht mehr, obwohl seit den 50er Jahren alljährlich im Rauriser Tal in den Hohen Tauern mehr als ein Dutzend den Sommer verbringen. Sie sollen vom nördlichsten Brutvorkommen an der jugoslawischen Adriaküste auf der Insel Krk stammen, wo sie auch überwintern. Für Geier ist das eine kleine Distanz, bringen sie doch regelmäßig 7 bis 8 Stunden ohne Unterbrechung im Segelflug zu.

Der Hauptgrund, weshalb Geier in Mittel- und Westeuropa nicht mehr existieren können, ist in ihren Nahrungsansprüchen zu suchen. Nur wo man totes Vieh nicht vergräbt, sondern liegen läßt, wie noch vor wenigen Jahren in den Cevennen (Südfrankreich), oder wo tote oder kranke Herdentiere häufig unbemerkt liegen bleiben, kann er sich noch halten.

Adler und Geier sind zwar nahe verwandt, ihre Wertschätzung durch die Menschen ist aber völlig verschieden: Der weltweit verbreitete Steinadler (Aquila chrysäetus) (rechts) gilt bei vielen Völkern seit Urzeiten als Inbegriff des Stolzes, des Mutes und der Kühnheit, die Geier dagegen gelten als schmutzig, gierig und gefräßig.

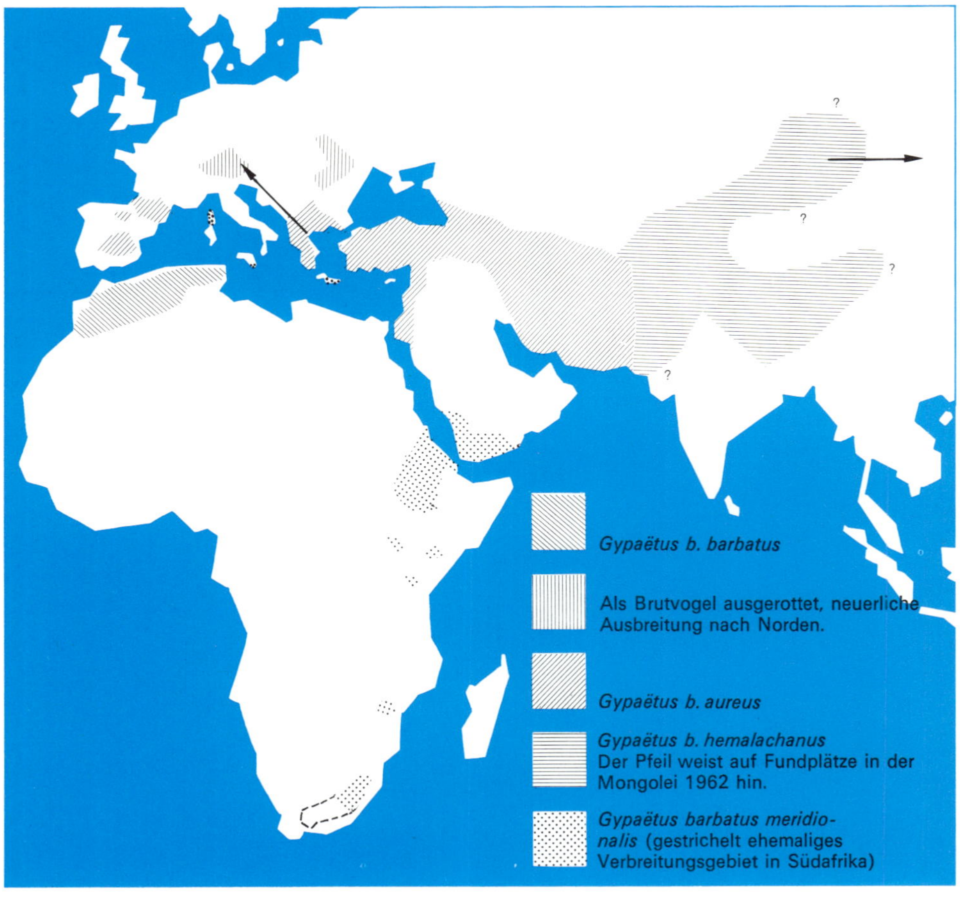

Unten: Der Bartgeier (Gypaëtus barbatus) ist in verschiedenen Rassen in der Alten Welt verbreitet, die größte davon, Gypaëtus barbatus hemalachamus, in Zentralasien. Bis Mitte des 19. Jahrhunderts lebten Bartgeier auch in den Hochgebirgen Mitteleuropas. Da sie dabei beobachtet wurden, wie sie Schafe und andere Tiere über Felswände trieben, wurden sie auch unter dem Namen «Lämmergeier» bekannt.

Der Wotansvogel und seine Verwandten

Zwei Krähenvögel begegnen dem Bergsteiger überall in Europa und Asien: die Alpenkrähe (Pyrrhocorax pyrrhocorax), rotschnäblig und rotfüßig, und die Alpendohle (Pyrrhocorax graculus), ebenfalls rotfüßig, aber kleiner als die Alpenkrähe und mit gelbem Schnabel. Ihren Flugspielen über Gipfeln und Tälern zuzusehen ist faszinierend.

In Europa nimmt die weitaus häufigere Art, die Alpendohle, in der Konkurrenz um die Nistplätze immer mehr überhand. Die Alpenkrähe brütet nur noch im unteren Engadin und etwas häufiger in Spanien. Dafür ist sie weit verbreitet im Atlasgebirge, im Libanon und, davon 2300 km entfernt, in einem isolierten Brutvorkommen am Berg Bohit im äthiopischen Simengebirge. In Kleinasien und im Himalaya nistet sie in großen Kolonien regelmäßig bis in 5400 m Höhe ü.M., ja vereinzelt bis 6000 m. Auch hier lebt jeweils die Alpendohle, doch beschränkt sie sich auf geringere Höhenlagen (im Himalaya bis 4800 m ü.M.) und ist weitaus seltener als die Alpenkrähe. Ihre zunehmende Verbreitung in den Alpen ist ganz offensichtlich eine Folge der intensiven touristischen Erschließung: Fütterung und Abfälle der Gipfelstationen sind zur neuen, sicheren «Nahrungsbasis» geworden.

Weite Gebiete der nördlichen Hemisphäre besiedelt der größte der schwarzen Krähenvögel, der Kolkrabe (Corvus corax), der «Wotansvogel» der germanischen Mythologie. Man findet ihn in Alaska, Grönland, ganz Skandinavien, über die Weiten der russischen Taiga bis nach Kamtschatka, aber ebenfalls weiter südlich, in Amerika bis nach Mexiko, in Mitteleuropa, Nordafrika, Saudiarabien und Zentralasien. Die weite Verbreitung hat zum Entstehen von Varianten der gleichen Art geführt: so kennt man den Braunnacken-Raben Arabiens, Irans und Pakistans und einen tibetanischen Raben mit merklich anderen Proportionen. Ökologisch ist der Kolkrabe äußerst anpassungsfähig. Er lebt nicht nur im Hochgebirge bis 4500 m Höhe ü.M. (in Osttibet), sondern auch an der Meeresküste, zum Beispiel Schleswig-Holsteins. Dank seines vielseitigen Speisezettels – Früchte, Insekten, Mäuse, Schlangen und Aas –, findet der Rabe vielerorts sein Auskommen. Mitunter hat er die Rolle der Geier übernommen: Kolkraben vereinigen sich mit Trupps von Geiern bei der Nahrungssuche, und im Norden folgen sie den Rentierherden oder Rudeln jagender Wölfe.

Unverkennbar ist der tiefe, sonore Ruf, der uns bei einer Wanderung im amerikanischen Felsengebirge genauso heimatlich berührt, wie etwa an der Küste Griechenlands.

Alpendohlen (Pyrrhocorax graculus) sind hervorragende Segelflieger, und es ist faszinierend, ihren Flugspielen über Berghängen und Gipfeln zuzusehen.

Unten: Der Kolkrabe (Corvus corax), der Wotansvogel der germanischen Mythologie, ist wie kaum ein anderer Vogel dieser Erde an Meeresküsten und im Gebirge, in der Tundra wie in subtropischen Steppen auf der ganzen Nordhalbkugel zuhause.

In den Gebirgsketten Asiens

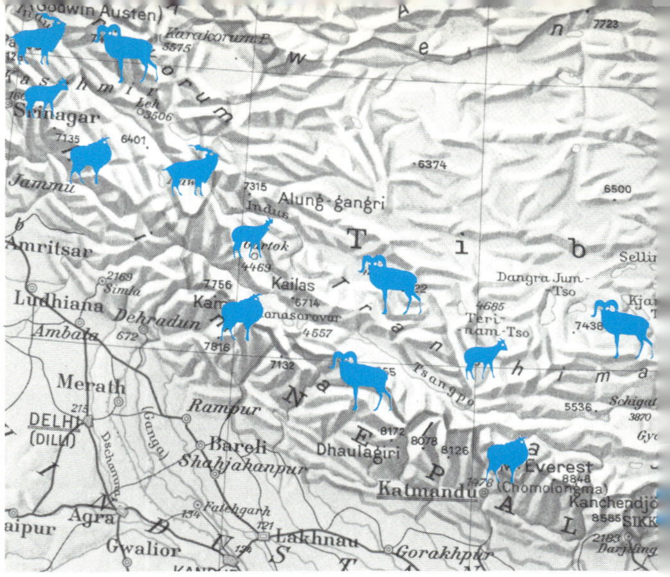

Das Pflanzen- und Tierleben Eurasiens und seine heutigen Erscheinungsformen wurden durch kein anderes Ereignis so stark bestimmt wie durch die vor 30 bis 40 Millionen Jahren im Tertiär erfolgte Auffaltung eines gewaltigen Gebirgszuges, der im Himalaya die höchsten Erhebungen der Erde bildet. Seit jenem geologischen Zeitalter stellt die 2500 km lange Gebirgskette eine fast unüberwindliche Barriere zwischen dem russisch-sibirischen Schild im Norden und dem indischen Subkontinent dar.

Ähnlich wie in den Alpen starben während der Eiszeit zahlreiche Pflanzen- und Baumarten aus. Die

Markhor (Capra falconeri).

Der Markhor, auch unter dem Namen Schraubenziege bekannt, ist eine der größten Wildziegenarten; Böcke mit einer Schulterhöhe von einem Meter werden bis über hundert Kilogramm schwer. Der Markhor kommt noch von Turkestan über Afghanistan bis zum Westhimalaya vor. Alle Rassen bevorzugen steiles und abgelegenes Felsengelände.

Takin (Budorcas taxicolor).

Der geheimnisvolle Takin kommt in drei Arten vor, die im Gebiet zwischen Westchina und dem östlichen Himalaya leben. Die bis 130 Zentimeter hohen und 400 Kilogramm schweren, urtümlichen Tiere bewohnen steile, dichtbewaldete Gebirge zwischen 1000 und 4500 Metern Höhe.

Tahr (Hemitragus jemlahicus).

In vier Unterarten bewohnt der mit den Ziegen verwandte Tahr drei weit voneinander entfernte Regionen Asiens: den Himalaya, die Nilgiriberge in Südindien und die Berge von Oman in Ostarabien. Beide Geschlechter tragen Hörner, doch beim Bock werden sie viel länger und stärker.

eurasischen Laub- und Nadelwälder sind deshalb relativ artenarm. Ganz anders in Nordamerika: Dort verläuft der Hauptgebirgszug, die Rocky Mountains, von Nord nach Süd. Während der Eiszeit konnten die Tiere den Gletschern des Nordens ungehindert nach Süden ausweichen; später breiteten sie sich wieder nach Norden aus.

Im Himalaya gibt es einige Pflanzen- und Tierarten, die sonst nirgends vorkommen, vor allem in den unzugänglichen Bergen Südwestchinas. Erst vor einigen Jahren entdeckten zum Beispiel chinesische Jäger, daß das Wasserreh (Hydropotes inermis) unweit des Mount Everest in über 4000 m Höhe ü.M. vorkommt.

Es ist natürlich, daß die sehr steil ansteigenden Berge in Vegetationsgürtel von nur geringer Ausdehnung unterteilt sind, die jeweils ein reiches Pflanzen- und Tierleben aufzuweisen haben. Charakteristischer Bewohner der unfruchtbaren, steinigen Gebiete zwischen 900 und 1800 m Höhe ü.M. ist der Goral (Nemorhaedes goral), eine stämmige Ziegenantilope, die in kleinen Rudeln lebt. Zwischen 1800 und 2500 m Höhe ü.M. sind die Gebirgsflanken mit dichten Baumbuswäldern bedeckt. Hier wurde 1869 der Riesenpanda (Bambusbär) entdeckt, eines der seltensten Großtiere der Welt überhaupt und heute Symbol des «World Wildlife Fund» (WWF), der weltumspannenden Schutzorganisation für die bedrohte Tierwelt. Der Panda mit seinem schwarz-weißen Pelz ist so spezialisiert, daß sich seine mächtigen Klauen zum Umfassen der glatten Stiele seiner Hauptnahrung, der Bambusschößlinge, weiterentwickelt haben. Er ist also kein Raubtier, wie ursprünglich angenommen wurde, sondern Vegetarier. Erst 1936 kam das erste Exemplar in einen zoologischen Garten.

In den gleichen Bambuswäldern und der unmittelbar darüberliegenden Baumzone lebt der Katzenbär, ein kleiner Verwandter des Panda. Er schläft tagsüber zusammengerollt in Bäumen und sucht nachts Insekten, Wurzeln, Blätter und Früchte. Als weiteres äußerst seltenes Tier ist im gleichen Vegetationsgürtel der Hai-fan-Berge der orangefarbene Tibet-Langur (Rhinopithecus roxellana) zu Hause. Und die anschließenden Mischwälder mit dichtem Rhododendronunterwuchs beherbergen die Gnuziege oder den Takin (Budorcas taxicolor), eine Antilope, die in großen Rudeln im Sommer bis in Höhen von 4500 m ü.M. zieht. Darüber, bis zu den Schneefeldern, ist das Reich des Bharal (Psendois nayar), der wegen seines schieferblauen Fells, das mit dem Farbton der unbewachsenen Bergabhänge harmoniert, auch als Blauschaf bekannt ist. Er betritt niemals Wald oder Buschwerk, kann wie eine Ziege klettern und grast an offenen Böschungen wie ein Hausschaf.

Es überrascht nicht, daß diese Region nicht nur eigenartige Säugetiere beherbergt, sondern auch eine Vielzahl recht exotischer Vogelarten, darunter den Tragopan und, neben anderen Fasanarten, den seltenen Glanzfasan (Lophoporus lhuysii).

Die anders geartete Fauna des tibetanischen Hochplateaus teilte der Tierforscher Ernst Schäfer in drei Bereiche ein, jeweils benannt nach dem am häufigsten vorkommenden Säugetier: Am südlichsten liegt die Gazellensteppe, in der auch Hirten ihre Herden weiden können. Der Name stammt von der kleinen

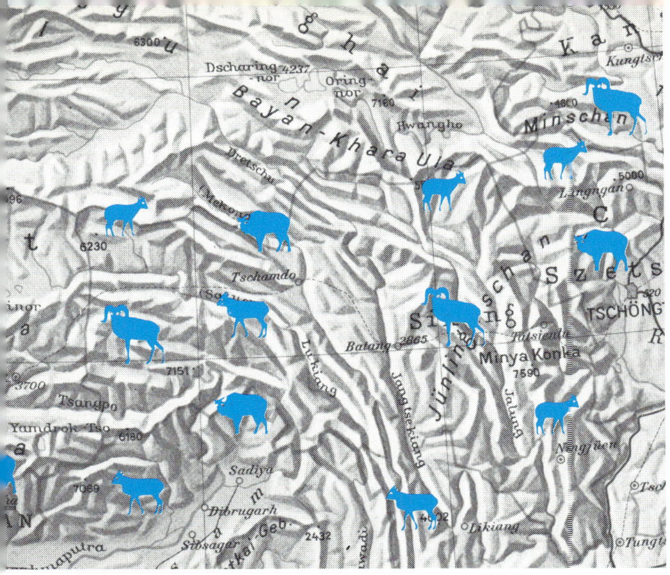

Tibetgazelle, deren bräunlich-graues Feld sie ausgezeichnet der Landschaft anpaßt.

Ein wesentlich größeres Tier ist der Kiang oder tibetanische Halbesel. Die nach ihm benannte Kiangsteppe erstreckt sich in Höhen um 4200 m ü. M., und in dem hier vorherrschenden rauhen Klima gedeiht nur eine spärliche Vegetation. Nach Norden schließt sich bis zum Marco-Polo-Gebirge die bereits sehr trockene Yak-Steppe an, riesige Hochebenen zwischen 4500 und 6000 m Höhe ü. M. und so kalt, daß in einer höchstens dreimonatigen Vegetationszeit nur an einigen begünstigten Plätzen ein wenig Gras wächst. Als mächtigstes Tier Tibets findet dort bis in einsame Höhe der Wildyak eine Zuflucht. Er ist durch sein zottiges Fell hervorragend gegen Kälte geschützt. Die Yaks leben in kleinen Gruppen oder größeren Herden zusammen. Ein Bulle erreicht 180 cm Schulterhöhe und ein Gewicht von mehr als einer halben Tonne. Im gleichen Gebiet leben auch das Tschiru (Pantholops hodgsoni), eine Antilope, und das mächtigste Wildschaf der Welt, das Argali (Ovis ammon ammon), von dem verschiedene Rassen unterschieden werden. Sie besitzen auffallend lange Beine und sind hervorragende Kletterer. Nur Wölfe und Bären können ihnen gefährlich werden.

Die Vogelwelt Tibets umfaßt etliche charakteristische Hühnervögel, darunter das Tibet-Felsenhuhn und die in den Sümpfen der Hochplateaus nistende Streifengans. Von Bergsteigern wurde schon beobachtet, daß Streifengänse auf dem Zug nach Süden den Gipfel des Mount Everest überflogen!

In der Nähe der Lamaklöster sind die Schnee- oder Himalayageier (Gyps himalayensis) sehr häufig. Bei totem Getier sammeln sich zuerst die Kolkraben und als «Suchflieger» die Bartgeier, die Schneegeier treffen regelmäßig später ein. Dann allerdings werden die Bartgeier vertrieben und müssen warten bis die Knochen, ihre Hauptnahrung, erreichbar sind, die vom Schneegeier verschmäht werden. Der Schneegeier ist größer als sein europäischer Vetter, erreicht bis 3 Meter Flügelspannweite und wirkt durch seine helle Unterseite im Flugbild weiß bis auf die schwarze Umrandung der Schwingen. In Tibet brütet er in Höhen um 4000 m, in Nordindien nur in 1500 bis 2000 m. Vom Kuttengeier, der im Kaukasus, also in Europa, ebenso zu Hause ist wie in Kleinasien und den hochgelegenen Wüsten und Steppen Tibets, werden aber selbst Schneegeier vom Aas vertrieben. Beide Geierarten kommen übrigens in der Wildyaksteppe oder in mehr als 4500 m Höhe ü. M. nicht mehr vor.

Im westlichen Himalaya und im Pamir ändern sich erneut Fauna und Flora. Hier ist das Reich des majestätischen Pamir- oder Marco-Polo-Schafes (Ovis ammon poli), eines nahen Verwandten des Argali. Es hat gewaltige, tiefeingekerbte, kreisförmig gebogene Hörner von der Farbe alten Elfenbeins. Nicht mit dem Pamirschaf zu verwechseln ist die von Turkestan bis zum Westhimalaya heimische Schraubenziege oder Markhor (Capra falconeri).

Der Markhor trägt ebenfalls mächtige, allerdings spitz in die Höhe ragende, gedrehte Hörner; die Böcke haben einen Bart und eine bis zu den Knien herunterfallende Mähne.

Zwar bleiben die meisten Tiere unterhalb der Baumgrenze, doch hat man im Himalaya Spuren des Blauschafes in 6000 m, von Schneehasen und Füchsen in 6400 m und von Wölfen sogar in 6500 m Höhe beobachtet. Vögel und kleine bodenlebende Tiere ertragen noch größere Höhen. Bei Expeditionen fand man wie bereits erwähnt in 6700 m Höhe ü. M. Springspinnen, wobei es sich nicht um Einzelexemplare handelte, die vielleicht der Wind verschleppt hatte, sondern um kleine Gemeinschaften.

Die starke Spezialisierung der meisten größeren Tiere in den Gebirgen Hochasiens hat zur Folge, daß ihnen nur ein enger Lebensraum zur Verfügung steht, was die Hauptursache für ihre Seltenheit ist. So überrascht es nicht, daß Jagdtourismus – für ein Marco-Polo-Schaf werden hohe Trophäengebühren

Goral (Nemorhaedus goral).

Der Goral bevorzugt Trockentäler und steile Erosionsschluchten zwischen 500 und 2000 Metern Höhe. Schroffe Klippen und nackte Felswände gehören zu seinen bevorzugten Einständen. Es werden sieben Unterarten unterschieden, deren Verbreitungsgebiet sich von Kashmir über Osttibet und ganz China bis zum Amur erstreckt.

Serau (Capricornis sumatraënsis).

Der Serau bewohnt die Bergwälder ganz Südasiens bis zum Himalaya – mit Ausnahme der vorderindischen Halbinsel – und kommt dank seiner Anpassungsfähigkeit an hohe Luftfeuchtigkeit auch in äquatorialen Gebieten bis Java vor. Böcke erreichen eine Schulterhöhe von 105 Zentimetern und ein Gewicht bis zu 140 Kilogramm.

Argali (Ovis ammon ammon).

Die Argalis sind die Riesen unter den Wildschafen. Man kennt von ihnen ungefähr fünfzehn Unterarten, die in Zentralasien, von Pamir, Tibet, Mongolei bis Südsibirien vorkommen.

1

1 In ganz verschiedenen Gebirgsregionen der Erde kann man eine ähnliche Anpassung verschiedener Pflanzenfamilien beobachten, so z.B. beim Enzian.
Das Bild zeigt einen Himalaya-Enzian (Gentiana spez.).

bezahlt –, Moschusgewinnung für Parfüms aus den Drüsen des Moschustieres sowie die Felljäger rasch dazu beigetragen haben, daß manche Arten bereits vom Aussterben bedroht sind. Der hellgraue Schneeleopard, der im Sommer bis über 5000 m Höhe ü.M. geht, wird immer seltener, der Markhor ist schon äußerst selten und auch die Bestände des Thar (Hemitragus jemlahicus) gehen zurück.

Einzigartig auf der Erde ist auch die Pflanzenwelt des Himalaya. Kiefern- und Eichen-, Ahorn- und Fichtenarten, in größeren Höhen aber vor allem Birken bewachsen die Hänge. Der berühmteste Nadelbaum ist die Himalaya- oder Tränenkiefer, die auf so steilen Hängen und Abstürzen vorkommt, daß sich

2

2 und 5 Besonders auffällige Sträucher und Bäume des Himalaya sind die Rhododendren. (Rhododendron spez.) Zahlreiche verschiedene Formen und Arten blühen vom Februar bis zum Mai zwischen 1500 und 3000 m Höhe und können dort ganze Wälder bilden.

3 In nebel- und regenreichen Gebirgslagen kommen zahlreiche auf Bäumen lebende Pflanzen, wie z.B. verschiedenste Flechtenarten vor.

4 Einer der häufigsten und bekanntesten Nadelbäume des Himalaya ist die Tränenkiefer (Pinus excelsa), die in Höhen bis 4000 m anzutreffen ist.

3

4

5

nicht selten die Wurzeln eines Baumes auf der Höhe der Krone seines Nachbarn befinden. Wo es zwischen den Bäumen genug Licht und Erde gibt, aber auch im offenen Gelände jenseits der Baumgrenze wachsen Blumen in einer Fülle und Vielfalt wie in einem botanischen Garten. Einige davon – zum Beispiel der blaue Himalaya-Scheinmohn – sind selten, andere bilden ganze Blumenwiesen. Im Frühjahr überziehen purpurrosa, blaue, weiße oder gelbe Primeln sonnige Hänge. Im Sommer bedecken sich die Matten zwischen 3600 und 4500 m Höhe ü.M. mit leuchtend buntem Fingerkraut, Anemonen, Lerchensporn, Eisenhut und verschiedenen Edelweißarten, mit Steinbrech, Iris, Astern und blauen, lila und weißen Enzianen.

Die prächtigsten Sträucher des Himalaya sind die Rhododendren. Sie entfalten ihre Blüten von Februar bis April und können zwischen 1500 und 3000 m ganze Wälder bilden. Vom winzigen teppichartigen Zwergrhododendron bis zum über 20 Meter hoch werdenden Rhododendronbaum, dem Wahrzeichen Nepals, reicht die Formenvielfalt.

Nicht übergangen werden soll zum Schluß noch das bisher ungelöste zoologische Problem des Yeti, des geheimnisvollen, legendären «Schneemenschen». Die Einheimischen Nepals erzählen von ihm, und Bergsteiger und Forscher finden zuweilen «Beweise»: Spuren im Schnee, Exkremente, Haare, Nester. Meist erklären sich derartige Funde später anders. (Mehr dazu auf Seite 191.) Experten meinen, der Yeti sei entweder ein Bär oder ein Menschenaffe; viele Außenstehende halten dagegen das Ganze für eine Legende. Die Zukunft wird erweisen, ob tatsächlich bis ins letzte Viertel des 20. Jahrhunderts auf unserem bis in alle Winkel erforschten Planeten eine Großtierart der Wissenschaft unbekannt geblieben ist oder ob der Yeti ein Fabelwesen bleibt.

Nordamerikanische Nationalparks

1872 wurde in den amerikanischen Rocky Mountains durch Dekret des amerikanischen Präsidenten der erste Nationalpark der Welt geschaffen. Damit sollte die großartige Landschaft um den Yellowstone River mit ihren einzigartigen Naturerscheinungen, ihren Tieren und Pflanzen zur Freude und Erbauung auch künftigen Generationen als «nationales Erbe» unzerstört erhalten und das Gebiet vor jeder Ausbeutung der Naturschätze bewahrt werden. In den 100 Jahren seither hat sich die Nationalparkidee über die ganze Erde verbreitet. Heute gibt es über 1200 solcher Schutzgebiete auf allen Kontinenten. Trotzdem gilt Nordamerika noch immer als das klassische Land der Nationalparks. Die berühmtesten davon sind: Mount McKinley in Alaska, Jasper und Banff in Kanada, Yellowstone, Grand Teton, Rocky Mountains und Grand Canyon in den Vereinigten Staaten. Dazu kommen zahlreiche «National Monuments» und «National Wildlife Refuges», mit denen ähnliche Ziele verfolgt werden. Sie alle liegen im Bereich des mächtigen nordamerikanischen Gebirgszuges, der von Brooks Range in Alaska über die Kanadischen und amerikanischen Rocky Mountains bis hinunter nach New Mexico reicht. In den Küstengebirgsketten liegen unter anderem: Mount Rainier, Olympic, Crater Lake, Lassen Volcanic, North Cascades, Yosemite und Sequoia Nationalpark. In einem dichten Netz von Schutzgebieten werden so die Naturschönheiten der amerikanischen Gebirge mit riesigen Teilen unberührter Natur erhalten. Kein anderer Staat sonst hat so konsequent wie Kanada und die USA ein ganzes System solcher nationaler Schutzgebiete ausgewiesen und die Schutzbestimmungen so erfolgreich durchgesetzt. Die Maßnahmen waren bitter notwendig, denn dank ihrer Feuerwaffen hatten es die weißen Einwanderer bereits bis zur Mitte des

In Kashmir, auf 3800 m, entfaltet sich nahe an der Vegetationsgrenze, auf der geschützten, sonnenseitigen Talsohle ein bunter Blütenteppich.

letzten Jahrhunderts, in kaum mehr als 100 Jahren, geschafft, nicht nur in weiten Gebieten die Indianer, sondern auch zahlreiche Tierarten auszurotten. Dank dem «Nationalpark Service» ist es heute auch dem gewöhnlichen Touristen möglich, die Vielfalt und Schönheit der Pflanzen- und Tierwelt des nordamerikanischen Kontinents zu erleben.

Alaska, dieses riesige wilde Land, ist Heimat des mächtigsten fleischfressenden Tieres der Erde, das keine natürlichen Feinde zu fürchten hat: des Kodiak-Bären, genannt nach der gleichnamigen gebirgigen Insel vor der Küste Alaskas. Es handelt sich um eine der zahlreichen Unterarten des gewöhnlichen Braunbären (Ursus arctos) und einen nahen Verwandten des berühmt-berüchtigten, nur wenig kleineren Grizzly-Bären; auch ihm weichen selbst Pumas und Wölfe aus. Bei europäischen und amerikanischen Jägern gilt er als eine – leider – sehr begehrte Jagdtrophäe, was allenthalben zu seinem weiteren Rückgang beiträgt. Die Bewohner Alaskas sind, wenn sie sich in der Wildnis aufhalten, sorgsam darauf bedacht, die Alaska-Bären im voraus auf ihre Anwesenheit aufmerksam zu machen, weshalb sie mitunter Geräuschmacher verschiedenster Art, z.B. mit Kieselsteinen gefüllte Blechdosen bei sich tragen. Das Tier zieht sich dann rechtzeitig zurück.

Einer der wenigen dunklen Flecke in der Geschichte der amerikanischen Nationalparks ist die

Tatsache, daß der Wolf als einziges Tier bewußt auch in den meisten Gegenden ausgerottet wurde, die eigentlich Schutzgebiete für alle Lebewesen sein sollten. Der Mount McKinley Nationalpark ist fast das letzte Gebiet, das noch einen Wolfsbestand besitzt.

Im Winter, wenn sie in die Täler herunterkommen, gehören neben Karibus und Elchen auch die Dallschafe zu den Nahrungstieren der Wölfe. Die prächtigen Dall- oder Schneeschafe, die hohe Gebirgslagen im Mount McKinley-Nationalpark und anderen Teilen Alaskas bewohnen, sind die einzigen weißen Wildschafe der Erde. Ihre Verwandten, die Dickhornschafe (Bighorns; Ovis canadensis) der Rocky Mountains, haben ein braunes oder graues Fell. Anmutig und gewandt bewegen sich die Dallschafe auf extrem steilen Hängen; sie überspringen auch mehrere Meter breite Abgründe. Ihr Lebensbereich liegt ausschließlich oberhalb der Baumgrenze.

Im südlichen Kanada und in den USA werden die Schneeschafe vom Dickhornschaf und von der Schneeziege (Oreamnos americanus) abgelöst. Letztere ist keine echte Ziege, sondern eine mit der europäischen Gemse verwandte Ziegenantilope. Sie lebt in so unwegsamen Gebieten, daß ihr weder eine andere Tierart noch der Mensch den Lebensraum streitig macht. Auch dem Dickhornschaf werden kaum natürliche Feinde gefährlich. Dennoch hat der Bestand seit etwa 1800 sehr stark abgenommen. Damals sollen nach Schätzungen in den Gebirgen der USA ungefähr 2 Millionen Dickhornschafe gelebt haben. 160 Jahre später waren es nur noch kümmerliche 7000 bis 8000 Stück. Zunächst fielen die Tiere in großer Zahl den Kolonisten des Westens als Jagdbeute zum Opfer. Die übriggebliebenen Schafe wurden in kleine Gebiete gedrängt, wo sie in Nahrungskonkurrenz mit anderen Grasfressern gerieten, wie z.B. dem Wapiti – er mußte ebenfalls in die Gebirge ausweichen – sowie mit dem Hausschaf. Über das Hausschaf wurden sie mit Krankheiten angesteckt. Schließlich gab es bald auch die «Gesundheitspolizei» der Pumas, Wölfe und Adler nicht mehr.

Pumas (Puma concolor) leben heute außer in Südamerika nur noch in dünnbesiedelten Tälern und Canyons der westlichen USA und Kanadas. Ihre Zahl wird auf 8000 bis 13000 Stück geschätzt.

Der 9700 km² große Yellowstone-Nationalpark ist heute neben einigen anderen Schutzgebieten wichtigstes Refugium für die Großtierwelt des amerikanischen Westens. Ernest Thompson Seton (1860–1946) nannte ihn die «letzte gesegnete Zufluchtstätte für die Tiere vor einer unvermeidlichen und beinahe weltweiten Vernichtung». Nicht allein der Grizzly – nach letzten Zählungen etwa 250 Stück – hat dort überlebt, auch der Elch und die Wapitis, die zwischen dem Yellowstone und dem Gebiet des Grand Teton-Nationalparks ihre jahreszeitlichen Wanderungen vornehmen. Auch etwa 700 Bisons, eine der größten Herden der Welt, äsen auf den Hochplateaus und Wiesen im Yellowstone. Schließlich blieb hier auch der Trompeterschwan vor dem Aussterben bewahrt. Einst über den ganzen zentralen und nördlichen Teil des Kontinents verbreitet, wurde dieser größte amerikanische Wasservogel durch rücksichtslosen Abschuß und Trockenlegen seiner Brutgebiete weithin verdrängt. Seine Gesamtzahl ging auf etwa 500 Stück in British Columbia und 73 Stück in

In den kanadischen und amerikanischen Nationalparks wird die Wildnis streng geschützt. Ursprünglicher Nadelwald im Banff-Nationalpark in den Rocky Mountains Kanadas.

den USA zurück, alle nur im Yellowstone und einem benachbarten Schutzgebiet. Dann erst wurde sein Schutz wirkungsvoll durchgesetzt, was dazu führte, daß heute wieder etwa 2000 Trompeterschwäne in den USA und Kanada brüten.

Dem Wapiti (Cervus elaphus), dem größten Vertreter der Rothirscharten ging es ähnlich. Als weiße Siedler Nordamerika zum ersten Mal betraten, gab es noch sechs verschiedene Hirscharten. Zwei wurden rasch ausgerottet. Der Manitoba-Rothirsch existiert noch in kleinen Beständen in Kanada, der Tule-Rothirsch konnte in Kalifornien und der Roosevelt-Hirsch im Olympic-Nationalpark überleben. Nur der Rocky-Mountain-Rothirsch, eben der Wapiti, existiert noch in größerer Zahl. Die 350000 Tiere leben fast ausschließlich im US-amerikanischen Teil des Gebirges.

Die Kleinsäugetiere in Amerika blieben dagegen relativ «ungeschoren». Noch immer sind die Pikas oder Pfeifhasen von Alaska bis New Mexico verbreitet, ebenso das bereits erwähnte Eisgraue Murmeltier, das Gelbbauchmurmeltier und die Nördliche Taschenratte, die Höhen über 2500 m bewohnt. Das Pika, meerschweinchenähnlich aussehend, lebt in Karen und Geröllfeldern oberhalb der Baumgrenze. Seine bis zu den Sohlen behaarten Füße sind hervorragend zum Klettern geeignet. In ihrer Lebensweise ähneln die Pikas den Murmeltieren.

Das Küstengebirge, die Ketten der Kaskaden und der Sierra Nevada, war weniger der allgemeinen Ausbeutung ausgesetzt als die Rocky Mountains. So haben sich dort bis heute Restbestände der größten Bäume der Welt erhalten, die Riesensequoien oder Mammutbäume (Sequoia gigantea) des Yosemite- und des Sequoia-Nationalpark. Erst 1852 wurden sie von einem weißen Jäger entdeckt. Für eine Ausstellung in den Oststaaten wurde damals ein Stamm bis in 40 Meter Höhe – die Bäume werden über 120 Meter hoch – geschält und in den Osten gebracht. Dort rief er ungläubiges Staunen, aber auch Erbitterung gegen die «Baumschänder» hervor. Zum Glück erwies sich das Holz jedoch für die damalige Verwendung als zu spröde. So konnten mit den Restbeständen in den Nationalparks die ganzen speziellen Lebensgemeinschaften erhalten werden. Denn in den Mammutbaumwäldern gibt es Waldvögel aller Art, Rothörnchen und andere Kleintierarten.

Der amerikanische Bergmischwald setzt sich vor allem aus Douglasie, Tsuga heterophylla und Sitkafichte sowie verschiedenen Laubbaumarten zusammen. Höher im Gebirge existieren große Engelmannsfichtenbestände, und die Baumgrenze wird vor allem durch eine amerikanische Verwandte der Weißtanne gebildet. Den alpinen Matten entsprechen die sogenannten Meadows. Sie glänzen in ähnlicher Artenvielfalt und Farbenfülle wie die europäischen Gebiete der entsprechenden Höhenstufen.

Mount Rainier-Nationalpark und Olympic-Nationalpark sind heute die Juwelen der Küstenkette. Deren isolierte Lage, dichte «Regenwälder», die nicht mit den eigentlichen Regenwäldern tropischer Gebiete verwechselt werden dürfen, und das unwegsame Gebirgsgelände verhinderten allzu große Eingriffe durch den Menschen, bevor das Gebiet im Jahr 1938 zum Nationalpark erklärt wurde.

Trotzdem gelang es weder den Wolf der Olympic Mountains, noch den Kalifornischen Kondor, ein weiteres Symbol der verlorenen Wildnis, zu retten. Er war schon selten, als die Europäer kamen. Lewis und Clark, die ersten Weißen, die 1805/06 die Gebirgskette des amerikanischen Westens überquerten und den Pazifik erreichten, beobachteten den Kondor noch am Columbia-River. Schon um 1850 war er

USA
1 *Everglades National Park*
2 *Great Smoky Mts. National Park*
3 *Mammoth Cave National Park*
4 *Indiana Dunes National Park (geplant)*
5 *Shenandoah National Park*
6 *Acadia National Park*
7 *Hot Springs National Park*
8 *Platt National Park*
9 *Big Bend National Park*
10 *Carlsbad Caverns National Park*
11 *Petrified Forest National Park*
12 *Mesa Verde National Park*
13 *Grand Canyon National Park*
14 *Zion National Park*
15 *Bryce Canyon National Park*
16 *Canyon Lands National Park*
17 *Rocky Mountain National Park*
18 *Sequoia and Kings Canyon National Park*
19 *Yosemite National Park*
20 *Lassen Volcanic National Park*
21 *Crater Lake National Park*
22 *Grand Teton National Park*
23 *Yellowstone National Park*
24 *Wind Cave National Park*
25 *Glacier National Park*
26 *Mt. Rainier National Park*
27 *Olympic National Park*
28 *Mt. McKinley National Park*

Kanada
29 *Isle Royale National Park*
30 *Kuane*
31 *Nahanni*
32 *Wood Buffalo*
33 *Baffin Island*
34 *Terra Nova*
35 *Gros Morne*
36 *Cape Breton*
37 *Prince Edward Island*
38 *Forillon*
39 *Kouchibouguac*
40 *Fundy*
41 *Kejimkujik*
42 *La Mauricie*
43 *St. Lawrence Islands*
44 *Georgian Bay Islands*
45 *Point Pelee*
46 *Pukaskwa*
47 *Riding Mountain*
48 *Prince Albert*
49 *Elk Island*
50 *Jasper*
51 *Yoho*
52 *Glacier*
53 *Mount Revelstoke*
54 *Kootenay*
55 *Banff*
56 *Pacific Rim*

Das Schneeschaf (Ovis dalli) der Rocky Mountains ist mit dem europäischen Mufflon (Ovis ammon), die Schneeziege (unten) (Oreamnos americanus) mit der Europäischen Gemse (Rupicapra rupicapra) verwandt.

in Oregon und Washington ausgestorben. Einzelne Vögel wurden noch bis 1904 gesehen. Um 1950 brüteten die letzten etwa 60 Vögel in einigen kleineren Gebirgsketten des Los Padres-Nationalforsts. Die Geschichte ihres Aussterbens ähnelt der vieler anderer Arten. Peter Farb schreibt: «Obwohl ihre Brutgebiete 1951 zu Naturreservaten erklärt wurden, haben die Kalifornischen Kondore nicht das vorausgesagte Come-back erlebt. Ihre Zahl hat im Gegenteil abgenommen, so daß 1970 nur noch etwa vierzig Vögel leben. Verschiedene Faktoren haben ihren Rückgang verursacht. Von einigen Tieren ist bekannt, daß sie noch in den letzten Jahren geschossen wurden. Mindestens zwei der Kondore kamen um, weil sie Eichhörnchen gefressen hatten, die im Rahmen des vom Bund veranstalteten Nager-Kontrollprogramms vergiftet worden waren. Und schließlich haben die Menschenmengen in der Nähe der Schutzgebiete die Vögel veranlaßt, ihre Nester zu verlassen... Wenn auch die natürliche Selektion mit eine Rolle gespielt haben mag, trägt doch der Mensch die Schuld für ihr so plötzliches Dahinschwinden. Niemand weiß sicher, wie bald schon der letzte Kondor vom Himmel verschwunden sein wird.»

Pflanzen- und Tierleben in den Anden

Für Mitteleuropäer ist die Dimension der Anden, des mit 7500 km längsten zusammenhängenden Gebirges der Erde fast unvorstellbar. Im Gegensatz zu europäischen und asiatischen Gebirgen verläuft der Gebirgszug zwischen Karibischer See und Feuerland von Nord nach Süd und bestimmt das Klima und damit das Leben in den Ländern Südamerikas besonders ausgeprägt. Auf einer Länge von 3200 km, von Ecuador bis Mittelchile, ist die Pazifikküste kahl und trocken; in der Wüste Atacama in Chile liegt das vielleicht trockenste Gebiet der Erde überhaupt. Die Abdachung nach Osten ins gewaltige Amazonasbekken ist dagegen entsprechend den vorherrschenden Passatwinden feucht und niederschlagsreich. Im südlichen Chile und in Argentinien herrschen gemäßigte Klimaverhältnisse.

Diese Situation beeinflußt aufs stärkste die Pflanzen- und Tierwelt. Zusammen mit der über Jahrmillionen andauernden Insellage des Kontinents hat sie dazu geführt, daß Südamerika viele Pflanzenfamilien beherbergt, die sonst nirgendwo vorkommen, und daß es auch die interessanteste Vogelwelt besitzt. Von den 8600 auf der Erde vorkommenden Vogelarten gibt es 3500 in Südamerika, und viele davon nur dort. Kolibris, von denen rund 300 Arten bekannt sind, finden sich unter unterschiedlichsten Umweltbedingungen von der Karibischen See bis nach Feuerland, von den tropischen Niederungen bis an die Grenze des ewigen Schnees.

Der Nordteil der Anden, die kolumbianischen Kordilleren, unweit des Äquators gelegen, sind sehr niederschlagsreich und deshalb bis über 2500 m Höhe mit tropischen und subtropischen Wäldern bedeckt. Sie beherbergen Lebensgemeinschaften aus einer Vielfalt von Vögeln, Reptilien und Lurchen, Legionen von Insekten, Spinnen und anderem Kleingetier. Allein 1500 Vogelarten gibt es in Kolumbien, doppelt soviel wie in den USA (in Westdeutschland nur knapp 230!).

Bei 2800 m Höhe ü.M. beginnt die sogenannte Páramo-Stufe, ein feuchtes Grasland, das bis zur Grenze des ewigen Schnees in etwa 4800 m Höhe reicht. Die Hänge der Kordilleren sind von einem grünen Teppich bedeckt; Wälder «voll von Wachspalmen, Baumfarnen, Orchideen, Passionsblumen und Fuchsien», wie Alexander von Humboldt schon vor über 150 Jahren schrieb, als er die Anden erforschte. Frank Chapman beschrieb den subtropischen Wald an den Hängen der Ostkordillere als eine wunderbare Lebensgemeinschaft: «Jeden Meter Boden halten Bäume und Unterholz besetzt, und jeden Zentimenter der Bäume beanspruchen parasitäre und epiphytische Pflanzen.» Höher hinauf an den Hängen kommen Dickichte des südamerikanischen Riesenbambus vor. Die kolumbianische Wachspalme wurde wegen der von ihr ausgesonderten wachsartigen Substanz fast ausgerottet. Heute gilt sie als «Nationalbaum» Kolumbiens und steht unter Naturschutz.

Ein bemerkenswerter Vogel in den Gebirgen Kolumbiens ist der Fettschwalm (Steatornis caripensis), der als Jungtier sehr lange im Nest bleibt, außerordentlich fett wird und deshalb von den Indianern zur Ölgewinnung «verkocht» wurde. Fettschwalme nisten in großen Kolonien in Felswänden und sind die einzigen fruchtfressenden Vögel, die *nachts* auf Futtersuche gehen.

Aus den Zentralanden stammt übrigens auch die Kartoffel, die im 16. Jahrhundert von Spaniern in die alte Welt gebracht wurde.

In über 3000 m Höhe ist auch in Äquatornähe die Luft kalt und, je nach den großräumigen Windverhältnissen und der Jahreszeit, feucht und wolkenreich. Großtiere gibt es kaum, dafür zahlreiche spezialisierte Insekten, zum Beispiel 18 verschiedene Hummelarten. (Hummeln kommen sonst praktisch nur auf der nördlichen Hemisphäre vor.) Indem sie sich nahe am Boden halten, schützen sich die Pflanzen der sogenannten Páramo-Höhenstufe vor Wind und Kälte. Als einzige höherwüchsige Pflanze kommt auf der Páramostufe in rund 3000 m Höhe ü.M. der «Riesenmönch» vor, ein Korbblütler der Gattung Espletia, der bis 6 Meter Höhe erreicht und in den Hochlagen der Anden weit verbreitet ist.

Zeichnet sich die Páramostufe durch hohe Feuchtigkeit aus, so herrscht weiter im Süden, vor allem in Peru, Bolivien und Argentinien in den Hochebenen, dem Altiplano, die kalte, trockene Grassteppe der Puna vor. Sie nimmt den Bereich zwischen 3600 und 5000 m ü.M. ein und grenzt ebenfalls an die Region des ewigen Schnees. In neun Monaten des Jahres fällt kein Regen, und die Nächte sind bitter kalt. So gedeiht auch kaum etwas anderes als grobbüschelige Gräser (der Familien Festucca und Calamagrostis) und geduckte Zwergpflanzen. Bäume fehlen bis auf einige buschförmige Rosengewächse fast ganz. Die einzigen großen Pflanzen sind die langsam wachsenden, kakteenartigen Puyas, seltsame Verwandte der Ananas, aus der Sippe der Bromeliaceen. Die seltene Puya raimondii gilt als pflanzliches Relikt aus jener Zeit, als noch gürteltierartige Glyptodonten die sumpfigen Küsten der jungen Anden bevölkerten. Während die Berge gehoben wurden, paßten sich die Puyas schrittweise der Klimaänderung an und können heute bis in 4000 m Höhe vorkommen. Sie werden bis 9 Meter hoch, brauchen hundert Jahre, um einmal in ihrem Leben den 4 bis 6 Meter hohen Blütenstand auszubilden, und sollen die größten Kräuter der Erde sein. (Als Kräuter gelten alle Pflanzen, deren oberirdische Teile nicht verholzen, sondern weich und saftig bleiben.)

Die wenigen Tierarten der Puna treten nur mit geringer Stückzahl auf. Es handelt sich meist um kleine Nagetiere wie etwa das kaninchengroße Bergviscacha. Es gehört zoologisch gesehen zu den Chinchillas oder Hasenmäusen. Daneben finden sich Echsen und Vögel, die klein genug sind, um in der niedrigen Vegetation, zwischen Steinen oder in Höhlen Schutz zu finden. Manche kauern sich nachts in Gruppen zusammen, um sich warm zu halten.

Großtiere gibt es nur einige wenige. Sehr selten ist der Puma oder Berglöwe (Puma concolor). Eine besondere Stellung, auch für die Ureinwohner der Andenländer, nehmen das Guanaco und das Vicunja

Bighorn-Widder (Ovis canadensis) der amerikanischen Rocky Mountains.

Mit 3,2 m Flügelspannweite gehört der südamerikanische Kondor (Vultur gryphus) zu den größten Vogelarten der Erde.

Das Alpaca ist wie das Lama eine Zuchtform des wildlebenden Guanaco. Von Indianern als Haustier gehalten, liefert es eine besonders feine und weiche Wolle.

Die Urformen zahlreicher beliebter Zierpflanzen stammen aus Südamerika. Die Anden sind die Heimat der Tillandsia (rechts), die zu den Bromeliengewächsen gehört.

Unten: Von Mexiko bis Bolivien finden sich über 300 verschiedene Orchideenarten. Dieses Exemplar der Gattung Uncidium wurde in 4000 m Höhe in Bolivien aufgenommen.

ein. Beide gehören zur Familie der Kamele. Als Haustiere werden Zuchtformen des Guanaco, das Lama und das Alpaca gehalten. Ihr Fell besteht aus feiner weicher Wolle, die sie ausgezeichnet gegen Kälte schützt. Das *Vicunja,* dem seine Schnelligkeit sowohl eine rasche Flucht wie eine weiträumige Futtersuche erlaubt, ist der dünnen Luft in diesen großen Höhen dadurch angepaßt, daß seine Lunge und sein Herz übergroß entwickelt sind, und das Blut außergewöhnlich viele sauerstofftragende rote Blutkörperchen aufweist. (Die Quechua-Indianer, die schon seit Jahrhunderten in Höhen über 3000 m leben, sind in gleicher Weise diesen Umweltbedingungen angepaßt.) Das Vicunja hat eine interessante Geschichte. Tony Morrison schreibt darüber: «Als

Rechts: Ähnlich wie auf der nördlichen Hemisphäre finden sich im tiefen Süden Südamerikas sommergrüne Laubwälder. Südbuchenwald (Nothofagus spez.) auf der Insel Navarino, Feuerland.

Unten: Quer durch die Wälder Patagoniens schieben sich einzelne, haushohe Gletscher bis in tiefgelegene Regionen.

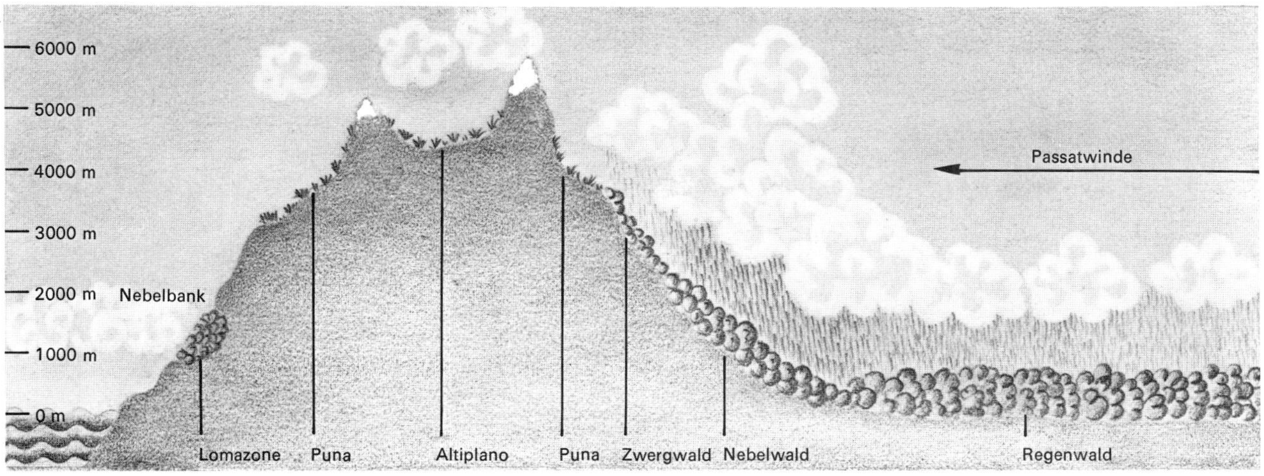

Links: Passat-Winde, die ständig aus der gleichen Richtung wehen, beeinflussen entscheidend Witterung und Vegetation der nördlichen Anden.

die Spanier nach Südamerika kamen, erstreckte sich das Verbreitungsgebiet der Vicunjas noch von Ecuador bis Nordargentinien. Der reiche Bestand war zumindest teilweise dem Königshaus der Inkas, den Herrschern der Hochland-Indianer, zu verdanken, die streng über die Vicunja-Jagd wachten. Die Tiere waren noch lange bis nach den Unabhängigkeitskriegen geschützt. Bis zum Zweiten Weltkrieg verringerte sich ihre Zahl nur langsam. Aber dann beschleunigte sich ihr Niedergang, und sie wurden fast bis zur Ausrottung gejagt. Die peruanische Regierung richtete ein Reservat bei Pampas Galeras, oberhalb von Nazca ein, und Felipe Benavides, ein peruanischer Naturschützer, startete eine Kampagne mit dem Ziel, die Ausfuhr von Vicunja-Fellen nach den Vereinigten Staaten und nach Europa zu verbieten. Allmählich wurde zunächst der Rückgang der Population aufgehalten, und in der Zeit von 1967 bis 1974 stieg die Zahl der Tiere im Reservat von weniger als 2000 auf über 12 500.»

Die größte Vogelart der Anden, ein Vertreter der Neuweltgeier, ist der bis über 10 kg schwere Kondor (Vultur gryphus); er wird bis zu 1,30 m lang und erreicht eine Flügelspannweite von 3,20 m, die nur noch von der der größten Albatrosse übertroffen wird, die schmälere und längere Flügel besitzen, wie sie für ozeanische Gleitflieger charakteristisch sind. Wegen der dünnen Luft seines Lebensraumes und seiner Schwere ist der Kondor so unbeholfen, daß er einen längeren Anlauf braucht, um auffliegen zu können. Dafür vermag er aber im Aufwind stundenlang ohne jede Flügelbewegung zu segeln. Seine Heimat reicht von Westvenezuela bis Feuerland. In den Anden bevorzugt er einen Höhengürtel zwischen 3000 und 5000 m ü.M., in Patagonien und Feuerland horstet er auch auf Klippen unmittelbar an der Küste. Auf der Nahrungssuche orientiert er sich vor allem an anderen aasfressenden Vögeln, wie dem Rabengeier, die als «Suchflieger» rascher als er Nahrung erspähen. Am Aas selbst verjagt er sie dann, ja er ist sogar in der Lage, einem Puma die Beute streitig zu machen.

Vom größten Andenvogel zurück zur kleinsten Art: Selbst in der kalten Puna kommen noch Kolibris vor. Der nur 5 cm lange, leuchtend grüne Sternkolibri lebt vor allem vom Puya-Honig.

Zwischen 1000 und 3600 m Höhe ü.M. erstreckt sich am Ostabhang der nördlichen Anden der Nebelwald, eine Zone mit triefend-feuchter Vegetation. Hier, am Übergang zum Regenwald der Ebenen, wird auch die Säugetierfauna artenreicher. Charakteristisch sind zahlreiche Kleinsäuger: Klammeraffen, Nabelschweine, Zwergtigerkatzen (Maguyas) und, als scheuer Bambusbewohner, der Zwergameisenbär. Der Raum zwischen dem Kronendach der Bäume und dem Erdboden ist erfüllt mit üppigstem Pflanzenleben. Zahllose Epiphytenarten wie Baumfarne und Orchideen treten auf, neben längst als Zimmerpflanzen kultivierten Fuchsien, Begonien, Geranien und Pantoffelblumen.

Aus dem tropischen Norden reichen die Anden bis in die patagonische Eiskappe, 7000 km weiter südlich. Eismassen bedecken auch die Gebirge Feuerlands, eines der letzten noch ganz wenig erforschten Gebiete der Erde.

Mächtige Gletscher, die Jahr um Jahr wachsen und wieder abbrechen, reichen hier teilweise bis ins Meer hinunter. Unter günstigen Klimabedingungen gedeihen noch krüppelige Südbuchen. Charles Darwin, der die Wälder dieser Gegend in den 30er Jahren des vorigen Jahrhunderts bereiste, schrieb: «Vorzuherrschen in dieser stillen Einsamkeit schien der Geist des Todes, nicht der des Lebens.» Das mag wohl zutreffen, denn Kälte und Nässe verhindern den raschen Abbau toter organischer Materie; verrottendes Holz häuft sich an und macht den Wald hier besonders düster und unwegsam.

Südamerika ist der Kontinent der Kakteen. Bis in große Höhen finden sich einzelne Arten, wie hier im Santa-Tal in Peru.

Unten: Eine der wenigen größeren Pflanzenarten der trockenen Grassteppe, der Puna in 4000 m Höhe, ist die Puya (Puya raimondii). Sie braucht etwa 100 Jahre, bis sie einmal in ihrem Leben den bis 6 m hohen Blütenstand auszubilden vermag.

Vulkanberge über den Savannen Afrikas

Nirgends sonst auf dem Erdball finden sich derartige Tieransammlungen wie unter dem tropischen Himmel Afrikas. Auch wenn sie durch Jagd, Wilderei und die Ansprüche der wachsenden Bevölkerung schon stark reduziert sind – einzelne große Nationalparks und Wildreservate lassen uns noch immer einen Abglanz vom einstigen Reichtum der afrikanischen Fauna schauen. Tsavo und Amboseli, Ngorongoro und Manyara und vor allem Serengeti sind Namen von Reservaten, die nicht nur den Touristen aus aller Welt geläufig sind. Obwohl diese Schutzgebiete teilweise um 1500 m hoch liegen oder, wie im Bereich des Ngorongoro-Kraters, sogar 2000 bis 2500 m Höhe erreichen, leben dort keineswegs Gebirgstiere, sondern Bewohner weiträumiger und offener Landstriche.

Mächtige Senecien bestimmen das Bild oberhalb der Baumgrenze am Mount Kenya.

Rechts: Der Kilimandscharo-Kibo, Tansania.

Afrika ist ja vergleichsweise arm an Gebirgen. Ohne direkte Verbindung untereinander begrenzen den Kontinent im Norden das Atlasgebirge – daneben finden sich einige öde Felsregionen in der Sahara –, im Osten die zerklüfteten Felswüsten um das Rote Meer und in Abessinien, und im Süden schließlich noch das Gebiet der Drakensberge. Wie einsame Inseln aus dem Meer der Savannen und tropischen Regenwälder ragen die vulkanischen Gipfel Zentralafrikas um den großen afrikanischen Graben auf: Mount Kenya und Mount Meru, Mawensi und Kibo (Kilimandscharo). Untereinander sind die Lebensgemeinschaften und die Formen der Anpassung in diesen isoliert liegenden Bergregionen recht ähnlich, doch die Arten selbst sind ganz verschieden. Bedingt durch Temperaturabnahme und Feuchtigkeitszunahme treten in den unteren Lagen Bergregenwälder auf, prächtige Schaufenster afrikanischer Wildblumen. In Höhen über 2500 m werden bei unregelmäßigerer Niederschlagsverteilung die Bäume niedriger; Baumfarne, Lianen und andere epiphytische Pflanzen treten zurück. Baumheiden von über 10 m Höhe, verwandt mit den Ericaceen Europas, sind eine Besonderheit der afrikanischen Berge im Äquatorbereich. Bereits zwischen 3000 und 3500 m kann es zu Schneefällen kommen. In diesen Höhen überwiegen in der Vegetation moosiges Gebüsch, Farne, Bärlappe und große Senecien, durchsetzt mit mächtigen Lobelien. Die Pflanzen beziehen ihren Wasserbedarf hier vor allem aus dem häufig auftretenden Nebel, weshalb auch von einer Nebelwaldzone gesprochen wird. Ausgetrocknet wie dürres Laub überdauern einzelne Arten oft lange Trockenperioden, dann aber, wenn Nebel und Regen aufkommen, werden innerhalb weniger Stunden all die kleinen Farnwedel wieder frisch und grün.

Wahrscheinlich hält, neben den niedrigen Temperaturen, vor allem der starke Wechsel in der Feuchtigkeit die meisten Tierarten davon ab, die Nebelwaldzone zu besiedeln. Je höher am Berg eine Lebensgemeinschaft vorkommt, desto artenärmer ist sie. Größere Säugetiere fehlen meist ganz. Selbst Insekten und Amphibien sind selten.

Die Vogelarten der Nebelwälder sind für ganz Afrika einzigartig und haben nur wenig mit denen der Tieflagen gemein. Auf dem Kamerunberg kommen 41 Arten vor, die in den umgebenden Tiefländern fehlen, 20 davon finden sich erst wieder 2000 km entfernt in den ostafrikanischen Bergen. Dazu zählt einer der schönsten afrikanischen Nektarvögel, der metallisch grün schimmernde «Rotbüschel-Malachit-Nektarvogel» mit seinen leuchtend roten Brustfedern. Er bewohnt fast ausschließlich die Lobelien- und Senecienbestände in Höhen über 3700 m ü.M.

Als Säugetiere finden sich dagegen hier oben bloß einzelne Vertreter wenig spezialisierter Arten der nahen Ebenen, die entweder ganzjährig oder nur zeitweilig dort leben, zum Beispiel Nagetiere, wie die Maulwurfsratte, die alle Berge im Äquatorbereich bis über 3700 m bewohnt. Am Mount Kenya erreicht die gebänderte Grasmaus bis über 3300 m Höhe.

Das mächtigste Säugetier, der Elefant, ist gleichzeitig auch eines der anpassungsfähigsten. Er wurde schon bis 4000 m Höhe ü.M. in den verschiedensten Bergvegetationszonen beobachtet, ebenso wie der Büffel.

Der zu den Buschböcken gehörende Bongo ist von den größeren Säugetieren am besten dem Leben im Bergwald angepaßt. Rötlichbraun gefärbt mit weißen Flankenstreifen ist er kaum kleiner als die mächtige Elenantilope. Während er in Westafrika in den offenen Grasländern und Wäldern der Ebenen lebt, beschränkt er sich in Ostafrika fast ausschließlich auf die Berge. Der Bongo gilt als das scheueste Tier der Bergwälder, was vielleicht daher rührt, daß er von den Wandorobos, einem geschickten Jägerstamm, seit eh und je intensiv verfolgt wurde. Die Wandorobos fertigen noch heute aus den Bongohörnern die verschiedensten Gebrauchs- und Kultgegenstände. In den letzten Jahrzehnten hat besonders Schlingenstellerei zu seiner Ausrottung in weiten Gebieten geführt.

Zweifellos eines der eindrucksvollsten Tiere des Bergwaldes ist der Berggorilla. Monatelang hat ihn George Schaller in seiner Heimat, in den Bergwäldern

der Virunga-Vulkane, beobachtet und in seinem Buch «The Year of the Gorilla» ein vielfältiges Bild des großen Menschenaffen vermittelt. Trotz seines Namens ist sein Vorkommen keineswegs nur auf den Nebelwald an den Hängen beschränkt. Der Berggorilla haust oft auch in tieferen Lagen. Vorwiegend Pflanzenfresser, hält er sich sogar mitunter in Gebieten mit intensivem Feldbau auf.

Die Nebelwälder der tropischen Bergländer der ganzen Erde sind sich, bei all ihrer Unterschiedlichkeit im Detail, doch außerordentlich ähnlich. Der Amerikaner Archie Carr beschreibt dieses eindrucksvolle Phänomen so: «Die Unterschiede zwischen den Nebelwäldern der Erde stellen einen interessanten

Lobelien am Ruwenzori, Afrika.

Oben rechts: Berggorilla (Gorilla beringei) im Regenwald des Ruwenzori.

Aspekt dar, zumal dann, wenn in einigen Gorillas leben und in den anderen Quetzals. Ein viel geheimnisvolleres Wunder dieser Inseln in den Wolken ist jedoch ihre fast unheimliche Ähnlichkeit. Um mir diese Übereinstimmungen zu vergegenwärtigen, brauche ich nur an den flötenden Gesang der Drosseln überall im Nebelwald zu denken, an die Trugdrosseln der amerikanischen Festlandtropen, an die Weißaugendrossel von Jamaika und an die mir unbekannten Drosseln Afrikas, die im dämmrigen Bergwald dort die gleichen Laute hervorbringen... Auf dem Mlanje-Berg gibt es in der Nähe des Plateau-Randes einen Bach, über dessen murmelndes Wasser ein Busch von Baumfarnen herunterhängt, über dem sich ein großer knotiger Gelbholzbaum erhebt, dessen Äste die zarten Moosbärte in der sanften Brise des vergehenden Nachmittags wehen lassen. Eine schillernde Eidechse huscht um den Stamm des Gelbholzbaumes, ein brauner Frosch hockt neben einer Pfütze, und wenn man sich hinunterbeugt, sieht man kleine Krabben unter Höhlungen am Ufer huschen. Ein Schleier des Abendnebels weht in die Lichtung, und ihm folgt ‹aus einer Entfernung von 13000 km› der goldene Gesang der Trugdrossel.

Es ist natürlich *nicht* die Trugdrossel, die da singt; es ist eine andere Drossel, die die Umgebung mit dem gleichen magischen Klang so zu erfüllen versteht, daß man fast zu atmen vergißt. Um zu erklären, was ich meine, werde ich mit meinen Freunden zu einer anderen, höher gelegenen Bergschlucht in Honduras aufsteigen müssen, dicht unterhalb des Gipfels des El Volcán. Denn oben wird es ganz genauso sein: der Gelbholzbaum mit den Mooshaufen auf seinen gewundenen Ästen, die Baumfarne über dem kalten Bach, die schillernde Eidechse, der braune Frosch am Ufer, die kleinen Krabben im Tümpel, die auch hier voller Schrecken davonlaufen. Und wenn Stunde und Jahreszeit übereinstimmen, wird ein Nebelschleier durch die Wälder wehen und die Trugdrossel wird wieder, 13000 km von den kleinen Krabben am Mlanje-Berg im Süden von Malawi entfernt, ihr Lied singen.»

Im Atlasgebirge und den angrenzenden Gebieten ist nur wenig von der ursprünglichen Tierartenvielfalt erhalten geblieben. Zu lange schon haben sich zu viele Eroberer, von den Küsten des Mittelmeeres kommend, dort aufgehalten. Die systematische Vernichtung begann im 19. Jahrhundert als Folge der Kolonisation durch die Franzosen. Löwen wurden um 1900 in Marokko ausgerottet, 20 Jahre zuvor schon in Algerien und Tunesien. Gepard und Leopard sind verschwunden, ebenso das Mähnenschaf und der Atlasrothirsch. Von letzterem wurde vor wenigen Jahren ein kleiner Restbestand wiederentdeckt, und man hat zu dessen Rettung große Anstrengungen unternommen. Geringe Bestände des Mähnenschafs haben sich noch im Innern der Sahara in einzelnen Bergmassiven und felsigen Plateaus gehalten, so z.B. in den entlegensten Teilen des Tassili n'Ajjer-Gebirges. Ihr großes, auf die Schultern zurückgebogenes Gehörn weist sie als Vettern des Nubischen Steinbocks der Felswüsten am Roten Meer aus. Wegen ihrer prachtvollen Jagdtrophäe werden beide Arten noch immer von – vorwiegend europäischen – Jagdtouristen verfolgt; ihr Verschwinden scheint unabwendbar.

Fremdartige Pflanzen und Tiere Ozeaniens

Ozeanien – die pazifische Inselwelt läßt sich von Australien aus gegen Osten in die drei Großregionen Melanesien (mit Neuguinea, Neukaledonien und Neuseeland), Mikronesien (Marianen, Marshall- und Fidschi-Inseln) und Polynesien (mit Hawaii, Samoa, Osterinseln) gliedern. Die indonesische Inselwelt wird nicht dazu gezählt. Erwähnt sei davon aber, daß auf Borneo, Sumatra und Celebes die Gebirge bis zu 3800 m Höhe aufragen. Ein typischer Vertreter der Tierwelt Sumatras ist der Serau, eine große Bergantilope (Capricornis sumatrensis). – Mit Australien zusammen bildet Ozeanien eine eigene tiergeographische Provinz, die zahlreiche endemische Tier- und Pflanzenarten beherbergt – also Arten, die nur dort vorkommen. Andere Tierfamilien fehlen wiederum völlig. Man vermutet sogar, daß es noch einige weitere, bisher unentdeckte Geschöpfe aus Gattungen der Beuteltiere, der eierlegenden Säugetiere und flugunfähigen Vögel gibt, die den eigenartigen Charakter der ozeanischen Fauna ausmachen.

Von der reichen Vogelwelt – in der ganzen Region gibt es über 1200 Vogelarten – seien die Paradiesvögel hervorgehoben. Etwa 40 Paradiesvogelarten wurden bisher in Neuguinea entdeckt. Einige davon wurden früher nach europäischen Königinnen und Königen benannt. Schon seit jeher benutzten die Eingeborenen des zentralen Hochlandes Paradiesvogelfedern zur Herstellung ihres farbenprächtigen Kopfschmuckes. Später entdeckte die europäische Hutindustrie die Paradiesvögel. Bis zu 50000 Bälge wurden alljährlich nach Europa verschifft. Heute ist der Abschuß offiziell verboten.

Als Verwandter der seit der Entdeckung Australiens ausgestorbenen Moas – Schnepfenstrauße, deren größte doppelt so hoch wie ein Mensch waren – lebt auf Neuseeland nur noch der schwanzlose, haarartig befiederte Kiwi, in unterirdischen Bauen verborgen, die er nur nachts zum Fressen verläßt. Die Rodung der Wälder bedroht auch seine Existenz. Auch flugunfähige Sperlingsvögel, Zaunkönige und andere hatte es einst gegeben. Sie überlebten die Einführung europäischer Hunde und Katzen nicht, konnten sich nicht schnell genug anpassen.

Eine andere bemerkenswerte Vogelfamilie sind die Großfußhühner oder Wallnestbrüter. Sie stammen ursprünglich aus Neuguinea und vergraben ihre Eier wie Reptilien. Damit die Eier auch ausgebrütet werden, haben sie sehr komplizierte Verhaltensmuster entwickelt. Sie errichten riesige Haufen aus Pflanzenabfällen, die bis zu 12 Meter breit und 5 Meter hoch sind. Dort legen sie die Eier hinein und vertrauen auf die aus der Zersetzung des Komposthaufens entstehende Wärme, die eine gesunde Entwicklung der Jungen ermöglicht. Eine andere Art sucht zielbewußt für das Eiereingraben die Nachbarschaft heißer Quellen auf. Im Süden Australiens, in kühleren und höheren Lagen, ist das Männchen des Mallee-Wallnisters 11 Monate des Jahres mit der Brutpflege beschäftigt.

Die unter den Baumarten vorherrschenden, endemischen Eukalypten sind zur Bestäubung ihrer Blüten auf die Honigfresser angewiesen, Kleinvögel, von denen es fast 80 Arten nur in Australien gibt und noch einmal soviele auf den Inseln bis hinauf zum 8000 km entfernten Hawaii. Zu den Eukalypten gehört einer der größten Hartholzbäume der Welt, die sogenannte Bergesche, die 90 m Stammhöhe erreicht. Sie ist in weiten Gebieten Neuseelands sowie in den regenreichen Tälern von Australiens «Alpen» der beherrschende Baum der Berghänge.

Hoch in den Bergen der Südinsel Neuseelands nistet in Felsspalten der Kea, ein Nestorpapagei. Er ist einer der wenigen neuseeländischen Vögel, der aus der Besiedelung durch die Europäer Vorteile zog. Er dehnte sein Areal auch in die Niederungen aus, lernte es, Schafskadaver zu fressen und bald auch geschwächte oder verletzte Haustiere anzugreifen.

Hoch in den Bergen der Südinsel Neuseelands brütet der Kea (Nestor notabilis), ein Papagei, der als einer der wenigen neuseeländischen Vögel aus der Besiedlung durch die Europäer Vorteile zog und sein Areal ausdehnen konnte.

Mitten im nördlichen Pazifik liegt, einer Kette von Juwelen gleich, eine Handvoll Inseln: Hawaii. Trotz eines gewaltigen Touristenstromes, der jährlich die Inselgruppe überschwemmt, beherbergt der 50. US-Staat noch echte Wildnis. Sie blieb in den Berggebieten erhalten, wo es jährlich bis zu 15 000 mm regnet – das sind 15 m^3 Wasser auf den Quadratmeter! Dort finden sich abgeschiedene, von nassem Dschungel überwucherte, tiefeingeschnittene Talschluchten mit steil aufragenden Felswänden. In ihrem Treibhausklima gedeihen verschiedenartigste Pflanzen vom bescheidenen Moos bis zu hochaufragenden Bäumen; viele davon gibt es nirgendwo sonst auf der Welt.

Alle Inseln der Hawaiigruppe sind vulkanischen Ursprungs, und heute noch wachsen die tätigen Vulkankegel weiter. Besonders ursprüngliche Verhältnisse sind noch im Haleakala-Nationalpark anzutreffen, benannt nach dem gleichnamigen 3000 m hohen Vulkangipfel. 900 Meter tief ist sein gewaltiger Krater. Auf dem Boden liegen kleine Vulkanhügel, an deren Flanken das eigenartige Silberschwert wächst, das wie grauweißes Metall aussieht. Angepaßt an so extreme Umweltbedingungen wurde es überhaupt nur auf dem Haleakala zwischen 2000 und 3000 m

Höhe gefunden. Obwohl im Krater wüstenartige Trockenheit herrscht, tagsüber die Sonne niederbrennt und nachts die Temperaturen oft bis zum Gefrierpunkt absinken, wird das Silberschwert bis zu 20 Jahre alt. Es wächst kugelig, bis es einen Durchmesser von etwa 0,5 Meter erreicht hat. Dann bringt es plötzlich einen fast 2 Meter hohen Blütenstand hervor mit Hunderten von purpurfarbenen Einzelblüten. Danach stirbt es ab. Im Jahr 1947 ergab eine sorgfältige Zählung, daß am Haleakala nur noch etwa 100 Exemplare vorkamen, «dort wo sie einst so zahlreich wuchsen, daß die Aschekegel in immerwährendes Mondlicht getaucht schienen». Dank Maßnahmen des Nationalpark-Dienstes hat sich das Silberschwert bis 1973 wieder auf etwa 2000 Exemplare vermehrt.

Das Wappentier des Staates Hawaii, die Nene, ist eine seltene, nur auf den Hawaii-Inseln auftretende Wildgans. Sie hat sich vermutlich aus der Kanadagans entwickelt und lebt im buschreichen Hochland zwischen 1500 und 2000 m. Die Nene schwimmt nur äußerst selten, ist also ein Buschbewohner geworden, und war deshalb durch eingeschleppte Raubtiere besonders gefährdet. Auch Krankheiten und Jäger haben sie dezimiert, so daß um 1950 nur noch 50 Exemplare lebten. Durch ein konsequentes Schutz- und Vermehrungsprogramm konnte die Nene gerade noch vor dem Aussterben gerettet werden; gegen-

Über 600 Eukalyptusarten sind im australischen Raum bekannt und kommen nur dort vor. Viele davon finden sich auch in den Gebirgswäldern.

Rechts: Baumfarne im Bergwald Neuguineas.

wärtig dürfte ihre Zahl wieder etwa 1000 betragen. Einige andere der vielen nur auf den Hawaii-Inseln vorkommenden Vogelarten sind in diesem Jahrhundert ausgestorben, darunter etliche Arten der «Kleidervögel» – kleine Singvögel, die hervorragend ihrer Nahrung angepaßte, dünne und gebogene Schnäbel besitzen. Heute können nur noch die Arten bestehen, die von jeher im Hochland gelebt haben und wo weniger die Gefahr besteht, daß sich Vogelmalaria und Vogelpocken ausbreiten – beides eingeschleppte Seuchen, gegen welche die hawaiischen Vögel keine natürlichen Abwehrstoffe entwickeln konnten. Eine andere außergewöhnliche und äußerst seltene Vogelart in den Bergen Hawaiis ist der Ao (Puffinus puffinus nuvelli), ein hochspezialisierter Küstenvogel von der Größe einer Taube, der in Erdhöhlen nistet. Früher sehr häufig, wurde er von eingeschleppten Mungos, die in die Nistlöcher eindringen konnten, auf praktisch allen Inseln ausgerottet. Nur auf Kauai, wo es keine Mungos gibt, wurden noch einzelne Vögel beobachtet, ohne daß man wußte, wo sie nisten. Schließlich entdeckte ein Ornithologe nach langer Suche auf einem dicht mit Eisenholz und Farnkrautdickicht überwucherten Bergkamm den Nistplatz. Er löste auch das Rätsel, wie die sonst vom Boden nicht hochkommenden Vögel auffliegen: Der Ao klettert am Morgen an Farnkrautwedeln hoch und braucht dann nur ein-, zweimal mit den Flügeln zu schlagen, um vom starken Aufwind in die Höhe getragen zu werden!

Die Regenmengen, die der Nordostpassat alljährlich auf Hawaii ablädt, erreichen ihr Maximum auf den windzugewandten Seiten der Berge zwischen 1200 und 2100 m Höhe. Hinzu kommen unerhört kräftige Aufwinde dort, wo der Passat auf die Bergseiten trifft. In den windgepeitschten Gipfelregionen erreicht die Vegetation (Grasbüschel, Zwergpflanzen) deshalb nur eine Höhe von 30 bis 40 cm Vielfach ist der Boden auch kahl und das Wasser läuft in Strömen ab, oder es bilden sich ausgedehnte Sümpfe, die mit Mischwäldern bedeckt sind, in denen rotblühende Eisenholzbäume vorherrschen. Obwohl diese Bäume an sturmumtosten Gipfeln nur 30 cm hoch werden, erreichen sie in den geschützten Lagen 30 Meter. Eine andere endemische Art dieser Gebiete ist der Lapalapa-Baum, der bei Verletzungen der Rinde einen starken Karottenduft ausströmt, dessen Holz grün brennt und dessen Blätter beim leisesten, kaum wahrnehmbaren Lufthauch zittern. Noch immer gibt es Pflanzen, die noch kaum bekannt und wissenschaftlich nicht untersucht sind. Im Jahr 1972 wurden in einem abgeschiedenen Canyon wieder einmal sechs bis zu 5 Meter hohe Exemplare einer bis dahin unbekannten Baumart, des «Hibiscadelphus», entdeckt.

Auf so kleinem Raum wie auf einzelnen Inseln der Hawaiigruppe sind unverhältnismäßig viele Pflanzen- und Tierarten unmittelbar vom Aussterben bedroht. Erst die Zukunft wird zeigen, ob es den im Vergleich zu den übermächtigen Auswirkungen der Zivilisation des 20. Jahrhunderts nur geringen Mitteln des Naturschutzes gelingen wird, sie zu retten. Denn mit jeder ausgestorbenen Tier- und Pflanzenart erleidet die Erde einen unwiederbringlichen Verlust.

Tropische Vegetation an den Lagunen von Keaukaha, Hawaii. Im Hintergrund der Mauna Kea (4217 m).

Links: Eine der spezialisiertesten und seltensten Pflanzen der Erde ist das Silberschwert, das nur noch aus dem Krater des Haleakala-Vulkans auf Hawaii bekannt ist.

Überall, wo Berge sind, lauern ganz besondere Gefahren, die Mensch, Tier, ganze Täler und Landschaften bedrohen. Jahrhundertelang spielten sich aber Bergkatastrophen «unter Ausschluß der Öffentlichkeit» ab; denn Menschen kamen weniger zu Schaden, und man erfuhr davon nichts. Heute, da die Alpen und sogar der Himalaya als Ziel von Touristen beliebt und bekannt sind, und die Nachricht von einer Naturkatastrophe in wenigen Stunden um die Welt geht, muß man feststellen: Die Gefahren, mit denen in der Bergwelt gerechnet werden muß, bedrohen zwar mehr Menschen denn je, werden aber oft auf die *ren»* bezeichnet, weil sie vorwiegend durch unbeeinflußbare natürliche Vorgänge ausgelöst werden. Dazu gehört auch das Wetter; Sturm, Nebel, Kälte und Nacht sind Gefahren, vor allem ein «Wettersturz». Dazu im Gegensatz provoziert der Mensch die sogenannten *«subjektiven Gefahren»* – durch Fehleinschätzung von Schwierigkeiten beim Bergsteigen, Wandern und Skifahren, fehlendes Training, mangelnde Erfahrung, Angst, mangelhafte Ausrüstung. (Auch den unbedachten Raubbau an der Natur sollte man dazu zählen, der auf lange Sicht Gebirgsstöcke schädigen kann und irgendwann zur Katastrophe führt!)

Schauplatz aktueller Naturereignisse

leichte Schulter genommen. Dabei geht es nicht nur um die auf Seite 278 besprochenen Risiken, denen die Touristen im Schnee ausgesetzt sind. Man muß sich im Gebirge auch an einige an sich selbstverständliche Verhaltensweisen gewöhnen, wenn man zumindest Unfälle infolge *Steinschlag* vermeiden will. Dazu gehört schon, daß man an einer steil abfallenden Wiese nicht spielerisch einen großen Stein ins Rollen bringt – und dadurch andere Wanderer oder Fahrzeuge in Gefahr bringt. Sein unaufhaltsames Rollen ist bekanntlich sprichwörtlich; im Kleinen sieht man hier, was im großen Maßstab unermeßliche Folgen nach sich ziehen kann.

Die drei wichtigsten Arten von Naturereignissen, die die Kulturlandschaft der Gebirge bedrohen, sind Lawinen aus Schnee und Eis, Muren und Bergstürze sowie Überschwemmungen durch Wildwasser.

Früher glaubte die Bergbevölkerung, in Katastrophen das Walten von Dämonen zu erkennen, weil sie den Verwüstungen mehr oder weniger schutzlos ausgesetzt war. Heute wissen wir theoretisch gut Bescheid über die Naturereignisse in den Hochgebirgen der Erde, die der Bergsteiger als die *«objektiven Gefah-*

Achtung Steinschlag! – Bergsteiger in Gefahr

Streng genommen lassen sich die beiden eben genannten Gefahrenbereiche nicht exakt voneinander trennen. In einem modernen Lehrbuch für Bergsteiger steht dazu: «Vielleicht lassen sich alle alpinen Gefahren letztlich auf das Verhalten der davon betroffenen Menschen zurückführen. Denn auch naturbedingte Verhältnisse wie Wettersturz, Wetterfolgen, Kälte, Sturm, Nebel, Stein- oder Eisschlag, brüchiger Fels, morsches Eis, Lawinen, Wächten, Gletscherspalten, Wildbäche bedeuten für den Bergsteiger ja nur insoweit Gefahren, als er sich ihnen aussetzt. Entscheidend dafür, ob man die Gefahren bis zu einem höchstmöglichen Grad ‹in den Griff› bekommt, ist, sie sich mit allen Details und möglichen Auswirkungen immer wieder ins Bewußtsein zu bringen, sowohl bei der Planung als auch bei der Durchführung einer Bergfahrt.» Ohne Gefahr kein Abenteuer – dieser vielzitierte Ausspruch sagt aber alles. Denn auch Erfahrungen, die man sich als Bergsteiger in Jahrzehnten aneignet, können nie ein Pa-

Oben: Lawinen-Verwüstungen in Wolfgang bei Davos, Schweiz. Der Lawinen-Abgang erfolgte am Totalphorn, das zum Weißfluh-Parsenn-Skigebiet gehört. Häuser und Stallungen wurden von den Schneemassen verschüttet.

Rechts: Firnschneelawine in der 900 Meter hohen Nordostwand des Piz Badile in den Bergeller Bergen, Schweiz. Solche Lawinenabgänge sind vor allem im Spätwinter zu beobachten.

tentrezept bieten gegen die Urgewalten, denen wir in den Bergen begegnen – glücklicherweise meist bloß als Augenzeugen in sicherem Abstand. Ich denke an jene riesige Eislawine, die ich mit Kameraden im Rahmen der Internationalen Himalaya-Expedition 1971 am Mount Everest vom Basislager aus beobachtete. Sie donnerte von der Everest-Westschulter herab gegen den berüchtigten Khumbu-Eisfall, den eine unserer Sherpa-Trägerkolonnen gerade eine Stunde zuvor passiert hatte. Die Luftdruckwelle war sogar im drei Kilometer entfernten Basislager noch zu spüren – keine Fliege hätte im Bereich der Lawinenbahn überlebt.

Und beim Gedanken an jenen Morgen am Fuß der zweitausend Meter hohen Ostwand des Pik Lenin (7134 m) im sowjetischen Pamir – einer reinen Eiswand – spüre ich heute noch Schweiß auf den Handflächen: Mit drei Freunden – zwei Russen und einem Münchner – sollte die Riesenwand erstbegangen werden. Vier Tage zermürbender Aufstieg über den chaotisch zerrissenen Saukdaragletscher lagen hinter uns. Um vier Uhr am nächsten Tag waren wir bereits in Bewegung. Herrliches Wetter, 21 Grad minus, knirschender Schnee. Bescheidenes Frühstück – im Pamir gibt es keine Sherpa, die einem das Essen zubereiten –, Abbruch der superleichten Zelte. Da passierte es. «Mensch... schaut!» rief ich fasziniert, deutete hinauf zur Wand, deren Gipfelbereich gerade im ersten Sonnenlicht aufleuchtete. Kurz unterhalb des Gipfels war – wie wir später sehen konnten – die etwa zwanzig Zentimeter dicke, windgepreßte Neuschneedecke in der ganzen Wandbreite von etwa zwei Kilometern abgebrochen. Wie ein überdimensionaler Theatervorhang raste die Schneedecke nach unten, verwandelte sich in Sekundenbruchteilen in eine riesige Wolke, die größer und größer wurde und alles verfinsterte – sie erreichte den Wandfuß, wo wir ursprünglich unsere Zelte aufzustellen vorhatten, bäumte sich wie ein Atompilz auf, kam auf uns zu mit beängstigender Geschwindigkeit.

Alibekgletscher im Westkaukasus. Zwischen den Querspalten bilden sich mit Schutt durchsetzte, zum Teil scharfe Kämme.

Fast starr vor Schreck warfen wir uns wortlos auf den Schnee, das Gesicht gegen den Boden gerichtet, auf die verschränkten Arme gelegt. Der Morgen wurde wieder zur Nacht. Schneestaub, der orkanartig über uns hinwegraste, Finsternis, wir konnten nicht mehr atmen... Nach Sekunden, die mir wie eine Ewigkeit erschienen, wurde es wieder ruhig, heller; die Schneewolke jagte über den Saukdara-Gletscher hinaus. Wir rappelten uns auf und starrten, noch den Schreck in den Gliedern, hinauf zur Wand, die schöner denn je im zarten Rot des Morgenlichts aufleuchtete, als wäre alles nur ein böser Spuk gewesen. Wenn wir bereits in der Wand gewesen wären... – ein Gedanke, den man in solchen Situationen sofort verwerfen muß. Wir warteten einen Tag, denn große Lawinen haben oft auch «Nachzügler». Prompt gab es auch einen – als wir bereits in der Wand waren, fünfzig Höhenmeter überm Einstieg, aber zum Glück geschützt durch einen schiffsbugartigen Pfeiler, der über uns die Schneemassen teilte.

Als Bergsteiger muß man auch Glück haben. Besonders angesichts der übermächtigen Naturgewalten, die man nur vage einschätzen kann, vor allem katastrophenähnliche Naturvorgänge. Ich denke an die Schreckenssekunden in der 1100 Meter hohen Nordostwand des Lyßkamm-Westgipfels im Wallis (4556 m). Werner Gross und ich hatten die Erstbegehung einer Direktroute auf dem Programm. Die projektierte Linie führte über einen kantigen Pfeiler direkt gegen die senkrechte, etwa hundert Meter hohe Abbruchwand eines Hängegletschers. Er hatte eine Durchschnittsneigung von etwa sechzig Grad. Hängegletscher dieser Neigung haben meist eine hohe Fließgeschwindigkeit. Auf dem Weg zur Monte-Rosa-Hütte, unserem Stützpunkt, lernten wir auf dem Gornergletscher englische Glaziologen kennen. Sie arbeiteten hier bereits ein ganzes Jahr. Ob sie auch die Hängegletscher am Lyßkamm beobachteten, wollten wir wissen – well, auch sie gehörten zu ihrem Aufgabenbereich. Aber sie seien unwichtig, ihre Bewegung unbedeutend, und nur sehr selten könne man eine Abbruchlawine beobachten. Das paßte genau in unser Programm. Ich war beruhigt. Denn vor Stein- und Eisschlag und Lawinen habe ich echte Angst, eben weil sie in den Bereich des Unberechenbaren gehören.

Wir kamen am nächsten Tag zügig voran. Der Pfeiler erwies sich als griffig, durchsetzt von kurzen, schwierigen Steilstufen. Nun, wenn man sich eine Erstbegehung vorgenommen hat, erwartet man auch keinen Spaziergang.

Nach fünfzig Meter verlor sich der Felspfeiler in einer kurzen Eisflanke, die weiter oben an der senkrechten Abbruchwand des Hängegletschers endete. Vierzig Meter vor dem Ende des Pfeilers wollte mich Werner, der gerade als Führer an der Reihe war, nachkommen lassen.

«Hast einen Standhaken?» fragte ich.

«Nein, aber einen guten Sitzplatz – kannst kommen!» Ich kletterte los.

Eine kurze, senkrechte Wandstelle mit wenigen Griffen. Schwierig zwar, aber keineswegs ein ernsthaftes Hindernis. Spreizend kam ich höher, sah bald über mir Werner auf der Pfeilerkante sitzen, weiter oben die Abbruchwand.

Zuerst hörte ich leises Knistern, dann Knacken... Krachen und Donnern – Gedankenfetzen: kein Haken zwischen Werner und mir... die ganze Abbruchwand!... Ich verharrte, meinen Körper an den Fels gepreßt... im Inferno an kleinen Griffen hängend, Werner über mir auf der Pfeilerkante sitzend, vollkommen schutzlos... Dunkelheit, Eisstaub, links und rechts von mir sausende und polternde Eistrümmer. Sie durchschnitten die Dunkelheit und verschwanden lautlos im Abgrund. Ich war ganz wach, das war das Schreckliche, und erlebte jede Phase der Katastrophe vollkommen bewußt – jede Phase, auch das Warten auf Werners Körper, der jeden Augenblick durch das Dunkel fliegen mußte, auf den Ruck am Seil, das mich in den Abgrund ziehen würde, – und auf das Ende. So schnell war es gekommen, ohne Vorwarnung, eingebrochen in die Stunde unseres Glücks am Berg, ohne vorherigen Schmerz, ohne drückende Todesahnung... Wehmut: so Vieles wollte ich noch verwirklichen, und jetzt das Ende! Ich schloß die Augen, ich war bereit. Man konnte in dieser Hölle ohnehin nichts sehen. Nur hören: nochmaliges Bersten und Krachen, als explodierte der ganze Lyskamm; ein Rollen im Berg... kurze Pausen... einzelne Trümmer noch... längere Pausen... kleinere Brocken... Rieseln – Stille.

Ich hörte meinen Namen, von oben – von Werner, öffnete die Augen, schaute um mich: Es war wieder Tag, und ich hing immer noch an der kurzen Steilstufe, an den Fels gepreßt, und das Seil führte immer noch nach oben – zu Werner. Bald war ich bei ihm, zitternd am ganzen Körper, und stöhnend, um Schrecken und Panik aus mir zu bringen.

«Ein Brocken hat mich hier am Oberschenkel erwischt, sonst weiter nichts», sagte Werner. – Bergsteiger erleben gelegentlich auch Wunder! Man sollte sich aber weder auf Glück noch Wunder verlassen.

Steinschlag gehört zu den unliebsamen, oft tödlichen Begleiterscheinungen bei Hochgebirgswanderungen und Klettertouren. Jeder Bergfreund weiß das und versucht dieser Gefahr auszuweichen, sich gegen sie zu schützen: zeitlich überlegte Tourenplanung (zum Beispiel Verzicht auf ein Unternehmen, wenn sich auf der vorgesehenen Route bereits mehrere Bergsteiger befinden, deren Tritte Steinschlag auslösen könnten), Tragen eines Steinschlaghelms, sogar auf bestimmten Abschnitten auch bei Hochgebirgswanderungen. Die Steinschlaggefahr wenigstens ist bis zu einem gewissen Maß berechenbar, sozusagen kalkuliertes Risiko, mit dem man als bergbegeisterter Mensch «zu leben» bereit ist.

Nicht einschätzbar dagegen sind Bergstürze jeder Größenordnung. Gegen ihre Urgewalt ist kein Kraut gewachsen. Zum Glück berühren sie nur selten besiedelte Gebiete. Auch Bergsteiger werden sehr selten von den katastrophalen Auswirkungen eines Bergsturzes betroffen.

Ein unvergleichliches Erlebnis kann es sein, wenn man «indirekt» mit einem Bergsturz zu tun bekommt. Ich denke da an die 600 Meter hohe Südwand der Drusenfluh im Rätikon. Den sehr schwierigen Diechtlpfeiler kannte ich wie meine Hosentasche, durch Begehungen mit Freunden und als Alleingeher. Jedes Mal sah ich nahe des Ausstiegs richtige Felsspalten, die sich zwischen eigentlichem Massiv und riesigen Felsschildern gebildet hatten. Mehrmals benützte ich so einen Spalt als «bombensicheren» Standplatz, um meine Kameraden nachzusichern. Ab und zu sprach ich mit älteren, erfahreneren Bergsteigern darüber, ob sich die abgespaltenen Felsmassen lösen könnten. Sie lächelten nur.

Am 19. März 1950 führten Wilfried Brunold und ich die erste Winterbegehung des Diechtlpfeilers aus. Die Felsspalten im Gipfelbereich konnten diesmal nicht als Sicherungsplatz benutzt werden, sie waren angefüllt mit Schnee und Eis.

Einige Tage später ging das gesamte obere Drittel des Diechtlpfeilers als gewaltiger Felssturz ab. Niemand sah die Abertausende von Felskubikmetern über die Südwand stürzen. Danach galt der Diechtlpfeiler für mehrere Jahre als unbegehbar.

Gletschertraversierung in einem Querspaltenbereich: Als Idealformation gilt die Dreierseilschaft, wobei sich beim Queren der Spalten jeweils nur eine Person, von den anderen gesichert, auf einer Brücke befinden sollte. Sonst geht man parallel zu den Spalten.

(H) *Hängegletscher*

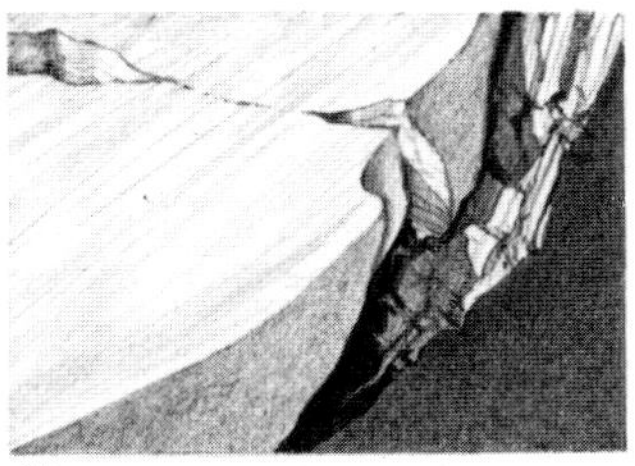

(a) *Bergschrund/Randspalte*

(b) *Quer- und Längsspalten*

(c) *Eisbruch*

(d) *Kreuzspalten*

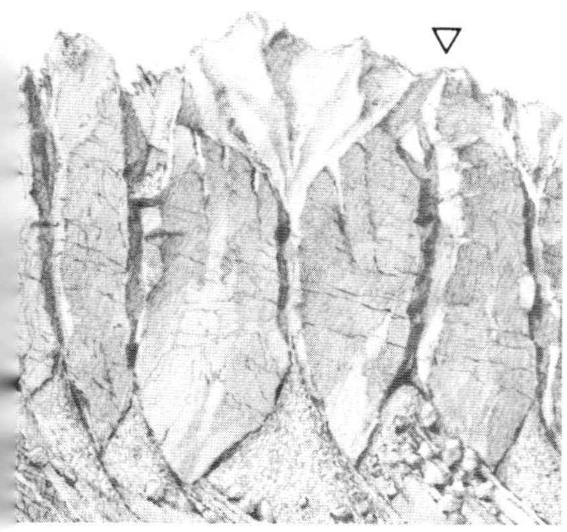

Steinschlaggefährdetster Aufstieg in den Runsen, sicherster Weg an der Kante (Pfeil).

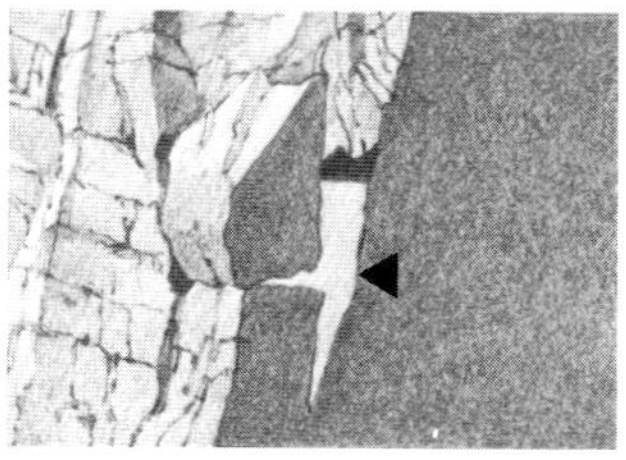

Nachts gefrierendes Schmelzwasser dehnt sich aus und sprengt dabei das Gestein (Frostsprengung).

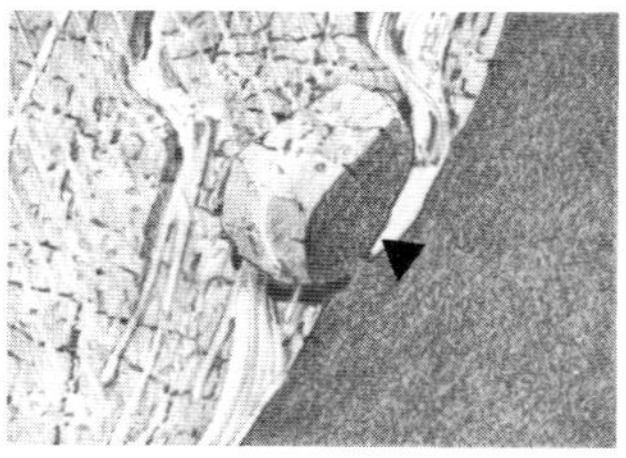

Unterspülung durch Regen.

Steinschlag wird nicht nur durch die reine Schwerkraftwirkung ausgelöst, sondern auch durch Tiere oder den Berggänger selbst. Häufige Fehler sind:

Unvorsichtige Griffwahl.

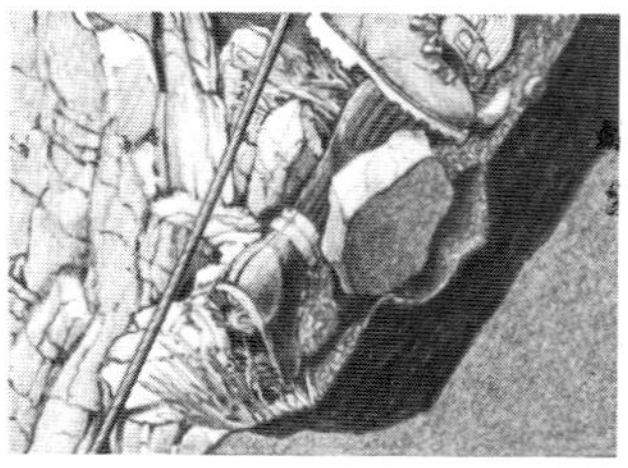

Begehen von lockeren Steinen auf Humus oder Schnee.

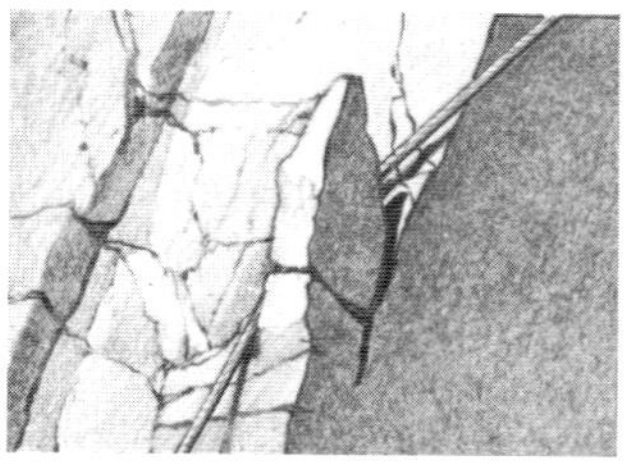

Unüberlegter Seilzug.

Ähnlich war es mit dem unter Kletterern sehr beliebten Adangkamin, der die Südwand der Großen Cirspitze (2597 m, Dolomiten, Puezgruppe) durchreißt. Im September 1962 erfolgte ein Bergsturz, der fast die ganze Originalroute veränderte, ja vernichtete. Im Sommer 1963 wurde praktisch eine neue, bedeutend schwierigere Route erstbegangen. Noch berühmter ist der Bergsturz an der Sciora di Fuori (3169 m, Bernina-Alpen, Bergell), durch den im oberen Teil der Nordwestkante («Fuorikante») 1963 entscheidende Routenpassagen vernichtet wurden. Im Sommer 1965 erfolgte die Neubegehung, ebenfalls auf einer bedeutend schwierigeren Route als vorher.

Kleinere Felsausbrüche von lokaler Bedeutung sind jedes Jahr in fast allen Alpen- und sonstigen Berggebieten zu verzeichnen. Aber sie erregen meist nur bei Alpinisten Aufmerksamkeit, weil – wie bereits erwähnt – Menschenleben glücklicherweise höchst selten zu beklagen sind. Mir sind nur zwei Bergsturzereignisse, bei denen Alpinisten getötet wurden, bekannt, eines aus dem Kaukasus, das andere aus Peru.

Am Abend des 16. Juli 1963 wurde im Westkaukasus ein Bergsturz durch Erdbeben ausgelöst. Seilschaften der Sportvereine «Trud» und «Spartak» versuchten den viergipfeligen Dombai Ulgen (4040 m) über die etwa 1500 Meter hohe Nordwand zu besteigen. Der sowjetische Bergsteiger Boris Romanow, Führer der Alpinistengruppe, war Augenzeuge des Geschehens und berichtete mir darüber unter anderem: «Gegen Abend des 16. Juli hielten wir unter der Schulter des Ostgipfels Rast. Das Wetter verschlechterte sich, so daß wir uns ein Biwak einrichteten.

Unsere Zuflucht war ein kleiner Platz, etwa zweieinhalb mal eineinhalb Meter groß. Mühsam stellten wir das Zelt auf und befestigten es an Haken. Durch den Zelteingang ließen wir das Seil laufen und sicherten auch uns selbst an eingeschlagenen Haken. Um 21 Uhr entlud sich das Unwetter. Der Regen peitschte auf das Zelt. Donnerschläge dröhnten, ununterbrochen zuckten die Blitze.

Plötzlich erschütterte ein Schlag von schrecklicher Gewalt die Berge. Die Donnerschläge gingen in ununterbrochenes Gedröhne über. Für einige Sekundenbruchteile fühlten wir das Gewicht des eigenen Körpers nicht mehr. Wir hatten das Gefühl, als flögen wir mit den Felsen in den Abgrund.

Der Fels, der über dem Zelt etwas überhing, schützte uns vor vielen Steinen. Ebenso rettete uns das Seil, an dem wir festgebunden waren. Die Steinlawine riß Haken heraus, zerschlug die meisten Seile, den Primuskocher und riß einen Teil der Lebensmittel und der warmen Sachen mit. Wie durch ein Wunder blieb ein Seil unversehrt. Und unsere Haken hielten. Das Unwetter ließ aber nicht nach. Das zerfetzte Zelt schützte nicht mehr vor Regen und feuchtem Schnee.

Neben mir stöhnten die Kameraden in der Dunkelheit. Nach einem heftigen Schlag in die Seite fühlte ich einen stechenden Schmerz. Unmittelbar darauf folgte ein Schlag auf den Kopf. Nur der Steinschlaghelm rettete mich. Nach einer Minute war auch diese Steinlawine vorüber. Mein Schädel brummte. Ich rief nach den Kameraden. Schweigen. Ich befürchtete für sie das Schlimmste. Da reagierte mit dumpfer Stimme Jurij Korotkow. Seine Beine, die Hüfte, die Arme, der Kopf waren zerschunden. Er konnte sich nicht mehr rühren, war aber noch bei Bewußtsein. Mit der Taschenlampe beleuchtete ich Jurij Kulinitsch. Sein Puls war nicht mehr fühlbar. Jurij wurde durch einen großen Stein, der auf seiner Brust liegen blieb, erschlagen. Wladimir Woroschitschew hatte durch einen heftigen Schlag auf den Kopf das Bewußtsein verloren.»

Drei Bergsteiger wurden bei dieser Bergsturz-Katastrophe getötet, die übrigen Männer konnten mit teils schweren Verletzungen gerettet werden.

Die Bergsturzkatastrophe von Peru, 1970

Der zweite Fall, bei dem auch Bergsteiger durch einen Bergsturz den Tod fanden, erregte weltweites Aufsehen. Er hing unmittelbar mit dem großen Erdbeben vom 31. Mai 1970 zusammen, das in Peru, am Huascarán (6768 m), einen gigantischen Gletschersturz auslöste – eine der größten Naturkatastrophen in der Menschheitsgeschichte überhaupt. Nach amtlichen Berichten kamen damals im Bebengebiet über 70 000 Menschen ums Leben, nach anderen Schätzungen wesentlich mehr. In einem Zeitabstand von nur zwei bis drei Minuten hat die Sturzmasse in Form einer Mure aus Schlamm und Schutt die Stadt Yungay, große Teile von Ranrahirca und Matacoto und viele kleine Siedlungen, zusammen etwa 35 000 Menschen, vernichtet. Die Wucht und Masse der vielen Kubikmeter Fels und Eis, die in nahezu 6000 Meter Höhe an der Westwand des Huascarán-Nordgipfels abgegangen waren, war so unaufhaltsam, daß sie alle Geländehindernisse überbrandete, selbst einen weit über hundert Meter hohen, sperrigen Höhenrücken, hinter dem man Yungay für ganz sicher hielt. Dieses unvorstellbare Ereignis brachte jedoch nahezu allen Einwohnern der kleinen und, wie oft beschrieben wurde, sehr lieblichen und sauberen Stadt den Tod. Nur sehr wenigen gelang es, sich auf den nahen, auf einem Rundhöcker gelegenen Friedhof, der den Schlammstrom teilte, zu retten. Etwa vierhundert Menschen, vorwiegend Kinder, entgingen dem Tod, weil sie sich in der Nachmittagsvorstellung eines Zirkus befanden, der etwas außerhalb von Yungay sein Zelt aufgeschlagen hatte.

Die Hauptmasse ergoß sich auf das südlich von Yungay auf dem Schwemmkegel des Rio Shacsha gelegene Ranrahirca und zerstörte alles. Die Mure, die nach übereinstimmenden Augenzeugenberichten mit einer Geschwindigkeit von 300 bis 400 km/h zu Tal raste, überquerte den Rio Santa, staute ihn zeitweilig auf und drang dann, durch das Flußwasser weiter verflüssigt, weiter talab bis hin zum 15 km entfernten Caraz, wo der Flugplatz und weite Orangenhaine überflutet wurden. Hier erst, nach einer Strecke von 30 km, kam der Murenstrom zum Stillstand. Über 30 Quadratkilometer sind von dem unvorstellbaren Schutt- und Schlammstrom in eine Wüstenei verwandelt worden; von den ungezählten Menschenschicksalen gar nicht erst zu reden.

Nachdem die Mure bei Caraz zur Ruhe gekommen war, zerstörte die schlamm- und steindurchsetzte Flutwelle des Rio Santa die wichtige Straßenbrücke von Choquechaca. Um 17 Uhr erreichte sie Huallanca und riß auch dort alles mit sich fort. Die Bewohner waren allerdings dadurch auf die drohende Gefahr aufmerksam gemacht worden, daß der Fluß eine halbe Stunde nach dem Erdbeben zu fließen aufgehört hatte. Sie flüchteten auf die höher gelegenen Hänge und entgingen dem sicheren Tode. Als das Wasser plötzlich tosend herankam, war es zwanzig Meter hoch angestiegen und riß alles mit sich: Fels- und Eisblöcke, Bäume, Fahrzeuge jeder Art, Menschen und Tiere. Um 18 Uhr erreichte die Flut die Eisenbahnstation Mirador, 100 km, um 19 Uhr Tablones, 150 km von Yungay entfernt. Ganz unabhängig hatte sich durch das gleiche Erdbeben auch auf der Nordseite des Huascarán eine Lawine gelöst. Sie wiederum löste einen Gletscher- und Bergsturz aus. Die Sturzmasse, Millionen Kubikmeter umfassend, verschüttete das Basislager der tschechoslowakischen Anden-Expedition unter Arnošt Černik – vierzehn Männer, unter ihnen einige meiner besten Freunde, fanden den Tod.

Die Peruaner nannten die Erdbebenkatastrophe 1970 «Cataclismo», was soviel wie Weltuntergang bedeutet.

Bergsturzgebiete im Landschaftsbild

Vorweg müssen wir den Bergsturz – auch Bergrutsch, Bergschlipf – als Begriff klären. Nimmt man nämlich «Bergsturz» wörtlich, so handelt es sich um eine reichliche Übertreibung. Denn auch bei den großen Bergstürzen ist es immer nur ein relativ kleiner Teil des Berges, der ausbricht und zu Tal stürzt, oft auch nur rutscht (‹Schlipfstürze›). Wissenschaftler haben folgende Definition gefunden: «Bergstürze sind Fels- und Schuttbewegungen, die mit hoher Geschwindigkeit – in Sekunden oder wenigen Minuten – aus Bergflanken niedergehen und im Ablagerungsgebiet ein Volumen von über 1 Million Kubikmeter besitzen oder eine Fläche von über 0,1 Quadratkilometer bedecken.»

Abgesehen von tektonischen Bewegungen, vom Wirken der Gletscher zur Eiszeit und von schweren Erdbeben, wurde die Gebirgslandschaft durch nichts so sehr verändert wie durch Bergstürze.

Grob betrachtet, können drei «Bergsturz-Epochen» unterschieden werden:

1. Pleistozäne – vor allem spätglaziale – Bergstürze;
2. Postglaziale (nacheiszeitliche) Bergstürze;
3. Historische Bergstürze.

Natürlich erwecken die historischen Bergstürze in der Öffentlichkeit größeres Interesse als vorgeschichtliche Naturereignisse, weil fast immer auch Menschenschicksale mitgespielt haben. Aber um wenigstens eine kleine Vorstellung von der Größenordnung späteiszeitlicher Bergstürze zu vermitteln, seien gleichwohl einige erwähnt.

Zu den bekanntesten und größten vorgeschichtlichen Bergstürzen gehören die von Flims (Graubünden), Engelberg (Urner Alpen/Zentralschweiz), vom Fernpaß (Tirol) und vom Königssee (Bayern).

Die Abbruchnische des Flimser Bergsturzes befindet sich auf der Südflanke des heute beliebten Skiberges Cassonsgrat in 1746 Meter Höhe, oberhalb von Muletg. Es muß etwa 900 Millionen Kubikmeter Fels- und Erdmasse in Bewegung geraten sein, die rund 16 km zurücklegte und eine Fläche von 51 Quadratkilometer bedeckte. Die Bergsturzmasse kam erst auf der gegenüberliegenden Seite des Vorderrheintales in 1025 Meter Höhe zum Stillstand. Flimser Feriengäste können das Zeugnis dieses Naturereignisses auf einem Spaziergang hinab zum Abbruchrand, Conn genannt, besichtigen. Heute noch

Unten: Das Gebiet des Huascarán in Peru (Anden) vor der Erdbeben-Katastrophe 1970. Im Hintergrund der doppelgipfelige Huascarán (6768 m), an dem durch das Erdbeben Eis- und Felsmassen ausgelöst wurden.

Ganz unten: Die Erdbebenkatastrophe vom 31. Mai 1970 in den Anden Perus richtete im Gebiet des Huascarán unbeschreibliche Schäden an. Innerhalb von nur zwei bis drei Minuten wurden die ganze Talschaft und etwa 35 000 Menschen durch eine Mure vernichtet.

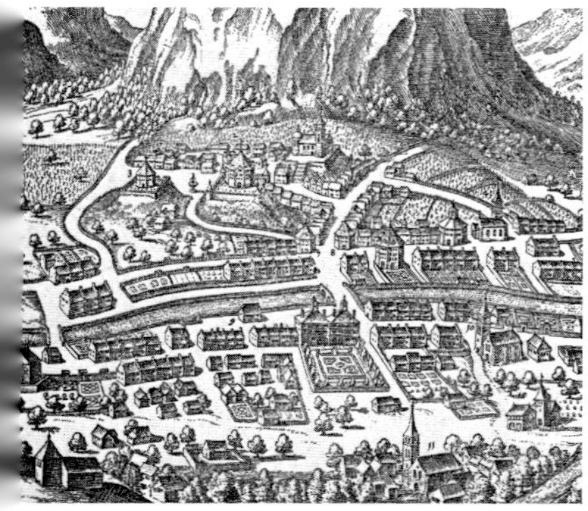

Am Abend des 25. August 1618 wurde die Schweizer Stadt Plurs – heute Piuro, zu Italien gehörend –, bei Chiavenna, durch einen Bergsturz vollkommen zerstört (unteres Bild). In der ungeheuren Verwüstung fanden etwa 2500 Menschen den Tod. Heute sind von der Katastrophe nicht einmal mehr Spuren zu erkennen; die meisten Einheimischen wissen nichts über dieses Naturereignis.

Der Felssturz von Elm im Schweizer Kanton Glarus am 11. September 1881 hatte ein Volumen von etwa 10 Millionen Kubikmeter und tötete 115 Menschen. Ein großer Teil des Ortes wurde durch die Katastrophe vernichtet.

empfindet man diese Gegend als eindrucksvolle Urlandschaft. Bis zur Vollendung der heutigen Flimser Schlucht, die besonders von Wildwasserkanuten bei Befahrungen des Vorderrheins zwischen Ilanz und Reichenau immer wieder bewundert wird, war dann die gewaltige Erosionsarbeit des Rheins notwendig.

Vom Volumen her noch gigantischer war der Engelberger Bergsturz, der sich südlich des heutigen Ortes am Gerschniberg beim Trübsee gelöst hatte. Die Masse umfaßte 2500 Millionen Kubikmeter, bewegte sich auf einer 7 km langen Bahn und bedeckte sehr hoch eine Fläche von über 9 Quadratkilometer, die sich bis in das Gebiet von Schwand erstreckte. Die nachfolgende glaziale Umgestaltung des Engelberger Bergsturzkörpers wirkte nachhaltiger als jene von Flims. Die Sturzmasse mußte vom Engelberger Talgletscher überquert werden; heute noch sieht man die trogartige Hohlform, die sich auf eine Länge von über 3 km und mit einer Breite von bis zu 1,5 km etwa 250 Meter in den Trümmerkörper eingetieft hat. Der Engelberger Talgletscher erreichte von Südosten den Bergsturz und bog östlich von Engelberg in West-Ost-Richtung um. Dabei wurde das ganze Bergsturzmaterial, das sich auf der Engelberger Seite in Stoßrichtung befand, bis auf wenige Reste niedergeschliffen. Lediglich bei der Gerschnialp, auf der Innenseite der Talbiegung, blieb die durch einen Felsvorsprung geschützte Sturzmasse erhalten. Man muß allerdings einiges erdgeschichtliches Interesse aufwenden, um diese Vorgänge an Ort und Stelle überschauen und verstehen zu können.

Ebenfalls ungeheuerlich muß der Fernpaßbergsturz gewesen sein. Sein mächtigster Trümmerwall bildet den heute bekannten Paßübergang zwischen Garmisch-Partenkirchen und Oberinntal. Der Fernpaßbergsturz breitete sich gleich nach zwei verschiedenen Richtungen aus: 10,5 km nach Norden, bis über das heutige Ehrwald hinaus, und 15,5 km nach Süden, bis nach Tarrenz bei Imst. Die Bergsturzmasse hatte ein Volumen von 1000 Millionen Kubikmetern und bedeckte eine Fläche von 14,5 Quadratkilometer. Durch dieses Naturereignis war sogar eine neue Wasserscheide entstanden, zwischen dem Loisachsystem im Norden und den Innzuflüssen im Süden. Im Lermooser Becken zwischen Ehrwald, Biberwier und Lermoos soll sich zunächst ein großer See aufgestaut haben, der als Durchbruch die Loisach entstehen ließ. Auch mit wenig Phantasie und naturgeschichtlichem Wissen kann man sich angesichts des flachen, weitgehend sumpfigen Lermooser Beckens vorstellen, daß sich hier ein großer See befand. Ganz genau sind allerdings die Zusammenhänge des Fernpaßbergsturzes noch nicht geklärt. *Tomalandschaften,* wie Bergsturzgebiete aus vorgeschichtlicher Zeit auch genannt werden, gibt es in allen bedeutenden Gebirgen der Erde.

Meist geringer sind die Ausmaße der *historischen* Bergstürze. Aber was bedeuten schon monströse Zahlen verschiedener Bergsturzmassen im Vergleich zu Hunderten oder gar Tausenden von Menschenleben, die durch Fels-, Schutt- oder Eismassen ausgelöscht wurden.

Nachstehende Chronik von Bergstürzen in historischer Zeit vermittelt einen kleinen Überblick:

anno

563 Ein Bergsturz von den Dents-du-Midi vernichtet die Burg Tauredunum, die Stadt Epaunum sowie einige Dörfer im Rhônetal bei St. Maurice.

830 Die ehemalige römische Stadt Maja (Castrum Majense = Meran) wird durch einen Bergsturz oder eine Mure vernichtet.

883 Bei Rovereto wird die Stadt Lagaris (Slavini di San Marco) durch einen Bergsturz verschüttet.

1248 Bei Champéry vernichtet ein Bergsturz vom Granier die Stadt St. André, vier Pfarrorte und 16 Weiler mit insgesamt etwa 5000 Menschen.

1348 Am 25. Januar geht am Dobratsch bei Villach in Kärnten, ausgelöst durch ein Erdbeben, ein Bergsturz nieder; er vernichtet 17 Dörfer, 3 Schlösser, 9 Kirchen; die Katastrophe geht als «Furchtbarstes Ereignis dieser Art» in die alpine Geschichte ein.

1401 Durch Bergsturz am Gspellerberg im hinteren Passeiertal (Südtirol) bildet sich der «Kummersee» bei Rabenstein; er war 373 Jahre lang der Schrecken des Tals und Merans. 1774 erfolgte der letzte Wasserausbruch.

1618 Am Abend des 25. August wird die Stadt Plurs – sie gehörte damals noch zur Schweiz (italienisch: Piuro, bei Chiavenna) – durch einen Bergsturz vollkommen zerstört; rund 2500 Tote.

1669 Am 15. Juli geht am Mönchsberg ein Bergsturz nieder und vernichtet einen Teil der Stadt Salzburg; über 300 Menschen finden den Tod.

1714 Ein Bergsturz an den Diablerets (Schweiz) verschüttet 55 Alphütten und staut acht neue Seen auf.

1772 Am 11. Februar lösen sich Gesteinsmassen am Civettamassiv (Dolomiten); 3 Dörfer werden vernichtet, der Cordevole wird aufgestaut und der Lago di Alleghe entsteht.

1806 Am 2. September wird Goldau am Rigi (Schweiz) durch einen Bergsturz weitgehend vernichtet; 5 Kirchen, 111 Häuser und 457 Menschen fallen ihm zum Opfer.

1840 vernichtet ein Bergsturz und Gletscherbruch infolge eines Erdbebens am Ararat das türkische Dorf Arguri.

1841 Die Massen eines Bergsturzes am Nanga Parbat (Himalaya) stauen sechs Monate lang den Indus zu einem See auf; es kommt zu katastrophalen Überschwemmungen.

1881 Am 11. September fordert ein Bergsturz in Elm im Sernftal (Kanton Glarus, Schweiz) 115 Todesopfer.

1903 stürzen bei Frank in Alberta/Kanada 30 Millionen Kubikmeter Gestein von einem Gipfel des durch Kohleabbau unterminierten Turtle Mountain nieder und töten 70 Menschen.

Zu den Bergsturzkatastrophen in unserem Jahrhundert zählen außerdem die von Fidaz, Graubünden Schweiz (1939), vom Feegletscher (1954) und am Kleinen Spannort (1961), beide ebenfalls in der Schweiz.

In diesem Zusammenhang ist auch die Vaiont-Katastrophe im norditalienischen Piavetal zu erwähnen, zweifellos eine der schlimmsten, die es je in den Alpen gab: Vom Monte Toc in den Dolomiten (Provinz Belluno) lösten sich 300 Millionen Kubikmeter Fels und stürzten in den Vaiont-Stausee, aus dem 48 Millionen Kubikmeter Wasser buchstäblich überschwappten und den Staudamm zum Teil zerbrachen. Die Überschwemmung vernichtete am 8. Oktober 1963 vor allem den Ort Longarone. Insgesamt waren über 2500 Todesopfer zu beklagen.

Mit der Zeit, nach Jahrhunderten oder Jahrtausenden, wirken die von Bergstürzen geprägten Landschaften oft sehr reizvoll und malerisch. Ich denke zum Beispiel an die Umgebung der Schweizerischen Orte Klosters, Davos, Kandersteg, Engelberg, Parpan-Lenzerheide sowie an den Eibsee und viele andere Alpenseen, die durch Bergstürze entstanden sind; aber auch an die heute so zauberhafte, kleinhügelige Weinbaulandschaft im Bergsturztrümmerbereich von Siders (Sierre) im Wallis.

Eissturz des Allalingletschers in den Walliser Alpen, Schweiz. Der 8 km lange Gletscher entspringt südlich und östlich des Allalinhorns, seine Zunge schiebt sich an einen Steilabbruch des obersten Saaser Tales; darunter befindet sich heute der Mattmark-Stausee, dessen Baustelle 1965 Schauplatz einer Eissturz-Katastrophe war. Die Eismassen verschütteten die Wohnbaracken der Mattmark-Stausee-Baustelle; der Staudamm wurde 1969 fertiggestellt.

Wildwasser-Überschwemmungen

Häufiger als Bergstürze treten in allen bedeutenden Gebirgen der Erde Wasserkatastrophen auf, die durch Schneeschmelze, starke Regenfälle oder das Auslaufen hoch gelegener Seen verursacht werden.

In den Alpen werden solche Fälle immer seltener, weil die meisten Wildflüsse «gebannt», also reguliert und zur Energiegewinnung nutzbar gemacht worden sind. Nicht nur Freunde des faszinierenden Wildwassersports bedauern dies. Verschiedentlich beschäftigt man sich deshalb schon mit der Möglichkeit, regulierte und mit Stauwehren verbaute Flüsse so weit als verantwortbar in ihren natürlichen Zustand zurückzuversetzen; in München liegen bereits Pläne zur Naturalisierung der Isar vor.

Noch vor rund hundert Jahren brachten die Alpenflüsse immer wieder Schrecken, Not und Tod. Besonders Po, Rhône, Rhein, Inn, Drau und Mur sowie alle weiteren Nebenflüsse der Donau. Hervorgerufen waren manche der Überschwemmungen auch durch Bergstürze, die Flüsse stauten, oder durch das Durchbrechen von Gletscherseen – besonders in den Berner und Walliser Alpen. In Peru ergossen sich infolge eines Bergsturzes schon 1758 die Wassermassen mehrerer Bergseen in das mittlere Rio-Santa-Tal und vernichteten mehrere Ortschaften. Im März 1797 wurden im Süden Ecuadors und im Norden Chiles durch von Erdbeben ausgelöste Bergstürze und Wasserkatastrophen 41 000 Menschen getötet. Eine ähnliche Katastrophe ereignete sich im März 1868 im Süden von Peru (25 000 Tote). Bei vielen dieser Wasserkatastrophen richteten ausbrechende Moränenseen verheerende Schäden an, in ihren Auswirkungen durchaus vergleichbar mit dem Bruch einer modernen Staumauer.

Die Bildung neuer Seen durch das Vorrücken von Gletschern war die Ursache anderer Naturkatastrophen mit ungeheuren Wasserverwüstungen. Zu den bekanntesten gehören die im Dransetal 1795, 1818 und 1898 und die durch den Vernagtferner in den Ötztaler Alpen verursachten Überschwemmungen.

Eine ungewöhnliche Wasserkatastrophe erlebte der französische Bergort St. Gervais bei Chamonix am 12. Juli 1892: Schmelzwasser hatte sich im Innern des Gletschers der Tête Rousse (Montblancmassiv) angestaut; die Folgen des Ausbruchs kosteten 200 Menschen das Leben.

Im Katmaigebiet von Alaska wurde 1912 eine Katastrophe durch das Zusammenwirken verschiedener

Hochwasserkatastrophe am 2. Dezember 1959 bei Fréjus im französischen Département Var an der Côte d'Azur. Durch den Bruch des Fréjus-Staudammes in den Provence-Alpen entstanden auch in der Stadt Fréjus schwerste Schäden.

Naturereignisse beobachtet. Ausgelöst durch eines der stärksten Hochgebirgserdbeben erfolgten ungeheure Felsstürze, dazu floß glühende Lava aus riesigen Spalten und vorher inaktiven Vulkanen. Die Hitze verwandelte die Gletschersohlen und die unteren Schneeschichten in Dampf, der sich explosionsartig freimachte. Da das Gebiet vollkommen unbewohnt war, kamen keine Menschen zu Schaden.

In den Alpen wurde schon frühzeitig versucht, durch Wildbachverbauungen die Gefahr von Wasser- und Murenkatastrophen zu bekämpfen. Im 15. Jahrhundert wurde im Gebiet von Trient (Italien) die Bildung einer Genossenschaft zum Schutz gegen Verheerungen der Fersina vorgeschlagen. Das Buch «Études sur des torrents des Hautes Alpes» des Franzosen Surell erschien 1835 und beschreibt erstmals die planmäßige Verbauung von Wildbächen in den französischen Alpen.

Von furchterregenden Wasserkatastrophen hört man heute vor allem noch aus den Monsungebieten des Himalaya. Doch treten solche Naturereignisse immer wieder auch in Gebieten auf, wo man damit nicht rechnet. So ging im August 1976 die Schlagzeile «Bergschlucht wurde zum Massengrab» um die Welt: Der normalerweise nur 50 Zentimeter tiefe Thompson-Fluß in Colorado (USA) schwoll durch wolkenbruchartige Regenfälle plötzlich auf mehrere Meter Tiefe an. Die Wassermassen stürzten nun mit ungeheurer Wucht in den romantischen Thompson-Canyon bei Loveland, in dem sich 4000 Touristen aufhielten. Nur wenige konnten der Wasserwand rechtzeitig entfliehen, die meisten wurden von den Fluten eingeschlossen. Brücken, Autos, Häuser und Wohnwagen wurden weggerissen wie von einem Hurrikan. Auf den Campingplätzen und in den Motels des Canyons fanden 60 Menschen den Tod. Allerdings: ein etwas früherer Katastrophenalarm hätte hier das schlimmste verhindern können. Wie bei manchem Lawinenunglück gab es in diesem Fall Vorwürfe gegen die zu sorglosen zuständigen Behörden.

In direktem Zusammenhang mit Wasserkatastrophen stehen die Abgänge großer Muren oder Rüfen, wie man sie in Österreich auch nennt. Diese lawinenartig herabströmenden Erdmassen, vermischt mit Wasser, vernichteten in früheren Jahrhunderten ganze Talabschnitte. In den Anden, im Karakorum und Himalaya gehören Muren heute noch zu den gefürchtetsten Naturkatastrophen. Die letzte mir bekannte ereignete sich Anfang Juni 1976 im nepalischen Himalaya: Eine Mure vernichtete das am Fluß Madi gelegene Dorf Pahire-Pehedi vollständig, wobei über 150 Menschen ums Leben kamen.

Lawinengefahr!

Die häufigsten, alljährlich zu beobachtenden Naturereignisse, die in den mit Schnee bedeckten Gebirgen Sachschäden und Todesopfer fordern, sind die plötzlichen Schneeabgänge, die ganze Straßen und Ortschaften unter sich begraben können. Die verschiedenen Lawinenarten wurden bereits unter meteorologischen Gesichtspunkten erwähnt. Die Technik hat sich vieles einfallen lassen, um die Gewalt der Lawinen zu mildern oder die Gefahr ganz zu bannen. Andererseits gibt es noch überall leichtsinnige Bauherren, die sogar Hotels direkt in einer potientiellen Lawinenbahn errichten; Lawinenwarnungen und Absperrungen werden häufig nicht ernst genommen, die rechtzeitige Sperrung von Straßen wird trotz «Lawinenwetterlage» versäumt – und so wird es wohl keinen Winter geben, in dem auf der Welt keine Lawinenopfer zu beklagen sind. Natürlich gibt es Lawinen auch am Ruwenzori oder am Chimborazo, in Alaska und im Himalaya. Doch in den dünn besiedelten Landstrichen richten sie höchstens Schaden in den Wäldern an oder treffen einzelne Bergsteiger.

In den meisten alpenländischen Skigebieten sind heute am Rand der eigentlichen Pistengebiete Lawinen-Warnschilder aufgestellt; besonders vorbildlich in der Schweiz. Ohne Hochgebirgserfahrung sollte man Gebiete außerhalb der Tafeln nicht betreten.

Nirgends bewegt das Thema *Lawinen* die Bergbevölkerung so stark und seit so langer Zeit wie in den Alpen. Schon lange vor unserer Zeitrechnung müssen die Urbewohner der Berge mit Lawinen konfrontiert gewesen sein. Lateinische Berichte aus dem Mittelalter nannten das Phänomen *Schneesturz* («casus nivium»). Aber bereits Bischof Isidores von Hispania (Sevilla, 570–636 n.Chr.) erwähnt in seinen *Etymologiarum libri* die *labina* oder auch *lavina*.

Dennoch muß man sagen, daß die exakte Lawinenbeschreibung und -statistik noch relativ jung ist. Im

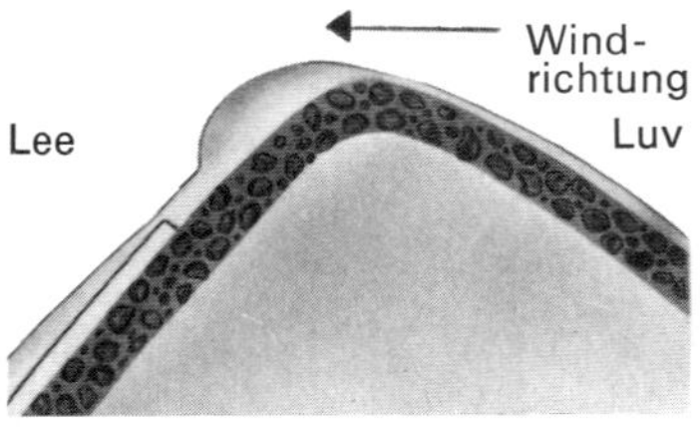

Schnee wird unregelmäßig abgelagert, auf der Leeseite eines Kamms oft als Wächten. Die Schneedecke unterhalb solcher Wächten kann leicht abrutschen.

Schneebrettlawine

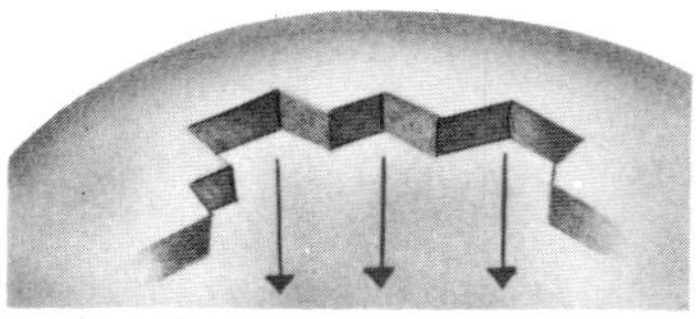

Lockerschneelawine

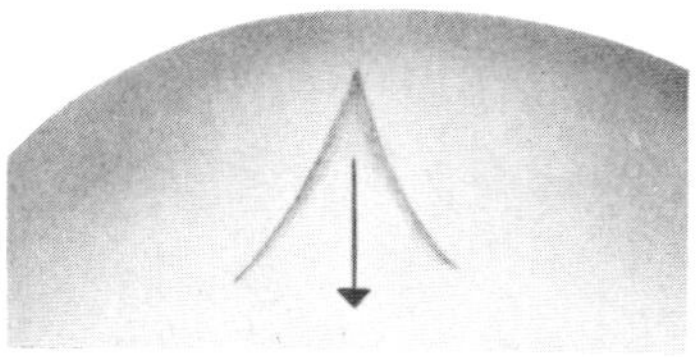

Die Schneebrettlawine entsteht durch den zur Unterlage senkrechten Bruch einer bereits gefestigten Schneedecke, die Lockerschneelawine dagegen aus unverfestigten Schneemassen, die von einem Punkt aus in Bewegung geraten, wie das Anrißschema zeigt.

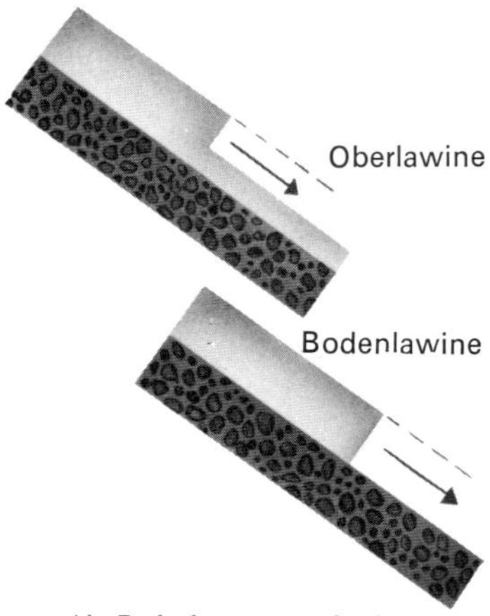

Als Bodenlawine rutscht die gesamte auf dem Grund aufliegende Schneedecke ab, als Oberlawine nur eine Schneeschicht.

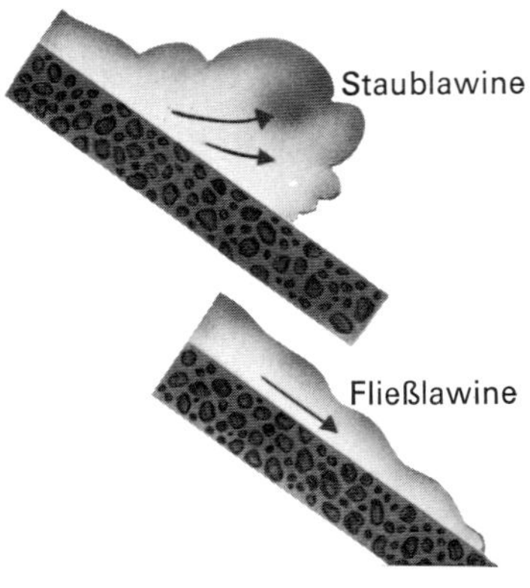

Die Staublawine aus Trocken- oder Neuschnee erzeugt durch die miteingeschlossene Luft oft zerstörende Druckwellen. Gefestigter, feuchter Schnee neigt dagegen zur fließenden Bewegung.

Lawinenkataster von 1909 für zwölf Schweizer Kantone wurden von Johann Coaz rund 10000 Lawinenzüge gezählt. Ihre Gesamtlänge übertrifft 10000 km, ihr ganzes Einzugsgebiet 22000 Quadratkilometer – fast die Hälfte der Schweiz!

Überträgt man diese Angaben auf die zweifellos nicht minder betroffenen übrigen Alpenländer, kriegt man etwa eine Vorstellung von dem riesigen Wirkungsbereich der Lawinen.

In der breiten Öffentlichkeit kaum bekannt ist die Tatsache, daß die meisten Lawinenopfer der Alpen bisher im Rahmen militärischer Aktionen zu beklagen waren. Die erste Lawinenkatastrophe in den Alpen wurde vom römischen Geschichtsschreiber Titus Livius erwähnt: Im Verlauf von Hannibals berühmter Alpenüberquerung (218 v.Chr.) hatte es mehrere Lawinenunfälle mit zahlreichen Opfern gegeben. Alle früheren Verlustzahlen aber sind bescheiden, gemessen an jenen an der Alpenfront 1915 bis 1918 zwischen Österreich und Italien. Der österreichische Skipionier Matthias Zdarsky (1856–1940) schrieb in seiner Veröffentlichung *Beiträge zur Lawinenkunde:* «Gefährlicher als der Italiener war das winterliche Gebirge.» Die Verluste an Menschenleben durch Lawinen in diesen drei Kriegswintern betrugen mindestens 40000 bis 50000 Mann. Der deutsche Skipionier Wilhelm Paulcke (1873–1949), Verfasser des heute noch aktuellen Buches *Gefahren der Alpen,* nennt sogar 60000 Lawinentote in Uniform. Allein am 12. und 13. Dezember 1916 kamen auf österreichischer Seite innerhalb von achtundvierzig Stunden 6000 Soldaten durch Lawinenabgänge ums Leben; auf italienischer Seite soll die Zahl der Opfer noch höher gewesen sein.

Natürlich sind diese Angaben über Opfer des Weißen Todes im Rahmen von Kriegshandlungen kein Maßstab für die allgemeine Lawinengefahr. Denn der zivile Alpenbesucher oder -bewohner wird bei ungewöhnlich starken Schneefällen gewarnt; er meidet bei akuter Lawinengefahr die entsprechenden Gebiete oder Bereiche. Darüber hinaus müssen wir auch noch unterscheiden zwischen Lawinengefahr im Rahmen des Wintersports und eigentlichen Katastrophen. Zu den letzteren gehört die alpenweite Lawinenkatastrophe vom Februar 1689. Wie sie sich im Montafon (Vorarlberg/Österreich) zugetragen hatte, beschreibt eine Chronik: «Nachdem Gott der Allmächtige den 2., 3. und 4. Februar 1689 einen so grausamen übergroßen Schnee hat fallen lassen, sind in unserm Tale viele Menschen und Vieh durch die herabfallenden Lawinen nebst vielen Häusern, Ställen und Bäumen und verschiedenen Gemächern zugrunde gerichtet worden. Auch viele Güter sind grausam verderbt worden. Auf obrigkeitlichen Befehl haben die Vorgesetzten des Tales allerorten genau den Schaden einzeln aufgenommen und dann summarisch zusammengefaßt. Was man in jedem Orte in Summe erlitten, folgt hier (siehe untenstehende Tabelle. Zum genau bezifferten Schaden wäre noch zu bemerken, daß es damals keine Versicherungen gab!). Außerdem eine Kirche, zwei Mühlen, drei Sägen und eine Schmiede. Neben dem hat es im ganzen Tale Montafon unbeschreiblichen Schaden an Waldungen getan, welcher Schaden auf viele tausende Gulden zu schätzen ist. Der Notstand und das Elend im Tale sind nicht zu beschreiben. Die Lawinen sind nach einhelliger Aussage aller Leute so schnell gekommen und haben alles in den Lüften weggerissen, daß, wenn man die Lawinen gehört hat, nicht mehr Zeit geblieben ist zu fliehen oder die Leute und Gott um Hilfe anzurufen. Man wußte keinen Ort, wo man sollte fliehen. Ist man in 300 Jahre alte Häuser geflohen, weil man sie für sicher gehalten, so hat diese die Lawine fortgerissen, und neue Häuser sind stehengeblieben. Viele Leute haben keine Kleider gehabt, sich gegen die Kälte zu schützen, weil ihnen die Lawine die Häuser mit allen Kleidern und Lebensmitteln weggerissen hat, so daß gute Bauern nicht mehr sich sattessen konnten. Der Schrecken war so groß, daß sich die Leute in Keller und Löcher gerettet haben. Andere haben sich bei größter Windeskälte in der Nacht sogar unter Schröfen und großen Steinen verkrochen, wo sie sich allein noch sicher fühlten. Jene, denen die Lawine alles weggerissen oder die halbnackt aus den Lawinen gerettet wurden, sind in die Ställe zum Vieh gekrochen. Die Nacht hörte man die armen Verwundeten, auf den Lawinen oder halb verschüttet von diesen, um Hilfe rufen. Oft konnte man nicht helfen wegen zu großer Schneemengen oder größter Lawinengefahr. Grausam war es auch, wie man hernach die Menschen aufgesucht und ausgegraben hat, zum Teil erst nach sechs, acht und zehn Wochen, blutig und schrecklich zugerichtet, manchen Arme und Beine weggerissen und der ganze Leib greulich zerschunden. Das Aussehen war bei vielen so entsetzlich, daß sich ein Stein hätte erweichen können. Aller Orten war nichts als Jammer, Elend und Not und von einem Schaden nach dem

	Lawinen-tote	Lebend Geborgene	zerstörte Häuser	Speicher, Ställe, Heuhütten	Tote Kühe u. Rinder	Tote Ziegen u. Schafe	Bäume	Schaden in Gulden
Bartholomäberg	36	29	24	148	65	105	125	10520
Schruns	4	27	8	26	27	67	351	7166
St. Gallenkirch	18	20	29	199	38	109	469	13290
Tschagguns	—	—	3	34	11	18	41	3714
Gaschurn	51	104	45	203	125	212	611	16543
Silbertal	11	—	9	56	58	73	233	3825
Vandans	—	—	1	26	2	—	—	1467
Summe	120	180	119	692	326	584	1830	56525

anderen zu hören, und an einem Ort sind an einem Tag vierzehn so zugerichtete Tote beerdigt worden zu gleicher Zeit. Trotz der großen Strafe hat der allmächtige Gott manche wundertätig erhalten. So wollte der Pfarrherr von Silbertal, von sechs Männern begleitet, einer Sterbenden die heiligen Sakramente bringen und wurde dabei mit seinen Begleitern von einer Lawine verschüttet, bald aber durch eine zweite Lawine wieder freigemacht. Andere sind nach 12, 24, ja gar nach 64 und 72 Stunden frisch und gesund ausgegraben worden, bis zu 16 Schuh tief im Schnee begraben.»

Ähnliche Katastrophen ereigneten sich in jenem Februar in vielen anderen Gebieten der Alpen. Aber nicht in jedem Tal gab es so eifrige Geschichtsschreiber wie im Montafon. Man muß sich darüber klar sein, daß in jener Zeit über nähere Ursachen und die Beschaffenheit des Schnees so gut wie nichts bekannt war. Gerade fünf Jahre vor diesem Katastrophenwinter konnte J. Moore erst nachweisen, daß auf der Erde die Wasserfläche überwiegt. Und der Montblanc wurde erst knapp hundert Jahre später (1786) erstmals bestiegen.

Aber die Lawinenkatastrophen der Gegenwart beweisen, daß sie auch durch moderne Meteorologie und Schneeforschung nicht ganz auszuschalten sind. Man denke nur an die Katastrophen-Winter 1951 und 1954, die fast in den ganzen Alpen riesige Schä-

Gewaltiger Lawinenkegel der «Wylerlaui» (Laui = Lawine) bei Silenen an der Gotthard-Linie in den Urner Alpen, Schweiz. Die verheerenden Folgen solcher Lawinenabgänge in Siedlungsgebieten kann man sich leicht vorstellen.

Typische Lawinen-Stützverbauungen in der Gipfelregion des Schiahorn (2708 m) nordwestlich von Davos, Schweiz.
Die Schneemassen dieser Hänge bedrohten vor den Verbauungen immer wieder den Bündner Wintersportort. Die wie Wasserrechen aussehenden Verbauungen aus Stahl verschlangen Millionen, sie schützen aber auch vor Millionen-Schäden. Nur 1500 m nördlich des Berges befindet sich das berühmte Institut für Schnee- und Lawinenforschung Weißfluhjoch.

den an Mensch, Tier und Flur anrichteten. Allein in Österreich wurden 1951 durch Lawinen 151 Menschen getötet. Man widmete sich verstärkt dem Bau von Lawinenschutzanlagen und der Verbesserung des Warnsystems. Aber nicht ausreichend. Drei Jahre später wurden weite Alpenteile erneut von Lawinen heimgesucht: Am 10. Januar 1954 fegte buchstäblich eine Schneesintflut über die Alpen hinweg, von den Berner Alpen über die Zentralschweiz bis Graubünden, von Vorarlberg über die Tiroler und Salzburger Alpen bis in die Obersteiermark. Die Schweiz meldete 27 Tote, in Österreich waren 132 Opfer zu beklagen, davon entfielen allein 119 auf das kleine Bundesland Vorarlberg. Am schwersten betroffen waren in Vorarlberg das Große Walsertal, besonders die Gemeinde Blons, und Bartholomäberg im Montafon – auch 1689 Schauplatz der großen Lawinenkatastrophe –, wo man allein 102 Opfer verzeichnete.

Millionenbeträge wurden in die Siedlungsgebiete der Alpentäler inzwischen verbaut, um weitere Schäden und Tragödien zu verhindern. Aber der Weiße Tod ist unberechenbar. Er schlägt immer wieder auch in Gebieten und Orten zu, die als sicher gelten. So war es am 24. Februar 1970 in Reckingen (Goms/Wallis). Im Alpengebiet herrschte bereits seit Tagen schlechtes Wetter, starker Schneefall, stürmischer Wind. In der Talschaft Goms hatte man 140 cm Neuschnee gemessen; viele Alpengebiete meldeten akute Lawinengefahr, auf die in Presse und Funk immer wieder hingewiesen wurde. Aber Reckingen (1326 m), am Südostrand der Berner Alpen gelegen, Reckingen galt auch den Warndiensten als sicher. Letztmals hatte sich 1749 eine Lawine bis ins Dorf verirrt; sie war über den Dorfplatz gerast und hatte das Pfarrhaus samt Insassen vernichtet. Niemand dachte, daß jetzt eine Gefahr bestehen könnte.

Da kam um 5.05 früh die Schreckenslawine durchs steile Bächital, nordwestlich des Dorfes, herabgestürzt, mit einem Getöse, als wäre plötzlich ein Orkan aufgekommen. Riesige Schneemassen wälzten sich in Sekundenschnelle über den westlichen Dorfrand, alles mitreißend und vernichtend, was sich auf der Rutschbahn des Weißen Todes befand – sechs Häuser mit achtundvierzig Menschen waren wie weggewischt, verschüttet, innerhalb weniger Sekunden.

Sofort war das ganze übrige Dorf auf den Beinen, um zu helfen, zu retten: Neunzehn Vermißte konnten lebend geborgen werden, dreißig Todesopfer gab es insgesamt. Reckingen erlebte die größte Rettungsaktion der Schweiz: 950 Helfer, 13 Lawinenhunde, 14 Baumaschinen und drei Helikopter waren in pausenlosem Einsatz.

Noch im gleichen Jahr wurden bei Reckingen riesige Lawinenschutzbauten errichtet – darunter zwei zwölf Meter hohe Erddämme, die eine Art Lawinenkanal darstellen –, so daß Reckingen nach menschlichem Ermessen künftig von Lawinen nichts mehr zu befürchten hat. Nach menschlichem Ermessen! Aber niemand kann die Dörfer und besiedelten Täler zählen, die nach wie vor von Lawinen bedroht sind – auch wenn man viele Milliarden für Schutzbauten aufgewendet hat. Als im Januar 1975 die neue Brennerautobahn stellenweise von Lawinen verschüttet wurde – heimkehrende Winterurlauber fanden in ihren Autos den Tod –, kam auch das völlig überraschend.

Wieder anders ist die Lawinengefahr für Wintersportler – vor allem Skifahrer in Pistengebieten und auf Hochtour. Natürlich sind die Lawinen und Schneebretter in den Gebieten um den Arlberg, an der Marmolada oder am Titlis auch schon vor Jahrhunderten abgegangen. Aber da kamen schlimmstenfalls ein paar Gemsen zu Schaden. In unserer Zeit werden Winter für Winter Millionen von Skifahrern ins Hochgebirge «gebaggert», in vielen Gebieten bereits bis in die Gletscherregion. Die Leute sind meist ahnungslos, verlassen sich voll und ganz auf die Sicherheitsvorkehrungen der Bergbahnunternehmer und örtlichen Behörden. Und wenn dann der Weiße Tod zuschlägt, spricht man auch hier meist von «Naturkatastrophen», die nicht vorherzusehen waren, von einmaligen Naturereignissen, gegen die man sich nicht absichern könne – nach Schuldigen oder Verantwortlichen sucht man vergebens. Die Tragödien in den Skigebieten von Gaschurn (Vorarlberg) und

Vulkanismus bei Namaskard, Island.
Dampfaushauchungen zeugen von den hohen Temperaturen knapp unter der Erdoberfläche, die hier als geothermische Energie genutzt werden.

Kitzbühel (Tirol), die sich im Dezember 1974 ereigneten und 21 Menschenleben forderten, sind jedem Skifreund sicherlich noch in Erinnerung. Einmal mehr schob man die Schuld den Skifahrern zu, obschon anschließende Untersuchungen ergaben, daß die Lawinenhänge keine oder nur mangelhafte Absperrungen hatten. Das österreichische Landwirtschaftministerium, zuständig für Wildbach- und Lawinenverbauung, gab nach den beiden Unglückstagen folgenden Kommentar ab: «Ganz sicher wird es dazu kommen, daß in Zukunft bei der Kommissionierung neuer Anlagen noch strengere Maßstäbe angelegt werden.»

Brennende Berge

Naturereignisse, die Tod und Zerstörung bringen, sind im weiteren Sinn auch die Vulkanausbrüche mit ihren Lavaströmen. Einige Beispiele auf Seite 86/87 beschreiben das Ausmaß, das solche Katastrophen annehmen können. Auch über Herkunft und Verteilung der Vulkanberge der Erde wurde ausführlich im Kapitel «Werden und Vergehen der Gebirge» berichtet – die meisten Vulkane liegen an den «schwachen Rändern» der jungen Faltengebirge rings um Pazifik und Mittelmeer.

Vom Standpunkt des Bergfreundes aus betrachtet führen Vulkane eine Art Eigenleben. Alpinistisch sind sie nicht besonders interessant. Statt zu klettern, muß man bei manchem Vulkan sich mühsam über Geröll emporarbeiten. Und das Ungewöhnliche für Bergsteiger: Tätige Vulkane sind Berge ohne Gipfel! Natürlich werden dennoch die großen Vulkanberge Mexikos und Südostasiens jedes Jahr durch Hunderte von Touristen erstiegen – dem Fujisan Japans steigen jährlich sogar Tausende aufs Haupt. Auch der Ätna auf Sizilien zieht immer wieder Schaulustige an, die das feurig-makabre Schauspiel bewundern, wie die zäh fließende Lava die fruchtbaren Hänge unter sich begräbt.

Ich möchte die Gefahren nicht bagatellisieren, die der Vulkanismus in sich birgt – sie sind aber nicht typisch für Gebirge. Feuerberge wie der Erebus in der Antarktis, der Vesuv bei Neapel und erloschene Vulkane in aller Welt haben vor allem eines gemeinsam: Was sie aus der Ferne auch ohne Glut und Rauch so anziehend macht, ist die Schönheit ihrer Silhouette, die Regelmäßigkeit ihrer Form.

Jagdzüge, die Suche nach Handelspartnern, Krieg und ganze Völkerwanderungen haben schon in frühester Zeit Menschen dazu veranlaßt, die gewaltigen Bergketten der Erde zu durchqueren. Einerseits waren dazu anstrengende, gefahrvolle Unternehmungen nötig, die nur ein paar Mal in einem Jahrhundert vorkamen und entsprechend Geschichte gemacht haben; andererseits spielte sich in manchen Gegenden ein stetiger Verkehr zwischen benachbarten Gebirgsvölkern ab, der auch einen regen Kulturaustausch mit sich brachte. Gemeinsam ist all dem, daß es sich um «Notwendigkeiten» handelte. Immer waren die was angesichts der geographischen Beschaffenheit des Landes durchaus verständlich ist. Dem Volksglauben nach hausten im gehöhlten Fels der höchsten Gipfel die einäugigen Zyklopen; auf den Felsburgen des *Taygetos* und *Pindos* herrschten die Riesen, und in den Gebirgsketten rundum tummelten sich die Zentauren. Der Hauptwohnsitz der Götter aber befand sich auf dem Scheitel des Olymp, von wo aus Zeus seine Blitze in die Tiefe schleuderte.

Wiederholt wird das Gebirge auch als Ort der Strafe dargestellt, wie zum Beispiel in den folgenden altgriechischen Mythen:

Gebirge als Lebensraum

wandernden Menschen bestrebt, möglichst niedrig gelegene, schneefreie Einsenkungen und Übergänge zu finden, um rasch das unwirtliche Hochgebirge hinter sich zu bringen. Nie war ein Aufenthalt im Gebirge Selbstzweck. Erstiegen wurden meistens nur kleinere Anhöhen – Ausblickpunkte auf den bevorstehenden beschwerlichen Weg.

Die höheren Gipfel blieben unerreichbar. Sie flößten Ehrfurcht ein, ja gehörten in den Augen der wenigen, die das Gebirge überhaupt kannten, zum Reich der Dämonen. Die bedeutendsten und höchsten Berge wurden von den Bewohnern der umliegenden Gebiete zu Thronen ihrer Gottheiten erhoben. Wie die Überlieferung zeigt, findet man diese Einstellung zur Bergwelt keineswegs nur bei den Naturvölkern, sondern auch noch bei den kultivierten Menschen des vorchristlichen Altertums.

Oben: Tuareglager am Jlaman, Ahaggar, Sahara.

Rechts: Ackerbau bei Khumjung (3790 m), einem der größten Dörfer des Khumbu Himal, nur 2–3 Tagemärsche vom Mount Everest-Standlager entfernt. Im Hintergrund erhebt sich die Ama Dablam (6856 m), das «Mutter-Amulett». Der steile Hängegletscher der Gipfelpyramide erinnert an die mit Türkisen besetzten Amulette, die von Sherpafrauen getragen werden. 1961 wurde der Gipfel des Berges von einer Expedition unter Leitung von Sir Edmund Hillary erreicht.

Gebirge und Mythologie

Die Hellenen betrachteten den thessalischen *Olymp* als Götterberg schlechthin, als Wohnsitz der Titanen, die ihn sich zu Beginn des «großen Weltenkampfes» zur Burg auserkoren hatten. Die griechische Mythologie basiert weitgehend auf Gebirgssagen,

Prometheus, Sohn des Titanen Iapetos, bringt das den Menschen vorenthaltene himmlische Feuer auf die Erde. In seinem Zorn läßt Zeus ihn an die Felsen des Kaukasus schmieden, wo ein Adler täglich von seiner Leber frißt, die während der Nacht wieder nachwächst. Herakles tötet den Adler und befreit Prometheus von seinen eisernen Fesseln.

Atlas, ein Bruder des Prometheus, beteiligt sich am Kampf gegen Zeus. Dafür wird er auf das grausamste bestraft: In ein Gebirge verwandelt, muß er das mächtige Himmelsgewölbe auf seinen Schultern tragen!

Der *Parnaß* aber, an dessen Südabhang die Stadt Delphi liegt, galt in der Antike als Sitz des Apollon und seiner Musen. Mittelpunkt Griechenlands und somit der damaligen Welt, wurde dieser Gebirgszug im übertragenen Sinn zum «Sitz der Dichter» erkoren.

Von den «heiligen Bergen» anderer Kulturgebiete ist an erster Stelle der *Meru* zu nennen, «Weltberg» der indischen Mythologie, der sich nach Auffassung der alten Inder im Mittelpunkt des großen Ringes, den die Weltteile bilden, als Zentrum des Universums erhebt.

Die *Kailas*, ein 6714 m hoher Berg im Süden des Transhimalaya, gilt bis heute bei gläubigen Hindus

als Sitz des Gottes Shiva und ist ein viel besuchtes Ziel der Pilger.

Der im Alten Testament der Bibel erwähnte *Horeb* im *Sinai*-Gebirge, auf welchem Moses von Gott das Gesetz für das Volk Israel empfing, wurde schon seit langem als unnahbarer «Berg Gottes» verehrt.

Die *Bjelucha,* mit 4506 m der höchste Berg im russischen Altai, nahm bis Ende des 19. Jahrhunderts eine ähnliche Stellung ein: Für die mandschurischen und mongolischen Völker war sie eine Säule des Himmels, der regelmäßig Opfer dargebracht wurden.

In der Kosmogonie der alten Parsen – Anhänger Zarathustras – war das *Elbursgebirge* im Norden des heutigen Iran von außergewöhnlicher Bedeutung, wie sich aus folgender Aufzeichnung erkennen läßt: «Es steht in der Mitte der Erde, die Sonne ruht auf ihm, auf ihm erhielt Zoroaster das Gesetz, eine Brücke führt von da ins Paradies.» Ein Vergleich mit dem Olymp der Griechen, dem Sinai (Horeb) der Juden und dem Meru der alten Inder liegt auf der Hand. Auch erwähnt die Bibel den *Ararat,* einen 5165 m hohen erloschenen Vulkan im türkischen Hochland gleichen Namens, als Landeplatz der Arche Noahs.

Die Hellenen betrachteten den thessalischen Olymp als Götterberg, Wohnsitz der Titanen, die ihn zu Beginn des großen Weltenkampfes zu ihrer Burg auserkoren hatten.

Die frühesten Beziehungen des Menschen zu den Bergen waren also stets auch religiöser Art, was zunächst die natürliche Neugierde und den naheliegenden Wunsch, sich diesen heiligen Stätten zu nähern, in festen Schranken hielt. Sogar die Vorstellung vom Tod wußte man mit der Bergwelt zu verbinden: Nach dem Volksglauben lag die Unterwelt im Berginneren. So erscheint es durchaus verständlich, daß die oberen Gebirgsregionen ängstlich gemieden wurden. Doch trug deren Erhebung zum Sitz der Gottheiten auch dazu bei, den in religiöser Hingabe erschauernden Menschen immer näher an ihre Pforten zu locken: Nur aus allernächster Nähe oder sogar auf dem Götterthron selbst wäre man sicherlich am besten fähig, seine Verehrung zu beweisen!

Der Glaube an die größere Wirksamkeit von Gebeten und Beschwörungen, die von den Höhen «nahe dem Himmel» ausgehen, mag naiv erscheinen, erweist sich aber als weit verbreitet, ja als absolut natürlich und logisch. Im christlichen Zeitalter entstanden in den Alpen und anderen Gebirgen Europas Feldkapellen, Bildstöcke, Kreuzwegstationen, Betsäulen und ähnliche Stätten der Andacht und Erinnerung. Bereits anno 784 empfahl Papst Hadrian I. die von Mönchen errichteten und geführten Hospize auf den Alpenpässen dem Schutz Kaiser Karls des Großen. Auf zahllosen Bergen wurden Hochkreuze errichtet. Die Tradition reicht bis in unsere Zeit: Im Mai 1973 hinterließ eine italienische Expedition eine Statue der Madonna auf dem Gipfel des Mount Everest.

In Tibet, Ladakh, Nepal, Sikkim und Bhutan entstanden viele Hunderte von Bergklöstern, Tausende von Chorten, Mani-Mauern und anderen Manifestationen des Buddhismus und Lamaismus in Höhen, die häufig über der 5000-Meter-Grenze liegen. Lhasa, die Hauptstadt von Tibet, befindet sich bereits auf 3600 m. Der Potala, die berühmte Palastburg des nun im indischen Exil lebenden Dalai Lama, ist seit 1959 von den Vertretern der Volksrepublik China besetzt. Ähnliche Burgen (Dzong) und Klöster (Gompa) findet man im indischen Teil Kashmirs, in Ladakh, wo der «Kleine Potala» auf die Hauptstadt Leh (3505 m) herabblickt.

Man darf annehmen, daß sich auf «heiligen» Gebirgsketten wie dem Parnaß, dem Pindos oder dem Sinai-Gebirge uralte Opferstätten befanden. Um diese zu erreichen, mußten die Menschen also ihre ursprüngliche Scheu überwinden.

Daß die Bergwelt in der Entwicklung der christlichen Glaubenslehre von großer Bedeutung war, ist erwiesen. Doch der Buddhismus übertraf in dieser Hinsicht alle anderen Religionen. Der hochentwik-

kelte Bergkult dieser Weltanschauung führte zu regelrechten Wallfahrten in entlegene Gebirgsregionen von beachtlicher Höhe, in manchen Fällen sogar auf die Berggipfel. Der *Fujisan* (in Europa als «Fudschiyama» bekannt), mit 3776 m höchster Berg Japans, wurde wegen seiner Größe und ebenmäßigen Form als Sitz der Götter verehrt. Auch heute noch wird er jeden Sommer, wenn der Gipfel schneefrei ist, von mehr als 100000 andächtigen Menschen bestiegen.

Auf Ceylon (Sri Lanka) steht ein 2243 m hoher Berg in einsamer Majestät: der *Adams Peak*, heiliger Berg der Hindus, Moslems und Buddhisten, Ziel zahlreicher Wallfahrten. Eine Hohlform im Gipfelfels wird als Fußabdruck von Adam oder von Buddha gedeutet.

Einige alpin-technisch schwierige und daher für einheimische Pilger unerreichbare große Himalayagipfel sind inzwischen aus religiösen – und manchmal auch politischen – Beweggründen für unberührbar erklärt worden. Dazu gehört die nördlich von Pokhara in Nepal aufragende *Machhapuchharé* (6997 m), der «Fischschwanz», ein sehr imposanter, zweigipfliger Berg, der von einer britischen Expedition 1957 bis knapp 50 m unterhalb des höchsten Punktes erstiegen wurde. Seither ist dieses als heilig angesehene «Matterhorn Nepals» für weitere Besteigungsversuche gesperrt. Ein anderer, ebenfalls jungfräulicher Gipfel ist der berühmte *Gaurisankar* (7145 m), der in Mitteleuropa bis 1904 häufig mit dem höchsten Berg der Erde verwechselt wurde. Auch dieser stolze Siebentausender, der 57 km westlich des Mount Everest an der Grenze zwischen Ne-

Oben: Sanctus Mons Synai, der Heilige Berg Sinai. Das Alte Testament spricht vom Horeb im Sinai-Gebirge, wo Moses das Gesetz für Israel empfing.

Links: Kailas, ein 6714 m hoher Berg im Süden des Transhimalaya, wird als Sitz des Gottes Shiva verehrt und ist auch heute noch ein viel besuchtes Ziel der frommen Hindu-Pilger. Das aus dem 18. Jahrhundert stammende Kangra-Gemälde zeigt Shiva und seine Gemahlin Parvati, Tochter von Himavan, dem Gott des Himalaya.

Rechts: Gaurisankar (7145 m, tibetisch «Jomo Tseringma» = Göttin Tseringma) wurde mehrmals vergeblich versucht. Aus religiösen und politischen Gründen ist er seit Jahren unzugänglich.

pal und Tibet steht, ist sowohl aus religiösen als auch politischen Gründen unzugänglich. Der *Kangchendzönga* (8598 m), dritthöchster Berg der Erde, wurde seinerzeit von der noch unabhängigen Regierung Sikkims gesperrt, obwohl sich der Hauptgipfel dieses gewaltigen Massivs zur Hälfte in Nepal befindet. 1955 mußte Dr. Charles Evans, Leiter der britischen Kangchendzönga-Expedition, bei der Regierung in Gangtok vorsprechen, um nach dem Verbot mit allen Mitteln diplomatischer Kunst eine Einigung zustande zu bringen, die das Unternehmen fortzuführen erlaubte. Die Briten mußten sich verpflichten, den unmittelbaren Bezirk des Gipfels – vorausgesetzt, daß sie bis dahin kämen – keinesfalls zu entheiligen, also den höchsten Punkt nicht zu betreten. Dieses Versprechen wurde wörtlich eingehalten; am 25. Mai 1955 hielt die Gipfelmannschaft tatsächlich anderthalb Meter unterhalb des höchsten Punktes des fünfgipfligen Kangchendzönga-Massivs an. Der heilige Gipfel blieb somit «unbetreten», die religiösen Gefühle der Lamaisten wurden geschont.

Oben: Machhapuchharé (6997 m), das berühmte «Matterhorn Nepals», ist als heiliger Berg für Bergsteiger gesperrt. 1957 wurde von Engländern ein Eiswulst 50 Meter unter dem Gipfel erreicht.

Oben rechts: Chorten bei Tengpoche (3867 m), dem berühmten Kloster am Weg zum Mount Everest.

Rechts: Ama Dablam (6856 m), einer der schönsten Berge im Everestgebiet, von der Sommersiedlung Pheriche aus mit Teleobjektiv aufgenommen.

Während im Altertum der Mensch den Bergen allgemein nur geringes Interesse entgegenbringen konnte, vertiefte sich im Mittelalter seine Furcht vor dem Hochgebirge als etwas Übernatürlichem und Unbekanntem. In Beschreibungen von Reisen durch das Alpengebiet las man daher nie etwas über die Pracht und Erhabenheit der hohen Berge, sondern fand sie fast ausschließlich als Orte des Schreckens und des Grauens geschildert. Mangels der heute bekannten Grundlagen einer naturwissenschaftlichen Bildung stand man den Naturgewalten hilflos und ohne jegliches Verständnis gegenüber. Manche Leute waren davon überzeugt, daß die gesamte Bevölkerung der Zentralalpen ursprünglich aus Riesen bestanden haben müsse, da «die Schweiz mit den höchsten Bergen angefüllt ist». In einer Sage wurde das Fegefeuer in die Bergwelt verlegt, wo die zu läuternden Seelen im Aletschgletscher, dem größten Eisstrom der Alpen, eingeschlossen wurden. Dämonen und Geister in Riesengestalt personifizierten

auch die Berggewalten. Sie machten das Wetter, bewirkten Lawinenstürze und Steinschlag und herrschten über die Tierwelt.

«Bergentrückt» ist eine Bezeichnung für den in der Volksseele tief verwurzelten Glauben, daß gewisse große Persönlichkeiten in Bergestiefen versetzt werden, wo sie – meist in magischen Schlaf versunken – bis zu ihrer Erlösung fortleben. So entstand zum Beispiel die Kaisersage, derzufolge ein im Berg schlafender Kaiser einst aufwachen und sein Land von seinen Feinden, die Welt vom Antichrist und so weiter befreien wird. Der Sage nach schläft Karl der Große im Untersberg bei Salzburg, Barbarossa im Kyffhäuser – einem bewaldeten Bergrücken Thüringens, südlich des Unterharzes – und Widukind in der Babilonie in Westfalen.

Im Volksglauben lebte der Geist des Pontius Pilatus in einem kleinen See unterhalb des Gnepfsteins (1920 m), des Westgipfels des Pilatus bei Luzern. Den Anordnungen der Kirchenbehörden zum Trotz bestiegen sechs Geistliche 1387 den sagenumwobenen Berg, um der Sache auf den Grund zu gehen. Leider wurden die tapferen Männer nach ihrer Rückkehr wegen Übertretung des Besteigungsverbots zu einer längeren Gefängnisstrafe verurteilt! – Mit Erlaubnis der Luzerner Stadtbehörden machten sich erst 1518 vier Humanisten, darunter Joachim von Watt, Bürgermeister von St. Gallen, wieder auf den

Oben: Der Ontake (3063 m), ein erloschener Vulkan, nordöstlich von Nagoya, gilt nächst dem Fujisan als heiligster Berg Japans.

Links: Der Fudschiyama (Fujisan), mit 3776 m höchster Berg Japans, wurde wegen seiner erhabenen, ebenmäßigen Form als Sitz der Götter verehrt. Die mythologische Darstellung zeigt ihn zusammen mit der Göttin Sengen-Sama. Auch heute wird er jährlich von mehr als 100 000 Menschen bestiegen.

Oben und links: Rübezahl, der «Herr des Riesengebirges». Wenn er gut gelaunt ist, beschenkt er die Armen; aber wehe dem, der ihn ärgert.

Rechts Mitte: Das in der Frühzeit des Alpinismus gefürchtete «Brockengespenst», ein bei Sonnenuntergang auf eine Nebelwand projizierter Schatten.

Unten: Blocksberg – auch brochelsberg, broccenbergus und Blockenbergus – war der volkstümliche Name des Brocken, Aufenthaltsort von Dämonen und Versammlungsplatz der Hexen, die in der Walpurgisnacht mit dem Teufel orgiastische Feste feiern.

beschwerlichen Weg zur Gipfelregion des Pilatus. Es war die feste Absicht der Gelehrten, das gefürchtete Gespenst des römischen Prokurators herauszufordern. Ein tatsächliches Erscheinen des Berggeistes sollte als Bestätigung der Legende dienen. Es kam aber nicht dazu. Am Rande des berüchtigten Sees angelangt, wurden die Männer von einem «unbeschreiblichen Gefühl des Entsetzens» ergriffen, das sie zum sofortigen Abstieg trieb. Unverrichteter Dinge kehrten sie zurück. Durch die etwas wirren und sich zum Teil widersprechenden Aussagen der Gruppe wurde der alte Aberglaube nur verstärkt.

Eine der bekanntesten Sagenfiguren ist zweifellos *Rübezahl,* der Beherrscher des Riesengebirges. Er tritt uns in der Überlieferung in verschiedenen Formen entgegen – als Riese, Mönch, Geist, Bergmännlein oder auch in Tiergestalt. Er hütet die Bergschätze, und ist er gut gelaunt, so beschenkt er die Armen. Mit einsamen Wanderern im Gebirge treibt er seinen Schabernack und führt sie häufig in die Irre. Aber wehe dem, der ihn ärgert! Rübezahls Rache äußert sich in schrecklichen Wetterstürzen, in Donner, Blitz und Hagel. Mit dem «Zählen von Rüben» hat der Name dieses mächtigen Berggeists nichts zu tun; er entstammt dem Mittelhochdeutschen und setzt sich wohl aus «Ribe» = Hure und «Zagel» = Schwanz zusammen.

Eine dem Rübezahl zugrundeliegende Figur ist der *Bergmönch,* der auch in Tiergestalt auftritt oder aber in brauner Kutte und Kapuze Bergarbeit verrichtet.

Kobolde verschiedener Art gibt es überall. Der *Troll* – Unhold in nordischen Sagen – ist ein Bergdämon männlichen oder weiblichen Geschlechtes in

Riesen- oder Zwergengestalt. Einige Szenen in Ibsens *Peer Gynt* veranschaulichen, wie lebendig noch in der Gegenwart alter Volksglauben in Skandinavien ist. Trolle können ihr Aussehen nach Belieben verändern, sind dem Menschen grundsätzlich feindlich gesinnnt und verursachen Krankheiten. Wie so manche Geister scheuen sie das Tageslicht, weil es sie ihrer Kräfte beraubt.

In Berichten des 19. Jahrhunderts taucht häufig das *Brockengespenst* auf. Laut Sage ist diese seltene Naturerscheinung eine Riesin, die den Wanderer vom Brocken (1142 m), der höchsten Erhebung des Harz in Mitteldeutschland, unnachsichtlich vertreibt. In den Alpen sahen 1865 auch die überlebenden Erstbesteiger des Matterhorns das berüchtigte Brockengespenst und brachten das mit dem tragischen Geschick ihrer vier beim Abstieg tödlich verunglückten Kameraden in Zusammenhang. Tatsächlich handelt es sich bei jenem Phänomen um den Schatten, der bei Sonnenuntergang von Menschen oder Gegenständen übergroß auf eine östliche Nebelwand geworfen wird, ähnlich dem Bergschatten, den manche Gipfel vor allem am Morgen werfen können (vgl. Seite 128).

Der Brocken ist auch als *Blocksberg* bekannt, zu dem die Hexen auf Besen ausreiten sollen, um sich hier in der Walpurgisnacht, der Nacht vor dem 1. Mai, zu versammeln. In Goethes *Faust,* 1. Teil, sagt Doktor Faustus zu Mephistopheles:

«... Du Geist des Widerspruchs! Nur zu, du magst mich führen.
Ich denke doch, das war recht klug gemacht:
Zum Brocken wandeln wir in der Walpurgisnacht,
Um uns beliebig nun hieselbst zu isolieren!»

Um das Vieh vor den Hexen zu schützen, wurden früher in vielen Gegenden drei Kreuze und bestimmte Kräuterbüschel an den Stalltüren angebracht.

Keine Betrachtung über Gebirge als Ursprungsort von Sagen und Spukgestalten wäre komplett, ohne den schon erwähnten «Abominable Snowman», den Schneemenschen des Himalaya, in sie einzubeziehen. In Tibet *Kangmi* und in Nepal *Yeti* genannt, ist er ein geheimnisvolles Wesen, dem übernatürliche Kräfte zugeschrieben werden. Viele der in den Bergregionen Nepals lebenden Sherpa – vor allem Angehörige der älteren Generation – sind von der Existenz des Yetis überzeugt. Dämon und Knecht alles Bösen, vergreift er sich an Mensch und Tier. Die Sherpa beschreiben ihn wie folgt: «Halb Mensch, halb Tier, etwa 170 cm groß, mit rötlichbraunem Haarkleid, aber mit nacktem Gesicht.» Manche neuere Beobachtungen sprechen für die Möglichkeit der Existenz von zwei Yeti-Typen: eine Art, die höchstens 140 cm groß wird, und eine andere, die in der Region zwischen den höchsten Sherpadörfern und den Gletschern haust und bis 200 cm Körpergröße erreicht. Allerdings: alte Spuren im Schnee können sich durch Ausschmelzung stark vergrößern. Eine von Sir Edmund Hillary geleitete Expedition ließ sich denn auch 1960 anhand der Untersuchung von ausgeschmolzenen Fuchsspuren dazu verleiten, das «Ende der Yeti-Legende» zu verkünden. Doch zu viele Zeugnisse liefern Gegenargumente. Eine große Anzahl von Himalayaforschern und -bergsteigern, darunter Lord John Hunt, Eric Shipton, Günter O. Dyhrenfurth und auch der Autor dieser Zeilen, sind daher nicht bereit, im Yeti nur ein Fabelwesen zu sehen.

Jedenfalls gibt es in allen größeren Bibliotheken eine stetig anwachsende «Yeti-Literatur». Auch im *Alpine Journal* (Nr. 293, Nov. 1956, S. 340 bis 343) erklärte Squadron Leader L. W. Davies unter dem Eindruck eigener Beobachtungen im südlichen Lahul am Schluß eines interessanten Artikels:

Der berühmte Yeti-«Skalp», der im Kloster von Pengpoche aufbewahrt wird. Ein ähnlicher «Skalp» befindet sich in Khumjung, von Sir Edmund Hillary als ein Stück Fell eines Serau (Capricornis crispus) bezeichnet.

«Skeptiker mögen fragen, warum Begegnungen mit dem ‹Yeti›, von denen berichtet wird, so selten gewesen sind, und wieso meist nur Einheimische das Wesen zu Gesicht bekamen. Man könnte eine Gegenfrage stellen: Wie viele Menschen auf der kleinen, dicht bevölkerten Insel England haben schon einen Dachs in freier Wildbahn gesehen? – In den weiten, unerforschten Gebieten des Himalaya hat die Fauna reichlich Gelegenheit, zu beobachten, ohne beobachtet zu werden. Daß die meisten Yeti-Berichte von Einheimischen stammen, liegt zweifellos daran, daß diese eben dort leben und mehr Möglichkeiten haben, einem Yeti zu begegnen, als die Handvoll Europäer, die mit bergsteigerischer Zielsetzung kommen, obendrein meist in der warmen Jahreszeit, wenn die Schneegrenze hoch liegt und wenn es viel Futter gibt. In dieser Hinsicht ist es sehr bemerkenswert, daß die Schneegrenze 1955 in Lahul ungewöhnlich weit herunter rückte» (– so daß in nur 4000 m Höhe zahlreiche Spuren gefunden werden konnten, die sich über viele Kilometer hinweg verfolgen ließen). Der mutige Fliegeroffizier L. W. Davies hat wegen seiner Ansicht, daß das Problem «Yeti» keineswegs gelöst sei, den «Fluch der Lächerlichkeit» nicht gescheut.

Diese Skelett-Hand wird ebenfalls im Kloster von Pengpoche aufbewahrt. Hand und «Skalp» sollen dem vor ca. 350 Jahren entdeckten Leichnam eines Yetis angehören.

Das Gebirgsbild im Wandel der Zeit

Für die Römer, die «großen Paßüberschreiter», war die Alpenmauer nördlich der Po-Ebene nichts als ein zu überwindendes Hindernis. Sie betrachteten die Berge geradezu mit Abscheu. In einigen Beschreibungen finden sich für die Alpenregion Attribute wie *scheußlich, entsetzlich* – bestenfalls noch: *sturmumbraust*. Das Gebirge galt mit seinen «bis in die Unterwelt hinabreichenden Abgründen» schlechthin als die Hölle auf Erden. Silius Italicus, der in seinem epischen Werk *Punica* in siebzehn Bänden den Krieg gegen Hannibals Karthagerheer beschrieb, urteilte zum Beispiel unter anderem so: «Alles erstarrt in den Alpen voll Frost, ist ewig mit grauen Hagelschloßen bedeckt und immerwährend von Eis eingehüllt... Gleich der Unterwelt türmt sich in den Alpen die Erde auf und verdeckt durch ihre himmelanstrebenden Massen das lichte Gewölbe des Firmamentes... Auf unwirtlichen Höhen wohnt einzig und allein und ohne Unterlaß der häßliche Winter... Jäher Schwindel ergreift den Reisenden, wenn er zu den wolkentragenden Gipfeln hinaufblickt.»

Der Adler, der täglich von der Leber des Prometheus frißt, wird von Herakles getötet.

Daß sich diese Anschauung bis ins Mittelalter im allgemeinen noch vertiefte, habe ich bereits erwähnt. Unter dem lähmenden Einfluß einer strengen Kirchenlehre wies die geographische Wissenschaft bei der Erforschung der Alpen noch lange keinerlei Fortschritt auf. Mit grenzenloser Phantasie belebten die Verfasser von Reiseberichten die Bergwelt mit blut- oder feuerspeienden Drachen, die in schaurigen Schluchten hausen. Selbst der leibhaftige Teufel sollte am Wegrand lauern, um den gottesfürchtigen Wanderer in den Abgrund zu stürzen. Kein Wunder, daß der einsame Reisende ängstlich bemüht war, sich keinen Schritt von den wenigen häufiger begangenen Wegen und Straßen zu entfernen. Eine der schlimmsten Reisebeschreibungen stammt von einem britischen Pilger: «Schrecken war auf Schrecken gehäuft, Schluchten und Berge brüllten einander Entsetzen zu.» Und gab es auf den hohen Bergen nicht auch Schätze, die von bösen Geistern oder Zwergen bewacht wurden? Gedruckte Quellen beweisen, daß noch bis zum Beginn des 20. Jahrhunderts Sagen solcher Art ernstgenommen wurden!

Arnold Böcklin (1827–1901): Drachen in einer Felsenschlucht, 1870, Öl auf Leinwand, 152 × 92,5 cm. München, Schackgalerie.

Gebirge als heroischer Ausdruck der Schöpfung

Gott erschuf die Welt in sechs Tagen. So steht es im ersten Buch Mose des Alten Testaments geschrieben. Berge finden darin erstmals im siebenten Kapitel bei der dramatischen Schilderung der Sintflut Erwähnung: «...Und das Gewässer nahm überhand und wuchs so sehr auf Erden, daß *alle hohen Berge* unter dem ganzen Himmel bedeckt wurden...» Und im achten Kapitel heißt es: «... Am siebzehnten Tage des siebenten Monats ließ sich die Arche nieder auf das Gebirge Ararat.»

Der Rigweda – altindische Sagen und Hymnen von der Entstehung der Erde – erzählt von Indra, dem «Gott der Götter»: «...Als er die Welt fertig gebaut hatte, merkte er mit Schrecken, daß die Erde Sprünge bekam und auseinanderzufallen drohte. Da holte er die Berge zu Hilfe, die geflügelt am Himmel kreisten. Indra nahm den Bergen die Flügel und setzte sie auf die Erde. Seitdem kann die Erde nicht mehr auseinanderfallen, die Wohnstatt der Menschen ist gesichert. Aus den Flügeln der Berge aber wurden die Wolken. Sie sehnen sich nach Wiedervereinigung mit den Bergen, darum streben sie immer zu ihnen hin...»

Die germanische Amelungensage, die sich mit den großen Taten des Dietrich von Bern (= Verona) befaßt, spricht als eine der frühesten Quellen auch von der «hehren Pracht des Hochgebirges» und verherrlicht «das Leuchten der Gletscher, das Funkeln der eisigen Berge».

Kaiser Hadrian soll bereits 126 n.Chr. den Ätna (3323 m), den höchsten Gipfel des außeralpinen Italiens und größten Vulkan Europas, bestiegen haben, und sechs Jahre später den Djebel-al-Akra (1770 m) in Syrien. Auch von Kaiser Julian wird berichtet, daß er diesen Berg (um 362 n.Chr.) betreten habe. Interessanterweise waren für diese Besteigungen nicht etwa die rein strategischen Beweggründe von Feldherren maßgeblich, die von der Höhe aus einen besseren Überblick auf das Land des Feindes erwarteten. Nein, man nahm die Strapazen des Aufstiegs in Kauf, um von den erhabenen Gipfeln dieser Berge aus den Sonnenaufgang zu genießen! Falls diese Berichte auf Tatsachen beruhen, könnte man hier zum erstenmal von Bergtouren im alpinistischen Sinn sprechen, da der Naturgenuß an sich den Anstoß zur Besteigung gab.

Offenbar fand man damals solchen Genuß aber nur unter dem ewigen Blau südlichen Himmels. Jedenfalls trifft dies auf die wärmegewohnten Völker zu, von denen in den europäisch-asiatischen Kulturen die wichtigsten Überlieferungen ausgehen.

«Hundert göttliche Zeitalter reichen nicht aus, um alle Wunder des Himalaya zu beschreiben», lautet ein altes Sanskrit-Sprichwort, und «Wo findet man die Worte, um den Schöpfer zu preisen, wenn man die Wunder des Himalaya gesehen hat?» die rhetorische Frage des frommen Hindu-Pilgers.

Vom Gefühl für die Schönheit und Erhabenheit der Natur führte den Menschen nur ein Schritt zu der Betrachtung, man könne wohl in Beschaulichkeit, ja Weltflucht im Gebirge am besten dem Schöpfer dienen. Erste erfreuliche Konsequenz dieser Entwicklung waren in den Alpen die klosterartigen Hospize. Im 14. Jahrhundert errichteten griechisch-orthodoxe Mönche in Thessalien auf steil aufragenden Konglomeratfelsen 23 Klöster, die *Metéora*. Der 1241 m hohe *Montserrat* in Spanien, nordwestlich von Barcelona, bietet das Beispiel eines Klosters, das mitten in einem Gebirgsstock errichtet wurde.

«Nähe zu Gott» und zur urwüchsigen Natur führte auch die Einsiedler oder Eremiten in ihre gebirgigen Zufluchtsstätten und Höhlen. Ihr augenscheinlich so beneidenswert schlichtes naturverbundenes Leben entsprach im 18. und 19. Jahrhundert der romantischen Sehnsucht vieler Menschen, sich auf sich selbst zurückzuziehen. Der «Eremit im Gebirge» war daher lange Zeit ein häufiges Motiv in der europäischen Malerei.

Die Eigenschaft gebirgigen Geländes, tausend Gelegenheiten zu Versteck und Behausung zu bieten, nutzten bald auch andere Gruppen, die Grund dazu haben, sich «zurückzuziehen» – Wilderer, Schmuggler, Aufständische, Freiheitskämpfer, Flüchtlinge oder auch um ihre Sicherheit besorgte Potentaten (deren kühne Schlösser heute allenthalben noch stehen, sei es auch meistens in Form von Ruinen). Sie alle lebten nun ohne Furcht in und mit der Natur, sie begannen das Gebirge als Lebensraum sogar zu schätzen. Die Eindrücke, die von Bergen, Tälern, Wasserfällen, Schluchten und unfaßlich starken Naturgewalten ausgingen, machten in den Augen der Menschen bis zum heutigen Tag die Gebirge zum wahrhaft heroischen Ausdruck der Schöpfung.

Die Entstehung einer wissenschaftlichen Betrachtungsweise, 13. bis 17. Jahrhundert

Dante Alighieri (1265–1321), Italiens größter Dichter, erstieg 1311 im Alter von 46 Jahren den 1400 m hohen Prato al Saglio und danach noch weitere Berge seiner Heimat, darunter den Monte Falterone im Apennin (1654 m) sowie die höchste Erhebung der Insel Ischia, den Vulkan Monte Epomeo (789 m), dessen letzte Eruption 1302 stattgefunden hatte. Allein verweilte er hier auf dem Gipfel; am Kraterrand verbrachte er die Nacht und erlebte begeistert den Sonnenaufgang. Dante bewies damit eine für das Mittelalter alles andere als typische Naturverbundenheit. Nun, im Geist hatte er sich schon seit langem mit den Bergen befaßt. Die «Göttliche Komödie», das Hauptwerk seines Lebens, wurde zwar wahrscheinlich erst ab 1311 niedergeschrieben, aber geplant hatte der Dichter die *Divina Commedia* seit Jugendzeiten: die Schilderung einer visionären Wanderung durch die drei Reiche des Jenseits – *Inferno* (Hölle), *Purgatorio* (Läuterungsberg) und *Paradiso* (Paradies) –, allegorische Darstellung des Weges, auf dem die sündige Seele zum ewigen Heil geführt wird. Als sich der Dichter in seiner Erzählung im finsteren Wald verirrt, wo er von den drei wilden Tieren, Sinnbildern der Leidenschaften, bedroht wird, erscheint ihm sein verehrtes Vorbild, der römische Dichter Vergil, und führt ihn durch die Tiefen der neun Höllenkreise auf den «Läuterungsberg». Mit dieser Allegorie löst sich Dante von den volkstümlichen Bildern des Jenseits; an die Stelle des Fegefeuers, das als Anhang zu Hölle galt oder mit ihr gleichgesetzt wurde, setzt er als Purgatorium seinen Berg der Läuterung. Und für den Dichter hat der Anblick dieses steilen, unendlich hohen Berges nichts Drohendes. Im ersten Gesang des *Inferno* hören wir Worte des Trostes und der Hoffnung: «... schaut' ich empor und sah des Berges Grat bereits in der Sonne Strahlenkleide... die Furcht schwand bei der Augenweide...» – so lautet diese Stelle in der deutschen Nachdichtung von Max Rohrer.

Vergil führt Dante durch die Tiefen der neun Höllenkreise auf den Berg der Läuterung. Das Motiv stammt aus der «Divina Commedia» von Dante Alighieri (1265–1321).

Dante war nicht nur ein Dichter und ein empfindsamer Mensch, sondern auch Philosoph und geschulter Naturwissenschaftler, seiner Zeit um Jahrhunderte voraus. Für ihn gibt es keine Drachen, Hexen und Dämonen. Seine Naturschilderungen sind unvergleichlich, die Landschaften, durch die er uns in der *Divina Commedia* führt, unverkennbar. «Ich hebe meine Augen auf zu den Bergen, von welchen mir Hilfe kommt.» Der Vergleich mit diesem alten Psalm ist naheliegend.

Wie keinem anderen ist es Dante gelungen, die Beziehung des Menschen zum Gebirge klarzustellen und unbewußt die ursprünglichen Beweggründe für das Bergsteigen zu definieren: die Läuterung von Körper und Geist!

Es steht durchaus im Einklang mit dem Denken der damaligen Zeit, wenn ich hier den Dichter Dante den «exakten» Wissenschaftlern voranstellte, deren Wirken die Voraussetzungen für die spätere alpinistische Eroberung der Berge schaffen half. Verfolgen wir nun den Einfluß, den die berühmtesten von ihnen auf unser Wissen um die Gebirgswelt ausübten.

Marco Polo, der 1254 in Venedig geborene bedeutendste Weltreisende des Mittelalters, prägte sehr stark die geographischen Vorstellungen der Menschen des 14. und 15. Jahrhunderts. Mit seinem Vater Nicolò und dessen Bruder Matteo reiste er 1271 über Persien, Afghanistan und durch das Pamirgebirge nach China, wo er siebzehn Jahre am Hofe des großen Kublai Khan in Kambaluk (Peking) verbrachte. Auf der Rückreise erstieg er den Adams Peak in Ceylon, den heiligen Berg der Pilger. In der Heimat angekommen, wurde er von den Genuesen monatelang eingekerkert. Während seiner Gefangenschaft diktierte er seinen erstaunlichen Reisebericht, der sehr bald in mehrere Sprachen übersetzt wurde und viele althergebrachte Vorstellungen und Theorien über Asien widerlegte. Von besonderem Interesse ist in diesem Zusammenhang seine Schilderung des Hochlandes von Pamir, das er nach seiner Erkrankung an Malaria nur mit größter Mühe erreichte: «...Die Luft ist dort so rein, daß sie alle Gifte ausbrennt. Dort war auch ein kleiner klarer See. Ringsum Weiden. Herrliche Weiden. Bessere als sonst in der Welt, vor allem als in den Tälern. Die Tiere unserer Karawane waren schon halbverhungert und bis zum Skelett abgemagert. Man ließ sie unter den Schneegipfeln weiden. Ich wurde in zehn Tagen gesund, die Tiere wieder wohlgenährt und kräftig. Es war nur schwierig, ein Feuer zu unterhalten. Es brannte schlecht, und die Speisen wollten nicht gar werden. Schafe gab es in riesigen Herden; sie hatten besonders dichtes Fell und vier bis sechs Spannen langes Gehörn. Vögel gab es keine mehr, die Luft war zu dünn, um sie tragen zu können...»

1271 reiste Marco Polo über Persien, Afghanistan und durch das Pamirgebirge nach Kathai (China), wo er siebzehn Jahre am Hof des Kublai Khan verbrachte.

Als Himalaya-Bergsteiger muß man sich über die damalige Abwesenheit der Vögel wundern. Bei Mount-Everest-Expeditionen zum Beispiel waren die Goraks – tibetische Raben – ständige aber nicht unbedingt willkommene Begleiter bis zur Höhe von 7300 m. Bei den Besteigungsversuchen der Schweizer von 1952 wurde in beinahe 8000 m Höhe ü.M. am Mount-Everest-Südsattel ein toter Adler gefunden. Eine seiner Krallen schmückt heute noch mein Arbeitszimmer. Anscheinend ist es so, wie Marco Polo einst schrieb: «Die Luft war zu dünn, um ihn tragen zu können.» Übrigens haben Marco Polos Aussagen über die Heilkraft der Höhenluft später sicherlich mit beigetragen zur Entwicklung der Hochtäler und Almen zu gesundheitsfördernden Kurorten.

Leonardo da Vinci (1452–1519) – Gigant der abendländischen Kultur – hat auch der Entwicklung des Alpinismus seinen Stempel aufgedrückt. Unerreicht in seiner Auffassung über Kunst und Wissenschaft als einer Einheit des menschlichen Erkenntniswillens und -vermögens, steht er an der Grenze zwischen mittelalterlichem und neuzeitlichem Denken. Die Berge interessieren ihn nicht nur als Maler, sondern vor allem als Wissenschaftler, der Einblick in ihren Aufbau und ihre Gestaltung gewinnen will – durch physikalische Beobachtungen und Höhenmessungen. Er verläßt sich nicht auf die Entdeckungen und Erzählungen anderer, sondern unternimmt eine Reihe von Reisen und Besteigungen, 1511 und in den darauf folgenden Jahren, obwohl er damals bereits 59 war. Über die genauen Namen der von ihm besuchten Gipfel ist man sich auch heute noch nicht einig; es steht jedoch fest, daß es sich in erster Linie um Berge südlich des Monte Rosa und im Gebiet rings um den Comer See handelt.

Aber auch die Zeit der Renaissance brachte insgesamt nur geringe Wandelungen in der Einstellung des Menschen zum Gebirge. Leonardo war diesbezüglich eine Einzelerscheinung. Andere berühmte Männer wie zum Beispiel Tizian, der nur ein Jahr nach Leonardo starb, hatten nie das Bedürfnis, die Berge ihrer Heimat zu besteigen.

Nach dem geschilderten Rückzug der Humanisten vom Pilatus setzte in der wissenschaftlich motivierten Erschließung der Alpen eine längere Ruhepause ein. Botanischer Studien wegen wurde 1536 einmal das Stockhorn (2190 m) am Thuner See bestiegen; aber die sehr ausführliche, dichterische Beschreibung dieser Bergtour von Johann Müller fand nur geringen Anklang.

Ägidius Tschudi (1505–1572), Geschichtsschreiber und Landvogt aus Glarus, veröffentlichte im Jahre 1538 *De Alpina Rhaetia,* eine topographische Abhandlung, die alles in dieser Richtung Vorangegangene in den Schatten stellte. Die von ihm entworfene

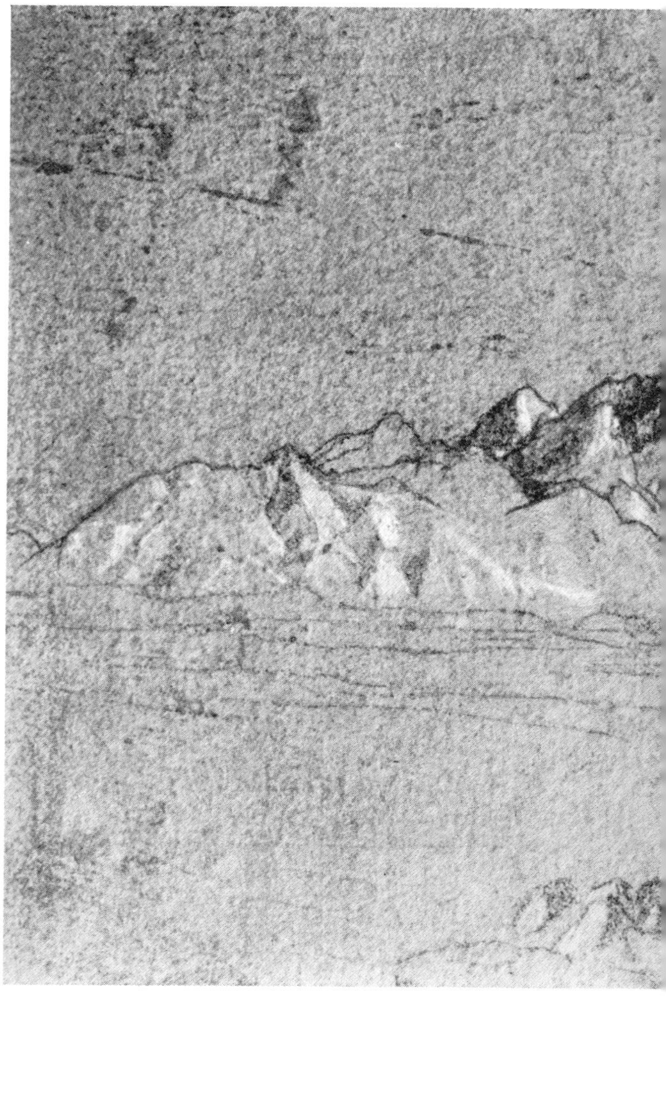

Rechts: Leonardo da Vinci (1452–1519) hat der Entwicklung des Alpinismus seinen Stempel aufgedrückt. Seine «Hochgebirgsstudie» beweist, daß er sich keineswegs nur auf die Erzählungen und Entdeckungen anderer verlassen hat.

Gabriel Walsers Eindrücke vom Berninagletscher und den umliegenden Bergen, aus: «Die Eisgebirge des Schweizerlandes», von Gottlieb Sigmund Gruner, 1760.

Ein aus dem Jahre 1517 stammender Holzschnitt, der in Josias Simlers «Die Alpen» zu finden ist und einen Lawinenabgang darstellt.

Schweizer Landkarte erschien unter dem Titel *Die urallt warhafftig Alpisch Rhetia*.

Konrad Gesner (1516–1565) war einer der bedeutendsten Humanisten jener Tage. In Zürich geboren, Polyhistor und Naturforscher, war er zunächst Professor der griechischen Sprache in Lausanne. Später wurde er Arzt und Professor der Naturkunde, sowie Chorherr am Großmünster in Zürich. In seinen zahlreichen Publikationen befaßte er sich mit Zoologie, Botanik, Paläontologie, Mineralogie, Medizin, Chemie und Pharmazie. Gesner war aber nicht nur Wissenschaftler, sondern auch ein Vorkämpfer für das Verständnis der Herrlichkeiten der Alpenwelt, der bei seinen Zeitgenossen Gehör fand. Als hochangesehenes Mitglied des zunächst sehr kleinen, exklusiven Kreises bergsteigender Schweizer Humanisten vertrat er damals bahnbrechende Ansichten über die irdische Harmonie von Körper, Geist und Seele. Der 1541 geschriebene Brief an seinen Freund Johann Vogel – *De Montium admiratione* – war nicht nur begeisterter Ausdruck seiner Bewunderung für die Bergwelt, sondern eine der allerersten alpinistischen Kundgebungen schlechthin. Passiver Naturgenuß genügte diesem Mann nicht, er wurde zum Missionar eines aktiven, gesunden Lebens: «...Es ist eine fest beschlossene Sache, daß ich, solange mir Gott das Leben schenken wird, jedes Jahr die Besteigung einiger Gipfel oder doch zum mindesten eines von ihnen unternehmen werde, und zwar in der Zeit, da die

Bergflora in voller Blüte stehen wird, sowohl um diese zu untersuchen, als auch um meinem Körper eine edle Übung zu verschaffen und eine Freude meinem Geist... Was muß das wohl für ein Genuß sein, wenn man die ungeheuren Bergmassen erblickt und wenn man das Haupt bis in die Wolken erhebt...!»

Mit einer Spezialerlaubnis der Luzerner Stadtbehörden bestieg Gesner den im Jahre 1555 noch immer ominösen Pilatus und schrieb darauf im Anhang zu einem großen naturwissenschaftlichen Werk unter dem Titel *Descriptio Montis Fracti, sive Montis Pilati* einen ausgezeichneten Tatsachenbericht. Er ging auch auf den alten Aberglauben ein, lehnte ihn aber auf das entschiedenste ab. Trotzdem war der Luzerner Stadtrat noch immer nicht gewillt, das Besteigungsverbot für den Pilatus aufzuheben. Erst vierzig Jahre später, lange nach Gesners Tod, wurde der Berg endlich freigegeben!

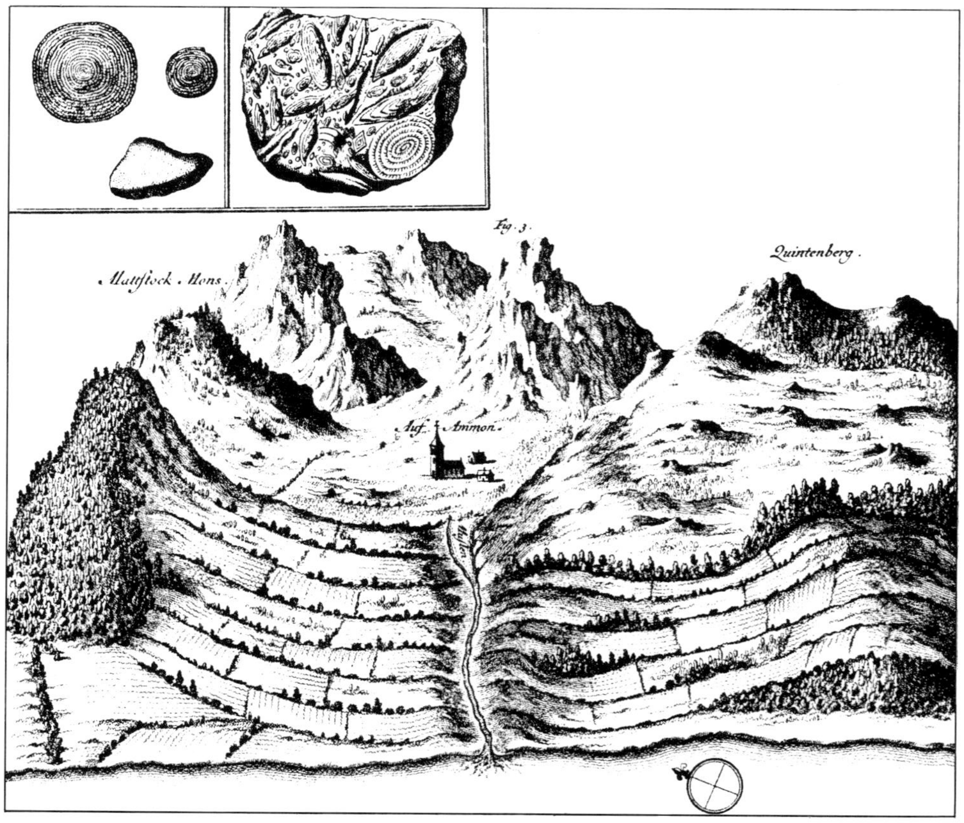

Die Amdener Mulde über dem Walensee. Aus: Johann Jacob Scheuchzer, «Itinera per Helvetiae Alpinas Regiones», 1723. Als handle es sich um eine frühe Vorschau modernen tektonischen Denkens, ist die Hängematte der weiten Mulde in das Bild gespannt. Das von Menschenhand Kultivierte ist in die Naturlandschaft einkomponiert. Es ist die Zeit der ersten Schichtbeobachtungen. Leidenschaftlich werden Versteinerungen gesammelt. Die Felsen haben durch ihre «Figurensteine» zum Forscher zu reden begonnen.

Thomas Platter (1499–1582) wird von manchen als «geistiger Urheber der Bergliebe und Bergfreude» unter den Schweizer Humanisten gelobt. Geboren in Grächen, einem kleinen Dorf bei St. Niklaus im Walliser Visptal, wuchs er als Waisenkind unter denkbar einfachen Verhältnissen auf. Seine Freizeit verbrachte er in den Bergen, die ihm zum Symbol der Hoffnung und der Unabhängigkeit wurden.

Später brachte er es bis zum Professor des Griechischen und Hebräischen, der Naturkunde und Heilkunde in Basel. Nebenbei erlernte er das neu aufgekommene Buchdruckergewerbe und gründete eine Druckerei. Trotzdem wurde er den Bergen der Heimat nie untreu. Alles, was er über sie und den Kanton Wallis aus praktischer Erfahrung wußte, erzählte er seinem jungen Freund Josias Simler und ermutigte ihn, darüber zu schreiben.

1574 erschien Josias Simlers Buch *Vallesiae et Alpium descriptio* im Verlag Thomas Platter. Seinem väterlichen Freund, der damals schon im 76. Lebensjahr stand, dankte er im Vorwort: «Nachdem ich mein Buch geschrieben hatte, zeigte ich es vor allem meinem gelehrten und ausgezeichneten Freund Thomas Platter, der mir in freundschaftlichster Weise Ratschläge erteilte.» Unter dem Titel *De Alpibus commentarius* verfaßte Simler, der aus Gesundheitsgründen – mit neunundzwanzig Jahren erkrankte er bereits an schwerer Gicht – die hohen Berge nie selbst betreten konnte, eine für die damalige Zeit außerordentlich gründliche und wirklichkeitsnahe Schilderung der Alpenwelt. Gestützt auf die persönlichen Erfahrungen seiner bergsteigenden Freunde gab Simler Anweisungen über die erforderliche Ausrüstung, schilderte ohne jegliche Übertreibung die Gefahren der Alpen und gab in konkreter, übersichtlicher Form Ratschläge für die praktische Ausübung des Alpinismus, die auch nach heutigen Begriffen einen gewissen Wert haben.

Die ersten Schritte waren also getan: Dank Männern wie Dante, Petrarca, Marco Polo, Leonardo da Vinci, Konrad Gesner, Thomas Platter und Josias Simler hatte man allmählich die Schönheit der Bergwelt, die Vielseitigkeit der für die Wissenschaft zu erringenden Erkenntnisse und die Heilwirkungen des Hochgebirgsaufenthalts für den Menschen erkannt. Allerdings bestand noch immer eine gewaltige Kluft zwischen den Einsichten der wenigen Künstler und Gelehrten einerseits und den Vorstellungen der einfachen Gebirgsreisenden andererseits. Die alteingesessene Furcht vor den Alpen ließ sich eben nicht ohne weiteres aus der Welt schaffen.

Dann folgte eine Zeit der religiösen Auseinandersetzungen, der Kriege und Bauernaufstände, der Pest und anderer Schicksalsschläge, die den Gedanken einer alpinen Entwicklung im Keime ersticken mußte. Die Menschheit hatte andere Sorgen – die politischen Verhältnisse mußten sich beruhigen.

In dieses Dunkel brachte der Tiroler Arzt *Hippolytus Guarinoni* einen Lichtblick. 1571 in Trient an der Etsch geboren, lernte er von Jugend an die Berge lieben. Als Dreißigjähriger spricht er von der Harmonie von Körper und Gemüt, die durch das Bergsteigen gefördert wird. In den Höhen entdeckt er neue Heilkräuter, die noch in der modernen Pharmazie, also rund 400 Jahre nach seiner Zeit, entsprechende Verwendung finden.

Durchbruch einer modernen Naturbetrachtung

Europas «Gesellschaft» horchte auf, als 1723 das Buch *Itinera per Helvetiae alpinas regiones* (Reisen durch die Alpenregionen der Schweiz) des Zürichers *Johann Jakob Scheuchzer,* Arzt und Mathematikprofessor, erschien. Zwischen 1702 und 1711 hatte Scheuchzer neun Alpenreisen unternommen. Neun Reisen in neun Jahren. Heutige Alpenfreunde unternehmen natürlich viel mehr Reisen ins Gebirge. Aber zu Scheuchzers Zeit erforderte jede Tour Zeitaufwand und körperliche Strapazen, wie wir sie uns heute nicht annähernd vorstellen können. Außerdem besuchte Johann Jakob Scheuchzer die Alpen nicht als Bergsteiger, sondern als Wissenschaftler, ausgerüstet mit Geologenhammer, Barometer, Thermometer und oft in Begleitung einiger seiner Schüler. Doch des Professors Aufzeichnungen erregten gleichwohl allgemeines Aufsehen, wurden in den gebildeten Kreisen Europas gelesen. Scheuchzer bewies auch eine rege Phantasie, denn in seinem Buch finden sich neben der Darlegung von wissenschaftlichen Erkenntnissen auch sensationelle Schilderungen, die jeden Leser schaudern machten. Zum Beispiel lebten in Scheuchzers Vorstellung in den Alpen Drachen, die vier- bis fünfmal so groß waren wie ein Mensch, mit vier riesigen Tatzen, langem Schwanz, gestacheltem Rückgrat und einer Art Hundkatzen-Kopf. Der Drache konnte sich zum drohenden Angriff auf den beiden Hintertatzen aufrichten. In Scheuchzers Buch ist das alles bis ins letzte Detail dargestellt. Natürlich hatte der Schweizer weder flügellose noch geflügelte Drachen jemals gesehen. Solche schrecklichen Tiere entsprechen noch der Vorstellungswelt der Menschen des Mittelalters. Aber mit ihrer Einbeziehung in das Buch hat Scheuchzer seine «Alpenreisen» wohl absichtlich zu einem prickelnden Leseabenteuer gestaltet.

Johann Jakob Scheuchzer hat aber auch noch andere echte Erkenntnisse, die nichts mit wissenschaftlichen Ergebnissen zu tun haben, mit nach Hause gebracht:

«Wer etwas Fruchtbarliches will ausrichten, der muß nicht immer hinter dem Ofen sitzen und phantastische Grillen ausbrüten, sondern die Natur selbst einsehen, Berge und Täler durchlaufen ... Denn auf den Bergen begreift man die unendliche Macht, die vollkommene Güte und Weisheit Gottes; die Alpen sind wie ein Museum der Wunder der Natur.» – Damit lieferte der Schweizer den Funken, der später in der Gesellschaft das Feuer der Naturbegeisterung entzünden sollte. Als Scheuchzers Buch erschien, hatte das Rokoko gerade seinen ersten Aufschwung erlebt. Die Gesellschaft wurde von Nippfigürchen beherrscht, stand im Zeichen des Puders, war getragen von einer grenzenlosen, unnatürlichen Verspieltheit; das Leben der Feinen spielte sich in Salons ab. Europa hatte sich gerade von den Schrecken der Pest erholt, war empfänglich für jeden Einfluß, der Schönes, Gutes versprach. Scheuchzers Buch hatte zweifellos eine stärkere Werbewirksamkeit als heute einige Dutzend Alpenbücher.

Als Scheuchzers «Alpenreisen» erschien, lebte in Genf bereits *Jean-Jacques Rousseau* (1712–1778), elf Jahre alt. Kein anderes Buch vor diesem regte die Gesellschaft Europas so an, die Natur zu entdecken, wie Rousseaus Roman *Julie ou la Nouvelle Héloïse*, der 1760 erschien. Selbst in den durch Überkultur verwöhntesten Kreisen erweckte Rousseau Verständnis und Interesse für die Wunder der Bergwelt. In der Vorstellung seiner Zeitgenossen wurde das ehemals furchterregende Hochgebirge dank Rousseaus Geist und Feder nur zu einem Stück Natur voller erhabener, bezaubernder Schönheiten. – «Man weiß», schrieb er, «was ich unter einem schönen Lande verstehe. Es muß Bäche haben, Felsen, Tannen, Berge, buckelige Wege mit Abstürzen an den Seiten, die mir Furcht einflößen.» Rousseau hatte zwar niemals einen richtigen Berg erstiegen. Aber er hat die Welt gelehrt, die Natur mit ihren wunderbaren Schöpfungen zu entdecken.

Kein geringerer Künder und Verherrlicher der Alpen war der Schweizer Mediziner und Naturwissenschaftler *Albrecht von Haller* (1708–1777) aus Bern. Sein Gedichtwerk *Die Alpen* erlebte noch zu Hallers Lebzeiten über neun Auflagen, dazu eine ganze Reihe von Übersetzungen. Das war damals ein ungewöhnlicher Erfolg. Auch Albrecht von Haller war nicht etwa Bergsteiger. Mit einem Schüler Scheuchzers hatte er einige Alpentäler seiner Heimat besucht und beschrieb auch den Alltag der Bauern und Hirten,

Emil Hansen (d.i. Emil Nolde), Die Mythen, 1897. Bergpersonifikationen nach dem Muster dieser frühen Bildpostkarte gehören bis heute zu den gängigen Trivialmotiven der Gebirgsdarstellung.

ihre Natürlichkeit, Einfalt und Zufriedenheit, ihr Glück, denen er Pracht und Üppigkeit, Bosheit und Verrat in den Städten gegenüberstellte. Diese menschlichen Höhen und Tiefen waren es, die Hallers Leser beeindruckten und für die Alpennatur empfänglich machten.

Gegen Ende des 18. Jahrhunderts unterlagen nur noch wenige Wissenschaftler den alten Vorurteilen. So mochte etwa der französische Naturforscher *Georges Leclerc Graf von Buffon* (1707–1788), der eine *Allgemeine und spezielle Naturgeschichte* in 44 Bänden schrieb, sich nimmer mit der Gebirgswelt befreunden; er fand sie «gräßlich und zum Sterben». Selbst *Voltaire* sah in den Alpen stets nichts anderes als «einen ewigen Wall, ein Bollwerk, das die Völker trennt». Wegbereitern der neuen Betrachtungsweise, wie Haller und Rousseau, folgten aber Männer, die schließlich durch die Ersteigung bisher nicht betretener Gipfel sowie nüchterne Berichterstattung über solche praktische Forschungsarbeit im Gebirge ganz selbstverständlich für endgültige «Aufklärung» aller Bevölkerungsschichten sorgten. Doch das gehört schon zum Kapitel der alpinistischen Eroberungen.

Das Gebirge in der Malerei

Die Beliebtheit von Gebirgsdarstellungen als zimmerschmückende Wandbilder ist unbestritten. Ihr entspricht eine große Verbreitung von Gemälden und künstlerischen Graphiken mit Motiven aus der Bergwelt. Berge stehen im Mittelpunkt der Werke vieler Kunst- und Freizeit-Maler – zumindest bilden sie den Hintergrund einer Landschaftsmalerei oder setzen entscheidende Akzente. Auch in den Galerien und Museen werden eindrucksvolle Gebirgsbilder in großer Zahl und in allen Formaten gezeigt; nicht wenige davon gehören zu den bekanntesten Meisterwerken der Malerei.

Konrad Witz (etwa 1400–1445): Der wunderbare Fischzug, 1444, Holz, 132 × 154 cm. Genf, Musée d'Art et d'Histoire.

«Bergbilder» sind ohne Zweifel eine sehr dauerhafte «Mode», eng verbunden mit der sich wandelnden Einstellung des Menschen zur Natur. Aus der Sicht des Kunsthistorikers läßt sich sagen, daß die Darstellung der Bergwelt durch die Künstler erst zu einer bestimmten Zeit, nämlich an der Schwelle zwischen Mittelalter und Neuzeit eingesetzt hat. Einen entscheidenden Schritt in Richtung der neuen Sehweise bedeutete die dichterische Beschreibung des Gipfelerlebnisses, das der italienische Dichter Francesco Petrarca im Jahr 1336 bei einer Besteigung des Mont Ventoux bei Avignon empfand. Die enthusiastische Schilderung des Ausblicks von diesem Berg beeinflußte erstmals auch Stadtbewohner der Alten Welt dahingehend, daß zum Beispiel den Alpen nicht nur etwas Schreckliches anhaftete, sondern daß die Berge auch die Herzen erheben können über die Mühsal des Alltags. Die entscheidenden Worte in Petrarcas Bericht klingen geradezu «modern»:

«Den höchsten Berg dieser Gegend, den man nicht unverdientermaßen Ventosus, den Windumtosten, nennt, habe ich heute bestiegen. Dabei trieb mich einzig die Begierde, die ungewöhnliche Höhe dieses Flecks Erde durch Augenschein kennenzulernen. Viele Jahre hatte mir dieses Unternehmen im Sinn gelegen... Zuerst stand ich, durch einen ungewohnten Hauch der Luft und den ganz freien Rundblick bewegt, einem Betäubten gleich. Ich schaute zurück nach unten:

Wolken lagerten zu meinen Füßen, und schon sind mir Athos und Olymp minder unglaublich geworden, da ich das, was ich über sie gelesen und gehört, schon auf einem Berg von geringerem Ruf zu sehen bekomme. Ich richte nun meine Augen nach der Seite, wo Italien liegt, nach dort, wohin mein Geist sich so sehr gezogen fühlt: Die Alpen selber – eisstarrend und schneebedeckt – erschienen mir greifbar nahe, obwohl sie (vom Mont Ventoux) durch einen weiten Zwischenraum getrennt sind.»

Seitdem erscheinen uns gewissermaßen die Weichen gestellt für eine Betrachtungsweise der Natur, die zur Einbeziehung der Bergwelt in die Werke der Malerei führte. Bis etwa 1350 gab es in Bildern fast nur Andeutungen von Gebirgslandschaft, wenn es das Thema eben erforderte. Das spätere Mittelalter beschränkte sich auf die vereinfachte Darstellung des Erdbodens in Form von einzelnen Schollen oder Platten, die an den Seiten vertikale Einschnitte aufweisen.

Freilich erschienen auch schon in den Wandmalereien der griechisch-römischen Epoche dekorative Bergbilder; doch sie waren stark stilisiert. Ähnliches gilt für die byzantinische Malerei der folgenden Zeit, wenn da auch bereits Gebirge vorkommen, in denen abgeplattete Felsen die Berge bekrönen und so teilweise recht natürlich aussehen. Allen diesen Bildern fehlte jedoch die räumliche Gliederung in der Tiefe. Wie auf Bauplänen war zumeist das Detail veranschaulicht; nur allmählich gewannen auf neuen Gemälden die Gebirgsformen an körperlich-plastischer Ausbildung.

Bahnbrechend für die «Berglandschaft» als Hintergrund eines Bildes waren die italienischen Maler des 14. und 15. Jahrhunderts. In der Gegend der deutschsprachigen Länder tritt in der Zeit um 1400 der übliche Gemälde-Goldgrund immer mehr zurück. Bescheiden entwickeln sich die ersten Hintergrundslandschaften, die zum Beispiel in den Altarbildern von Lukas Moser (um 1430) und von Konrad Witz in Basel (1444) ihre hervorragendste Gestaltung erfuhren. Konrad Witz soll dabei schon die Landschaft am Genfer See zum Vorbild genommen haben.

Führend in der minutiösen Wiedergabe von Landschaftsausblicken waren damals die bekannten Flamen und Niederländer – Dirk Bouts, die Brüder van Eyck und Rogier van der Weyden. Im 16. Jahrhundert entwickelte sich dann die Landschaftsmalerei zur vollen Blüte, ausgehend von Joachim Patinier (um 1480 bis 1524) über den Alpenwanderer Pieter Breughel bis hin zu Joos de Momper und anderen. Nach 1600 ist die Gebirgslandschaft bezeichnenderweise wesentlicher Bestandteil der in den gebirgslosen Niederlanden geschaffenen Bilder.

Albrecht Dürer (1471–1528): Blick auf das Arcotal, 1495, Aquarell, 22,3 × 22,2 cm. Paris, Louvre, Cabinet des Dessins.

Doch auch in Deutschland hatte besonders die Alpenwelt schon um 1500 Beachtung gefunden – so bei Künstlern wie Albrecht Dürer und bei den Malern der sogenannten Donauschule, zu der als bekanntester Albrecht Altdorfer zählt. Die eigentliche «Entdeckung» der alpinen Landschaft und des Gebirges allgemein blieb in der Kunst dem 18. Jahrhundert vorbehalten, dem gleichen Zeitraum also, in dem auch die ersten größeren Bergexpeditionen stattfanden und die ersten wissenschaftlichen Vermessungen und Untersuchungen der Gebirge durchgeführt wurden. Jetzt wurde das Bild des «gewaltigen Gebirges», dem der Mensch beobachtend gegenübertritt, zum Selbstzweck. Das wachsende Reisefieber – die Menschen begannen nun die Gebirge als Erholungsaufenthalt zu nutzen – tat ein übriges, und so finden wir in der zweiten Hälfte des 18. Jahrhunderts schon eine umfassende «Produktion» von Gebirgsbildern und -graphiken, die als Reiseerinnerungen gern mitgenommen wurden oder als Illustrationen in beschreibenden Büchern und Zeitungen ihren Platz fanden. Ebenfalls ins 18. Jahrhundert fallen die berühmtesten der prachtvollen japanischen Holzschnitte eines Hokusai (1760–1849) und Hiroshige (1797–1858), auf denen farbig die Berge des japanischen Inselreiches dargestellt sind.

Hiroshige (1797–1858): Die Baumbrücke von Goka-no-Sho, japanischer Farbholzschnitt aus der Folge «Sehenswürdigkeiten aus sechzig Provinzen», um 1834, 22 × 34 cm. Wien, Sammlung Exner, Österreichisches Museum für angewandte Kunst.

Linke Seite: Joseph Anton Koch (1768–1839): Das Reichenbachtal mit dem Wetterhorn, 1824, 94 × 82,5 cm. Winterthur, Stiftung Oskar Reinhart.

Johan Christian Claussen Dahl (1788–1857): Der Ausbruch des Vesuv im Dezember 1820, Öl auf Leinwand, 1826, 128 × 172 cm. Frankfurt am Main, Städelsches Kunstinstitut.

Hans Conrad Escher von der Linth (1767–1823): Bei Matt im Sernftal im Kanton Glarus, 13. Juli 1811, 13,0 × 25,3 cm. Zürich, Eidgenössische Technische Hochschule.

Die abendländische Gebirgsmalerei erlebte dann ihren Höhepunkt im 19. Jahrhundert. Die Stilrichtung des Klassizismus um 1800 kam der heroischen Komponente einer Gebirgsansicht ja sehr entgegen. Vor allem aber war es die romantische Gesinnung jener Zeit, wie sie uns in der bildenden Kunst und der Dichtung begegnet, die auch den Blick auf die «romantische» Bergwelt in höchstem Maß verstärkte. Erwähnt seien die Bilder von Johann Christian Reinhart (1761–1847) und Joseph Anton Koch (1768–1839).

Bis zu dieser Zeit war in Europa die Schweizer Alpenlandschaft bestimmendes Vorbild für die Künstler gewesen. Nun aber wandte sich das Interesse der Maler allen auffälligen Gebirgsmassiven zu. Und nicht nur die Alpen wurden von Ost bis West nach eindruckvollen Motiven abgegrast, sondern die charakteristischen Gebirge aller Länder der Erde. Bald waren in der Malerei auch die skandinavischen, englischen, italienischen, spanischen und griechischen Gebirgszüge durch reisende Künstler aus ihrem «Schlummerdasein» erlöst. Dazu kamen die immer zahlreicheren Expeditionen in andere Erdteile; die Kunst entdeckte nun auch die Bergwelt Süd- und Nordamerikas.

Bereits 1817 hatten Österreicher eine Expedition nach Brasilien unternommen, an der auch der Maler und Zeichner Thomas Ender (1793–1875) teilnahm. Ender fertigte dabei etwa 800 Zeichnungen und Aquarelle von der exotischen südamerikanischen Landschaft an – darunter in vielen Versionen Ansichten des Montiqueira-Gebirges.

Nordamerikas Gebirgszüge wurden vor allem zu einer Fundgrube für die amerikanischen Künstler, die ihr Handwerk der Landschaftsmalerei in Europa gelernt hatten, vornehmlich an der Düsseldorfer Malerschule. Um 1850 wurden sie ihren europäischen Kollegen durchaus ebenbürtig, ja überboten sie, was das Gefühl für dramatische Kontraste und effektvolle Aufteilung der Gebirgsmassen betrifft, mit ihren Bildern bei weitem.

Die Abhängigkeit der Amerikaner von der deutschen romantischen Malerei ist eindeutig zu beobachten. Deren bedeutendster Interpret war Caspar David Friedrich (1774–1840), dessen Epigone Carl Friedrich Lessing (1808–1880) einer der hervorragendsten Lehrer an der Düsseldorfer Akademie wurde. C.D. Friedrich bevorzugte mehr die einsamkeitsträchtige Stimmungslandschaft des heimatlichen Mittelgebirges (Riesengebirge, Erzgebirge). Ein wei-

William Turner (1775–1851): Der Rigi (rosa) mit Vollmond, um 1841, Aquarell, 27,6 × 34,5 cm. London, British Museum.

Ganz oben: Thomas Ender (1793–1875): Die Serra de Marahaõ im Norden des Cabo Goyaz, 1817/18, Wasserfarben, 21,9 × 32,4 cm. Wien, Kupferstichkabinett an der Akademie der bildenden Künste.

terer romantischer Landschaftsmaler war Carl Rottmann (1797–1850), gebürtiger Heidelberger, Darsteller der klassisch griechisch-italienischen Landschaft mit den im Sonnenlicht klar und weit überschaubaren Bergformationen. Beide Künstler sind ohne unmittelbare Nachfolger geblieben. Allein das romantische Empfinden existierte dann in allen Variationen weiter bis zum Anfang des 20. Jahrhunderts. Es schlug sich in der als «Spätromantik» zu bezeichnenden Landschaftsauffassung zahlreicher Maler nieder, die in ihren Bildern Einsamkeit und Schrecklichkeit, aber auch das «Idyllische» der Gebirge zum Ausdruck brachten. Stellvertretend für diese Richtung seien noch folgende Namen in Erinnerung gerufen: Moritz von Schwind, Carl Spitzweg, Eduard Schleich d.Ä., Adrian Ludwig Richter, Arnold Böcklin und Franz von Lenbach.

Manche Maler intensivierten in ihren Werken die Gebirgsnatur durch inszenierte Tages- und Nachtbeleuchtungen (Dämmerung und Mondschein) oder durch atmosphärische Erscheinungen wie heftigen Sturm und unheimlich drohende Wolken- und Gewitterbildungen, die den Eindruck einer rauhen Gebirgswelt verstärkten. Künstler wie die Schweizer Alexandre Calame (1810–1864) und François Diday (1802–1877), die Deutschen Fritz Bamberger (1814–1873), Karl Millner (1825–1895) und Johann Wilhelm Schirmer (1807–1883) verstanden es recht gut, auf dieser «Welle der spätromantischen Stimmungslandschaften» zu schwimmen. Oft entstanden geradezu theaterhafte Kulissenkompositionen, die dem Zeitgeschmack – «wild und romantisch» – besonders entsprachen. Ein Hauch der mächtigen, eindrucksvollen Natur sollte damit in die Wohnstuben gebracht werden. Und den möchte man anscheinend bis heute noch gern spüren: Praktisch finden sich in jedem zweiten Heim «malerische» Gebirgslandschaften an den Wänden, vor allem über der Couch oder dem Sideboardschrank, oft Ölbilder aus fließbandartiger Serienfertigung, aber auch originalgetreue gedruckte Wiedergaben von bekannten Gemälden.

Bekannt über eine Zeit der «Mode» hinaus wurden selbstverständlich diejenigen Künstler, die sich von billiger Effekthascherei fernhielten und bedeutende Darstellungen der Bergwelt schufen. Um die Wende vom 18. zum 19. Jahrhundert war es ein englischer Maler, William Turner (1775–1851), der 1802 auf seiner Schweizreise Bilder der Alpen malte, in denen er sich bei aller topographischen Genauigkeit mehr und mehr auf die atmosphärische Gesamtwirkung konzentrierte, die dann rund 40 Jahre später, als Turner wieder in der Schweiz weilte (1840–1846), das allein bestimmende Element seiner Gebirgsstudien wurde. Nun hielt er die Landschaft in den unterschiedlichsten Beleuchtungsstufen fest und löste die massiven Formationen nahezu im Farbenlicht auf, ohne dabei aber auf irgendwelche optisch effektvollen Dramatisierungen zu spekulieren. Er hat zum Beispiel auch die wohl schönste künstlerische Darstellung eines Vesuvausbruchs gemalt.

Zum Beginn des 20. Jahrhunderts erst fand Turner ebenbürtige, wenn auch ganz anders motivierte Nachfolger als Schilderer der Alpenwelt in der Malerei: Ferdinand Hodler (1853–1918), der die Alpenwelt in ihrer ganzen Vielfalt malte, zu verschiedensten Jahres- und Tageszeiten, und Oskar Kokoschka. Letzterer, 1886 geboren, versuchte in seinen Bildern stets, eine möglichst umfassende Ansicht der Gebirgslandschaft zu gewinnen. Dazu wählte er das weiteste Panorama und möglichst die Turmperspektive. Die spontan gemalten, starkfarbigen Flächen seiner Gemälde läßt er sich mosaikartig zersetzen; dem Gesamteindruck nach folgt er damit dem Impressionismus eines Lovis Corinth oder Max Slevogt, doch wird die Grenze zum Expressionismus erreicht. Zu Recht wird bei seinen Werken auch von «dramatischem Impressionismus» gesprochen.

Von ganz anderen Voraussetzungen geht Ernst Ludwig Kirchner (1880–1938) in seinen «Davoser Landschaften» aus. Hier waltet kein perspektivisches

Raumbewußtsein, sondern der Raumausschnitt wird vom Künstler in klarer Flächenschichtung farbig «organisiert». Kirchners Bilder haben deshalb viel von dem monumentalen und epigraphischen Charakter eines Bildteppichs. Der Künstler hat seine Werke auch nie in freier Natur, sondern stets im Atelier komponiert. Für Kirchner war die Davoser Gebirgslandschaft nur Mittel zum Zweck: «Meine Arbeit bedeutet Neuschaffung eines inneren Bildes mit abstrakten Formen, eine Concentration, das im Erleben innerlich Gesehene zu schaffen» – so schrieb er am 18. November 1928 in sein berühmtes Davoser Tagebuch.

So besitzt jede Epoche ihre charakteristischen Gestaltungsformen für die Interpretation des Sichtbaren: manche Künstler gingen auf die Wiedergabe des realistischen Erscheinungsbildes der Gebirgsformationen aus, andere benutzten den Vorwurf «Berge» vornehmlich zur Erzeugung von Stimmungen und Gefühlen beim Betrachter.

Oben: Ferdinand Hodler (1853–1918): Thuner See mit Stockhornkette, Leinwand, 65,5 × 88 cm. Wuppertal, Von der Heydt-Museum.

Ernst Ludwig Kirchner (1880–1938): Davos im Schnee, 1921, Leinwand, 121 × 150 cm. Basel, Kunstmuseum.

Die entscheidende Voraussetzung für die so zahlreichen bildlichen Darstellungsformen der Gebirgswelt in den Werken der Malerei, vom 14. Jahrhundert bis heute, scheint uns die Niederschrift Petrarcas über seine Eindrücke bei der beschriebenen Besteigung des Berges Mont Ventoux zu sein. Petrarca beschied sich zwar seinem Bericht noch damit, auf dem Gipfel «in sich zu gehen und Irdisches nicht mehr so zu bewundern» wie zuerst beim Aufstieg. Doch das reale Bergerlebnis hat ihn nicht losgelassen, so daß es im gleichen Bericht auch heißt: «Wie oft, glaubst Du, habe ich an diesem denkwürdigen Tag auf dem Rückweg umblickend den Gipfel des Berges betrachtet...» Damit war den Zeitgenossen der Blick für die bisher unbeachteten Schönheiten der Gebirge geschärft – nicht zuletzt auch den Malern, die mit Bergbildern bald einen «neuen Bedarf» zu befriedigen hatten.

Gebirge in der Geschichte

Geschichtliche Überlieferung besteht zum größten Teil in der Schilderung von Macht- und Freiheitskämpfen. Die frühen Zeugnisse über bedeutende Durchquerungen der Gebirge stammen fast ausschließlich von Feldherren oder beschreiben neben den Naturgewalten auch Kampfhandlungen, zu denen es vor allem während der römischen Machtentfaltung im Alpenraum immer wieder kam. Natürlich ist ein Gebirge stets auch strategisch gesehen ein Hindernis, eine Schranke, die schon vielen Völkern Schutz vor ungebetenen Eindringlingen bot. Denn auch große Heerführer scheuten sich, in den unübersichtlichen und unwegsamen Höhen den Kampf aufzunehmen.

Rechts: Hannibal auf dem Marsch gegen Rom. Auf dieser 15tägigen Alpenüberquerung 218 v.Chr. verlor Hannibal Tausende von Soldaten und die meisten seiner Kriegselefanten.

Schweizer Söldner ziehen über den Gotthard. Die Zeichnung stammt von dem Luzerner Chronisten Diebold Schilling aus dem Jahr 1513.

Spricht man in Mitteleuropa von kriegerischen Auseinandersetzungen in den Bergen, drängen sich einige wenige geschichtliche Ereignisse auf: zunächst der berühmte Heerzug der Karthager unter Hannibal, der im Jahre 218 v.Chr. rund 30000 Mann und einen gewaltigen Troß von Pferden und Elefanten aus Nordafrika über den Westalpenkamm nach Italien führte; dann die Zeit um 1800, als die französischen Revolutionstruppen in den Alpen kämpften. Napoleon Bonaparte war ein Meister der Organisation des Gebirgskrieges. 1799 zwang er die Armee des russischen Generals Fürst Suworow, der im zweiten Koalitionskrieg gegen Frankreich gerade die Truppen Napoleons aus Oberitalien vertrieben hatte, zum Rückzug über den schwierigen Panixerpaß in der östlichen Schweiz.

Die beiden 2000 Jahre auseinanderliegenden Unternehmungen forderten gewaltige Menschenverluste.

Außerdem weiß man vom tragischen Freiheitskampf Andreas Hofers, der sich 1809 auf dem Berg Isel in Tirol verschanzt hatte, und natürlich von der «Alpenfront» zwischen Österreich und Italien, an der 1915 bis 1918 unter unsäglichen Opfern und Strapazen gleichermaßen gegen den Feind wie gegen die Lawinengefahren gefochten wurde.

Aber es gibt keine «Bergkriegsgeschichte». Auch die Gefechte, die im Zweiten Weltkrieg in den Karstgebirgen des Balkans, im Kaukasus und in den Französischen Alpen sowie nach Kriegsende in den Gebirgen Nordgriechenlands stattfanden, waren nur kurze Zeit von Bedeutung.

Dennoch wurden zum Schutz gegen Überfälle gerade in den Alpen viele Burgen und Sperrfestungen errichtet, die heute als unter Denkmalschutz stehende Sehenswürdigkeiten oder Ruinen zahlreiche Besucher anziehen. Solche Bauten glichen die Unübersichtlichkeit des Geländes aus, waren durch ihre Lage auf einem Bergstock oft «uneinnehmbar».

Erste Hinweise auf kriegerische Handlungen eines Bergvolkes stammen aus dem Jahr 2225 v.Chr., in dem die Gutäer von Iran aus in Mesopotamien einfielen und in dessen Nordteil, im Taurusgebirge, eine rund hundert Jahre währende Gewaltherrschaft errichteten.

Konkrete Berichte existieren über den Einbruch keltischer und gallischer Streitmächte in die oberitalienische Po-Ebene, die in der ersten Hälfte des 4. Jahrhunderts v.Chr. von Westen und Norden durch die Alpen vordrangen, vermutlich über den Kleinen und Großen St. Bernhard, beziehungsweise über den Mont-Genèvre.

Um 401 v.Chr. erlebte Xenophon, der den Rückzug der 10000 griechischen Söldner des Persers Kyros des Jüngeren befehligte, die Härte des winterlichen Gebirges. Er schildert in seiner *Anabasis,* dem «Zug der Zehntausend» von Kunaxa nach Trapezunt, den opferreichen Marsch über das Taurusgebirge, den Beilanpaß, den Djebel Djudi.

Endlich Alexander der Große, der als Heerführer auch vor den Barrieren der Gebirge nicht haltmachte: um 336 v.Chr. umging er, beim ersten Einfall in Thessalien, die besetzten Bergpässe des Olymp über die durch Wegbauten für diesen Zweck gangbar gemachten Steilhänge und Flanken des Ossa; ein Jahr später (335 v.Chr.) überschritt er mit seinen Männern an zwei verschiedenen Stellen die Berge des Balkan. Von 334 bis 324 zogen Alexanders Heere nach Osten, von Kampf zu Kampf, von Sieg zu Sieg. Sie marschierten im Winter durch das Hochgebirge Irans, überquerten das Elbursgebirge und schließlich den Hindukusch, den 3550 m hohen Chawakpaß benützend. Im Himalaya schließlich beendete Alexander diesen Triumphzug. Zu Recht meint der Alpinhistoriker Wilhelm Lehner, daß «weder vor noch nach Alexander ein einziger Mensch so viel zur Erschließung der Hochgebirge beigetragen hat wie er». Nie vorher auch hatten sich Soldaten so oft in den Gebirgen Europas und Asiens geschlagen. Alexanders Krieger benutzten bereits alpinistische Technik, wenn es galt, die Felswände eines Berges oder Festungssockels zu erstürmen. Sie kletterten mit Felshaken und Seilen.

Rund hundert Jahre danach begann mit der Eroberung der Keltenstadt Como 223 v.Chr. das Vordringen der Römer in die Alpen. Dann kam Hannibals sagenhafter Zug über Pyrenäen und Alpen, und als Hannibal später in Süditalien von den Römern hart bedrängt wurde, folgte ihm sein Bruder Hasdrubal mit einem Hilfskorps auf ähnlicher Route. Hasdrubal fiel in der entscheidenden Schlacht am Metaurus (207 v.Chr.), Hannibal kämpfte noch in Italien bis zur Niederlage bei Zama (202 v.Chr.).

Wenige Jahrzehnte nach dem Sieg über Karthago holten die Römer zum entscheidenden Schlag gegen die Alpenvölker aus. Von 154 bis 110 v.Chr. unterjochten sie die Bewohner der Seealpen, dann die Ligurier, Gallier und Kelten in den übrigen Westalpen. In der gleichen Zeit, 118 v.Chr., tauchten die Römer in den Ostalpen auf und besetzten Etschtal und Val Sugana (Trient).

Doch auch von der anderen Seite aus wurden die Alpen von Kriegern heimgesucht. 113 v.Chr. zum Beispiel überschritten die aus Schleswig kommenden Cimbern den Loiblpaß.

Sogar die Nomaden im Atlasgebirge blieben nicht von den Römern verschont; der Hauptkamm des Atlas wurde von römischen Truppen zwischen 107 und 41 v.Chr. wiederholt bezwungen!

Die Alpenvölker nahmen die römische Herrschaft nicht widerstandslos hin, sondern führten 102 v.Chr. einen Durchbruchsversuch aus: Cimbern, germanische Teutonen, vereint mit helvetischen Stämmen, gelangten über den Brenner und vermutlich über den Reschenpaß nach Italien. Auf den Pässen hatte es offenbar noch Schneefelder gegeben, denn es wird berichtet, daß die Cimbern auf ihren Wehrschildern sitzend die Hänge hinabgerodelt seien. Aber der Gegenschlag scheiterte. Die Cimbern wurden bei der Salurner Klause aufgerieben, die Teutonen bei Aix (Aquae Sextiae) in der Provence vernichtet.

Um 15 v.Chr. war der größte Teil der Alpen fest in römischer Hand. Die römische Provinz Rätien hatte riesige Ausmaße; ihr ungefährer Grenzverlauf: Como – Bodensee – Donauquelle – Salzburger Tauern – Helvetien. Verwaltungssitz war Augusta Vindelicorum (Augsburg).

Wenn man die Nachfahren der damals unterjochten Alpenvölker kennt, ihr Temperament und ihren Mut, dann bedarf es keiner großen Phantasie, die Härte der Kämpfe abschätzen zu können, die sie und die Römer zu bestehen hatten.

Noch bis zum Ausgang des Mittelalters waren die Alpen Schauplatz von Kriegen, an denen sich die wichtigsten Völker und Stämme Mitteleuropas abwechselnd beteiligten: Alemannen, Awaren, Bajuwaren, Franken, Germanen, Goten, Langobarden, Sachsen, Slawen, Ungarn; dazu immer wieder die Römer.

Man denke aber auch an die Kriegszüge von Dschingis Khans «Goldener Horde», die 1218 bis 1327 durch den Tian-schan, den Hindukusch, das Elbursgebirge und den Kaukasus, ja bis zu den Karpaten führten. Oder an die Niederwerfung der zahlreichen Aufstände in den 400 Jahren der großrussischen Expansion – in Ural, Kaukasus und Pamir. Auch die Sowjetmacht hatte noch gegen aufständische Bergvölker zu kämpfen, laut offiziöser Geschichtsschreibung «nur bis 1928». Aber kirgisische Nomaden im Alaital (Pamir) erzählten mir 1969, daß es noch bis 1955 aufständische Gruppen in den Pamirbergen gegeben hätte.

Ein ausführliches Kapitel wert wären noch andere große Eroberungszüge, die vor den Gebirgen nicht haltmachten – Timurs Raubzug 1398/99 zum Beispiel, der auch über den Pandschab-Himalaya führte; die Unterdrückung der Bergstämme des Westhimalaya in Kashmir durch den Großmogul (1586); in Südamerika die Vernichtung des Inkareiches zwischen 1526 und 1533 durch den Spanier Francisco Pizarro. Ganz zu schweigen von der Geschichte der Inkas selbst, deren Eroberungen in Chile, Peru und Ecuador, etwa 1250 bis 1527 n.Chr., sich vorwiegend im Bergraum der Anden abgespielt haben.

Aus geschichtlicher Zeit seien noch von Europa erwähnt: der berühmte Schwabenkrieg, der 1499 in den Bergen Graubündens tobte, und der Unabhängigkeitskampf der Griechen gegen die Türken (1821). – «Unabhängigkeitskampf»: ‹Andreas Hofers› hat es zu jeder Zeit gegeben. Auch erfolgreiche, wie Bernhard Riedmüller, der in den Vorarlberger Bergen 1809 den Franzosen trotzte.

Die österreichische kaiserliche Armee beim Überqueren der Tiroler und der Norischen Alpen 1701. Um schwere Waffen wie etwa das Kanonenrohr über Geländehindernisse zu bringen, mußten Flaschenzüge und Umlenkrollen eingesetzt werden.

Freiheitskämpfer, Partisanen, Partikularisten, Patrioten, Terroristen, «Aufständische» (ob Idealisten oder Kriminelle), ja auch Schmuggler und Wilderer sind im Gebirge «zu Hause»; sie brauchen es als Versteck bei ihren Aktivitäten. Stammesnamen von Gebirgsbewohnern werden hin und wieder zum Symbol des Widerstandes (Kurden, Basken) oder prägen sich als gefürchtet ein, wie es bei den kriegerischen Berbern Marokkos einmal der Fall war, den Rifkabylen. Auch die Indianer Nordamerikas zählen hierzu; bei der Verteidigung ihres Landes gegen die weißen Kolonisatoren nutzten auch sie oft den Vorteil, daß ein Hinterhalt im Gebirge sie den Eindringlingen überlegen oder zumindest ebenbürtig machen konnte.

Die Eigenart des Gebirges verlangt auch von Militärs eine besondere Ausbildung. Nur durch den Einsatz von besonders ausgebildeten Truppen ist es möglich, in einem Gebirgskampf die Verluste niedrig zu halten. Italien erkannte das schon vor rund hundert Jahren. «Gebirgsjäger» haben heute zahlreiche Staaten, zum Beispiel Österreich, die Bundesrepublik Deutschland und die USA.

Dschingis Khan nach einem Holzschnitt aus der Mandschu-Zeit. Der Mongolenherrscher führte 1219 in einem Feldzug gegen den Schah Mohammed II. ein riesiges Reiterheer über die Pässe des Tian-schan und das Hochland von Pamir und stieß später über den Hindukusch bis an den Indus vor.

Rechts: Die meisten Bergsteiger unserer Zeit wissen nicht mehr, mit welchem Rüstzeug die Pioniere der Alpen auf Berge stiegen. Der Holzstich (um 1878) illustriert eine Besteigung des Matterhorns, das bis dahin von höchstens vierzig Seilschaften erreicht worden war (seit 1865). Hanfseile mit geringer Reißfestigkeit, schwere Eispickel und Nagelschuhe. Über Sicherheitstechnik war so gut wie nichts bekannt.

Erstbesteigungen – die alpinistische Eroberung der Berge

Die Geschichte des nun anbrechenden Alpinismus zu schreiben war bis zur letzten Jahrhundertwende noch relativ einfach. Die meisten und auch bedeutendsten Unternehmungen, die bisher lebensfeindlichen Höhen zu erforschen, hatten in den Alpen stattgefunden. Die Hochgipfel der «Weltberge» – in Alaska, in den Anden, im Kaukasus, im Hindukusch, Pamir, Tian-schan, Karakorum und Himalaya – waren von Menschen noch unberührt, wenn man von einigen wenigen Ausnahmen absieht.

Es erscheint mir wichtig, erst einmal das Begriffspaar *Alpinismus* und *Alpinistik* klarzustellen. Seine Bedeutung umfaßt die bergsteigerischen Unternehmungen in den Alpen *und anderen Hochgebirgen,* auch Erschließung genannt, durchgeführt aus sportlichem, wissenschaftlichem oder auch künstlerischem Interesse. Alpinismus beschränkt sich also nicht auf die Alpen, sondern umfaßt alle Hochgebirge der Erde. Für die Erschließung anderer Gebirge verwendete Begriffe wie «Pyrenäismus», «Andinismus» und «Himalayismus», die in der Fachliteratur gelegentlich auftauchten, setzten sich nicht durch. Dagegen ist man sich einig darüber, daß die körperliche Tätigkeit des Bergsteigens nur ein Teil des Alpinismus ist, auch wenn dieser ohne körperliche Ausführung gar nicht denkbar wäre. Das sommerliche und winterliche Bergsteigen und der alpine Skilauf (Skihochtouren) werden in engerem Sinn als Alpinistik bezeichnet. Der Alpinismus umfaßt neben dieser Alpinistik noch die wissenschaftliche, literarische und künsterlische Beschäftigung mit den Bergen. Zweifellos haben Wissenschaft und Kunst dem Alpinismus viele Anregungen zu verdanken. Bekanntlich sind auch Erschließung und Erforschung außereuropäischer Hochgebirge vielfach von Bergsteigern durchgeführt worden, ihre Dienste und Leistungen wußte man in der Wissenschaft bald zu schätzen.

Auch die Wirtschaft der Gebirgsländer, besonders der Alpenländer, ist zu einem ganz beträchtlichen Teil durch den Alpinismus beeinflußt, meistens gefördert worden. Das gilt vor allem für den Fremdenverkehr im Sommer und seit rund fünfzig Jahren auch im Winter, der ja im Wirtschaftsleben vieler Gebirgsländer zu einem entscheidenden Faktor wurde; wir werden später noch darauf zu sprechen kommen.

Die Gebirgskartographie, in der auch heute noch Bergsteiger aktiv tätig sind, wäre ohne Alpinismus bestimmt nicht auf dem gegenwärtigen Stand von Technik und Wissen. Schließlich sind als Folge des Alpinismus riesige Industrien zur Erzeugung von Ausrüstungsgegenständen, mit denen wir uns noch näher beschäftigen werden, entstanden; zuerst in den Alpenländern, später in aller Welt.

Bis zum Ersten Weltkrieg wurden die Grundlagen des Alpinismus sehr oft auch mit gefühlsmäßigen Regungen in Zusammenhang gebracht. Beispiel: Alpinismus sei der «Inbegriff aller Beziehungen zwischen Mensch und Berg, die der Liebe zu den Bergen, dem Willen, die Berge zu besteigen und der Beschäftigung mit ihren Erscheinungen dienen». Schaut man mit etwas kritischem Blick in alpinistische Schriften, die um die letzte Jahrhundertwende erschienen sind, erhält man manchmal geradezu den Eindruck von Sektiererei.

So wurde in der Fachliteratur des Alpinismus bis etwa in die fünfziger Jahre unseres Jahrhunderts konsequent vermieden, Alpinismus mit Sport in Zusammenhang zu bringen, obschon im Alpinismus unverkennbar auch sportliche Akzente vorhanden sind und insgesamt dreimal olympische Goldmedaillen für alpinistische Leistungen vergeben wurden: 1924 bei den ersten Winterspielen in Chamonix an den Engländer Charles Granville Bruce, der sich um die Erforschung des Mount Everest verdient gemacht hatte; 1932 in Los Angeles an die Deutschen Toni und Franz Schmid für die Erstdurchsteigung der Matterhorn-Nordwand (1931); 1936 in Berlin an die Schweizer Hettie und Günter Oskar Dyhrenfurth für die bergsteigerische Leistung und die wissenschaftlichen Ergebnisse der von ihnen geleiteten Internationalen Himalaya-Expeditionen 1930 und 1934. Dem deutschen Himalaya-Mann Paul Bauer wurde 1932 in Los Angeles die Literatur-Goldmedaille für sein Buch *Im Kampf um den Himalaya* verliehen.

Der Geist des sportlichen Wettbewerbs spielte bei alpinistischen Unternehmungen immer schon eine Rolle, auch ohne Wettkampfregeln oder Zeitmessung. Tatsächlich aber werden auf der Halbinsel Krim von sowjetischen Alpinisten seit Jahren auch Kletter-Wettkämpfe ausgetragen. Und der sogenannte *Mezzalama* ist ein bereits klassisches skialpinistisches Hochgebirgsrennen, das in den dreißiger Jahren unseres Jahrhunderts gegründet wurde und in den siebziger Jahren seine Wiedergeburt erlebte; es wird auf den Walliser Hauptgipfeln zwischen Theodulpaß und Lyskamm (Schweiz) ausgetragen.

Doch zurück zur alpinistischen Eroberungsgeschichte.

Zu einer Zeit, da die Erde bereits umsegelt wurde, galten die Alpen größtenteils noch als *terra incognita*. Trotz zahlreicher Pilgerfahrten nach Rom sowie regen Handelsverkehrs beschränkten sich die weniger phantasiereichen Reiseberichte auf Bemerkungen wie «...daselbst sind sehr hohe Berg', darauf viel Schnee, so vor Christi Geburt soll gefallen sein, der ist härter denn kein Felss...».

Als «Vater des modernen Alpinismus» gilt der lyrische Dichter *Francesco Petrarca* (1304–1374), ein Schüler Dantes, der Ende April 1336 als Zweiunddreißigjähriger mit seinem jüngeren Bruder Gerardo den Mont Ventoux (1912 m), einen typischen Voralpenberg der Provence, erstieg, und zwar «einzig von dem Wunsche beseelt, die bemerkenswerte Höhe kennenzulernen» (vgl. Seite 198).

Petrarcas Bericht über diese Besteigung ist insofern von Bedeutung, als er die Eigenart und besonderen Schönheiten des Gebirges ausführlich zum Ausdruck bringt. Nach langem, mühseligem Aufstieg rasteten die beiden am Gipfel und bewunderten die herrliche Aussicht. Im Licht der bereits tiefstehenden Sonne ragen die kühnen Gipfel der Westalpen in den klaren Abendhimmel. Weit unter ihnen – im Halbdunkel der Dämmerung – liegt die Hügellandschaft von Avignon und Umgebung, und weit im Süden das Mittelmeer. Eine Traumstunde. Dennoch – dem Geiste der Zeit entsprechend weist Petrarca alle irdischen Betrachtungen von sich und befaßt sich hier mit den *Confessiones (Bekenntnissen)* des heiligen Augustinus.

Natürlich ist der Mont Ventoux in unseren Augen ein ausgesprochener «Mugel», ein hügelartiger Berg mit einem Observatorium, heute von Avignon aus auf einer gut ausgebauten Straße bequem per Auto zu erreichen. Und es ist ganz sicher, daß lange vor 1336 bedeutend höhere Berge erstiegen wurden, nicht nur in den Alpen – von Bauern, Hirten, Jägern.

Unbekannte Bergsteigergruppe um die Mitte des letzten Jahrhunderts in den Westalpen. Alpenstangen und überlange «Eishauen» gehörten zur Ausrüstung. Der Führer (links) hat sich das ausgefranste Seil um das linke Handgelenk gebunden. Fast jeder Sturz war tödlich. Die Führer waren oft nur Wegweiser oder sie vermittelten ihren Touristen wenigstens moralisch Sicherheit.

Man denke nur an die Hochweiden des kirgisischen Pamirs, die bis in knapp 4000 m Höhe reichen; die Nomaden dürften schon vor rund zweitausend Jahren auf etlichen Viertausendern gestanden haben. Aber ihre Gefühle, Gedanken und Erlebnisse wurden nicht bekannt. Francesco Petrarca war der erste «Bergsteiger», der sie niederschrieb, der Nachwelt hinterließ.

Als echte alpinistische Leistung jedoch gilt die 1492, dem Jahr der Entdeckung Amerikas, geglückte Erstbesteigung des Mont Aiguille (2097 m) im Vercorsgebiet, südlich von Grenoble in den Dauphiné-Alpen, durch den Söldnerführer Antoine de Ville. Im Auftrag König Karls VIII. von Frankreich war er mit sieben Begleitern dem abweisenden Felskoloß aus Kalk, der ringsum in Steilwänden turmartig abfällt, an den Leib gerückt. Mit Seilen, Stangen, Eisenstiften, Leitern. Der Bote des Königs, Ive Lévy, der ausgeschickt worden war, die Richtigkeit des Briefes zu bestätigen, den Antoine de Ville auf der Gipfelwiese des Mont Aiguille geschrieben und in dem er den Gipfelsieg gemeldet hatte, vermerkte nach seiner Rückkehr: «Allein der Anblick dieses Berges kann einen das Fürchten lehren!»

Antoine de Villes Leistung, bei der echte klettertechnische Schwierigkeiten bewältigt wurden, war

Fortsetzung auf Seite 212

5

14

25

Internationale Erstbesteigungen

Eine Auswahl bekannter Gipfel in aller Welt, zusammengestellt von Toni Hiebeler.
Die Ziffern in den Kartenausschnitten entsprechen den 70 Positionen der Tabelle und zeigen die geographische Lage der einzelnen Berge.

Nr.	Jahr	Berg	Höhe, m ü. M.	Gebiet/Land	Ersteiger
1	1522	*Popocatépetl*	5452	Hochland von Mexiko	Francisco Montano; 1502 sollen bereits zehn Indianer den Gipfel erreicht haben. Dann erst wieder 1827 erstiegen: F. und W. Glennie u. J. Taylor
2	1786	*Montblanc*	4807	Westalpen/Montblancmassiv, Frankreich – Italien	J. Balmat, M. Paccard
3	1799	*Großglockner*	3797	Hohe Tauern, Österreich	Brüder Klotz
4	1804	*Ortler*	3899	Südtiroler Alpen/Ortlergruppe, Italien	J. Pichler, J. Leitner, J. Klausner
5	1811	*Jungfrau*	4158	Berner Alpen, Schweiz	J. R. und H. Meyer, A. Volker, J. Bortis
6	1812	*Finsteraarhorn*	4274	Berner Alpen, Schweiz	A. Abbühl, A. Volker, J. Bortis
7	1813	*Breithorn*	4165	Walliser Alpen, Italien – Schweiz	H. Maynard, J. M. Couttet, J. Gras, J. B. und J. J. Erin
8	1820	*Zugspitze*	2963	Wettersteingebirge, Deutschland – Österreich	K. Naus, G. Deuschl, Maier
9	1826	*Hochkönig*	2947	Salzburger Kalkalpen, Österreich	P. K. Thurwieser
10	1829	*Großer Ararat*	5165	Ostanatolisches Hochland, Türkei	J. v. Parrot
11	1835	*Piz Linard*	3411	Silvretta/Engadin, Schweiz	O. Heer, J. Madutz
12	1841	*Großvenediger*	3674	Hohe Tauern, Österreich	Ruthner, Kürsinger und weitere
13	1842	*Lauteraarhorn*	4042	Berner Alpen, Schweiz	E. Desor, A. Escher von der Linth, Ch. Gerard und fünf Führer
14	1850	*Piz Bernina*	4049	Berninagruppe, Schweiz – Italien	J. Coaz, J. und L. R. Tscharner
15	1851	*Pico de Orizaba =Citlaltépetl*	5700	Hochland von Mexiko	A. Doignon; 1846 sollen bereits zwei amerikanische Offiziere den Gipfel erreicht haben
16	1855	*Monte Rosa, Dufourspitze*	4634	Walliser Alpen, Schweiz	Ch. und F. G. Smyth, Ch. Hudson und weitere
17	1858	*Dom*	4545	Walliser Alpen, Schweiz	J. L. Davies, H. Brantschen, J. zum Taugwald
18	1858	*Eiger*	3970	Berner Alpen, Schweiz	Ch. Barrington, Ch. Almer, P. Bohren
19	1860	*Gran Paradiso*	4061	Grajische Alpen, Italien	J. J. Cowell, W. Dundas, M. Payot, J. Tairraz
20	1861	*Lyßkamm*	4556	Walliser Alpen, Italien – Schweiz	C. H. Pilkington, J. Hudson, Hardy und weitere
21	1861	*Weißhorn*	4505	Walliser Alpen, Schweiz	J. Tyndall, J. J. Bennen, U. Wenger
22	1864	*Barre-des-Écrins*	4103	Kalkalpen des Dauphiné, Frankreich	E. Whymper, A. W. Moore, H. Walker, Ch. Almer, M. Croz

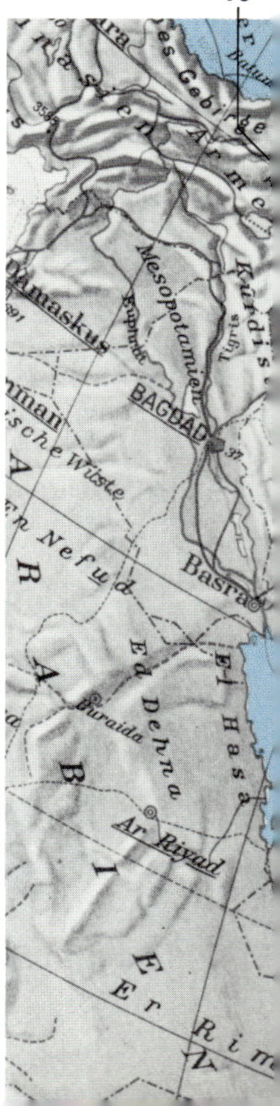

Nr.	Jahr	Berg	Höhe, m ü. M.	Gebiet/Land	Ersteiger
23	1864	*Marmolada*	3342	Dolomiten, Italien	P. Grohmann, A. und F. Dimai
24	1865	*Aiguille-Verte*	4122	Montblanc-Gebiet Frankreich	E. Whymper, Ch. Almer, F. Biener
25	1865	*Matterhorn*	4478	Walliser Alpen, Schweiz – Italien	E. Whymper, F. Douglas, Ch. Hudson, D. Hadow, M. Croz; P. Taugwalder Vater und Sohn
26	1868	*Grandes-Jorasses*	4206	Montblanc-Gebiet, Frankreich	H. Walker, M. Anderegg, J. Jaun, J. Grange
27	1868	*Kasbek*	5047	Kaukasus, Sowjetunion	D. Freshfield, A. W. Moore, C. C. Tucker
28	1874	*Elbrus*	5633	Kaukasus, Sowjetunion	F. Gardiner, F. C. Grove, A. W. Moore, H. Walker, P. Knubel
29	1877	*La Meije*	3987	Kalkalpen des Dauphiné, Frankreich	E. Boileau de Castelnau; P. Gaspard Vater und Sohn
30	1888	*Uschba (Nordgipfel)*	4694	Kaukasus, Sowjetunion	J. G. Cockin, U. Almer, C. Roth
31	1889	*Kibo*	5895	Kilimandscharo, Tansania	L. Purtscheller, H. Meyer
32	1889	*Chachani*	6087	Peruanische Anden	A. Hettner
33	1889	*Iztaccihuatl*	5286	Hochland von Mexiko	J. v. Salis
34	1897	*Aconcagua*	6958	Anden, Argentinien	M. Zurbriggen
35	1897	*Mount Saint Elias*	5488	Alaska, USA	Italienische Expedition unter Herzog L. A. di Savoia
36	1899	*Mount Kenya*	5199	Kenia (Ostafrika)	H. Mackinder, Hansburg und die Führer C. Ollier, G. Brocherel
37	1901	*Nevado de Chani* (nicht zu verwechseln mit *N. de Chachani*, *N. de Cachi* und *Chachani!*)	6060	Anden, Chile – Argentinien	Hofsten, Mercado, Fries
38	1906	*Ruwenzori*	5119	Zaire – Uganda	Italienische Expedition unter Herzog L. A. di Savoia
39	1907	*Trisul*	7120	Himalaya, Indien	T. G. Longstaff, Bruce, Mumm, M. Inderbinnen, A. und H. Brocherel
40	1911	*Nevado Juncal*	6110	Anden, Argentinien – Chile	R. Helbling, F. Reichert
41	1912	*Mount Blackburn*	5039	Alaska, USA	Miss Dora Keen
42	1913	*Mount McKinley*	6193	Alaska, USA	H. Stuck, W. Harper, H. Karstens, R. Tatum; bereits 1910, aber umstritten: F. A. Cook
43	1914	*Salcantay*	6270	Peruanische Anden	H. Bingham und weitere
44	1919	*Huayna Potosi*	6220	Bolivianische Anden	R. Dienst, A. Lohse
45	1925	*Mount Logan*	6050	Kanada	A. H. MacCarthy, H. F. Lambart, A. Carpé, N. H. Read, A. Taylor, W. W. Foster
46	1928	*Illampu*	6550	Bolivianische Anden	H. Pfann, A. Horeschowsky, E. Hein, H. Hörtnagl
47	1928	*Pik Lenin* (früher: *Pik Kaufmann*)	7134	Pamir, Sowjetunion	E. Allwein, K. Wien, E. Schneider
48	1930	*Jongsang Peak*	7473	Himalaya, Sikkim (Indien) – Nepal	H. Hoerlin, E. Schneider
49	1931	*Kamet*	7756	Himalaya, China	F. S. Smythe, R. L. Holdsworth, E. E. Shipton und vier Begleiter

58

57

68

42 41 35 45

59

Nr.	Jahr	Berg	Höhe, m ü. M.	Gebiet/Land	Ersteiger *(und Expeditionsleiter)*
50	1932	*Huascaran (Südgipfel)*	6768	Peruanische Anden	Bernard, Borchers, E. Hein, E. Hoerlin, E. Schneider
51	1933	*Pik Kommunisma* (damals *Garmo*, 1939 bis 1956 *Pik Stalin*, kurze Zeit *Pik der Sowjetunion*)	7495	Pamir, Sowjetunion	E. Abalakow
52	1934	*Mercedario*	6799	Anden, Argentinien – Chile	Polnische Expedition
53	1936	*Nanda Devi*	7816	Himalaya, Indien	N. E. Odell, H. W. Tilman
54	1937	*Nevado Ojos del Salado*	6880	Anden, Chile – Argentinien	J. Wojsnis; polnische Expedition
55	1938	*Pik Pobedy*	7439	Tian-schan, Sowjetunion	Sowjetische Expedition unter L. Gutman und A. Letawet
56	1950	*Tirich Mir*	7708	Hindukusch, Pakistan – Afghanistan	P. Kvernberg, A. Naess, T. Streather

Die 14 Achttausender der Erde in Himalaya und Karakorum
(Rangfolge der Gipfelhöhe in Klammern)

64

Nr.	Jahr	Berg	Höhe, m ü. M.	Gebiet/Land	Ersteiger *(und Expeditionsleiter)*
57	1950	*Annapurna I (10)*	8091	Nepal	M. Herzog, L. Lachenal – *Französische Expedition (M. Herzog)*
58	1953	*Mount Everest (1) = Chomolongma*	8848	Nepal – China	E. Hillary, Sherpa Tenzing Norgay – *Britische Expedition (J. Hunt)*
59	1953	*Nanga Parbat (9)*	8125	Kashmir (Pakistan)	H. Buhl – *Deutsch-Österreichische Expedition (K. M. Herrligkoffer)*
60	1954	*K 2 (2) = Chogori*	8611	Kashmir (Pakistan) – China	L. Lacedelli, A. Compagnone – *Italienische Expedition (A. Desio)*
61	1954	*Cho Oyu (8)*	8153	Nepal – China	H. Tichy, S. Jöchler, Sherpa Pasang Dawa Lama – *Österreichische Expedition (H. Tichy)*
62	1955	*Kangchendzönga (3)*	8598	Sikkim (Indien) – Nepal	G. Band, J. Brown – *Britische Expedition (Ch. Evans)*
63	1955	*Makalu (5)*	8481	Nepal – China	J. Couzy, L. Terray – *Französische Expedition (J. Franco)*
64	1956	*Lhotse (4)*	8511	Nepal – China	E. Reiß, F. Luchsinger – *Schweizer Expedition (A. Eggler)*
65	1956	*Gasherbrum II (14)*	8035	Kashmir (Pakistan)	F. Moravec, S. Larch, H. Willenpart *Österreichische Expedition (F. Moravec)*
66	1956	*Manaslu (7)*	8156	Nepal	T. Imanishi, K. Kato, M. Higeta, Sherpa Gyaltsen – *Japanische Expedition (Yuko Maki)*
67	1957	*Broad Peak (12) = Falchan Ri*	8047	Kashmir (Pakistan) – China	H. Buhl, K. Diemberger, M. Schmuck, F. Wintersteller – *Österreichische Expedition (M. Schmuck)*
68	1958	*Gasherbrum I (11) = Hidden Peak*	8068	Kashmir (Pakistan)	P. Schoening, A. Kauffmann – *US-amerikanische Expedition (N. Clinch)*
69	1960	*Dhaulagiri I (6)*	8167	Nepal	A. Schelbert, E. Forrer, K. Diemberger, P. Diener; Sherpa Nima Dorje und Nawang Dorje – *Schweizer Expedition (M. Eiselin)*
70	1964	*Shisha Pangma (13) = Gosainthan*	8046	China	Zehn Teilnehmer einer *chinesischen Expedition (Hsu Ching)*

60

1 33 15

50 32 43 46 44 37 54 52 34 40

38 31 36

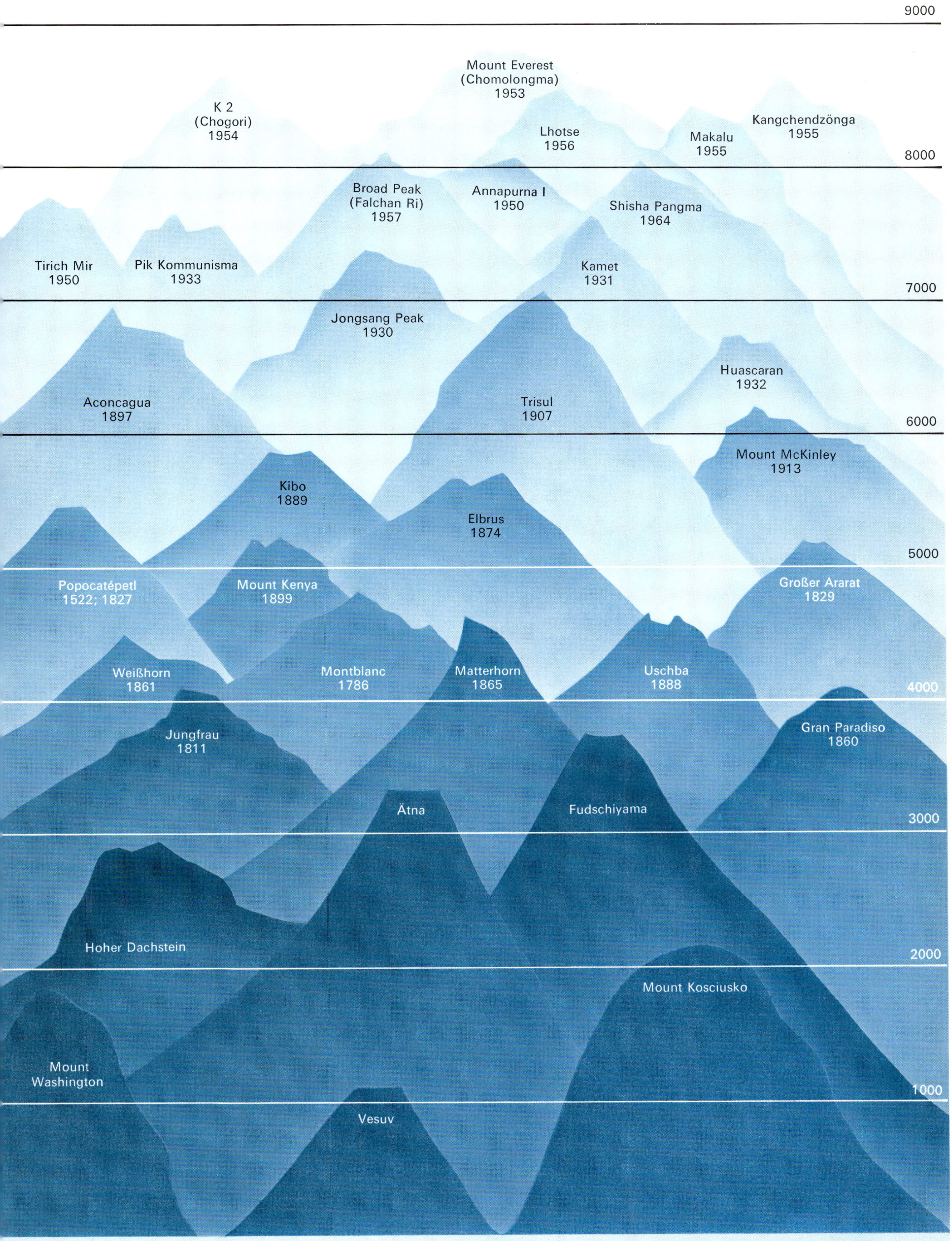

Die sechs Berg-Silhouetten unter der 4000-Meter-Linie dienen zum maßstäblichen Vergleich. In der Tabelle internationaler Erstbesteigungen sind diese Gipfel nicht enthalten.

Unten: Eine der drei Montblanc-Normalrouten führt von Chamonix über den Bossonsgletscher (Nordflanke), dessen Spalten im Hochsommer oft nur mit Hilfe von Holzleitern überschritten werden können. Über den Bossonsgletscher verläuft die meistbegangene Winterroute; die Spalten sind dann kaum mehr zu sehen.

eine Einzeltat für lange Zeit, aber gleichwohl bedeutete sie die Geburtsstunde des extremen Kletterns oder Schwierigkeitsalpinismus.

Die richtige Erschließung setzte in den Alpen und anderen Hochgebirgen erst gegen *Ende des 18. Jahrhunderts* ein. Zuvor wurden Berge und Pässe nur selten und vor allem nur aus beruflichen, militärischen oder religiösen Gründen bestiegen oder überschritten.

Eine «Sternstunde» schlug dem Alpinismus, als 1786 die Chamoniarden Jacques Balmat und Michel Paccard den 4807 m hohen Montblanc, das Dach Europas, erreichten (vgl. Seite 272). Vorher waren lediglich Besteigungen weit niedrigerer Alpenberge geglückt; Beispiele: 1730 Schesaplana (2967 m) durch Pfarrer Sererhard, 1778 Triglav (2863 m) in den Julischen Alpen durch L. Willonitzer. Weitere Stationen einer internationalen Erstbesteigungschronik zeigt in Auswahl die tabellarische Übersicht.

Der 6723 Meter hohe Llullaillaco in den argentinischen Anden war bereits in präkolumbischer Zeit eine Inka-Kultstätte, deren Frühgeschichte im Dunkeln liegt, so daß dieser «Höhenweltrekord» durchaus auch bereits zwischen den Jahren 1200 und 1300 bestanden haben mag.

Auch der vergletscherte Gipfel des mexikanischen Vulkans Popocatépetl (5452 m), der heute jährlich von Hunderten von Touristen erstiegen wird, soll bereits 1502 von zehn Einheimischen erreicht worden sein.

In den Alpen folgte nach den bemerkenswerten Einzelleistungen die «Erste klassische Zeit des Alpinismus» (1850–1880), auch als «Frühzeit» oder «Goldene Zeit» bekannt. Bergsteiger waren meist «Herren» aus der Stadt, die von einheimischen Bergführern begleitet oder geführt wurden. Die Alpen-Hauptgipfel waren bis 1870 alle erstiegen. Dann begann um 1880 die «Zweite klassische Zeit des Alpinismus«. Die Bergsteiger konzentrierten sich auf die Eroberung zweitrangiger Gipfel oder auf die Lösung «schwieriger Probleme», auf Steilwände, lange Gratüberschreitungen und auf Winterunternehmungen.

Auch in allen anderen Gebirgen ist – nach «absolvierter» Ersteigung fast aller bedeutsamen Gipfel – die sogenannte Nacherschließung in vollem Gang: nämlich die Erstbegehung der meisten Wände, Grate, Flanken, Pfeiler, Kanten. Hinzu kamen und kommen Alleinbegehungen bestimmter Berge und Unternehmen wie «Erstbegehung durch eine Frau», bis zum Anfang unseres Jahrhunderts auch «Damenbegehung» genannt.

Großexpeditionen, wie sie bis in die siebziger Jahre unseres Jahrhunderts zu Dutzenden in den Hochgebirgen der Erde unterwegs waren, haben sich inzwischen totgelaufen. Zwanzig, dreißig und noch mehr Männer, unterstützt von vielen Trägern, Wochen und Monate lang auf einen einzigen Berg angesetzt, meist in lebensfeindlicher Umgebung und von Sauerstoffgeräten abhängig – das alles kann nicht der Sinn des Bergsteigens sein. Solche Expeditionen sind praktisch hochalpine Transportunternehmen, aber ohne das einleuchtende Ziel des Baues einer Bahn oder einer anderen technisch notwendigen Erschließung. Denn eigentlich ging es dabei nur darum, anfänglich dreißig Tonnen Material im Laufe von Wochen in Richtung Berg zu bewegen, um von dem Monstergepäck zuletzt fünfzig oder hundert Kilogramm möglichst nahe zum Gipfel zu bringen. Wenn es nach allen Mühen und Entbehrungen gut geht, erreichen zwei, drei oder vier Teilnehmer den Gipfel – oft war es auch nur einer.

Ohne die Großexpeditionen wären einige der Achttausender sicherlich bis heute nicht erstiegen. Aber nun ist auch das geschafft. Deshalb darf man sich jetzt besinnen – auf Kleinexpeditionen unterhalb der Siebentausender- oder Sechstausenderlinie, wo es noch viel zu entdecken und zu erleben gibt. Die «Übererschließung», von der man schon allenthalben hört, ist noch lange nicht vollzogen. Das wirklich schöne Bergsteigen, so kann man provozierend sagen, beginnt erst jetzt mit der allmählichen «Inbesitznahme» der großen Gebirge unserer Erde gewissermaßen als Lebensraum auch für die Nichtansässigen.

Dabei muß man bereits die Betonung auf Gebirge *der Erde* legen. Denn allein die Planeten unseres Sonnensystems weisen ja riesenhafte Gebirgssysteme auf, und sobald sich die Menschen einmal auf fremden Gestirnen einzurichten gelernt haben werden, wird sich vielleicht dort der Sturm auf besonders interessante Gipfel und Grate wiederholen. Wegen fehlender Atmosphäre wäre man allerdings gezwungen, wieder auf weit mehr «generalstabsmäßige Planung» des Unternehmens und technische Hilfsmittel zurückzugreifen, als es dem Bergsteiger allgemein noch wünschenswert erscheint. (Die geringere Schwerkraft auf Mars oder Mond – vgl. Seite 288 – ist dem «extraterrestrischen Gipfelstürmer» sicher keine große Hilfe!)

Doch bleiben wir, in jeder Hinsicht, mit den Füßen auf der Erde! Als Europäer brauchen wir uns sozusagen nur vor der Haustüre umzusehen: Auch die Alpen sind noch lange nicht erschlossen. In den Alpen warten noch tausend Meter hohe – und höhere – Wände auf ihre Erstbegeher, oft nur knappe zwei Stunden von Hotels berühmter Orte entfernt. Man braucht sich nur ein wenig in der entsprechenden Führer-Literatur umzusehen – Bergsteigen war noch nie ausschließlich eine Sache roher Muskelkraft. Auch unsere alpinistischen Groß- und Urgroßväter waren mit Geist und Phantasie in die Berge gezogen, ob Melchior Anderegg oder Emil Zsigmondy und alle anderen, die alphabetisch dazwischen in der Geschichte des Alpinismus aufscheinen.

Solange die Gebirge der Erde den denkenden Menschen begeistern und faszinieren, solange wird es keinen Ausverkauf geben. Jede Generation wird ihre beglückenden Ziele in den Bergen finden. Denn letzten Endes kommt es einzig und allein darauf an, wie wir Menschen in die Berge hineingehen: ob nur mit einem schweren Rucksack, mit perfektionierter Ausrüstung – oder auch vollbeladen mit Wünschen, die wir uns in den Bergen erfüllen wollen.

Auf dem Gipfel des Montblanc, dem «Dach Europas» (4807 m). An schönen Sommertagen wird der Berg oft von 300 Personen bestiegen, da die technischen Schwierigkeiten der drei Normalrouten sehr gering sind; vielen macht aber die Höhe zu schaffen. Erstaunlich ist, daß heute die meisten Montblanc-Ersteiger vorbildlich ausgerüstet sind. Ausblick nach Nordosten zu den Walliser Alpen, rechts Matterhorn und Monte Rosa.

Himalaya - damals und heute

Alpinistische Spitzenleistungen im höchsten Gebirge der Erde

Ein Lager im Hochtal der Dambush Khola, westlich des Tals der Kali Gandaki, die zwischen Dhaulagiri und Annapurna nach Süden fließt. Die von Maurice Herzog geleitete Expedition von 1950 konnte am Dhaulagiri, ihrem ursprünglichen Ziel, keine Anstiegsmöglichkeiten finden und wandte sich der Annapurna zu.

Nanda Devi (= Göttin Nanda), höchster Berg von Garhwal (Indien), steht mit 7816 m in der «Weltrangliste» an 25. Stelle. Am 29. August 1936 erreichten N.E. Odell und H.W. Tilman, Teilnehmer einer amerikanisch-britischen Expedition, seinen Gipfel. Seinerzeit eine hervorragende Leistung: der höchste bestiegene Berg der Erde.

Von den Achttausendern, diesen wahren «Thronen der Götter», war damals noch keiner bezwungen. Nur an einem einzigen Berg war man bisher wiederholt über die 8000-m-Höhenlinie gelangt, am Mount Everest selbst. 1922 wurden bereits etwa 8300 m ü.M. erreicht, 1924 und 1933 waren es etwa 8600 m. Das ändert jedoch nichts an der Tatsache, daß dies *am* Everest geschah, nicht *auf* dem Everest – und nur die Spitze ist des Berges Symbol.

In seinem Bericht über die von ihm geleitete Internationale Himalaya-Expedition 1934 *(«Dämon Himalaya»)* schrieb Günter O. Dyhrenfurth: *«Dämon Himalaya* – kein leicht hingeworfener Sensationstitel, sondern Wahrheit in mehrfachem Sinn: Alle Völker Indiens und Hochasiens glauben fest daran, daß auf diesen Riesenbergen die Götter und Dämonen thronen; und wer die Ruhe der Erhabenen zu stören wagt, muß sterben...

Dämon Himalaya – auch für die abendländische Menschheit. Nordpol und Südpol sind ihres geheimnisvollen Schleiers beraubt, Ozeanflüge sind zur Verkehrsroutine geworden. Aber der Kampf um den Himalaya wuchs heraus aus dem engen Kreis der Fachgelehrten und Fachalpinisten. Die vielgepriesene Technik nützt hier so gut wie nichts. Gott sei es gedankt! Es gibt noch Probleme, die ihrem ganzen Wesen nach *nicht* technisch überlistet werden können, bei denen es also *nicht* möglich ist, die Hauptarbeit auf die Maschine abzuwälzen, und bei denen noch der ritterliche Kampf gilt, der zu jedem Opfer bereite persönliche Einsatz und vor allem Bescheidenheit und Ehrfurcht.

Als General Bruce, der Leiter der zweiten Everest-Expedition (1922), einem tibetischen Priester den Sinn und die Bedeutung derartiger Unternehmen zu erklären versuchte, da sagte er schlicht: ‹Es ist eine Wallfahrt.› Diesen wahren und tiefen Vergleich verstand der Tibeter sofort. Wenn wir – ‹moderne und aufgeklärte Menschen› – unter uns sind, dann pflegen wir das zu bemänteln, dann reden wir lieber von wissenschaftlichen, sportlichen, photographischen und filmischen, nationalen oder internationalen Zielen. Es gibt eben verschiedene Ausdrucksformen für ein und dasselbe.

Wer zum Kampf um die großen Himalayaberge antritt, der muß wissen, daß ganz ungewöhnliche Strapazen, Schwierigkeiten und Gefahren ihn erwarten. Das ist keine Vergnügungsreise, kein bloßes Abenteuer, kein normaler Sport – das ist *Krieg!*

Zwischen 1818 und 1914 haben etwa fünfzig Himalayaexpeditionen mit bergsteigerischen Zielen stattgefunden, also etwa jedes zweite Jahr eine, und die meisten waren Unternehmungen kleinen Ausmaßes, nur aus Gruppen von wenigen Europäern oder Amerikanern bestehend. Von 1920 bis 1934 verzeichnete man 31 bergsteigerische Himalayaexpeditionen, also durchschnittlich zwei im Jahr, und viele davon waren moderne Großexpeditionen, mit mehr als acht weißen Teilnehmern und mit riesigen Trägerkarawanen. Dabei ist es in unserer von wirtschaftlichen und politischen Dauerkrisen geschüttelten Welt von Jahr zu Jahr immer schwieriger, ja fast unmöglich geworden, für derartig teure Unternehmungen die finanzielle Basis zu schaffen. Doch auch diese wirtschaftlichen Opfer müssen gebracht werden, aller Not der Zeiten zum Trotz... Dämon Himalaya!» So sah es mein Vater im Jahr 1934.

Und nun November 1973. Ein klarer, herrlicher Wandertag im Nepal-Himalaya, wie geschaffen zum Vor-sich-hin-Träumen. Als Leiter einer amerikanischen Trekking-Gruppe folge ich dem sanft ansteigenden Pfad kurz nach Chaunrikharka im Tal des Dudh Kosi, des «Milch-Flusses». Unser Endziel ist Kala Pattar, der gemütliche Aussichtsberg in der Nähe des Mount Everest. Meine Gedanken wandern 21 Jahre zurück, als ich mit den Schweizern diese großartige Gebirgslandschaft zum allerersten Mal erleben durfte...

«...Leichtbeschwingt und voller Erwartungsfreude an der Spitze unserer Kolonne. Da biegt der Weg um eine Ecke, und plötzlich steht der Mount Everest vor mir! Für einen Moment setzt mein Herzschlag aus, der erste Anblick des höchsten Gipfels der Welt ist überwältigend und nimmt mir den Atem weg. Dann tauchen die ersten Träger auf, die nüchterne Wirklichkeit ist wiederhergestellt...»

Heute bin ich zwar älter und erfahrener, aber noch immer von diesen Bergen und den Sherpa ehrlich begeistert. Glücklich in meiner momentanen Einsamkeit und zufrieden mit der Welt schlendere ich dahin; plötzlich ein «Rrrummm – rrrrummmm – rrrrummmmm!» Wildes Motorengebrüll durchbricht die Stille. Ich springe zur Seite: Fast hätte mich ein Motorrad überfahren. Ohne sich zu entschuldigen oder zumindest sein Tempo zu drosseln, braust der bebrillte Marsmensch an mir vorüber, als ob er sich auf einer Autobahn in Italien befände und nicht auf dem Weg zum Mount Everest! Was zum Teufel geht hier vor?! Hinter mir höre ich laute amerikanische Kraftausdrücke, dann herrscht wieder Stille. Endlich geht mir ein Licht auf: Im Auftrag einer spanischen

Motorradfirma war eine Mannschaft entsandt worden, um mit ihren Maschinen das Everest-Standlager zu erreichen. Natürlich ist das den Leuten nicht gelungen; mit allergrößter Mühe und unermüdlichem Einsatz der Sherpa – bei jeder Spitzkehre im steilen Pfad mußten die schweren Motorräder «herumgewuchtet» werden – erreichte man das Sommerdorf Dingpoche im Imja-Khola-Tal; aber die weltweite Publicity war natürlich gewaltig. Es wurde sogar von einem glorreichen Sieg der spanischen Maschinen über den Mount Everest berichtet! (In Wirklichkeit war man noch drei Tagemärsche vom Everest-Standlager entfernt.)

Drei Tage später sind wir im japanischen *Everest View Hotel* bei Khumjung. Auf 3900 m Höhe sitzen wir im Speisesaal am offenen Feuer und genießen den Sonnenuntergang. Rot leuchten die umliegenden Berge im Abendlicht: Taboche, Nuptse, Lhotse, Ama Dablam, Kangtega, Tamserku und natürlich Chomolongma, Göttin-Mutter des Landes.

«O quae mutatio rerum!» – Wie sich die Dinge ändern, ist in unserer Zeit fast bestürzend. Aber die Uhr läßt sich nicht zurückdrehen.

Die Eroberung des ersten Achttausenders

Annapurna I (8091 m), der erste bezwungene Achttausender, ist der zehnthöchste in der «Weltrangliste» (vgl. Seite 210). Annapurna ist ein Doppelwort des Sanskrit: *anna* = Nahrung, *purna* = erfüllt von. Die an Nahrung reiche, Nahrung spendende Göttin. Bis zum Frühjahr 1950 war die Annapurnagruppe, die sich aus der Senke von Pokhara in Nepal erhebt und den Raum zwischen dem Marsyandifluß und dem gewaltigen Durchbruchstal der Kali Gandaki erfüllt, sozusagen unbekannt. Erst durch die Pionierarbeit der Zweiten Französischen Himalayaexpedition im April bis Juli 1950 wurde dieses herrliche Gebiet weltberühmt. Der dramatische Kampf der besten französischen Bergsteiger eröffnete die Goldene Zeit der Himalaya-Forschung. Die Seele des Unternehmens war Lucien Devies, Präsident des Club Alpin Français/Groupe de Haute Montagne und der Fédération Française de la Montagne. Er hatte entscheidenden Anteil am Zustandekommen und an der Organisation der Expedition. Die Mannschaft bestand aus Maurice Herzog (Leiter), Louis Lachenal, Lionel

Flugaufnahme des Kangtega-Massivs (Himalaya) aus Südosten. Der spitze Eisgipfel links der Bildmitte weist eine Höhe von 6685 m auf. Der Hauptgipfel rechts (6779 m) wurde 1963 von Bergsteigern einer unter Leitung von Sir Edmund Hillary stehenden Expedition erstbestiegen.

Terray, Gaston Rébuffat, Jean Couzy, Marcel Schatz, Marcel Ichac (Kameramann), Jacques Oudot (Arzt) und F. de Noyelle. Als eigentliches Ziel galt die Eroberung des Dhaulagiri (8167 m) oder der Annapurna, jedenfalls... «des ersten Achttausenders». Nach gründlicher Erkundung der Anstiegsmöglichkeiten zum Dhaulagiri von Süden, Osten und Norden wurde am 14. Mai beschlossen, dieses Ziel aufzugeben und mit ganzer Kraft die Annapurna anzugehen, und zwar von Lete durch Chadziu Khola und den «Übergang vom 27. April» in die obere Miristi Khola und damit in das Sanktuarium des Annapurna-I-Massivs. Ein Versuch, über den langen, zakkenreichen Nordwestgrat ans Ziel zu kommen, ver-

Herztätigkeit zu Höchstleistungen anspornt. Eine nicht ungefährliche Droge!

Aufbruch um 6 Uhr. – Das Seil wurde zurückgelassen, denn der Hochfirn ist zwar steil, aber spaltenlos. Auf der harten Kruste greifen die leichten Steigeisen gut. Stundenlanges gleichmäßiges Steigen bringt die Männer an eine zur Spitze führende Steilrinne. Auch diese wird bewältigt, dann endlich der Grat, noch ein paar Schritte und... sie stehen auf dem Gipfel, dem ersten Achttausender!

Zeit für längeres Verweilen? Keineswegs. Lachenal möchte sofort absteigen, seine Füße sind eiskalt und gefühllos. Auf Schnelligkeit und geringes Gewicht bedacht, hatte man auf gefütterte Spezial-

Ein Sherpa zwischen der Yakweide Lobuche (4930 m) und Gorak Shep unterwegs zum Mount Everest-Standlager. Im Hintergrund der gewaltige Nuptse (7879 m), der 1961 von einer britischen Expedition bestiegen wurde.

lief erfolglos: bei etwa 6000 m entschloß man sich zum Rückzug. Die Nordflanke bot eine zwar kürzere, aber gefährlichere Anstiegsroute. Zwischen Lager 2 (5900 m) und Lager 3 (6500 m) mußte eine große Lawinenrinne begangen werden. Nach harter Arbeit unter der großen «Sichel» durch Terray und Rébuffat konnte Lager 4 (6900 m) am unteren Rand des Gipfelfirns erstellt werden. Am 2. Juni enstand Lager 5 (7400 m). Am nächsten Tag traten Herzog und Lachenal zum Schlußangriff an. Die in solchen Höhen mühselige Zubereitung eines warmen Frühstücksgetränkes unterblieb. Man nahm ein nicht genau dosiertes Quantum von Maxitontabletten, also ein «Weckamin», das Hemmungen beseitigt und die

schuhe verzichtet. Und das rächt sich jetzt bitter. Ein flüchtiger Blick in die unheimlichen Abstürze der Südwand und ein paar Aufnahmen von den mitgebrachten Fahnen und Wimpeln. Lachenal startet bereits. Bei Herzogs eiligem Aufbruch entgleitet ihm ein Handschuh und verschwindet. Reservefäustlinge gibt es nicht. Den Pickel in beiden Händen, steigt er so schnell wie möglich das Couloir hinab und versucht, Lachenal einzuholen. Das Wetter verschlechtert sich rasch. Im starken Schneetreiben und Nebel verlieren sie sich aus den Augen. Terray-Rébuffat und Couzy-Schatz waren inzwischen heraufgekommen, hatten Lager 5 hergerichtet und ein zweites Zelt aufgestellt. Dann waren Couzy und Schatz wieder abgestiegen, um für die erwarteten Gipfelstürmer Platz zu machen. Endlich erscheint Herzog – allein. «Wir haben's geschafft!» Terray will ihm die Hand drücken, aber diese ist eiskalt und hart wie Stein. Entsetzt ruft er: «Deine Hand ist ja erfroren!» Herzog meint gleichgültig: «Macht nichts, das wird schon wiederkommen.» – «Und wo ist Lachenal?» – «Muß jeden Augenblick da sein.» Damit geht Herzog ins Zelt zu Rébuffat, der sofort beginnt, ihn zu betreuen.

Da – ein schwacher Hilferuf! Etwa 100 m unter dem Lager liegt Lachenal im Steilhang. In stehender Abfahrt saust Terray hinunter und kommt nur mit knapper Not beim Kameraden zum Halten. Lachenal hat keinen Pickel mehr, keine Kappe, keine Handschuhe, nur noch ein Steigeisen. Wie es zu diesem Absturz gekommen ist, weiß er selbst nicht. War es eine Bewußtseinslücke infolge Sauerstoffmangels, ein Ohnmachtsanfall oder eine Nachwirkung der übergroßen Dosis Maxiton? Ein derartiger Rausch würde auch manches andere erklären: Mit irrem Blick schreit er, seine Füße seien bis zu den Knöcheln erfroren, er müsse sofort nach Lager 2 absteigen, zu Dr. Oudot. Vergeblich versucht Terray ihm klarzumachen, daß ein solcher Versuch Wahnsinn sei, kurz vor Einbruch der Nacht. Kein Seil und nur ein Steigeisen! Da hat Lachenal den tollen Einfall, sich den Pickel seines besten Freundes und Kameraden anzueignen und zu flüchten. Doch nach ein paar Schritten bleibt er stehen und entschließt sich, Terray zu folgen. In wütendem Tempo hackt dieser eine Stufenreihe hinauf, Lachenal auf allen Vieren hinter ihm. So gelangen sie zum Lager 5.

Die Nacht vom 3. zum 4. Juni: Der Schneesturm rüttelt an den Zelten. In dem einen bemüht sich Rébuffat um Herzog, im anderen Terray um Lachenal. Stundenlang werden die weißen, gefühllosen Gliedmaßen massiert und frottiert. Zwischendurch muß immer wieder Schnee in die Kochgeschirre gefüllt werden, um für die beiden Schwerverletzten warme Getränke zu bereiten. Endlich ein Erfolg: Lachenal kann wieder seine Zehen bewegen. Es beginnt zu tagen, aber der Sturm tobt noch immer. Ist das bereits der Einbruch des Monsuns, den der indische Wetterdienst als nahe bevorstehend gemeldet hatte? Auf alle Fälle wollen sie sofort absteigen. Lachenals dick angeschwollene Füße passen nicht mehr in seine Bergstiefel. Terray leiht ihm seine Schuhe, die zwei Nummern größer sind, und zwängt seine Füße mit nur einem Paar Socken in die kleinen Schuhe Lachenals, die aufgeschnitten werden müssen. Dann tut er auf alle Fälle einen Schlafsack und etwas Proviant in seinen Rucksack. Da Lachenal ja bei seinem Sturz ein Steigeisen verloren hat, muß jetzt Terray sich mit nur einem begnügen. Ein weiteres Mißgeschick: Trotz allen Suchens stehen insgesamt nur noch zwei Pickel zur Verfügung. Terray und Rébuffat übernehmen sie, da sie beim Abstieg zu sichern haben. Los!

Anfangs geht es flott hinunter; aber dann kommen sie in das Labyrinth von Eistürmen und Spalten, der Nebel wird immer dichter, und der Schnee fällt wie ein weißer Vorhang. Terray und Rébuffat, die in dem immer tiefer werdenden Neuschnee abwechselnd vorausgehen, arbeiten verzweifelt, ohne den engen Durchlaß zu dem versteckt liegenden Lager 4 finden zu können, und während sie im Gletscherbruch des Sichelrandes um ihr Leben kämpfen und in regelmäßigen Abständen um Hilfe rufen, liegen – 200 bis 300 Meter entfernt – Couzy, Schatz und vier Sherpa in ihren Daunenschlafsäcken, in dem festen Glauben, daß die anderen bei einem derartigen Wetter sicher in Camp 5 geblieben seien. Die Hilferufe werden nicht gehört, weil Lager 4 hinter einer Eiswand steht. Es wird Zeit, nach einem Platz für das unvermeidliche Notbiwak zu suchen. Plötzlich stößt Lachenal einen Schrei aus und verschwindet. Aber – Glück im Unglück: Die verdeckte Kluft, die ihn verschlungen hat, ist nur vier bis fünf Meter tief, und der Boden scheint fest. In diese natürliche Höhle, die guten Windschutz gewährt, schlüpfen alle hinab und richten sich darin ein; sie ziehen die Schuhe aus und stecken zu dritt die Füße in den einzigen Schlafsack, den Terray glücklicherweise mitführt. Trotzdem ist diese lange Nacht sehr bitter. Und das Schlimmste kommt zuletzt: Gegen Morgen gleitet von oben ein Schneerutsch herab, verschüttet die Spalte und schließt sie über ihnen wie ein Grab. Halb erstickt kämpfen sie sich frei; das ganze alpine Rüstzeug und die Bergstiefel sind verschüttet. Die Füße nur in Socken, durchwühlen sie mit bloßen Händen

Die Nordflanke der Annapurna I (8091 m). Die Anstiegsroute der Franzosen war von den Eisabstürzen der gewaltigen «Sichel» links unterhalb des Hauptgipfels gefährdet.

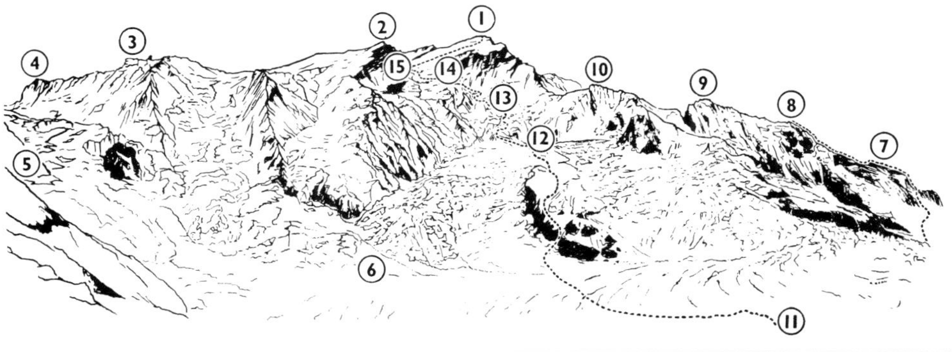

Skizze des Annapurna-Massivs:

1 – Hauptgipfel
2 – Ostgipfel
3 – Schnee-«Tisch»
4 – «Schwarzer Turm»
5 – Hänge der «Großen Barriere»
6 – Annapurna-Nordgletscher
7 – Nordwestsporn
8 – Vorgipfel, Nordwestsporn
9 – Gipfel, Nordwestsporn
10 – «Blumenkohl»-Grat
11–15: Lager I bis V

Die Zelte der Sherpa im Lager II (5900 m), dahinter der «Blumenkohl»-Grat des Annapurna-Nordwestsporns. Dieser Lagerplatz erwies sich als äußerst lawinengefährlich. 1973 starben hier zwei Mitglieder einer italienischen Expedition den Weißen Tod.

Rechte Seite: Die ungeheure Südwand des Lhotse (8511 m), vierthöchster Berg der Erde. 1956 gelang den Schweizern die Erstbesteigung auf der einzig «logischen» Route vom Westbecken des Khumbu-Gletschers her. Die Südwand wurde bereits mehrmals angegangen, allerdings ohne Erfolg. Eines der größten «letzten Probleme» im Himalaya!

Unten: Die vier stärksten Sherpa lösen sich beim Tragen des schwerkranken Expeditionsleiters Maurice Herzog ab.

den Schnee, bis sie wenigstens das Notwendigste – vor allem Schuhe, Pickel, Seile, Rucksäcke usw. – wiedergefunden haben; doch die Schneebrillen sind verschwunden.

Rébuffat arbeitet sich als erster hinauf ins Freie. Erwartungsvoll fragen ihn seine Kameraden, was das Wetter mache. Er ruft in die Biwakhöhle hinunter, es wehe ein starker Wind, und er sehe ... nichts. Terray folgt, aber auch er ist völlig schneeblind! Beide sind am Vortag ohne Brillen gegangen, um in dem dichten Schneetreiben wenigstens etwas zu sehen. Doch bei dem kurzwelligen Licht der großen Höhen ist das auch bei dichter Bewölkung gefährlich! Lachenals Füße sind in dieser Schreckensnacht von neuem erfroren, und seine Schuhe hat er im Lawinenschnee noch nicht finden können. In Socken versucht er verzweifelt, aus der Spalte herauszukommen. Als ihm das, mit Hilfe von Terray, endlich gelingt, sieht er: Der Himmel ist ja blau, das Wetter wird gut!

Inzwischen durchwühlt Herzog sorgfältig den Schnee, und nach einiger Zeit kann Terray zwei Paar Bergschuhe und die Rucksäcke heraufziehen. Dann ist die Reihe an Herzog selbst, doch mit seinen erfrorenen Händen und Füßen ist er ziemlich hilflos, so daß es nur mit äußerster Anstrengung gelingt, den schweren Mann herauszubringen. Endlich sind alle vier in der Sonne und geben Notsignale, denn ihre Lage ist noch immer verzweifelt: Zwei schneeblind, zwei durch Frostschäden kampfunfähig. Glücklicherweise hält Schatz an diesem sonnigen Morgen Ausschau. Er vermutet seine Kameraden von Camp 5 her im Abstieg, und nun trifft er sie ganz in der Nähe in diesem traurigen Zustand: Für die beiden Annapurna-Sieger ist es fast schon zu spät, und auch die beiden Schneeblinden haben ernste Sorge um ihre Füße.

Nun sind sie in Lager 4 – aber deshalb nicht etwa schon gerettet. Nach dem großen Schneefall der letzten 24 Stunden sind die Steilhänge bis zum Lager 2 hinunter äußerst lawinengefährlich geworden, denn das Wetter ist schön, aber warm. Man sollte mit dem Abstieg bis zum nächsten Morgen warten. Doch jetzt wollen sie so schnell wie möglich zum «Doktor Sah'b» – Dr. Oudot soll retten, was noch zu retten ist. Bis zum Bauch einsinkend, beginnen sie den Abstieg – 6 Sahibs und 4 Sherpa. Die Seilschaft Herzog–Rébuffat mit den Hochträgern Aila und Sarki geht voraus und quert um 12.20 Uhr das große Couloir, das dicht oberhalb von Lager 3 (6500 m ü. M.) ausmündet.

Da setzt sich eine Schneeschicht von mindestens einem halben Meter Dicke in Fahrt! Nur Rébuffat, der als letzter ging und sich gerade losgebunden hatte, kann mit einigen Sprüngen den Rand der Rinne erreichen, außerhalb der Lawinenbahn. Herzog aber und die beiden Sherpa verschwinden in den wogenden Schneemassen. Ist es das Ende? Nein – ein neues Wunder geschieht: Herzog wird gegen die Wand einer kleinen Spalte geschleudert, in der er sich verklemmt. Das Seil, das ihn mit den Trägern verbindet, spannt sich bis zum Reißen, ihn schmerzhaft zusammenpressend; doch es hält, und als die Schneemassen hinuntergerauscht sind, hängen die beiden Sherpa – halb betäubt, aber unversehrt – im Steilhang.

Nun ist es soweit, daß die Mannschaft von Lager 2 (5900 m) den mühsam Absteigenden entgegeneilen kann, und dann, endlich, liegen alle in den Zelten. Camp 2 wird zu einem «Feldlazarett nach der Schlacht». Es handelt sich nicht nur um erfrorene Finger und Zehen, die nicht mehr zu retten sind, sondern es geht ums Leben, vor allem bei Herzog, aber auch bei Lachenal. Es wird Nacht, und Dr. Oudot, jetzt ganz der erfahrene Arzt, arbeitet noch immer beim Schein von Taschenlampen, mit Noyelle, Ichac und Schatz als Assistenten. Die Männer leisten unter den schwierigen Bedingungen Präzisionsarbeit, wie sie sonst nur in der Klinik mit ihren umfangreichen Hilfsmitteln durchführbar erscheint.

Erschütternd sind die Berichte und Bilder vom Abtransport der Schwerverletzten. Die Beförderung – zum Teil in Tragkörben – aus dem Sanktuarium der Annapurna bis ins Kali-Gandaki-Tal ist kaum vorstellbar. Die Hochträger, zum großen Teil Sherpa, haben da ein neues Ruhmesblatt in ihren Kranz geflochten. Welcher Europäer hätte es fertiggebracht, mit einer Last von 80 Kilo auf dem Rücken diese «Wege» zu gehen?! Unten im Haupttal konnten dann wenigstens Tragbahren verwendet werden; aber dafür tobte nun der entfesselte Monsun und verwandelte die Pfade in Schlammströme. Erst am 6. Juli 1950 erreichte man in Butwal die auf die Expedition wartenden Lastautos.

Die Schilderung der Mühsal, der Gefahren und der ganzen Stimmung beim Ablauf dieser Expedition ist zugleich eine Darstellung, die für viele Himalaya-Expeditionen charakteristisch sein dürfte. Doch nach dem *ersten* erstiegenen Achttausender nun zum *größten* von allen!

Mount Everest – der «dritte Pol»

Mount Everest, mit 8848 m höchster Punkt unseres Planeten, aufgenommen aus einer Höhe von 5545 m auf Kala Pattar. Rechts die Südwestwand, links die tibetische Nordflanke, dazwischen der Westgrat. Hinter dem im Vordergrund diagonal von links nach rechts aufsteigenden Nuptse-Grat liegt der Khumbu-Eisbruch und das Westbecken.

Der höchste Berg der Erde (8848 m = 29028 ft) ist seit mehr als einem halben Jahrhundert hart umkämpft. Von 1921 bis Ende 1976 zählte man – die wiederholten Überfliegungen nicht gerechnet – 38 Großexpeditionen und 5 Kleinunternehmungen, insgesamt also 43 Gruppen, die den «dritten Pol» mit dem höchsten Punkt der Erde zum Ziel hatten – zuerst auf der tibetischen Nordseite, nach dem Zweiten Weltkrieg meist an der Südfront, vom nepalischen Khumbugletscher aus. Hier leistete 1951 eine britische Expedition unter der Leitung von Eric E. Shipton schon wertvolle Erkundungsarbeit. 1952 kämpften sich dann die Schweizer durch den wilden Khumbu-Eisfall in das sogenannte Westbecken zweimal hinauf und erreichten den Südsattel (7986 m = 26201 ft) zwischen Everest und Lhotse. Eine Seilschaft – Raymond Lambert-Tenzing Norgay – drang sogar auf dem Everest-Südostgrat bis etwa 8500 m ü.M. (= 27888 ft) vor, beinahe so hoch also wie Edward Felix Norton am 4. Juni 1924 bei seinem berühmten Alleingang in der Nordflanke (bis 8572 m = 28120 ft). Vielleicht wäre die schweizerische Frühjahrsmannschaft sogar bis auf den Südgipfel (8760 m = 28741 ft) gekommen, wenn ihre Sauerstoffgeräte nicht versagt hätten. Gegen den Angriff im November verteidigte sich der Berg mit seinen «Waffen»: Winterkälte und furchtbarer Sturm.

Erst 1953 fiel die Entscheidung. Über die sorgfältig vorbereitete, mustergültig organisierte britische Großexpedition unter der Leitung von Colonel (jetzt Lord) H.C. John Hunt braucht man nicht viel zu sagen; ihr Verlauf ist weltbekannt. Die Erstbesteigung des Mount Everest am 29. Mai 1953 durch den Neuseeländer Edmund P. Hillary und den Sherpa (genauer: Bhotia) Sirdar Tenzing Norgay war eine Sternstunde.

Die «Internationale Himalayaexpedition 1955», die aus Schweizern, Österreichern und Amerikanern bestand, erkundete den kleineren Bruder des Everest, den Lhotse (8511 m = 27923 ft), wobei der Tiroler Ernst Senn bis 8000 m Höhe vorstieß. Das Hauptgewicht dieses Unternehmens lag aber auf kartographischen, photographischen und filmischen Arbeiten. Leiter und Filmschaffender war ich selbst, nachdem ich schon im Herbst 1952 am Mount Everest gewesen war. Die (1957 erschienene) bekannte Reliefkarte der Everestgruppe im Maßstab 1:25000 war das Werk des Tirolers Erwin Schneider, eines Meisters der terrestrischen Photogrammetrie. Die Karte bedeutete in der Erschließungsgeschichte des Himalaya einen Markstein. Denn Satellitenaufnahmen bringen hier kaum für die Vermessung brauchbare Bilder. Sie können höchstens im Überblick die auf der Erde gefundenen Ergebnisse bestätigen.

Inzwischen war die schweizerische Großexpedition 1956 – von der SSAF (Schweizerische Stiftung für Alpine Forschungen) gut vorbereitet, von Albert Eggler ausgezeichnet geleitet und von den Berner Bergsteigern in vorbildlicher Kameradschaft durchgeführt – eine der erfolgreichsten Unternehmungen in der Geschichte des Himalaya geworden. Am 18. Mai gelang die Erstbesteigung des Lhotse-Hauptgipfels (8511 m) durch Ernst Reiß und Fritz Luchsinger, die das große Couloir (= steile Rinne) in der Nordwestwand als «Direttissima» benutzten. Es folgte die zweite Besteigung des Everest am 23. Mai 1956 durch Jürg Marmet und Ernst Schmied und am 24. Mai die dritte Ersteigung durch Dölf Reist und Hansrudolf von Gunten, bei strahlendem Wetter und guten Schneeverhältnissen. Die zweistündige Gipfelrast bei völliger Windstille – ein unerhörter Glücksfall – lieferte eine prachtvolle photographische Ausbeute. Beim Abstieg sammelten die beiden Männer sogar Gesteinsproben und brauchten trotzdem für 1000 Höhenmeter nur knapp zwei Stunden.

Sehr viel schlechter traf es 1960 die «Erste Indische Everestexpedition», die am 24. Mai Camp 7, ihr Sturmlager (8400 m = 27560 ft), bei schönem Wetter auf dem Südostgrat erstellt hatte, am nächsten Morgen aber bei sehr starkem Höhenwind, bitterer Kälte und dichten Schneefahnen etwa bei 28300 ft (8630 m) umkehren mußte. Trotzdem behauptete das Konkurrenzunternehmen, die «Chinesische Everest-expedition 1960», vom Ost-Rongphu-Gletscher her über Nordsattel und Nordostgrat den Everestgipfel in der Nacht vom 24. zum 25. Mai erreicht zu haben, worauf man dort eine rote Fahne und eine Büste von Mao Tse-tung aufgepflanzt hätte. Im nächtlichen Dunkel habe man nicht photographieren können, aber als Beleg wurde eine Aufnahme «aus 8700 m Höhe» publiziert, die in Alpinistenkreisen heftig umstritten war. Sorgfältige Untersuchungen und Berechnungen haben schließlich ergeben, daß dieses Bild keine Standaufnahme ist, sondern ein Ausschnitt aus dem chinesischen Film, der im Oktober 1962 auch in London vorgeführt wurde, und auch nicht aus 8700 m, sondern aus etwa 8500 m Höhe stammt. Dazu kommen andere Unstimmigkeiten: kein Vordergrund, falsche Zeitangabe für die Aufnahme, Widersprüche zwischen indischem und chinesischem Wetterbericht, ganz vage «Routenbeschreibung» usw. Es ist demnach sehr wahrscheinlich, daß die chinesischen Bergsteiger 1960 höchstens bis auf den Grat zwischen «Erster Stufe» und «Zweiter Stufe» im Nordostgrat gelangt sind, den Everestgipfel aber gar nicht erreicht haben.

Auch die «Zweite Indische Everestexpedition» im Mai 1962 hatte kein Wetterglück und mußte ein Stück unter dem Südgipfel aufgeben. Erst 1963 wurde wieder ein großes Everest-Jahr:

Die «American Mount Everest Expedition» (AMEE) 1963 unter der Leitung des Verfassers erreichte den Gipfel dreimal: James Whittaker-Nawang Gombu am 1. Mai um 13 Uhr über den Südostgrat. Barry Bishop-Luther Jerstad am 22. Mai um 15.30 Uhr über den Südostgrat. Thomas Hornbein-William Unsoeld am 22. Mai um 18.15 Uhr über den bisher unbetretenen Westgrat, mit Abstieg über den Südostgrat, womit zum erstenmal die Überschreitung eines der großen Himalayaberge gelungen ist. Auch das Biwak beim Abstieg war ein Weltrekord: In einer Höhe von 8530 m (= 27986 ft), ohne Zelt, ohne Schlafsäcke, ohne Sauerstoff! Die Temperatur sank auf −28 °C. Hätte das übliche Everest-Wetter geherrscht, so hätte wahrscheinlich keiner der vier Männer dieses Freilager überlebt. Aber der Wind schlief ein, und am folgenden Morgen kamen Dr. David Dingman und Sherpa Girme Dorje mit frischen Sauerstoffbehältern vom Lager 6 herauf und halfen den von der Kälte schwer mitgenommenen Männern hinunter. Bishop und Unsoeld mußten später sämtliche Zehen amputiert werden. Toni Hiebeler schreibt darüber in seinem Buch *Abenteuer Everest*: «Die ‹American Mount Everest Expedition 1963› unter Norman G. Dyhrenfurth war das bisher großartigste und erfolgreichste Unternehmen an der Chomolongma: vierte und fünfte Gipfelbesteigung über den Südostgrat, sechste Besteigung (ohne die chinesische Expedition 1960 gerechnet) mit zugleich erster Begehung des Westgrates und erster Überschreitung: Westgrat–Gipfel–Südostgrat.»

Die «Dritte Indische Everestexpedition» 1965 unter der Leitung von M.S. Kohli war eine Unternehmung in der Größenordnung der AMEE: 19 Teilnehmer, von denen zehn bereits einmal oder zweimal am Everest gewesen waren. In der zweiten Maihälfte wurde eine Schönwetterperiode genutzt. Dabei schaffte Nawang Gombu seine zweite Everestbesteigung. Vom 20. bis 29. Mai gelangten insgesamt neun Mann in vier Seilschaften über den zur Normalroute gewordenen Südostgrat auf den Gipfel.

1966 traten auch die Chinesen wieder an, um nach dem höchst zweifelhaften Ergebnis von 1960 der Welt nun einen einwandfreien «Sieg» vorweisen zu können. Bei dieser «Zweiten Chinesischen Everestexpedition» sollte es aber noch viel schlimmer kommen als bei der ersten. Lange hörte man gar nichts. Erst im Frühjahr 1967 wurde aus Kalkutta gemeldet, daß die 26köpfige Mannschaft sehr mangelhaft ausgerüstet gewesen sei, ohne Spezialkleidung und fast ohne Kälteschutzmittel. Schon nach zwei Tagen seien zwei Teilnehmer halb erfroren zum Basislager (jedenfalls auf dem Rongphugletscher) zurückgekehrt. Die übrigen gingen anscheinend weiter. Man hat aber von ihnen nichts mehr gehört. Es ist möglich, daß dieser Anstieg mit einer Katastrophe geendet hat.

Seither wurde der Berg mehrmals bestiegen: im Frühjahr 1970 von Japanern auf der Normalroute, nachdem sie in der Südwestwand in einer Höhe von 8000 m aufgeben mußten; im Mai 1973 erreichten acht Teilnehmer der von Guido Monzino geleiteten italienischen Riesenexpedition ebenfalls über den Südsattel den Gipfel; im Herbst des gleichen Jahres gelang Japanern die erste Besteigung in der Nachmonsunzeit, allerdings «auch nur auf der Normalroute», nachdem sie in der Südwestwand 8350 m, die Höhenmarke der von mir zusammen mit Colonel James O.M. Roberts geleiteten Internationalen Himalayaexpedition 1971, erreicht hatten. Erst im Herbst 1975 glückte einer starken britischen Expedition unter Chris Bonington beim zweiten Anlauf die Durchsteigung dieser gewaltigen Steilwand bis zum höchsten Punkt, nach sechs erfolglosen Versuchen durch Bergsteiger vieler Nationen. Diese großartige Leistung wurde im damals proklamierten «Jahr der Frau» allerdings von der zuvor auf der Südsattelroute erfolgten Besteigung durch die Japanerin Junko Tabei überschattet: am 16. Mai 1975 stand sie mit dem Sherpa Ang Tsering aus Namche Bazar als erste Bergsteigerin auf dem höchsten Gipfel unseres Planeten. Zur gleichen Zeit war auf der Nordseite des Berges eine chinesische «Volksbewegung» im Gange. Bereits am 6. Mai hatte man sich einen Gipfelsieg erhofft, nachdem am Tag zuvor sieben Frauen und 33 Männer (!) eine Höhe von 8200 m erreicht hatten, während sich weitere drei Frauen und 17 Männer auf 8000 m Höhe aufhielten. Der am 6. und 7. Mai tobende Sturm veranlaßte das Expeditionskomitee, sämtliche Gipfelgruppen ins Basislager zurückzubefehlen. Am 27. Mai war es dann endlich soweit: neun Leute – mit einer einzigen Ausnahme alles

Sherpa Tenzing Norgay und Edmund Hillary, die ersten Menschen auf dem höchsten Berg der Erde.

Tibeter, darunter eine Frau – standen um 14.30 Uhr auf dem Gipfel. Und während die erwähnte Büste des Vorsitzenden Mao Tse-tung, die angeblich 1960 dort deponiert worden war, weder von den Amerikanern 1963 noch von den Indern 1965 gefunden werden konnte, blieb jetzt ein «Beweis» zurück: Das Vermessungsgestänge der dritten chinesischen Expedition wurde tatsächlich am 24. September 1975 auf dem höchsten Punkt photographiert, und zwar von Dougal Haston und Doug Scott, als sie als erste Gipfelmannschaft der britischen Südwestwand-Expedition ihr Ziel erreichten.

Auch 1976 sah der höchste Gipfel der Erde wieder glückliche «Bezwinger», und für die Folgezeit haben sich zahlreiche «Interessenten» bei der nepalischen Regierung fest angemeldet. So wird es, wenn keine Katastrophen eintreten, künftig allgemein ebensowenig mehr als etwas besonderes zur Kenntnis genommen werden, daß weitere Everest-Expeditionen stattfinden, wie man heute etwa den Start eines neuen Erdsatelliten noch beachtet. Die Anonymität kann, nach der früher oft allzu großen Publizität, der Sache des Alpinismus sicher nicht schaden. Blicken wir aber noch einmal kurz zurück auf das «Goldene Jahrzehnt im Ringen um den Dritten Pol», das heißt um die Achttausender Hochasiens:

Mit dem spektakulären Erfolg der Franzosen an der Annapurna I (siehe Seite 215 ff.) hatte es 1950 begonnen. Kaum war der einstige Bann durchbrochen, folgte ein Gipfelsieg auf den anderen – nachzulesen in der Übersichtstabelle auf Seite 210. Innerhalb eines Jahrzehnts waren dreizehn der insgesamt vierzehn Achttausender-Gipfel erreicht. Lediglich Shisha Pangma (=Gosainthan, 8046 m) – nördlich der Grenze Nepals in Tibet gelegen – wurde erst 1964 von Chinesen bestiegen.

Sherpa-Hochträger mit Aluminiumleitern im unteren Abschnitt des berüchtigten Khumbu-Eisbruchs, der schon manche Opfer gefordert hat. Diese Eismassen stellen für jede Expedition eine unvermeidliche Gefahrenzone dar.

Oben rechts:
Auf 6000 m Höhe im Khumbu-Eisbruch. Gefährliche Spalten und Steilstufen müssen für den Lastentransport in die Hochlager «entschärft» werden.

Ähnlich wie zur Zeit der Eroberung der Alpengipfel im 18. und 19. Jahrhundert wählte man noch stets die relativ leichtesten Anstiegsrouten.

Der kühne Versuch einer französischen Mannschaft, beide Gipfel der Nanda Devi zu traversieren, fand 1951 ein tragisches Ende: Der Hauptgipfel (7816 m), der 1936 von Odell und Tilman bestiegen worden war, wurde auf gleicher Route zum zweitenmal erreicht, aber beim Abstieg mit dem äußerst gefährlichen Gratübergang zum Ostgipfel ereignete sich ein Unfall. Man vermutet, daß die zwei Franzosen mit einer Wächte abgestürzt sind.

Mit der erfolgreichen Überschreitung des Mount Everest im Jahre 1963, als die Amerikaner den Gipfel über den bis dahin unbekannten Westgrat erreichten und auf der «Normalroute» zum Südsattel abstiegen, begann eine neue Phase des Himalaya-Bergsteigens. 1964 waren im Himalaya und Karakorum mehr als 40 Expeditionen tätig. Aber am 19. März 1965 meldete die Agentur Reuter aus Katmandu, daß die Regierung Nepals Bergbesteigungen im nepalischen Himalaya zunächst auf unbestimmte Zeit verboten habe. Die Maßnahme wurde offiziell nicht begründet. Es ist aber bekannt, daß einzelne frühere Himalayaexpeditionen illegal die Grenze nach Tibet überschritten oder auf andere Weise gegen die Besteigungsvorschriften der nepalischen Regierung verstoßen haben. Man war zwar damals in aller Welt über die Expeditionssperre entsetzt; doch aus heutiger Sicht kann man sehr gut verstehen, daß die Regierung von Nepal in der Flut der Expeditionsanträge und unter dem Eindruck des hereinbrechenden Tourismus eine Atempause brauchte.

Nun, nach vier flauen Jahren gab es 1970 im Himalaya schon wieder eine richtige Hochkonjunktur.

Am Mount Everest (8848 m) waren 1970 zwei japanische Großexpeditionen tätig, eine Ski- und eine Bergsteigergruppe. Bei der Skiexpedition gab es Anfang April ein schweres Unglück: Im Khumbu-Eisbruch stürzte ein zusammenbrechender *sérac,* ein Eisturm, auf eine Trägerkolonne und erschlug sechs Sherpa. Ein siebenter Hochträger starb an Erschöpfung.

Während der «British Nepalese Army Annapurna Expedition 1970» die zweite Besteigung der Annapurna I (8091 m) auf der Route der Franzosen von 1950 gelang, wurde auch die furchtbare Südfront des Berges angegangen – mit ihren drei gewaltigen Pfeilern eine Riesenausgabe der Grandes-Jorasses-Nordwand, in fast viertausend Meter größerer Meereshöhe. Auch die besten modernen «Extremen» hielten die Erfolgschancen dieses phantastischen Versuches für sehr gering. Dennoch erreichte das unter der Leitung von Chris Bonington stehende Unternehmen der besten britischen Bergsteiger sein Ziel: Am 27. Mai 1970, als Don Whillans und Dougal Haston die letzten fixen Seile hinter sich hatten, stießen sie bei stärkstem Wind und ohne Sauerstoff zum Gipfel vor, nach wochenlanger freier und artifizieller Kletterei bei oft schlechtem Wetter!

Im gleichen Jahr schafften die Brüder Reinhold und Günther Meßner im Laufe der von Dr. med. Karl M. Herrligkoffer organisierten Expedition die

Überschreitung des Nanga Parbat (8125 m) von Süden nach Nordwesten – die 4500 Meter hohe Rupalflanke hinauf und durch die Diamirflanke hinab. Leider wurde die großartige Leistung der beiden Südtiroler durch den Lawinentod Günthers tragisch überschattet. Ihre Tat war ein würdiges Gegenstück zu der von Hermann Buhl, welcher 1953 den «Schicksalsberg der Deutschen» in einem weltberühmten Alleingang bezwang.

Auch 1975 war ein außergewöhnliches Himalaya-Jahr:

Die ersten Frauen auf dem Mount Everest!

Erfolg der 19 Mann starken britischen Expedition in der Everest-Südwestwand, nachdem sechs Großexpeditionen gescheitert waren!

Die gewaltige Südwand des Makalu, von drei starken Expeditionen vergeblich angegangen, durch eine aus 21 Teilnehmern bestehende jugoslawische Mannschaft zum Teil ohne Sauerstoff bezwungen!

Polnische Erstbesteigung des Gasherbrum III (7952 m) im Karakorum, des höchsten bis dahin noch jungfräulichen Gipfels!

Das größte Aufsehen erregte aber zweifellos die Zweitbesteigung des Hidden Peak (= Gasherbrum I, 8068 m) über die noch unbekannte, 3000 m hohe Nordwestflanke durch Reinhold Meßner und Peter Habeler.

Am 2. Juli 1975 waren die beiden Alpinisten über Rawalpindi nach Skardu geflogen. Nach Erledigung der üblichen Formalitäten verließen sie mit nur zwölf Trägern und dem pakistanischen Begleitoffizier die Hauptstadt Baltistans. Nach Errichtung des Standlagers in einer Höhe von 5100 Metern kehrten die Träger am 26. Juli in ihre Dörfer zurück.

Den Kampf am Berg nahmen die zwei Freunde allein auf – im konservativen alpinen Kletterstil, ohne Sauerstoffgeräte, Fixseile und die üblichen Hochlager. Nach sorgfältigem Studium der Route und der Wetterverhältnisse verließen sie Biwak I (5900 m) am 9. August 1975 in Richtung Gipfel. Die Eisflanke mit dem durchziehenden Felsgürtel auf 6900 m sah furchterregend aus. 1200 Höhenmeter trennten sie vom nächsten geplanten Biwak. Unangeseilt und gleichzeitig kletternd stiegen sie langsam höher, jeder für sich allein. Mal war der eine voraus, dann wieder der andere. Nach acht Stunden gelangten sie an ihren Biwakplatz auf 7100 Meter.

Um 12.30 Uhr am 10. August 1975 erreichte Peter Habeler den höchsten Punkt des Gasherbrum I. Reinhold Meßner, der beim Filmen in der Steilwand etwas Zeit verloren hatte, traf wenige Minuten später ein. Die zwei Freunde umarmten sich; das Wetter war herrlich, die Rundsicht unbeschreiblich. Ein Erlebnis, wie es nur ganz wenigen Sterblichen vergönnt ist!

Nach halbstündiger Rast stiegen sie über die Aufstiegsroute ab. Zwei Tage später erreichten sie das Basislager.

In Bergsteigerkreisen hatte man diesem tollkühnen Unternehmen keine Erfolgschancen eingeräumt; daher wirkte das Resultat um so sensationeller. Meßner – der erste Bergsteiger der Welt, der nun drei Achttausender erstiegen hatte: den Nanga Parbat (Rupal- und Diamirflanken), den Manaslu (Südwestfront) und Hidden Peak – und Habeler haben hier eindeutig bewiesen, daß eine Himalayaexpedition ohne Hochträger und ohne Monsterausrüstung möglich ist. Voraussetzung ist allerdings, daß die Bergsteiger hervorragende, gut aufeinander eingespielte Könner sind. Außerdem müssen sie höhenmäßig akklimatisiert und sowohl körperlich als auch seelisch in optimaler Verfassung sein.

Fünfundzwanzig Jahre nach der Eroberung des ersten Achttausenders gab es also wieder eine «bahnbrechende» Leistung und neue Aspekte. Seitdem träumen Meßner und Habeler von der Südwestwand des Mount Everest – im «Westalpen-Stil».

Lager II (6550 m) im Westbecken am Fuß der Everest-Südwestwand. Rechts im Bild die Eisabstürze der Westschulter, links im Hintergrund der Pumo Ri (7145 m). Während der Internationalen Himalaya-Expedition 1971 diente dieses «Vorgeschobene Basislager» als Ausgangspunkt für den Doppelangriff auf Westgrat und Südwestwand des Mount Everest.

Doch man erkennt, daß auch große bergsteigerische Leistungen künftig fast nur mehr die «Kenner» zur Begeisterung hinreißen dürften – Alpinisten im weitesten Sinn, vom Bergphotographen bis zum Leiter von Reisegruppen. Denn zu der Tendenz, gelungene Expeditionen als Routine zu empfinden, kommt hinzu, daß Besteigungen, die womöglich Opfer fordern und den Einsatz von Rettungsmannschaften verursachen, in der Öffentlichkeit geteilter Meinung begegnen. Hier stellt sich die Frage nach dem Sinn genauso wie beim Automobil-Rennsport.

Ganz anders, wenn Bergtouren einem plausiblen Zweck dienen, wie zum Beispiel Bau lebenswichtiger Einrichtungen oder auch Vermittlung des Erlebnisses der großartigen Bergwelt des Himalaya an «Nichtspezialisten»: für Betriebsunfälle hat man Verständnis. Wir kommen in unserem Buch darauf zurück; denn Einzelfragen von Gebirgssport, Bergsteigerausrüstung und Problemen des Tourismus betreffen nicht das Gebirge als Lebensraum und die alpinistische Erschließung, sondern sind Aspekte seiner technischen Durchdringung.

Kulturlandschaften im Gebirge

Rechts: Die Meije (3987 m) bildet den mächtigen Nordpfeiler des Pelvoux-Massivs in den mittleren Französischen Alpen. Die umliegenden Dörfer erwecken zwar vielfach noch den Eindruck ursprünglichen Bergbauerntums, doch sind Feldbau und die Nutzung der Bergwiesen stark zurückgegangen.

Hochgebirge als Lebensräume im Wandel

Hochgebirge sind Lebensräume ganz besonderer, naturgegebener Eigenart. In ihnen setzt die Natur den menschlichen Aktivitäten Schranken, zu deren Überwindung Zeit, Mühen und Kosten aufgewendet werden müssen. An erster Stelle ist das Reliefhindernis zu nennen, das in den großen Höhenunterschieden und der Steilheit des Geländes besteht, ferner die Höhe mit ihren besonderen physiologischen Erschwernissen für das menschliche Leben. Die Steilheit des Reliefs, oft verbunden mit hohen Niederschlägen, verursacht häufig Naturkatastrophen wie Bergstürze, Hangrutsche, Lawinen und verheerende Hochwasser. Hinzu tritt die klimatische Stufung des Hochgebirges, vor allem die mit der Höhe abnehmende Temperatur, aber auch die Exposition der Hänge (Sonnen- und Schattenlage, Luv- und Leeseite). Diese unterschiedlichen geländeklimatischen Bedingungen in Hochgebirgen werden jedoch nicht überall einheitlich bewertet. Vielmehr entscheiden das jeweilige *Großklima* und die Art der Landnutzung darüber, was als günstiger oder ungünstiger Faktor gilt. Diese Feststellung sei im Hinblick auf die traditionelle Gebirgslandwirtschaft etwas eingehender erläutert.

Die unteren sonnseitigen Hänge des Vorderrheintales bei Disentis (Graubünden, Schweiz) sind von lockeren Weilersiedlungen durchsetzt. Um die Wohnhäuser gruppieren sich Scheunen, wobei ein Bergbauer häufig Anteile an mehreren solcher «Heuställe» besitzt. Dauersiedlungen und Äcker reichen bis etwa 1300 m ü.M. Das wenige Getreide, das noch angebaut wird, muß zum Reifen oft auf Holzgestellen aufgehängt werden, da es wegen des kühlen Klimas auf den Feldern nicht immer ausreift.

In den Gebirgen der Gemäßigten Zone, wie etwa den Alpen, werden die Sonnenhänge wegen ihrer längeren Sonnenscheindauer als Standorte von Landwirtschaft und Siedlung bevorzugt, während Schattenhänge meist bewaldet sind. In den trockenen Subtropen hingegen bilden die Schattenhänge Gunstlagen, da sich dort die Bodenfeuchtigkeit länger hält, was nicht nur die natürliche Vegetation, sondern auch das Wachstum der Kulturpflanzen fördert. Außerdem finden sich Gletscher, Firnfelder und ganzjährig fließende Quellen vorwiegend in Schattenlagen, so daß hier Felder und Wiesen bei Bedarf leichter bewässert werden können als auf den Sonnenhängen. Die Unterscheidung von Sonnenseiten (auch Sonnenberge, französisch: *adret* oder *endroit,* katalanisch: *solana* oder *sola,* italienisch: *indretto* oder *adritto,* persisch: *petau*) und Schattenseiten (auch Schattenberge, französisch: *ubac* oder *envers,* katalanisch: *ubach* oder *baga,* italienisch: *inverso* oder *opaco,* persisch: *neshar*) ist bei der bäuerlichen Bevölkerung vieler Gebirge der Subtropen und der Gemäßigten Zone üblich. Sie fehlt hingegen in den tropischen Gebirgen, wo ganzjährig hoher Sonnenstand herrscht, so daß die Windexposition meist wichtiger ist als die Exposition zur Sonne.

Noch ein anderer wichtiger Unterschied besteht zwischen den tropischen Hochgebirgen und jenen der Subtropen und der mittleren (gemäßigten) Breiten. In den Tropen, insbesondere in Äquatornähe, sind die jahreszeitlichen Temperaturunterschiede geringer als die Tagesschwankungen. Man bezeichnet dieses Phänomen als Tageszeitenklima, im Gegensatz zum Jahreszeitenklima der Außertropen. Das Tageszeitenklima hat zur Folge, daß die tropischen Gebirge bis in große Höhe, soweit dies die Temperaturabnahme zuläßt, *ganzjährig* bewohnt und landwirtschaftlich nutzbar sind. Die außertropischen Hochgebirge hingegen werden klimatisch durch den Wechsel von Sommer und Winter geprägt. Dabei bewirken Kälte und Schneefälle, daß die im Sommer nutzbare oberste Siedlungsstufe im Winter verlassen werden muß. Oberhalb der Stufe der ganzjährig bewohnten Dauersiedlungen liegt deshalb *die Stufe der Saisonsiedlungen* mit Alpen (Almen), Sommerlagern von Gebirgsnomaden, Hirtenhütten usw. Zwischen Dauer- und Sommersiedlungen sind häufig noch Zwischensiedlungen eingeschaltet, die im Frühjahr/Frühsommer und im Spätsommer/Herbst bewohnt werden (*Maiensäß* in der Schweiz, *Vorsäß* in Vorarlberg, *Aste* im Zillertal/Tirol, *montagnette* in den Französischen und *maggengo* in den Italienischen Alpen). Diese Voralpen oder Voralmen dienen der Viehweide und der Heugewinnung, aber auch – vor allem in asiatischen Hochgebirgen – dem Ackerbau auf hochgelegenen Bergfeldern.

Die jahreszeitlichen Wanderungen der Gebirgsbauern zu den Voralpen und Alpen sind nicht nur durch die klimatische Höhenstufung bedingt, son-

dern auch durch das Gebirgsrelief. Flacheres Gelände, das naturgemäß als Standort für die Siedlungen und zur landwirtschaftlichen Nutzung bevorzugt wird, findet sich oft nur in kleineren, dazu isoliert gelegenen Flächen. In den meisten Hochgebirgen bilden Talterrassen, Schwemmkegel und aus älteren Talböden hervorgegangene Hangverebnungen die wichtigsten Dauersiedlungsplätze. Dagegen sind die Sommersiedlungen und -weiden an Hochflächen und von den Gletschern ausgestaltete Hochtalböden gebunden. Diese Streulage der landwirtschaftlichen Nutzflächen, die zu einem Dorf oder einem Gebirgsbauernbetrieb gehören, ist ein Grund für die jahreszeitlichen Wanderungen der Bevölkerung.

Jaunsar Bawar Reisfelder um 1400 m – Dörfer bei 1800 m – Sommerweiden bis über 3500 m ü. M. Komplizierte Staffelsysteme sind in der Regel ein Hinweis darauf, daß die Gebirgsbauern bestrebt sind, alle agrarischen Ressourcen zu nutzen, also auch solche Flächen, die einen großen Zeit- und Arbeitsaufwand erfordern. Diese restlose Nutzung, ja oft Übernutzung der landwirtschaftlichen Ressourcen ist ein Charakteristikum traditioneller gebirgsbäuerlicher Wirtschaft in vielen Hochgebirgen der Erde.

Bereits in der Landschaft erkennbare Merkmale einer solchen vollständigen Nutzung sind: Ackerbau oft auf kleinsten Parzellen bis an die klimatisch mögliche Obergrenze für die Selbstversorgung mit Grundnahrungsmitteln und Stroh; die regelmäßige Heugewinnung selbst auf steilsten Bergwiesen, wohin kein Weidevieh mehr gelangen kann und wozu man mitunter – z.B. im Tiroler Ötztal – Steigeisen benötigte; das Roden des Waldes zur Gewinnung neuen Weide- oder Ackerlandes. Letzteres hat in manchen übernutzten Hochgebirgen bereits zu so starker und verbreiteter Bodenerosion und Hangabspülung geführt, daß ganze Fluren gefährdet erscheinen, wie in Teilen des indischen Himalaya und der südamerikanischen Anden.

Eine Übernutzung der landwirtschaftlichen Ressourcen ist Ausdruck der *Übervölkerung,* wie sie in vielen altbesiedelten Hochgebirgen herrscht: Die zunehmende Bevölkerungszahl zwang geradezu zur Ausnutzung aller irgendwie geeigneten Flächen sowie zur Einführung neuer Kulturpflanzen, wie der

Das Tal von Zervreila (Valsertal/Graubünden, Schweiz), mit dem Zervreilerhorn (2898 m) im Hintergrund, wird seit 1956 von einem Stausee eingenommen, dessen Damm nahe der Alpe Frunt errichtet wurde. Zervreila (1780 m) wie Frunt sind Maiensäßdörfer, wo die Heunutzung noch eine wichtige Rolle spielt.

Werden regelmäßig mehrere Saisonsiedlungen im Lauf des Jahres aufgesucht – z.B. Heimgut–Maiensäß–Niederalpe–Hochalpe und zurück – so bezeichnet man dieses System zusammengehöriger, aber räumlich getrennter Siedlungen als *Staffelsystem* (schweizerisch: Stafel). Die Zahl der einzelnen Staffeln ist von der Lage und Zerstückelung des Landbesitzes, von der Nutzungsart und vom Gelände abhängig. Die kompliziertesten Staffelsysteme bestanden bis in die fünfziger Jahre unseres Jahrhunderts wohl im schweizerischen Val d'Anniviers (Eifischtal), aber auch aus dem indischen Himalaya und aus dem afghanischen Hindukusch wurden ähnliche vielgliedrige Staffelsysteme beschrieben. In allen diesen Fällen bewirtschaften Gebirgsbauern Flächen in sehr unterschiedlichen Höhenstufen: zum Beispiel im Wallis Weingärten bei 500 m – Dörfer 1200 bis 1900 m – Almen bei 2500 m ü. M.; im Himalaya von

Kartoffel (in den Alpen seit Ende des 18. Jahrhunderts, später auch im Himalaya, Hindukusch, Hohen Atlas). Während die Übervölkerung in den Alpen seit Mitte des 19. Jahrhunderts zurückgegangen ist (siehe unten), nimmt sie in den meisten Hochgebirgen unterentwickelter Länder noch zu. Dort werden häufig noch bisherige Weideflächen dem Ackerbau erschlossen und Saisonsiedlungen in Dauersiedlungen umgewandelt, so daß zumindest örtlich die Obergrenze der Dauersiedlungen ansteigt. Zunehmender Bevölkerungsdruck ist im Himalaya-Karakorum, im Hindukusch, in Teilen der persischen und anatolischen Gebirge und in den südamerikanischen Anden zu registrieren. Trotz der fast vollständigen Nutzung der verfügbaren Flächen kann sich aber ein Großteil der Bevölkerung in diesen Gebieten nur mehr zum Teil mit Nahrungsmitteln selbst versorgen, denn die bäuerlichen Betriebe sind durch Erbteilung zu klein (oft nur 50–100 Ar Ackerland, dazu Weide) und die Erträge demzufolge zu gering. Die Bevölkerungszahl hat also die Grenze der landwirtschaftlichen Möglichkeiten überschritten. Die Situation wird noch dadurch verschärft, daß es in diesen Gebirgen kaum Ausweichmöglichkeiten auf andere Erwerbszweige gibt; das traditionelle Hausgewerbe wird auch dort durch Industriewaren, der Saumtiertransport durch den Kraftfahrzeugverkehr auf den neuen Gebirgsstraßen zurückgedrängt. Die Chancen der Abwanderung in die Vorländer und namentlich in die Großstädte sind beschränkt, da es in den meisten unterentwickelten Ländern an städtischen Dauerarbeitsplätzen mangelt.

In dieser schwierigen wirtschaftlichen Situation bieten meist nur zeitweilige oder saisonale Erwerbsmöglichkeiten in den Vorländern das dringend benötigte zusätzliche Einkommen. Dieser durch Wanderarbeit gewonnene Zuverdienst wird dazu verwendet, Nahrungsmittel und die notwendigsten Gebrauchsgüter für die im Gebirge lebende Familie zu kaufen.

Ein derartiger Zuerwerb ist für viele Gebirgsbewohner in unterentwickelten Ländern lebensnotwendig. Dabei haben sich teilweise berufliche Spezialisierungen ganzer Bevölkerungsgruppen entwickelt. Berühmt sind etwa die Nepalesen, die als Söldner früher in den britischen und heute in den indischen Gurkharegimentern dienten beziehungsweise dienen. Viele Männer aus dem indischen Himalaya und den nordpakistanischen Gebirgen arbeiten temporär oder saisonal als Diener, Händler oder Erntearbeiter im Indus- oder Gangestiefland. Entsprechendes gilt für die Gebirge Afghanistans. Auch in den südamerikanischen Anden gibt es Saisonarbeiterwanderungen, so aus dem bolivianischen Hochland in die Baumwoll-, Reis- und Zuckerrohranbaugebiete Ostboliviens und Nordargentiniens.

In den *Alpen* bestand eine lange Periode der Übervölkerung und landwirtschaftlichen Übernutzung, die in der ersten Hälfte des 19. Jahrhunderts ihren Höhepunkt fand. Um 1840/50 wurde fast überall in den Alpen, mit Ausnahme der vom Durchgangsverkehr benutzten Haupttäler, ein Maximum der Bevölkerungszahlen erreicht. Daß damals die Grenze der Produktionsmöglichkeiten überschritten war, zeigte die weite Verbreitung des Zuerwerbs in den Vorländern an. Auch unter der alpinen Wanderarbeitsbevölkerung gab es vielerlei Spezialisierungen, wie die nach Handwerken und Wanderhandelssparten. Bekannt waren die Bündner Zuckerbäcker, die Glaser und Maler aus dem Calancatal (Graubünden), Maurer aus Hochsavoyen, dem Tal von Gressonney/Aostatal und dem Tiroler Lechtal, Hausierhändler aus dem Defereggental (Osttirol) mit ihren Decken, dem Zillertal (Tirol) mit Handschuhen, vom Comersee mit Barometern und andere mehr. Um die Mitte des 19. Jahrhunderts betrug allein im französischen Hochsavoyen die Zahl der temporären Wanderarbeiter etwa 30000, die der winterlichen Saisonarbeiter 4500. Daneben gab es zahlreiche Gewerbe, teils als nebenberufliche Hausgewerbe, teils hauptberuflich betrieben: die Textilherstellung im schweizerischen Linthtal (Kanton Glarus), das Kleineisengewerbe im österreichischen Stubaital, in den niederösterreichischen «Eisenwurzen» und in den Tälern der Lombardischen Alpen. Schließlich bot der Handel über die zahlreichen Paßwege Erwerbsmöglichkeiten im Saumverkehr.

Ab Mitte des 19. Jahrhundert wandelte sich diese Situation, vor allem durch die verkehrstechnische Öffnung des Gebirges und die Verstädterung und Industrialisierung in den Vorländern bedingt. Die Eisenbahnen konzentrierten den Transitverkehr über die Alpen auf wenige Strecken, was zu einem scharfen Rückgang der Wagen- und Saumtiertransporte führte. In manchen großen Alpentälern, z.B. Mur-Mürz-Tal (Steiermark), Linthtal (Glarus), Val Camonica (Provinz Brescia), entwickelten sich moderne Industrien auf der Grundlage alter Gewerbe. Die durch Eisenbahnanschluß und industrielle Arbeitsplätze attraktiv gewordenen Orte wurden zum Ziel von Zuwanderern aus schwer zugänglichen Seitentälern oder hochgelegenen Hangsiedlungen.

Damit setzte eine Abwanderungswelle von Gebirgsbewohnern ein, und zwar vorwiegend jüngerer Leute. Diese Abwanderung war aber nicht nur in die alpinen Haupttäler gerichtet, sondern auch in die Vorländer mit ihren rasch wachsenden Großstädten. Diese Landflucht findet in weiten Teilen Europas statt. In den Alpen waren insbesondere die ungünstig gelegenen, meist überbevölkerten Höhensiedlungen davon betroffen, weshalb man dort von *Höhenflucht* oder *Bergflucht* spricht. In den Gebieten mit Real-Erbteilung, wo also auch der Grundbesitz zersplittert wird, wie im westlichen Tirol, in großen Teilen der Italienischen Alpen (einschließlich Schweizer Kanton Tessin) und in den südlichen Französischen Alpen, aber auch in den Waldgebirgen der Obersteiermark und Oberkärntens, war diese Abwanderung so stark, daß sie zu einem beträchtlichen Rückgang der Bevölkerungszahlen führte. In den nördlichen und östlichen Alpen ist die rückläufige Entwicklung seit 1900 wieder einem Zuwachs gewichen; in weiten Gebieten der südlichen Alpen jedoch – namentlich der westlichen Italienischen und der Französischen Alpen – hält sie bis zur Gegenwart an. Hier, doch auch in manchen Tälern der Schweizer und Österreichischen Alpen, wurden Gehöfte und ganze

Wanderungsschema eines Dreistufenbetriebes

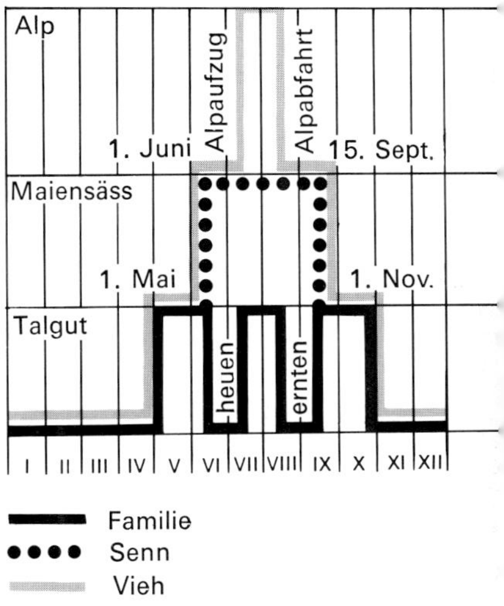

Staffelsystem in einem Tal der Schweizer Alpen. Die Talgüter sind mit den Bauernhöfen im Dorf identisch, das auf einer Talterrasse liegt. Im Winter wird hier das Vieh im Stall gehalten, im Sommer befindet es sich zumeist auf den Bergweiden. Über dem Dorf schließt die Waldstufe an, wo in gerodeten Lichtungen die Maiensäßen eingestreut sind. Die Häuser, Stallscheunen, Stadel und Wiesen der Maiensäßen sind wie die Heimgüter Privateigentum. Häufig teilen sich aber mehrere Bauern in den Besitz eines einzigen Gebäudes. Noch über die Waldgrenze hinaus reicht die folgende Stufe der Bergweiden (Alpen oder Almen). In der Schweiz sind sie zumeist Gemeindebesitz, doch gibt es auch Privat-, Gemeinschafts-, Genossenschafts- und Staatsalmen. In diesem Tal wird das Vieh Anfang Mai zur Maiensäß getrieben, wo es, je nach Witterung, von den Heuvorräten zehrt oder weidet. Der Aufenthalt auf der Alpe währt von Mitte Juni bis Mitte September, währenddessen die höchstgelegenen Alpweiden von Jungvieh und Schafen abgegrast werden und auf der Maiensäß das Heu eingebracht wird. Nach der Alpabfahrt weidet das Vieh nochmals auf der Maiensäß. Während der Sömmerungsperiode (Mai bis Oktober) kann auf den Heimgütern das Heu der Talwiesen eingebracht werden.

Der Wandel der traditionellen Bergbauernwirtschaft äußert sich in vielen alpinen Gemeinden auch in einem Rückgang des Ackerbaus. Wurde früher von den meisten Betrieben etwas Roggen oder Weizen als Brotgetreide und zur Strohgewinnung angebaut, so finden sich heute meist nur mehr kleine Kartoffelfelder in Hofnähe. Der oft beschwerliche und überdies unsichere Getreideanbau lohnt bei den heutigen Transportverhältnissen nicht mehr.

Die Alpviehhaltung hat sich u.a. durch den starken Rückgang des Ziegenbestandes gewandelt, während die Zahl der Schafe, welche die obersten Alpweiden nutzen, neuerdings z.T. wieder angestiegen ist.

Weiler von der Bevölkerung verlassen. Soweit die Häuser samt dem zugehörigen Kulturland nicht von anderen Bauernbetrieben übernommen und jahreszeitlich genutzt werden oder als Ferienhäuser dienen, verfallen sie. Derartige Wüstungen sind in den südlichen Französischen und Italienischen Alpen, aber auch in Tessiner Tälern (z.B. im Val Verzasca) besonders zahlreich. Selbst für Tirol und Vorarlberg ergab eine Untersuchung des Innsbrucker Wirtschaftswissenschaftlers F. Ulmer in 65 Gemeinden, daß dort von 1857 bis 1940 ein Viertel der landwirtschaftlichen Betriebe aufgelassen wurde, wobei 11% der bäuerlichen Behausungen 1940 verschwunden waren, verfielen oder leerstanden. In den Waldbauerngebieten der südöstlichen Österreichischen Alpen wurden Abwanderung und Entsiedlung im 19. Jahrhundert durch adelige und großbürgerliche Jagd- und Forstherren gefördert, ja durch «Bauernlegen» zum Teil sogar erzwungen.

In einzelnen alpinen Gemeinden ist seit einiger Zeit ein Rückgang der Abwanderung, ja zuweilen eine Zuwanderung, verbunden mit steigenden Bevölkerungszahlen, zu verzeichnen. Gründe für diese gegenläufige Entwicklung sind vor allem die Verkehrserschließung und der Tourismus.

Während der letzten Jahrzehnte sind nahezu alle Gemeinden in den Alpen durch Autostraßen, vereinzelt auch durch Seilbahnen, mit der Außenwelt verbunden worden. Dies hat für die einheimische Bevölkerung zur Folge, daß jemand nicht unbedingt zur Abwanderung gezwungen ist, will er einem Erwerb außerhalb des eigenen Wohnortes nachgehen. Denn nunmehr ist es fast überall möglich, täglich einen Arbeitsplatz in einem größeren Ort aufzusuchen. Vor allem das Kraftfahrzeug ermöglichte den Tagespendelverkehr auch aus entlegenen Berggemeinden ins Haupttal. Ein Beispiel aus dem Wallis ist Visperterminen (1400 ü.M.), wo viele Pendler im Industrieort Visp (650 m ü.M.) beschäftigt sind.

Andererseits bildet die Verkehrserschließung die Voraussetzung für den alpinen Tourismus von heute. Waren die Alpen noch bis ins beginnende 20. Jahrhundert ein Erholungsgebiet vor allem für die Ober- und Mittelschichten vieler europäischer Länder, so öffnete der private Kraftfahrzeugverkehr das Gebirge auch dem modernen Massentourismus. Viele Orte haben dadurch ihre Struktur völlig verändert. Sie gaben ihre frühere landwirtschaftliche Basis weitgehend auf, ihre Einwohnerzahlen wuchsen zu städtischer Größenordnung an, und namentlich das Hotelgewerbe bot eine Fülle neuer Beschäftigungsmöglichkeiten. St. Moritz, Chamonix, Cortina d'Ampezzo und Gastein seien als drastische Beispiele für diesen sozialen und wirtschaftlichen Wandel mancher alpinen Gemeinden genannt. Aber auch viele kleine, oft noch ländliche Gemeinden ziehen Vorteile aus dem Fremdenverkehr – in Fremdenheimen, Pensionen, durch Vermietung von Privatzimmern, Ferienwohnungen und Ferienhäusern. Oberhalb der Stufe der Dauersiedlungen, im Alpgelände, entstanden zahlreiche völlig neue Wintersportsiedlungen, wie Hochsölden im Ötztal (Tirol), Superverbier (Wallis), Sestriere in den Italienischen Westalpen (siehe Seite 277) und die zahlreichen auf dem Reißbrett geplanten Skistationen der Französischen Alpen. Eine zunehmende Zahl von Interessenten aus den Gebirgsvorländern errichtet ihren Zweitwohnsitz in Alpengemeinden, oft in der Absicht, dort einmal ihren Lebensabend zu verbringen.

Die in jahreszeitlichem Rhythmus in und durch die Alpen pulsierenden Touristenströme demonstrieren in aller Deutlichkeit die Bedeutung, welche dieses Gebirge heute im dichtbesiedelten Europa als Erholungsgebiet für Millionen von Menschen hat, die vor allem aus den großen Städten kommen. Trugen die Alpen vor 150 Jahren großenteils noch die Züge eines wirtschaftlichen Notstandsgebietes, dessen Landwirtschaft größtmöglicher Selbstversorgung diente, so sind sie inzwischen zu einem Vorzugsraum der modernen Industriegesellschaft geworden. Dies gilt mehr oder weniger auch für andere europäische Hochgebirge, wie die Pyrenäen.

Zu den größeren Alpentälern, die von der modernen touristischen Erschließung noch wenig erfaßt worden sind, zählt das *Goms,* der oberste Abschnitt des Rhônetales, oberhalb Brig (ca. 700 m ü.M.), der hier als Beispiel kurz beschrieben sei. Während die 12 Dörfer im Talgrund bis 1370 m (Oberwald) reichen, liegen manche Hangdörfer höher, wie das sonnenseitige Bellwald (1550 m ü.M.). Aus dem oberen Goms führen drei schon seit alters benützte und heute mit Autostraßen versehene Pässe in benachbarte Täler: über den Grimselpaß (2164 m) nach Norden ins Berner Oberland (Haslital), über die Furka (2431 m) nach Nordosten in die Zentralschweiz (Urserental) und über den Nufenenpaß (2440 m) ins Tessin.

Das Goms, ab dem 8. oder 9. Jahrhundert durch Alemannen vom Haslital her besiedelt, war schon früh übervölkert. Der Bevölkerungsdruck führte seit dem 13. Jahrhundert zur Abwanderung einzelner Gruppen aus dem Oberen Wallis, die als «Walser» insbesondere in Graubünden und bis Vorarlberg zahlreiche neue Siedlungen gründeten (Großes Walsertal!). Der Trag- und Saumverkehr über die nach

Die Abwanderung der Bevölkerung hat in manchen Teilen der Alpen zur Entsiedlung, das heißt zur Aufgabe ganzer Siedlungen geführt. Soweit ihre Gebäude verfallen, werden sie als Wüstungen bezeichnet. Von der Entsiedlung wurden insbesondere die Französischen Südalpen und die südlichen Piemonteser Alpen (Italien) betroffen, aber auch der Kanton Tessin (Schweiz). Hier sind vor allem das Val Leventina und das Val Verzasca zu nennen, wo in einigen Gemeinden (Corippo, Sobrio, Dalpe) die Bevölkerungszahlen von 1850 bis 1950 um 70–75% zurückgingen. Dabei handelt es sich zumeist um Siedlungen auf schwer zugänglichen Terrassen, an Talhängen und in Seitentälern und vor allem um kleine Bergbauernbetriebe.

Der Entsiedlungsvorgang beginnt meist damit, daß die unternehmungsfreudigen jungen Leute aus einem Bergdorf abwandern, denen sich anderswo bessere Erwerbschancen bieten. Es kommt dann rasch zu einer Überalterung der zurückbleibenden Bevölkerung, und mit dem Tod der alten Generation setzt der Verfall der Siedlung ein – sofern die Gebäude nicht renoviert und als Ferienhäuser genutzt werden.

Norden (Grimsel) und gegen Süden (Nufenen- und Griespaß) leitenden Pässe bildete jahrhundertelang eine wichtige Quelle des Zuerwerbs für die bäuerliche Bevölkerung des Goms. Doch die modernen Straßen über den Simplon- (1805) und den St.-Gotthard-Paß (1830) und später die beiden Eisenbahntunnels zogen den Nord-Süd-Verkehr durch die Schweizer Alpen völlig auf sich. Dadurch geriet das Goms im 19. Jahrhundert ins Abseits, und der Wegfall der Zuerwerbsmöglichkeiten zwang zu einer fast autarken Alpwirtschaft und zur Abwanderung.

Die Abseitslage des Goms ist bis heute nicht überwunden. Insbesondere im Winter, wenn die Paßstraßen und die Furka-Oberalp-Bahn gesperrt sind, bildet das Goms eine Sackgasse, die auch kaum Wintergäste anzieht. Im Sommer verzeichnet man zwar einen regen Durchgangsverkehr, doch suchen nur relativ wenige Gäste das Goms als Urlaubsgebiet auf.

Auch die jahrhundertelange Übervölkerung des Tales wirkt bis heute nach. Ein Kennzeichen ist die ungewöhnlich starke, aus der Real-Erbteilung resultierende Besitzzersplitterung, die sich auch im Siedlungs- und Landschaftsbild äußert. In den kleinen, enggebauten Haufendörfern und Weilern herrschen durchweg noch die alten Wohnhäuser aus fast schwarzem Lärchenholz vor, umgeben von zahlreichen kleineren Wirtschaftsgebäuden. Diese, namentlich Ställe, Heustadel und Speicher – letztere auf Holzpfosten ruhend, die oben durch waagerechte Steinplatten zum Schutz gegen Nagetiere abgedeckt sind – sind oft gemeinsamer Besitz mehrerer Bauern. Die Ackerflächen, die im oberen Goms die sonnenexponierten Schwemmkegel und Terrassenflächen in Dorfnähe einnehmen, erscheinen wie ein Mosaik von Parzellen, die oft kleiner als 1 Ar sind. Aber auch die Talwiesen und die Voralpen (Vorsässen) am Sonnenhang in 1500–2000 m Höhe sind besitzrechtlich stark aufgegliedert. Jede bäuerliche Familie besitzt mehrere Heuschober und Ställe für sich oder mit Nachbarn gemeinsam und dazu ein Wohnhaus auf der Voralpe. Deshalb ist das Bild dieser alpinen Kulturlandschaft vom Talgrund bis zu den Voralpen durch zahlreiche, oft über die Flur gestreute Gebäude gekennzeichnet. Nur in der oberen Nutzungsstufe, auf der Alp, wird die sommerliche Viehweide gemeinschaftlich durchgeführt.

Die Besitzzersplitterung ist im übrigen in den Dörfern des oberen Goms am ausgeprägtesten und nimmt talabwärts ab.

Die Geschichte des Goms ist also gekennzeichnet durch einen Wechsel von Abgeschlossenheit und Öffnung zur Außenwelt, je nach der gerade herrschenden Verkehrs- und Bevölkerungssituation. Seit einigen Jahrzehnten vermindert sich die Isolation der Talschaft vor allem infolge der neuen Straßen und Personenseilbahnen. Ein Teil der einheimischen Bevölkerung findet inzwischen als Tagespendler den Haupterwerb in Brig; in und um Fiesch bietet auch die Hotellerie Arbeitsplätze. Hier, im unteren Goms, ist der aussichtsreiche Nordhang durch Seilbahnen, Hotels und Chalets erschlossen worden. Die Seilbahnen brachten gleichzeitig den Dörfern Ried, Greich, Betten und auch Bellwald den Verkehrsanschluß an das Haupttal. Das obere Goms hingegen hat bis heute seinen vorwiegend ländlich-traditionellen Charakter behalten. Lediglich in Oberwald, dem obersten Dorf, wird das Projekt eines großen Ferien- und Sportzentrums verfolgt. Eine wichtige Voraussetzung für den damit angestrebten Wintertourismus im oberen Goms bildet aber der Bau des Eisenbahntunnels unter dem Furkapaß, der eine wintersichere Verbindung mit der Gotthardlinie herstellen wird.

Eine ähnliche Öffnung wie im Goms fand auch in anderen Tälern der Alpen statt. So ist z.B. Osttirol (Bezirk Lienz) erst durch die Felbertauernstraße (Eröffnung des Tunnels 1967) aus seiner abseitigen Lage

St. Véran, in einem Seitental des Queyras nahe der italienischen Grenze auf rund 2040 m, ist das höchstgelegene Dorf der Französischen Alpen. Die sonnseitige Flur oberhalb des Dorfes, die künstlich bewässert wird, bestand noch Anfang der sechziger Jahre großenteils aus Äckern, die inzwischen in Wiesen umgewandelt worden sind. Diese Extensivierung der Landwirtschaft wurde durch den Fremdenverkehr beschleunigt.

Rechts: Das obere Goms; Biel, Reckingen, Münster. Die Dörfer liegen auf den sonnseitigen Schwemmkegeln, in Schutzlage vor früher häufigen Überschwemmungen. Die Feldflur ist aufgrund der traditionellen Realteilung kleinparzelliert.

zu den Nord-Süd-Verkehrslinien befreit worden; das einst stille Matrei erlebt nun in nächster Nähe einen Verkehrsstrom wie auf den Autobahnen der Bundesrepublik Deutschland.

Unter den übrigen europäischen Hochgebirgen erfuhren vor allem die *Pyrenäen*, zumindest auf der französischen Seite, eine ähnliche Entwicklung wie die Alpen. Auch hier folgte auf eine Zeit allgemeiner Übernutzung und Übervölkerung die Abwanderung, von der die Dauersiedlungen in den französischen Vorpyrenäen am stärksten betroffen worden sind. Seit dem Zweiten Weltkrieg hat der Tourismus auch die Pyrenäen überschwemmt. Er ist insbesondere im östlichen und mittleren Teil der Französischen Pyrenäen verbreitet, weniger in den regenreichen und niedrigeren Westpyrenäen. In den mittleren Französischen Pyrenäen sind neben älteren Fremdenverkehrsorten, wie Bagnères-de-Luchon und Gavarnie, mehrere moderne Wintersportstationen ähnlich wie in den Französischen Alpen entstanden; im Osten konzentriert sich der Tourismus auf das Hochtal der Cerdagne.

Eine geradezu hektisch anmutende touristische Erschließung fand seit Anfang der sechziger Jahre in dem Pyrenäenzwergstaat Andorra statt. Durch ausländisches Kapital, das in dieser landschaftlich schönen Steueroase sichere Anlageobjekte suchte, wurden zahlreiche Appartementhäuser, Hotels und Geschäftsgebäude sowie Seilbahnen und Lifte finanziert – selbst in Dörfern der Seitentäler. Andorra-la-Vella, die Hauptstadt, wandelte sich innerhalb eines Jahrzehnts von einem verschlafenen Landstädtchen zu einem modernen Einkaufsort, wo selbst Pariser Firmen Filialen unterhalten und wo in der Touristensaison großstädtisch anmutender Betrieb herrscht. Die traditionelle Landwirtschaft, die sich auf Almweiden, Mais- und Tabakanbau gründet, ist in starkem Rückgang begriffen.

Anders ist die Situation in den Spanischen Pyrenäen. Hier finden sich zwar im mittleren Abschnitt einige Fremdenverkehrsorte, die jedoch bescheidener wirken als jene Andorras. In der breiten Sierrenzone der spanischen Vorpyrenäen gibt es noch viele entlegene Dörfer und Einzelhöfe mit intakter Landwirtschafts- und Sozialstruktur. Verlassene Häuser und Felder sind hier seltener zu beobachten als in den französischen Vorpyrenäen. Doch auch aus der Sierrenzone wandern heute vor allem junge Leute in die Städte ab, insbesondere nach Barcelona.

Ganz andere Verhältnisse herrschen in den *Hochgebirgen Vorder- und Südasiens*. Von wenigen Ausnahmen abgesehen, überwiegen hier traditionelle Lebens- und Wirtschaftsformen bei weitem. Die Bevölkerung der meisten dieser Gebirge befindet sich in einer Situation, welche jener der Alpen vor 1850 gleicht. Ihre Hauptmerkmale sind die fast restlose Nutzung aller Ressourcen, die weitere Intensivierung der Gebirgslandwirtschaft und die Übervölkerung mit ihrem Zwang zum Zuerwerb außerhalb des Gebirges.

Zu den Ausnahmen zählen einzelne Orte und Täler im *Himalaya*, die vom modernen Tourismus erfaßt worden sind, ja zu Erholungszwecken geschaffen wurden. So legten die Briten im 19. Jahrhundert zahlreiche Sommerfrischen im Vorhimalaya an, und zwar von Murree im Westen (beim heutigen Islamabad, Pakistan) bis Kalimpong, Sikkim, im Osten. Diese *hill stations* werden heute zumeist von Angehörigen der Ober- und Mittelschichten aus indischen oder pakistanischen Großstädten besucht. Das wohl bekannteste Beispiel ist das um 2000 m ü.M. gelegene Darjeeling mit seinen Hotels und Pensionen für unterschiedlichste Ansprüche, mit Höheren Schulen und Internaten, christlichen Kirchen und dem großen, früher britischen Klub. Allein schon durch seine Aussichtslage bildet Darjeeling eine Ausnahme unter den *hill stations*, bietet sich doch von hier ein einmali-

Die Täler des Pontischen Gebirges (NO-Türkei) zum Schwarzen Meer sind zum Teil sehr dicht besiedelt. Haselnüsse und Mais, bei Rize auch Tee, bilden die wichtigsten Anbauprodukte. Zum Teil herrscht noch eine traditionelle Bergbauernwirtschaft, die sich auch im Siedlungsbild äußert. Im Tal von Uzungöl/Provinz Trabzon (siehe Bild) liegen Höfe, einzeln oder in Weilern, bis etwa 1200 m ü.M. selbst über steile Hänge verstreut.

Es handelt sich dabei großenteils noch um Holzbauten mit flachen, schindelgedeckten Dächern und Trockengestellen unter den Giebeln. Sie gleichen damit dem alpinen Holzhaus, wie es z.B. im Wallis, im Queyras oder in Osttirol vorkommt. Oberhalb der Höfe verlaufen fast senkrecht am Hang Viehtriebspuren, die durch den Bergwald auf die Weiden führen. Immer häufiger werden solche alte Gebäude abgerissen und durch moderne Bauten ersetzt, vor allem von Gastarbeitern, die so ihr in Mitteleuropa verdientes Geld investieren.

Oben links: Noch bis in die fünfziger Jahre verharrte die Bevölkerung Andorras in völlig traditionellen Wirtschafts- und Lebensformen. Inzwischen erlebte dieser Pyrenäenzwergstaat eine beispiellose Entwicklung, die durch Tourismus, Kapitalzufluß und einen hektischen Bauboom gekennzeichnet ist. Das Dorf Pal, in einem Seitental des Valira del Nord bei 1600 m ü.M. gelegen, ist eine der letzten traditionell geprägten Siedlungen.

Die nordöstlichste Provinz Afghanistans, Badakhshan, die im Norden an die Sowjetunion, im Osten an China und Pakistan grenzt, ist überwiegend Hochgebirgsland. Sie umfaßt einen Großteil des Hohen Hindukusch sowie den Kleinen Pamir und die kaum bekannten Gebirge von Darwaz.

In den Hochgebirgstälern leben vorwiegend Persisch sprechende Bergtadschiken, in den unteren Tälern und gegen den Gebirgsrand hin türkische Volksgruppen. Deren Sommerbehausung ist das Rundzelt (Yurte) der Turkvölker, das in seiner einfachen Ausführung aus Schilfmatten, Filzen und Zweigen als tschapari oder kappa bezeichnet wird (siehe Bild). Diese kappa dienen heute auch seßhaften Bauern als luftiger Wohnplatz während des Sommers. Sie werden neben dem Lehmhaus oder in den Gärten und auf Feldern aufgestellt – ein Überbleibsel früherer nomadischer Lebensweise. Auch auf den Sommerweiden im Gebirge, den ayloks, werden diese Rundzelte benützt, wogegen die Bergtadschiken des Hochgebirges dort Steinhütten bevorzugen.

ger Ausblick auf den Kangchendzönga («Kantsch») und die übrigen hohen Gipfel Sikkims. Außerdem ist die Stadt Mittelpunkt des berühmten Teeanbaugebietes von Darjeeling.

Moderner, von Ausländern getragener Tourismus hat namentlich durch das *trekking* in manchen Bergtälern Nepals Einzug gehalten, wodurch die jüngeren Leute als Lastträger einen Zuerwerb finden. Auch in Gilgit und Hunza, in Swat (Pakistan) und in Leh (Klein-Tibet, zum indischen Kashmir gehörig) wurde der Ausländertourismus bis zu einem gewissen Grad entwickelt. Alle diese Ansätze sind aber bisher im Himalaya und Karakorum eher punkthaft verbreitet, während in den meisten Tälern dieses riesigen Gebirgssystems durchweg traditionelle Wirtschafts- und Lebensformen herrschen.

Die wichtigste Ausnahme unter den vorderasiatischen Gebirgen stellt das *Elbursgebirge* in Nordiran dar, wo der Einfluß der rasch wachsenden Hauptstadt Teheran bis tief in die Täler der Südabdachung wirkt. Hier gibt es bereits Wintersportorte mit Liftbetrieb, Abwanderung ländlicher Bevölkerung in die Städte und umgekehrt den jahreszeitlichen Zustrom erholungsuchender Großstädter in die Hotels, Ferien- und Wochenendhäuser im Gebirge. Hochweiden und Bergfelder, die von abgewanderten Gebirgsbauern aufgegeben wurden, sind hier großenteils von Nomaden übernommen worden, die stets nach Möglichkeiten zur Expansion ihrer Weidegebiete suchen.

Dieses Nebeneinander von seßhaften Gebirgsbauern und Bergnomaden läßt sich in den meisten orientalischen Hochgebirgen, vom Hohen Atlas bis in den westlichen Himalaya, beobachten. Er ist geradezu charakteristisch für das subtropische Wüsten- und Steppengebiet der Alten Welt, wo die Gebirge während der Trockenzeit im Sommer und Herbst relativ gute Weidemöglichkeiten bieten und deshalb ein begehrtes Wanderziel nomadisierender Stämme sind. Dies gilt vor allem für Afghanistan, dessen Bevölkerung noch zu rund 15% aus Nomaden besteht und wo Gebirge und Hochländer einen großen Teil des Landes einnehmen.

Besonders interessant ist in diesem Zusammenhang der afghanische Teil des *Hindukusch*. Die Grenze zu Pakistan bilden zahlreiche Gipfel um 7000 Meter Höhe, und in seinen höheren Teilen, das heißt über 5000 m, ist der afghanische Hindukusch nordseitig stark vergletschert. Dies bedeutet eine meist gute, ganzjährige Wasserversorgung der größeren Täler und der Gebirgsvorländer, wo in Flußoasen Bewässerungslandwirtschaft getrieben wird. Die Ränder des Gebirges im Norden und Nordwesten sowie gegen Südosten sind zum Teil stärker beregnet und erlauben daher sogar Feldbau ohne Bewässerung (Regenfeldbau). So finden sich dort verschiedene Bewirtschaftungsformen und Kulturpflanzen räumlich und betrieblich eng verzahnt. Die inneren Täler des Hindukusch hingegen sind erheblich trockener, so daß hier Anbau ohne Bewässerung nicht möglich ist. Deshalb muß das Wasser aus Flüssen und Bächen, seltener aus Quellen, in oft kilometerlangen Hangkanälen den Dörfern und Fluren zugeleitet werden. Die Kanaleinläufe werden in landesüblicher Weise einfach mit kleinen Steindämmen versehen, die das Wasser ableiten. Da diese Konstruktionen bei jedem Hochwasser weggerissen werden, muß man sie jedes Jahr neu errichten.

In den inneren Tälern des Gebirges erreicht die Obergrenze der Dauersiedlungen ihren Höchstwert: Die obersten Dörfer liegen bei 3300 m ü.M., die Sommersiedlungen der Gebirgsbauern (*ayloq* genannt) vereinzelt bei knapp 4000 m ü.M. Oberhalb dieser bäuerlichen Siedlungsstufe findet man oft die Sommerlager der paschtunischen Nomaden, welche die höchsten Weiden ein bis zwei Monate lang nutzen. Beide Arten der Sommersiedlungen sind schon äußerlich klar zu unterscheiden: Während die Nomadenlager aus schwarzen Zelten bestehen, setzen sich die Ayloq-Siedlungen aus einfachsten Steinhütten oder aus Rundzelten, die mit Schilfmatten und Filzen bedeckt sind, zusammen.

Das Nomadentum ist im Hindukusch eine recht junge Wirtschaftsform, erhielten die Herdenbesitzer doch ihre dortigen Weiderechte zumeist erst gegen Ende des 19. Jahrhunderts zugewiesen, nachdem sich die staatliche Zentralgewalt auch in den entlegenen Gebirgstälern durchgesetzt hatte. Da sich die Nomaden auch hier recht expansiv verhalten, kommt es immer wieder zu Auseinandersetzungen zwischen ihnen und der ansässigen Gebirgsbauernbevölkerung, die ihnen widerrechtliche Nutzung der Weiden, Flurschäden durch ihre Viehherden und dergleichen vorwirft. Diese Konflikte folgen also aus der zunehmenden konkurrierenden Nutzung von Gebirgsweiden, die mitunter so überbeansprucht werden, daß die Vegetation rasch verarmt oder sogar zerstört wird.

Das seßhafte Gebirgsbauerntum ist im Hindukusch offensichtlich sehr alt. Darauf deuten verschiedene Kulturelemente hin, wie der Hausstil, die Feldterrassen und die Bedeutung des Obstbaus.

Eine kulturelle Sonderstellung nimmt heute noch die Bevölkerung von Nuristan im Südhindukusch ein. Sie wurde erst 1896 vom afghanischen Emir unterworfen und zum Islam bekehrt (seitdem heißt das Land nicht mehr Kafiristan, d.h. «Land der Ungläubigen», sondern Nuristan, «Land des Lichtes»). In der Abgeschlossenheit der oberen Täler, die durch schwer passierbare Schluchten gegen den Gebirgsrand geschützt sind, hatte sich eine altertümliche Kultur mit Verehrung heidnischer Götter viele Jahrhunderte lang inmitten einer islamischen Umgebung behaupten können.

Im übrigen, größeren Teil des Hindukusch bilden die Persisch sprechenden Bergtadschiken die wichtigste Bevölkerungsgruppe. Ähnlich wie die Nuristani leben diese Tadschiken in einer ausgeprägten Rückzugs- und Schutzlage im Gebirge, das sie im Laufe der Geschichte immer wieder vor Überfällen durch nomadische Steppenvölker bewahrte. Dieses Schutzmotiv hat in manchen orientalischen Gebirgen zeitweise zur völligen Abkapselung der Gebirgsbevölkerung geführt und damit auch der Übervölkerung Vorschub geleistet. Das gilt vor allem für jene Tadschikendörfer, die – mitunter Tausende von Einwohnern zählend – wegen der Enge des Tales kaum über bewässerbares Ackerland verfügen, sondern weitgehend vom Ertrag ihrer Obstgärten leben. Vor allem Maulbeer- und Aprikosenbäume bringen auch auf den sterilen Schotterböden am Flußbett oder am Hang noch gute Erträge. Deshalb bilden frische und getrocknete Früchte – aus Maulbeeren wird auch eine Art festen Sirups *(talkhan)* als Kraftnahrung für den Winter hergestellt – für manche Dörfer die Grundnahrungsmittel. Der Besitz an Obstgärten ist durch die im Islam obligatorische Erbteilung oft so zersplittert, daß auch diese Quelle der Selbstversorgung unzureichend geworden ist. In manchen Fällen teilen sich mehrere Eigentümer in den Besitz an einem einzigen Obstbaum! Weideviehhaltung und – sofern klimatisch möglich – Regenfeldbau ergänzen die Landwirtschaft dieser Obstbaudörfer, die meist im Vorhindukusch liegen.

In den oberen Talabschnitten, wo Obst- oder auch Reisbau nicht mehr möglich sind, beruht die Landwirtschaft auf der Kombination von Getreidebau (oft gemischt mit Hülsenfrüchten, die zusammen mit dem Brotgetreide vermahlen werden) und Viehhaltung. Manche Bauern in hochgelegenen Dörfern besitzen Obstgärten im unteren Tal oder im Haupttal, die zur Erntezeit oft von der ganzen Familie aufgesucht werden. Wenn ein solcher Bauer darüber hinaus auch noch Bergfelder in größerer Entfernung vom Dorf bewirtschaftet, ergibt sich daraus ein recht komplizierter Arbeitsablauf, der an die Staffelsysteme im Wallis erinnert. Man wandert vom Dorf zu den Bergfeldern, von dort zur Alm, dann in die Obstgärten des Haupttales, zurück zu den Bergfeldern und wieder ins Winterdorf. Wenn bei diesen Wanderun-

In den Randgebieten des afghanischen Hindukusch werden die obersten Bergweiden, zwischen 3000 und 4000 m gelegen, hauptsächlich von paschtunischen Nomaden genutzt. Diese halten sich mit ihren Schafherden und Lastkamelen 1–3 Monate lang im Gebirge auf und verbringen den Winter in Zelten im Gebirgsvorland oder, falls es sich um Halbnomaden handelt, in Dörfern in den Vorlandoasen.

Manche dieser Nomadengruppen legen Entfernungen zwischen Sommer- und Winterweiden von 300 km und mehr zurück. Im Gegensatz zu den Turkvölkern benutzen die Paschtunen Zelte aus schwarzem Ziegenhaar, wie sie auch unter den arabischen Nomaden verbreitet sind. Dieses Zelt wird im Sommer am Rand hochgeklappt, um kühlenden Luftzug zu gewinnen, im Winter oder in großen Höhen wird es allseits geschlossen und hält so recht warm.

Speiseeis ist in den Städten Innerasiens und Afghanistans seit alters eine geschätzte Erfrischung während des heißen Sommers. In den Steppen wird es bis heute aus Schnee gewonnen, den man in strohverkleideten Erdhöhlen konserviert. Von der 1964 eröffneten Salangstraße führt ein Fahrweg bis auf 3500 m in ein nordseitiges Kar am Hindukusch-Hauptkamm, wo sich Schnee und Firn bis in den späten Sommer halten. Von hier wird der Schnee in etwa dreistündiger Fahrt in die Hauptstadt Kabul gebracht.

Unten: Das Tal von Bamian erstreckt sich nördlich des über 5000 m hohen Koh-i-Baba, des westlichen Hindukusch-Ausläufers in Zentralafghanistan. Hier finden sich in 2500 m ü. M. Reste eines buddhistischen Heiligtums aus den ersten Jahrhunderten nach Christus. *(Fortsetzung nächste Seite)*

gen keine Rundzelte mitgeführt werden, ist für jede dieser Nutzungsstaffeln eine feste Behausung nötig. In diesen Fällen ist das Siedlungsbild geprägt durch zahlreiche, meist nur kurze Zeit im Jahr bewohnte Häusergruppen – eine auffallende Parallele zu vielen Tälern unserer Alpen.

Eine wachsende Zahl von Bewohnern auch des Hindukusch vermag sich nicht mehr selbst mit Nahrungsmitteln zu versorgen und ist deshalb auf Zuerwerb angewiesen. Früher, bis in die zweite Hälfte des 19. Jahrhunderts, brachte in manchen Tälern die Räuberei noch etwas ein, wie aus den Berichten europäischer Reisender hervorgeht. Später, als geordnete staatliche Verhältnisse geschaffen worden waren, kam auf den wichtigeren Paßrouten der Transitverkehr und -handel in Nord-Süd-Richtung hinzu. Auch dörfliche Handwerksformen, wie die Baumwoll- und Wollweberei, waren weit verbreitet. Nach dem Bau der ersten Autostraße, die von der Hauptstadt Kabul über den 2800 m hohen Shebarpaß nach Afghanisch Turkestan führt und 1933 eröffnet

wurde, ging der Karawanen- und Saumverkehr über die übrigen Pässe allmählich zurück. Etwa gleichzeitig verdrängten Industrietextilien einen Großteil des alten Weberhandwerks. Unter industriegesellschaftlichen Verhältnissen wären die von der Krise im Gebirge betroffenen Bevölkerungsgruppen zur Abwanderung gezwungen gewesen. Doch in der meist traditionell betriebenen Oasenlandwirtschaft der Vorländer und in den noch wenig entwickelten Städten Afghanistans gibt es ohnehin zuwenig Beschäftigungsmöglichkeiten. Deshalb wich die Gebirgsbevölkerung auf Saisonarbeit aus, die sich seit den dreißiger Jahren rasch entwickelt hat. Jahreszeitlicher Zuverdienst findet sich vor allem bei der Weizen-, Reis- und Baumwollernte im Sommer und Herbst, im Winter bei Bauarbeiten oder beim Schneeräumen in den Städten.

Daneben gibt es aber auch temporäre Abwanderer, die nach Jahren oder Jahrzehnten wieder ins heimatliche Gebirgsdorf zurückkehren. Wie in den Alpen des 19. Jahrhunderts haben sich auch in einigen Tälern des Hindukusch spezielle Sparten der Wanderarbeit entwickelt, z.B. Reisschäler und Reishändler in Ober-Andarab; Maurer und Weber kommen aus dem oberen Farkhartal, Basarhändler, Chauffeure und Diener aus dem Pandschirtal usw. Nur in diesem letztgenannten Tal, das relativ nahe bei Kabul liegt und gute Verkehrsverbindungen zur Hauptstadt besitzt, hat sich bislang eine kräftige Abwanderung entwickelt, die man als definitiv bezeichnen kann. Es ist anzunehmen, daß eine derartige endgültige Abwanderung schlagartig auch in anderen Tälern einsetzen würde, stünden mehr neue Dauerarbeitsplätze in den Vorländern und bessere Verkehrswege zur Verfügung. Diese Situation latenter Abwanderungsbereitschaft kennzeichnet große Teile der vorder- und südasiatischen Hochgebirgsbevölkerungen.

Ein alter Siedlungsraum sind die *Hochgebirge und Hochländer Zentral- und Südamerikas*. Mit den Azteken in Mexiko und den Inkas in den Anden entstanden Hochkulturen im Gebirge, zu denen auch eine intensive und hoch organisierte Landnutzung gehörte. Die Inkas legten Straßen und Bewässerungssysteme an, die zum Teil heute noch bestehen.

Durch die Spanier wurde die wirtschaftliche und soziale Struktur in Mexiko wie in den Andenländern weitgehend zerstört. Großgrundbesitz, verbunden mit harten Pachtbedingungen, ließ die Indiobevölkerung verarmen. Wie in vielen Ländern der Dritten Welt hat die bessere medizinische Versorgung zu einer Überbevölkerung geführt. Da der Bevölkerungszuwachs auch in entlegenen Dörfern kaum abgenommen hat, besteht eine außerordentlich starke Zuwanderung in die Großstädte, von denen auffallend viele im Hochland gelegen sind, so zum Beispiel Mexiko City (2260 m ü.M.), Bogotá (2610 m ü.M.), Quito (2850 m ü.M.) und La Paz (3700 m ü.M.).

Zuerwerbsmöglichkeiten bieten heute die tiefer gelegenen Kaffee-, Bananen- oder Baumwollplantagen, vor allem in der Erntezeit, in Bolivien der Bergbau und an manchen Orten der Tourismus.

In scharfem Gegensatz dazu stehen die *Hochgebirge Nordamerikas* sowie die Gebirgszüge Neuseelands und Australiens. Sie wurden von der jeweiligen Urbevölkerung (meist Jäger und Sammler) nur wenig und in äußerst extensiver Form genutzt: So dienten die Hochlagen der Rocky Mountains lediglich einigen Indianerstämmen als sommerliche Jagdgründe. Die Puebloindianer, die wegen ihrer Siedlungs- und Wirtschaftsform eine Sonderstellung unter den nordamerikanischen Indianern einnahmen, beschränkten ihre befestigten Dörfer und bewässerten Felder auf den Fuß der einzelnen Gebirgszüge und die dazwischenliegenden Plateaus in New Mexico und Arizona.

In den Rocky Mountains von Colorado setzte die Erschließung erst um die Mitte des 19. Jahrhunderts schlagartig ein, als Gold und Silber gefunden wurde. Durch diesen *gold rush* kam es innerhalb weniger Jahre zu einer punkthaften Besiedelung des vorher fast unbewohnten Gebirges. Es entstanden zahlreiche «Goldgräberstädte»; die größten verfügten über Eisenbahnanschluß, Hotels, Schulen und Theater. Hierzu zählten Central City (2600 m ü.M., südwestlich von Denver), Cripple Creek (2900 m) und Leadville (3100 m), wo um 1880 gegen 35000 Menschen lebten (heute 7000 Einwohner).

Die meisten dieser Bergbauorte wurden später, als die Erzlager erschöpft waren, wieder verlassen und verfielen zu *ghost towns*, Zeugen einer nur kurzfristigen und einseitigen Nutzung dieses Gebirges. Zu den wenigen, die ihre wirtschaftliche Grundlage beibehalten konnten, zählt Leadville, wo heute Molybdänerz abgebaut wird. Es ist dies die höchstgelegene Stadt der USA. Andere Orte wurden für den Tourismus reaktiviert und zu einer Art Freilichtmuseum gestaltet, wie Cripple Creek und Central City.

Die Landwirtschaft spielt in den Rocky Mountains, anders als in den Hochgebirgen der Alten Welt, nur eine sehr untergeordnete Rolle. Sie wird fast ausschließlich als Viehweidewirtschaft *(ranching)* betrieben, wobei die Herden im Sommer im Gebirge, im Winter am Gebirgsrand oder in den weiten Hochebenen um 2000 m ü.M. (*parks* genannt) weiden; dies gilt zumindest für Colorado und New Mexico, wo im Winter meist trockenes und sonniges Wetter herrscht. Ackerbau wird vor allem an den Rändern des Gebirges betrieben, und zwar in der gleichen modernen, mechanisierten Form wie in den Great Plains. Ein Gebirgsbauerntum wie in der Alten Welt hat sich bei der durch «Landüberfluß» geprägten Kolonisation nicht entwickeln können.

Eine wichtige neue Funktion gewannen die Rocky Mountains durch den modernen Tourismus, insbesondere durch den Skisport, der seit Beginn der sechziger Jahre auch in den USA an Popularität rasch zunahm. Neben älteren Wintersportorten wie Aspen (2400 m ü.M.) mit seiner Bebauung im alpenländischen Stil gibt es ganz moderne Wintersportzentren, wie das seit etwa 1960 aus dem Boden gestampfte Vail (2500 m ü.M.). Aber derartige Fremdenverkehrsorte sind noch nicht sehr verbreitet. Obwohl allein die Rocky Mountains von Colorado jedes Jahr mehrere Millionen Touristen anlocken, blieben sie bislang ein dünnbesiedeltes Gebirge ohne Übervölkerung und Übernutzung.

In die nördliche Talwand sind zwei Buddhastatuen von 53 und 35 m Höhe gemeißelt, dazu zahlreiche Grotten, die Reste früherer Klosteranlagen. Über den Talboden sind zahlreiche große ummauerte Bauerngehöfte (qala) gestreut. Die überwiegend tadschikische Bevölkerung lebt hauptsächlich von dem in den sechziger Jahren aufgenommenen Anbau von Kartoffeln, die bis Pakistan und Indien exportiert werden, und vom Verkauf von Pappelholz. Bamian ist bis heute der einzige bedeutende Touristenort im afghanischen Hochgebirge.

Central City, in 2600 m ü.M. in den Rocky Mountains westlich Denver, Colorado, gelegen, ist eine der zahlreichen «Goldgräberstädte», die nach der Mitte des 19. Jh. in großer Zahl im Westen der USA entstanden. Zahlreiche Stollen und Halden an den umgebenden Hängen zeugen von dem früher ergiebigen, aber längst aufgegebenen Goldbergbau. Heute ist Central City ein vielbesuchter Touristenort mit Sommerfestspielen.

Bergkultur in Nepal – die Sherpa von Solu-Khumbu

Spätestens seit der Erstbesteigung des Mount Everest (1953) wurde in aller Welt das Wort Sherpa (Scherpa) bekannt. Weniger geläufig ist die genaue Bedeutung dieser Bezeichnung. Nun, Sherpa ist kein Beruf (etwa: Bergführer), wie schon zu hören war. Der *Volksstamm* der Sher-pa, wörtlich übersetzt «Die aus dem Osten», ist heute hauptsächlich in Ostnepal in der Landschaft Solu ansässig sowie in kleineren Gruppen auch im Rolwaling, in Pharak und Khumbu. Bereits 1921 erregten Sherpa durch ihre Leistungen als Hochträger bei der ersten britischen Everestexpedition allgemeine Aufmerksamkeit. Geschichte und Sozialordnung des Volkes hat aber erst nach 1953 Christoph von Fürer-Haimendorf, Professor für asiatische Völkerkunde an der Londoner Universität, näher erforscht. Die Ergebnisse dieser sowie danach 1957 durchgeführter Untersuchungen wurden zunächst 1959 als Kapitel des Sammelwerkes *Mount Everest* unter der Überschrift «Die Sherpa des Khumbu-Gebietes» veröffentlicht. 1964 erschien dann sein Buch *The Sherpas of Nepal, Buddhist Highlanders,* und in den Jahren 1965 bis 1967 befaßten sich Arbeitsgruppen des von der Fritz-Thyssen-Stiftung finanzierten «Forschungsunternehmen Nepal Himalaya» mit dem Thema. Inzwischen läßt sich die Kulturgeschichte der Sherpa wie folgt umreißen:

Gefäße aus Kupfer und Holz auf Regalen im Haus von Pasang Phutar, einem der reichsten Männer von Namche Bazar.

Die Ursprungssippen der Sherpa-Clans lebten in Do Kham Salmo Gang. Das war einer der sechs Distrikte der tibetischen Ostprovinz Kham. Da seit der Zeit Dschingis Khans (1155–1227) immerfort Überfälle auf Osttibet stattgefunden hatten, nimmt man heute an, daß die Bewohner von Kham aus Furcht vor den Mongolen sich entschlossen, für immer in ein vor den Eindringlingen sicheres, weit entferntes Gebiet abzuwandern.

Sherpani (Sherpa-Frauen) weben Teppiche im Haus von Pasang Phutar.

Gegen Ende des 15. und Anfang des 16. Jahrhunderts zogen einige Mitglieder von vier «Protoclan»-Familien (Minyagpa, Chakpa, Serwa und Thimmi) nach Westen. Sie ließen sich zunächst im Gebiet um Tinkye südlich des Tsomo-Tretung-Sees nieder, etwa 1800 km von ihrer Heimat entfernt, und verblieben dort mehrere Jahrzehnte lang.

Vorstöße der Mohammedaner in den Jahren 1531 bis 1533, gerichtet gegen Kashmir, Ladakh und auch Lhasa scheinen dann die Einwanderung der Sherpa-Vorfahren nach Ostnepal eingeleitet zu haben. Angeführt von Dudjom Dorje, zog 1533 eine Gruppe von 30 oder 50 Leuten über den Nangpa La, einen 5716 m hohen Himalayapaß, in das heutige Solu-Khumbu westlich und südlich des Mount Everest. Da urzeitliche Wildnis die Szenerie beherrschte, gab es keinerlei Zusammenstöße mit anderen Volksstämmen. Die Sherpa-Ahnen konnten sich ausbreiten und sich in sogenannten Clan-Kerndörfern wie Phortse, Pangpoche, Khumjung, Namche Bazar, Thame, Traktobuk ansiedeln. Von diesen Clandörfern aus zogen die Sherpa im Laufe der nächsten drei Jahrhunderte noch weiter nach Süden und Westen. Heute liegen ihre festen Siedlungen zwischen 2200 und 4000 m ü.M., ihre Sommerbehausungen bis 5200 m und ihre Weidegebiete bis nahezu 6000 m. Im 19. und 20. Jahrhundert fanden weitere Einwanderungen aus Osttibet statt, vor allem seit März 1959, als der Dalai Lama und sein Gefolge vor den Chinesen aus Tibet geflohen waren und in Indien Asyl fanden. Von einigen zehntausend tibetischen Flüchtlingen zogen mehr als 6000 über den Nangpa La ins Land der Sherpa. Aber nur ein kleiner Teil davon konnte dort aufgenommen werden. Die meisten dieser Tibeter fanden sich in den für sie in Nepal und Indien eingerichteten Flüchtlingslagern zusammen.

Oben rechts:
Ankunft in Namche Bazar (3440 m), dem wohl bekanntesten Sherpa-Dorf im Khumbu Himal von Nepal. In rund 120 einfachen Steinhäusern leben mehr als 500 Einwohner. Vor der Besetzung Tibets durch die Volksrepublik China war Namche Bazar ein wichtiger Handelsplatz.

Die Ansiedler, die hauptsächlich in Khumbu leben, stammen nur zum Teil von Einwanderern aus der tibetischen Ostprovinz Kham ab. Manche sind Nachkömmlinge von Menschen aus den im Norden gelegenen Dingri- und Kyirong-Distrikten Tibets, während einige sogar aus den westnepalischen Bezirken Mustangbhot und Manangbhot nördlich der Annapurna- und Dhaulagiri-Gebirgsstöcke zugewandert waren. Die Sherpa bezeichnen sie sowie alle diejenigen Leute, die vor vier oder weniger Generationen ins Sherpaland eingewandert sind und nicht zu den «echten Clans» gehören, als *Khamba.*

1971 betrug die Gesamtzahl der traditionsbewußten *echten Sherpa* etwa 21000 – einschließlich der nach Darjeeling in Indien und nach anderen Bezirken in Ostnepal ausgewanderten Familien. Bei einer errechneten durchschnittlichen Verdoppelungsrate der Bevölkerung von 49 Jahren könnte es also im Jahre 2020 etwa 42000 Sherpa geben, während um 1500 zwischen 20 und 50 Personen den gesamten Grundstock der Sherpa-Vorfahren bildeten!

Als ich im Herbst 1952 an der zweiten Schweizerischen Everestexpedition teilnahm und 1955, als ich die Internationale Himalayaexpedition zum Lhotse (8511 m), dem vierthöchsten Berg der Erde, leitete, wußte ich das alles noch nicht. Damals machte ich nur meine Beobachtungen und Aufzeichnungen:

«Die Sherpa gehören also zur mongolischen Völkerfamilie, und ihre Sprache steht auch heute noch dem Tibetischen nahe. Auch in ihrer Religion – sie sind Lamaisten – und in ihrer ganzen Kultur zeigt sich der tibetische Einfluß.

Hauptort des Sherpa-Landes ist Namche Bazar, das im Zusammenhang mit den Everestexpeditionen der letzten Jahre oft genannt wurde. Namche, wie wir es meist nennen, liegt schon auf 3440 m ü.M. Die einfachen Steinhäuser stehen, nur durch schmale Gäßchen getrennt, eng beieinander. Es ist hauptsächlich Winter-Wohnort. Gerste- und Kartoffelfelder reichen bis etwa 4300 m, die Alpweiden noch höher hinauf. Im Sommer ziehen die Sherpa mit der ganzen Familie und mit ihren Yakherden dorthin, wo es Nahrung für das Vieh gibt. Es ist ein ungeschriebenes, aber streng befolgtes Gesetz, daß man nicht länger als zwei Monate am gleichen Ort verweilen darf. Es würde dort sonst nichts mehr wachsen, sagt man.

Über den Nangpa La, einen Paß von 5716 m ü.M., also fast 1000 Meter höher als der Montblanc, kommen die Yak-, mitunter auch Schaf- und Ziegenkarawanen herüber und bringen nach Nepal Salz und Borax aus Tibet, manchmal auch Porzellan und Seide aus China, während Indien vor allem Tee, Reis, Zukker, Papier und Petroleum liefert. So führen die Sherpa fast ein Nomadenleben, von klein auf daran gewöhnt, mit Herden oder Waren bergauf und bergab zu ziehen und schwere Lasten zu tragen – und das alles in Höhenlage der Alpengipfel. Nepal gehört ja zu den wenigen Ländern, in denen noch heute das Rad, als heiliges Symbol, für den Gepäcktransport nicht verwendet werden darf (!). Es gibt fast gar keine befahrbaren Wege, und in der Trockenzeit (Oktober bis Mai) ist ein großer Teil der Bevölkerung ständig unterwegs, um die Landesprodukte auf dem Rücken zum Markt zu tragen.

Die Alm Luza (4360 m) im oberen Dudh-Kosi-Tal des Khumbu Himal. Im Sommer ziehen die Sherpa mit ihren Familien und Yakherden dorthin und in noch höhere Weidegebiete. Gerste und Kartoffelfelder reichen bis etwa 4300 m.

Als ich 1952 zum erstenmal nach Nepal kam, stellte ich mit Erstaunen fest, daß sich unter den Trägern, die wir anwarben, ziemlich viele Mädchen und Frauen befanden. Viele von ihnen stammten aus Solu-Khumbu. Es war meine erste Bekanntschaft mit den ‹Sherpani›, und schon damals machte mir ihre stets fröhliche und hilfsbereite Wesensart einen starken Eindruck.

Der Anmarsch von der nepalisch-indischen Grenze bis nach Namche dauert sechzehn bis achtzehn Tage. Trägerlasten wiegen dort durchschnittlich 30 kg, was auch für einen kräftigen Mann nicht unerheblich ist, zumal wenn man bedenkt, daß es auf diesen Pfaden ständig steil bergauf und bergab geht. Auch wenn man vielleicht den Frauen – vor allem den hübscheren – galant die etwas leichteren Lasten überläßt, setzt mich doch ihre Leistung immer wieder in Erstaunen.

Ende April 1955, als wir in dem Grenzort Jogbani eintrafen, befanden sich unter den mehr als 200 Trägern für den Transport unserer Ausrüstung und unserer Lebensmittel 60 Frauen aus Khumbu. Jeden Morgen gegen 5 Uhr weckt der Sirdar, der Obmann der Sherpa, seine Leute mit einem Pfeifsignal, und schon nach wenigen Minuten ist alles zum Abmarsch bereit. Die Organisation klappt erstaunlich gut. Für uns Europäer hätte es gar keinen Sinn, sich da irgendwie einzumischen. Jeder Träger bekommt seine Last und die dazugehörige Nummer, wobei sein Name in ein Buch eingetragen wird. Bezahlt wird erst am Ende des Anmarsches, wenn Last und Nummer abgeliefert worden sind. In den südlichen Tälern von Ostnepal, durch die unser Weg zunächst führte, ist es im April und Mai furchtbar heiß. Bei dieser Hitze derartig schwere Lasten zu schleppen, könnte einem jede Freude an einer Expedition verderben; aber unsere Leute, Mann oder Frau, tragen ihre 30 und mehr Kilo mittels eines Stirnbandes ohne mit der Wimper zu zucken. Wenn am Nachmittag ein geeigneter Lagerplatz gefunden worden ist, wird haltgemacht, die Zelte werden aufgeschlagen, bald brennen die Feuer, an denen die Träger ihren Reis kochen, blaue Rauchsäulen steigen empor, alle Mühsal ist vergessen, Gesang und Gelächter erfüllen die Luft. Sicher melden sich die Sherpani für diese schwere Arbeit vor allem um des Verdienstes willen; aber wie wichtig den Männern das weibliche Element ist, das sieht man erst recht an den Abenden. Die Sherpa sind ein fröhliches Volk, es gehört schon viel dazu, ihnen die Laune zu verderben. Auch wenn die Tagesarbeit noch so schwer war, am Abend wird gesungen, geschäkert und getanzt. Immer wieder haben wir erlebt, daß unter die Träger, die wir bestellt hatten, Frauen eingeschmuggelt wurden, auch wenn wir ausdrücklich Männer angefordert hatten.

Für unsere europäischen Augen sind freilich nur die wenigsten Sherpani schön. Dazu kommt, daß sie es mit der Reinlichkeit nach unseren Begriffen nicht allzu genau nehmen. In Nepal spielt Butter nicht nur in der Küche eine große Rolle: bekanntlich trinkt man hier den mit Butter gewürzten Tee; in den Tempeln brennen die Butterlämpchen, und Butter dient auch als Pomade für das Haar. Meist ist es Butter aus Yak- oder Ziegenmilch, und fast immer ist sie ranzig. So sind auch unsere Sherpani stets in eine Wolke des Parfüms ‹Ranzige Butter› gehüllt, woran wir uns noch immer nicht ganz gewöhnen können.

Die Sherpani betrachten mit kindlicher und ganz unverhüllter Neugier alles, was wir haben und was wir tun. Meine Schreibmaschine ist immer wieder eine Quelle des Entzückens, und als ich eines Abends die Mädchen durch die Kopfhörer meines Tonbandgerätes die Musik hören ließ, die ich eben von ihren Gesängen aufgenommen hatte, war des Staunens kein Ende.

Daß es auf einem so langen Anmarsch, wie wir ihn zu bewältigen hatten, immer wieder auch Krankheiten

1 Domay, eine Tochter des Veteranen Dawa Thondup (Bild 4). Im Herbst 1952, als die 2. Schweizer Mount Everest-Expedition bei Namche Bazar lagerte, fungierte Domay als Wasserträgerin.

1

2

2 Angcherring II, ein Bursche aus Khumjung.

3 Nemi aus Namche Bazar, ein Vetter des weltberühmten Sherpa Tenzing Norgay.

3

4

4 Dawa Thondup war bereits 1934 bei der tragisch verlaufenen deutschen Nanga Parbat-Expedition dabei.

oder kleinere Verletzungen zu behandeln gilt, ist klar. Auch diese «Sprechstunden» sind höchst interessant. Mancher meldet sich krank, nur weil er gern einmal eine Pille essen möchte. Für Simulanten haben wir ein probates Mittel: an sie werden ganz harmlose Tabletten mit möglichst bitterem Geschmack verteilt.

Im Gegensatz zu den Verhältnissen in Indien und in den mohammedanischen Ländern nimmt die Frau in Solu-Khumbu eine sehr angesehene Stellung ein. Die Einehe herrscht vor, die Kinder werden liebevoll verwöhnt. Die Sherpa sind ein in ganz Nepal angesehener Volksstamm. Ihre Häuser, die an Schweizer Chalets erinnern, sind wohnlich eingerichtet. Oft findet man dort Erzeugnisse des bodenständigen Kunstgewerbes. Auf den mitunter durch schöne Schnitzereien verzierten Wandbrettern stehen gewaltige Messing- und Kupfergefäße für Vorräte aller Art, für Milch und Buttertee. Danach bemißt man den Reichtum der Familie.

Mit seinen lieblichen Tälern und herrlichen Wäldern, über denen die gewaltigen Eisriesen des Himalaya in den Himmel ragen, ist Solu-Khumbu vielleicht die großartigste Gebirgslandschaft der Erde. Daß hier ein so fröhliches und offenbar zufriedenes Volk lebt, in dessen Häusern jeder Gast auf das freundlichste aufgenommen wird, das gehört zu den beglückenden Erlebnissen unserer Expedition.»

Ein Junge aus Ghandrung, einem stattlichen Gurung-Dorf im Annapurna-Himal von Nepal. Die Schafwolldecke hüllt den Körper bis über die Hüften ein. Trotzdem laufen die Kinder wie auch viele Erwachsene selbst bei großer Kälte barfuß. Das beruht heute weniger auf Armut als auf Gewohnheit.

Die Steilheit des Geländes, Schluchten und Felsen hemmen in einem Gebirge die Einführung vieler anderswo selbstverständlicher technischer Errungenschaften. Das Gebirgsrelief erfordert zum Beispiel bei der Erschließung des Gebietes für den Verkehr besonders kostspielige Baumethoden. Auch die stets in Betracht zu ziehenden objektiven Gefahren – Steinschlag, Bergrutsch, Lawinen, Sturm – verlangen vom planenden Ingenieur besondere Erfindungsgabe und verantwortungsbewußtes Vorgehen. Die technischen Einrichtungen sind nach strengen Vorschriften der Betriebssicherheit zu konstruieren.

Daß das Gebirge seine ehemalige Bedeutung als Völker- und Kulturscheide heute weitgehend verloren hat, ist eine Folge der Technik. Der Rückstand im allgemeinen Lebensstandard, ein Merkmal gebirgiger Regionen, wird zumindest in einzelnen Bereichen aufgeholt. Trotzdem muß man sich längst fragen, ob die Folgeerscheinungen der Technisierung wirklich durchweg vorteilhaft sind. Naturfreunde empfinden viele technische Eingriffe in die Landschaft, die nicht mehr rückgängig zu machen sind, als untragbar. Sie vertreten die Forderung, das Gebirge müsse im ureigensten Interesse des Menschen in erster Linie Oase unverfälschter Natur bleiben. Räumlich begrenzte Naturparks, in denen die typische Tier- und Pflanzenwelt museal erhalten wird, sind nur eine Verlegenheitslösung.

Die technische Durchdringung der Gebirge

Oben: Geflochtene Hängebrücke im Baltistan (Pakistan). Aus starken Hanf- und Jutefasern werden die Seile in mühsamer Handarbeit geflochten. Die berggewandten Bewohner dieser Himalaya-Region überqueren auf den schwankenden Stegen in schwindelnder Höhe die reißenden Gletscherflüsse mit erstaunlicher Behendigkeit.

Rechts: Auf Kreta. Dieser Fuhrweg überwindet die Felsstufen und Bäche am Nordhang der Lefka Ori. Massiv gebaute Bogenbrücken und ein Straßenbett aus aufgeschichteten Steinen machen den Weg wetterbeständig.

Für Stromversorgung, Telephonanschluß oder Müllbeseitigung bei Almhütten und Berggasthöfen müssen oft aufwendige technische Sonderlösungen gefunden werden. Es ist nicht nur schwierig, das Material für die Bauten zu transportieren, sondern zum Beispiel auch, Baumstämme aus dem Bergwald für die Verarbeitung ins Tal zu befördern oder den Bewohnern der Ortschaften in den Tälern einwandfreien Rundfunkempfang zu sichern.

Die Gründe dafür, daß der Mensch seit jeher das Gebirge mit seinen technischen Hilfsmitteln zu erschließen sucht, sind vor allem ökonomischer Natur. Einerseits war er bestrebt, die vorhandenen land- und energiewirtschaftlichen Möglichkeiten sowie Bodenschätze auszunutzen; und andererseits erforderte der Handel gut ausgebaute, sichere Wege über die Gebirge. Und schließlich sind die Berge zur wichtigsten Erholungslandschaft geworden, in der die Menschen aus den Ballungsräumen Ruhe und das Erlebnis der Natur suchen.

Deshalb geht die Planung neuer Verkehrswege, Seilbahnen, Warn- und Schutzeinrichtungen immer häufiger Hand in Hand mit umsichtigem Abwägen der möglichen negativen Folgen dieser Einrichtungen für die Gesamtlandschaft.

Das Wesen des Gebirges als trennendes Element spiegelt sich aber vielfach noch im Verlauf der Staatsgrenzen. Da die Höhenzüge einen Schutz gegen militärische Übergriffe bieten, ist häufig die Grenzlinie auf der Kammhöhe gezogen worden. Nicht selten sind die Gipfel hoher Berge zwischen Nachbarländern aufgeteilt. Aus der Grenznähe und den topographischen Gegebenheiten heraus ergeben sich auch interessante kultur- und wirtschaftsgeographische Besonderheiten. So würde zum Beispiel der Bau eines Tunnels ins obere Zillertal in Tirol oder vom

Gebirgsübergang auf Schneeschuhen. Der schwedische Kartograph Olaus Magnus beschreibt in seinem Werk «Historia de gentibus septentrionalibus» 1555 diese Art der Bezwingung des winterlichen Hochgebirges, wie sie auch heute noch in extremen Fällen üblich ist.

Hannibals Zug über die Alpen. Unter ungeheuren Mühsalen und gewaltigen Verlusten überquerte im Oktober des Jahres 218 v. Chr. der karthagische Feldherr Hannibal mit seinem nach Zehntausenden zählenden Heer auf seinem Kriegszug gegen die Römer die Westalpen. Elefanten führten die großen Lasten zum Weg- und Brückenbau mit sich.

Kleinen Walsertal in eines der Vorarlberger Haupttäler die Struktur dieser Landschaften völlig verändern (vergleiche auch Beispiel Goms, Seite 229).

Im österreichischen Kleinen Walsertal hat es sich ergeben, daß schon seit 1891 die deutsche Währung und deutsche Handelswaren geführt werden, weil der Zugang zu den als Wintersportplätze beliebten Orten des Tales über Autostraßen ausschließlich von der Bundesrepublik Deutschland aus möglich ist. Solche «Zollanschlußgebiete» gibt es manche, wobei die verschiedensten Sonderregelungen bestehen. Tatsächlich noch sehr wenig betretene Gebirge üben bekanntlich in ihrer Abgeschlossenheit sogar eine Schutzfunktion aus – als Refugium zum Beispiel für versprengt lebende Ureinwohner in Neuguinea oder im Himalaya.

Im Kampf ums Überleben können Gebirge mächtige Bundesgenossen des Menschen sein. Das machen sich auch seit langer Zeit die Armeen vieler Staaten zunutze. Man denke an die ausgesprengten Kavernen des angeblich fast «ausgehöhlten» Gibraltar-Felsens und solche, meistens geheimgehaltene Anlagen im Hochgebirge, die der Unterbringung von Vorräten, Material, Waffenfabriken, Flugzeugen, Spitälern und bestimmten Dienstleistungsbetrieben dienen.

Hochgelegene Regionen müssen mindestens durch Fußwege erschlossen werden. Ohne Wege ist es unmöglich, Waldbränden und Katastrophen wirksam zu begegnen, die Bergbevölkerung zu versorgen, bei Unfällen rasch zu helfen sowie die Vegetation zu nutzen und zu pflegen. Wirklich «unwegsam» sind heute nur noch wenige Gebirge auf der Erde.

Historische Gebirgsüberquerungen und frühe Erschließungen

Funde beweisen, daß Menschen schon in der Altsteinzeit, vor allem im Jungpaläolithikum, die noch in ihrem Eispanzer starrenden Höhen besiedelten. Sie jagten mit primitiven Hilfsmitteln den Höhlenbären und das Mammut und stießen aus ihren Refugien im Gebirge auch weit ins Flachland vor. Zeugnisse ihres Daseins sind unter anderem einige in großer Höhe entdeckte Höhlen, in denen sich Reste von Beutetieren und Steinwerkzeugen befinden. Wege hatten die europäischen Urmenschen wohl nicht nötig.

Bronzezeitliche Traversierungen hingegen, befestigte Wege aus dem 2. und 1. Jahrtausend v. Chr., sind in Europa nachgewiesen: am Großen St. Bernhard sowie in den östlichen Alpen am Katschberg. Später benutzten Kelten, Etrusker und Gallier verschiedene Übergänge, die sie schon teilweise ausgebaut vorgefunden haben müssen, so am Kleinen St. Bernhard, am Brennerpaß und am Mont-Genèvre.

Der historische Heerzug der Karthager im Herbst des Jahres 218 v. Chr. über den Westalpenkamm – vermutlich über den Mont-Cenis, möglicherweise auch über den Mont-Genèvre oder den Kleinen St. Bernhard – hat sicherlich technische Maßnahmen zur Sicherung des Durchgangs erfordert. Man nimmt an, daß Hannibals «Pioniere» zum Beispiel im Weg stehende Felsen unter Zuhilfenahme von Feuer auseinandersprengten. Dazu mußten Bäume gefällt, um das Hindernis geschichtet und angezündet werden.

Schon drei Jahrhunderte später, zur römischen Kaiserzeit, waren die meisten der heute benutzten großen Alpenübergänge gut erschlossen. Das gewaltige römische Imperium, strikt zentralistisch geleitet, verlangte zuverlässige und gut ausgebaute Verbindungswege über die Alpen hinweg. Sauber mit Steinplatten belegte Straßen, teils mit in den Stein gehauenen Gleisrillen, die das Abrutschen der Wagen verhinderten, Steinsäulen und Steinbogen auf beherrschenden Pässen sowie Überreste von Wachttürmen zeugen auch heute noch an vielen Stellen vom regen Verkehr und Nachrichtenfluß zwischen dem italienischen Mutterland und den fränkischen und alemannischen Kolonien. Die erste Römerstraße dürfte um 77 v.Chr. unter Pompejus über den Mont-Genèvre (1854 m ü.M.) angelegt worden sein. Eine wichtige Verbindung nach Süddeutschland führte über den Septimerpaß (2311 m), der sich im ostschweizerischen Raum als der damals gangbarste Alpenübergang erwiesen hat. Die alte Römerstraße ist hier noch über weite Strecken recht gut erhalten, außerdem das Fundament eines Gebäudes. Später verlor der Septimerpaß seine Bedeutung zugunsten des benachbarten Julierpasses, dessen zwei «Römersäulen» auf der Paßhöhe noch an jene fernen Zeiten erinnern.

Links: Straßenbau im Kaukasus. Mit primitiven Mitteln bauten die Russen um die Mitte des 19. Jahrhunderts etliche Pässe über das Kaukasusgebirge aus.

Unten: Conquistadores in den Anden. Die spanischen Eroberer (conquistadores) fanden in der ersten Hälfte des 16. Jahrhunderts in den peruanischen und bolivianischen Anden ein weitverzweigtes Wegnetz der Inkas vor, das noch heute durch die Kühnheit seiner Anlage besticht.

Hoch zu Pferd querten die *deutschen Kaiser* des Mittelalters mit großem Gefolge die Alpen, wenn sie die südlich gelegenen Gebiete ihres weiten Imperiums inspizierten oder dem Papst in Rom ihre mehr oder weniger freiwillige Aufwartung machten. Im Mittelalter entwickelte sich dann auch der *Warenverkehr* über die Alpen. Überall in den Alpentälern, in Abständen von 10 bis 20 km, finden sich die «Susten», Rast- und Umschlagplätze, an denen die Lasttiere gewechselt wurden. 1387 wurde über den Septimerpaß die erste Straße für den Wagenverkehr durch Jacob von Castelmur, einen italienischen Baumeister, er-

Links: Galerie de Gondo (Wallis/Oberitalien). Unter Napoleon Bonaparte entstand 1803 diese mit 180 m längste Tunnelgalerie an der Simplonstraße, in der Felsschlucht des Dovedro, in einer Bauzeit von 18 Monaten. 5000 Leute arbeiteten während 5 Jahren an der napoleonischen Simplonstraße, welche den Alpenwall mit 611 Brücken und 525 Metern Tunnel überwand.

Übergang von Napoleons Truppen über den Simplonpaß. 1800 schickte Napoleon Bonaparte ein Bataillon Soldaten über den Simplonpaß in die Schlacht von Marengo. Schwierige und gefährliche Saumpfade, wo sich die Soldaten anseilen mußten, führten dazu, daß die Truppe nicht mehr rechtzeitig zur Schlacht antreten konnte, die bereits durch das Gros des napoleonischen Heeres, das den Großen St. Bernhard passiert hatte, geschlagen worden war. Ein Jahr später befahl Napoleon den Bau einer Straße über den Simplonpaß (vgl. Abb. S. 243).

Saumpferd an der Benediktenwand. Entlang der 500 m aufragenden Nordwand dieses 1800 m hohen Berges in den bayerischen Voralpen (Süddeutschland) wickelt sich bis in unsere Zeit der Alp- und Durchgangsverkehr mit Hilfe von Saumpferden und Mauleseln ab.

baut. Rasch kamen weitere Fahrwege hinzu. Für die Eidgenossen der Urschweiz bedeuteten damals, im 14. Jahrhundert etwa, die Alpen kaum mehr ein Hindernis. Sie stießen als berggewohnte und streitbare Krieger aus ihrer Heimat am Vierwaldstättersee immer wieder weit in die italienische Po-Ebene vor, sei es als Eroberer, sei es als «Reisläufer» in den Diensten fremder Kaiser und Könige. Mit Eseln und Maultieren wurden Waren und Lebensmittel über schwindelerregende Pfade gesäumt.

Napoleon I. ließ zu Beginn des 19. Jahrhunderts für seine Expansionspläne die Westalpenpässe ausbauen. So entstanden unter seiner Herrschaft Fahrstraßen über den Mont-Genèvre (1854 m), über den Mont-Cenis (2083 m) und über den Simplon (2010 m), nachdem er bereits im Jahr 1800 mit 30000 Mann über den Großen St. Bernhard (2472 m) in die Schlacht von Marengo gezogen war.

In der Folge, um 1830, errichteten die Alpenländer kursmäßige Pferdeposten. Mit dem Anbruch des Maschinen- und Motorenzeitalters verloren die Gebirge ihren abweisenden Charakter für den Reisenden vollends. Von der Mitte des 19. Jahrhunderts an wurden die meisten der früher so unnahbar scheinenden Bastionen mit Hilfe der Technik überwunden.

Auch andere Gebirge der Welt wurden schon früh mit den zur Verfügung stehenden technischen Mitteln gequert und erschlossen. Berühmt ist der hochentwickelte Straßenbau im ausgedehnten Reich der *Inkas* in den zentralen Anden Südamerikas im Zeitraum vom 13. bis zum 16. Jahrhundert, obwohl hier das Rad als Fortbewegungsmittel offenbar noch nicht bekannt war! Entsprechend der straffen Organisation des Inkareiches waren auch Verkehr und Güteraustausch geregelt. Das Straßennetz verlief von der Küste des Stillen Ozeans bis ins zentrale Hochland, von Quito in Ecuador bis ins südliche Chile, über Tausende von Kilometern. Es läßt sich in seiner Vervollkommnung einzig noch mit dem römischen vergleichen. Fugenlos und ohne jeglichen Mörtel waren die Steinplatten zum Pflaster zusammengefügt; in steile Felswände wurden Wege eingehauen; Stein- und Seilbrücken überspannten in kühnem Schwung tiefe Schluchten. Die Längsstraße in den Anden – die «Inkastraße» – war zum Teil bereits mit Asphalt überzogen! Dank ihrer Breite und ihrer Festigkeit wird sie auf weite Strecken heute als Autostraße benutzt.

Ein Netz von Querstraßen führte hinunter an die Küste des Pazifik und in den brasilianischen Urwald. In bestimmten Abständen waren Wachtposten plaziert, welche nicht nur den Verkehr zu überwachen hatten, sondern auch Vorräte an Lebensmitteln, Waffen und Werkzeugen bereithielten.

Mit Bewunderung berichteten die spanischen Eroberer des 16. Jahrhunderts, Pizarro und Almagro, von den überragenden Leistungen der Ingenieure des Inkareiches. Dennoch mordeten sie dann nicht nur die herrschenden Inkas, sondern zerstörten auch deren Bauwerke zu einem großen Teil, so daß heute nur mehr Überreste von der einstmals blühenden Kultur zeugen, die sich allen Erschwernissen der Gebirgslage zum Trotz hatte entwickeln können.

Eisenbahnen im Gebirge

Mit zunehmendem Umfang des Lastenverkehrs reichten Karren und Fuhrwerke auch im bergigen Gelände als Beförderungsmittel nicht mehr aus. So ist es ganz logisch, daß die Eisenbahn, die im Anschluß an die Erfindung der Dampflokomotive durch G. Stephenson 1825 ihren Siegeszug durch die Welt antrat, schon Mitte der fünziger Jahre des 19. Jahrhunderts auch im Gebirge zu finden ist. Bei der Erschließung des mittleren Westens der Vereinigten Staaten von Amerika überwand der Schienenstrang die Appalachen, 1869 stellte die erste Bahn eine transkontinentale Verbindung her und querte dabei die Rocky Mountains.

Knapp hundert Jahre später ging in den USA die Bedeutung der Gebirgsbahnen zugunsten des Straßen- und Flugverkehrs rapide zurück. Die aus Filmen bekannten riesigen Holzbrücken, auf denen die Gebirgseisenbahnen oft in abenteuerlich anmutender Weise tiefe Täler überquerten, sind größtenteils verschwunden, die Tunnelbauten verödet.

Ganz anders im dichtbesiedelten, energieärmeren Europa. Die Vorteile des schienengebundenen Transportmittels im Gebirge liegen auf der Hand: die Betriebssicherheit, die große Kapazität, die weitgehende Unabhängigkeit von der Witterung, die Möglichkeit der Verwendung des umweltfreundlichen elektrischen Antriebs, für den der Strom von den Stausee-Kraftwerken im Gebirge bezogen werden kann. Gegenüber einer für die gleiche Kapazität ausgebauten Autostraße schneidet auch heute die Bahn bei einem Vergleich gut ab – vor allem wegen der geringen Breite der benötigten Verkehrsfläche. Allerdings bedingt die gegenüber Gummireifen geringere Rollreibung der Stahlräder – im Flachland ein Vorteil, da weniger Zugkraft nötig ist – eine Beschränkung des Streckengefälles. Folge der geringen Steigfähigkeit der Züge ist mithin eine länger gezogene Trasse, die in ober- und unterirdischen Serpentinen von großen Abmessungen angelegt sein kann. Erst mit der Erfindung der Zahnradbahn konnte an manchen Stellen diese Hürde überwunden werden.

Zahnradbetrieb geht allerdings zulasten der Reisegeschwindigkeit (siehe Seite 257).

Wir greifen einige Beispiele von wichtigen Eisenbahnstrecken in Gebirgsgegenden heraus:

Die norwegische *Ofot-Bahn,* 1882–1902 angelegt, spielt für die norwegische Wirtschaft eine eminent wichtige Rolle, transportiert sie doch gegen 70% des gesamten Güterverkehrs der norwegischen Staatsbahnen und trägt mit 11% wesentlich zu den Einnahmen aus dem Gütertransport bei. Sie befördert das im 145 km entfernten Kiruna in Nordschweden gewonnene Eisenerz (wertvoller Magnetit) über zahlreiche Tunnels und Kehren nach dem norwegischen Hafen Narvik, wo es nach den Verhüttungswerken in Europa und Nordamerika verschifft wird.

In den *Alpen* gingen die Österreicher im Bau von Gebirgsbahnen voran, um die Verbindung zwischen Nord und Süd auf Schienen herzustellen. Bereits 1854 wurde die *Semmering-Bahn* zwischen Gloggnitz und Mürzzuschlag eröffnet, mit einem kurzen Tunnel und einer Scheitelhöhe von 900 m. 1867 folgte die Bahn über den wichtigen *Brennerpaß* (1370 m) von Innsbruck nach Bozen. Im französischen Alpengebiet wurden in den sechziger und siebziger Jahren des vorigen Jahrhunderts der *Colle di Tenda* als Verbindung zwischen Nizza und Turin und der *Mont-Cenis* (Grenoble–Turin) mit bis zu 12 km langen Tunnels und zahlreichen weiteren Kunstbauten bezwungen. In den achtziger Jahren wurden die großen Bahnlinien durch die zentralen Alpen eröffnet: Der *Arlbergpaß* (Landeck–Bludenz) wurde 1884 auf 10 km Länge untertunnelt; in der Schweiz fiel auf die gleiche Zeit die Eröffnung der imposanten *Gotthardstrecke* zwischen Zürich und Mailand. Schließlich entstand 1913 mit der *Lötschberg-Simplon-Bahn* eine weitere wichtige Alpentransversale, welche das schweizerische Mittelland und den Rheinhafen Basel über das Wallis mit dem oberitalienischen Industrieraum um Mailand verbindet. Damit war der Alpenwall soweit überwunden, daß die bestehenden Bahnlinien den anfallenden Personen- und Güterverkehr auf längere Sicht bewältigen konnten. Nach dem Zweiten Weltkrieg gesellte sich eine weitere Transportart hinzu: der *Autoverlad* zur Winterszeit, wenn die Paßstraßen geschlossen sind. Er nimmt heute, bei dem starken internationalen Pendler- und Reiseverkehr, zu gewissen Zeiten in den Zentralalpen beeindruckende Ausmaße an.

Typisch für eine ganz auf die Gegebenheiten im Hochgebirge abgestellte Bauweise sind die Strecken der *Rhätischen Bahn,* die den schweizerischen Kanton Graubünden erschließt. Sie entstand von 1889 bis 1914 als privates Unternehmen; heute wird sie finanziell von der Schweizerischen Eidgenossenschaft mitgetragen. Die Unterhaltskosten für die zahlreichen Kunstbauten – Brücken, Galerien, Tunnels und Kehrtunnels – sind hoch. Es handelt sich um eine

Santiago–Valparaiso-Bahn.
Viele Kunstbauten waren nötig, um die chilenische Hauptstadt Santiago mit der Hafenstadt Valparaiso über das Küstengebirge mit einer Eisenbahn zu verbinden. Hier der Maquis-Viadukt in einer Ansicht von 1880.

Links: Pontebba-Bahn.
Auf der kühn angelegten Gebirgsbahnstrecke zwischen Tarvisio und Pontebba in den nordostitalienischen karnischen Alpen fährt die Bahn in einem Tunnel unter einem reißenden Wildbach durch, einem Nebenfluß der Fella (Lithographie von 1879).

Unten: Die Semmeringbahn bei Breitenstein.
Die erste Gebirgsbahn von Wiener Neustadt nach Bruck an der Mur (Österreich) entstand 1848–1854. 16 Viadukte und 14 Tunnels, dazu ein 1,5 km langer Scheiteltunnel in 900 m Höhe erschlossen diesen verkehrstechnisch wichtigen Ostalpenübergang.

elektrische Schmalspurbahn (Spurweite 1 m), für die ein minimaler Kurvenradius von nur 45 Meter gewählt werden konnte. Dadurch ist es gelungen, die hohen Pässe und steilen Täler in vorbildlicher Weise auf kürzestem Weg zu überwinden.

Auch die südamerikanischen Anden stellten für den Eisenbahnbau bald kein Hindernis mehr dar. 1890 wurde vom nordchilenischen Arica an der Küste des Stillen Ozeans aus eine erste Stichbahn hinauf zur bolivianischen Hauptstadt La Paz (3680 m ü.M.) gebaut. Damals wurde sie vor allem zum Verladen von Erzen aus den zentralen Anden gebraucht. Schon kurz danach entwickelte sich hier und um den Titicacasee ein recht dichtes Eisenbahnnetz. Bekannteste Eisenbahnlinie Südamerikas ist wohl die *Andenbahn,* die vom chilenischen Hafen Valparaiso über das Gebirge hinweg zur argentinischen Metropole Buenos Aires führt – vorbei am höchsten Berg Amerikas, dem 6958 m hohen Aconcagua.

In den Gebirgen Asiens und Afrikas hat die Eisenbahn bis heute nicht die große Bedeutung erreicht wie etwa in Europa und Nordamerika. Immerhin wurden seit 1960 in der Volksrepublik China einige neue Gebirgsstrecken mit riesigen Viadukten und Galerien fertiggestellt, und chinesische Spezialisten wendeten ihre Erfahrungen danach in Ostafrika an.

Wenn auch heute in Asien und Afrika Lastauto und Flugzeug die Haupttransportmittel sind, so ist doch anzunehmen, daß – bei Verteuerung des Erdöls – in Zukunft andere Verkehrsträger gefördert werden. Die Eisenbahn ist besonders vorteilhaft für den Transport von Massengütern. So nutzen gerade Binnenländer wie Äthiopien, Sambia, Rhodesien oder Bolivien die Eisenbahn zur Beförderung von Erz, Kohle und landwirtschaftlichen Erzeugnissen. Viele Entwicklungsländer können jedoch die für den Bau von Bahnen durch das Gebirge erforderlichen hohen Investitionen noch nicht aufbringen und ziehen zwangsläufig den Straßenbau vor.

Am Beispiel der *Gotthardbahn* in den schweizerischen Zentralalpen lassen sich die Schwierigkeiten und die Bedeutung des Bahnbaus im Gebirge ermessen. Diese «Schlagader des europäischen Verkehrs» hat eine lange Vorgeschichte, die bis in die Anfangszeit der Eisenbahn überhaupt zurückreicht. Bis zur Mitte des 19. Jahrhunderts fand der billige Warentransport auf den Wasserwegen – von der Nordsee her auf dem Rhein bis Basel, in Norditalien auf dem Po – keine ausreichende Ergänzung auf der Alpenstrecke. Die Güter des internationalen Handels wurden über das Gebirge durch Saumpferde und Wagengespanne befördert. Die Diskrepanz zwischen den geringen Transportkapazitäten und dem eigentlichen Bedarf ließ bereits 1853 das Projekt einer Gotthardbahn entstehen. Nach vielen Erwägungen – auch der Grimselpaß und der östliche Lukmanierpaß standen zur Diskussion – schloß 1863 der Bahnpionier Alfred Escher den Grundvertrag ab, der die von den Kantonen Luzern und Basel bevorzugte Linienführung durch den Gotthard festlegte. Zwei Jahre danach entschied man sich für einen Basistunnel zwischen Göschenen und Airolo, und 1869 beziehungsweise 1871 schloß die Schweiz mit den ebenfalls interessierten Anliegerstaaten Italien und Deutschland entsprechende Staatsverträge ab. Die Planung wurde dann gemeinsam von schweizerischen, deutschen und italienischen Ingenieuren durchgeführt.

Die Linienführung der Zufahrtsrampen zum Tunnel war wegen der stufenartigen Längsprofile von Reußtal und Leventina sehr schwierig. Zur Überwin-

Unten: Las Gargantas. Durch die Schluchten (gargantas) bei Pancorbo windet sich diese Eisenbahn, welche die Stadt Miranda am Ebro mit Burgos in Nordspanien verbindet. Die Lithographie stammt aus dem Werk «Le tour du monde» (1872) des französischen Zeichners Gustave Doré (1832–1883).

Rechts: Die Dubrovnik–Sarajewo-Bahn. 1912 wurde diese Schmalspurbahn von den Österreichern erbaut. Zwischen Konijc und Sarajewo quert sie das Gebirge der Herzegowina in der Nähe der 1700 m hohen Bitovnja.

dung der Steilstufen (bis zu 30% Gefälle!) entschied man sich für insgesamt sieben Kehrtunnels, da die damaligen Lokomotiven höchstens eine Steigung von 3% bewältigen konnten. Selbst ein nur auf die Steilstrecken begrenzter Zahnradbetrieb – wie etwa bei der Brünigbahn von Giswil bis Kaiserstuhl und von Lungern bis Meiringen – kam wegen der damit verbundenen Fahrzeitverluste nicht in Frage.

1872 begann man mit dem Bau des Gotthardtunnels (er wird auf Seite 248/49 geschildert), und zehn Jahre danach fuhr der erste Zug die Strecke von Chiasso nach Brunnen. Mit dem 15 km langen Haupttunnel, über 50 weiteren Tunnels sowie 42 Brücken war ein Wunderwerk der Technik geschaffen worden. Gegen eine Million Kubikmeter Gestein waren aus dem Berg gesprengt worden.

Um die Jahrhundertwende baute man die Strecke auf zwei Spuren aus, 1922 war die Umstellung auf elektrischen Betrieb vollendet.

Allein 1974 rollten neben den ungezählten Gütertonnen fast 8 Millionen Reisende und mehr als eine halbe Million Autos über diese noch immer wichtigste Bahnlinie durch die Alpen. Bis zu 300 Züge täglich fahren in Abständen von 3 bis 5 Minuten durch den Gotthard. Um den gewaltigen Verkehr noch besser bewältigen zu können, plant man nun einen noch tiefer liegenden, 50 km langen Basistunnel zwischen Amsteg und Biasca.

Landwasser-Viadukt der Rhätischen Bahn.
Der schweizerische Gebirgskanton Graubünden besitzt eine eigene Schmalspurbahn, die Rhätische Bahn, welche die hochalpine Region mit einem weitverzweigten Gleisnetz erschließt. Zahllose Kunstbauten – Tunnels, Galerien, Brücken – waren für die Überwindung der natürlichen Hindernisse notwendig. Hier das imposanteste Bauwerk der Linie Chur–Engadin bei Filisur.

Tunnelbau durch das Gebirge

Rechts: An der Stollenbrust. Der Bau des 12 km langen Tunnels durch den Mont-Cenis, als Bahnverbindung zwischen Grenoble (Frankreich) und Turin (Norditalien), gestaltete sich in den sechziger Jahren des 19. Jahrhunderts zu einem schwierigen technischen Unterfangen. Mit Preßluftbohrern werden hier die Löcher für die Sprengungen vorbereitet.

Dem kühnen Plan für die Gotthardbahnlinie lagen neue technische Hilfsmittel zugrunde, mit denen Bahntunnels in fast beliebiger Länge gebaut werden konnten, nämlich moderne Sprengmethoden, motorgetriebene Tunnelfräsen und riesige Zentrifugalgebläse für die Baustellenentlüftung und Frischluftzufuhr. Die Elektrifizierung der Eisenbahn brachte gegenüber dem Dampfbetrieb einen weiteren Fortschritt.

Früher mußten Tunnels von Hand in den Fels geschlagen werden, ähnlich wie beim bergmännischen Abbau von Kohle und Erzen unter Tag, wie man ihn

Oben: Baustelle am Gotthard-Bahntunnel. 1872–1882 wurde unter der Leitung von Louis Favre der 15 km lange Gotthardtunnel in den zentralschweizerischen Alpen erbaut. Hier der nördliche Tunneleingang bei Göschenen während der Bauzeit.

schon im Altertum kannte. Auf diese Weise entstand zum Beispiel 1707 ein erster Straßentunnel am Gotthard, im Urnerloch zwischen Göschenen und Andermatt. Von ihm wird berichtet, daß er mit 83 m Länge das berüchtigte Engnis an der Teufelsbrücke überwand.

Die Schwierigkeiten, mit denen beim Bau und späteren Unterhalt von Tunnels zu rechnen ist, beginnen mit der genauen trigonometrischen Vermessung. Sie ist unabdingbare Voraussetzung für das Gelingen des Vortriebs von zwei Seiten des Berges her, also dafür, daß sich die Mineure auch treffen. Es stellt der damaligen Vermessungstechnik ein eindrückliches Zeugnis aus, daß beispielsweise beim Durchschlag in der Mitte des 15 km langen Gotthardtunnels am 29. Februar 1880 die seitliche Abweichung nur 33 cm, der Höhenfehler nur 5 cm betrug. Aber auch der innere Aufbau des Gebirges, die zu durchstoßenden Gesteine müssen bekannt sein, sind also vom Geologen mit möglichst großer Genauigkeit vorauszusagen. Davon hängen die Vortriebsgeschwindigkeit, die Ableitung des einbrechenden Wassers, die Sicherung des Stollens und damit der finanzielle Aufwand ab. Fehlprognosen können vor allem infolge unerwarteter Wassereinbrüche Menschenleben fordern. Zahlreiche Probe- und Sondierbohrungen müssen daher die auf Messungen beruhenden Erkenntnisse ergänzen.

Von vornherein muß geklärt sein, wohin das ausgebrochene Material zu transportieren ist, wo es deponiert oder verwendet werden kann. Die Abfuhr des abgesprengten Gesteins muß kontinuierlich erfolgen und auch zeitlich vorausgeplant werden. Mei-

Unten: Die Anordnung der Rampen und Kehrtunnels der Gotthardbahn bei Wassen.

stens dient der Schutt zur Anlage der Zufahrtsrampen. Entscheidend für die Arbeitsbedingungen ist die Lüftung. Gebläse mit einer Kapazität von über 100 Kubikmeter pro Sekunde sorgen für den Abzug der staubbeladenen, manchmal giftigen Sprenggase und für die Frischluftzufuhr.

Wie gefährlich die Arbeit im Tunnel war, mag die folgende Schilderung aus der Bauzeit des unter der Leitung von Ingenieur Favre in den Jahren 1872 bis 1882 erstellten Gotthardtunnels bezeugen:

«Wie schwer die Arbeit war, läßt sich auch daraus ersehen, daß während der ganzen Zeit etwa jeden zweiten Tag ein Zugtier im Tunnel verendete. Doch für jedes war sogleich ein neues zur Stelle – man konnte auf diese Helfer einfach nicht verzichten. Die Menschen hatten es nicht viel besser, obwohl die Ingenieure alles Mögliche taten, um die Arbeitsbedingungen zu erleichtern. So drückten sie täglich fast 60000 Kubikmeter frische Luft in den Tunnel – wovon allerdings die Hälfte bei den Sprengungen verbraucht wurde. Der Platz war ungemütlich knapp im Berg. Die Männer arbeiteten auf engstem Raum, bei hohen Temperaturen und bei dem ohrenbetäubenden Lärm, den die Bohrmaschinen und die Sprengungen verursachten. Fast alle Arbeiter bekamen Fieber, litten unter Schwindel und Übelkeit.

Zudem war da der Kampf gegen das Wasser. Das fließt ja nicht nur oben auf der Erde zu Tal, sondern es sickert, rieselt, strömt auch innen durchs Gebirge. Immer wieder stieß man auf größere Wasseradern. Dann standen die Männer in der Nässe. Bis zu 800000 Liter Wasser pro Stunde schossen schließlich ins Freie.

Ein weiteres Übel war die Tunnelkrankheit. Und im Wasser und in der Erde warteten die Larven von Hakenwürmern; sie siedelten sich in den Eingeweiden der Männer an und verursachten dort Blutungen. Viele Arbeiter starben daran. Und viele starben auf andere Weise: von Explosionen zerrissen, von herabstürzenden Felsbrocken erschlagen, durch Gase vergiftet; oder sie kamen bei Zugunglücken ums Leben. 177 waren es insgesamt; hinzu kamen über 400 Schwerverletzte und Sieche.

Kein Wunder, daß es einmal, im Juli 1875 bei Göschenen, sogar zu einem Aufstand kam, der durch Soldaten niedergeschlagen werden mußte. Im übrigen aber hätten die Verantwortlichen sich kaum bessere Leute wünschen können. Zumeist waren es Italiener, anspruchslose, geschickte und erfahrene Männer, die sich kaum je einmal entmutigen ließen.»

W. Hausmann

Bei solchen Zwischenfällen ist es verständlich, daß beinahe regelmäßig Tunnelneubauten höhere Baukosten verursachen als geplant. Beim Gotthard-Eisenbahntunnel betrug seinerzeit der Geldaufwand wegen unvorhergesehener Schwierigkeiten nahezu das Doppelte der veranschlagten 48 Millionen Franken.

Durchstich am Brenner. Große Freude herrschte, als der Sondierstollen eines Tunnels der Brennerbahn am 17. August 1867 durchbrochen wurde. Der Anlaß war ein Markstein in der Erschließung des Alpenüberganges zwischen Innsbruck und Bozen.

Links: Die Gotthardbahn bei Wassen. Dreimal erblickt der Bahnreisende auf der Gotthardstrecke die schmucke Kirche von Wassen auf ihrem Felshügel. Um im steilen Reußtal auf der Nordrampe des Gotthardpasses die großen Höhenunterschiede zu überwinden, mußte die Bahntrasse in Schleifen angelegt werden. Sie führen weit in den harten Granit des Berges hinein (vgl. Bild der Linienführung auf der linken Seite). Zahlreiche Brücken queren die Gebirgsbäche des Tals.

Die meisten Hochgebirge der Welt werden deshalb «umfahren», oder die Verkehrswege folgen weitgehend den Tälern und tiefen Pässen. Der Bau großer Tunnels konzentriert sich auf die Alpen, welche Regionen trennen, die zu den am dichtesten besiedelten der Erde gehören.

Der erste Bahntunnel in den Alpen wurde 1871 am Mont-Cenis eröffnet (Länge 13,7 km). Ihm folgten der Gotthardtunnel (1882; 15 km), der Arlbergtunnel (1884; 10,2 km) und der Simplontunnel (1906; 19,8 km – der längste Gebirgstunnel überhaupt).

Von den bekannten Eisenbahntunnels seien außerdem erwähnt der Apennintunnel zwischen Florenz und Bologna (1934; 18,5 km) und der Cascadetunnel in den Rocky Mountains (1929; 12,5 km).

Bei Autostraßentunnels begrenzen zwei Faktoren die Länge: die Leistungsfähigkeit der Luftumwälzung, an welche für das Absaugen der Benzinabgase im Tunnel hohe Anforderungen gestellt werden müssen, und die erhöhte Unfallgefahr wegen des Gegenverkehrs im engen, mitunter dunkeln Tunnelraum. Zunächst hat man durchgehende Leuchtstoffröhrenbänder eingeführt, die an den Tunnelausgängen je nach Außenlicht in abgestufter Helligkeit leuchten. Allgemein strebt man aber richtungsgetrennte Röhren an. Zahlreiche derartige Bauten, zwischen 300 m und 7 km lang, sind schon in Betrieb,

Beim Bau des Gotthard-Straßentunnels (Schweiz), mit 16,3 km dem längsten der Welt, werden modernste Maschinen eingesetzt. Hier eine Bohrmaschine, welche auf das volle Tunnelprofil vorgetrieben wird.

Rechts oben: Im Gotthard-Straßentunnel.
Hinter der mächtigen Bohrmaschine wird die Tunneldecke gleich gegen Steinschlag und Wassereinbrüche abgesichert.

Rechts: Vortrieb im Tunnel.
Hier befinden wir uns an der Stollenbrust des 1976 durchschlagenen Gotthard-Straßentunnels.
12 Bohrlöcher werden gleichzeitig in den Granitfels getrieben, um die Sprengsätze plazieren zu können.

vor allem in Europa. 1970 begannen die Arbeiten am Gotthard-Autotunnel, der von Göschenen nach Airolo führt und 1980 mit 16,3 km Länge der längste Straßentunnel der Erde sein soll. Gebaut wird (zunächst) eine Röhre und ein Sicherheitsstollen. Auch bei diesem Unternehmen ergaben sich bis zum Durchschlag des Sicherheitsstollens am 26. Mai 1976 trotz modernster Meß- und Bohrmethoden ungeahnte Schwierigkeiten, welche Bauherrschaft und Bauunternehmer beinahe vor den Richter führten.

Schließlich wird dem eiligen Autofahrer ein «Supertunnel» durch die Zentralalpen zur Verfügung stehen, wie einer Reportage in der Schweizerischen Zeitung «Die Weltwoche» zu entnehmen war:

«Wer auf einer der Baustellen fragt, warum Favre vor hundert Jahren für seinen Tunnel 9½ Jahre brauchte, heute aber 10 nötig sind, erntet mildes Lächeln. Der heutige Tunnel sei mit Favres Loch nicht zu vergleichen. Und wirklich: die Unterschiede sind eklatant.

Der Autotunnelquerschnitt ist, wegen der Fahrbahnen mit zusätzlichen Gehwegen, wesentlich breiter (10 m) und, wegen der in der Wölbung eingebauten Ventilation, wesentlich höher (Querschnitt Nord 86 m², Süd 90 m²).

Der Autotunnel ist, vor allem wegen seiner Krümmung zur Umgehung des Kolks von Andermatt, etwa 2 Kilometer länger.

Zusätzlich zum Haupttunnel wurde auf der ganzen Länge der Sicherheitsstollen durchgeschlagen, durch den die Benützer den Tunnel bei Katastrophen verlassen können.

Alle 250 Meter gibt es eine Stollenverbreiterung (Ausstellbucht) und einen Querschlag vom Haupttunnel zum Sicherheitsstollen – insgesamt 66 Fluchtwege.

Um genügend Frischluft in den Tunnel führen zu können (und um die Abluft abzusaugen), war der Bau von vier Lüftungsschächten an die Bergoberfläche nötig. Die Ausbrüche im Bereich der unterirdischen Ventilationszentralen sind so groß wie eine mittlere Kathedrale.

Die Installationen bei einem solchen Autotunnel sind wesentlich komplizierter als bei einem Bahntunnel: Ventilation, Feuerlöscheinrichtungen, Kommandoanlagen, Verkehrs- und Betriebsüberwachung, Beleuchtung.»

Vor allem im Zug des Autobahnbaues entstehen in den Alpen zur Zeit neue Gebirgsunterquerungen. Der 1965 eröffnete Montblanctunnel ist 11,6 km lang, der noch im Bau befindliche Mont-Cenis-Tunnel 12,7 km. In Südfrankreich wurde 1971 der 3 km lange Transpyrenäentunnel dem Verkehr übergeben.

Dem Reisenden in der Eisenbahn wird im bequemen Zugabteil die Fahrt durch einen Alpentunnel kaum mehr bewußt. Eher bewundern die Autofahrer die technischen Leistungen, die ihnen hier in Form imposanter Bauwerke begegnen. Auch heute können sich die wenigsten von uns dem Reiz einer «Tunnelreise» durch die Alpen entziehen, den etwa die Einfahrt bei Regen und Sturm auf der einen und das Hinausgleiten in schönes Wetter auf der andern Bergseite auslöst. Dem Flugreisenden entgeht in dieser Hinsicht ein ganzes Stück technischer Romantik.

Für den Bau eines Gebirgstunnels ist letzten Endes ein hoher Einsatz gerechtfertigt; denn damit werden natürliche Grenzen überwunden, die jahrhundertelang die Verständigung zwischen benachbarten Völkern sowie den kulturellen Austausch zwischen ihnen erschwerten. Der Tunnel gilt meistens als «Jahrhundertwerk», das die Schwierigkeiten und Opfer während des Baus rasch vergessen läßt.

Autostraßen im Gebirge

Kraftfahrzeuge haben allgemein die Eisenbahn an Bedeutung überholt – auch als Transportmittel im Gebirge. Ein dichtes Netz von Autostraßen durchzieht alle Gebirge Europas und Nordamerikas; aber auch in den übrigen Kontinenten wird der Straßenbau gefördert.

Allerdings stellen sich beim Unterhalt von Straßen gegenüber der Bahnlinie vermehrt Probleme – die größere Verkehrsfläche erfordert auch einen erhöhten Aufwand. So muß zum Beispiel an Steilstrecken die Verkehrsfläche noch durch Anlage von «Kriechspuren» für Lastzüge erweitert werden.

Die alte und die neue Teufelsbrücke (1834). Im Urnerloch, auf der Nordseite des Gotthardpasses (Schweiz), wurde die erste befahrbare Brücke (die «Teufelsbrücke») bereits 1695 erbaut. Der zunehmende Verkehr über diese wichtige alpine Nord-Süd-Verbindung machte 1830 den Bau einer leistungsfähigeren Brücke auf höherem Niveau nötig. 1888 stürzte die Teufelsbrücke bei einem Hochwasser der Reuss ein. Heute allerdings fährt der Autoreisende über einen noch höher liegenden modernen Flußübergang.

Im Winter gilt es, die Fahrbahnen freizuhalten – die Schneeräumung verschlingt große Summen durch den Einsatz von Spezialfahrzeugen. Kunstbauten zum Schutz vor Lawinen und Steinschlag sind unumgänglich. Trotzdem können oftmals die Straßen während des Winters nicht befahrbar gehalten werden. Der Autofahrer hat dann weite Umwege in Kauf zu nehmen oder muß auf die Eisenbahn umsteigen.

Auch bei Autostraßen darf die Steigung ein gewisses Maximum nicht überschreiten, was eine oft abenteuerlich gewundene Streckenführung erforderlich macht.

Beeindruckend sind die freistehenden Kunstbauten, die für den Autoverkehr im Gebirge errichtet worden sind. Früher wurden die Brücken entweder massiv aus Stein aufgemauert oder in schwerfälliger Stahlkonstruktion ausgeführt. Dann kamen schwungvoll wirkende Hängebrücken auf, deren Widerstandsfähigkeit gegen Sturm- und Schneebelastung aber begrenzt ist und die nur eine gerade Linienführung erlauben. Die modernen Baustoffe und -techniken gestatten nun die Konstruktion geradezu «leicht» aussehender Großbauwerke, die einer gewissen Ästhetik nicht entbehren. Bei ihrem Bau werden zuerst schlanke Pfeiler verankert, über deren Kopf die Fahrbahnplatte langsam vorgeschoben wird. Die Armierung des Betons mit Stahlstäben und -seilen gestattet den freien Vorbau der Brückenele-

Rechts: Straße nach Montricher. In zahlreichen engen Kehren – sogenannten «Haarnadelkurven» – windet sich die Fahrstraße nach Montricher hinauf, über den Steilhang des Arc-Tals in Savoyen (Frankreich).

Unten: Am Gotthardpaß. Die berüchtigte steile Südflanke des schweizerischen Gotthardpasses in der Tremola-Schlucht stellte an die Straßenbauer große Anforderungen. Heute allerdings fährt der Reisende über eine neue, weit ausholende Straße mit wenigen Kehren bequem in das Tessin.

mente. Beispiele für diese Bauweise sind in den Alpen die Brenner-Autobahn mit der Europabrücke sowie den vielen hundert Stützpfeilern, die in Südtirol teilweise mitten im Flußbett der Eisack stehen; die Steinschlaggalerien am Flexenpaß und die in die Luft hinausragende Wendeplatte auf der Südrampe der Gotthardstraße.

Eine originelle Lösung ermöglicht auf der Straße von Valparaiso in Chile nach Mendoza in Argentinien dem Autofahrer ganzjährig die Durchquerung der Anden: Der 3854 m ü.M. gelegene Paso de la Cumbre ist auch während der warmen Jahreszeit (November bis Mai) durch plötzliche Schneefälle oft für mehrere Tage blockiert. Dann wird der Autoverkehr durch den 3 km langen Eisenbahntunnel geleitet, der 1910 eröffnet wurde. Man fährt auf Brettern, die zwischen den Schienen und seitlich davon auf den Gleisschwellen befestigt wurden. Bis zur Fertigstellung des benachbarten neuen Autotunnels kommt man mit dem improvisierten Verfahren gut zurecht, da die Zugfolge der Eisenbahn auf dieser Strecke nicht sehr dicht ist.

Rechts oben: Am Khyberpaß. Dieser 1070 m hohe Grenzpaß zwischen Afghanistan und Pakistan verbindet die Ebene von Peshawar mit dem Tal des Kabul. Von den Engländern erstellt, hat die Straße große strategische und wirtschaftliche Bedeutung.

Rechts: Autostraße in der Mala Fatra. Von Tiesnavy nach Vrátná führt die elegant angelegte Straße durch die Schluchten der Kleinen Fatra in der Slowakei.

Ein besonders eindrucksvolles Beispiel großräumiger Verkehrserschließung ist der *Panamerican Highway,* der entlang der Westküste Nord- und Südamerikas von Fairbanks in Alaska bis nach Puerto Montt in Südchile führt. Der Bau dieser wohl bekanntesten transkontinentalen Autostraße wurde bereits 1936 auf einer Konferenz in Buenos Aires beschlossen. Die Trassierung stützt sich jedoch auf bereits bestehende Straßen – die Interstate-Highways in Nordamerika, lokale Straßen und Inkastraßen in Südamerika. Der Panamerican Highway ist heute größtenteils asphaltiert, doch bestehen in den verschiedenen Ländern große Qualitätsunterschiede in bezug auf Belag und Ausbau der Fahrbahn. In manchen zentral- und südamerikanischen Staaten sind die finanziellen Mittel für den Unterhalt beschränkt. Noch immer weist der Panamerican Highway eine 600 km lange Lücke im Grenzbereich zwischen Panama und Kolumbien auf. Topographische Schwierigkeiten und tropischer Regenwald, ausgedehnte Sumpfgebiete und die Furcht vor ökologischen Veränderungen hielten die beiden Staaten bisher vom Straßenbau ab, so daß diese Strecke umschifft werden muß.

Eine Fahrt über den Panamerican Highway ist ein unvergeßliches Erlebnis. Sie führt aus der düsteren, von Gletschern geprägten Gebirgslandschaft des Nordens in weite, dunkle Nadelwälder; bei Vancouver zum erstenmal an den Pazifik; durch das fruchtbare Sacramentotal nach Los Angeles; durch die Steppen Arizonas – und mit dem Grenzübertritt in den lateinamerikanischen Kulturraum; durch die Hochländer Mexikos und der zentralamerikanischen Republiken hinunter nach Panama; zum Teil auf roterdigen Naturstraßen zwischen den schroffen Kordilleren Kolumbiens hindurch; vorbei an den imposanten, schneebedeckten Vulkanen Ecuadors; der Küstenwüste Perus und Chiles entlang nach Santiago und schließlich durch das Hauptlandwirtschaftsgebiet Chiles nach Puerto Montt.

Die zahlreichen Querverbindungen zu anderen wichtigen Städten und Häfen machen den Panamerican Highway (in Südamerika: Carretera Panamericana) zu einer der wichtigsten Gebirgsstraßen der Welt.

Hängebrücke, 400 m über dem Wasser. In dieser schwindelnden Höhe führt die einzige Brücke über den 350 km langen Grand Canyon (USA) an dessen engster Stelle in der «Royal Gorge».

Links: Die Europabrücke. Eine moderne Autobahn verbindet heute Innsbruck (Österreich) mit Bozen (Norditalien) über den Brennerpaß. Auf bis 180 m hohen Pfeilern zieht sich diese Brücke in eleganter Linienführung über eine Schlucht nahe bei Innsbruck.

Gebirge aus der Vogelschau

Als sich der Mensch mit Hilfe der Flugtechnik den Luftraum eroberte, wurde er in seiner Fortbewegung von der Bodengestalt unabhängig. Er begann auch das Gebirge zu überfliegen; vorerst im Ballon – in seiner Route den Winden ausgeliefert –, später mit Motorkraft. Die Sicht von oben eröffnete völlig neue Perspektiven. Hatten die ersten Motorflieger noch mit den Tücken der neuen Flugtechnik zu kämpfen, so daß sie kaum Zeit fanden zum Studium der überflogenen Höhen und Täler, so entwickelte und verfeinerte sich in der Folge die Flugphotographie rasch. Damit boten sich unzählige Möglichkeiten zur weiteren Erforschung der Erdoberfläche. Heute werden mit Satellitenbildern, Infrarot-, Falschfarben- und Radaraufnahmen Informationen über Erz- und Erdöllagerstätten, über die Wasserverhältnisse, über den Pflanzenwuchs und die Witterung (wichtig für Land- und Forstwirtschaft), aber auch über Stadtverkehr und Umweltverschmutzung gesammelt und mit Computern ausgewertet.

Vorerst galt es allerdings, mit Hilfe der neuen Möglichkeiten genauere *Landkarten* zu erstellen, auch um die Grundlagen für die weitere technische Erschließung der Gebirge zu haben. Mußte bisher der Geometer in mühseliger Arbeit das steile Gelände begehen, so genügte es nun, einige wenige Fixpunkte auf markanten Höhen aus der Luft zu vermessen. Schon aus der einfachen Senkrechtaufnahme kann Gelände gut erfaßt werden. Die Methode der *Stereo-Photogrammetrie*, bei der zwei Aufnahmen eines Geländeabschnitts aus verschiedenen Sichtwinkeln im Auswertegerät zusammen projiziert werden, erlaubt die Konstruktion von Höhenkurven. Heute kann eine Senkrechtaufnahme sogar direkt in eine geometrisch richtige Landkarte (Orthophoto) transformiert werden.

Romantischere Aspekte hat das Gebirge für den Flugsport. Bevorzugte Basis der *Ballonfahrer* in den Alpen ist das auf einer Höhenterrasse gelegene Mürren in den Berner Alpen, wo alljährlich Massenstarts der mit Wasserstoff und Helium gefüllten Freiballone, neuerdings auch von Heißluftballonen, erfolgen. Ein herrliches Gefühl, im Spiel der Winde ruhig und majestätisch hoch über die Alpengipfel zu schweben! Der *Segelflieger* seinerseits nutzt die starken Aufwinde, die an schönen Sommertagen von den Gebirgsflanken aufsteigen, um sich in Höhen bis 8000 m tragen zu lassen. Viele Gebirgslandeplätze in den Bergen Europas und Amerikas bieten sich heute der Motor- und Segelfliegerei an.

Flugzeuge sind auch unentbehrlich für die Bergrettungsdienste geworden. Mit dem Zustrom von Touristen stieg die Zahl der Bergunfälle nach dem Zweiten Weltkrieg rasch an. Bergsteigerorganisationen und verantwortungsbewußte Einzelpersonen erkannten frühzeitig, daß vor allem im *Hubschrauber* den Rettungsdiensten ein leistungsfähiges Instrument für Einsätze in jedem Gelände zur Verfügung steht. Bevor Hubschrauber (Helikopter) allerdings allgemein einsetzbar wurden, bemühte man sich, die Start- und Landetechnik mit Starrflügelflugzeugen im Gebirge zu entwickeln. Vor allem die Gletscher

Freiballon über den Alpen. Neben dem Segelflugsport hat die Eroberung der Lüfte mit dem gasgefüllten oder dem Heißluft-Ballon besonders in Europa neue Verbreitung gefunden. Mürren im Berner Oberland (Schweiz) ist Ausgangspunkt zahlreicher Alpenflüge. Ein faszinierendes Gefühl, lautlos über die Alpengipfel hinwegzugleiten!

boten sich als improvisierte Landeflächen an. Bereits 1919 landete eine Maschine auf dem Aletschgletscher nahe beim Jungfraujoch, 1921 gelang dem Flugpionier F. Durafour gar eine Radlandung auf 4320 m Höhe im Montblancmassiv; im Jahr darauf setzte Franz Hailer auf dem 2700 m hohen Zugspitzplatt ab.

Die erste dramatische Bergrettung mit einem Flugzeug war die Bergung der Besatzung einer amerikanischen Militärmaschine, die am 24. November 1946 auf dem schweizerischen Gauligletscher abgestürzt war.

Unter der Leitung der Schweizer Fredy Wissel und Hermann Geiger, die systematisch Gebirgslande-

Segelflieger im Gebirge.
Ein Segelflugzeug vom Typ Pilatus B 4-PC 11 schwebt über den zentralschweizerischen Alpen und hält sich dank der Aufwinde (Thermik) stundenlang in der Luft. Der Segelflugsport wird besonders in den Alpen intensiv gepflegt.

Unten links: Flugplatz in Huaraz (Peru).
Flugplätze im Gebirge stellen erhebliche Anforderungen an das Können der Piloten. Sie sind inzwischen für die Versorgung mancher Gebiete z. B. in den Anden unentbehrlich.

Oben: Rettung eines Skifahrers.
Bei der Abfahrt vom Säntis (Ostschweiz) ist ein Skifahrer verunglückt. Im Laufe einer halben Stunde ist der herbeigerufene Hubschrauber der Schweizerischen Rettungsflugwacht zur Stelle, um den Patienten zu bergen und ärztlicher Pflege zuzuführen.

techniken erprobten, wurden in den fünfziger und sechziger Jahren in rascher Folge Kurse für Gletscherlandungen mit *Ski-Flugzeugen* durchgeführt, die dann auch einige Himalayaexpeditionen begleitet haben.

Pionierarbeit leistete die *Schweizerische Rettungsflugwacht* (SRFW). Sie besitzt heute Düsenmaschinen als Ambulanzflugzeuge, ein Gletscherflugzeug mit Skis sowie eigene Helikopter, kann aber kurzfristig zur Rettung bedrängter Bergtouristen noch viele zusätzliche Hubschrauber und zehn weitere Gletscherflugzeuge mobilisieren. Zu den Aufgaben solcher Rettungsdienste gehört auch die Versorgung von durch Schneemassen isolierten Dörfern und Hütten, der Ambulanzdienst für die Bergbevölkerung und Katastrophenhilfe. Die Statistik der Rettungsdienste weist eine ständig steigende Zahl von Flugeinsätzen auf. In den Alpenländern kann notfalls auch die Un-

Links: Heutransport mit dem Hubschrauber.
Um die eingeschneiten Viehställe auch im Winter mit Heu zu versorgen – hier im Prätigau (Graubünden, Schweiz) – wird heute oft der Hubschrauber eingesetzt. So erfüllen die modernen Transportmittel eine wichtige Funktion zur Erhaltung der Berglandwirtschaft.

Bergrettung im Wettersteingebirge.
In diesem Massiv an der deutsch-österreichischen Grenze wird ein Bergführer mit dem Hubschrauber der Bergwacht abgesetzt, um einen abgestürzten Touristen zu bergen. Dieser wird am Stahlseil hochgezogen und ins nächste Krankenhaus geflogen.

terstützung der Luftwaffe angefordert werden. Bei Lawinenunglücken, großen Überschwemmungen, Bergstürzen oder Erdbeben wird Hilfe zumindest im deutschsprachigen Raum ohne Schwierigkeiten auch unter «Verletzung des Luftraums» geleistet.

Aus dem Protokoll einer dramatischen Bergrettung durch die Schweizerische Rettungsflugwacht:

Am Sonntag im späteren Nachmittag hören Berggänger im Scioragebiet Hilferufe aus der Badile-Nordostwand. SAC-Rettungschef Dino Salis aus Bondo alarmiert *20.50 Uhr* die Rettungsflugwacht. Das Wetter ist schlecht, stürmisch.

05.01 Uhr Helikopter aus Magadino-Locarno startet Richtung Bondo, um Rettungskolonne an den Fuß der Badile-Nordwand zu transportieren.

06.50 Uhr Anruf der Rettungskolonne: benötigen einen Helikopter mit Rettungswinde.

07.00 Uhr Eine Maschine der Air Zermatt startet via Simplon ins Badile-Gebiet. Die Maschine rekognosziert im Anflug und erkennt 2 Bergsteiger in der Nordostwand zirka 300 m unterhalb des Gipfels. Diese geben eindeutige Notsignale. Da die Witterung ausgesprochen stürmisch ist, ist an eine Direktrettung im Moment nicht zu denken. Der Helikopter landet

09.00 Uhr in Bondo; dort wird Biwakmaterial und Verpflegung bereitgestellt. Dieses Material wird in einem Rucksack mit einem angehängten Funkgerät mittels Rettungswinde, die mit 30 m Bergseil verlängert wird, den in Not Geratenen in die Wand gebracht (10.40 Uhr).
Dann funktioniert die Funkverbindung zu den Alpinisten. Diese erzählen, daß sie am Freitagmorgen in die Wand eingestiegen sind und noch am gleichen Tag den Gipfel bezwingen wollten, jedoch am Nachmittag vom Unwetter überrascht und seither in der Wand gefangen sind. Sie hatten kein Biwakmaterial und kein Essen mehr; die Kräfte aber sind noch mehr oder weniger da.
Den ganzen Tag über wartete man auf besseres Wetter, vor allem auf das Abflauen der stürmischen Winde.

16.10 Uhr flog die Maschine bis zur Sciora-Hütte. Das Wetter besserte sich jedoch nicht wesentlich. Die körperliche Verfassung der in der Wand blockierten Bergsteiger sank zusehends. Dies realisierte man im Funkverkehr und um

18.00 Uhr entschloß man sich, zu versuchen, die beiden mittels der Rettungswinde direkt aus der Wand herauszunehmen. Mit größten Schwierigkeiten gelang es.

18.45 Uhr waren beide Bergsteiger in der Sciora-Hütte und

19.07 Uhr in Bondo. Total durchnäßt seit 3 Tagen, erschöpft, jedoch keine wesentlichen Erfrierungen. Aller Wahrscheinlichkeit nach hätten die beiden wenig Chancen gehabt, noch eine Nacht in dieser sturmgepeitschten Wand zu überleben.

Die Erschließung der Gipfel für den Tourismus

Natürlich hat auch das Bestreben, die Berge dem Wanderer und den Wintersportlern zu erschließen, die Technik auf den Plan gerufen. Immer mehr schrumpfen – besonders in Europa und in Nordamerika – die Höhengebiete zusammen, in denen man tage- und wochenlang wandern kann, ohne auf die «Werke» der Zivilisation zu stoßen. Auch eine Safari, eine Expedition in noch wenig erschlossene Steppen- und Urwaldregionen, in die Wüste, in den ewigen Schnee, benutzt heute alle möglichen technischen Hilfen. Solange die Technik lediglich Mittel zum Zweck bleibt, etwa um günstige Ausgangspunkte zu geruhsamem Wandern oder zum Erforschen des Geländes zu erreichen, darf ihr Einsatz durchaus positiv gewertet werden. Wenn aber – wie dies bereits in erschreckendem Ausmaß geübt wird – mit Bulldozern und mit Felssprengungen Skipisten in großem Stil präpariert werden, wenn ganze Wälder und ausgedehnte Bergwiesen der Bequemlichkeit des sportlichen Treibens geopfert werden (einer Bequemlichkeit, die wohl besser als brutale Forderung des Spitzensportes und Gewinnsucht gewisser «Kurorte» verstanden wird), hört das Verständnis verantwortungsbewußter Menschen für den Einsatz der Technik auf. So wird es dann nötig, in letzter Minute sozusagen, durch Gesetz einige begrenzte Gebiete dem Zugriff der Promotoren zu entziehen und Wild- und Pflanzenreservate auszuscheiden, in denen dem Besucher rigorose Einschränkungen auferlegt werden.

Die *Bergbahnen* sollen den Naturfreund auf Aussichtspunkte hinaufführen und ihn abwechslungsrei-

Rechts: Die Rigi-Bahn.
Ein zeitgenössischer Stich (1880) zeigt die Erschließung des bekannten Aussichtsberges in der Zentralschweiz, der Rigi (1800 m), von Vitznau am Vierwaldstättersee aus mit einer Zahnradbahn (vgl. Abb. rechte Seite).

chen Wandergebieten näherbringen. Die normale Eisenbahn, die «Adhäsionsbahn», welche das Haftvermögen der Antriebsräder auf den Schienen für die Fortbewegung nutzt, ist für steiles Gelände ungeeignet, denn über 7% Steigung vermag sie nicht zu überwinden. Hier hilft das Zahnrad weiter: Zwischen die beiden Schienen wird eine Zahnstange eingebaut – auf der ganzen Strecke oder nur an den steilen Abschnitten –, in die das vom Motor der Lokomotive angetriebene Zahnrad greift. Das Triebfahrzeug zieht oder schiebt den Wagenzug mit einer Geschwindigkeit von bis zu 20 km/h aufwärts. Bei Abwärtsfahrt bewirkt das selbe Prinzip sichere Bremsung. Es wurde 1863 erfunden, und bereits 1866 baute Sylvester Marsh die erste Zahnradbahn der Welt, die auf den Mount Washington in den White Mountains (USA) führt und eine maximale Steigung von 37% überwindet. Niklaus Riggenbach, ein schweizerischer Ingenieur, hat auf diesem Gebiet ebenfalls Pionierarbeit geleistet. Bereits in den siebziger Jahren des vorigen Jahrhunderts hat er die Rigi in der Zentralschweiz, den damals berühmtesten Aussichtsberg Europas, mit zwei Zahnradbahnen erschlossen, mit Höchststeigungen von 25% beziehungsweise 20%. Ein zeitgenössischer Zeitungsbericht möge die Bedeutung der von Vitznau ausgehenden Rigi-Bahn illustrieren. Inzwischen wurde sie allerdings elektrifiziert und modernisiert und hat bis jetzt über 20 Millionen sonnenhungrige Ausflügler befördert.

Die luzerner Rigibahn.

Zeitgenössischer Bericht der «Leipziger Illustrierte»

«Im Jahr 1804 entdeckte der züricher Geograph, Karten- und Panoramenzeichner Heinrich Keller im Herzen der Schweiz zu allererst den Rigi, als entzückenden Aussichtspunkt nämlich. Wenige Naturfreunde lauschten seinen begeisterten Schilderungen, und es war schon eine bedeutungsvolle, damals selten vorkommende That zu nennen, als sich 1815 die Gelehrten Dr. Ebel, Escher von der Linth, Hofrath Dr. Horner, der Weltumsegler, mit Keller und einigen andern züricher Freunden verbanden und etwa 2000 Mark zusammenlegten, aus welchem Geld das erste Gasthaus auf Rigi-Kulm errichtet ward, ein Bau, der ungefähr einer gegenwärtigen Clubhütte des Deutschen und Oesterreichischen Alpenvereins entsprach. Bis dahin waren nur wenige auf den Berg gekommen: Aelpler, die ihr Vieh auf den herrlichen Weiden sömmerten, Wallfahrer, die bei unserer lieben Frau Maria zum Schnee und bei den Vater Kapuzinern im Klösterlein auf ihr Seelenheil bedacht waren, Kränkelnde, die bei dem wunderthätigen Quell Zum kalten Bad Erlösung vom Uebel suchten. Bald aber begann eine andere fröhliche Wallfahrt. Auf Staffel, Kaltbad, Scheideck entstanden neue einfache Herbergen. Die Kunde von der paradiesischen Herrlichkeit der Rigiaussicht gelangte von Land zu Land, und aus Britannien und Germanien kamen weltliche Wallfahrer in Menge. Da ertönte plötzlich im Jahr 1868 ein seltsames Wort: «Zahnradeisenbahn!», und drei hervorragende schweizerische Maschineningenieure, Riggenbach, Zschokke und Näf, faßten den Plan

Links unten: Drahtseilbahn auf den Vesuv.
Dieser berühmte, heute noch tätige Vulkankegel bei Neapel (Italien) ist nicht nur von wissenschaftlichem Interesse. Tausende von Touristen besuchen jährlich den einzigartigen Aussichtsberg hoch über dem Mittelmeer, auf den sie mit einer Drahtseilbahn bis zum Kraterrand gelangen (Stich von 1880).

Die Vesuvbahn (1880).
Die Talstation der Drahtseilbahn mit den Geleisen und den Kabelrollen. Die Steigung dieser Seilbahn beträgt bis zu 63%.

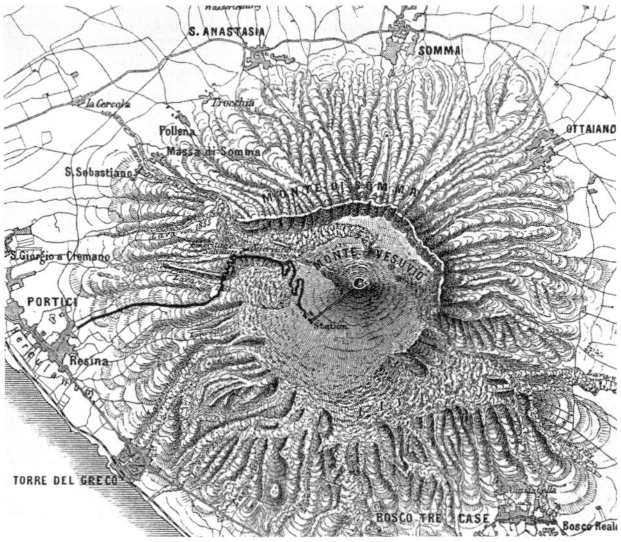

Lokomotive der Vitznau–Rigi-Bahn (Schweiz).
Die 1871 in Betrieb genommene Dampflokomotive mit 120 PS Leistung und Zahnradantrieb wurde mit Kohle beheizt. Die Personenwagen hatten ein Fassungsvermögen von je 60 Reisenden. Mark Twain beschrieb diesen Zug in dem auf der folgenden Seite wiedergegebenen Bericht. Heute ist die Bahn elektrifiziert und mit modernem Wagenmaterial ausgerüstet.

1 Bergbahn auf den Mount Washington.
Diese erste Zahnradbahn der Welt (erbaut 1866–1869) führt über 5,5 km hinauf zum bedeutendsten Gipfel der Presidential Range in den Neuenglandstaaten (USA).

2 Die Jungfraubahn in der Schweiz, höchstgelegene Zahnradbahn der Welt. Die Jungfraubahn führt den Reisenden von der Station Eigergletscher (hier kurz nach der Eröffnung) zum 3454 m hoch gelegenen Jungfraujoch (Berner Alpen, Schweiz). (Fortsetzung s. nächste Seite.)

1

einer Eisenbahn von Viznau am Seegestade bis auf den Rigi-Kulm. Das Kapital (1½ Mill. Frs.) war in wenigen Stunden gezeichnet, die Bahn selbst konnte schon im Mai 1871 bis Staffelhöhe dem Verkehr übergeben werden und ist seither von vielen tausend Bergfahrern mit dem Gefühl absoluter Sicherheit benutzt worden. Es ist nicht unsere Aufgabe, über die technische Anlage und die offenkundigen Betriebsgeheimnisse dieser Weltbahn zu berichten; hierfür sorgt ein allerliebstes Büchlein. Folgen wir dagegen kurz dem schwarzen Faden unserer Illustration. Die Maschine, so schief ihr Zylinder auch aufgesetzt ist, wird uns gefahrlos und bequem in die Region der Alpenrose bringen.

Es ist ein lachender Sommermorgen und deshalb nichts besonderliches, wenn ein Touristenschwarm aus sieben Nationen die Waggons stürmt, um einen Eckplatz zu erhalten, von denen besonders diejenigen rechts den reichsten Genuß bieten. Mit komischem Geklapper setzt sich der Zug in Bewegung und gleitet langsam den röthlichen Wänden des Rigi empor, 25 Proc. beträgt gleich anfangs die Steigung. Wir sehen die Krapfenbalm, eine Höhle mit Häuschen drin, und daneben einen gewaltigen Nagelfluefels, auf dem uns in Goldlettern entgegenglänzt «Chocolade Suchard», eine Reclame, welche man belächelt, aber liest. Während wir uns der entzückenden Aussicht auf den See und die gegenüberliegenden unterwaldener Bergriesen überlassen, fährt der Zug, stets 25 Proc. ansteigend, durch einen Tunnel und auf schwindelnder Eisenbrücke über das schauerlich gähnende Schnurtobel, hoch über die von unten heraufstrebenden Tannenwipfel weg.

19. Juni 1880

2

3

Wie der Dichter Mark Twain eine Talfahrt mit der Bahn empfunden hat, beschreibt er in seinem Buch *Bummel durch Europa* (1879):

«Ich nahm an, wir könnten an einem Tage nach Wäggis oder Vitznau hinabsteigen, aber ich wußte, daß wir mit der Bahn in einer Stunde hinunterfahren könnten; also wählte ich letzteren Weg. Ich wollte ohnehin einmal sehen, wie das war. Etwa um die Mitte des Vormittags kam der Zug an, und ein komisches Gebilde war das. Der Dampfkessel stand aufrecht, und er und die ganze Lokomotive neigten sich scharf nach hinten. Zwei Personenwagen gab es, überdacht, aber ringsherum weit offen. Diese Wagen neigten sich nicht nach hinten, wohl aber die Sitze; das macht es dem Fahrgast möglich, aufrecht zu sitzen, während man einen steilen Hang hinabfährt.

Es gibt drei Schienen; die mittlere ist gezähnt; das Triebrad der Lokomotive krallt sich an diesen Zähnen voran und zieht den Zug den Berg hinauf oder bremst seine Bewegung bei der Talfahrt ab. In beiden Richtungen wird ungefähr die gleiche Geschwindigkeit eingehalten – drei Meilen in der Stunde. Ob es hinauf- oder hinabgeht, immer befindet sich die Lokomotive am unteren Ende des Zuges. In dem einen Fall schiebt sie, im anderen hält sie zurück. Beim Hinauffahren fährt der Passagier rückwärts, beim Hinabfahren blickt er nach vorn.

Wir bekamen Vorderplätze, und während der Zug etwa fünfzig Yard weit auf ebenem Grunde dahinfuhr, fürchtete ich mich kein bißchen; aber dann fuhr er jäh bergab, und ich schnappte nach Luft. Und unbewußt bremste ich, genau wie meine Nachbarn, sosehr ich konnte, und verlegte mein Gewicht nach hinten, aber natürlich nützte das nicht viel. Als Junge war ich die Treppengeländer hinuntergerutscht und hatte nichts dabei gefunden; aber in einem Eisenbahnwagen Treppengeländer hinunterzurutschen ist eine Sache, bei der man Gänsehaut bekommt. Manchmal hatten wir sogar zehn Yard fast ebenen Grund, und das erlaubte uns, ein paarmal in Ruhe tief durchzuatmen; aber dann bogen wir sofort wieder um eine Ecke und sahen eine lange, steile Schienenstrecke unter uns hinabführen, und es war aus mit der Ruhe. Man erwartete, die Lokomotive würde innehalten oder ein bißchen langsamer fahren und sich diesem Absturz vorsichtig nähern. Aber nichts dergleichen; sie fuhr gelassen weiter, und wenn sie den Absprungplatz erreicht hatte, neigte sie sich unvermittelt und glitt sanft hinab, ohne sich von den Umständen stören zu lassen.

Es war wahnsinnig aufregend, in dieser grausigen Weise am Rande des Abgrunds entlangzufahren und direkt auf das ferne Tal hinabzuschauen.

Bei der Station Kaltbad gab es keinen ebenen Grund; das Schienenbett war so steil wie ein Dach; ich war gespannt, wie man das Halten bewerkstelligen würde. Aber es war ganz einfach; der Zug kam herabgeglitten, und als er die rechte Stelle erreicht hatte, blieb er einfach stehen – weiter war nichts dran; er hielt auf dem steilen Hang, und als der Austausch der Passagiere und des Gepäcks beendet war, fuhr er ab und glitt wieder abwärts. Überall kann man den Zug in kürzester Frist halten lassen.

Ein eigenartiger Effekt war zu beobachten, den ich nicht zu beschreiben brauche, weil ich seine Beschreibung aus dem Reklameprospekt der Eisenbahngesellschaft herausschneiden und meine Tinte sparen kann:

‹Auf der ganzen Strecke, besonders beim Abwärtsfahren, unterliegen wir einer optischen Täuschung, die oft unglaublich erscheint. Alle Sträucher, Tannen, Ställe, Häuser und so weiter scheinen schräg geneigt zu sein, wie unter einem ungeheuren Luftdruck. Sie stehen alle schief, so sehr schief, daß die Sennhütten und Bauernhäuser hinabzustürzen scheinen. Das ist die Folge des steilen Abfalls der Bahnlinie. Die Insassen des Wagens bemerken nicht, daß sie ein Gefälle von zwanzig bis fünfundzwanzig Grad hinabfahren (weil ihre Sitze dieser Strecke angepaßt und die Rückenlehnen nach hinten geneigt sind). Sie betrachten ihren Wagen und seine horizontalen Linien fälschlich als geeignete Bezugsgröße für die Normalebene, und daher müssen alle Gegenstände draußen, die sich wirklich in horizontaler Lage befinden, gegenüber dem Berg das Mißverhältnis eines Gefälles von zwanzig bis fünfundzwanzig Grad aufweisen.›

Bis man in Kaltbad ankommt, hat man zu der Bahn Vertrauen gefaßt und versucht nicht mehr, es der Lokomotive durch eigenes Bremsen leichter zu machen. Von jetzt an raucht man seine Pfeife in heiterer Gelassenheit und schaut mit ungehemmtem Genuß hinaus auf das prachtvolle Bild unter und um sich. Nichts stört die Aussicht oder die Brise; es ist, als besichtigte man die Welt auf Flügeln. Aber um genau zu sein, eine Stelle gibt es doch, wo die heitere Gelassenheit eine Zeitlang ins Wanken kommt; und zwar, solange man über die Schnurrtobelbrücke fährt: ein zerbrechliches Gebilde, das sein spinnwebfeines Gefüge wie einen Faden des Altweibersommers durch die schwindelerregende Höhe über eine Schlucht schwingt.

Mühelos fallen einem alle Sünden ein, während die Bahn diese Brücke hinabkriecht; und man bereut sie auch; aber wenn man nach Vitznau kommt, sieht man ein, daß es nicht nötig gewesen war – die Brücke stand vollkommen sicher.

So endet der ereignisreiche Ausflug, den wir auf den Rigi-Kulm unternahmen, um einen alpinen Sonnenaufgang zu erleben.»

4

5

6

zu Bild 2
(Fortsetzung von Seite 258): *1896–1912 erbaut, erklimmt sie die Höhendifferenz im Innern der wuchtigen Alpengipfel Eiger und Mönch in einem 7,1 km langen steilen Tunnel und verbindet die hochalpine Forschungsstation hoch über dem Aletschgletscher mit der Außenwelt (vgl. Abb. Seite 270).*

3 Pilatusbahn. Die steilste Zahnradbahn der Welt (mit bis zu 48% Steigung) erschließt den Pilatus (2129 m) bei Luzern in der Zentralschweiz von Alpnachstad aus, heute freilich mit modernen Großraumwagen.

4 Stoosbahn bei Schwyz. Diese Standseilbahn führt den Bergwanderer, besonders aber auch den Skifahrer in die Alpen der Zentralschweiz, zu den Skiliften, welche das Skiparadies am Fronalpstock hoch über dem Vierwaldstättersee erschließen.

5 Gondelbahn im Berner Oberland. Vor der markanten Kulisse von Eiger, Mönch und Wetterhorn (von rechts nach links) führt diese Luftseilbahn mit zahlreichen Kleinkabinen den Skifahrer zu den sonnigen Schneehängen im Berner Oberland (Schweiz).

6 Zuckerhut bei Rio de Janeiro. Der Pão de Açucar, das 400 m hoch aufragende Wahrzeichen von Rio de Janeiro (Brasilien), ein Verwitterungsrelikt aus grobem Gneis, wird durch eine Luftseilbahn vom Urca-Plateau aus erschlossen.

Zugspitze (2963 m).
Dieser höchste deutsche Gipfel im deutsch-österreichischen Grenzkamm des Wettersteingebirges ist durch mehrere Bergbahnen von verschiedenen Seiten her zugänglich. Als freistehender Gipfel beherbergt die Zugspitze auch meteorologische und fernmeldetechnische Anlagen.

Sessellift am Rinerhorn.
Die Alpen – hier bei Davos im schweizerischen Graubünden – stellen dem Skiläufer ein reiches Angebot an Aufstieghilfen zur Verfügung.

Skilift bei Splügen.
Hinauf in sonnige Höhen, hoch über den Nebel in den Niederungen, schleppen diese Lifte den Skifahrer, hier an den Fuß des Pizzo Tambo an der San Bernardino-Route in der östlichen Schweiz.

Zahnradbahnen führen heute auf viele bekannte Aussichtspunkte, wie das Jungfraujoch in den Berner Alpen, den Vesuv bei Neapel, den Wendelstein in den Bayerischen Kalkalpen. Die steilste Zahnradbahn der Welt, die 1889 eröffnete Bergbahn von Alpnachstad auf den Pilatus bei Luzern, ebenfalls in der Zentralschweiz, überwindet eine maximale Steigung von 48%. Um ein «Aussteigen» der Zahnräder zu verhindern, ist die Zahnstange hier mit seitlichen Zähnen versehen, in welche die Zahnräder des Triebwagens paarweise mit stehender Achse eingreifen. Unter den Zahnrädern rotiert beidseits der Zahnstange ein Spurring mit.

Noch größere Steigungen bewältigt die *Standseilbahn:* meist zwei schienengebundene Kabinen im Pendelverkehr, die sich in Streckenmitte begegnen, werden durch ein starkes Stahldrahtseil hochgezogen (beziehungsweise die Strecke hinuntergelassen), wobei manchmal beim talabwärts fahrenden Wagen ein Wassertank gefüllt wird, um das Mehrgewicht für das Hochziehen des anderen zu nutzen.

In der Zentralschweiz ist auch das Stanserhorn mit einer Standseilbahn erreichbar, in Österreich eine ganze Anzahl beliebter Skiabfahrten. Die Ritombahn im oberen Tessin weist bis 88%, die Gelmerseebahn in den Berner Alpen gar bis über 100% (= 45°) Steigung auf. Standseilbahnen mit kurzen Strecken und geringem Platzbedarf werden auch zur Überwindung von Geländestufen in Städten eingesetzt. Beispiele finden sich in Salzburg, Innsbruck (Hungerburg-Bahn), Bern, Zürich, Heidelberg, Wiesbaden-Neroberg, Dresden-Loschwitz, am Vesuv bei Neapel und an vielen anderen Orten der Welt.

Wo das Gebirgsrelief allzu steil wird und von Felsen durchsetzt ist, kann uns nur die *Luftseilbahn,* die Seilschwebebahn, in die sonnigen Höhen bringen. In dieser Sparte hat die Technik seit dem ersten Versuch im Jahre 1861 durch Freiherr von Dücker in Deutschland gewaltige Fortschritte zu verzeichnen. Kabinen mit Fassungsvermögen von 100 Personen befördern die Bergfreunde auf sonst nur in mühsamem Aufstieg erreichbare Gipfel. Meist werden auch diese Luftseilbahnen mit zwei Kabinen im Pendelverkehr betrieben: Ein in der Tal-, seltener in der Bergstation befindlicher starker Elektromotor bewegt das umlaufende Zugseil, während das stärkere Tragseil das Gewicht der Kabinen aufzunehmen hat, die auf Rollen gleiten. Mehrere Brems- und Sicherheitssysteme sind eingebaut; sie treten in Funktion bei zu großer Geschwindigkeit oder bei Nachlassen des Zuges (Seilbruch). Zudem kann auf einem dritten Seil eine Rettungskabine mit geringerer Geschwindigkeit (2–5 km pro Stunde, gegenüber 6–10 km pro Stunde der Luftseilbahn) auf den Weg geschickt werden.

Daß trotzdem nicht alle Zwischenfälle auszuschalten sind, die durch Sturm, Stromausfall, Materialschäden oder auch als Folge von Sabotage auftreten können, beweist die Tatsache, daß es schon zum Absturz vollbesetzter Kabinen gekommen ist. Ständige Wartung und Überwachung ist daher unerläßlich. Das bezieht sich vor allem auch auf die großen, stählernen Tragmaste.

Eine Seilschwebebahn für den Personentransport wurde 1908 bei Grindelwald in den Berner Alpen eröffnet. Dieser «Wetterhorn-Aufzug» war die erste Luftseilbahn der Welt, für damalige Zeiten ein äußerst gewagtes Unternehmen. Der Betrieb wurde bald wieder eingestellt.

Dann folgten immer längere Luftseilbahnen mit immer größeren Kabinen. Unter den ersten waren in den Alpen die Pfänderbahn (Bregenz), die Predigtstuhlbahn (Bad Reichenhall) und die Österreichische Zugspitzbahn (Ehrwald). 1935 wurde die Säntisbahn in den ostschweizerischen Alpen eröffnet, die heute, nach Umbauten in den Jahren 1960 und 1974, pro Stunde bis zu 800 Fahrgäste auf den Säntisgipfel befördern kann – Steigung 90%, Fahrtdauer 8 Minuten. Hier sind nicht nur die Touristen auf die Bahn angewiesen, sondern ebenso die Techniker der Sendeanlagen auf dem Gipfel und die Meteorologen der Wetterstation.

Mittlerweile gibt es Luftseilbahnen in allen Teilen der Welt – in Japan, Persien, in der CSSR, der DDR, der Sowjetunion. Sie wurden zumeist erst in den letzten zwei Jahrzehnten gebaut, gleichen aber, als funktionelle Einrichtungen, äußerlich noch ganz ihren Vorgängern. Meistens sorgt ein leuchtend farbiger Außenanstrich der Kabinen dafür, daß die «Bahn» nicht nur werbewirksam und charakteristisch für den Ort erscheint, sondern auch während der Fahrt am Berg als bunter Punkt möglichst gut auszumachen ist. Große, aufgemalte Nummern – meist die Ziffern 1 und 2 – sind zur Unterscheidung der Kabinen vorgeschrieben.

Eine erst in den fünfziger Jahren unseres Jahrhunderts eingeführte Variante in nicht allzu steilem Gelände ist die *Gondelbahn:* eine größere Zahl von Kleinkabinen kann in den Stationen am Zugseil «angehängt» werden, je nach der wechselnden Besucherfrequenz.

Schließlich gehören auch die *Sessellifte* zu den Luftseilbahnen. Sie sind aus den Ski(schlepp)liften hervorgegangen und führen den Besucher in offenen Sitzen in bis zu 8 m über dem Boden in die Höhe. *«Materialaufzüge»* für einzelne Berghütten sehen den Sesselliften ähnlich, doch sind sie sehr viel älteren Ursprungs und werden nur bei Bedarf in Betrieb gesetzt, früher meistens von Hand.

Die *Zugspitze* im Wettersteingebirge auf der Grenze zwischen Österreich und Deutschland (2963 m ü.M.) ist, als höchster Gipfel Deutschlands, durch mehrere Bergbahnen erschlossen: von Norden her sowohl durch eine Zahnradbahn, die seit 1931 von Garmisch-Partenkirchen her zum Schneefernerhaus emporführt, als auch durch die 1963 eröffnete Luftseilbahn vom Eibsee aus; von der österreichischen Talstation Ehrwald verläuft die erwähnte Luftseilbahn seit 1926 zum Zugspitzkamm und eine kleinere Luftseilbahn zum Westgipfel. Skilifte und Kleingondel-Aufzüge auf dem Zugspitzplateau sowie die Schilder und Sperren des Grenzübergangs tragen außerdem dazu bei, daß auf diesem Gipfel nicht die Natur, sondern ein Konglomerat von technischen Einrichtungen und Gebäuden den Gesamteindruck bestimmt.

Bodenschätze und Industrie im Gebirge

Der Geologe versteht unter Bodenschätzen alles, was an mineralischen Stoffen dem Boden und dem Gestein entnommen werden kann, um dem Menschen in irgendeiner Art dienlich zu sein. Im besonderen zählen dazu Metalle in gediegener, reiner Ausbildung oder häufiger als Erze in Verbindungen mit anderen Elementen. Aber auch *Rohstoffe für die Bauindustrie,* beispielsweise Gesteine zur Herstellung von Zement sowie Sandstein und Granit für Häuser, Straßenpflaster oder Grabmäler fallen unter den Begriff «Bodenschätze». Desgleichen *Kohle, Erdöl, Salze* und *Mineralwässer.*

Mitte: Bergknappen in einer Kluft. Im «Schwarzer Bergbuch» von 1556 (Schwaz im Inntal, Österreich) ist in zwei Teilbildern die Arbeit der Bergleute, der «Knappen» dargestellt. Hier wurde und wird Schwerspat (Baryt) gewonnen, der Verwendung findet bei der Bohrung nach Erdöl und als Zuschlag bei der Papierherstellung.

Betrachtet man eine Karte der Erde, auf welcher die Bodenschätze eingetragen sind, so fällt deren Häufung in Gebirgen sofort auf. Dieser Reichtum hängt mit den besonderen Eigenschaften des Entstehungsraumes der Gebirge zusammen. Wie im zweiten Kapitel dargelegt, ist die feste Erdkruste zur Hauptsache ein Erstarrungsprodukt des heißen und zähplastischen Magmas des Erdmantels. Die magmatische «Schmelze» der Tiefe enthält nun aber eine große Zahl von chemischen Elementen, die beim Erkalten und Kristallisieren sich in Form von Mineralien ausscheiden und in ihrer Gesamtheit ein Erstarrungsgestein bilden. Aus den mineralreichen heißen Restlösungen, die in den Schwundrissen und Klüften dieses ursprünglichen Gesteinskörpers zirkulieren, scheiden sich im Laufe der weiteren Abkühlung Erzgänge aus, in denen gemäß ihren spezifischen Schmelzpunkten bestimmte, für den technischen Gebrauch wichtige Elemente enthalten sind.

Aber auch an oder nahe der Erdoberfläche entstehen mineralische Anreicherungen: Gewisse Pflanzen und Tiere (Algen, Radiolarien) vermögen für den Aufbau ihrer «Gerüste» dem Wasser Eisen und Mangan zu entziehen und so zu konzentrieren. Zu sol-

Unten: Die Einfahrt ins Bergwerk. Georgius Agricola (1494–1555), mit eigentlichem Namen Georg Bauer, Arzt und Mineralienforscher, stellt in seinem Buch «De re metallica» (1556) das Hüttenwesen in Osteuropa dar.

1 *Eisenerzbergwerk im Iron County.*
In dieser größten Bergwerksgrube der Welt in Utah (USA) wird das Eisenerz – rötlicher Hämatit und grauer Magnetit – im Tagebau terrassenweise abgebaut. Das Erz mit 50–53% Eisengehalt wird in Hüttenwerken in den Appalachen eingeschmolzen.

2 *Marmorbrüche bei Carrara.*
Der reinweiße Marmor von Carrara in der italienischen Toscana lieferte bereits den Römern, besonders aber auch den berühmten italienischen Bildhauern des ausgehenden Mittelalters und der Renaissance den Werkstoff. Dieser metamorphe Kalkstein aus der Triaszeit wird noch heute abgebaut, und eine Bildhauer-Akademie in der nahen Stadt schult die angehenden Künstler.

1

2

3

3 *Der Erzberg in der Steiermark.*
Hier, in Österreich, bauen mehr als 3000 Bergleute den Spateisenstein (Siderit) mit 32% Eisengehalt ab. Jährlich werden etwa 3 Millionen Tonnen Erz im Tagebau auf 29 Terrassen gewonnen.

4 *Bimsstein auf Lipari.*
Auf dieser ruhigen Vulkaninsel im Mittelmeer werden verschiedene Bergbauprodukte gewonnen: Schwefel, Bimsstein, Alaun, Bor-
(Fortsetzung S. 263)

4

5

chen *biogenen Mineralstoffen* zählen auch «fossile Brennstoffe» wie die Kohle, welche aus üppigem Sumpfurwald hervorgegangen ist, und das Erdöl, das sich zusammen mit dem Erdgas aus abgestorbenen Tieren auf sauerstoffarmen Meeresböden bildet.

Schließlich entstehen durch Verwitterungsvorgänge, durch Oxidation mit dem Luftsauerstoff und Verdunstung des Meerwassers *exogene Lagerstätten:* Eisen- und Aluminiumverbindungen in den Roterden subtropischer und tropischer Steppengebiete; Steinsalz, Gips und Kalisalze in Lagunen unter heißtrockenem Klima. Bei der Bildung eines Gebirges werden alle diese Lagerstätten auf einen engen Raum zusammen- und übereinandergeschoben, und manchmal noch durch eindringendes Magma angereichert. Deshalb finden sich in Gebirgen zahlreiche Bodenschätze in abbauwürdigen Mengen. Oft liegen sie allerdings nicht mehr am Ort ihrer Entstehung, sondern sind durch Flüsse und andere abtragende Kräfte verschleppt worden. So werden sie aus *sekundären Lagerstätten,* sogenannten Seifen, beispielsweise aus dem Flußsand, gewonnen – darunter Diamanten in Südafrika oder Gold in Kalifornien.

Zumeist liegen im Gebirge die Bodenschätze aber in der Tiefe verborgen. Ihre Lage und Abbauwürdigkeit muß durch die geologische *Prospektion* zuerst gründlich abgeklärt werden, durch Versuchsbohrungen, Untersuchen der anstehenden Oberflächengesteine in bezug auf Art und Lagerung, sowie mit Hilfe von Flugaufnahmen, welche die übergeordneten Strukturen erkennen lassen. Erst wenn die Aussicht auf Wirtschaftlichkeit besteht, wird das Erzvorkommen bergmännisch angegangen und unter Tage mit Stollen erschlossen und abgebaut.

Welches sind die *hauptsächlichen Lagerstätten,* die uns das Gebirge bietet? Blei, Zinn, Kupfer und Zink – eine verbreitete Kombination – finden sich vor allem in den geologisch jungen (tertiären) amerikanischen Hochgebirgen der Anden und der Rocky Mountains. Die Bleierze führen meist kleine Mengen an Silber und werden oft zur Silbergewinnung verhüttet. Ältere Rumpfgebirge, wie etwa die Appalachen im östlichen Nordamerika, das Brasilianische Bergland, die Mittelgebirge Europas, sowie Gebirge in Vorderindien und im südlichen China, führen Steinkohle, Braunkohle, Eisen- und Manganerze. Auch der alpine Gebirgsbogen in Europa und Nordafrika weist Eisenerzvorkommen und Steinkohlenlager auf. Das wertvolle Zinn wird vor allem in Südostasien und Australien gewonnen.

In vulkanischen Gebieten, wie auf den Liparischen Inseln, wird der helle, poröse Bimsstein abgebaut, der dank seinem Gehalt an feinen Quarzkörnern als Schleifmittel Verwendung findet. Der Asbest, langfaserig oder blättrig, der als feuerbeständiges Material dient, wird vor allem in den kanadischen Laurentides und im Ural gefördert. Mitunter ist auch der Tagebau erzhaltigen Gesteins in großem Stil möglich, zum Beispiel am Erzberg in der Steiermark (Österreich). Ein bekanntes Bergbaurevier für Erze aller Art ist das Erzgebirge zwischen Böhmen und Sachsen mit Ausläufern bis nach Thüringen. Der Silberbergbau wurde hier seit dem Mittelalter ausgeübt, so daß die Vorräte an silberhaltigem Erz inzwischen nahezu erschöpft sind. Dafür wird seit 1945 die uranhaltige Pechblende als bedeutendster Bodenschatz abgebaut. Wie wichtig die schon vor Jahrhunderten hochentwickelten Techniken des Erzbergbaues waren und welche Bewunderung man der Leistung der Bergleute entgegenbrachte, beweisen zahlreiche Gemälde, kunsthandwerkliche Darstellungen und mechanische Bergwerksmodelle aus dem 16. bis 19. Jahrhundert.

Die großen *Schwerindustriezentren* liegen zumeist in der Nähe der Abbaugebiete, denn die Transportkosten für das rohe Erz, das noch mit Resten des Nebengesteins vermengt ist, stellen sich wesentlich höher als jene des daraus gewonnenen Reinmetalls. Auch die elektrische Energie, welche zur Verhüttung und Veredelung benötigt wird, steht im Gebirge zur Verfügung. (Anders dagegen verhält es sich mit der Verhüttung von Eisenerz, zu der man die Kohle als Energieträger und als Zuschlag verwendet: Hier muß wegen des großen Volumens der Kohle das Werk mit seinen Neben- und Folgebetrieben auf der Kohlebasis errichtet werden!)

(Fortsetzung von Seite 262): *säure. Der feinporöse Bimsstein findet Verwendung als Polier- und Schleifmittel.*

5 Kalkbrennofen.
Bei Cimoleis in den Karnischen Alpen an der österreichisch-italienischen Grenze steht dieser Schachtofen. Hier wird gebrochener Kalkstein mit Kohlenfeuerung bis auf 1200 °C erhitzt. Der dabei entstehende «gebrannte Kalk» wird als Ausgangsstoff für «gelöschten Kalk» in der chemischen und in der Lebensmittelindustrie benötigt.

6

6 Asbestgrube auf Zypern.
Bei Pano Amiandos im Troodos-Gebirge wird Asbest im Tagebau gewonnen. Die Insel im östlichen Mittelmeer ist sehr erzreich (griechisch kypros = Kupfer). Der feinfaserige Asbest (1969 wurden 22000 t abgebaut) wird fast vollständig in die USA exportiert, wo er zu feuerfestem Isolier- und Baumaterial verarbeitet wird.

Energie aus dem Gebirge

In feuchten Klimagebieten setzen die Gebirge mit dem abfließenden Wasser riesige Energiemengen frei. Diese werden seit altersher genutzt. Früher betrieb man Sägewerke, Pumpen und Getreidemühlen direkt mit dem Wasserrad. Heute nutzt man das Wasser vorwiegend zur Gewinnung von Elektrizität. Industrien, die von der Zufuhr größerer Mengen elektrischer Energie abhängig sind, siedelten sich früher mit Vorteil in den Gebirgstälern nahe den Kraftwerken an, um lange Übertragungsleitungen mit entsprechenden Verlusten zu vermeiden. Auch die Elektrifizierung der Eisenbahnen begann am frühesten in der Umgebung von Gebirgen, wo die umweltfreundliche Elektroenergie von Speicherkraftwerken erzeugt wird. Mit der Anlage von Stauseen läßt sich sozusagen die Energie lagern, das heißt die Produktion von elektrischem Strom kann dem Bedarf angepaßt werden. Einige der größten Stauseen in Gebirgen sind:

Name/Staat/Land	Stauinhalt in Millionen m³
Lake Mead (Hoover-Damm), Nevada/Arizona, USA	38 500
Rio Caroni (Guri-Damm), Bolivar, Venezuela	17 700
Franklin D. Roosevelt Lake (Grand-Coulee-Damm), Washington, USA	12 300
Kaitumsee (Seitevare-Damm), Norbotten, Schweden	1650
Canelles-Stausee, Huesca, Spanien	680
Lac de Dix (Grande-Dixence), Wallis, Schweiz	400
Lac de Mauvoisin, Wallis, Schweiz	180
Lac de Roselend, Savoyen, Frankreich	150
Gepatschsee, Tirol, Österreich	150
Forggensee, Bayern, Bundesrepublik Deutschland	135

Bau des Kaprun-Staudammes. In der Nähe von Salzburg (Österreich) sind drei Seen zur Elektrizitätsgewinnung aus Wasserkraft aufgestaut worden. Der Bau der Staumauer – hier die Mooserbodensperre mit über 100 m Endhöhe – erfolgte in Etappen; die Verbindung der einzelnen Blöcke wird durch Armierung mit Stahlelementen bewerkstelligt. Wir befinden uns auf der Seeseite der Leichtgewichtsmauer, welche durch ihre Bogenform die Druckkräfte der 88 Millionen Kubikmeter Wasser auf den Felsgrund und die beidseitigen Talflanken überträgt.

Oben rechts: Druckleitungen am Walchensee. Das Wasser aus diesem mit 16,4 km² größten deutschen Alpensee bei Garmisch-Partenkirchen wird über eine Höhe von 200 m zum tiefer liegenden Kochelsee durch 6 Großrohre zu den Turbinen des Walchensee-Kraftwerks geleitet.

Umfangreiche geologische Vorarbeiten sind notwendig, um die Form und Lage einer Staumauer festzulegen. Die eleganten, gegen den Stausee gewölbten Bogenstauwerke leiten den ungeheuren Wasserdruck auf die beidseitigen Felsflanken. So kann man sich leicht vorstellen, daß Millionen Tonnen von Beton für diese Riesenbauwerke benötigt werden. Die Höhe des Grande-Dixence-Staudammes im Wallis beträgt beispielsweise 284 m, seine Kronenlänge 700 m. Aber auch die Stauwerke des «Schwergewichttyps», geradlinige Mauern oder Erddämme mit Betonkern, welche durch ihr Eigengewicht dem Druck standhalten, beeindrucken den Betrachter, und zwar durch ihre Kubatur.

Der Faktor Sicherheit ist beim Bau von Stauwerken besonders wichtig, denn das Ausmaß von Katastrophen im Fall von Dammbruch oder Erdbeben kann ungeheuerlich sein.

So brach am 2. Dezember 1959 der Staudamm eines Sees im Hinterland von Fréjus im südfranzösischen Departement Var, weil beim Betonieren Fehler begangen worden waren. Mehrere hundert Menschen wurden ins Meer hinausgeschwemmt, und die Stadt Fréjus hatte Millionenschäden zu verzeichnen. Am 8. Oktober 1963 stürzten 200 Millionen Tonnen Gestein vom Monte Toc in den Stausee von Vaiont im norditalienischen Piavetal (siehe auch Seite 177). Eine Flutwelle ergoß sich über den 261 m hohen Staudamm, beschädigte ihn schwer und zerstörte das Dorf Longarone; 2500 Tote waren die traurige Bilanz.

Die zum Stauwerk gehörenden Kraftwerke, in denen die Bewegungsenergie des herunterstürzenden Wassers durch Turbinen und parallel geschaltete Generatoren in Elektrizität verwandelt wird, befinden sich entweder auf Brücken, in Gebäuden am Staumauerfuß oder – aus strategischen Gründen – in Kavernen tief im Bergesinnern. Um das Gefälle in einem langen und verzweigten Gebirgsflußsystem möglichst weitgehend zu nutzen, wird das Wasser

mehrmals gesammelt und seine Energie in mehreren Stufen in Elektrizität umgewandelt.

Da Speicherwerke vorab die Aufgabe haben, die täglichen und jährlichen Bedarfsspitzen zu decken – die Grundenergie stammt von Laufkraftwerken im Flachland oder aus thermischen Kraftwerken –, lohnt es sich oft, mit billiger Überschußenergie Wasser wiederum in einen höhergelegenen Stausee zu pumpen (Pumpspeicherwerke). Ein solches Speicherwerk ist das *Grimsel-Kraftwerk* im Berner Oberland, Schweiz (vergleiche auch die Kartenskizze): Im Gletschergebiet von Ober- und Unteraar wurden durch Bogenstaumauern zwei Seen gestaut, der Oberaarsee (2303 m ü.M., Stauinhalt 58 Millionen Kubikmeter) und der Grimselsee (1909 m, 100 Millionen Kubikmeter). Dem letzteren wird zudem Wasser aus den benachbarten Tälern (Gruben und Bächli) zugeleitet. Der Oberaarsee wird in einer ersten Stufe in der Zentrale Grimsel genutzt; das Wasser fließt danach in den tieferliegenden Stausee Räterichsboden (1767 m, 27 Millionen Kubikmeter), welcher zusätzlich Wasser von der Mattenalp her empfängt. Das Wasser aus dem Grimselsee gelangt über einen Stollen und eine Druckleitung in die Zentrale Handeck I (1300 m), zusammen mit Wasser aus dem Gelmer-Stausee (1849 m, 13 Millionen Kubikmeter), während nebenan in der Zentrale Handeck II das Wasser aus dem See auf Räterichsboden genutzt wird.

Die Gesamtwassermenge fließt dann in Stollen weiter, empfängt noch eine Zuleitung vom Gadmental her, um schließlich in der Zentrale Innertkirchen (630 m ü.M.) ein letztes Mal Turbinen anzutreiben. Die jährliche Energieproduktion des ganzen Grimsel-Kraftwerks beläuft sich auf etwa 1,3 Milliarden Kilowattstunden.

In den Generatoren der Kraftwerke, die von den Wasserturbinen durch eine senkrechte Achse angetrieben werden, wird Drehstrom mit Spannungen zwischen 5000 und 30000 Volt erzeugt, den man für die Fernübertragung auf Hochspannung bis zu 700000 Volt transformiert. Die Leitungen, die den Strom nun über Pässe und Berge hinweg den Verteilernetzen im Flachland zuführen, hängen an den bekannten, mehr oder weniger eleganten Masten, derentwegen schon in manchen unberührten Bergwald breite Schneisen geschlagen werden mußten. In den Verteilerzentren der lokalen Stromnetze wird die Spannung des elektrischen Stroms stufenweise auf die beim Verbraucher benötigte Niederspannung vermindert – 380, 220 oder 110 Volt.

Grande-Dixence-Staudamm im Wallis, Schweiz.
Mit einer Mauerhöhe von 284 m und einer Kronenlänge von 700 m ist die Grande-Dixence der imposanteste Staudamm der Schweiz.

Die Grimsel-Stauseen.
In der komplexen Kraftwerkgruppe zwischen Grimselpaß und Innertkirchen im Berner Oberland (Schweiz) spielen die Gletscher als Wasserlieferanten für die Hochdruckspeicherwerke eine Hauptrolle. Oberaar- und Unteraargletscher speisen zwei große Stauseen, deren Wasserkraft in einer ersten, obersten Zentrale auf Räterichsboden genutzt wird.

Daß auch die *Erdwärme* eine Energiequelle ist und daß die Erde warm ist, wird dem Menschen in vulkanischen Gegenden eindrücklich vor Augen geführt. Gewaltig sind ja die bis jetzt nicht verwertbaren Energien, die bei einem Vulkanausbruch frei werden. Projekte zur direkten Erschließung der Erdwärme in tiefen Schächten sind noch nicht ausführungsreif, werden aber immer ernsthafter von den Energieplanern als wichtige Vorstufen zur Gewinnung von «Alternativenergie» betrachtet. Bis dahin ist die praktische Nutzung der Erdwärme beschränkt auf einige wenige Gebiete mit heißen Quellen, die sich zur Heizung von Häusern verwenden lassen, oder auf Sonderfälle wie die Phlegräischen Felder in Italien mit kontinuierlich austretendem vulkanischem Gas. Die üblichen Bohrmethoden reichen zur weltweiten Erschließung der «Geothermie» schwerlich aus; abzuwarten bleibt die Entwicklung des Schmelzbohrens.

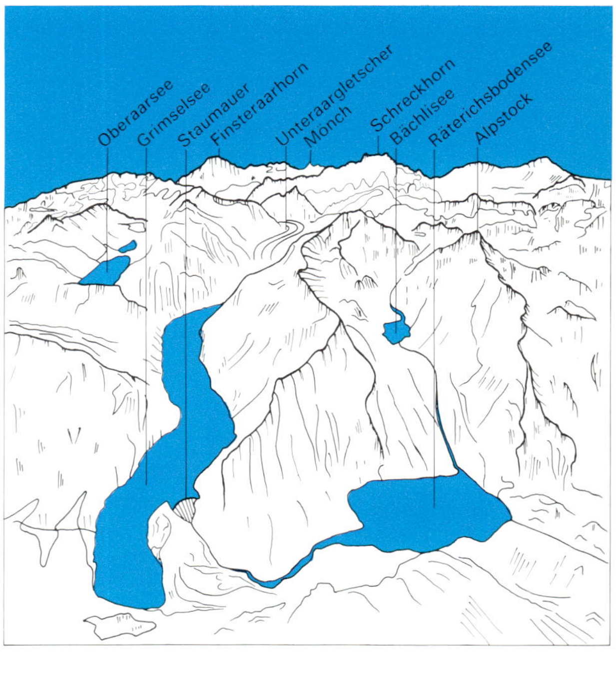

Das Grimsel-Werk.
In mehreren Stufen werden die Wasserkräfte des obersten Aaretales und seiner Nebentäler zur Stromgewinnung genutzt. Große Zentralen befinden sich unterhalb des Unteraarsees, bei Handeck im Haslital und schließlich bei Innertkirchen. In langen Stollen wird das Wasser aus benachbarten Einzugsgebieten den Stauseen zugeführt.

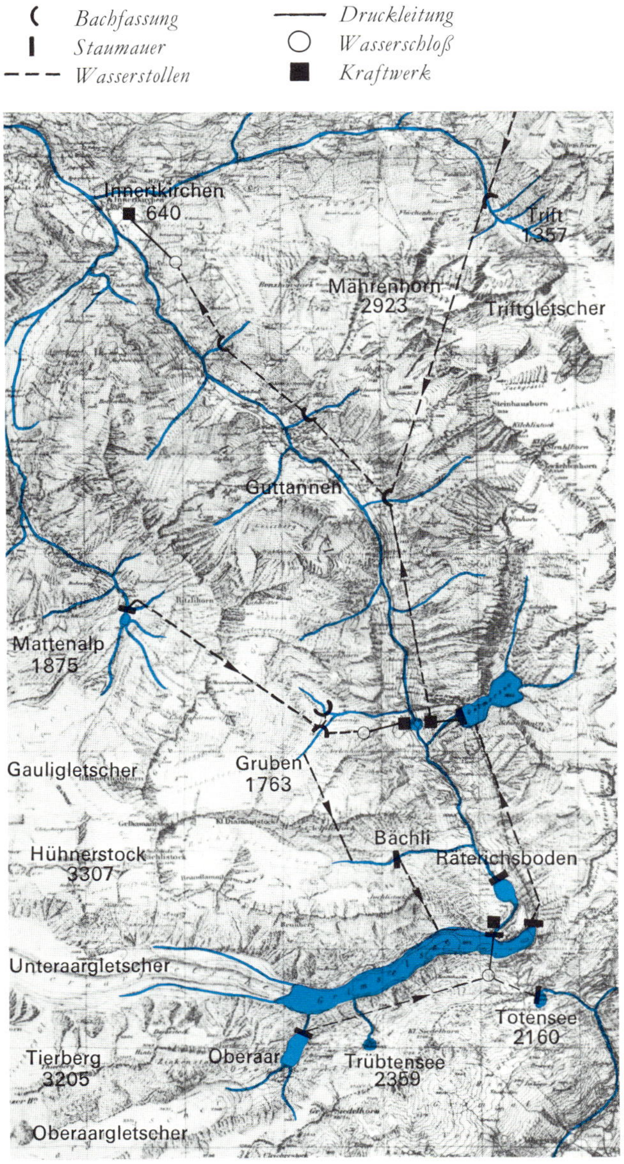

Die intensive Sonneneinstrahlung im Gebirge legt auch die Nutzung der *Sonnenenergie* nahe. So werden zum Beispiel im Sonnenofen von Odeillo in den französischen Pyrenäen mit beweglichen Spiegeln, welche das Sonnenlicht auf einen 39 Meter hohen Parabolspiegel werfen, hohe Temperaturen erzeugt und zum Schmelzen von Metallen und Mineralien sowie probeweise zur Dampferzeugung genutzt. Die Sonnenenergie ist unabhängig von der Lufttemperatur. Durch reflektierende Eis- und Schneeflächen etwa kann sogar zusätzliche Wärme gewonnen werden. Heute gibt es schon zahlreiche Beispiele für Wohnhäuser und auch Berghütten, bei denen man durch geschickt angeordnete «Solarkollektoren» der Sonnenstrahlung genügend Energie abgewinnt, um einen Teil des Wärmebedarfs zu decken. Neuerdings zieht man sogar turmförmige Sonnen-Dampfkraftwerke im Gebirge in Betracht. Bei der intensiven Forschung zur Nutzung der Sonnenenergie sind weitere Neuerungen zu erwarten.

Pipeline Triest–Ingolstadt.
Diese für die Energieversorgung Mitteleuropas außerordentlich wichtige, 460 Kilometer lange Pipeline erreicht ihren höchsten Punkt im österreichischen Felberntauern (1550 m, unser Bild).

Der Sonnenofen von Odeillo.
In den französischen Pyrenäen wird das Sonnenlicht mit Hilfe von tausenden kleiner, in einer Parabolfläche angeordneter Spiegel auf einen Punkt hin gesammelt, in welchem Temperaturen bis über 3500°C erzeugt werden können. Diese Methode dient hier vor allem zum sauberen Schmelzen von Mineralien, ist aber auch zum Betrieb eines Dampfkraftwerkes geeignet.

Nachrichtenverbindungen, Pipelines

Burg Fleckenstein.
Zu jeder Zeit waren hochgelegene Beobachtungswarten von großem strategischem Wert, so auch hier über der weiten Oberrheinischen Tiefebene im Elsaß (Frankreich). (Stich von Matthäus Merian d. Ä. in M. Zeillers «Topographia»).

Peil-Antenne.
Auf der Anhöhe von Torfhaus im Harz (Mitteldeutschland) steht diese Richtstrahl-Antenne, welche der Übertragung von Radiowellen dient. Ein Netz solcher Antennen gewährleistet die Vermittlung von Telefongesprächen sowie von Radio- und Fernsehprogrammen über Kontinente hinweg.

Noch weit bis in die Neuzeit «reisten» die Nachrichten von Land zu Land, sei es zufällig, mit Kaufleuten oder Wanderern, sei es gezielt, mit Meldeläufern oder -reitern. Die erschwerten Verkehrsbedingungen verzögerten im allgemeinen die Nachrichtenübermittlung in den Gebirgsgegenden. Doch bereits die Römer hatten entlang der großen Alpenübergänge ein ganzes System von Wachttürmen angelegt, und diese Türme dienten nicht nur zur Sicherung der Straßen oder als Waren- und Lebensmitteldepots, sondern auch der Übermittlung von optischen und akustischen Signalen. Auf diese Weise konnte man in Rom in wenigen Tagen, ja Stunden erfahren, was sich etwa Entscheidendes nördlich der Alpen ereignet hatte.

Auch im Inkareich Südamerikas war das Nachrichtenwesen hoch entwickelt. Auf den ausgezeichneten Andenstraßen zirkulierten Boten mit «Post» aller Art. Da die Boten jeweils schon nach rund einem Kilometer abgelöst wurden, gelangten im 15. Jahrhundert zum Beispiel Meeresfrüchte von der peruanischen Küste innerhalb von 30 Stunden nach Cuzco, der Hauptstadt des Reiches (rund 3400 m ü.M.).

Telegraph und Telephon bedingten um die letzte Jahrhundertwende erste Drahtverbindungen, die durch die Alpentäler geführt wurden. Die aufwendigen Installationen waren notwendig, weil hohe Gebirgsmassive für den Funk, also die drahtlose Nachrichtenübermittlung ein großes Hindernis darstellten, bevor die Satellitentechnik den internationalen Funkverkehr revolutionierte. Noch immer stellen sich im Gebirge selbst Kommunikationsprobleme, weil ganze Tallandschaften im Funkschatten der Radio- und Fernsehsender liegen. Viele Millionen mußten die Alpenländer ausgeben, um über Umsetzer schließlich auch die hintersten Bergtäler mit Rundfunkprogrammen bedienen zu können. Besonders gut eignen sich freistehende Berggipfel zur Installation von Sendetürmen, Umsetzern und Richtfunkstationen. Berge, von denen aus ein weiter Ausblick ins Land möglich ist, bieten aber auch günstige Voraussetzungen für Vermessungsarbeiten, Wetterbeobachtung oder Luftraumüberwachung mit Radarantennen.

Der *Säntis,* der schon im Abschnitt über die Luftseilbahnen erwähnt wurde, ist ein Paradebeispiel für einen verbindungstechnisch genutzten Gipfel. Auf diesem isoliert stehenden Massiv in den ostschweizerischen Alpen befindet sich ein zentraler Stützpunkt für den drahtlosen Funkverkehr, der in einem 80 m hohen Turm und teilweise im Berginnern untergebracht ist. Die Anlagen dienen der Richtstrahl-Telephonie (zur Entlastung der Drahtverbindungen zwischen den Städten der Nord- und Ostschweiz), dem Fernsehen – sowohl als Relaisstation wie als Sender – und als UKW-Sender. Von hier aus werden zudem etwa 20 Relaissender in der Ostschweiz fernbedient und -überwacht. Die großen Parabolantennen für die Richtstrahlverbindungen stehen in Kavernen. Eine Equipe von Spezialisten ist Tag und Nacht auf dem Säntis in Einsatz und hat außerdem die zahlreichen hier installierten meteorologischen Instrumente abzulesen und das Wetter zu beobachten.

Ein gut ausgebautes Funknetz im Gebirge kann helfen, Leben zu retten, ja Katastrophen zu verhindern. Es ist unempfindlich gegen Beschädigungen, von denen freihängende Leitungen und ihre Masten infolge Steinschlag, Lawinen und Sturm immer bedroht sind. Deshalb ist heute das Netz der Drahtleitungen im Gebirge (von den Fernleitungen der Kraftwerke abgesehen) sehr weitmaschig.

In manchen Fällen werden Drahtverbindungen im Gebirge aus den genannten Gründen durch im Boden verlegte Kabel ersetzt. Unterirdische Verlegung hat sich in Europa auch für eine weitere Art der

transalpinen Verbindungsleitungen durchgesetzt: die Erdöl-Pipelines vom Mittelmeer zu den Raffinerien im süddeutschen Ingolstadt. Die «Oleodotto del Reno» pumpt das Erdöl in 60 cm Querschnitt messenden Rohren durch die ostschweizerischen Alpen. In Abständen von 10 bis 30 km sind Pumpstationen eingeschaltet, die auch zur Überwachung des Rohrnetzes dienen. Eine noch größere Kapazität hat die «TAL», die Transalpine Pipeline von Triest über Lienz nach Ingolstadt. Und durch den Böhmerwald (CSSR) führt eine Leitung russisches Erdgas.

Die Erdöl- und Erdgasvorkommen Mexikos aus dem Küstengebiet um Veracruz werden in fünf Leitungen den Raffinerien im mexikanischen Hochland zugeführt. In Südamerika verläuft, ausgehend von den Bohrgebieten im südlichen Amazonasbecken, eine bolivianische Pipeline von Santa Cruz über La Paz zum chilenischen Pazifikhafen Arica. Das große Projekt der Pipeline von den Ölfeldern an der Nordküste Alaskas über die unwirtlichen Bergzüge nach Fairbanks und zum Hafen von Anchorage ist noch in Ausführung begriffen. Die meist oberirdische Rohrführung bereitet hier den Naturschützern nicht geringe Sorgen, weil in den Ebenen die Pipeline für die Wanderungen der Rentierherden ein unüberwindlicher Zaun zu werden droht und lokalklimatische Veränderungen durch die warmen Leitungen befürchtet werden.

Fernmelde-Anlagen auf dem Säntis (2501 m).
Geradezu ideal ist dieser bekannte Aussichtsberg in den ostschweizerischen Alpen als Sende- und Relais-Station für die Fernmeldetechnik. Auf sieben Stockwerken, teils im Berginnern, sind die Installationen für Richt- und Rundstrahlung untergebracht, welche im Tag- und Nacht-Betrieb von einem Team von Technikern bedient werden. Im 80 m hohen Turm sind die Rundstrahlantennen eingebaut, während die Parabol-Antennen durch Kunststoff-Kalotten vor der Witterung geschützt sind.

Forschungsstationen im Gebirge

Schon frühzeitig war das Gebirge in Europa auch Forschungsobjekt, vor allem der Geologen, Gesteinskundler und Botaniker. Die Auffassungen, welche die Wissenschaft heute vom Bau und Werden eines Gebirges vertritt, wurden in einem vorangegangenen Kapitel dargelegt.

Aber auch andere Forschungsstätten haben sich bevorzugt im Hochgebirge eingerichtet, wo weder Staub noch Dunst die Sicht trübt. So stehen auf zahlreichen Bergen astronomische *Observatorien*. Meist enthalten sie heute als Hauptbeobachtungsinstrumente Spiegelteleskope, die geringere Lichtverluste und stärkere Vergrößerung als die alten Fernrohre ermöglichten. Führende Observatorien sind Mount Palomar und Mount Wilson in Kalifornien, USA, sowie das im selben Bundesstaat gelegene Lick-Observatorium mit einem 3-m-Parabolspiegel als Reflektor. Schließlich werden mehr und mehr Radio-Observatorien im Gebirge errichtet, um die von fernen Welteninseln ausgesandten Signale im Radiowellenbereich aufzufangen und auszuwerten. Der Durchmesser der meistens als runde Spiegel ausgebildeten Empfangsantennen beträgt bei den bedeutendsten Radioteleskopen mehr als 100 Meter.

Die «Sphinx» auf dem Jungfraujoch. In dieser hochalpinen Forschungsstation im Berner Oberland (Schweiz), auf 3454 m Höhe, wird Forschung zur Meteorologie, zur Gletscherkunde, zur Astronomie und zur Höhenphysiologie betrieben.

Rechts oben: In den chilenisch-argentinischen Anden. Diese Wetterstation auf dem Paß von Cristo Redentor liefert die Grundlagen für die Wettervorhersage, welche der Luftfahrt und dem Sturmwarndienst zugute kommt.

Die schon erwähnten meteorologischen Höhenstationen haben deshalb große Bedeutung, weil das Wetter wesentlich durch die Verhältnisse in den höheren Schichten der Troposphäre zwischen 2000 und 10000 m Höhe sowie die darüberliegende Stratosphäre mit ihren heftigen *jet streams* bestimmt wird. Beobachtungsstationen auf markanten Berggipfeln über 2000 m Höhe können daher zur Voraussage der Wetterentwicklung wesentliche Grundlagen liefern. So wurde auf dem Säntis in der Schweiz im vorigen Jahrhundert die erste Wetterbeobachtungsstation der Welt errichtet, die ganzjährig besetzt war. Der Wetterwart mit seiner Frau lebte hier in den Wintermonaten fast völlig von der Umwelt abgeschnitten – ohne Strom, ohne Seilbahn oder Telephon. Die einzige Verbindung zur Außenwelt war für ihn der Telegraphenapparat, mit dem er täglich seine Beobachtungen weiterzumelden hatte. Heute ist die großräumige Wettervorhersage und -analyse weitgehend Aufgabe von Satelliten geworden, die täglich hunderte von Aufnahmen an Bodenstationen in aller Welt funken. Das enge Netz der Wetterstationen oder auf Bergen aufgestellten Meßgeräte mit Aufzeichnungsmöglichkeiten erfaßt vor allem die lokalen Wetterverhältnisse und erlaubt detaillierte Wettervorhersagen, Sturmwarnungen sowie Angaben für den Flugwetterdienst.

Erwähnt sei in diesem Zusammenhang die hochalpine *medizinische Forschungsstation* Jungfraujoch (3454 m ü.M.) in den Schweizer Alpen, die sich der Untersuchung der Auswirkungen des Höhenklimas auf den Menschen widmet. Denn dünne Luft, das heißt Mangel an Sauerstoff, erfordert eine Anpassung des Organismus, vor allem eine Erhöhung der Anzahl roter Blutkörperchen. Gegen die starke Ultraviolettstrahlung muß sich die Haut durch vermehrte Pigmentbildung schützen; wo das nicht ausreicht, benutzen Sportler und Bergsteiger Lichtschutzsalben. Die Auswirkungen einer raschen Seilbahnfahrt auf größere Höhe, bei der dem Körper die Anpassungszeit fehlt, kann jedermann an sich selbst spüren. Die Leistungsfähigkeit kann sinken, körperlich wie geistig, Kopfschmerzen vergällen manchem den Genuß der Aussicht. Die physiologischen Auswirkungen der großen Höhe können bei einem Bergsteiger, der nicht ausreichend akklimatisiert ist, zu dem manchmal tödlichen «Höhenkoller» führen, der erstmals 1590 vom Jesuitenpater Acosta bei einer Andenüberquerung als «Bergkrankheit» erkannt und beschrieben wurde.

Auch gegen die Bergkrankheit gibt es technische Hilfsmittel, vor allem Sauerstoffgeräte und dichte Spezialzelte, in denen es sich auch in großer Höhe gut atmen läßt. Mit Hilfe einer «mitgebrachten Atmosphäre» ist es also nicht nur möglich, Ausflüge auf dem Mond zu unternehmen, sondern Teilnehmer an

Hochgebirgstouren vor Gesundheitsschäden zu bewahren.

Schließlich ist es mit Hilfe der Technik und der Forschung auch möglich, die vom *Schnee* im Gebirge ausgehenden Gefahren abzuwenden oder zu mildern. Speziell für die Warnung vor Schneebrettern und Lawinen und für den Lawinenverbau wird bereits viel getan. So ist auf dem Weißfluhjoch bei Davos im schweizerischen Graubünden ein Forschungsinstitut errichtet worden, das im Winter täglich ein Bulletin über die Lawinensituation im ganzen Raum der zentralen Alpen herausgibt, aber auch Versuche über das Verhalten von Schneemassen durchführt und Methoden der Absicherung gegen Lawinen erprobt.

In Schwedisch Lappland. Für die Polarrouten des internationalen Flugverkehrs von Bedeutung sind Stationen im Hohen Norden. Hier ist am Fuß des Kebnekajse, mit 2100 m höchstes Gebirgsmassiv Schwedens, in Tarfala eine Wetterstation eingerichtet.

Wendelstein (1837 m). Auf dem markanten Gipfel in den bayerischen Alpen steht diese astronomisch-meteorologische Station. Außerdem ist der durch eine Zahnradbahn erschlossene Berg mit leistungsstarken Rundfunk- und Fernsehsendern ausgerüstet.

Bergtourismus und Bergsport

Der Schweizer Naturforscher Horace-Bénédict de Saussure (1740–1799) aus Genf war Hauptinitiator der ersten Besteigung des Montblanc 1786 durch Jacques Balmat und Michel Paccard. Ein Jahr nach dem Erfolg unternahm de Saussure die Zweitbesteigung, geführt von Balmat und anderen. Saussure führte die Bezeichnung Geologie ein und entwickelte das Haarhygrometer.

Unten: Das Saussure-Denkmal in Chamonix. Es befand sich ursprünglich am linken Ufer der Arve. Hotelbauten versperrten jedoch den Blick zum Montblanc, so daß es auf das rechte Arve-Ufer versetzt wurde. Die Figur von Jacques Balmat zeigt nun nicht mehr auf den Montblanc, sondern gegen Dôme du Goûter!

Die Arbeit der auf der vorigen Seite genannten Forschungsinstitute wird nicht zuletzt im Interesse der Sicherheit von Bergsteigern und Bergtouristen geleistet. Der weltumspannende Tourismus hat sich die Gebirgsräume inzwischen geradezu untertan gemacht. In ähnlich kurzer Zeit wie der Fremdenverkehr haben sonst nur die Entdeckungsreisen der Seefahrer, Kriege und außergewöhnliche Naturkatastrophen die Welt verändert! In manchen Ländern wurde durch den Tourismus die ganze Siedlungsstruktur «umgekrempelt».

Dabei begann alles vor relativ kurzer Zeit. Die ganze Entwicklung ist wohl als mittelbare Folge der technischen Revolution in der ersten Hälfte des 19. Jahrhunderts anzusehen.

Ich möchte diese «persönliche» Durchdringung der Gebirge durch den Menschen und seine Technik schildern und knüpfe dabei an meine Ausführungen über Erstbesteigungen und über den Alpinismus an (Seite 207). Die Eroberung des Montblanc ist dort als «Sternstunde» bezeichnet, die deutlich die völlige Wandlung der Einstellung der Menschen zum Gebirge beschleunigte. Sie ist wohl auch eine Geburtsstunde des Tourismus gewesen.

Bis zum Erscheinen der ersten Veröffentlichung des Professors Johann Jakob Scheuchzer 1723, wovon auf Seite 196 die Rede ist, war über die Alpen viel Skurriles, aber praktisch nichts Exaktes berichtet worden. So schrieb noch 1627 David l'Hermite, daß die Bewohner der Alpen aus Mangel an Erdboden ihre Toten im Eis begraben, daß sie in ihrem Geiz das Vieh bis auf die höchsten Gipfel treiben, um den letzten Halm zu erreichen, und daß sie in vollkommener Abgeschiedenheit wie Tiere die Sprache verlieren. Und in einer Alpenschilderung aus dem Jahr 1705 heißt es, Schweizer Luft mache dumm – das Heimweh der Schweizer Söldner entstehe durch die reinere Luft in der Fremde, die sie nicht vertrügen...

Solche Autoren, oft sogar Geistliche, schrieben einfach nieder, was sie glaubten oder fürchteten, nicht aber, was sie erlebt hatten.

So blieb es weithin unbekannt, daß man sogar im «finsteren Mittelalter» technisch durchaus auf der Höhe der Zeit sein konnte, daß etliche Berge erstiegen worden waren, und daß es sich lohnen könnte, das Gebirge aufzusuchen. Römische Kriegszüge im Gebirge und Marco Polos Reiseberichte waren zwar überall schriftlich überliefert, erregten aber anscheinend nur distanziertes Interesse, wie später die Schilderungen der Andenvulkane aus den spanischen Kolonien in Südamerika. Der Bergtourismus war noch nicht geboren.

Die Eroberung des Montblanc

Nach Scheuchzer, Rousseau, von Haller und einigen anderen wahren «Alpen-Propheten» verdient diesen Titel ganz besonders der Genfer Naturwissenschaftler *Horace-Bénédict de Saussure* (1740–1799). Bei klarem Wetter konnte de Saussure den Montblanc sogar von Genf aus sehen. Aber er wollte mehr wissen über den Berg der Berge, dessen Gipfel noch kein Mensch erreicht hatte. Überhaupt waren ja um diese Zeit erst wenige Alpenberge erstiegen. Saussure reiste nach Chamonix, wo er die glitzernde Eiskuppe des Gipfels in vier Kilometer Entfernung sah. Dort oben wollte der junge Naturforscher Messungen durchführen, zu neuen wissenschaftlichen Erkenntnissen kommen. Den Plan gab er in Chamonix öffentlich bekannt: «Einen Haufen Geld für den Mann, der mir einen passablen Weg auf den Montblanc zeigt.» Geld wirkte damals auf die Bewohner des Arvetales stärker und verlockender als heute; es waren

arme Bergbauern, Kristallsucher und Gemsjäger, die nur selten Fremde sahen und mit ihnen auch noch kein Geschäft machen konnten. Und dennoch vergingen fast zwanzig Jahre, bis Jacques Balmat und Michel Paccard am 8. August 1786 um 18.23 Uhr den Gipfel des Montblanc erreichten. Fast genau ein Jahr später, am 3. August 1787, stand Horace-Bénédict de Saussure, bereits 47 Jahre alt, selbst auf dem Gipfel, von Jacques Balmat geführt, von seinem Diener und von siebzehn weiteren Führern begleitet. Das war nötig wegen der umfangreichen technischen Ausrüstung, mit der de Saussure nun viereinhalb Stunden lang wissenschaftliche Untersuchungen anstellte, bevor er an den Abstieg dachte. Die Erfahrungen von Balmats und Paccards erstem Aufstieg hatte man bei der neuen Ersteigung schon verwertet: alle 20 Expeditionsmitglieder trugen dunkle Schleier über dem Gesicht. So hatte am Ende niemand Gletscherbrand, und niemand war schneeblind geworden.

Später schrieb de Saussure sein Gipfelerlebnis nieder:

«Mein erster Blick ging nach Chamonix, wo ich meine Frau wußte, deren Augen nicht vom Fernrohr wichen. Und ich empfand ein süßes und tröstliches Gefühl, als ich die Fahne flattern sah, die sie in dem Augenblick aufpflanzen wollte, in dem sie mich auf der Spitze erspähte. Dann konnte ich das großartige Schauspiel betrachten, das ich vor Augen hatte. Ein leichter Dunst in den unteren Luftschichten beraubte mich des Anblicks der tiefsten und entferntesten Dinge, wie der Ebenen Frankreichs und der Lombardei; was ich mit großer Klarheit sah, war die Reihe all der hohen Spitzen, deren Anordnung ich schon seit so langer Zeit kennenzulernen wünschte. Ich glaubte meinen Augen nicht; es schien mir wie ein Traum, als ich zu meinen Füßen all die majestätischen Gipfel sah... Ein einziger Blick behob mich so manchen Zweifels, den Jahre der Arbeit nicht zu klären vermocht hatten.»

Links: Der Schweizer Alpenforscher F. J. Hugi überschreitet 1828 den Rottalgletscher in den Berner Alpen, begleitet von sieben Führern und mehreren Trägern. Leitern und Alpenstangen sind die wichtigsten Ausrüstungsgegenstände.

Das Abzeichen des Schweizer Alpenclubs mit der stolzen Gemse mit Lorbeerkranz.

Der New Mexico Mountain Club hat sich einen zackigen Berg zum Emblem gewählt.

Jubiläumsabzeichen des Alpenvereins (Deutschland/Österreich). Das Edelweiß der Prägungsvorlage hatte jemand ganz zufällig aus Brotkrumen geformt!

Abzeichen des italienischen Alpenclubs: der Adler als Ausdruck himmelstürmender Ambitionen.

So war mit einer großartigen, beispielhaften Tat die Eroberung der Alpen eingeleitet worden.

Im Jahr der ersten Besteigung des Montblanc (1786) unternahm der siebenunddreißigjährige Johann Wolfgang von Goethe seine erste Italienreise (1786–1788). Seine Alpenschilderungen, auch die der vorausgegangenen Schweiz-Reise, weckten weiteres Interesse an den Bergen und ihrer Natur.

Die Alpinen Vereine als Fremdenverkehrsträger

Bald breitete sich die Kunde über die Schönheit der Alpennatur aus wie ein Lauffeuer. Die Alpenbäder mit ihren Mineral- und Thermalquellen fanden Beachtung, Alpenbilder waren plötzlich gefragt. Der Fremdenverkehr begann sich von Jahr zu Jahr stärker zu entwickeln. Das Matterhorn war noch nicht erstiegen, da wurde 1857 im «Ashley's Hotel» bei Birmingham der erste Bergsteigerverein der Welt,

Links: Mit Leitern und Alpenstangen ausgerüstet, glückte am 8. August 1787 dem bereits siebenundvierzigjährigen Forscher Horace-Bénédict de Saussure die zweite Ersteigung des Montblanc, begleitet von Jacques Balmat, seinem Diener und siebzehn weiteren Führern. Die Darstellung illustriert den Abstieg der Gesellschaft über den Bossonsgletscher.

Die Matterhorn-Tragödie am 14. Juli 1865 erregte, zusammen mit dem Gipfelerfolg, die Weltöffentlichkeit. Im Abstieg über den Hörnligrat stürzten drei Engländer und der Führer Michel Croz in die Nordwand; Lithographie von Gustave Doré.

The Alpine Club, von W. Mathews, E. S. Kennedy und J. Hardy aus der Taufe gehoben. Der erste alpenländische Bergsteigerverein wurde 1862 in Wien gegründet als ÖAV (Österreichischer Alpenverein). Dann folgten der Schweizer Alpenclub (SAC), der Club Alpino Italiano (CAI), der Deutsche Alpenverein (DAV) und der Club Alpin Français (CAF). Heute gibt es fast in jedem Land der Erde eine alpinistische Vereinigung. In Westeuropa allein beträgt die Zahl organisierter Bergsteiger über eine Million. Die *Federazija Alpinisma* der UdSSR hat rund 1,5 Millionen Mitglieder. Und allein in Japan gibt es über 5 Millionen «eingeschriebene» Bergfreunde.

Das Hauptanliegen des Deutschen und des Österreichischen Alpenvereins ist in der Vereinssatzung nachzulesen: «Die Kenntnis von den Alpen, mit besonderer Berücksichtigung der österreichischen, zu verbreiten und zu erweitern, die Liebe zu ihnen zu fördern und *ihre Bereisung zu erleichtern.»*

Inzwischen wurden tausende Kilometer von Wander- und Hüttenwegen angelegt und knapp 2000 Schutzhütten als Stützpunkte für Bergunternehmungen im Sommer und Winter errichtet. Doch heute verwünschen die Alpenvereine die Geister, die sie einst riefen. Denn die Bergsteigerorganisationen entwickelten sich zu den größten Fremdenverkehrsträgern in den Gebirgen der Erde. Die Hütten werden längst nicht mehr von den Vereinsmitgliedern, die noch um 1950 fast ausschließlich aus ihrem Rucksack lebten und in den Hütten vor allem Teewasser konsumierten, besucht, sondern von Wanderern jeder Couleur. Also müssen die Einrichtungen der Alpenvereine auch möglichst jedem Anspruch gerecht werden. Der Tourist findet heute aber die persönlichen Einschränkungen, die Bergsteiger seit hundert Jahren auf sich nehmen, gar nicht immer romantisch, sondern oft einfach unbequem. Und so ist jetzt vieles anders geworden: Die meisten Hütten in den Ostalpen und auch schon viele in den Westalpen verwandelten sich in Berggasthöfe oder Hotels, in denen es neben dem satzungsmäßig vorgeschriebenen «Bergsteigeressen» («Fertiggericht 500 g») auch Wiener Schnitzel, Filetsteaks und Apfelstrudel gibt. Klassische Matratzenlager sind zwar noch vorhanden, werden aber gemieden, wenn noch Betten in Doppel- oder Einzelzimmern zur Verfügung stehen; möglichst mit Fließwasser, kalt und warm.

Und wer sich auf Wanderwegen erst richtig fürs Gebirge begeistert, um nach höheren, steileren Regionen zu streben, kann sich heute schnell einen Bergführer oder auch den Besuch einer Bergsteigerschule leisten; an einem Kletterturm lassen sich die für jeden Schwierigkeitsgrad geeigneten Techniken demonstrieren und üben.

Aber kehren wir noch einmal zurück in die goldene Zeit des Alpinismus, in der die Basis zur technischen Eroberung der Gebirge geschaffen wurde.

Zuerst waren es bekanntlich englische Bergsteiger, die ihren Siegeszug durch die Alpen antraten. Zu ihnen gehörte Edward Whymper, dem 1865 die Erstbesteigung des Matterhorns glückte (siehe Chronik, Seite 280).

Zermatt und die Folgen der Matterhorn-Erstbesteigung

Zermatt und das Matterhorn geben uns ein attraktives Beispiel der Entwicklung des Alpinismus und Tourismus bis zum Fremdenverkehr des 20. Jahrhunderts.

Die wenigen Bergbauern von Matt, wie die Siedlung bis zum Anfang des 18. Jahrhunderts hieß, brachten es 1540 zur Gründung einer Gemeinde mit einem Vorsteher und eigenem Richter.

Reisende, die sich um 1680 in das hinterste Vispertal verirrt hatten, berichteten, daß es sich bei den «Bergmenschen» vorwiegend um Kretins gehandelt habe. Erster berühmter Besucher war 1792 Horace-Bénédict de Saussure, fünf Jahre nach seiner geglückten Besteigung des Montblanc. Wo de Saussure nächtigte, ist nicht bekannt, denn es gab noch keine einzige Herberge für Fremde.

Fremdenbetten gab es erst später im Haus des Ortspfarrers Gottsponer, in dessen «Fremdenbuch» für das Jahr 1812 zwölf Gäste erwähnt sind. Aber in diesem Jahr lenkte Napoleon mit seinem Rußlandfeldzug das Weltinteresse auf sich. Schließlich bekam der Arzt Lauber 1838 die behördliche Bewilligung («Schildrecht»), Fremde aufzunehmen und zu bewirten. Dazu standen in seinem Wohnhaus, das er «Hotel Cervi» nannte, ganze drei Betten zur Verfügung. Aber bereits 1858 kam es zur Gründung des Bergführervereins Zermatt, nur ein Jahr nach der Gründung des englischen Alpine Club. Zermatt wurde von Jahr zu Jahr beliebter, und bald war auch das erste Bergopfer zu beklagen: Der Russe Eduard von Grothe stürzte auf dem Findelngletscher in eine Spalte.

Im Sommer 1861 besucht Edward Whymper erstmals Zermatt, das etwas über 400 Einwohner zählte – 1863 waren es genau 424. Im selben Jahr kam der

deutsche Reiseschriftsteller Karl Baedeker (1837–1911) nach Zermatt und nannte das Matterhorndorf bereits einen «Mode-Ort». Endlich gelangte Whymper 1865 nach insgesamt neun Versuchen auf den Matterhorngipfel. Die aufsehenerregende Katastrophe am Matterhorn – vier der Erstbesteiger verunglückten beim Abstieg tödlich – brachte in der Folgezeit einen großen Gästeandrang und höchstes Lob in den Reisehandbüchern: «Zermatt bietet unbestreitbar neben Chamouny und Grindelwald die großartigsten Bilder der Gletscherwelt» (Baedeker 1868). Aber auch der Schweizer Alpenclub ließ sich in seinem ersten jugendlichen Schwung am Matterhorn nicht lumpen: 1868 wurde auf dem Hörnligrat in 3800 m Höhe – 500 m über dem Grateinstieg – eine Hütte erbaut; sie wurde aber bereits 1879 wieder aufgegeben, denn 1880 wurde die Hörnlihütte auf 3260 m ü.M. nahe dem Grateinstieg eingeweiht (1915 vergrößert, 1965 vollständig neu errichtet). Der Berner Rudolf Lindt, Mitglied des SAC, schrieb 1874 nach einem Zermattbesuch: «Mit Verwunderung gewahrte ich, daß, während unser Oberland über Mangel an Reisenden klagte, das Wallis, besonders Zermatt, über und über mit Fremden vollgestopft war, obwohl auch hier keine Eisenbahnen durchführen»; im selben Jahr wurde das Matterhorn gleich dreizehnmal erstiegen.

Der Berg und sein Dorf war bald in aller Welt berühmt. Sogar Achille Ratti, der spätere Papst Pius XI., ließ sich 1889 eine Besteigung des Matterhorns nicht nehmen. Der Touristenstrom rechtfertigte den Bau der Visp-Zermatt-Bahn, die 1891 eingeweiht wurde. Riesige Hotels entstanden nun, vor allem unter Alexander Seiler, der zwar kein «echter» Zermatter war, aber hier schnell als Hotelkönig bekannt wurde. Im Sommer 1895 weilte der Vorarlberger Alpinist Karl Blodig («Viertausender-Blodig») mit einem Gefährten im Seiler-Hotel, um das Rothorn zu besteigen. Er fragte, wie man um Mitternacht aus dem Haus komme. Darauf die Tochter des alten Alexander Seiler: «Lieber Herr Doktor! Die Bergsteiger sind es, die uns groß gemacht haben, und ohne ein ordentliches Frühstück lassen wir niemanden, der ein rechter Bergsteiger ist, in die Berge ziehen!» Das war die Zeit, als die Zermatter über ihren Alltag noch sagten (verdeutscht): «Für einen Franken fünfmal bücken.» Böse Zungen sagen ihnen heute nach: «Für fünf Franken nicht einmal bücken!»

Der Gornergrat (3130 m) war längst als einer der großartigsten Aussichtspunkte der ganzen Alpen bekannt. «Herrschaften» ließen sich in Tragstühlen von Zermatter Männern die 1500 Höhenmeter hinauftragen – bis 1898 die Gornergratbahn eröffnet wurde.

Im selben Jahr kamen die Deutschen Wilhelm Paulcke und Robert Helbling nach Zermatt, mitten im Winter, mit unendlich langen Holzlatten, die von den Zermattern reichlich bestaunt wurden; ihr anscheinend müheloses Gleiten auf Schneehängen erregte im Dorf beträchtliches Aufsehen. Der gleiche Robert Helbling führte am 6. Januar 1899, begleitet von H. Biehly und E. Wagner, die erste Skibesteigung des Zermatter Breithorns (4165 m) aus.

Skifahren zu Füßen des Matterhorns. Der Skisport ist bis in die Hochregionen der Alpen vorgedrungen. In Zermatt war 1927 erstmals ein Hotel auch im Winter geöffnet. Heute sind es 90 Hotels mit 15000 Betten! Lifts gab es 1927 noch keine. Das heutige Zermatt-Skigebiet hat 30 Bergbahnen und Lifts, die stündlich 17250 Personen befördern können.

Links: Der Skilanglauf, ursprünglich allein eine Sache der Skandinavier, eroberte in den sechziger Jahren unseres Jahrhunderts auch Mitteleuropa, vor allem die Alpenländer. Hunderttausende nehmen jeden Winter an Hunderten von Volksskiläufen teil. Am Engadin-Skimarathon von Maloja nach Zuoz starten jährlich etwa 10000 Läuferinnen und Läufer. *(Siehe auch Seite 284).*

Bis dahin herrschte im winterlichen Zermatt Totenstille; die Zermatter waren mehr oder weniger unter sich. Und der «Winterschlaf», dem man sich nach dem guten Sommergeschäft hingeben konnte, war wörtlich zu nehmen, denn er schlug sich bald in der Einwohnerzahl nieder: Seit der Matterhorn-Erstbesteigung bis 1900 hatte sich die einheimische Bevölkerung fast verdoppelt (741 Einwohner).

Nach dem ersten Ski-Ereignis von 1898 tauchten von Winter zu Winter mehr Skigäste auf. Aber der Winteraufenthalt war stets mit Problemen verbunden: Die Hotels waren geschlossen, es gab kaum Personal. Erst 1927 entschloß sich das Hotel «Viktoria» zu einer Wintersaison; offenbar mit großem Erfolg, denn drei Jahre später (1930) waren es bereits zehn Hotels und Pensionen mit 1000 Betten, die vom üppig gewordenen Winterkuchen etwas abzubekommen versuchten. Die Visp–Zermatt-Bahn machte den Trend mit: Seit 1929 verkehrt sie ganzjährig (vorher nur im Sommer) bis Zermatt. Obschon der Zweite Weltkrieg die Fremdenverkehrsentwicklung

Am Mer de Glace und am Unteren Grindelwaldgletscher (Bild) wurden für erlebnishungrige Damen und Herren in feiner Stadtkleidung vor etwa 80 Jahren richtige Trassen und Steige angelegt.

stark beeinträchtigte, gab es 1942 in Zermatt doch schon den ersten Skilift. (Der erste Schlepplift mit Doppelbügel wurde im Winter 1936/37 in Zürs am Arlberg in Betrieb genommen.)

In den fünfziger Jahren entwickelte sich Zermatt vollends zu einem der größten Wintersportplätze der Welt. Es gibt (Anfang 1977) 90 Hotels, insgesamt 15000 Betten (mit den Pensionen und Privatfremdenzimmern), 3300 Einwohner, 30 Bergbahnen und Lifts mit einer Gesamtlänge von 51,5 km; die Anlagen überwinden insgesamt 11500 Höhenmeter, erschließen 120 km Skipisten und können stündlich 17250 Personen befördern. Am nördlichen Ortsausgang gibt es einen «Heliport», Landeplatz der «Air Zermatt» mit drei Helikoptern, ohne die man sich Bergrettungseinsätze bekanntlich heute gar nicht mehr vorstellen könnte. Sportanlagen wie Langlaufloipe, Hallenbäder, Curlingbahn, Eislauffeld sind selbstverständlich. Das Neueste im Zermatter Ausbauprogramm ist die Luftseilbahn vom Trockenen Steg (2939 m) am Ostrand des Theodulgletschers zum Gipfel des Klein Matterhorn (3883 m) zwischen Matterhorn und Breithorn, die «höchste Bergbahn der Alpen», mit Großraumkabinen für 100 Personen – ein wohlkalkuliertes Millionenprojekt.

In den sechziger Jahren wollten viele Zermatter den Straßenbau von St. Niklaus bis an ihren Ortsrand forcieren. Glücklicherweise setzte sich die Vernunft durch; im Dezember 1972 kam es zu einer Volksabstimmung: 937 *Nein* gegen 405 *Ja*. So endet die breite, asphaltierte Talstraße heute in Täsch, etwa 7 km vor Zermatt. Die Täscher verdienen nun zwar unvergleichlich mehr wie vor dem Bau der Straße; aber der Preis dafür ist hoch, denn das einst schöne, ruhige Dorf ist einer der größten Parkplätze der Alpen geworden.

Das Zermatter Beispiel hat Gültigkeit für den gesamten Alpenraum, mit zeitlichen und sonstigen Varianten, sei es für Grindelwald, Wengen, St. Moritz, St. Anton am Arlberg, Kitzbühel, Bad Gastein, Garmisch-Partenkirchen oder Cortina d'Ampezzo.

Man zählt jetzt in den Alpen über 6100 Bergbahnanlagen. Im Kaukasus, dessen Ausdehnung etwa gleich groß ist wie die der Alpen, wurde 1968 die erste Beförderungsanlage in Betrieb genommen; 1976 gab es ein knappes Dutzend Bergbahnen, dazu drei Hotels mit zusammen etwa 380 Betten.

Skiglück aus der Retorte

Man kann zum heutigen Zermatt und zu den übrigen «gewachsenen» Fremdenverkehrszentren der Alpen stehen, wie man will – eines ist sicher: In jedem dieser Orte spürt man noch den Hauch ihrer Vergangenheit, sieht und erlebt man noch ein Stück Geschichte, findet man noch eine heimelige, gemütliche Ecke. Und in den meisten Orten gibt es durchaus noch traditionsbewußte, bodenständige Menschen.

Anders steht es mit den oft gespenstisch anmutenden «Skiorten aus der Retorte», wie sie sich nennen. Auch ich liebe Skiplätze mit gutdurchdachten Beförderungs- und Pistensystem. Auch ich liebe das Verkehrsgewühl in Skistationen nicht – keiner liebt das. Extremes Gegenstück sind die eben erwähnten «Skistationen aus der Retorte», erbaut für den völlig rationalisierten Wintersport. Ihr Vorbild ist offenbar Sestriere, das vom Begründer der Fiat-Werke in den dreißiger Jahren geschaffene erste künstliche Skiparadies westlich von Turin. «Die Revolution bei den alpinen Skistationen hat begonnen – die klassischen Stationen wie Davos, Arosa, Chamonix, Garmisch, Arlberg, Cortina d'Ampezzo und wie sie alle noch heißen, sind die sicheren Verlierer. Sie teilen ihren Talboden unter 10 oder 50 oder 120 Besitzer, die sich nie einig sind, nie einig werden – in Flaine aber, in Avoriaz und La Plagne hat *ein* Besitzer oder haben deren drei das ganze unberührte Alpgelände aufgekauft, *la terre vierge,* und noch bevor die erste Stütze, die erste Straße, das erste Appartementhaus gebaut wird, ist der Plan für die ganze Skistation schon fest-

Ende der sechziger Jahre entstanden «Skiorte aus der Retorte», besonders in Frankreich und Italien. «Morgen ist alles anders», hieß es, «die Revolution bei den alpinen Skistationen hat begonnen – die klassischen Skistationen wie Davos, Arosa, Chamonix, Garmisch, Arlberg, Cortina d'Ampezzo und wie sie alle noch heißen, sind die sicheren Verlierer.» Das Skivolk war aufgeschreckt, neugierig, kam aber bald meist angeödet von den Betonorten zurück und sehnte sich nach Tradition und Gemütlichkeit. Links: Flaine in Frankreich, unten Sestriere in Italien.

gelegt. Alles ist ein Plan, man nützt das Gelände nach neuesten Einsichten raffiniert aus...», schrieb der bekannte Alpenpublizist Walter Pause Ende 1971.

«Die Skistation des Jahres 2000: Der einstige Skiweltmeister Emile Allais hatte per Hubschrauber, Jeep und Bergschuh bereits zwei ‹Skiplätze aus der Retorte› entwickelt, Courchevel und La Plagne. Nummer drei wurde das Meisterstück: Flaine»; so eine Sportzeitschrift. Und mit Flaine hat man «...einen neuen Lebensstil in den Bergen geschaffen... Flaine ist eine Station außergewöhnlicher Klasse»; so Flaine im Prospekt über sich selbst. Gewiß, angesichts der ungeheuren Skifahrer-Explosion haben auch solche Stationen ihre Berechtigung. Für viele Touristen. Für solche, die mit perfekten Pisten, bequemen Liften, für die derselbe Skipaß gilt, und geschniegeltem Après-Ski zufriedenzustellen sind.

Inzwischen sind die Betonorte in den Bergen gut fünf Jahre alt, erfreuen sich vieler Skigäste, und müssen weiter existieren, weil die jährlich steigende Zahl der Wintersportler von den klassischen Winterplätzen nicht mehr verkraftet werden könnte.

Auch in den Berggebieten Nordamerikas, vor allem in den Rocky Mountains, in den Anden und in den Neuseeländischen Alpen wurden moderne Skistationen buchstäblich aus dem Boden gestampft.

Gäbe es von heute auf morgen keinen Wintertourismus mehr, wäre dies mit einer Wirtschaftskatastrophe vergleichbar, denn auch die traditionellen Fremdenverkehrsorte könnten von der Landwirtschaft allein nicht mehr existieren.

Naturgefahren und Bergtourismus

Ein anderes Problem des Fremdenverkehrs in den Bergen ist die Tatsache, daß Naturkatastrophen nicht haltmachen vor den Interessen der Manager und Touristik-Unternehmer. Man denke nur an die Zugspitzlawine vom 15. Mai 1965, die um 12.55 Uhr über die Sonnenterrasse des Schneeferner-Hotels (2650 m)

Die Bewertung der klettertechnischen Schwierigkeiten hat eine fast schon hundertjährige Geschichte. Aber Klarheit begann sich erst um 1925 durch die «Welzenbach-Skala» – erstmals mit sechs Schwierigkeitsgraden – abzuzeichnen.

In Chamonix einigte man sich 1947 auf die «Alpenskala», aus der sich 1968 die heutige UIAA-Skala entwickelte (UIAA = Union Internationale des Associations d'Alpinisme; Internationale Bergsteiger-Dachorganisation). Mit I bis VI werden allein die Schwierigkeiten des freien Kletterns – ohne

raste und ahnungslose Touristen mit in den Abgrund riß, von denen 10 den Tod fanden und 23 verletzt wurden.

«Die Katastrophe ist auf höhere Gewalt zurückzuführen», hörte man sofort. Was aber ist «höhere Gewalt»? Die Zugspitzkatastrophe und ihre Umstände sind beispielhaft für alle Lawinenunglücke, die der Wintertourismus seit dem Zweiten Weltkrieg erlebte; freilich immer wieder mit anderen Situationen, aber alle mit dem gleichen Nenner: menschliche Unwissenheit und Fahrlässigkeit.

Das Schneefernerhaus ist ein Lawinenschutzbau, ein Haus also, dessen Dach als Lawinenrutschbahn an den Steilhang gebaut wurde. Zu einer so kostspie-

ihrem Bau (1930) modernisiert, erweitert, verbessert; die Lawinenschutzbauten des Schneefernerhauses nicht oder ungenügend. Schutzbauten werfen eben keinen Gewinn ab. Erst nach der Katastrophe wurden die Anlagen verstärkt und modernisiert.

Weitere Beispiele können wir uns sparen; die «Hotel-Lawine» des Winters 1969/70 in Val d'Isère, der zwanzig Jugendliche zum Opfer fielen, ist noch vielen in Erinnerung. Straßen und Bergbahnen schlängeln sich immer weiter hinauf in die Hochgebirgsregion, die zuvor nur erfahrenen Alpinisten zugänglich war. Wenn dann eine Lawine wieder Menschenleben gefordert hat, ist man fassungslos und spricht von «höherer Gewalt». Dabei können durch umsichtige

I

II

III

Benützung künstlicher Hilfsmittel wie Haken, Klemmkeile, Trittleitern zur Fortbewegung – bewertet. Ab III wird jeder Grad noch unterteilt in z.B. III– (schwierig, untere Grenze), III (schwierig) und III+ (schwierig, obere Grenze). Mit den «Minus»- und «Plus»-Zwischenstufen ergeben sich also vierzehn Bewertungsstufen. Die Schwierigkeiten des Anbringens künstlicher Hilfsmittel werden mit A1 bis A4 bewertet (A = artificiel = künstlich).

I *Leicht – unschwierig: Auch geübte Kletterer brauchen zur Fortbewegung bereits die Hände, um das Gleichgewicht nicht zu verlieren. Für Anfänger kann I bereits schwierig und gefährlich sein, denn fast immer handelt es sich um Absturzgelände. Fleischbank-Nordgrat.*

II *Mäßig schwierig: Ungeübte oder Anfänger können hier bereits*

ligen Bauweise entschließt man sich nur, wenn von vornherein die Lawinengefahr im Bereich des Hauses bekannt ist. In einem lawinenbedrohten Gästehaus sollte es wenigsten einen Mann geben, der eine akute Lawinengefahr zu beurteilen versteht – besonders auf der Zugspitze, dem Stützpunkt einer metereologischen Beobachtungsstation. Um die außergewöhnliche Gefahr am 15. Mai 1965 erkennen zu können, bedurfte es keiner wissenschaftlichen Kenntnisse. An jenem Tag herrschte eine starke Föhnlage. 26 Grad Wärme wurden gemessen. Der außergewöhnliche Schneereichtum des Winters 1964/65 war jedem bekannt, ganz bestimmt auch der Schneefernerhaus-Direktion. Zwei Wochen vor dem Schrekkenstag bereits ging auf die gleiche Schneefernerhaus-Sonnenterrasse eine Lawine nieder. Wegen des schlechten Wetters war die Terrasse damals zum Glück nicht besetzt.

Zu dieser natürlichen «Vorwarnung» kam auch noch die offizielle, für die ganze Woche gültige Lawinenwarnung der Bergwachtstelle in Garmisch-Partenkirchen. Und dennoch hatte man im Schneefernerhaus «keinen Grund, am Samstag die Terrasse zu sperren».

Das Schneefernerhaus wurde um 1932 erbaut. Die ganzen Zugspitz-Beförderungsanlagen wurden seit

Planung und verantwortungsbewußten Betrieb und Unterhalt der touristischen Einrichtungen durchaus Unfälle vermieden werden.

Die Wintersportorte in den Alpenländern würden auf ihren Prospekten sehr gerne mit dem Slogan «Unser Skigebiet ist lawinensicher» werben. Aber es gibt keine lawinensicheren Skigebiete. Das ideale Gelände für den Skifahrer ist jenes ohne Bäume. Das sind die begehrten «hindernislosen» Hänge, die so viele Skiläuferherzen erfreuen. Aber hindernisfreie Skihänge können ab einer Neigung von 25° bereits Lawinengefahr aufweisen. Man ist also, etwas überspitzt gesagt, nirgendwo sicher vor Lawinen. Freilich kommt es immer auf den Schnee an – bei welcher Temperatur er fiel, bei welchem Wind, ob der Boden trocken, naß oder gefroren war und welche Witterung gerade herrscht. (Auf die Beschaffenheit von Schnee und Eis ist auf Seite 118 ausführlich eingegangen.) Natürlich gibt es einzelne Pisten, die als absolut lawinensicher bezeichnet werden können. Doch diese befinden sich durchwegs in bewaldetem Gelände.

In den Alpenländern bestehen gewissenhaft arbeitende Lawinenwarndienste, deren Anordnungen jeder Skifahrer unbedingt beachten sollte. Leider bekommt man die Anordnungen meist nur so nebenbei mit, da die notwendigen Vorsichtsmaßnahmen vom

verantwortlichen Streckenchef meist in aller Stille getroffen werden. Zu bemerken ist nur, daß diese oder jene Strecke gesperrt ist.
Die Skifahrer müßten besser informiert sein und gleichzeitig ihre gemeinsamen Interessen formulieren und vertreten können. Es gibt zwar Skiklubs und weltweite Skiorganisationen, aber die eigentlichen Interessen der Durchschnitts-Skifahrer werden von keinem Verband wahrgenommen. Ein starker Verband wäre allein mächtig genug, in bezug auf die Sicherheit bestimmte Auflagen zu machen.

Während die Gebirge noch immer populärer werden – dank massiver Bemühungen von Reiseunternehmern und Verkehrsdirektoren, und dank Publikationen über die Berge jeder Art, vom Wanderführer bis zum Alpen-Kitschroman –, darf nicht vergessen werden, daß die Naturgefahren der Bergwelt unvermindert bestehen, und auch im Massentourismus Vorsicht am Platz ist.

Wie sich die Gebirgslandschaft in Zukunft entwikkeln wird, wenn jedes Jahr Tausende von neuen Bergtouristen dazukommen, ist eine weitgehend offene Frage. Wird der Erholungssuchende schließlich die Erholungslandschaft zerstören?

Bergsteigen, Kletterstile, Schwierigkeitsgrade

Wir erinnern an das außergewöhnliche Unternehmen der beiden Bergführer Peter Habeler (Tirol) und Reinhold Meßner (Südtirol), die am 10. August 1975 den 8068 m hohen Hidden Peak im Karakorum erstmals über die Nordflanke erstiegen, ohne Hochträger, ohne Sauerstoff, im «alpinen Stil», also ohne Versorgungskette (siehe Seite 223). Ähnliche Leistungen wurden im Karakorum und Himalaya zwar schon in den dreißiger und vierziger Jahren vollbracht, aber immer als Improvisation, durch den Zusammenbruch der Hochlagerkette bedingt oder aus ähnlichen Gründen. Habeler und Meßner waren gewollt auf sich selbst gestellt. Sie hatten Erfolg, hatten Glück, und sie bewiesen, daß man sich als Bergsteiger immer neue Ziele schaffen kann.

Aber wir dürfen die Einzelleistung von Peter Habeler und Reinhold Meßner am Hidden Peak – und nur als solche ist sie bislang zu betrachten – nicht überbewerten. Habeler und Meßner sind bergsteigerische Vollprofis, das ganze Jahr hindurch in den Bergen unterwegs, durchtrainiert und das Höhenklima gewohnt, so daß ihr Akklimatisationsvermögen mehr oder weniger bestehen bleibt oder nur wenig abgebaut wird. Mit anderen Worten: «Normalbergsteiger», die das ganze Jahr hindurch ihrem Beruf nachgehen und nur ihre Urlaubswochen im Himalaya oder Karakorum verbringen können, haben einfach nicht das physische Rüstzeug für solche Spitzenleistungen. Doch gibt es für sie durchaus noch bergsteigerisch interessante Ziele, die im Himalaya und im Karakorum an den Sechs- und Siebentausendern – bis etwa 7500 m ü.M. – zu suchen sind. Diese können ohne weiteres auch von kleinen Alpinistengruppen oder einzelnen Seilschaften angegangen werden, ohne Träger, ohne Sauerstoff und mit relativ bescheidenen finanziellen Mitteln.

Aber kehren wir zurück zu den Alpen, die nach wie vor für die europäischen Bergfreunde lohnendes Ziel für Unternehmungen jeder Art und Schwierigkeit bleiben werden. Auch hier hat sich vieles geändert. Seit den dreißiger Jahren unseres Jahrhunderts sind fast alle bedeutenden Wände, Flanken, Grate und Pfeiler der Alpengipfel bezwungen. In den fünfziger und sechziger Jahren mühte sich die junge Generation um Direktrouten, Direttissimas, wie sie international benannt wurden; man kletterte «auf der Linie des fallenden Tropfens». Oft mit bemerkenswerter Sturheit, Tage und Wochen lang, mit einem bewundernswerten Durchhaltevermögen. Und mit einem Materialaufwand, wie man ihn nie zuvor gekannt hatte. Haken wurden zu Hunderten in den Fels

scheitern. Die Fortbewegung erfordert auch bei guten Kletterern drei Haltepunkte: zwei Füße und eine Hand oder zwei Hände und ein Fuß sind ständig am Fels. Am Westabbruch des Eiger-Rotstock.

III *Schwierig: Gutgestufter Kalkfels bei einer Neigung von 65° erlaubt zügiges Klettern, während auf plattigem Granit dieser Steilheit bereits äußerste Schwierigkeiten auftreten können. Mittelmann an einer schwierigen Stelle der Großen-Bischofsmütze-Südwestkante (insgesamt V +).*

IV

V

VI

IV *Sehr schwierig: Senkrechter, aber noch griffiger Kalkfels zwingt auch den guten Kletterer, immer wieder nach Haltepunkten zu suchen. In jeder Seillänge (30 bis 50 m) sollten stets mehrere Zwischensicherungen (Haken, Klemmkeile u.a.) benützt werden. Churfirsten.*

V *Besonders schwierig: Der Kletterer bewegt sich im Augenblick «künstlich» – mit Hilfe von Haken und Trittleitern – fort. Anschließend überwindet er in freier Kletterei die Abschlußkante des Überhangs, was meist sehr kraftraubend ist. Kleine Sulzfluh-Westwand.*

VI *Äußerst schwierig: Auch erstklassige Kletterer bewegen sich hier an der «Grenze des Menschenmöglichen», vor allem beim Überwinden der Abschlußkante des weit ausladenden Felsdaches oberhalb der Haken, an denen sich der Kletterer ausruht. Karlspitzpfeiler.*

geschlagen, auch die unbegrenzte Verwendung von Bohrhaken nahm man in Kauf; dazu meterlange Steigleitern, raffinierte Klemmkeile verschiedenster Größen aus Kunststoff und Leichtmetall; sogar mechanische Rißklemmen kamen zum Einsatz – und Hängematten, um auch an senkrechten oder gar überhängenden Wandstellen relativ bequem biwakieren und gut schlafen zu können. Viele der modernen Direttissimas gleichen endlosen Hakengalerien, als wären die Metallstifte vom Wandfuß aus per Maschinengewehr in die Felswände geschossen worden. Vom klassischen Kletterstil, wie ihn unsere alpinistischen Väter praktizierten, kann keine Rede mehr sein. Wiederholungen solcher Direktrouten waren nur noch eine Frage der Zeit und der hakentechnischen Geschicklichkeit. Und wenn die Erstbegeher doch noch einige frei kletterbare Stellen oder Strekken ihrer Route mit Haken verschonten, dann wurden diese «unangenehmen Lücken» garantiert von den ersten 20 Wiederholer-Seilschaften mit Eisen gespickt. Tatsächlich sah man bei Direttissima-Wiederholungen Seilschaften, die bravourös an den Hakenleitern höher kamen, obschon man von ihnen wußte, daß sie kaum in der Lage waren, Freikletterrouten des IV. und V. Schwierigkeitsgrades (= «sehr schwierig» und «überaus schwierig») sicher zu meistern. Nachdem die ersten, wirklich bedeutenden Direttissima-Routen – vor allem in den Dolomiten – bezwungen waren, wurde wieder einmal die Frage diskutiert, ob man der sechsstufigen Schwierigkeitsskala («Alpenskala» I bis VI) nicht einen VII. Grad hinzufügen sollte, da die Direttissima-Schwierigkeiten unvergleichlich höher seien als jene der Routen des VI. Grades aus den dreißiger Jahren (= «äußerst schwierig»). Selbstkritische Vertreter der jungen Nachkriegsgeneration erkannten jedoch bald, daß die Grenze des Menschenmöglichen, die Grenze des Freikletterbaren, bereits in den dreißiger Jahren oder kurz nach dem Zweiten Weltkrieg erreicht worden war von Männern wie Pierre Allain, Riccardo Cassin, Emilio Comici, Otto Herzog, Andreas Hinterstoisser, Mathias Rebitsch, Gino Soldà, Hans Steger oder Hans Vinatzer, um nur einige zu nennen.

Wie man um 1828 mit den bergsteigerischen Schwierigkeiten fertig zu werden versuchte, zeigt das Bild aus F. J. Hugis «Naturhistorische Alpenreise» (1830 erschienen). Mit einem Hammer wurden für Hugi Tritte aus dem Eis geschlagen. Noch um die letzte Jahrhundertwende war jede alpinistische Aktion eine höchst gefährliche Sache. Weil auch Bergführer über Sicherheitstechnik so gut wie nichts wußten. Um so mehr verdienen ihre Unternehmungen Bewunderung, schon wegen der Tatsache, daß es relativ wenig tödliche Unfälle zu beklagen gab.

Gleichwohl wurde die 1947 in Chamonix festgelegte «Alpenskala» erschüttert. Als sich der Alpinismus in den sechziger Jahren international ausbreitete – der Begriff «Europäische Seilschaft» wurde gelegentlich in «Weltseilschaft» umgewandelt –, erkannte man, daß die Bergsteiger mit ihrer Schwierigkeitsbewertung vor einem babylonischen Turm standen. In den USA wurde nach einem anderen System bewertet als in der UdSSR, dort wiederum anders als in den Alpen – ein heilloses Durcheinander, das einer internationalen Koordinierung bedurfte. Im Herbst 1967 hatte sich bei ihrer Hauptversammlung in Madrid die UIAA (Union internationale des associations d'alpinisme, der Bergsteiger-Dachverband) des Problems angenommen, um künftig in allen Ländern, in denen man sich dem Bergsteigen widmet, eine einheitliche Bewertungsskala zu erzielen. Darüber hinaus brachte die Neuregelung der Schwierigkeitsbewertung – die «Alpenskala» wurde von der UIAA-Skala abgelöst – auch einen erzieherischen Aspekt in den Alpinismus.

In der UIAA-Skala wird nun bei der Bewertung jeder Kletterstelle klar unterschieden zwischen klassischer Freikletterei und der Fortbewegung mit künstlichen Hilfsmitteln – siehe Seite 278.

Heute genießen echte Freikletterrouten unvergleichlich größeren Respekt als eisenstrotzende Hakengammeleien auf der Direttissima-Tropfenlinie. In den Alpen ist man wieder darum bemüht, so weit als möglich ohne künstliche Hilfsmittel auszukommen. Diese Renaissance des stilreinen Freikletterns erlebte ihren Beginn in den ersten siebziger Jahren, ausgehend von den großen Klettergebieten der USA, vor allem Yosemite Valley (Kalifornien), wo zuerst mit der «Verteufelung des Hakens» begonnen wurde.

Dieses neue Ideal brachte in den Alpen bereits Exzesse einiger seiner Verfechter, besonders in den Dolomiten: Ganze Routen wurden «entnagelt» – sogar Haken der Erstbegeher wurden herausgeschlagen. Außenseiter versuchten klassischer als die Klassiker des VI. Grades zu sein...

Von der Alpenstange zum Himmelshaken

Die heutigen Bergsteigerleistungen werden fast immer überbewertet. Man vergißt, daß die Ausrüstung, wie sie heute in aller Welt den Bergsteigern zur Verfügung steht, doch sehr wesentlich am Erfolg beteiligt ist. Es ist nicht nur die reine Kletterausrüstung, sondern auch die superleichte und dennoch zweckmäßige moderne Kleidung, die Biwakausstattung und die Ernährung.

Als Jacques Balmat 1787 seinen Herrn Horace-Bénédict de Saussure auf den Montblanc führte, kannte man weder Bergseile noch Steigeisen oder Eispickel. Es gab drei Meter lange Stangen, die vorne und hinten von je einem Führer wie ein Geländer getragen wurden, dazwischen Monsieur de Saussure, der sich an dem Geländer abstützen konnte. Auch Holzleitern wurden hinaufgetragen; sie dienten zur Überwindung von Spalten oder kurzen Eisstufen. Die Pioniere der Alpen hatten von Sicherheitstechnik keine Ahnung.

Bei Edward Whymper, der 82 Jahre später mit seinen drei Führern sowie den Landsleuten Douglas, Hadow und Hudson das Matterhorn erstieg, sah es bezüglich Ausrüstung und Wissen nicht sehr viel besser aus. Die sieben Männer waren zwar durch mehrere Seile verbunden, aber der Reißwert dieser gedrehten Hanfseile lag bei maximal 350 bis 400 Kilogramm. Man wußte nichts über dynamisches Sichern, das notwendig ist, um die gefährlich hohe Sturzenergie aufzufangen. Als Hadow stürzte und Hudson, Douglas und den Führer Michel Croz mit in den Abgrund riß, machte der alte Peter Taugwalder als Sichernder genau das, was zum unabwendbaren Seilriß führte: Er warf das Seil über einen festen Felsblock, und erzeugte so eine starre Sicherung; der Reißwert des Seils sank auf ein Mindestmaß – das Seil riß – die vier Männer stürzten in die Nordwand.

Es gab keine Haken, keine Karabiner oder sonstigen Hilfsmittel (etwa Seilbremsen). Die ersten Haken kamen um die Jahrhundertwende zum Einsatz.

Es waren richtige Mauerhaken, wie man sie heute noch im Baugewerbe verwendet (oder zum Aufhängen großer Bilder). Bald darauf wurde der «Schnekken»-Haken erfunden: An einem Ende des Eisenstifts befand sich eine schneckenförmige Eisenspirale zur Führung des Seiles. Vorher mußte man zur Führung des Seils an jeden Haken mit kurzen, dünnen Seilstücken (Reepschnur) eine Schlinge knoten. Endlich gab es um 1910 einen speziellen Felshaken mit Öse oder eingeschweißtem Ring. Aber es gab noch keine Karabiner (Schnappringe), jedenfalls nicht als Bergausrüstung. Waren diese schweren, unförmigen Haken einmal in den Felsriß geschlagen, mußte sich der Vorderste vom Seil befreien, um es durch die Öse des Hakens fädeln zu können; der Zweite wiederum mußte sich ausbinden, um das Seil vom Haken freizubekommen (Zeitaufwand und Mühe kann man sich lebhaft vorstellen). Schließlich entdeckte der Münchner Otto Herzog – einer der Pioniere des extremen Kletterns – um 1911 im Rahmen einer Feuerwehrübung den Feuerwehrkarabiner, den die Berliner Feuerwehr bereits 1852, also schon vor der Matterhorn-Besteigung, als «Berliner Gurthaken» benutzt hatte. Otto Herzog erkannte sofort die gute Verwendungsmöglichkeit des Karabiners für das Klettern. Mit ihm entwickelten der Münchner Hans Dülfer und der Zillertaler Hanns Fiechtl die brauchbarste Form. Bald darauf «fielen» in den Nördlichen Kalkalpen, vor allem im Wilden Kaiser, reihenweise die großen Wände mit Schwierigkeitsgrad V («überaus schwierig»). Hanns Fiechtl war es auch, der den Felshaken verbesserte zum Längs- und Querhaken mit Öse («Fiechtlhaken») für senkrecht und quer verlaufende Felsrisse. Mit nur unwesentlichen Verbesserungen waren sie bis etwa 1950 das einzige Hakenmaterial; das Sortiment an Längen und verschiedenen Stärken war sehr bescheiden.

Die Entwicklung der Eisausrüstung ließ noch länger auf sich warten. Man fand zwar Ende des 19. Jahrhunderts im Hallstätter Gräberfeld vierzakkige Steigeisen aus der Zeit um 400 v. Chr., an anderen Stellen der Ostalpen, vor allem in Kärnten, fand man sogar sechszackige Steigeisen aus Bronze; aber wir wissen nicht, wie, wann und wo sie eingesetzt worden waren.

Richtige Steigeisen für Bergsteiger gibt es erst seit etwa 1920, konstruiert mit 10 Zacken von dem englischen Bergsteiger Oscar Eckenstein («Eckensteineisen»); um 1930 wurden sie verbessert, das heißt mit 12 Zacken (davon zwei Frontzacken) versehen. Eishaken wurden 1924 erstmals von Fritz Rigele und Willo Welzenbach bei der Erstbegehung der Wiesbachhorn-Nordwestwand (Glocknergruppe) erfolgreich eingesetzt. Es waren Eishaken mit einer kolossalen unerwünschten Sprengwirkung.

Heute gibt es neben dem klassischen (verbesserten) Ring-Eishaken sieben verschiedene Eishakentypen, für jede Eisart den zweckmäßigsten: Spiraleishaken, Spiralzahnhaken, Halbrohr-Eisspirale, Rohr-Eisspirale, U-Profilhaken, «Korkenzieher»-Eisspirale.

Die Eispickel sahen um die Jahrhundertwende aus wie die Arbeitsgeräte im Straßenbau, bis zu 3 kg schwer, mit Holzschaft, der oft zu Bruch ging. Heute gibt es über zwanzig Modelle, vom Pickel mit verleimtem Holzschaft, über den GFK-(Kunststoff)-Schaft bis zum Titanpickel mit einem Gewicht von nur 590 g. Dazu gibt es ein Dutzend superleichte Steigeisenmodelle, teils mit eingebauten Hartmetallspitzen.

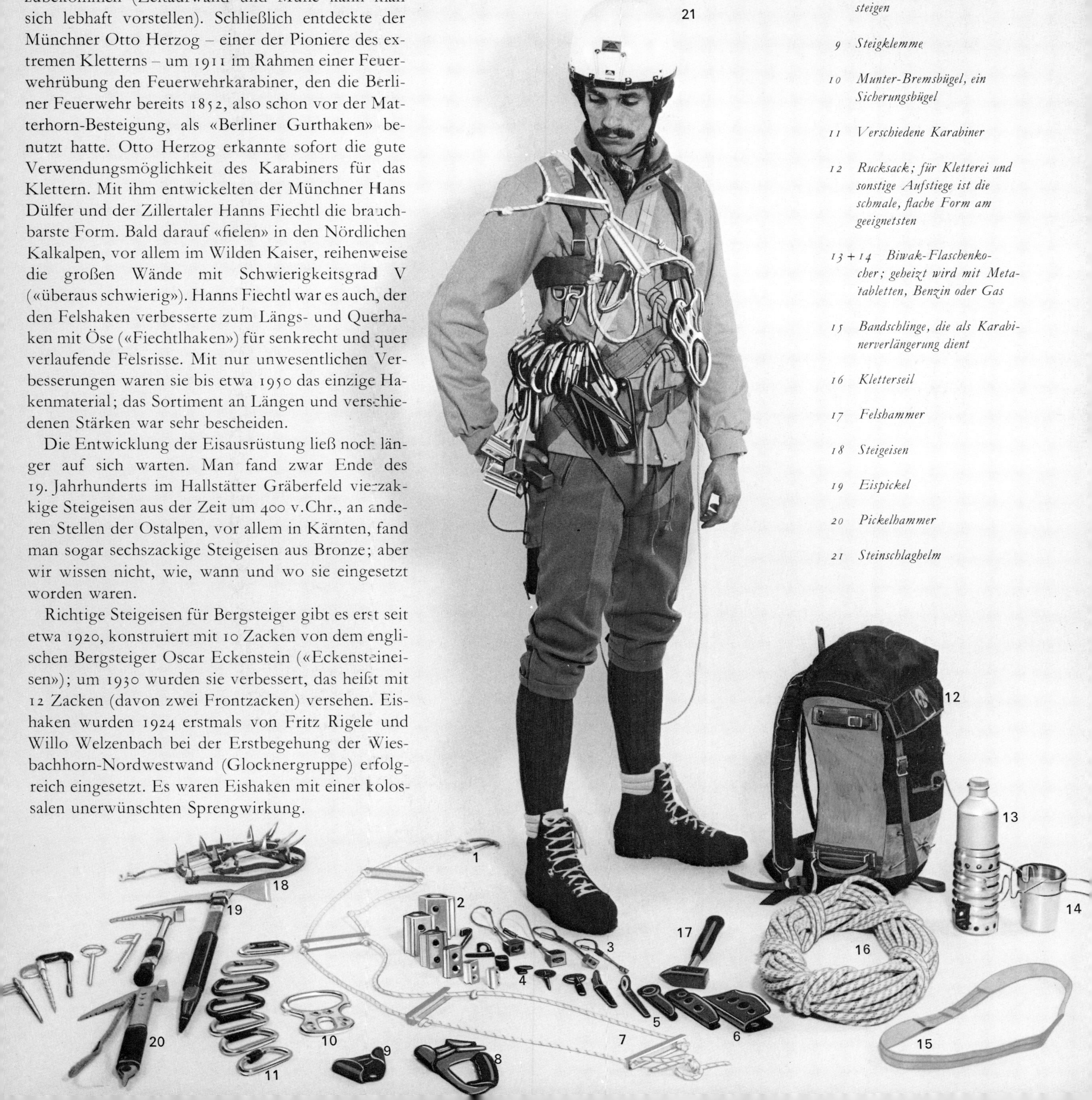

1 Griff-Fiffi, eine Befestigungsvorrichtung für die Trittleiter mit Haltegriff

2 Verschiedene Klemmkeile, die in Felsrisse durch Zug nach unten verklemmt werden

3 Klemmkeile mit Drahtschlinge

4 + 5 Verschiedene Felshaken

6 Bongs, Haken, die in breite Risse geschlagen werden

7 Trittleiter

8 Steigklemme, die es ermöglicht, am fixierten Seil hochzusteigen

9 Steigklemme

10 Munter-Bremsbügel, ein Sicherungsbügel

11 Verschiedene Karabiner

12 Rucksack; für Kletterei und sonstige Aufstiege ist die schmale, flache Form am geeignetsten

13 + 14 Biwak-Flaschenkocher; geheizt wird mit Metatabletten, Benzin oder Gas

15 Bandschlinge, die als Karabinerverlängerung dient

16 Kletterseil

17 Felshammer

18 Steigeisen

19 Eispickel

20 Pickelhammer

21 Steinschlaghelm

Frühere Bezwinger großer und steiler Eiswände schlugen nicht selten 5000 bis 8000 Stufen ins Eis; Eispassagen mit mehr als 55° Neigung waren praktisch unmöglich. Heute kann man sich im Eis bis zur Senkrechten fortbewegen, ohne auch nur eine Stufe schlagen zu müssen.

Allein das Thema Seil wäre eine längere Abhandlung wert. Bis etwa 1950 gab es nur Hanfseile, 30 und 40 Meter lang mit 12 mm Durchmesser und 4 bis 5 kg schwer. Für äußerst schwierige Unternehmungen wurde ein Doppelseil benutzt. Aber wehe, geriet man mit einem Hanf-Doppelseil in einen Wettersturz! Die beiden steifen Seilstränge waren für den Bergsteiger eine Plage, die Nerven und vor allem Kraft kostete. Die heutigen Kunstfaserseile haben bei einem Durchmesser von nur 11,5 mm eine Reißfestigkeit von 2870 kp und ein Gewicht von nur 3 kg; in Kernmantelkonstruktion gibt es sie wasserabstoßend, in fast allen Farben, sogar in der Nacht leuchtend und damit sehr «photofreundlich».

Mit modernen Hilfsmitteln sind dem Bergsteiger unserer Zeit keine Grenzen mehr gesetzt. Auch horizontal über den Abgrund hinausragende Felsdächer können mit Haken, Doppelseil, Steigleitern und Sitzgurt «begangen» werden. Und wenn Risse für herkömmliche Haken fehlen, werden Bohrhaken eingesetzt.

Bergsteiger, die sich noch mit der Ausrüstung von vor 30 Jahren herumschlugen, sagen, daß man heute «fast nichts mehr tun» müsse. Es gibt raffinierte, vier- oder sechssprossige Steigleitern mit einer Art «Armverlängerung», um sich zum nächsten, weit entfernten Haken besser hinaufmogeln zu können; ein Dutzend verschiedener Metallschaft-Kletterhämmer, mit denen man keinen Schaftbruch – Ende der Tour! – mehr befürchten muß; rund zwanzig Hakenmodelle in verschiedenen Längen und Stärken, mit Z-, U-, und V-Profil, aus Eisen, Stahl oder Titan. Für breite Risse ersetzen sogenannte «Bong-Bong» die schweren Holzkeile von früher. Mechanische Rißklemmen mit Doppelgewinde, Bohrhaken jeder Art, mindestens zwanzig verschiedene Karabiner – der leichteste wiegt bei einer Bruchfestigkeit von 2000 kp nur noch 43 Gramm (höchste Bruchfestigkeit: 5000 kp) –, an die dreißig verschiedene Aluminium-Klemmkeile, die mit einer Draht-, Band- oder Seilschlinge in Risse gelegt und nach unten belastet werden und sofort hat man einen «bombenfesten» Sicherungspunkt ohne Kraftaufwand – das sind weitere moderne Hilfsmittel, von denen die Kletterpioniere nicht einmal träumten. Letzter Schrei ist der Skyhook («Himmelshaken»). Er sieht aus wie ein gebogener Finger mit einer Öse daran; in ihr ist eine Steigleiter befestigt. Der Skyhook kann an winzige Felsvorsprünge gehängt werden; bei Zug (Belastung) nach unten hält er sogar. Aber man muß große Erfahrung und auch ein wenig Gottvertrauen haben.

Das gilt auch für Bergsteiger, die sich der erwähnten Hakenreihen bedienen, die frühere Alpinisten in einer Wand stecken ließen. Die Haken können sich leicht gelockert haben. Vor einem Abseilmanöver ist es unbedingt erforderlich, alte Haken auf ihren Zustand und festen Sitz zu prüfen. Im Dolomitengebiet wurden im Frühsommer 1976 lose Abseilhaken mehreren Bergsteigern zum Verhängnis. Die Häufung solcher Unfälle führte der Deutsche Alpenverein in einer Warnung an alle Bergsteiger darauf zurück, daß sich durch das Erdbeben von Udine im Mai 1976, das auch weite Teile der Alpen erschütterte, viele der als sicher geltenden Haken gelockert haben dürften.

Das Gebirge als Freizeit- und Erholungsraum

Soziologen stellten einmal vereinfachend fest, daß es in unserer Freizeitgesellschaft den typischen Bergmenschen und den typischen Meermenschen gebe. Es habe in den sechziger und frühen siebziger Jahren kompromißlose Urlauber gegeben, die Erholung allein am Meer zu finden glaubten. Bis nach Jahren des Nichtstuns – ein wenig Schwimmen, Tauchen und Sonnenbaden – wieder das Bedürfnis entstanden sei, sich richtig zu bewegen. Jedenfalls begann man, für Gesundheit durch körperliche Bewegung zu werben. Einzelne Versicherungsgesellschaften gaben Riesensummen für die notwendige Aufklärungsarbeit aus. «Meermenschen» verwandelten sich in «Bergmenschen».

Der große Drang zum Gebirge wurde dadurch nochmals verstärkt – ähnlich wie im 18. Jahrhundert, nachdem Rousseaus und Hallers Werke erschienen waren.

Skifahrer, die Winter für Winter auf glattgebügelten Pisten herumrutschten, begannen die Faszination des Tiefschnees zu entdecken. Wo immer möglich, wird nun gepflügt, gekurvt, gewedelt wie nie zuvor. In den dafür geeigneten Skigebieten wagen sich einstige Nur-Pistenfahrer seit Jahren auch auf kurze Skitouren. Sie schnallen bei der Bergstation die Steigfelle auf die Bretter, die in den letzten zehn Jahren um ein Fünftel kürzer und leichter geworden sind, spuren zwei bis drei Stunden auf den nächsten Skigipfel und fahren meist «auf der anderen Seite» über zauberhafte, oft unberührte Hänge ab ins Tal. In manchen Gebieten kann man bereits nach einem Zweistundenaufstieg eine Traumabfahrt von 10 km Länge und 1500 Meter Höhenunterschied erleben, da und dort allerdings verbunden mit Gefahren, die vom Pistenfahrer nicht erkannt werden können.

Gefahren für Skiläufer auf Piste und Loipe

Mit Gefahren sind hier nicht nur die Lawinen und Schneebretter gemeint. Zum Beispiel gab es im Januar 1974 im oberen Teil der beliebten Dammkar-Skiabfahrt im Karwendelgebirge innerhalb 48 Stunden drei Todesstürze: Am 4. Januar glitt eine Münchner Studentin, die beim Anschnallen ihrer Ski ausrutschte, durch die sogenannte «Absperrung» und konnte sich auf dem harten Schneehang nicht mehr halten. Ein Tourist aus Panama-City stürzte über die 200 Meter hohe Dammwand ins Viererkar. Die Direktion der Mittenwalder Karwendelbahn ließ zwar verlauten: «Die Dammkarabfahrt ist nicht gefährlicher als jede andere hochalpine Skipiste.» Aber am 6. Januar war schon das dritte Opfer zu beklagen, ein Physiker aus München, seit seinem vierzehnten Lebensjahr Skifahrer. Nach einem Sturz wurde der Unglückliche über die Absperrung geschleudert – auch er blieb tot im Viererkar liegen.

Die Dammkar-Tragödie ist beispielhaft für die Gefährlichkeit auch eines seilbahnerschlossenen Hochgebirges!

Die Reaktion der inzwischen eingeschalteten Staatsanwaltschaft war: «In erster Linie muß man an die Eigenverantwortlichkeit der Skifahrer appellieren. Das Dammkar ist schließlich eine hochalpine Abfahrt und keine Eierwiese.»

Mangelndes Einschätzungsvermögen von Gefahren für Skifahrer im winterlichen Gebirge? Was ist eigentlich eine «hochalpine Abfahrt»?

In der Tal- und Bergstation der Karwendelbahn verkünden gelbe Plakate, die Dammkarabfahrt sei «nur für Bergerfahrene bzw. für geübte Skifahrer», und daß man die Abfahrt bei Lawinengefahr sperre. Aber was ist «Bergerfahrung» und wer ein «geübter Skifahrer»?

Bei einer persönlichen Besichtigung lasen wir in den beiden Seilbahnstationen die gelben Plakate – und beobachteten das «Skivolk», das zwei Kabinen heraufgebracht hatten. Da war ein etwa achtjähriger Bub in Begleitung seines Vaters. Und da war eine Frau, an die sechzig, die wir später im Dammkar ihre leidlichen Stemmbogen ziehen sahen – allein. Alle trugen schwere steife Plastikskischuhe. Wir dachten: Wenn diese Leute so munter drauflosmarschieren, ohne sich um die gelben Plakate zu kümmern, dann darf es ums Dammkar ja wirklich nicht so gefährlich bestellt sein. Wir prüften es nach:

Die Bergstation ist 2244 m hoch. Zuerst ging es über einen knapp hundert Meter hohen Hang mit einer Neigung von etwa 35° hinauf. Wenn auf dem etwa 50 cm breiten, nur an wenigen Stellen schlecht abgesicherten Weg bei Hartschneeauflage jemand ausrutscht – und dazu braucht es bei den heutigen Skischuhen nicht viel –, dann rast er hilflos vor die Bergstation; das ist zwar nicht lebensgefährlich, aber ernste Verletzungen kann es bereits hier geben. Wer bei der zweiten Wegkehre einen Fehltritt macht, verschwindet im riesigen Felskar, «In der Wann» genannt. Ein Wunder, daß es hier noch keine Todesstürze gab. Dann folgte die Querung zur Oberen Dammkarscharte (2385 m). Auch hier die gleichen Gefahren wie zuvor. Es gab zwar eine Art Seilgeländer, aber die Seile hatten so großen Zwischenraum, daß man ohne weiteres zwischen ihnen durchrutschen konnte. Bald war der Ausgangspunkt des einstigen Starthanges, schmal und steil, erreicht. Der Hang war gesperrt. Seit dem dritten Todessturz. (Warum? Weil die Dammkarabfahrt «nicht gefährlicher als jede andere hochalpine Skipiste» ist? Oder weil man endlich erkannt hatte, daß dieser Hang doch unzumutbar gefährlich war?) Ein neuer Zickzackweg führte weiter nach unten. Aber auch auf dieser neuen Anlage war man nicht sicher. Nur einige dünne, eingerammte Holzstangen, deren Bruchfestigkeit ich nicht zu beurteilen wagte, mit jeweils zwei Reepschnüren oder dünnen Drahtseilen verbunden, dienten als Absperrung. Streckenweise befanden sich die Absperrseile fünfzig bis sechzig Zentimeter überm Boden, so daß ein Stürzender gleich darunter hindurchgleiten konnte; an manchen Stellen war das oberste «Absperrseil» nicht einmal auf Hüfthöhe. Schließlich gelangten wir an den Startplatz, der praktisch keiner ist. Selbst das Anschnallen der Ski war problematisch. Die ab hier freigegebene Abfahrt ist immer noch schmal und steil. Sie mündet in die große Schrägfahrt nach rechts. Unterhalb der Schrägfahrt befindet sich ein etwa 20 m hoher Felsabbruch – er war lediglich durch eine Markierungsschnur gekennzeichnet, aber nicht gesichert. Bereits harmlose «Absitzer» konnten hier zu lebensgefährlichen Stürzen ausarten. Dann kam endlich der eigentliche Dammkarhang, steil, immer breiter werdend, für erstklassige Fahrer ein wahrer Genuß. Für schwächere Fahrer lauern aber auch hier große Gefahren: Ein Sturz am Beginn des Hanges kann im glatten Perlon-Skianzug kaum abgebremst werden und an den Felsen links enden. Erst nach dem großen Dammkarhang sind die Gefahren überstanden.

Echtes bergsteigerisches Neuland mit unbetretenen Gipfeln ist nur noch in alpenfernen Gebirgen zu finden wie auf Spitzbergen (Bild), wo man dank der Mitternachtssonne «rund um die Uhr» unterwegs sein kann.

Wer sagt, das Dammkar sei für Skifahrer «nicht gefährlicher als jede andere hochalpine Skipiste», der muß sich die Entgegnung gefallen lassen, daß auch er als Verantwortlicher die Gefahren im winterlichen Gebirge nicht einzuschätzen vermag.

«Am sichersten wäre ein Tunnel von der Bergstation bis zum Startplatz», schrieb ich damals nach der Besichtigung. Im Winter 1974/75 war der Tunnel fertiggestellt.

Die Dammkarabfahrt gehört zu den schönsten und längsten Skiabfahrten der Alpen. Jetzt kann man sie sogar mit gutem Gewissen empfehlen.

Neben den hochalpinen, seilbahnerschlossenen Abfahrten und «Bergbahn-Skitouren», wie sie vorstehend erwähnt wurden, erlebten auch richtige Skihochtouren, die mehrere Tage oder gar Wochen dauern, einen nie zuvor gekannten Zulauf. Skitourenwochen in den Stubaier Alpen, in der Bernina oder in den Walliser Alpen kann man auch als Hochgebirgslaie in jedem guten Reisebüro buchen. Manche Reiseunternehmer bieten auch schon «Tiefschneewochen» in den kanadischen Rocky Mountains an. Weil es dort noch keine Seilbahnen gibt, wird der Gipfeltransport von Helikoptern ausgeführt, versteht sich.

Berg- und Skiführer ziehen mit ganzen Kolonnen von Schützlingen in die Gletscherregionen der Ost- und Westalpen. Aber nichts in den Bergen ist in Wahrheit so gefährlich wie Skihochtouren. Die schwierigste Kletterei ist harmlos gegenüber einer Skitour im winterlichen Hochgebirge. Selbst «erfahrene» Skibergsteiger werden immer wieder von gefährlichen Situationen überrascht. So Toni Gobbi, Franz Königer, Louis Lachenal, Krystof Zlatnik oder Jörg Bader, um nur einige zu nennen, die durch Lawinen, Schneebretter, Wächten, oder in tückischen Spalten den Tod fanden. Auch autorisierte Berg- und Skiführer, denen man sich anvertraut, sind keine Garantie gegen die oft unberechenbaren Gefahren im winterlichen Hochgebirge; fast jeden Winter verunglücken auch geführte Gruppen. Trauriger Beweis hierfür ist ein Lawinenunglück im Zillertal, das Anfang Februar 1973 zehn Menschenleben forderte!

Kein Sport hat in den Alpenländern seit 1965 so starken Zulauf bekommen wie der Skilanglauf. Fast jeder Wintersportort veranstaltet seinen Volkslauf; das Bild zeigt einen Teilnehmer des «Paß Lung» auf der Strecke Martina-Scuol im Unterengadin (Graubünden).

Die Gründe hierfür liegen nicht zuletzt in der unzureichenden Ausbildung auch der Skiführer auf dem Gebiet der Schnee- und Lawinenkunde. Es sei hier nochmals gesagt: Nichts in den Bergen ist so gefährlich wie Skihochtouren. Von März bis Juni ist die ideale Zeit für diese herrlichen Unternehmungen. Man sollte sich aber wenigstens mit den wichtigsten Gefahren auseinandersetzen und zwar vor jeder neuen Saison. Die wichtigsten Grundregeln sind:

- *Kein Hang ist lawinensicher!* Gewissenhafte Ausnützung des Geländes ist oberstes Gebot, auch wenn man dadurch größere Umwege in Kauf nehmen muß.
- Wechselt man von einem Osthang zu einem Nordhang – oder welche Hangrichtung auch immer –, sollte man sich stets mit der *Schneedecke* vertraut machen. Ein umgedreht eingerammter Skistock kann schon gute Informationen bringen; im Zweifelsfall ein Profil graben, so tief es geht!
- Beobachtung der *Windtätigkeit* gibt entscheidende Hinweise, auch wenn nur wenige Zentimeter Schnee gefallen sind.
- Wenn am Fuß von Couloirs (Rinnen) oder Hängen bereits Schollen abgegangener *Schneebretter* liegen, darf keinesfalls angenommen werden, es bestehe keine Gefahr mehr. Bei entsprechendem Wind kann schon wenige Stunden danach ein erneuter Schneebrettabgang erfolgen.

Die meisten Unglücksfälle durch Lawinen oder Schneebretter sind reiner Unwissenheit zuzuschreiben. Auch erfahrene Skialpinisten können sich nie genug informieren. Das beginnt schon mit dem Studium der Lehrschriften. Hand aufs Herz – wer beschäftigt sich vor einer längeren Skihochtour, wenigstens einmal im Winter, mit Lehrschriften? «Weiß ich ja schon alles!», denkt man. In Wirklichkeit weiß man aber nur noch Bruchstücke!

Vor Antritt der Tour sollte man mindestens eine Woche lang die allgemeine Wetterlage verfolgen und sich dann kurz vor der Tour konkrete Informationen beschaffen – durch die Lawinenbulletins und Lawinenwarndienste. (Wer in der Schweiz unterwegs ist, bekommt durch das schon erwähnte Weißfluhjoch-Institut in Davos erstklassige Lageberichte.)

Auch auf der Tour selbst sollte man ständig Informationen einholen. Oft werden die Auskünfte der Hüttenwirte unterschätzt. Ich selbst verlasse keine Hütte, ohne mit dem Wirt über Wetter- und Schneesituation gesprochen zu haben. Auf keinen Fall sollen Touren aus Prestigegründen unternommen werden. Man muß verzichten können, wenn das Wetter nicht mehr mitmacht oder die Schneelage zu gefährlich geworden ist. Ich habe dreißig Skitouren-Winter hinter mir. Ungezählte Male bin ich «ohne Gipfel» nach Hause gekommen. Aber ich bin auch noch nie in eine Lawine oder in ein Schneebrett geraten!

Weit ungefährlicher ist der Skilanglauf. Etwa um 1968 wurden «die drei L» bekannt: «Langläufer leben länger». Skiverbände, Verkehrsvereine, Sporthäuser und auch wieder Versicherungsgesellschaften begannen für den Skilanglauf zu werben. Bald gab es fast keinen Wintersportort mehr ohne Loipe. In allen Alpengebieten, auch in den Mittelgebirgen, begann man, Volksskiläufe auf Strecken von 5 bis 90 km Länge zu veranstalten. Im Winter 1975/76 waren über 500 derartige Volksrennen ausgeschrieben. Um 1950 wußten 99 von 100 Skifahrern noch nicht, wie ein Langlaufski aussieht. Der Skilanglauf erlebte in den Alpenländern seitdem einen geradezu phantastischen Aufschwung. Am 42 km langen «Engadin-Skimarathon» beteiligen sich stets rund 10000 Läuferinnen und Läufer. Die wirkliche Schönheit des Skilanglaufs, die stille, romantische Winterlandschaft und den idealen Laufrhythmus kann man im Rahmen dieser Massenveranstaltungen freilich nicht erleben, auch wenn man sie als sportlicher Läufer immer wieder gern mitmacht. Skilanglauf und -wandern ist schön auf einsamen Loipen, die man überall in den Alpen noch findet.

Aber leben Langläufer wirklich länger? Mehrere Todesfälle auf der Loipe sind, so der Deutsche Skiverband, «ein Alarmzeichen». Der Langlauf-Enthusiast Erich B. zum Beispiel freute sich: «So leicht wie heute bin ich noch nie gelaufen.» Eine Dreiviertelstunde lang drehte der sportliche Endvierziger Runde um Runde auf der Langlaufloipe Spitzingsee (Oberbayern). Zehn Minuten später brach Erich B. zusammen und blieb regungslos im Schnee liegen. Die Rufe seiner mit ihm laufenden Ehefrau alarmierten die Bergwacht, ein Rettungshubschrauber ging nieder. Doch alle Hilfe kam zu spät: Herzinfarkt.

Zum Ausgleich für die Arbeit am Schreibtisch schnallte der 44 Jahre alte Hans B. aus Berchtesgaden an jedem Winterwochenende die schmalen Langlaufbretter an. Er starb, nachdem er dreißig Minuten gelaufen war, auf dem Gelände einer Skischule: Herzinfarkt. Im Tiroler Loipeparadies von Seefeld/Leutasch registrierte das Rote Kreuz im Winter 1974/75 bereits vier Langlauf-Tote. Herzinfarkt.

Trimmen sich die Langläufer zu Tode? Zweifellos: Der weiße Gleitsport ist riskanter geworden, seit die Vita- oder Trimm-dich-Welle und sportlicher

Ehrgeiz auch die Loipen annektierten. Gefährdet sind nicht nur Anfänger, die untrainiert vom Büro auf die Doppelspur gehen. Gefahr droht vor allem «alten Hasen» zwischen vierzig und sechzig, die sich – im Vertrauen darauf, fit zu sein – übernehmen.

Andere überraschende Beobachtungen über Langlaufgefahren machte Sportarzt Dr. Werner Krainz aus St. Johann in Tirol, als er das alpenländische Gegenstück zum skandinavischen Wasalauf, den «Koasa»-Lauf (Kaiserlauf) in Kitzbühel mitbetreute. Er stellte nämlich hauptsächlich Daumen-, Handgelenk- und Schulterverletzungen fest – Blessuren, die bei Abfahrtsläufen üblich sind. Den Gesundheitswert des Skilanglaufs wird niemand ernstlich bestreiten. Die Frage des jeweils richtigen Maßes wird man dem Einzelläufer nicht abnehmen können. Wenn ich drei Wochen ohne Unterbrechung am Schreibtisch saß, mute ich mir höchstens zehn Loipe-Kilometer zu. Und wenn ich in den Ferien zwei Wochen lang jeden Tag auf der Loipe war, empfinde ich schließlich einen 50-Kilometer-Lauf als Spielerei, als reines Vergnügen. Das ist in jedem Sport so. Es wäre ein schlechter Dienst, unserer Gesellschaft wegen einiger Todesfälle den Skilanglauf zu vermiesen. Denn in den Bevölkerungsschichten, die sich überhaupt körperlich wenig bewegen, gibt es sicherlich anteilmäßig mehr Herzinfarkte zu beklagen als unter Langläufern.

Skiakrobatik, Skiflug und Deltafliegen

Neben reinem Skisport und Langlauf ist der Wintersport in den Bergen auch sonst unerhört vielseitig geworden. Wer um 1960 mit eleganten Wedelspuren noch begeisterte und von Zuschauern anerkennende Worte hörte, lockt damit auch nicht mehr das einsamste Skigirl vor die Hoteltür – Wedeln, das kann heute (fast) jeder. Trickskilauf, seit etwa 1970 *in*, imponiert hingegen noch. Es wurden Trickskischulen eröffnet, sogar Lehrbücher für Skiakrobatik herausgegeben. Und wenn es dem Skifahrer zu wohl wird, geht er buchstäblich in die Luft.

Noch vor der Jahrhundertwende waren in Norwegen bereits die ersten Skisprünge geglückt: 30,5 m galten lange Zeit als «Traumweite». Es wurden Schanzen gebaut in jedem Wintersportort, auch in den Alpenländern. Der Österreicher Sepp Bradl durchbrach 1936 erstmals die «Schallmauer»: mit 101,5 m. Der heutige Weltrekord steht bei 181 m. Nach dem Zweiten Weltkrieg begann man vom «Skifliegen» zu sprechen. Es wurden «Skiflugschanzen» gebaut, technische Meisterleistungen. Heute weiß man, daß die Sprungweiten ohne weiteres Risiko auf 200 und 300 m erweitert werden könnten, wenn die Anlagen entsprechend gebaut wären. Aber das Skifliegen wird immer ein Zuschauersport bleiben – und man fragt sich, ob heute die immensen Ausgaben für eine Skiflug-Weltmeisterschaft noch gerechtfertigt sind.

Eine noch junge Wintersportdisziplin ist *Para-Ski* oder «Mit Fallschirm und Ski» – eine Kombination von Fallschirmsprung mit Ziellandung und Skirennen, also eine sehr aufwendige Sache.

Anders verhält es sich mit dem alpinen Drachenfliegen (Deltafliegen in der Schweiz), das als Sommer- und Wintersport betrieben wird. Deltafliegen gehört gewiß zu den faszinierendsten Abenteuern überhaupt. In den Alpen wird es seit Anfang 1973 betrieben. Heute dürfte es in Europa bereits etwa 8000 Deltapiloten geben. Seit 1976 werden in dieser «Disziplin» Weltmeisterschaften durchgeführt.

Seriös in einer Schule gelernt, ist Deltafliegen weniger gefährlich als zum Beispiel Bergsteigen. Das Gerät kostet kaum mehr als eine erstklassige Skiausrüstung; Deltafliegen ist also ein Sport, den durchaus auch ein Normalverdiener betreiben kann. Er muß sich aber an die nationalen Vorschriften halten; sie sind, soweit überhaupt vorhanden, in jedem Alpenland anders. Abenteuer wie etwa ein Flug vom Gipfel des Kilimandscharo bedürfen nicht nur genauer Vorbereitung, sondern stellen auch zusätzliche Transportprobleme.

Skibob, Eislaufen und Eissegeln sind bekannt, man braucht diese Sportmöglichkeiten genau so wenig vorzustellen wie Bobfahren, Skeleton oder Skijöring, den Skiwettlauf mit vorgespanntem Pferd oder Motorfahrzeug.

Auch das alpine Wildwasserfahren ist dabei, Volkssport zu werden, weil man hier ursprüngliche Natur erleben kann, trotz der vielen Flüsse, die bereits durch Kraftwerke verbaut sind. Wildwasserkanuten gibt es jedoch nicht nur in den Alpen. Es wurden praktisch schon alle großen Gebirgsflüsse der Erde befahren, in Alaska wie in den Anden, im Hindukusch und Himalaya.

Der englische Alpinist Leslie Stephen (1832–1904) bezeichnete die Alpen als «Spielplatz Europas» – sie sind es in unserer Zeit tatsächlich geworden, nicht nur für Bergsteiger und Skifahrer.

Drachen- oder Deltafliegen ist seit Jahren auch in den Alpenländern «in». Der Amerikaner Mike Harker flog im April 1973 von der Zugspitze nach Ehrwald. Im Dezember 1973 wurde mit ihm in Scuol die erste alpine Deltaflugschule eröffnet (Bilder unten).

Heute gibt es in den Alpen etwa fünfzig Schulen, die im Sommer und Winter unterrichten. Deltafliegen ist nicht gefährlicher als Bergsteigen – es gibt lediglich einige gefährliche Deltaflieger, deren Unfälle dem faszinierenden Sport sehr schaden.

Unten: Der alpine Wildwassersport, kombiniert mit Bergsteigen, ist die kontrastreichste Erlebnismöglichkeit in den Bergen. Hier die berühmte Verdon-Schlucht in den Meeralpen (Frankreich).

Die Zukunft des Gebirgstourismus

«Doch wie soll es weitergehen, wenn jedes Jahr einige hunderttausend Berginteressierte dazukommen?» – Zu dieser auf Seite 279 von Toni Hiebeler gestellten Frage ist speziell für ein außereuropäisches Gebirge ergänzend zu berichten: Auch im Himalaya, dem bevorzugten Ziel der Bergsteiger und Bergtouristen, ist der Wandel spürbar, von dem in Hinblick auf die Alpen gesprochen wird. Die Entwicklung verlief dort ähnlich. Zunächst hatte das Ersteigen der Hauptgipfel, auf ihren natürlichen, sprich einfachsten Routen für die Bergsteiger ausreichende Bedeutung als Höhepunkt ihrer Mühen. Kurz vor, besonders aber bald nach dem Zweiten Weltkrieg vollzog sich dann der Übergang in die Epoche des «akrobatischen Alpinismus».

Ballonfahrer bei einer Alpentraversierung auf 6400 m ü.M.

«Der Weg ist das Ziel» – dieses klassische Wort von Henry Hoek wurde potenziert. Das Betreten des Gipfels wurde als Symbol des Sieges weniger wichtig als das Abenteuer einer neuen, möglichst schwierigen Route. Ging es absolut nicht mit echter Kletterei *«by fair means»* (A.F. Mummery), dann wurde ein «Weg» gebaut, oft in wochenlanger Schwerarbeit, mit raffinierten technischen Hilfsmitteln. Was zuerst in den Alpen und in den europäischen Mittelgebirgen angestrebt wurde, die «Direttissima», wurde auch im Himalaya unternommen – der Anstieg zum Gipfel in der Fallinie. Man kann über Sinn oder Unsinn derartiger Extreme des «Spätalpinismus» endlos streiten. Sie sind jedenfalls schon dabei, sich als «absurdes Theater» selbst zu überleben.

Die siebziger Jahre waren reich an solchen spektakulären Erfolgen, aber leider auch an entsprechend häufigen Tragödien. Allein die Zahl der Todesopfer bei den zwischen 1969 und 1975 unternommenen Himalaya- und Karakorum-Expeditionen beläuft sich auf mindestens 120, darunter 41 Sherpa, 28 Japaner, 11 Inder, 8 Österreicher, 6 Engländer, 5 Amerikaner, 5 Südkoreaner, 3 Italiener. Auch Australien, Deutschland, Frankreich, Holland, Neuseeland, Pakistan, Polen und die Tschechoslowakei hatten Tote zu beklagen.

Am Gipfeleis des Kibo, dem höchsten Punkt des Kilimandscharo, in Tansania.
Auf einer Höhe von über 5800 m ü.M. wird ein Kälteschutz und die Sauerstoffmaske zuweilen unentbehrlich.

Nun, ein Umschwung in Richtung zum weniger aufwendigen «klassischen» Bergsteigen ist bekanntlich in Sicht. Aber zusätzlich ist seit Beginn der siebziger Jahre das nun *weltweite*, sprunghafte Ansteigen des «Hochgebirgstourismus» zu verzeichnen, der Aktiv-Ferien im Expeditionsstil verspricht. Vor allem Urlauber aus Westeuropa und aus den USA geben dabei den Ton an. Immer zahlreicher werden die Gruppen von Menschen, die zum Beispiel im Himalaya zu erwartende einmalige Eindrücke «nicht verpassen» möchten. Entsprechend entstanden allenthalben spezialisierte Reiseunternehmen, die sich, von der Ausrüstung bis zur speziellen Lebensversicherung und fachkundigen Reiseleitung durch gute Bergführer, um die Organisation derartiger Unternehmungen kümmern.

So erschien zum Beispiel am 1. Dezember 1975 folgender Bericht in einer österreichischen Tageszeitung: «Seit drei Jahren bietet Wagon Lits Cook unter der Devise ‹Weltweit Bergsteigen› eine neue Art von Aktiv-Urlaub an, doch galt dieses Sonderangebot bisher selbst unter Alpinisten als Geheimtip. Nun soll das Bergsteigen im Expeditionsstil überall publik gemacht werden.

Worum geht es? Um die sinnvolle Verbindung von Tourismus und Alpinismus, also um die Möglichkeit, einerseits fremde Kontinente kennenzulernen und andererseits die höchsten Berge der Welt zu erklettern – beides im Rahmen derselben Reise.

Im Lauf der letzten drei Jahre wurden für geeichte Gipfelstürmer Dutzende solcher Flugreisen, kombiniert mit einem touristischen Rahmenprogramm, ausgearbeitet. Je ein Siebentausender wartet nächstes Jahr in Nepal und in Afghanistan darauf, erstürmt zu werden; je einen Beinahe-Siebentausender gibt es in Chile und Peru. Weitere Gipfel locken in Iran (5681 m) und auf Grönland, das 1976 erstmals ins Programm aufgenommen wurde. In Algerien ist zwar der Gipfel des Hoggargebietes ‹nur› 3003 m hoch, dafür liegt dieses Bergmassiv so tief in der Wüste wie kein anderes Gebirge der Welt.

Die längste Expedition dauert acht Wochen, es ist die nach Nepal. Die Dauer der übrigen Touren bewegt sich zwischen zehn und 28 Tagen. Jede Gruppe – maximal 15 Teilnehmer – wird von einem Expeditionsarzt begleitet.

Bedingung für die Teilnahme ist eine entsprechende Kondition sowie der Nachweis hochtouristischer Erfahrung. Verlangt wird ein Gesundheitszeugnis sowie ein Tourenbericht. Nach Möglichkeit wird vor dem Aufbruch eine gemeinsame Trainingstour in Österreich durchgeführt, außerdem erhält jeder Teilnehmer zur Vorbereitung ein genaues Trainingsprogramm. Daher empfiehlt sich eine Anmeldung etliche Monate vor dem gewählten Termin.»

Die Entwicklung ist zwar logisch und verständlich, muß aber doch nachdenklich stimmen. «Das Unglück der ‹Bevölkerungs-Explosionen› verschont auch den Himalaya nicht», schrieb G.O. Dyhrenfurth in seiner Himalaya-Chronik 1972*. Er stellte schon damals fest: «Im Jahr 1971 waren dort bereits mehr als vierzig Expeditionen tätig, wobei ‹Trekking›-Exkursionen nicht mitgerechnet sind, die offiziell unter 20000 Fuß (= 6096 m ü.M.) zu bleiben haben. Angesichts dieser Fülle droht der ‹Numerus clausus›...

Für Trekking gibt es bereits zahlreiche Reisebüros – ‹von Nanga Parbat bis Mount Everest›. Auch bei relativ guter Organisation, die durchaus nicht selbstverständlich ist, darf eine Gefahr nicht unterschätzt werden: die Bergkrankheit bei ungenügender Höhenakklimatisation. Häufig werden Fälle von Lungenödem gemeldet. Ein notwendiger rascher Abtransport im Hubschrauber (z.B. nach Katmandu ins Spital) ist oft nicht nur ein technisches Problem, sondern auch eine kostspielige Sache.

Dazu kommt, daß den berühmtesten Bergen der Welt die Vermassung und Überfüllung droht, wie man sie z.B. an Montblanc, Matterhorn und nun auch Mount Everest mit einigem Schaudern sehen kann. Das ‹goldene Zeitalter› ist auch im Himalaya bereits vorüber.»

* «Die Alpen», 1973, Quartalsheft 4

Typisch für die zunehmende Skepsis nicht nur bei verantwortungsbewußten Forschern, Bergführern und Kennern der Hochgebirge ist auch der Ton der Kommentare, den heute selbst tragische Ereignisse zu provozieren beginnen. So schrieb im Mai 1976 zum Beispiel die *Süddeutsche Zeitung:*

«Es hat schon etwas Eigenartiges, welch eine Anziehungskraft die höchsten Runzeln unserer Erde ausüben. Da dachte wohl so mancher Laie, der es für eine gesunde Lebensdevise hält, sich die Kirchen von außen, die Wirtshäuser von innen und die Berge von unten anzuschauen, der Himalaya biete jetzt auch nichts Aufregendes mehr, nachdem längst alle Achttausender ‹erobert› und auch die Siebentausender schon massenhaft abgegrast sind. Doch weit gefehlt. Das Königreich Nepal, in dessen Hoheitsbereich die attraktivsten Eisriesen stehen, erlebt einen Ansturm von ‹Bergfexen› wie nie zuvor. An die zehntausend sollen es im vergangenen Jahr gewesen sein. Kein Wunder, daß bei dieser Frequentierung noch immer Schlagzeilen abfallen. Meldungen über Sieg und Niederlage, über Erfolg und Tod. Vor wenigen Tagen erst wurde über die neuerliche Bezwingung des Mount Everest durch eine englische Expedition berichtet; jetzt folgte die schlechte Nachricht, daß zwei Münchner, notabene hervorragende Bergsteiger, im Annapurna-Massiv eine Woche lang vermißt waren.

Nun ist die Mehrzahl der Nepalfahrer freilich keineswegs ambitioniert, einen Supergipfel zu bezwingen. Viele finden schon ihre Selbstbestätigung, wenn sie ohne Lungenödem die Fünftausendermarke schaffen. Trekking nennt man das – ‹in› bei trainierten Bergwanderern, die Kondition haben und nebenbei auch noch gut bei Kasse sind.

Wo Boom herrscht, muß auch etwas zu holen sein. Diese marktwirtschaftliche Erkenntnis ist inzwischen auch bis zur nepalischen Regierung vorgedrungen. Wandern ‹auf eigene Faust› soll es künftig nicht mehr geben; Wanderer dürfen nur noch mit einer der 17 offiziellen Trekking-Organisationen ins Gebirge gehen, und sie müssen pro Tag und Person acht bis zwölf Dollar bezahlen. Auch hier geht die Zeit der Freiheit auf den Bergen rasch einem traurigen Ende entgegen.»

Hierzu muß allerdings gesagt werden, daß die nepalische Regierung die Deviseneinnahmen auch dringend benötigt, um ausreichende Sicherheitsvorkehrungen für den wachsenden Ansturm zu treffen. Andernfalls würde sie sich bald Vorwürfen ausgesetzt sehen, sie bleibe tatenlos angesichts von Katastrophen, denen ja immer auch die Sherpa ausgesetzt waren.

Die gleiche Veröffentlichung läßt mit dem Hinweis auf ein aktuelles Beispiel von moderner Erschließung der bis dahin ursprünglichen Himalayalandschaft ahnen, daß hier ebenfalls schon eingesetzt hat, was im Fall der Alpen von vielen Naturfreunden so bedauert wird:

«‹Jedes Jahr, wenn ich nach Nepal komme, um dort in unserem Krankenhaus und den Schulen zu arbeiten, stelle ich viele Veränderungen fest›. Dies schreibt Sir Edmund Hillary, der Erstbesteiger des Mount Everest (29. Mai 1953) in seiner Autobiographie *Wer wagt gewinnt.* Sir Edmund, inzwischen 58 Jahre alt, erzählt da beispielsweise von dem Luxushotel, das eine japanisch-nepalische Firma zwanzig Kilometer vom Fuß des Everest entfernt errichtet hat. Man plante, die Touristen per Flugzeug zum Hotel zu bringen. Die Landepiste sollte genau durch die Kartoffelfelder jener beiden Gebirgsdörfer führen, denen Hillary Schule und Krankenhaus gebaut hat. Der Neuseeländer konnte seine Sherpafreunde überreden, kein Stückchen Land herzugeben. Ein Sieg in Sachen Umweltschutz? Der Flugplatz wurde gebaut, nur in schwierigerem Gelände, mit etwas höherem Kostenaufwand...»

Der Zwiespalt zwischen dem Gedanken des bedingungslosen Schutzes der Natur mit ihren Biotopen und der ursprünglichen Kultur einerseits und dem berechtigten Bedürfnis der Bewohner sogenannter «trostloser» Industriegebiete andererseits, nicht nur aus Filmen, Abenteuerbüchern und Expeditionsberichten von den schönsten Gebirgen etwas zu erfahren, wird auch hier einen Kompromiß erzwingen. Es ist sogar zu erwarten, daß sich dennoch keine Kommerzialisierung ganz großen Stils entwickeln wird; denn auch auf dem Gebiet des Gebirgstourismus hat man begonnen, die «Grenzen des Wachstums» zu beachten. Entsprechend wird sich das weitere Vordringen der Technik, wie ich hoffe, in Schranken halten.

Der Dhaulagiri im westlichen Himalaya galt mit seiner Höhe von 8167 m einst als höchster Berg der Erde. Es ist zu hoffen, daß diese majestätischen Gipfel von Massentourismus verschont bleiben.

Die Gebirge der Himmelskörper im Sonnensystem

Dank der Weltraumexpeditionen mit Satelliten und Raumschiffen ist uns nun auch ein quantitativer Vergleich der irdischen Gebirge mit Gebirgsformationen auf dem Mond und einigen Planeten möglich. Deshalb sei abschließend auf die «extraterrestrischen» (außerirdischen) Gebirge eingegangen.

Beim Vergleichen beispielsweise der höchsten Erhebungen auf der Oberfläche verschiedener Himmelskörper ist stets zu berücksichtigen, daß die Planeten und ihre Monde verschieden groß sind. Die Schwerkraft bestimmt, welche Gase eine Atmosphäre

Innenansicht des Mond-Kraters Kopernikus. Typisch für die lunaren Gebirgszüge sind die relativ sanft ansteigenden, staubbedeckten Hänge. Die Erosion ist ausschließlich durch die starken Tag/Nacht-Temperaturschwankungen bedingt. Im gleißenden, ungetrübten Sonnenlicht erscheinen selbst graubraune Felsen fast weiß.

Mitte: Mars-Oberfläche mit dem gewaltigen Vulkangebilde Nix Olympica. Der Rand des Gipfelkraters erhebt sich mehr als 23 000 m über den Fuß des Gebirgsstocks, der rund 600 km Durchmesser aufweist. Millionen Jahre haben Lavaausbrüche einebnend gewirkt; dennoch handelt es sich um die größte bekannte Gebirgserhebung im ganzen Sonnensystem.

bilden und halten kann. Viele andere Bedingungen, die auf der Erde die Gebirgsstöcke beeinflussen, sind damit eng verknüpft.

Daß es auf dem Mond Ringgebirge gibt, die dem Mount Everest an Höhe kaum nachstehen, war schon vor dem Raumfahrtzeitalter bekannt. Nunmehr haben «Planeten-Sonden» auch systematisch die der Erde benachbarten sowie alle weiteren Wandelsterne des Sonnensystems erforscht. Das Ergebnis ist in großen Zügen folgendes:

Bei den zum Teil riesenhaften «äußeren» Planeten, Jupiter, Saturn, Uranus, Neptun und Pluto, ist eine feste Kruste weder sichtbar noch feststellbar. Diese Planeten befinden sich im Stadium der Ballung gasförmiger Materie oder werden von ihren Atmosphärenhüllen verdeckt. Letzteres trifft auch für Venus zu; hier ist unter der undurchdringlichen Wolkendecke nach Radarmessungen eine mondähnliche, verkraterte Oberfläche verborgen, auf der ständig eine Hitze von rund 350 °C herrscht.

Brillante Ergebnisse liegen dagegen durch ausgedehnte Photo-Kartierung über den sonnennahen Merkur, den Erd-Nachbarplaneten Mars sowie – natürlich – über den Mond vor. Alle drei Gestirne haben eine feste Kruste wie die Erde, doch gibt es auf keinem von ihnen flüssiges Wasser. Faltungen und Erhebungen wie auf der Erde sind äußerst rar. Die Gebirge sind entweder vulkanischen Ursprungs (Wölbungen nach außen) oder «Ringkrater», Einschlaglöcher unterschiedlichster Größe von Meteoren aus dem Kosmos.

Dennoch beweisen die Bilder von Mond, Mars und Merkur, daß Gebirge ein augenfälliges, ja vorherrschendes Merkmal der Landschaft auch auf anderen Himmelskörpern sind. Die Photographie vom Innern des Mondkraters Kopernikus, schon 1966 aus geringer Höhe aufgenommen, gibt von der Beschaffenheit eines außerirdischen Gebirgsgeländes einen guten Eindruck.

Ähnlich strukturiert wie der Mond, also von Kratern übersät («pockennarbig»), erscheint die Oberfläche des Merkur.

Davon sehr unterschiedliche Ergebnisse brachte die photographische Erforschung des Planeten Mars

Die bisherigen Ergebnisse der Flugkörper-Aufklärung im Weltraum haben uns gezeigt, daß das Gebirgssystem auf der Erde im Vergleich mit den anderen Planeten einmalig ist: Es ist das Resultat aus dem Zusammenspiel der gebirgsbildenden und der abtragenden Prozesse; den Bewegungen innerhalb der Erdkruste und den durch die Vorgänge in der Atmosphäre bestimmten Erosionskräften. Diese Dynamik unterscheidet die Hochgebirge entscheidend von den meist regelmäßig geformten Ringkratergebirgen und Vulkanlandschaften unserer Nachbarplaneten im Kosmos. Außer Zweifel steht jedoch, daß die «Welt der Gebirge» im All vielfältige Entsprechung findet.

Unten: Vereiste Gebirsregion im Südpolargebiet des Mars («Elefantenhaut-Gebirge»). Die Täler lassen erkennen, daß die Landschaft durch Gletscher geformt wurde. Ganz ähnliche Formationen wurden auch am Südpol des Jupiter-Mondes Kallisto entdeckt.

Ganz unten: Der sonnennahe Planet Merkur ähnelt auf den ersten Blick dem Erdmond. Doch dieses MARINER-10-Photo, das einen Ausschnitt von rund 200 km Breite zeigt, läßt außer Kratern auch ein langes Tal erkennen.

durch die amerikanischen MARINER-Sonden. Schon 1969 fand sich auf einem Gesamtbild, das den Mars aus einer Entfernung von 500000 km zeigt, ein auffälliger heller Ring nahe dem Äquator, inmitten eines von Einschlagskratern freien Gebietes. Man nannte das vermeintliche große Ringgebirge *Nix Olympica*. Die detaillierten Aufnahmen, die dann im Juli 1972 von der Raumsonde MARINER 9 zur Erde gefunkt wurden und die Unterlagen für einen kompletten Mars-Globus lieferten, haben erwiesen, daß es sich bei Nix Olympica um den größten bisher bekannten Vulkan im Sonnensystem handelt. Er ragt wahrscheinlich bis 23000 m hoch über das Niveau der Sand- und Eisgebiete des Planeten empor; sein Durchmesser beträgt 600 Kilometer (Kraterdurchmesser: 100 km)! Auch das Nordpolargebiet des Mars ist geprägt von ringförmig angeordneten, chaotisch anzusehenden Gebirgszügen von großer Höhe. Viele Beobachtungen lassen darauf schließen, daß sich der Mars in einem Entwicklungsstadium befindet wie die Erde zur Zeit der zusammenhängenden zwei großen «Urkontinente» vor über 200 Millionen Jahren.

Seite 290: In der Eiswüste Spitzbergens.

Seite 292: Kegelkarst bei Kwei-lin, Südchina.

Seite 294: Hazara-Familie bei den Seen von Band-i-Amir, Afghanistan.

Seite 296: Mittellegi-Grat in den Berner Alpen, Schweiz.

Ein Blick auf die fremdartige Gebirgswelt anderer Planeten unseres Sonnensystems stand am Ende des letzten Kapitels. Ihre Entdeckung und Erforschung kann als neuester Aspekt einer «technischen Durchdringung» betrachtet werden; Satelliten sind nun in der Lage, durch Flugphotographie die Grundlagen für eine grobe kartographische Aufnahme ganzer Himmelskörper zu liefern – Momentaufnahmen rein tektonischer Strukturen.

Auch von der Erde besitzen wir im Grunde genommen nur «Momentaufnahmen», denn die Veränderungen ihrer Oberfläche sind für das Einzelwesen kaum wahrnehmbar. Erst die Zusammenschau geologischer Erscheinungen läßt uns Vorgänge wie die Wanderung der Kontinente, das Versinken großer Landmassen im Meer oder den Wechsel von Warm- und Kaltzeiten in ihren zeitlichen Dimensionen erkennen.

Wir können diese Zeiträume zwar zur Kenntnis nehmen, aber nicht begreifen. Wir können uns letztlich nicht vorstellen, wie die höchsten, «ewigen» Gipfel zu flachen Bergrücken eingeebnet und wieviele Gebirge noch neu entstehen werden.

Die Eingriffe des Menschen in die Gebirgswelt sind zweifellos bedeutend; sie verändern den Charakter der Landschaft, ihre biologische Substanz. Hier stellt sich uns auch die Aufgabe, vernünftig mit der Natur und mit unseren Möglichkeiten umzugehen – in unserem Interesse. Auf den uralten Kreislauf der Gesteine – vom Mineralpartikel auf dem Meeresgrund oder vom erstarrten Magma zum Gebirge – hat der Mensch hingegen keinen Einfluß. So werden Berge wohl auch künftigen Generationen als Symbol des Übermächtigen, Unveränderlichen und Ewigen erscheinen.

Register

Entsprechend dem Gebrauch der Brockhaus-Enzyklopädie sind die Umlaute wie a, o, u eingeordnet, *nicht* wie ae, oe, ue.
Kursiv gesetzte Seitenzahlen beziehen sich auf Abbildungen oder auf Informationen, die ausschließlich einer Bildunterschrift zu entnehmen sind.
Nicht als Stichwörter enthalten sind umfassende Begriffe, die sich aus der Inhaltsgliederung ergeben, z.B. *Alpen* oder *Himalaya*.
Hinweis: Teilweise erhebliche Abweichungen in der Schreibweise geographischer Namen und bei den Höhenangaben finden sich in allen Atlanten und Nachschlagewerken. Ursachen sind unterschiedliche Transskription fremdsprachiger Bezeichnungen und die Art der Umrechnung nichtmetrischer Maße. Das vorliegende Buch verwertet einheitlich die neuesten Zahlen.

A

B

C

D

M

N

O

P

T

U

V

W

XY

Z

Bildnachweis

Actualités Suisses, Lausanne 92
Markus Aellen, Greifensee CH 100
Aero-Club der Schweiz, Luzern 255
Otto Angermayer, München 112, 124, 264
Toni Angermayer, Holzkirchen BRD 125
Mondo Annoni, Emmenbrücke CH 78
Atlantis Verlag AG, Zürich 201
Australian Tourist Commission, Frankfurt 74, 95
Australische Botschaft, Bonn-Bad Godesberg 75, 86
Walter Baer, St. Gallen 268/269
Albert Baumgartner, München 118
Bavaria-Verlag, Gauting BRD 161 (Karl Schmid-Tannwald), 162 (Norbert Seebach), 163 (Helen Ferro)
Bayerische Staatsgemäldesammlungen, München 192
Hans Bibelriether, Spiegelau BRD 135, 140, 141
Bibliothèque Nationale, Paris 187
Bruno Blum, Zweisimmen CH 153
Archiv Borel-Boissonas, Vésenaz CH 186
British Museum/John R. Freeman & Co (Photographers) Ltd, London 202
Bill Browning, Helena, Montana USA 161
Maximilien Bruggmann, Yverdon CH 71
Werner Büdeler, Thalham BRD 49
Bruce Coleman Ltd, Uxbridge GB 85 (Jane Burton), 88 (Goetz D. Plage), 148 (Bob + Clara Calhoun), 148 (Charlie Ott), 166 (Lee Lyon), 168 (Brian Coates)
Copyright reserved 194/195
Deutsche Verlags-Anstalt, Stuttgart 288 (NASA) 288/289 + 289 (Jet Propulsion Laboratory Pasadena)
Willi Dolder, Burgau CH 136
John Dornbierer, Hinwil CH 52
Vlasta Doubkova, Wolfratshausen BRD 93, 212
Presse-Agentur L. Dukas/Dalmas, Zürich 177, 178
Archiv Günter Oskar Dyhrenfurth, Ringgenberg CH 209, 209/210, 210
Norman G. Dyhrenfurth, Salzburg Schutzumschlag, 103, 106, 156, 157, 188, 191, 222, 223, 236, 238, 287
Eidgenössische Landestopographie, Wabern CH (Bewilligung vom 28.7.77) 267
Eidgenössisches Institut für Schnee- und Lawinenforschung, Weißfluhjoch/Davos 122, 123 + 182 (Edwin Wengi)
Siegfried Eigstler, Thun CH 144, 145
Friedrich Engesser, Küsnacht CH 254
Wedigo Ferchland, Varde DK 104, 183
Feuerstein + Co, Schuls CH 152
Wenzel Fischer, Garmisch-Partenkirchen 23, 98, 104, 118, 121, 124, 125, 126, 126/127, 128, 130, 145, 255, 256, 270
Hans Fuhrer, Radium Hotsprings, B.C., Kanada 10/11, 65, 132, 160
Lisa Gensetter, Davos 22, 55, 56, 89, 122, 145, 147, 170, 171, 184, 226, 228, 260, 271
Henri Germond, Lausanne 265
Georg Gerster, Zumikon CH 91
Kurt Graf, Rifferswil CH 26, 163
Graphische Sammlung, Zentralbibliothek, Zürich, Vorsatz, 195, 196, 272/273
Erwin Grötzbach, Hannover 230, 231, 235
Konrad Helbig, Wiesbaden 259, 263
Maurice Herzog, Neuilly-sur-Seine 214, 217, 218
Toni Hiebeler, München 87, 274/275, 278, 279, 284, 285, 296/297
Barbara Hinz, München 95
Colorphoto Hans Hinz, Allschwil CH (Copyright by Roman Norbert Ketterer, Campione d'Italia) 203
Hochalpine Forschungsstationen Jungfraujoch und Gornergrat, Bern 270
Erwin Hodel, Adelboden CH 101
Bildarchiv Hans Huber KG, Garmisch-Partenkirchen 69, 148, 260
Hans Hürlimann, Wil CH 122/123
Eduard Imhof: Gelände und Karte, Eugen Rentsch Verlag, Erlenbach CH 30, 31
Eduard Imhof: Schweizerischer Mittelschulatlas, 1969, Atlasdelegation der Erziehungsdirektorenkonferenz 54, 62, 64, 70, 154/155, 208, 208/209, 209, 210
Information, Flaine F 277
Institut für Auslandsbeziehungen, Stuttgart 18 (Werner Lüthy, Bern), 158 (Julius Behnke, Wetzlar), 253 (Amerika-Dienst, Stuttgart), 264 (Österreichische Verbindungsstelle)
Jacana, Paris 149 (W. Schraml), 149 (Mammifrance), 150 (Manfred Danegger), 167 (Jean-Yves Boisson)
Farbbildarchiv Joachim Kinkelin, Worms 99 (Hans Schlapfer)
Gerhard Klammet, Ohlstadt BRD 90, 94
Luftbild Klammet & Aberl, Germering BRD 2/3, 16/17, 131 (Freigegeben durch die Regierung von Oberbayern unter Nr. G 43/491), 271 (Freigegeben durch die Regierung von Oberbayern unter Nr. G 42/307)
Gerhard Klein, Würzburg 129
Christoph Krüger, Wien 57, 58, 262
Kupferstich-Kabinett der Akademie der bildenden Künste/Fotostudio Otto, Wien 202
Hans Laßwitz, Hannover 150
Konrad Lauber, Liebefeld CH 136, 151, 169
Werner Layer, Mannheim 114, 149
Franz Lazi, Stuttgart 49, 69, 93
Lexikographisches Institut, München 83, 84, 92, 95, 96
Markus Liechti, Liebefeld CH 8/9, 44, 141, 229, 290/291
Verlagsgruppe List-SV-Südwest, München 20, 21, 27, 35, 51, 72, 73, 82
Photo-Löbl, Bad Tölz BRD 97, 113, 115, 124, 126, 142, 143, 146, 225, 252, 262, 272
Herbert Maeder, Rehetobel CH 4/5, 43, 46/47, 138, 208, 232, 233, 234, 255, 259, 275, 279, 282, 283, 294/295
Tomas Micek, Rinn A 89, 172
Musée d'art et d'histoire, Genf 198
Museum of Fine Arts, Boston 187
Werner Neumeister, München 113
Presse-Agentur Nowosti, Genf 24, 50
Österreichisches Museum für angewandte Kunst/Narbutt-Lieven & Co OhG/Ingrid Schindler, Wien 199
Monika A. Otto, Luzern 19, 67, 145
Otto Pfenniger, Zürich 102, 127
Foto-Present/Mayr, Essen 267
Bildarchiv Preußischer Kulturbesitz, Berlin 248, 249
Christian Regier, München 162
Dölf Reist, Interlaken 12/13, 68, 113, 119, 161, 164, 166, 208, 213, 240, 259, 286
Ringier Bilderdienst AG, Zürich 267
Royal Geographical Society, London 221
Marlis Saxer, Adligenswil CH 181
Axel Schenck, Luzern 197, 258
Peter Schicht, Berlin 292/293
Hans R. Schläpfer, Reußbühl CH 133, 258, 281
C.L. Schmitt, München 97
Toni Schneiders, Lindau 37, 59, 87, 97, 127, 134, 241, 246, 252, 253
Bildarchiv Karlheinz Schuster, Oberursel BRD 104 (Helmut Hoffmann-Burchardi), 139 (Wolfgang Lummer), 145 (Konrad Tönges), 145 (L. Pokorny)
Günther Schweizer, Tübingen 22, 33, 41, 42
Schweizerisches Alpines Museum, Bern 280
Schweizerische Verkehrszentrale, Zürich 100, 207, 247, 273, 274
Fritz Siedel, Sande über Wilhelmshaven BRD 153
Heinz Lothar Stutte, Weidach BRD 79, 165, 286
Südafrikanisches Verkehrsbüro, Frankfurt 61 (G. Thompson)
Swissair Photo + Vermessungen AG, Zürich 86, 230/231, 266
Wolf Tietze, Wolfsburg 106, 110, 114, 116, 258
Tiroler Landesmuseum Ferdinandeum, Innsbruck 261
United States Department of the Interior, Geological Survey, Topographic Division, Reston, Virginia USA/US Navy for US Geological Survey 77
Bradford Washburn, Boston, Mass. USA/Eidgenössische Landestopographie, Bern/Schweizerische Stiftung für Alpine Forschungen, Zürich 31
Georg Westermann Verlag, Braunschweig 76, 199, 200 (Colorphoto Hans Hinz, Allschwil), 201, 203 (© 1977, Copyright by SPADEM, Paris & COSMOPRESS, Genf)
Helfried Weyer, Nauborn BRD 185, 215, 216
Rainer B. Wiederkehr, San Pietro di Stabio CH 36, 142
Jürgen Winkler, Wolfratshausen BRD 1, 25, 33, 60, 93, 117, 118/119, 119, 120, 121, 135, 137, 156, 162, 188, 208, 219, 220, 224, 237, 239, 277
Michael Wolgensinger, Zürich 228, 250
Hermann A. Wyss, Luzern 33
Max A. Wyss, Luzern 206, 276
Ernst Zbären, St. Stephan CH 136
Zeit-Bild Maiwald, Garmisch-Partenkirchen 176, 242, 243, 244, 244/245, 245, 248, 248/249, 251, 256/257, 257, 268
Zentralbibliothek, Luzern 204
Zentrale Farbbild Agentur GmbH, Düsseldorf 6/7 (Ludwig Behnke), 14/15 (Hans Schmid), 22 (Peter Thiele), 22 (Helmut Hoffmann-Burchardi), 37 (Konrad Helbig), 37 (Hildesuse Gaertner), 41 (Guy Marché), 42 (Robert Everts), 45 (Hans Helfritz), 53 (Starfoto), 53 (Orion Press), 55 (Helmut Hoffmann-Burchardi), 63 (Peter Thiele), 67 (Kurt Goebel), 75 (Geoffrey Riethmaier), 75 (R. J. Griffith), 85 (Klaus Biedermann), 94 (Ungarisches Werbefotostudio), 99 (Kurt Scholz), 109 (Kurt Scholz), 125 (Robert Everts), 125 (Günter Heil), 136 (Bruno Podschies), 141 (Lothar Hellmig), 145 (Gerd Seider), 151 (Eberhard Hummel), 169 (Walther Stoy), 175 (Werner Janoud), 179 (Eric Carle), 252 (Eberhard Streichan), 252 (Ladislav Sitensky), 262 (Paul Hagdorn), 262 (Joachim Schörken), 268 (Erich Maria Bordis)
Günter Ziesler, München 147

Zeichnungen grafisches Atelier C.J. Bucher AG, Luzern
Sabeth Hüttermann 82, 135, 137, 138, 139, 146, 147, 151, 163, 266, 267
Arnold Imhof 80, 105, 107, 109, 111, 112, 122, 125, 142/143, 151, 173, 174
Edith Kamal 32, 34, 38, 39, 40, 46, 47, 48, 76, 81, 83, 87, 89, 110, 118, 119, 121, 149, 152, 159, 180, 211, 227
Hannes Opitz 208, 209, 210
Blanka Sefl 28, 29, 154, 155

Auftragszeichnungen
Walter Linsenmaier, Ebikon CH 154, 155

Typografische Bearbeitung
Edmund Amstad

Alle hier nicht genannten Abbildungen stammen aus dem Verlagsarchiv.

Chorus
Zephyrus
Lips Africus
Parall. 21
Per Thylen
Parall. 16.
Diaripheos
Parall. 15
Diaboristhenes
Parall. 14
Diapontus
Parall. 12.
Diaromes
Parall. 10
Diarbodos
Parall. 8
Dia Alexãdros
Parall. 6
Diasyene
Parall. 4
Diameroes
Aequator habet diem contínuo 12. bor.
Parall. oppositus per Meroen
Septẽtrion
Regio
Anglia
Germania
EVROPA
Tanais
Hispania
Gallia
Italia
Græcia
põtus Euxi
Asia minor
Atlas
Mare med terraneum
AFRICA
Libya interior
Sinus Hesperius
Aegyptus
Syria
Eufrates
Arabia Fel
Meroe
Nilus fl.
Mare Rubrũ
Sinus Barbaricu
Acquinocti al' circulus
Aethiopia interior
Ter